Abschied von der bürgerlich-rechtlichen Prospekthaftung

Europäische Hochschulschriften Recht

European University Studies in Law

Publications Universitaires Européennes de Droit

Band/Volume **6091**

Manuel Weiß

Abschied von der bürgerlich-rechtlichen Prospekthaftung

Vorschlag für ein Prospekthaftungsgesetz de lege ferenda

PETER LANG

Bibliografische Information der Deutschen Nationalbibliothek
Die Deutsche Nationalbibliothek verzeichnet diese Publikation in der Deutschen Nationalbibliografie; detaillierte bibliografische Daten sind im Internet über http://dnb.d-nb.de abrufbar.

Zugl.: Leipzig, Univ., Diss., 2018

15
ISSN 0531-7312
ISBN 978-3-631-79429-6 (Print)
E-ISBN 978-3-631-79157-8 (E-PDF)
E-ISBN 978-3-631-79430-2 (EPUB)
E-ISBN 978-3-631-79431-9 (MOBI)
DOI 10.3726/b15825

Diese Publikation wurde begutachtet.

www.peterlang.com

Meinen Eltern

Vorwort

Die vorliegende Arbeit wurde im Wintersemester 2017/2018 von der Juristenfakultät der Universität Leipzig als Dissertation angenommen. Für die Veröffentlichung wurden Rechtsprechung und Literatur bis September 2018 berücksichtigt. Bis Februar 2019 erschienene Literatur konnte noch vereinzelt berücksichtigt werden.

Die Arbeit fand ihre Ursprünge während meiner Zeit als Wissenschaftlicher Mitarbeiter am Lehrstuhl für Bürgerliches Recht, Deutsches und Internationales Wirtschaftsrecht bei meiner Doktormutter Prof. Dr. Dörte Poelzig, der ich für die Betreuung meiner Arbeit zum Dank verpflichtet bin. Ferner danken möchte ich Herrn Prof. Dr. Lutz Haertlein für die Erstellung des Zweitgutachtens.

Darüber hinaus gebührt allen Menschen Dank, die das Entstehen dieser Arbeit in unterschiedlicher Weise unterstützt haben, sei es durch anregende Diskussionen am Lehrstuhl oder indem sie mir den Rücken freigehalten haben.

Besonderer Dank gebührt Christian Lainer, der mir stets mit Rat und wertvollen Anregungen zur Seite stand sowie Dr. Philipp Scheibenpflug für das kritische Lesen einer früheren Version dieser Arbeit. Ferner danke ich Konstantin Kawerau, der die Arbeit in orthografischer Hinsicht korrekturgelesen hat.

Zu guter Letzt möchte ich meiner Lebensgefährtin Cansu Tunçdemir für ihre Geduld, Rücksicht und Liebe danken, die mich in allen Phasen der Entstehung dieser Arbeit getragen hat. Ohne die Unterstützung meiner Familie, insbesondere meiner Eltern, die mich über meine ganze Ausbildung und bei allen meinen Vorhaben stets nach besten Möglichkeiten unterstützt haben, wäre diese Arbeit nicht möglich gewesen. Ihnen ist die Arbeit gewidmet.

Inhaltsverzeichnis

Abkürzungsverzeichnis

a.A.	anderer Ansicht
ABl. EU	Amtsblatt der Europäischen Union
Abs.	Absatz (Absätze)
Abschn.	Abschnitt
AcP	Archiv für die civilistische Praxis
ADHGB	Allgemeines Deutsches Handelsgesetzbuch
AEUV	Vertrag über die Arbeitsweise der Europäischen Union
a.F.	alte(r) Fassung
AFG	Anlagefondsgesetz (Schweiz)
AG	Aktiengesellschaft(en); Die Aktiengesellschaft (Report)
AGB	Allgemeine Geschäftsbedingungen
AGBG	Gesetz zur Regelung des Rechts der Allgemeinen Geschäftsbedingungen
AIF	Alternative Investmentfonds
AIFM	Alternative Investment Fund Manager
AktG	Aktiengesetz
Alt.	Alternative
ALR	Allgemeines Preußisches Landrecht
a.M.	am Main
Anh.	Anhang
Anl.	Anlage
AnsFuG	Anlegerschutz- und Funktionsverbesserungsgesetz
AnSVG	Gesetz zur Verbesserung des Anlegerschutzes
Art.	Artikel
Aufl.	Auflage
AuslInvestmG	Gesetz über den Vertrieb ausländischer Investmentanteile und über die Besteuerung der Erträge aus ausländischen Investmentanteilen
AZ	Aktenzeichen
BaFin	Bundesanstalt für Finanzdienstleistungsaufsicht
BankG	Bankengesetz (Schweiz)
BAWE	Bundesaufsichtsamt für den Wertpapierhandel
BB	Der Betriebsberater
Bd.	Band
Bearb.	Bearbeiter/in

Begr.	Begründung
BEK	Börsen-Enquete-Kommission
BFH	Bundesfinanzhof
BGB	Bürgerliches Gesetzbuch
BGBl.	Bundesgesetzblatt
BGH	Bundesgerichtshof
BGHZ	Entscheidungen des Bundesgerichtshofs in Zivilsachen (Amtliche Sammlung)
BKA	Bundeskriminalamt
BKR	Zeitschrift für Bank- und Kapitalmarktrecht
BMELV	Bundesministerium für Ernährung, Landwirtschaft und Verbraucherschutz
BMF	Bundesministerium der Finanzen
BörsG	Börsengesetz
BR-Drs.	Bundesrats-Drucksache
bspw.	beispielsweise
BStBl.	Bundessteuerblatt
BT-Drs.	Bundestags-Drucksache
Bus.Law.	The Business Lawyer (USA)
BVerfG	Bundesverfassungsgericht
BVerfGE	Entscheidungen des Bundesverfassungsgerichts (Amtliche Sammlung)
bzgl.	bezüglich
bzw.	beziehungsweise
CFL	Corporate Finance Law
c.i.c.	culpa in contrahendo
Cir.	Circuit (USA)
Corn.L.Rev.	Cornell Law Review (USA)
D&O	Directors and Officers
DAV	Deutscher Anwaltverein
DB	Der Betrieb
ders.	derselbe
d.h.	das heißt
dies.	dieselbe(n)
DiskE	Diskussionsentwurf
DJT	Deutscher Juristentag
DStR	Deutsches Steuerrecht
E	Entwurf

EBOR	European Business Organization Law Review
EG	Europäische Gemeinschaften; Abkürzung des Vertrages zur Gründung der Europäischen Gemeinschaften
EGAktG	Einführungsgesetz zum Aktiengesetz
EGBGB	Einführungsgesetz zum Bürgerlichen Gesetzbuch
Einl.	Einleitung
ESMA	European Securities and Markets Authority
etc.	et cetera
EU	Europäische Union
EUV	Vertrag über die Europäische Union
EuZW	Europäische Zeitschrift für Wirtschaftsrecht
EWG	Europäische Wirtschaftsgemeinschaft
EWR	Europäischer Wirtschaftsraum
f.; ff.	folgende
FAZ	Frankfurter Allgemeine Zeitung
F.2d	Federal Reporter Second Series (USA)
F.3d	Federal Reporter Third Series (USA)
FMFG	Finanzmarktförderungsgesetz
Fn.	Fußnote
F.R.D.	Federal Rules Decision (USA)
FS	Festschrift
F.Supp.	Federal Supplement (USA)
F.Supp.3d	Federal Supplement, Third Series (USA)
G	Gesetz
GbR	Gesellschaft bürgerlichen Rechts
gem.	gemäß
GewO	Gewerbeordnung
GG	Grundgesetz
ggf.	gegebenenfalls
ggü.	gegenüber
GmbH	Gesellschaft mit beschränkter Haftung
GRUR	Gewerblicher Rechtsschutz und Urheberrecht
GWR	Zeitschrift für Gesellschafts- und Wirtschaftsrecht
Hdb.	Handbuch
HGB	Handelsgesetzbuch
h.M.	herrschende(r) Meinung
Hs.	Halbsatz
i.d.F.	in der Fassung

IdW	Institut der Wirtschaftsprüfer
i.e.S.	im engeren Sinn
IFRS	International Financial Reporting Standards
InvG	Investmentgesetz
i.S.d.	im Sinne des
i.S.v.	im Sinne von
i.V.m.	in Verbindung mit
J.Fin.	The Journal of Finance (USA)
J. Law Econ.	Journal of Law and Economics (USA)
jM	juris - Die Monatszeitschrift
J.Pol.Econ.	Journal of Politic Economy
JR	Juristische Rundschau
JuS	Juristische Schulung
JZ	Juristenzeitung
KAGG	Gesetz über Kapitalanlagegesellschaften
KAGB	Kapitalanlagegesetzbuch
Kap.	Kapitel
KapInHaG	Kapitalmarktinformationshaftungsgesetz
Kapitalmarktinf.	Kapitalmarktinformation
Kennz.	Kennziffer
KG	Kammergericht; Kommanditgesellschaft(en)
KR	Kotierungsreglement der SIX Swiss Exchange vom 04.11.2016
KWG	Gesetz über das Kreditwesen
lit.	litera
Ls.	Leitsatz
LZ	Leipziger Zeitschrift für Handels-, Konkurs- und Versicherungsrecht
m.	mit
M&A	Mergers and Acquisitions
MaBV	Makler- und Bauträgerverordnung
mbh	mit beschränkter Haftung
MDR	Monatsschrift für Deutsches Recht
MüKo	Münchener Kommentar
m.w.N.	mit weiteren Nachweisen
n.F.	neue(r) Fassung
NJOZ	Neue Juristische Online-Zeitschrift
NJW	Neue Juristische Wochenschrift
NJW-RR	NJW-Rechtsprechungs-Report Zivilrecht

Nr.	Nummer(n)
NZG	Neue Zeitschrift für Gesellschaftsrecht
OGAW	Organismen für gemeinsame Anlagen in Wertpapieren
OLG	Oberlandesgericht
OR	Schweizer Obligationenrecht
Os.	Orientierungssatz
p.a.	pro anno
PRIIP	Packaged Retail and Insurance-Based Investment Products
Q.J.Econ.	Quarterly Journal of Economics (USA)
RdF	Recht der Finanzinstrumente
RefE	Referentenentwurf
RegE	Regierungsentwurf
RG	Reichsgericht(s)
RGZ	Entscheidungen des Reichsgerichts in Zivilsachen (Amtliche Sammlung)
Rn.	Randnummer(n)
Rs.	Rechtssache
S.	Satz; Seite; Siehe
s.a.	siehe auch
S.D.N.Y.	United States District Court, Southern District of New York (USA)
SEC	Securities and Exchange Commission (USA)
sec.	section
Slg.	Sammlung
sog.	so genannt(e; er; es)
StGB	Strafgesetzbuch
SZW	Schweizerische Zeitschrift für Wirtschaftsrecht
u.a.	unter anderem
UmwG	Umwandlungsgesetz
UmsG	Umsetzungsgesetz
Urt.	Urteil
U.S.	United States; United States Reports (Supreme Court)
US-GAAP	United States Generally Accepted Accounting Principles
usw.	und so weiter
u.U.	unter Umständen
UWG	Gesetz gegen den unlauteren Wettbewerb
v.	vom; von
v.a.	vor allem

verb.	verbunden
VerkProspG	Wertpapier-Verkaufsprospektgesetz
VermAnlG	Gesetz über Vermögensanlagen
vgl.	vergleiche
VO	Verordnung
Vol.	Volume
Vorb.	Vorbemerkung
WEG	Wohnungseigentumsgesetz
WiKG	Gesetz zur Bekämpfung der Wirtschaftskriminalität
WM	Wertpapier-Mitteilungen
WpPG	Wertpapierprospektgesetz
WRP	Wettbewerb in Recht und Praxis
z.B.	zum Beispiel
ZBB	Zeitschrift für Bankrecht und Bankwirtschaft
ZEuP	Zeitschrift für europäisches Privatrecht
ZGR	Zeitschrift für Unternehmens- und Gesellschaftsrecht
ZHR	Zeitschrift für das gesamte Handels- und Wirtschaftsrecht (seit 1961); Zeitschrift für das gesamte Handelsrecht (1858–1907)
zit.	zitiert
ZIP	Zeitschrift für Wirtschaftsrecht
ZPO	Zivilprozessordnung

Einleitung

§ 1 Problemdarstellung

Sobald jemand in der deutschen Rechtswissenschaft den Begriff „Prospekthaftung“ isoliert verwendet, wird er oder sie sich dem Vorwurf der mangelnden Präzisierung ausgesetzt sehen. Dem nicht auf dieses Thema spezialisierten Praktiker wird zuerst die bürgerlich-rechtliche Prospekthaftung in den Sinn kommen, zumal die weit überwiegende Anzahl der Urteile zur Prospekthaftung in den vergangenen Jahrzehnten diese Ausformung betraf. Aber selbst dies ist noch zu vage, da die Rechtsprechung zwischen der bürgerlich-rechtlichen Prospekthaftung im engeren und im weiteren Sinn unterscheidet. Der Rechtshistoriker mag sich bei dem Begriff vielleicht die börsengesetzliche Prospekthaftung, die im Jahr 1896 in Folge von spektakulären Bankzusammenbrüchen entstand, in Erinnerung rufen. Letztere lebt nun in verschiedenen kapitalmarktrechtlichen Gesetzen fort. Dies stellt den Rechtsanwender heute vor die Herausforderung, jeweils auf die richtige Ausprägung der Prospekthaftung zu rekurrieren. Dabei muss er das Konkurrenzverhältnis zwischen der spezialgesetzlichen Prospekthaftung einerseits und der bürgerlich-rechtlichen Prospekthaftung andererseits kennen und einer Lösung zuführen.

Das Verhältnis dieser beiden Anspruchsgrundlagen war und ist aber in der Literatur äußerst umstritten.[1] Die Rechtsprechung ist auf dieses Konkurrenzproblem bisher so gut wie gar nicht eingegangen. Dies ist umso problematischer, als die Anwendung der einen oder der anderen Anspruchsgrundlage oft von einer gewissen Beliebigkeit abzuhängen scheint und sowohl unterschiedliche

1 *Emmerich* in: MüKo BGB, 7. Aufl. 2016, § 311 Rn. 135 ff.; *Grundmann* in: Schimansky/Bunte/Lwowski, BankR-Hdb, Bd. II, § 112 Rn. 51 ff.; *Grunewald* in: MüKo HGB, § 161 Rn. 192; *Fleischer*, BKR 2004, (339), 343; *Heisterhagen*, DStR 2004, (1089), 1091 f.; *Henze/Notz* in: Ebenroth/Boujong/Joost/Strohn, HGB, § 177a Anh. B Rn. 84; *Ziegler*, DStR 2005, (30), 34; *Assmann*, WM 1983, 138 f.; *Lenenbach*, Kapitalmarktrecht, Rn. 12.182; *Ellenberger*, Prospekthaftung S: 29 f.; *Hamann* in: Schäfer/Hamann, KapMG, §§ 44, 45 BörsG Rn. 101; *Schäfer*, ZGR 2006, (40), 46; *Klöhn*, WM 2012, (97), 101, 106; *Assmann* in: Assmann/Schütze, Handbuch des Kapitalanlagerechts, 3. Aufl. 2007, § 6 Rn. 65; in der 4. Aufl. 2015 sieht *Assmann* praktisch keinen Anwendungsbereich mehr für die bürgerlich-rechtliche Prospekthaftung, § 5 Rn. 26 ff; *Groß*, Kapitalmarktrecht, § 25 WpPG Rn. 4 ff; genauer zu den einzelnen Standpunkten: Teil 2 § 1.

Tatbestandsvoraussetzungen als auch unterschiedliche Rechtsfolgen daran geknüpft sind.

In jüngerer Zeit ist Bewegung in dieses Thema gekommen. Dies rührt einerseits von der Vielzahl an Reformen des europäischen und deutschen Gesetzgebers her. So wurde durch das am 1.7.2005 in Kraft getretene AnSVG[2] der Anwendungsbereich der Prospektpflicht und -haftung in § 8f VerkProspG auf die meisten nicht in Wertpapieren verbrieften Vermögensanlagen ausgeweitet, was nach allgemeiner Ansicht eine erhebliche Einschränkung des Anwendungsbereichs der bürgerlich-rechtlichen Prospekthaftung zur Folge hatte. Diese Vorschriften wurden mit geringfügigen Änderungen mit Wirkung zum 1.6.2012 ins VermAnlG überführt.[3] Davon wurden die geschlossenen Fonds durch das Inkrafttreten des KAGB[4] am 22.7.2013, das unter anderem die AIFM-Richtlinie[5] umsetzte, sogleich wieder ausgeklammert und ins KAGB überführt. Am 3.7.2015 wurde das Kleinanlegerschutzgesetz[6] verabschiedet, das zu großen Teilen am 10.7.2015 in Kraft trat. Dadurch wurden unter anderem die Anforderungen und die Befugnisse der BaFin hinsichtlich der Werbung verschärft und der Anwendungsbereich des VermAnlG noch einmal auf weitere Vermögensanlageformen erweitert, was auch eine Ausweitung der spezialgesetzlichen Prospektpflicht und der darauf basierenden Haftung zur Folge hatte.[7]

Parallel dazu hat der BGH durch das „Scholz-Urteil" vom 17.11.2011 den Anwendungsbereich der bürgerlich-rechtlichen Prospekthaftung ausgeweitet.[8]

Nicht zuletzt diese gegensätzlichen Ansätze in letzter Zeit bieten Anlass dazu, sich intensiv mit dem Konkurrenzverhältnis der beiden Stränge der Prospekthaftung auseinanderzusetzen.[9]

---

2 Gesetz zur Verbesserung des Anlegerschutzes vom 28.10.2004, BGBl. I S. 2630. Andere, hier nicht relevante Teile des AnSVG sind bereits am Tag nach der Verkündung in Kraft getreten, Art. 6 AnSVG.

3 Art. 1 des Gesetzes zur Novellierung des Finanzanlagenvermittler und Vermögensanlagenrechts v. 6.12.2011, BGBl I S. 2701.

4 Art. 1 des Gesetzes zur Umsetzung der Richtlinie 2011/61/EU über die Verwalter alternativer Investmentfonds v. 4.7.2013, BGBl. I S. 1981.

5 Richtlinie 2011/61/EU v. 8.6.2011, ABl. EU Nr. L 174/1.

6 BGBl. I 2015, S. 1114.

7 Siehe *Casper*, ZBB 2015, (265), 266 ff.; *Buck-Heeb*, NJW 2015, 2535 ff.; *Bußalb/Vogel*, WM 2015, 1733 ff.

8 BGHZ 191, 310.

9 Frühere Arbeiten jüngeren Datums dazu: *Ellenberger*, Prospekthaftung, 2001; *Ochs*, Prospekthaftung, 2005.

§ 2 Ziel und Gang der Untersuchung

A. Ziel der Untersuchung

Das Ziel dieser Arbeit besteht darin, das Konkurrenzverhältnis zwischen spezialgesetzlicher und bürgerlich-rechtlicher Prospekthaftung aufzulösen. Hierzu ist die gemeinsame Grundlage der beiden Stränge der Prospekthaftung in tatsächlicher und rechtsdogmatischer Hinsicht aufzuzeigen, um sie so als einheitliches Problem erkennbar zu machen. Es soll sodann ermittelt werden, ob und falls ja welcher Anwendungsbereich der bürgerlich-rechtlichen Prospekthaftung de lege lata zukommt. Schließlich soll deren Verzichtbarkeit unter Einbeziehung der in der Literatur ausgeführten Meinungen dargelegt werden, bevor die Untersuchung mit einem von mir unterbreiteten Vorschlag de lege ferenda ihr Ende findet. Es wäre dann gleichzeitig an der Zeit, von der bürgerlich-rechtlichen Prospekthaftung endgültig Abschied zu nehmen.

B. Gang der Untersuchung

Zunächst soll der Begriff der Prospekthaftung geklärt und die Prospekthaftung als Teilbereich des kapitalmarktrechtlichen Haftungsregimes eingeordnet werden (Teil 1 § 1). Im nächsten Schritt ist die historische Entwicklung der beiden Stränge der Prospekthaftung nachzuzeichnen (Teil 1 § 2). Hieran schließt sich die Frage an, warum die Prospekthaftung als Rechtsinstitut überhaupt entstanden ist und ob das hinter ihr stehende Problem nicht schon von den anderen zur Verfügung stehenden rechtlichen Instrumentarien hätte erfasst werden können (Teil 1 § 3). Dabei sind ihre besondere kapitalmarktrechtliche Funktion sowie ihre rechtsökonomische Notwendigkeit herauszuarbeiten. In Teil 2 wird nachgewiesen, dass es sich bei der bürgerlich-rechtlichen Prospekthaftung um eine dogmatisch fehlerhaft gebildete Anspruchsgrundlage handelt, da sie als verfassungsrechtlich unzulässige Rechtsfortbildung entstanden ist. Nimmt man die bürgerlich-rechtliche Prospekthaftung in ihrer gewachsenen Struktur aber als gegeben an, so muss man sich mit den daraus erwachsenden Konkurrenzproblemen auseinandersetzen. Dies soll Teil 3 der Arbeit leisten, der die vielfältigen Lösungsvorschläge des Konkurrenzverhältnisses in Literatur und Rechtsprechung kursorisch voranstellt (Teil 3 § 1). Nach der Darstellung der allgemeinen Konkurrenzregeln und einem Versuch einer Subsumtion der Prospekthaftungsstränge darunter (Teil 3 § 2) werden schließlich die Anwendungsbereiche im Einzelnen voneinander abgeschichtet (Teil 3 § 3). Dadurch werden die vielen Parallelen, aber auch die Unstimmigkeiten im Detail deutlich. In Teil 4 wird nunmehr das Bedürfnis nach einem einheitlichen Prospekthaftungsanspruch sowie dessen Rechtfertigung formuliert. Nach dem Aufzeigen der rechtstatsächlichen Bruchstellen im Tatbestand und in der Rechtsfolge wird das Bedürfnis nach einem einheitlichen Prospekthaftungsanspruch in europarechtlicher und rechtsökonomischer Hinsicht deutlich gemacht (Teil 4 § 1). Ein dogmatischer, ein rechtsvergleichender sowie ein rechtshistorischer Seitenblick sichern dieses Postulat ab (Teil 4 § 2). Schließlich werden in Teil 5 der Arbeit zunächst die Vorschläge in der Literatur diskutiert, die eine Wiedervereinheitlichung des Phänomens Prospekthaftung zur Folge hätten (Teil 5 §§ 1–4). Im Anschluss wird mein eigener Vorschlag, der in der Schaffung eines Prospekthaftungsgesetzes besteht, vorgestellt und mit einem Formulierungsvorschlag für den Gesetzgeber abgeschlossen (Teil 5 § 5). Am Ende werden die gefundenen Ergebnisse noch einmal in Kürze wiedergegeben.

Teil 1: Historisch-funktionale Betrachtung der Prospekthaftung

§ 1 Begriff der „Prospekthaftung"

Um die Prospekthaftung als einheitliches Thema greifbar zu machen, sollen zunächst der Begriff der Prospekthaftung geklärt und eine systematische Einordnung vorgenommen werden. Zwar wird überwiegend vertreten, dass „die Prospekthaftung" im Sinne eines einheitlichen Rechtsinstituts aufgrund der Zweigleisigkeit nicht existiert,[10] für die Ziele dieser Arbeit soll gleichwohl versucht werden, einen generalisierenden Begriff für beide Ausprägungen zu definieren. *Emmerich* bezeichnet die Prospekthaftung allgemein als *„Haftung für die Richtigkeit und Vollständigkeit von Werbeschriften („Prospekten"),*[11] *mit denen bei dem Publikum für Kapitalanlagen der unterschiedlichsten Art geworben wird."*[12] Im Laufe dieser Arbeit soll aber zwischen Prospekten im weiteren Sinne und Prospekten im engeren Sinne unterschieden werden. Auf erstere trifft die Definition von *Emmerich* mit Ausnahme der Schriftlichkeit zu. Es sollen von diesem Begriff also alle Informationen, die bei der Gewinnung von Anlegern eingesetzt werden, erfasst sein, ohne dass es auf den Gehalt oder die Wertigkeit der Informationen ankommt. Unter Prospekten im engeren Sinne bzw. Vollprospekten sollen nur diejenigen Werbeschriften verstanden werden, die vollständig über die jeweilige Kapitalanlage aufklären und die keine verkürzten Informationen oder bloße Werbung sind. Diese Unterscheidung ist aber nicht mit der herkömmlichen zwischen bürgerlich-rechtlicher Prospekthaftung im engeren und im weiteren Sinne zu verwechseln (**C.**) Die Prospekthaftung kann systematisch präzisiert werden als Kapitalmarktinformationshaftung (**A.**), die in der Regel an den Primärmarkt anknüpft (**B.**). Ähnlich formulieren es *Hopt/Voigt*, die von

---

10 *Siol* in: Schimansky/Bunte/Lwowski, BankR-Hdb, Bd. I, § 45 Rn. 26; *Assmann* in: Assmann/Schütze, Handbuch des Kapitalanlagerechts, 3. Aufl. 2007, § 6 Rn. 1.

11 *Hellgardt* kritisiert den Prospektbegriff an sich, da er zu einer terminologischen Vorfestlegung führe, ZBB 2012, (73), 78.

12 *Emmerich* in: MüKo BGB, 7. Aufl. 2016, § 311 Rn. 135; ebenso *Schmitt*, BKR 2010, 366. Das entspricht umgekehrt auch der doppelten Zielrichtung des Prospektes, der wie *Fleischer* feststellt, *„zugleich werbendes Verkaufsinstrument und warnende Versicherungspolice gegen Haftungsklagen ist."*, Gutachten F, DJT 2002, S. F24.

einer „*Haftung für die Verletzung von Informationspflichten im Zusammenhang mit dem Vertrieb von Wertpapieren und sonstigen Kapitalanlagen*" sprechen.[13]

A. Prospekthaftung als Kapitalmarktinformationshaftung

Bei der Prospekthaftung handelt es sich um eine Kapitalmarktinformationshaftung und damit um einen Teilbereich des Kapitalmarktrechts. Um dies näher zu erläutern, sollen die beiden Begriffsbestandteile „Kapitalmarkt" und „Informationshaftung" geklärt werden. Am Ende soll eine kurze Einordnung der beiden verschiedenen Regime von Prospekthaftungsansprüchen unter diese Kategorien erfolgen.

I. Kapitalmarkt

Das Kompositum „Kapitalmarkt" untergliedert sich in seine beiden Bestandteile „Kapital" und „Markt".

Als „Markt" wird ein Ort im Sinne eines Handelsplatzes verstanden, an dem Anbieter und Nachfrager von Handelsobjekten zusammentreffen. Durch die modernen Möglichkeiten der Kommunikation ist aber kein physisches Zusammentreffen mehr nötig. Vielmehr existieren heutzutage viele Märkte, vor allem die Kapitalmärkte, rein virtuell.[14] Dann bezeichnet „Markt" den virtuellen Raum im Sinne einer organisierten Handelsmöglichkeit.[15]

„Kapital" im Sinne der Wirtschaftswissenschaften meint Finanzkapital, worunter Geld und geldwerte Titel fallen, mit denen ein Gewinn erzielt werden kann. Kapitalmärkte sind mithin Finanz- und keine Gütermärkte.[16]

Daneben stellt der Kapitalmarkt nach übereinstimmender Systematisierung neben den Geld- und Devisenmärkten einen wichtigen Teilbereich des Finanzmarkts dar.[17] In Abgrenzung zu den anderen Teilbereichen meint Kapitalmarkt den Markt, durch den erspartes Geldvermögen längerfristig in Sachkapital umgewandelt wird, das in den Unternehmen für reale Investitionen genutzt werden kann.[18]

---

13 *Hopt/Voigt*, Kapitalmarktinformationshaftung, S. 48.

14 *Lenenbach*, Kapitalmarktrecht, Rn. 1.9.

15 *Häuser/Rosenstock*, Börse und Kapitalmarktrecht, S. 12 f.

16 *Häuser/Rosenstock*, Börse und Kapitalmarktrecht, S. 13 f.

17 *Windorfer*, Kapitalmarktinformationen, S. 9; *Lenenbach*, Kapitalmarktrecht, Rn. 1.8; *Oulds* in: Kümpel/Wittig, Bank- und Kapitalmarktrecht, Rn. 14.26 f.

18 *Lenenbach*, Kapitalmarktrecht, Rn. 1.12 f.

Unter Kapitalmarkt versteht man also die organisierte Handelsmöglichkeit von Finanzkapital, das einer längerfristigen Umwandlung in Sachkapital zugeführt werden soll.

II. Informationshaftung

Der Anleger muss die Chancen und Risiken einschätzen können, damit er sich für eine bestimmte Anlage entscheiden kann. Dafür benötigt er aber Informationen. Diese kann er sich entweder selbst verschaffen oder der Emittent bzw. Anbieter stellt sie ihm zur Verfügung. Jene werden Informationen jedoch nicht immer freiwillig kostenlos zur Verfügung stellen. Hierin liegt der Sinn von Informationspflichten. Daneben dienen sie auch der Gleichbehandlung der Anleger, dadurch dass allen Anlegern einheitlich zum selben Zeitpunkt dieselben Informationen zur Verfügung gestellt werden müssen. Die Umsetzung der Informationspflichten erfolgt entweder spezialgesetzlich, indem verpflichtende Veröffentlichungen mit einem bestimmten Mindestinhalt statuiert werden. Zum anderen kann eine derartige Informationspflicht auch aus Treu und Glauben bei jedem (vor-)vertraglichen Vertragsverhältnis abgeleitet werden. Informationspflichten dienen gleichzeitig der Integrität und Fairness des Kapitalmarkts und sollen zur volkswirtschaftlich sinnvollsten Allokation des Kapitals führen.[19] Damit sie aber eingehalten werden, braucht es Sanktionsmechanismen.[20] Dazu gehören Haftungsansprüche für Anleger. Der Prospekt und die darauf basierende Prospekthaftung verfolgen genau diesen Zweck.[21] Der Prospekt soll den Anlegern als zentrale Informationsquelle dienen und die Prospekthaftung ist ein Instrument, diese Funktion abzusichern.

III. Einordnung im System der Kapitalmarktkommunikationshaftung

Die Prospekthaftung wird dabei zunehmend als Baustein eines Systems zur Gewährleistung einer ordnungsgemäßen Kapitalmarktkommunikation gesehen.[22]

---

19 Um es mit den Worten *Lenenbachs* zu sagen sind Informationen *„gewissermaßen der Brennstoff, der den Kapitalmarkt antreibt und anheizt.“*, *Lenenbach*, Kapitalmarktrecht, Rn. 11.1.

20 Hierzu genauer § 3 B. II. 3.

21 *Lenenbach*, Kapitalmarktrecht, Rn. 11.3 ff.

22 *Assmann* in: Assmann/Schütze, Handbuch des Kapitalanlagerechts, 3. Aufl. 2007, § 6 Rn. 41.

In ihrer spezialgesetzlichen Ausprägung handelt es sich bei der Prospekthaftung um eine Haftung für fehlerhafte Kapitalmarktpublizität.[23] Diese fügt sich in ein System anderer spezifisch kapitalmarktrechtlicher Haftungsvorschriften ein, wie insbesondere die Haftung für unterlassene und fehlerhafte Ad-hoc-Mitteilungen nach §§ 97 f. WpHG. Bei einem ersten oberflächlichen Vergleich fällt auf, dass sowohl die spezialgesetzlichen Prospekthaftungsansprüche nach §§ 21, 22 WpPG; 20 VermAnlG; 306 KAGB als auch §§ 97 f. WpHG jeweils die Kausalität des Fehlers einer Pflichtveröffentlichung für den Schaden und einen Verschuldensgrad von mindestens grober Fahrlässigkeit voraussetzen. Die Vorschriften sind also ganz ähnlich strukturiert und unterscheiden sich deutlich von den deliktsrechtlichen Vorschriften nach §§ 823 ff. BGB.

Die bürgerlich-rechtliche Prospekthaftung fußt zwar nicht auf einer spezifisch kapitalmarktrechtlichen Vorschrift, dient in präventiver Hinsicht aber ebenfalls der allgemeinen zivilrechtlichen Grundsätzen folgenden Pflicht zur vollständigen und richtigen Information des Anlegers von Kapitalanlagen.[24] Insofern handelt es sich auch bei ihr um eine Kapitalmarktinformationshaftung.

B. Anknüpfung an den Primärmarkt

Im Kapitalmarktrecht wird üblicherweise zwischen dem Primärmarkt und dem Sekundärmarkt unterschieden. Der Primärmarkt ist dabei der Markt, auf dem es zur erstmaligen Platzierung neu emittierter Kapitalmarkttitel kommt und auf dem die Erstanbieter und Erstkäufer tätig sind.[25]

Der Sekundärmarkt hingegen erfasst jedes Geschäft, das nach der Erstplatzierung vorgenommen wird, wie z.B. eine Veräußerung vom Erstkäufer an einen Zweiterwerber.[26] Mit ihrer Anknüpfung an die Börsenzulassung oder an ein öffentliches Angebot (§§ 3 Abs. 1, 4 WpPG; 6 VermAnlG) bzw. bei Investmentvermögen an den Vertrieb (§§ 164, 268 KAGB) erfasst die spezialgesetzliche Prospektpflicht typischerweise den Primärmarkt. Hinsichtlich der Börsenzulassung bedarf dies keiner weiteren Erläuterung. Vermögensanlagen nach dem VermAnlG, die vorher dem Grauen Kapitalmarkt zugerechnet wurden, fehlt es an der Fungibilität. Daher gibt es üblicherweise keinen funktionierenden Sekundärmarkt,[27] so dass auch hier die Anknüpfung an den Primärmarkt

23 *Habersack* in: Habersack/Mülbert/Schlitt, Hdb. Kapitalmarktinf., § 29 Rn. 2.
24 *Habersack* in: Habersack/Mülbert/Schlitt, Hdb. Kapitalmarktinf., § 29 Rn. 2.
25 *Lenenbach*, Kapitalmarktrecht, Rn. 1.21.
26 *Lenenbach*, Kapitalmarktrecht, Rn. 1.25.
27 *Lenenbach*, Kapitalmarktrecht, Rn. 1.24.

evident ist. Investmentanteile dürfen nur von Kapitalverwaltungsgesellschaften an das Publikum vertrieben werden (§§ 164, 268 KAGB). Daher handelt es sich hier ebenfalls um den Primärmarkt.

Schließlich verdeutlicht aber die Vorschrift des § 3 Abs. 2 S. 2 WpPG, dass keine strikte Anbindung an den Primärmarkt existiert. Danach ist auch eine spätere Weiterveräußerung von Wertpapieren, die selbst einer Prospektpflicht unterlegen sind, prospektpflichtig (sog. secondary placement)[28]. Auch das öffentliche Angebot schon zugelassener Wertpapiere oder ein mehrfaches öffentliches Angebot vom selben Anbieter ist jedenfalls nach Ablauf der Gültigkeit des Prospekts (§ 9 WpPG) nicht explizit von der Prospektpflicht ausgeschlossen.[29]

Vor allem aber sind die Prospekthaftungsansprüche nicht auf die Ersterwerber begrenzt. Beruht der Zweiterwerb also kausal auf den Prospektangaben, so kann auch der Zweiterwerber Prospekthaftungsansprüche geltend machen, sofern die übrigen Voraussetzungen vorliegen.

C. Unterscheidung zwischen Prospekthaftung im engeren und im weiteren Sinn

Im Rahmen der von der Rechtsprechung entwickelten bürgerlich-rechtlichen Prospekthaftung[30] wird üblicherweise zwischen der bürgerlich-rechtlichen Prospekthaftung im engeren und im weiteren Sinn unterschieden. Erstere bezieht sich auf die Aussagen im Prospekt selbst, der insoweit oftmals die einzige Informationsquelle für die Anlageentscheidung darstellt und auf den die Anleger daher typischerweise vertrauen.[31] Es handelt sich dabei mit *Eyles* um den „*Kernbereich der bürgerlich-rechtlichen Prospekthaftung*".[32]

Die Prospekthaftung im weiteren Sinn knüpft dagegen nicht an die Prospektangaben an sich und damit an ein typisiertes, sondern an die „*konkrete Inanspruchnahme besonderen persönlichen Vertrauens*"[33] durch die Verwendung des Prospekts im Rahmen eines persönlichen Kontakts an.[34] Diese Konstellation wird aber ausreichend durch die vertragliche und vorvertragliche Haftung

28 Siehe *Hopt/Voigt*, Kapitalmarktinformationshaftung, S. 24.

29 Dazu kritisch *Hopt/Voigt*, Kapitalmarktinformationshaftung, S. 25 f.

30 Dazu unter § 2 B.

31 BGHZ 111, (314), 317; *Ochs*, Prospekthaftung, S. 18; *Eyles* in: Vortmann, Prospekthaftung, § 2 Rn. 4.

32 *Eyles* in: Vortmann, Prospekthaftung, § 2 Rn. 4.

33 *Eyles* in: Vortmann, Prospekthaftung, § 2 Rn. 5.

34 *Ochs*, Prospekthaftung, S. 18; *Ellenberger*, Prospekthaftung, S. 100; *Siol* in: Schimansky/Bunte/Lwowski, BankR-Hdb, Bd. I, § 45 Rn. 41.

nach den Grundsätzen der c.i.c. verbunden mit der Rechtsprechung des BGH zur Beratungs- und Aufklärungspflichtverletzung erfasst.[35] Daher sollte insoweit nicht mehr von einer Prospekthaftung gesprochen werden.[36] Die weiteren Ausführungen in dieser Arbeit beziehen sich daher grundsätzlich nur auf die Prospekthaftung im engeren Sinne, soweit die bürgerlich-rechtliche Prospekthaftung Gegenstand der Untersuchung ist.

D. Ergebnis

Die Prospekthaftung ist eine spezielle Ausformung einer Haftung für Informationen auf dem Kapitalmarkt. Diese Informationen müssen verpflichtend bei der Zulassung oder dem Vertrieb von Vermögensanlageprodukten im Rahmen eines öffentlichen Angebots den Anlegern durch eine Informationsschrift (Prospekt) zur Verfügung gestellt werden. Es handelt sich dabei typischer- aber nicht notwendigerweise um den Primärmarkt. Jedenfalls Prospekthaftungsansprüche können auch von Zweiterwerbern geltend gemacht werden. Die bürgerlich-rechtliche Prospekthaftung im weiteren Sinn ist keine derartige Prospekthaftung, da sie von der vertraglichen und vorvertraglichen Haftung vollständig erfasst wird. Daher ist im weiteren Verlauf der Arbeit mit dem Begriff der bürgerlich-rechtlichen Prospekthaftung stets diejenige im engeren Sinn gemeint, sofern nicht explizit von derjenigen im weiteren Sinn gesprochen wird.

§ 2 Historische Entwicklung der Prospekthaftungstatbestände

Ausgehend von der eben beschriebenen Begrifflichkeit soll in diesem Abschnitt gezeigt werden, wie die beiden unterschiedlichen Stränge von Prospekthaftungsansprüchen entstanden sind. Dadurch wird nachvollziehbar, wo der rechtstatsächliche und wo der dogmatische Graben verlaufen.

A. Spezialgesetzliche Prospekthaftung

Die Entwicklung der spezialgesetzlichen Prospekthaftung begann mit derjenigen für Wertpapiere (**I.**). Darauf folgten einige Zeit später Prospekthaftungsansprüche für Investmentanteile (**II.**), bevor in jüngerer Zeit Prospekthaftungsansprüche für Vermögensanlagen (**III.**) hinzukamen.

---

35 Zur Funktion der Prospekte bei der Beratung siehe *Brand*, jM 2014, 2 ff.

36 So auch *Ochs*, Prospekthaftung, S. 19 f.; *Ellenberger*, Prospekthaftung S. 100 ff.

I. Entstehen der börsengesetzlichen Prospekthaftung

Im Börsengesetz von 1896 wurde erstmals eine spezialgesetzliche Haftungsvorschrift für Zulassungsprospekte eingeführt.[37] Im Folgenden soll dargestellt werden, was den historischen Gesetzgeber veranlasst hat, eine neue Haftungsvorschrift einzuführen und warum die bis dahin bestehenden Vorschriften nicht zur Problembewältigung ausgereicht hatten. Daraus lassen sich Rückschlüsse gewinnen, warum es sich bei der Prospekthaftung um eine völlig neue Haftungskategorie handelt. Zunächst werden kurz die historischen Ereignisse dargestellt, die den Ausschlag für den Gesetzgeber gaben, das BörsG einzuführen (**1.**). Danach soll die bis dahin bestehende Gesetzeslage nachvollzogen werden, um zu zeigen, warum sie zur Lösung der zuvor aufgezeigten Probleme nicht imstande war (**2.**). Weiterhin soll gezeigt werden, dass auch durch die Methoden der Rechtsprechung das Problem nicht gelöst werden konnte (**3.**). Dies ist insbesondere hinsichtlich der späteren Entwicklung der bürgerlich-rechtlichen Prospekthaftung, die auf einer Rechtsfortbildung beruht, von Bedeutung. Abschließend wird auf die Argumente pro und contra die Einführung einer Prospekthaftung in das BörsG von 1896 und ihre geringe judizielle Relevanz eingegangen (**4.**). Die so gewonnenen Erkenntnisse verdeutlichen die Ursachen für die heutige Ausgestaltung der Prospekthaftung.

1. Auslöser der Einführung des BörsG

In den Jahren vor 1896 platzte eine Spekulationsblase an den deutschen Börsen, vor allem mit ausländischen Anleihen.[38] In der Folge wurde eine Börsen-Enquete-Kommission (BEK) eingesetzt, die die Schaffung des Börsengesetzes maßgeblich beeinflusste: „*Der unmittelbare Anlaß zu der Veranstaltung der Enquete lag in der großen und nachhaltigen Erregung, welche im Herbst 1891 durch rasch aufeinander folgende Bankerutte von Banken und Bankiers in weiten Kreisen hervorgerufen war. Dieselben hatten nicht blos Veruntreuungen und Betrügereien in großem Umfange enthüllt, sondern auch abermals die durch mancherlei Verhältnisse und Einrichtungen der Börsen begünstigte Neigung eines erheblichen Theils*

37 *Assmann*, Prospekthaftung, S. 60 ff.

38 Börsen-Enquete-Kommission 1893, S. 66, Verhandlungen des Reichstags, Anl. Band I, 1895/97, Aktenstück Nr. 14, S. 22.

des Publikums zum Börsenspiel[39] *und die dadurch angerichteten Verheerungen im Volkswohlstande erkennen lassen.*"[40]

Zuvor gab es kein einheitliches Börsengesetz im Deutschen Reich, sondern lediglich verschiedene Börsenordnungen an den einzelnen Börsen, die miteinander um Marktanteile konkurrierten und daher nicht sonderlich streng waren. Die nunmehr beabsichtigte stärkere Beaufsichtigung und Regulierung eines bestimmten Marktes ging auf das Vorbild Frankreichs zurück. Dort wurde in der Folge des Mississippi-Schwindels 1719–1720, der ebenfalls eine geplatzte Spekulationsblase erzeugte und einen tiefgehenden Vertrauensverlust zur Folge hatte, die Bourse de Paris geschaffen. Diese war für damalige Verhältnisse dem fortschrittlichsten Börsenrecht unterworfen.[41]

Dabei war es nicht verwunderlich, dass die ersten Schutzregelungen bei der Börse als Marktort ansetzten, und diese Handelsplattform einem Sonderrechtsregime unterwarfen. Dazu hat die nicht völlig untergegangene mittelalterliche Denktradition in Statuten und Privilegien beigetragen.[42] Den übergreifenden Gedanken eines Kapitalmarkts und diesbezügliche Regelungen gab es hingegen noch nicht.

2. Rechtliche Lage vor Schaffung des BörsG

Wenn nun durch das Börsengesetz von 1896 ebenfalls eine Anknüpfung an den Marktort stattfand, stellt sich die Frage, welche rechtlichen Probleme man damit in den Griff bekommen wollte.

a) Gründungsschwindel als Hauptproblem

Das Problem der mangelhaften Information wurde ursprünglich als ein organisatorisches im Gründungsstadium der Gesellschaften und hierbei vor allem der Aktiengesellschaften „*als Motor der Wirtschaftsentwicklung*" verortet.[43] Durch

---

39 Auch das RG versuchte der übermäßigen Spekulation durch den Ausschluss der Klagbarkeit, wenn ein „Börsenspiel" vorliegt, entgegenzutreten. Dies war allerdings der Rechtssicherheit von Börsengeschäften nicht zuträglich. Siehe dazu: *Bremer*, Grundzüge Börsenrecht 1969, S. 27.

40 Börsen-Enquete-Kommission 1893, S. 3.

41 *Oechsler* in: Bayer/Habersack, Aktienrecht im Wandel, Bd. II, Kap. 4, Rn. 4.

42 So *Oechsler* in: Bayer/Habersack, Aktienrecht im Wandel, Bd. II, Kap. 4, Rn. 4.

43 *Assmann*, Prospekthaftung, S. 39.

Aktiengesellschaften wurde anonymes[44] Massenkapital gesammelt. Folgende Probleme waren bei Gründungen von Aktiengesellschaften festzustellen:[45]

1. Bei Bargründungen zogen die Initiatoren die von ihnen eingebrachten Mittel als Gründungsaufwand aus der Gesellschaft ab. In noch dreisteren Fällen zahlten Gründer sich ihre Mindesteinlage sofort nach der Handelsregistereintragung zurück.
2. Bei Sachgründungen brachten sie Gegenstände zu überhöhten Preisen in die Gesellschaft ein und „*gaukelten auf diese Weise dem anlagewilligen Publikum ein vorhandenes, aber in Wahrheit nur fiktives Gesellschaftsvermögen vor*“[46].
3. Unternehmerische Chancen wurden vorgespiegelt, die die Initiatoren entweder nicht ausreichend geprüft oder sogar „*schlicht erdichtet hatten*“. „[…] *den Gründern sei es häufiger allein darum gegangen, Aktien als Börsenware zu schaffen und zu verkaufen*“[47].

Dadurch bot sich, verbunden mit der Gier der Anleger nach schnellem Profit, ein hohes Missbrauchspotential.[48] Es galt für den Gesetzgeber, das richtige Maß zwischen dem Schutz vor Betrügereien und dem Aufrechterhalten des Kapitalflusses zur Finanzierung sinnvoller Unternehmen bzw. Projekte zu finden. Er durfte weder zu laxe, noch zu strenge Vorschriften erlassen.[49] Dieselben Probleme traten später bei den Publikumskommanditgesellschaften auf[50] und trugen zur Entwicklung der bürgerlich-rechtlichen Prospekthaftung bei.[51]

---

44 Anonym auf Seiten der Aktionäre bei Inhaberaktien. Anonym auf Seiten der Gründer bis zur Aktienrechtsreform 1884, die erstmals eine namentliche Registrierung der Gründer einführte. Vgl. *Schubert/Hommelhoff*, Aktienrechtsreform 1884, S. 66.

45 *Schubert/Hommelhoff*, Aktienrechtsreform 1884, S. 64 f.

46 *Schubert/Hommelhoff*, Aktienrechtsreform 1884, S. 64.

47 *Schubert/Hommelhoff*, Aktienrechtsreform 1884, S. 65.

48 Als Unternehmensgegenstand diente beispielsweise die Entdeckung eines perpetuum mobile, *Renaud*, Actiengesellschaften, S. 23. Plakativ beschrieb es *Jhering*: „*Unter den Augen unserer Gesetzgeber haben sich die Actiengesellschaften in organisirte Raub- und Betrugsanstalten verwandelt, deren geheime Geschichte mehr Niederträchtigkeit, Ehrlosigkeit, Schurkerei in sich birgt, als gar manches Zuchthaus, nur dass die Räuber und Betrüger hier statt in Eisen in Gold sitzen.*“ in: *Jhering*, Der Zweck im Recht, S. 222.

49 *Lutz*, Protokolle zum ADHGB, S. 321.

50 *Hopt*, Gutachten G zum 51. DJT, S. G35 f.

51 Siehe unten unter B. II.

b) Legislative Maßnahmen

Als selbst der Infrastruktur des Staates dienliche Unternehmen - dies waren insbesondere die Gesellschaften, die entweder am Bau oder an der Finanzierung von Eisenbahnlinien beteiligt waren, - zu Spekulationsobjekten verkamen, sah sich der Gesetzgeber zum Handeln gezwungen.

aa) Konzessionspflicht

So wurde im Gesetz über Eisenbahn-Unternehmungen vom 3.11.1838 erstmals die schon vorher praktizierte staatliche Konzessionspflicht für Aktiengesellschaften gesetzlich geregelt.[52] Diese übernahm das ADHGB von 1861, nach dessen Art. 208 Aktiengesellschaften nur mit staatlicher Genehmigung errichtet werden konnten.[53] Jedoch stoppte dieses Erfordernis auch lebensfähige Projekte. Außerdem überforderte eine wachsende Anzahl von Anträgen die staatliche Kontrolle.[54] Auch das Konzessionssystem konnte die oben genannten Missstände nicht vollständig verhindern.

bb) Ersetzung der Konzessionspflicht durch aktienrechtliche Normativbestimmungen

Deshalb ersetzte das Aktiengesetz vom 11.6.1870 die Konzessionspflicht durch Normativbestimmungen, die vor allem Gründung, Verwaltung und Organisation betrafen.[55] So wurde das Grundkapital als zentrales Strukturelement der AG installiert und die Eintragung ins Handelsregister von der vollständigen Zeichnung abhängig gemacht (Art. 210a Nr. 1 ADHGB 1870).[56] Auch die Sacheinlagen fanden in Art. 209b ADHGB 1870 erstmals eine gesetzliche Regelung. So mussten der Wert der Sacheinlage und der Gegenleistung im Gesellschaftsvertrag geregelt werden.[57] Allerdings war der Anlegerschutz dennoch nur unzureichend ausgestaltet. In der Regel führten die Gründer nun eine Sukzessivgründung durch, bei der sie nur einen Teil der Aktien selbst zeichneten und einen Prospekt veröffentlichten, um weitere Zeichner zu finden. Die Zeichner konnten

---

52 *Assmann*, Prospekthaftung, S. 43.

53 Allerdings sah Art. 249 ADHGB die Möglichkeit vor, durch Landesgesetze davon abzuweichen, siehe ADHGB in der Fassung vom 5. Juni 1869, http://de.wikisource.org/wiki/Allgemeines_Deutsches_Handelsgesetzbuch._Inhalt, zuletzt verifiziert am 19.2.2019.

54 *Assmann*, Prospekthaftung, S. 44; vgl. auch § 3 B. II. 3.

55 *Bayer* in: Bayer/Habersack, Aktienrecht im Wandel, Bd. II, Kap. 17, Rn. 22.

56 *Bayer* in: Bayer/Habersack, Aktienrecht im Wandel, Bd. II, Kap. 17, Rn. 25.

57 *Bayer* in: Bayer/Habersack, Aktienrecht im Wandel, Bd. II, Kap. 17, Rn. 28.

aber häufig die Sacheinlagen nicht richtig bewerten und es fehlte eine Haftungsbestimmung bei der nicht ordnungsgemäßen Erfüllung der Sacheinlagebestimmungen.[58] Weiterhin gab es durch den Wegfall des Konzessionssystems keine effektive Kontrolle des Gründungsvorgangs mehr und die Initiatoren konnten sich mangels Publizitätszwangs vor den Anlegern verborgen halten und so der Verantwortung entgehen.[59] Während das Konzessionssystem also trotz gewisser Schwächen als zu streng empfunden wurde, führte ein zu liberales System allzu leicht zu Missbräuchen. Dies trug zu einer neuerlichen Spekulationsblase in den sogenannten Gründerjahren von 1871–1873 bei.[60] Und das in einem viel größeren Ausmaß als vom Gesetzgeber 1870 vorhergesehen.[61]

Deshalb kam es 1884 zu einer weiteren Reform des ADHGB. Die Gründer mussten sich nun ebenso wie die Sacheinleger namentlich registrieren lassen.[62] Weiterhin wurde ein Gründungsvorstand und -aufsichtsrat eingeführt, die den Gründungsvorgang für die Gesellschaft vor der Registereintragung gegenüber den Gründern kontrollieren sollten.[63] Die Publizitätsvorschriften sollten dasselbe leisten wie ursprünglich die Konzession und die Staatsaufsicht. Die Selbst- bzw. Marktsteuerung sollte die Fremd- bzw. Staatssteuerung ersetzen.[64] Schließlich sicherte die Gründerhaftung nach Art. 213a ADHGB 1884 diese Publizitätsvorschriften ab. Hiermit war eine Lösung für die ersten beiden der oben unter a) genannten Probleme gefunden. Das dritte Problem der Vorspiegelung unternehmerischer Chancen der Gesellschaft war dagegen noch nicht gelöst,[65] wie sogleich unter **3.** gezeigt wird.

cc) Einführung einer Prospekthaftung durch das BörsG

Spätestens durch den Zusammenbruch bedeutender deutscher Banken ab dem Herbst 1891[66] merkte man aber, dass der Schutz durch die organisationsrechtlichen Bestimmungen im Aktienrecht allein nicht ausreichend war und schuf in der Folge das Börsengesetz. Während im Aktienreformgesetz von 1884 dem

---

58 *Bayer* in: Bayer/Habersack, Aktienrecht im Wandel, Bd. II, Kap. 17, Rn. 30.

59 *Schubert/Hommelhoff*, Aktienrechtsreform 1884, S. 65.

60 *Assmann*, Prospekthaftung, S. 54 f.

61 Vgl. Aktiengesetzentwurf 1884, Aktenstück Nr. 21, S. 237, abgedruckt in: *Schubert/Hommelhoff*, Aktienrechtsreform 1884, S. 408.

62 *Schubert/Hommelhoff*, Aktienrechtsreform 1884, S. 66.

63 *Schubert/Hommelhoff*, Aktienrechtsreform 1884, S. 66.

64 *Hopt*, ZHR 141 (1977), (389), 400 f.

65 *Schubert/Hommelhoff*, Aktienrechtsreform 1884, S. 67.

66 Siehe oben unter 1.

Gesetzgeber nicht zugetraut wurde, einen Prospektzwang ausgewogen formulieren zu können und man die Eigenverantwortlichkeit des Anlegers betonte,[67] wurde im Börsengesetz von 1896 in § 38 erstmals eine Prospektpflicht und in § 43 eine darauf gestützte Haftungsvorschrift für unrichtige oder unvollständige Börsenzulassungsprospekte eingeführt.[68] Dabei ging der Gesetzgeber *„mit keiner Silbe"* auf *„das gegenläufige Konzept"* im Aktiengesetz von 1884 ein.[69]

3. Rechtsprechung zur „Prospekthaftung" vor dem BörsG 1896

Wie eben gezeigt, musste der Gesetzgeber immer wieder reagieren, da es aufgrund des mangelhaften Schutzes der Anleger wiederholt zu volkswirtschaftlichen Verwerfungen kam. Diese lagen aber nicht allein an den nicht hinreichenden Gesetzen, sondern auch an einer Judikative, die die schon bestehenden Vorschriften nicht ausreichend anwandte und fortentwickelte. Um dies zu zeigen, soll auf einen Fall des Reichsgerichts eingegangen werden, der eine Haftung im Zusammenhang mit einem Prospekt zum Gegenstand hatte, aber auf der Gesetzeslage vor 1896 fußt.[70] Der Sachverhalt stellte sich folgendermaßen dar:

a) Sachverhalt

Zwei Bankiers besorgten als Kommissionäre für den Kläger Aktien der im Dezember 1886 gegründeten Zementfabrik B AG. Der Beklagte, ebenfalls Bankier, war alleiniger Gründer und Aufsichtsratsvorsitzender der B AG. Im April 1889 veröffentlichte der Beklagte in mehreren Zeitungen Zeichnungsofferten für die Aktien. Dabei wurde der vom Direktor der B AG unterzeichnete Prospekt mitveröffentlicht, der eine Reihe von Angaben über das Unternehmen enthielt. Bald nach Erwerb der Aktien fiel der Kurs stark. Die Kläger forderten Schadensersatz, weil nach ihrer Meinung der Prospekt Unrichtigkeiten über wesentliche Angaben enthielt, die dem Beklagten auch bekannt waren oder zumindest bekannt hätten sein müssen. Der Beklagte berief sich auf widrige, nicht vorhersehbare Umstände sowie auf seine fehlende Verantwortlichkeit, da er in keinem Vertragsverhältnis zu dem Kläger stand.

Der Sachverhalt enthält Probleme, die auch heute noch im Zentrum von Prospekthaftungsklagen stehen. Zum einen gibt es kein Vertragsverhältnis zwischen dem Kläger und dem Beklagten.[71] Es soll jemand anderes haften, als derjenige,

---

67 *Schubert/Hommelhoff*, Aktienrechtsreform 1884, S. 67.
68 Siehe dazu den Abdruck unter 4. b).
69 *Schubert/Hommelhoff*, Aktienrechtsreform 1884, S. 68.
70 RGZ 39, 245 ff.
71 RGZ 39, (245), 246.

der den Prospekt unterzeichnet hat. Die unrichtigen Angaben sollen nicht kausal für den Kursverlauf gewesen sein, sondern widrige Umstände. Schließlich vollzieht sich der Erwerb über einen Dritten.

b) Lösung des RG

Das RG macht gleich zu Beginn der Entscheidungsgründe deutlich, dass nur ein deliktsrechtlicher Anspruch in Betracht komme.[72] Sodann nimmt es die Kausalität des Prospekts für den Erwerb der Aktien durch den Kläger ohne weiteres an. Außerdem stellt das RG auch die Verantwortlichkeit des Beklagten für den Prospekt fest, da er *„als Vorsitzender des Aufsichtsrates der Zementfabrik B und als alleiniger Inhaber der emittierenden Firma bei der Abfassung des Prospekts mitgewirkt und dessen Veröffentlichung veranlaßt habe, und daß er daher die Verantwortung für die Veröffentlichung nicht ablehnen könne."*[73] Interessant daran ist, dass das RG damit genau die zwei Fallgruppen der Prospektverantwortlichkeit aufgreift, die später in § 43 BörsG (1896) normiert wurden und im Wesentlichen bis heute bestehen.

Als Haftungsgrundlagen diskutiert das RG zunächst Art. 213b und Art. 249d ADHGB (1884)[74]. Art. 213b ordnete eine Haftung für diejenigen an, die öffentlich unrichtige oder unvollständige Angaben bezüglich der im Gründungsvorgang nötigen Angaben im Zusammenhang mit dem Einführen der Aktien in den Verkehr machten. Zwar klingt dies schon in gewisser Weise nach einem Prospekthaftungsanspruch. Allerdings waren dadurch eben nur bestimmte Angaben und diese auch nur im Gründungsvorgang von der Haftung erfasst. Vor allem aber führte diese Vorschrift nur zu einer Innenhaftung der AG gegenüber dem falsch Informierenden und wird deshalb auch vom RG zu Recht als Anspruchsgrundlage abgelehnt.[75] Mit dem Organisationsrecht der Aktiengesellschaften war der Anspruch des Klägers folglich nicht zu begründen.

Der vom RG als nächstes in Betracht gezogene Schadensersatzanspruch ist Art. 249d ADHGB (1884) i.V.m. §§ 10, 24–26 ALR I.6[76]. Art. 249d ADHGB (1884) war als Strafvorschrift einzuordnen. In ihrer Nr. 1 stellte sie die wissentliche Vorspiegelung falscher sowie die Entstellung wahrer Tatsachen mit dem

---

72 RGZ 39, (245), 246.

73 RGZ 39, (245), 247.

74 HGB i.d.F. nach Inkrafttreten des Gesetzes betreffend die Kommanditgesellschaften auf Aktien und die Aktiengesellschaften vom 18.7.1884, abgedruckt in *Schubert/Hommelhoff*, Aktienrechtsreform 1884, S. 560 ff.

75 RGZ 39, (245), 247.

76 Abrufbar unter: https://opinioiuris.de/quelle/1622, zuletzt verifiziert am 19.2.2019.

Ziel, jemanden zur Beteiligung an einem Aktienunternehmen zu gewinnen, unter Strafe. In Nr. 2 wurde die Anwendung kurserheblicher Täuschungsmittel bestraft, wenn sie in betrügerischer Absicht erfolgten. Nr. 2 der Vorschrift ist damit vergleichbar mit dem heutigen § 120 Abs. 2 Nr. 3 WpHG i.V.m. Art. 15 der Marktmissbrauchsverordnung[77], der vorsätzlich oder leichtfertig gemachte unrichtige, kurserhebliche Angaben als Ordnungswidrigkeit qualifiziert. Art. 249d Nr. 1 ADHGB (1884) hingegen kann als Vorgängervorschrift des heutigen § 264a StGB aufgefasst werden.[78] Die Brücke zum Schadensersatzanspruch wurde vom RG in den §§ 10, 24–26 ALR I.6 gesehen. Aus § 10 folgte dabei der Grundsatz der *„vollständige(n) Gnugthuung"* bei Vorsatz oder grobem Versehen. §§ 24–26 regelten an sich die Beweislastverteilung, wonach grundsätzlich der Geschädigte beweispflichtig war (§ 24). Bei unerlaubten Handlungen kam es dagegen zu einer Beweislastumkehr der haftungsausfüllenden Kausalität (§ 25). § 26 statuierte eine weitere Beweislastumkehr für die haftungsbegründende Kausalität bei Vernachlässigung gegen ein „auf Schadensverhütungen abzielendes Polizeygesetz". § 26 ist damit mit dem heutigen § 823 Abs. 2 BGB vergleichbar, der einen Schadensersatzanspruch bei schuldhaftem Verstoß gegen ein individual schützendes Gesetz vorsieht.

Das hier vorausgesetzte *„Polizeygesetz"* konnte in Art. 249d Nr. 1 ADHGB (1884) gesehen werden. Jedoch wurde darin Vorsatz vorausgesetzt und deshalb vom RG als eine Haftungsgrundlage für *„bloße Nachlässigkeit"* abgelehnt.[79]

Folglich führte auch der pönale Teil des Aktienrechts mit der Brücke über das allgemeine Zivilrecht nicht zur Anspruchsbegründung.

Es blieb dem RG damit nur der Weg über das allgemeine bürgerliche Recht, das zu dieser Zeit im ALR normiert war.[80] Dabei diskutierte es die Vorschriften der §§ 217–223 ALR I. 13 über Rat und Empfehlung, worin es um die Haftung des Dritten bei fehlerhafter Auskunftserteilung ging.[81] Bemerkenswert ist hier zunächst, dass das RG den Beklagten als Sachverständigen i.S.v. § 219 ALR ansieht, da er als *„Bankier"* in Bezug auf die Bewertung der Aktien, die er in

---

77 VO (EU) Nr. 596/2014, Abl. EU Nr. L 173/33.

78 Siehe dazu unten unter § 3 B. II. 3. d).

79 RGZ 39, (245), 247.

80 RGZ 39, (245), 248.

81 Das erinnert an § 311 Abs. 3 BGB, der die gesetzliche Konkretisierung der Sachwalterhaftung nach der culpa in contrahendo darstellt. Siehe *Gehrlein/Sutschet* in: Beck-OK, BGB, Stand: 1.2.2017, § 311 Rn. 114.

Ausübung seines Gewerbebetriebs in den Verkehr einführt, als sachverständig gelte.[82] Danach hafte er auch im Unterschied zu einem sonstigen - nicht sachverständigen - Dritten (§ 218) nicht nur für Vorsatz, sondern auch für grobes Versehen. Jedoch hat er nach Ansicht des RG diesen „*Rath*" nicht gegen „*Bezahlung oder Belohnung*" erteilt, wodurch er nach § 220 auch für mäßiges Versehen haftbar wäre. „*Denn es ergiebt sich aus den thatsächlichen Feststellungen des Kammergerichtes, daß der Beklagte eine Bezahlung oder Belohnung für die Veröffentlichung des Prospektes überall nicht erhalten, daß er diese Veröffentlichung vielmehr im eigenen Geschäftsinteresse und im Interesse seiner Mitgründer vorgenommen hat.*"[83] Das RG sieht also den Begriff der Bezahlung oder Belohnung eng und begrenzt diesen auf synallagmatische Verträge, während Beiträge zur Erreichung des Gesellschaftszwecks nicht erfasst sind. Somit kann das RG eine Haftung für einfache Fahrlässigkeit bzw. „mäßiges Versehen" nicht begründen. Ferner bemerkenswert ist hier, dass das RG in der Mitverantwortlichkeit für den Prospekt einen Rat bzw. eine Empfehlung des Beklagten für den Erwerb der Aktien sieht.

c) Bewertung

Es zeigen sich hier die Beschränkungen der damals anwendbaren Haftungsvorschriften auf die bei einer Emission verwendeten Prospekte. Eine Haftung kam nur bei grobem Verschulden in Betracht. Der Prospekterlasser oder -veranlasser war mit dem Anspruchsteller meist nicht vertraglich verknüpft, so dass vertragliche Ansprüche ausschieden. Schließlich gab es abgesehen von den Gründungsvorschriften der AG überhaupt keinen Prospektzwang bzw. Mindestangaben, weshalb es schwer war, einen Anknüpfungspunkt für die Prospekthaftung zu finden. Eine Haftung für culpa in contrahendo bzw. eine Vertrauenshaftung war zu dieser Zeit noch wenig entwickelt und eine Zurechnung entsprechend des heutigen § 278 BGB wurde im Rahmen der c.i.c. zu dieser Zeit nicht vorgenommen.[84] Um in derartigen Konstellationen zu einer Haftung zu kommen, war daher eine Gesetzesnovelle von Nöten. Eine solche ist in dem BörsG von 1896 zu sehen.

---

82 RGZ 39, (245), 248. Das heutige Verständnis eines Sachverständigen ist dagegen prozessrechtlich geprägt.

83 RGZ 39, (245), 248.

84 *Schwark*, BB 1979, (897), 902 m.w.N.

4. *Die Prospekthaftung unter dem BörsG von 1896*

Das BörsG von 1896 knüpfte in § 43 die Haftung für Prospekte erstmals an die Zulassung zur Börse als wichtigstem Marktort an.[85] Diese Anknüpfung war nicht unumstritten.[86] Welche Überlegungen den Gesetzgeber dazu bewogen, dennoch daran anzuknüpfen, wird am besten deutlich, wenn man sich die Vorarbeiten der BEK ansieht. Auf diesen beruht das BörsG von 1896 im Wesentlichen.

a) Erwägungen der BEK

Als Ausgangspunkt der Überlegungen, eine Prospekthaftung zu befürworten, stellte sich die Kommission die Frage, ob die großen Verluste der Anleger an den deutschen Börsen durch den Handel v.a. mit ausländischen Papieren in der Zukunft durch eine größere oder geringere Haftung der Emissionshäuser zu vermeiden seien.[87] Dabei erläuterte sie zunächst, dass nach dem zu dieser Zeit bestehenden Recht *„die juristische Rolle des Emittenten eine sehr verschiedene“* war. Der Emittent konnte demnach entweder Verkäufer, Kommissionär, Mandatar oder Vermittler sein.[88]

Auffällig an den Ausführungen der BEK ist an dieser Stelle vor allem die Gleichsetzung von „Emissionshaus“ und „Emittent“. Das lässt sich folgendermaßen erklären: Heute wird europarechtlich determiniert unter „Emittent“ eine Person oder Gesellschaft, die Wertpapiere begibt oder zu begeben beabsichtigt (vgl. § 2 Nr. 9 WpPG), verstanden.[89] Durch die Begebung entsteht das Wertpapier erst.[90] Es ist also diejenige Rechtspersönlichkeit gemeint, die die Wertpapiere „herstellt“.

Dagegen wurde der „Hersteller“ unter der damals noch herrschenden Kreationstheorie[91] Aussteller genannt.[92] Unter Emission wurde *„trotz der etymologischen Uebereinstimmung“* nicht die Ausgabe, d.h. die rechtsgeschäftliche Fortgabe der Wertpapiere durch ihren Aussteller, sondern die gesamte Tätigkeit verstanden, durch die eine Bank, ein Konsortium und dergleichen ein

---

85 Siehe oben unter 1.

86 Börsen-Enquete-Kommission 1893, S. 7: *„In den Aeußerungen der Börse angehöriger Personen findet sich öfters die Meinung vertreten, es handle sich bei der jetzt angebahnten Reform der Börse um eine Ausnahmegesetzgebung, welche die Börse im Unterschiede von den übrigen Theilen der Volkswirthschaft gehässigen Einschränkungen unterwerfen wolle.“*

87 Börsen-Enquete-Kommission 1893, S. 66.

88 Börsen-Enquete-Kommission 1893, S. 66.

89 Siehe Art. 2 Abs. 1 lit. h) der Prospektrichtlinie 2003/71/EG, ABl. EU Nr. L 345/70.

90 *Marburger* in: Staudinger, BGB, § 793 Rn. 12.

91 *Marburger* in: Staudinger, BGB, Vorb. zu §§ 793–808 Rn. 15.

92 *Nußbaum*, BörsG 1896, S. 147.

Wertpapier in den (Börsen-)verkehr brachte.[93] Wenn hier also der Begriff Emittent fällt, ist die Bank gemeint und nicht das nach heutigem Verständnis emittierende Unternehmen. Dieses Unternehmen wurde dagegen, wenn es sich um Anleihen handelte „Schuldner", wenn es sich um Aktien handelte „Unternehmer" genannt.[94] Es hat also eine Begriffsverschiebung stattgefunden, die in ganz erheblichem Maß die Prospektverantwortlichkeit beeinflusst. Darauf wird in Teil 3 § 3 C. zurückzukommen sein.

Die Mehrheit der BEK sprach sich dann für eine Verschärfung der Haftung der Emissionshäuser durch den Gesetzgeber aus, wobei die Eigenverantwortlichkeit der Anleger berücksichtigt werden sollte.[95]

Als Hauptargumente wurden dabei volkswirtschaftliche Erwägungen sowie Präventionsgesichtspunkte angeführt: Das „*Nationalvermögen (habe) durch die Einführung finanziell nicht genügend gesicherter Anleihen und die Konvertirung großer Anleihebeträge (mehr) erlitten*" als es durch die Provisionsgewinne und sonstigen Vorteile aus dem Emissionsgeschäft gemehrt worden sei. Durch die vorgeschlagenen Bestimmungen sollten die Banken nach Ansicht der BEK dazu angehalten werden, ihre Pflichten in Zukunft besonders sorgfältig wahrzunehmen.[96]

b) Ausgestaltung der Prospekthaftung im BörsG von 1896

Die Prospekthaftung im BörsG von 1896 war in den §§ 43–47 geregelt.[97] Im Vergleich zu der heutigen spezialgesetzlichen Nachfolgeregelung der §§ 21–25 WpPG fallen folgende wesentlichen Unterschiede und Gemeinsamkeiten auf:

---

93 *Nußbaum*, BörsG 1896, S. 147 f.: „*Während die Ausgabe regelmäßig durch den Aussteller selbst bewirkt wird, erfolgt die Emission gewöhnlich durch eine mit dem Aussteller in Verbindung stehende Bank.*"

94 Börsen-Enquete-Kommission 1893, S. 70.

95 Börsen-Enquete-Kommission 1893, S. 66.

96 Börsen-Enquete-Kommission 1893, S. 72.

97 **§ 43**

(1) Sind in einem Prospekt, aufgrund dessen Werthpapiere zum Börsenhandel zugelassen sind, Angaben, welche für die Beurtheilung des Werthes erheblich sind, unrichtig, so haften diejenigen, welche den Prospekt erlassen haben, sowie diejenigen, von denen der Erlaß des Prospekts ausgeht, wenn sie die Unrichtigkeit gekannt haben oder ohne grobes Verschulden hätten kennen müssen, als Gesammtschuldner jedem Besitzer eines solchen Werthpapiers für den Schaden, welcher demselben aus der von den gemachten Angaben abweichenden Sachlage erwächst. Das Gleiche gilt, wenn der Prospekt in Folge der Fortlassung wesentlicher Thatsachen unvollständig ist und diese Unvollständigkeit auf böslichem Verschweigen oder auf der böslichen Unterlassung einer ausreichenden Prüfung seitens derjenigen,

Zunächst war die Prospekthaftung aus dem Jahr 1896 auf Börsenzulassungen beschränkt (§ 43 Abs. 1 S. 1), während sich § 22 WpPG im Unterschied zu § 21 WpPG auf öffentliche Angebote bezieht. Es gab bei unvollständigen Prospekten 1896 noch den Verschuldensmaßstab des böslichen Verschweigens (§ 43 Abs. 1

---

welche den Prospekt erlassen haben, oder derjenigen, von denen der Erlaß des Prospekts ausgeht, beruht.

(2) Die Ersatzpflicht wird dadurch nicht ausgeschlossen, daß der Prospekt die Angaben als von einem Dritten herrührend bezeichnet.

§ 44

(1) Die Ersatzpflicht erstreckt sich nur auf diejenigen Stücke, welche aufgrund des Prospekts zugelassen und von dem Besitzer aufgrund eines im Inlande abgeschlossenen Geschäfts erworben sind.

(2) Der Ersatzpflichtige kann der Ersatzpflicht dadurch genügen, daß er das Werthpapier gegen Erstattung des von dem Besitzer nachgewiesenen Erwerbspreises oder desjenigen Kurswerthes übernimmt, den die Werthpapiere zur Zeit der Einführung hatten.

(3) Die Ersatzpflicht ist ausgeschlossen, wenn der Besitzer des Papiers die Unrichtigkeit oder Unvollständigkeit der Angaben des Prospekts bei dem Erwerbe kannte. Gleiches gilt, wenn der Besitzer des Papiers bei dem Erwerbe die Unrichtigkeit der Angaben des Prospekts bei Anwendung derjenigen Sorgfalt, welche er in eigenen Angelegenheiten beobachtet, kennen mußte, es sei denn, daß die Ersatzpflicht durch bösliches Verhalten begründet ist.

§ 45

Der Ersatzanspruch verjährt in fünf Jahren seit der Zulassung der Werthpapiere. Die Verjährung läuft auch gegen Minderjährige und bevormundete Personen, sowie gegen juristische Personen, denen gesetzlich die Rechte der Minderjährigen zustehen, ohne Zulassung der Wiedereinsetzung in den vorigen Stand, jedoch mit Vorbehalt des Rückgriffs gegen die Vormünder und Verwalter.

§ 46

(1) Eine Vereinbarung, durch welche die nach den §§. 43 bis 45 begründete Haftung ermäßigt oder erlassen wird, ist unwirksam.

(2) Weitergehende Ansprüche, welche nach den Vorschriften des bürgerlichen Rechts aufgrund von Verträgen erhoben werden können, bleiben unberührt.

§ 47

Für die Entscheidung der Ansprüche aus den §§ 43 bis 46 ist ohne Rücksicht auf den Werth des Streitgegenstandes ausschließlich das Landgericht des Ortes zuständig, an dessen Börse die Einführung des Werthpapiers erfolgte. Besteht an diesem Landgerichte eine Kammer für Handelssachen, so gehört der Rechtsstreit vor diese. Die Revision sowie die Beschwerde gegen Entscheidungen des Oberlandesgerichts geht an das Reichsgericht.

S. 2).[98] Es war in § 43 Abs. 1 BörsG 1896 noch nicht die Beweislastumkehr hinsichtlich des Verschuldens der Prospektverantwortlichen enthalten, wie sie nun in § 23 Abs. 1 WpPG vorgesehen ist. § 44 Abs. 1 BörsG 1896 sah eine strikte Beschränkung auf die aufgrund des Prospekts zugelassenen Stücke vor. Dieses Erfordernis wurde in § 21 Abs. 1 S. 3 WpPG durch die Einbeziehung von Wertpapieren desselben Emittenten, die nach Ausstattungsmerkmalen oder in sonstiger Weise von den aufgrund des Prospekts zugelassenen Stücken nicht unterschieden werden können, aufgeweicht. Schließlich war die Ersatzpflicht nach § 44 Abs. 3 BörsG 1896 schon dann ausgeschlossen, wenn der Erwerber nicht die diligentia quam in suis beachtete, es sei denn es lag bösliches Verhalten des Prospektverantwortlichen vor. Nach § 23 Abs. 2 Nr. 3 WpPG führt nur Kenntnis des Erwerbers zum Haftungsausschluss. Insofern stellt die heutige Version der Prospekthaftung im WpPG weniger strenge Voraussetzungen auf. Die Prospektverantwortlichen sind trotz der unterschiedlichen Formulierung im Wesentlichen gleich geblieben.[99] Nach §§ 43 Abs. 1 S. 1; 44 Abs. 2 BörsG 1896 war grundsätzlich der ganze Schaden liquidierbar, der dem Anleger aufgrund der von den Prospektangaben abweichenden Sachlage erwuchs. Es gab lediglich die Möglichkeit für den Anspruchsgegner, den Schadensersatz durch Rücknahme der Wertpapiere gegen Erstattung des Erwerbs- bzw. Ausgabepreises zu erfüllen. Diese Einrede enthält § 21 Abs. 1 WpPG sogleich in der Rechtsfolge und geht deshalb insofern weniger weit. Hinsichtlich des Umfangs des liquidierbaren Schadens war die ursprüngliche börsengesetzliche Prospekthaftung also umfassender. Im Übrigen ist aber in den meisten Punkten die heutige Nachfolgeregelung im WpPG anlegerfreundlicher ausgestaltet.

c) Geringe Bedeutung der börsengesetzlichen Prospekthaftung

Außer vereinzelt gebliebener Entscheidungen des Reichsgerichts[100] lässt sich bis zum „Beton und Monierbau" - Prozess (BuM-Prozess)[101] aus den Jahren 1980–1982 kein Urteil zur spezialgesetzlichen Prospekthaftung nachweisen. Als Gründe der geschmälerten Bedeutung im Nachkriegszeitraum werden der hohe Anteil der Selbstfinanzierung der Unternehmen, die Einführung einer Bankenaufsicht, die die Prospekte zumindest auf Vollständigkeit prüft,[102] die sinkende Bedeutung

98 Siehe dazu Teil 4 § 1 A. III. 1.

99 Siehe Teil 3 § 3 C. I.

100 RGZ 46, 83; 71, 97; 80, 196; 88, 271.

101 BGH WM 1982, 862; vorgehend LG Düsseldorf, 13. Februar 1980, Az: 2 O 411/79 und OLG Düsseldorf, 25. Juni 1981, Az: 6 U 79/80.

102 *Schwark*, BB 1979, (897), 902.

der Rechtsform der AG, die geringe Anzahl der Neugründungen, der niedrige Anteil börsennotierter AG innerhalb dieser Organisationsform, die wachsende Bedeutung anderer Anlageprodukte,[103] das relativ stabile Wirtschaftswachstum über längere Zeit ohne krisenhafte Einbrüche sowie die verfeinerten Techniken der Erhebung prospektrelevanter Daten und der Prospektanfertigung selbst genannt.[104] Außerdem war die börsengesetzliche Prospekthaftung zunächst auf die Besitzer der Wertpapiere beschränkt, die gerade ihre streitgegenständlichen Wertpapiere aufgrund des unrichtigen Prospekts erworben haben mussten. Darin lag aber eine gewisse Zufälligkeit, da im Effektenhandel nicht zwischen alten und jungen Stücken unterschieden wird.[105] Auch schon vor den zwei Weltkriegen kam die Prospekthaftung wohl deshalb oft nicht zur Anwendung, weil sie im Börsenrecht und dort bei den Zulassungen geregelt wurde und mithin *„von vornherein nur auf einen eng begrenzten Kreis von Prospekten beschränkt.“* war.[106] Der problematische *„Schleichhandel mit ausländischen Papieren, der die Emission an deutschen Börsen umgeht“* wurde davon gerade nicht erfasst.[107] Außerdem musste an den großen deutschen Börsen mindestens ein Gesamtnennwert von einer Million Mark der zuzulassenden Stücke erreicht werden, so dass die kleineren Emissionen niemals erfasst wurden.[108] Daneben hat schon immer ein reger Handel in nicht zugelassenen Papieren unter dem Dach der Börsen stattgefunden, auch Freiverkehr genannt.[109] Die Prämisse des Gesetzgebers bei Schaffung des Prospekthaftungstatbestands im Börsengesetz, dass nur börsennotierte Papiere erfolgreich beim Publikum platziert werden können, war also falsch oder ist es zumindest im Laufe der Zeit geworden.[110] Der Anwendungsbereich der ursprünglichen Prospekthaftung war folglich viel zu klein, um ein kapitalmarktrechtlich relevantes Instrument darzustellen.

---

103 Vor allem außerbörslich gehandelte Anlagen wurden zunehmend bedeutend, siehe sogleich unter II.

104 *Assmann*, Prospekthaftung, S. 65.

105 *Schwark*, BB 1979, (897), 902.

106 *Breit*, LZ 1913, (337), 340.

107 *Weber*, ZHR 45 (1896), (69), 95 ff.

108 *Weber*, ZHR 45 (1896), (69), 87; *Breit*, LZ 1913, (337), 340. Gerade die kleineren Emissionen waren aber oft die risikoreichen, bei denen eine Haftung eher relevant geworden wäre.

109 *Bremer*, Grundzüge Börsenrecht, S. 113.

110 *Assmann*, Prospekthaftung, S. 40.

II. Einführung einer spezialgesetzlichen Prospekthaftung im AuslInvestmG und im KAGG

Um in der Nachkriegszeit das private Publikum am inländischen Kapitalmarkt zu beteiligen und so eine neue Quelle für *„Investitionen und Rationalisierungsmaßnahmen der Wirtschaft zu erschließen“*[111], überlegte der Gesetzgeber, auf welche Weise er das Investmentsparen fördern könnte. Er verfolgte dabei sowohl das Ziel der Erschließung einer weiteren Kapitalquelle für dringend notwendige Investitionen als auch die sozialpolitische Aufgabe, *„eine möglichst breite Streuung des Eigentums an Produktionsstätten und Produktionsmitteln zu fördern“*[112]. Schließlich kam es zu einem ersten Entwurf des KAGG im März 1953. Durch Meinungsverschiedenheiten zwischen Bundestag und Bundesrat dauerte es aber bis zum 18.4.1957, bis das KAGG in Kraft treten konnte.[113] Dieses ursprüngliche KAGG kam noch ohne die Statuierung eines Prospekthaftungsanspruchs aus. Ein solcher wurde erst durch die KAGG - Novelle 1969[114] eingeführt, durch die eine Angleichung an die neuen Vorschriften des Auslandsinvestmentgesetz vorgenommen wurde.[115]

1. Gesetzgeberische Erwägungen und Ausgestaltung

Der Absatz ausländischer Investmentanteile hatte bis zur Einführung der Konvertibilität der DM 1958 kaum eine Rolle gespielt.[116] 1967 nahm er dann aber bereits 3/5 des Absatzes von Investmentzertifikaten inländischer Gesellschaften ein.[117] Der wachsenden Bedeutung ausländischer Investmentzertifikate stand keine adäquate gesetzliche Regelung gegenüber. Es gab keine auf sie anwendbaren produktbezogenen Regelungen und die Tätigkeit ausländischer Investmentgesellschaften und ihrer Vertriebsgesellschaften unterlag lediglich den Regelungsrahmen der GewO und des UWG in der jeweils damals gültigen Fassung.[118] Diese empfand der Reformgesetzgeber aber als nicht ausreichend.

---

111 *Baur,* InvestmG, 2. Aufl. 1997, Bd. 1, Vor § 1 Rn. 16.

112 *Baur,* InvestmG, 2. Aufl. 1997, Bd. 1, Vor § 1 Rn. 16.

113 Mehr dazu: *Baur,* InvestmG, 2. Aufl. 1997, Bd. 1, Vor § 1 Rn. 17 ff.

114 Gesetz über den Vertrieb ausländischer Investmentanteile, über die Besteuerung ihrer Erträge sowie zur Änderung und Ergänzung des Gesetzes über Kapitalanlagegesellschaften vom 28.7.1969, BGBl I S. 986.

115 *Baur,* InvestmG, 2. Aufl. 1997, Bd. 1, Vor § 1 Rn. 22.

116 RegE AuslInvestmG, BT-DrS. 05/3494, S. 14; *Baur,* InvestmG, 2. Aufl. 1997, Bd. 2, Vor § 1 AuslInvestmG Rn. 1.

117 RegE AuslInvestmG, BT-DrS. 05/3494, S. 14.

118 RegE AuslInvestmG, BT-DrS. 05/3494, S. 14.

Zum einen sah er erhebliche Störungen des Wettbewerbsverhältnisses zu Lasten inländischer Investmentzertifikate, die im Unterschied zu den ausländischen Investmentzertifikaten die strengen Schutzvorschriften des KAGG befolgen mussten, voraus. Zum anderen hielt er die Einwirkungsmöglichkeiten nach der GewO und dem UWG als nicht weitgehend genug, um den z.B. in der Werbung auftretenden erheblichen Missständen zu begegnen.[119] Dadurch befürchtete er Auswirkungen auf das Vertrauen der deutschen Anleger, zumal diese *„häufig noch keine Erfahrung auf dem Gebiet des Wertpapiersparens“*[120] hatten. Dies hätte nach Meinung des Gesetzgebers sich u.U. sogar negativ auf den deutschen Kapitalmarkt insgesamt auswirken können.[121] Eine Einbettung in das bereits bestehende KAGG, wie im Bundestag vorgeschlagen wurde,[122] hielt man aufgrund der unterschiedlich in Betracht kommenden Schutzmechanismen nicht für möglich.[123] So beruhte das KAGG unter anderem auf der Konzeption einer intensiven Beaufsichtigung der Gesellschaften,[124] d.h. das Aufsichtsrecht sollte maßgeblich für den Schutz des Anlegers sorgen, indem „gefährliche“ Gesellschaften im Vorhinein unterbunden wurden. Dabei wurde die Einhaltung des näher vorgeschriebenen Aufbaus und Geschäftsmodells der Kapitalanlagegesellschaft überwacht.[125] Ausländische Investmentprodukte unterlagen aber bedingt durch das jeweilige Rechtssystem meist einem ganz anderen Aufbau bzw. einer anderen Konzeption.

Wenn man ausländisches Investmentsparen nicht vollständig unterbinden wollte, durfte man daher nicht das Regelungskonzept des KAGG übernehmen, sondern musste einen anderen Anknüpfungspunkt finden. Dieser wurde darin gefunden, die Regelungen des AuslInvestmG auf den Vertrieb abzustellen. So sollte klargestellt werden, dass keine „Unbedenklichkeitsbescheinigung“ durch eine Bonitätsprüfung deutscher Behörden ausgestellt wird. Bei einem formellen Zulassungsverfahren wäre dieser Eindruck leicht entstanden.[126] Es wurde daher nur eine Anmeldung vorgeschrieben und eine zeitliche auf zwei Monate befristete

119 RegE AuslInvestmG, BT-DrS. 05/3494, S. 15.

120 RegE AuslInvestmG, BT-DrS. 05/3494, S. 23.

121 RegE AuslInvestmG, BT-DrS. 05/3494, S. 15.

122 *Baur,* InvestmG, 2. Aufl. 1997, Bd. 2, Vor § 1 AuslInvestmG Rn. 2.

123 RegE AuslInvestmG, BT-DrS. 05/3494, S. 15.

124 RegE AuslInvestmG, BT-DrS. 05/3494, S. 15.

125 RegE AuslInvestmG, BT-DrS. 05/3494, S. 15.

126 RegE AuslInvestmG, BT-DrS. 05/3494, S. 15; *Baur,* InvestmG, 2. Aufl. 1997, Bd. 2, Vor § 1 AuslInvestmG Rn. 2. Dieses Problem gibt es heute noch, wenn mit einer Prüfung durch die BaFin geworben wird.

Untersagungsbefugnis der Aufsichtsbehörde (§ 8 Abs. 1 AuslInvG 1969[127]) nach deren Ablauf der Vertrieb zulässig wurde.[128] Dieses Fehlen der umfassenderen Möglichkeiten der Aufsichtsbehörde musste durch andere Mittel ersetzt werden, um die Anleger zu schützen.[129] Hier kamen als zentrale Bestandteile eine Prospektpflicht beim Vertrieb von ausländischen Investmentprodukten und ein darauf gestütztes „Rücktrittsrecht" bei unrichtigen oder unvollständigen Angaben im Verkaufsprospekt und mithin ein Prospekthaftungsanspruch ins Spiel (§ 12 Abs. 1, 4 AuslInvG 1969).[130] Dies war bei ausländischen Investmentanteilen besonders wichtig, da die Anleger nach Ansicht des Gesetzgebers in aller Regel keine anderen Informationsquellen zur Verfügung hatten und sich in besonderem Maße auf die Angaben im Prospekt verlassen mussten.[131] Dieses Rücktrittsrecht konnte vom Anspruchsteller im Vergleich zu den Anforderungen der börsengesetzlichen Prospekthaftung leichter durchgesetzt werden, da eine Beweislastumkehr hinsichtlich der Kenntnis des Prospektfehlers statuiert wurde (§ 12 Abs. 3 S. 1 AuslInvG 1969). Die Prospektverantwortlichen mussten danach den vollen Beweis des Gegenteils dafür erbringen, dass sie den Prospektfehler nicht kannten und ihre Unkenntnis auch nicht auf grober Fahrlässigkeit beruhte. Scheinbar reagierte der Gesetzgeber damit auf die bisher mangelnde Relevanz des börsengesetzlichen Prospekthaftungsanspruchs, ohne dies ausdrücklich zu sagen.

Zusammen mit der Einführung des AuslInvestmG wurde auch das KAGG geändert und teilweise an das AuslInvestmG angepasst. Zwar wurde der durch das KAGG angestrebte Anlegerschutz nach der Meinung des Gesetzgebers im Wesentlichen erreicht.[132] Jedoch sah er u.a. die bisher vorgesehene Informationsliteratur für den Anleger, die darin bestand, die Vertragsbedingungen vollständig auf den Anteilsscheinen wiederzugeben (§ 14 Abs. 1 S. 2 KAGG 1957), für nicht ausreichend an, da die Anteilsscheine sich in der Regel nicht beim Anleger, sondern in einem Bankdepot befanden.[133] Daher sollte die verpflichtende Aushändigung eines Verkaufsprospekts, der unter anderem auch die Vertragsbedingungen

---

127 BGBl I S. 986.

128 Das erinnert an ein Verbot mit Erlaubnisvorbehalt, siehe *Steder*, WM 1969, Sonderbeilage 2, (2), 4.

129 Schließlich war der Anlegerschutz zentrales Anliegen des Gesetzgebers bei der Schaffung des AuslInvestmG, vgl. RegE AuslInvestmG, BT-DrS. 05/3494, S. 14.

130 RegE AuslInvestmG, BT-DrS. 05/3494, S. 16.

131 RegE AuslInvestmG, BT-DrS. 05/3494, S. 23.

132 RegE AuslInvestmG, BT-DrS. 05/3494, S. 14.

133 RegE AuslInvestmG, BT-DrS. 05/3494, S. 28.

enthalten musste, diese Informationsfunktion besser erfüllen.[134] Wohl um diese effektiv zu gestalten und weil die Aushändigung durch die Aufsichtsbehörde nicht kontrolliert werden konnte, wurde daran auch ein Prospekthaftungsanspruch angekoppelt.[135]

2. *Bewertung*

Die maßgebliche Neuerung an der Einführung der Prospekthaftungsvorschriften im AuslInvestmG und im KAGG war die Anknüpfung an den Vertrieb. Zum ersten Mal wurde das Phänomen der Prospekthaftung losgelöst vom Gründungsstadium der Gesellschaften und auch nicht marktortbezogen wie beim BörsG, sondern als besondere Vertriebsmodalität gesehen.[136] Somit stand ihr zumindest bzgl. des Investmentsparens ein weiterer Anwendungsbereich offen. Allerdings waren vom KAGG gemäß dessen § 1 Immobilienfonds in Form der KG, geschlossene Immobilienfonds und Gesellschaften, die in andere Anlagen als Wertpapiere, Grundstücke oder Erbbaurechte investierten, nicht erfasst.[137]

3. *Mangelnde judizielle Relevanz der Prospekthaftungsansprüche im AuslInvestmG und im KAGG*

Wenn nun auch Investmentanlagen zumindest zum Teil der Prospekthaftung unterworfen wurden, so lässt sich doch kein höchstgerichtliches, darauf gestütztes Urteil finden. In den Fällen, in denen diese Vorschriften überhaupt von Gerichten zitiert werden, geht es um die analoge Anwendung beim Verjährungsrecht, d.h. um §§ 12 Abs. 5 AuslInvestmG, 20 Abs. 5 KAGG.[138] Diese geringe Bedeutung liegt wohl wiederum am zu engen Anwendungsbereich, vor allem hinsichtlich der von der Prospekthaftung erfassten Informationen, wie sogleich unter B. I. gezeigt wird.

---

134 RegE AuslInvestmG, BT-DrS. 05/3494, S. 28; *Baur,* InvestmG, 2. Aufl. 1997, Bd. 1, § 19 Rn. 4.

135 Insofern geht der Verweis im Regierungsentwurf auf die Begründung zu § 12 AuslInvestmG auf S. 29 oben fehl, da dort die Notwendigkeit einer Prospekthaftung gerade mit der mangelnden Einflussmöglichkeit der deutschen Behörden ggü. ausländischen Investmentgesellschaften begründet wird, RegE AuslInvestmG, BT-DrS. 05/3494, S. 23.

136 *Hopt*, ZHR 141 (1977), (389), 399.

137 *Assmann*, Prospekthaftung, S. 74 f.

138 BGHZ 83, (222), 224; OLG Frankfurt a.M., Urteil v. 22.10.2002, AZ: 8 U 107/02, Rn. 10 juris; OLG Frankfurt a.M., Urteil v. 25.7.2012, AZ: 1 U 136/11, Os. 1, Rn. 26 juris; OLG München, Urteil v. 14.1.2010, AZ: 23 U 1568/09, Rn. 66 juris.

III. Scheitern eines ersten Vermögensanlagengesetzes

Gerade bei geschlossenen Fonds, die zumeist aus steuerlichen (Abschreibungs-) Gründen als Kapitalanlage interessant wurden, kam es zu erheblichen Missständen, wie bspw. „*betrügerische Angebote, Fondszusammenbrüche, aggressive und unseriöse Werbung*".[139] Dabei kam den kapitalmarktrechtlich ungeregelten Kommanditanteilen an Abschreibungsgesellschaften eine erhebliche volkswirtschaftliche Bedeutung zu. So wurde der Absatz daran im Jahr 1971 auf vier Milliarden DM geschätzt, während in deutsche AG nur etwa 2,7 Milliarden DM flossen.[140] Als Reaktion auf diese Missstände brachte die Bundesregierung am 2.1.1978 einen Entwurf zu einem Vermögensanlagengesetz in den Bundestag ein, um das Vertrauen der Privatanleger in den Kapitalmarkt wiederherzustellen.[141] Von dessen § 1 Abs. 1 wären sowohl die geschlossenen Fonds in Form der KG, als auch die Treuhandmodelle erfasst gewesen.[142] Dieser Entwurf scheiterte aber, indem er parlamentarisch nicht weiter verfolgt wurde. Die darin zum Ausdruck gebrachten Ideen wirkten jedoch in Rechtsprechung und Literatur fort.[143] Erst wesentlich später wurden zentrale Punkte davon durch das AnSVG[144] verwirklicht.

B. Bürgerlich-rechtliche Prospekthaftung

Wie aufgezeigt, fehlte es allen geschaffenen spezialgesetzlichen Prospekthaftungsansprüchen an Relevanz in der Rechtsprechung. Das liegt aber nicht etwa daran, dass die Schutzmechanismen so gut waren, dass es zu keinen Anlagebetrügereien oder Zusammenbrüchen mehr kam,[145] sondern eher daran, dass das legislatorische Konzept Lücken aufwies oder der Anwendungsbereich der spezialgesetzlichen Prospekthaftungsansprüche gar nicht eröffnet war. Um den durch fehlerhafte oder lückenhafte Werbung um ihr Geld gebrachten Anlegern zu helfen, entwickelte die Rechtsprechung daher eine bürgerlich-rechtliche Prospekthaftung, die sie im Grunde genommen auf die Rechtsfigur der culpa in contrahendo stützte. In einem Urteil vom 13.3.1980 verwendete der BGH erstmals explizit den Begriff „Prospekthaftung"[146] in den Entscheidungsgründen und

139 *Assmann*, Prospekthaftung, S. 77.
140 *Hopt*, Gutachten G zum 51. DJT 1976, S. G23.
141 RegE VermAnlG 1978, BT-DrS. 8/1405.
142 RegE VermAnlG 1978, BT-DrS. 8/1405, S. 4, 10 f.
143 *Assmann*, Prospekthaftung, S. 77.
144 Gesetz zur Verbesserung des Anlegerschutzes vom 28.10.2004, BGBl I S. 2630.
145 *Friedemann*, Trauriges Schicksal der Exoten, ZEIT 1973 Nr. 09, S. 43.
146 BGHZ 76, 231 = NJW 1980, 1470.

verwies für dessen Herleitung auf seine Urteile vom 24.4. und 16.11.1978.[147] Bereits vorher gab es aber wegweisende Urteile, die den Pfad der Rechtsprechung bereiteten.

I. *Schutzlücke für Werbeschriften von Vermittlern*

So lässt sich eine Lücke im Schutzkonzept des Gesetzgebers durch die neu geschaffenen Prospekthaftungsansprüche bei Investmentprodukten anhand eines Urteils des BGH vom 10.4.1978[148] belegen.

1. *„USIP-Fonds" - Fall des BGH*

In diesem Fall ging es um die Haftung einer als Vermittlungsgesellschaft auftretenden Anlagegesellschaft mbH für den ausländischen USIP-Fonds, der seinerseits den Regelungen des AuslInvestmG unterworfen war. Eine vertragliche Haftung der Vermittlungsgesellschaft kam nicht in Betracht, da sie lediglich Handelsvertreter i.S.v. § 84 HGB und damit nicht selbst Vertragspartner war.[149] Ob das nach heutiger Rechtsprechung noch so gesehen würde, ist zu bezweifeln,[150] soll aber an dieser Stelle offenbleiben. Eine Haftung nach § 12 Abs. 4 i.V.m. Abs. 1 AuslInvestmG, der explizit auch gewerbsmäßige Vermittler und damit insbesondere auch Handelsvertreter erfasste,[151] schied dagegen deshalb aus, weil das haftungsbegründende Dokument nicht der Verkaufsprospekt der ausländischen Investmentgesellschaft i.S.v. §§ 12 Abs. 1, 3 Abs. 1 AuslInvestmG war. Vielmehr handelte es sich um eine zusätzliche Werbebroschüre der

147 BGHZ 71, 284 = NJW 1978, 1625; BGHZ 72, 382 = NJW 1979, 718. In diesen Urteilen fiel immerhin schon in den Seitenüberschriften in Anführungszeichen der Begriff „Prospekthaftung".

148 BGH, Urteil v. 10.4.1978, AZ: II ZR 103/76 = WM 1978, 611.

149 BGH, Urteil v. 10.4.1978, AZ: II ZR 103/76, Rn. 8 juris.

150 Zwar steht der Handelsvertreter mit dem Geschäftsgegner grds. in keiner Vertragsbeziehung, siehe *Hopt* in: Baumbach/Hopt, HGB, § 84 Rn. 49 f. m.w.N. Gerade für Kapitalanlagevermittler gilt aber etwas anderes. Hier wird nach inzwischen gefestigter Rspr. regelmäßig von einem zumindest stillschweigenden Auskunftsvertrag ausgegangen. Siehe BGH WM 2000, (426), 427; BGH NJW-RR 1993, 1114 f.; BGH NJW 1982, (1095), 1096; *Baur,* InvestmG, 2. Aufl. 1997, Bd. 1, § 20 KAGG Rn. 40.

151 *Baur,* InvestmG, 2. Aufl. 1997, Bd. 2, § 12 AuslInvestmG Rn. 14. Die Prospekthaftung der Vermittler in § 12 Abs. 4 AuslInvestmG wurde laut Bericht des Abgeordneten Schmidhuber erst durch den Wirtschaftsausschuss eingeführt und sollte eine Haftungserleichterung zu ihren Gunsten bringen, da der Haftungsmaßstab auf Vorsatz festgesetzt wurde, BT-DrS. 04/4414, S. 8.

Vermittlungsgesellschaft.[152] Wenn man also der Ansicht des BGH folgt, fehlte es an einer Haftungsvorschrift für Intermediäre, die eigenes Informationsmaterial verwendeten. Deshalb nahm der BGH als Ansatzpunkt die culpa in contrahendo in Form der Sachwalterhaftung (vgl. § 311 Abs. 3 S. 2 BGB). Er meinte, die beklagte Anlagegesellschaft habe durch ihr Auftreten als ‚internationale' Anlageberatung in Zusammenhang mit ihrer Werbeschrift für den USIP-Fonds für ihre eigene Person in erheblichem Maß Vertrauen in Anspruch genommen.[153] Zum Problem des Konkurrenzverhältnisses zu § 12 AuslInvestmG stellte der BGH lapidar fest, dass das AuslInvestmG keine weitergehende und andersartige vertragliche Verpflichtung oder Haftung aus Verschulden bei Vertragsschluss ausschlösse.[154]

2. Bewertung

Sehr zweifelhaft ist aber schon, ob eine GmbH als juristische Person überhaupt besonderes persönliches Vertrauen erwecken kann.[155] Selbst wenn man dem - entgegen meiner Ansicht - noch zustimmt, so ist es schon erstaunlich, dass der BGH das Erwecken des persönlichen Vertrauens auf die Werbeschrift und damit nicht auf die persönliche Beratung stützte.[156] Dies ist zwar nach der Lösung des BGH konsequent, da er nicht auf die Organe, sondern auf den Kontakt mit der GmbH selbst abstellt. Hinsichtlich des Konkurrenzverhältnisses zu § 12 AuslInvG macht es sich der BGH aber zu leicht. Zwar gab es im Unterschied zur börsengesetzlichen Prospekthaftung (§ 46 Abs. 2 BörsG 1896) im KAGG und im AuslInvestmG keine ausdrückliche Konkurrenzregelung bzgl. der Prospekthaftung. Jedoch wurde die Prospekthaftung dort ähnlich der börsengesetzlichen Regelung ausgestaltet, so dass insofern auch ein gesetzgeberisches Versehen vorliegen könnte bzw. man aufgrund des effektiven Rücktrittsrechts kein Bedürfnis sah, die Möglichkeit der Geltendmachung weitergehender Ansprüche klarzustellen.[157] Eine Analogie zu § 46 Abs. 2 BörsG 1896 hätte hier näher gelegen. Demnach wäre nur die Geltendmachung weitergehender vertraglicher

---

152 Was eben noch mehr für einen Auskunftsvertrag spricht.

153 BGH, Urteil v. 10.4.1978, AZ: II ZR 103/76, Rn. 12 juris.

154 BGH, Urteil v. 10.4.1978, AZ: II ZR 103/76, Rn. 20 juris.

155 v. Bar, ZGR 1983, (476), 482. Dies wird aber in einem neueren Urteil des OLG Düsseldorf inzident vorausgesetzt, OLG Düsseldorf, Urteil v. 6.9.2002, AZ: I-17 U 222/01, Rn. 52 f. juris.

156 BGH, Urteil v. 10.4.1978, AZ: II ZR 103/76, Rn. 16 juris.

157 So führt auch *Baur* bei der Begründung der Idealkonkurrenz die Meinungen zum BörsG an, *Baur*, InvestmG, 2. Aufl. 1997, Bd. 1, § 20 KAGG Rn. 33 m.w.N.

Ansprüche neben dem spezialgesetzlichen Prospekthaftungsanspruch möglich gewesen. Die Haftung aus c.i.c. wurde vom BGH selbst aber bereits zu dieser Zeit als gesetzliches Schuldverhältnis angesehen.[158] Nach meiner Ansicht hätte der BGH deshalb auch wegen dieses Konkurrenzverhältnisses den Anspruch ablehnen müssen.

II. Sonderrecht der Publikums-KG

Neben dieser Schutzlücke im spezialgesetzlichen Haftungsregime für Werbeschriften von Vermittlern, die der BGH durch die unreflektierte Anwendung der c.i.c. zu füllen versuchte, entwickelte sich die bürgerlich-rechtliche Prospekthaftung vor allem als „*Sonderrecht für die Publikums-KG*"[159]. Das erstaunt aufgrund der gestiegenen volkswirtschaftlichen Bedeutung dieser meist als GmbH & Co. KG organisierten Publikumsgesellschaften nicht. Jene wurden als Steuersparmodelle angepriesen, woraufhin Milliardenbeträge flossen und die Investitionssumme teilweise sogar das neu gezeichnete Aktienkapital übertraf.[160] Trotz oder gerade aufgrund der hohen wirtschaftlichen Bedeutung kam es auch bei den Abschreibungsgesellschaften „*zu einer Welle von Gründungsschwindeln und Gesellschaftspleiten mit spektakulären Randerscheinungen*"[161]. Diese Entwicklung wurde dadurch begünstigt, dass es auf diesem Markt keinen funktionierenden Sekundärmarkt und vor allem kaum professionelle Anleger gab, die, wie auf den Wertpapiermärkten, einer marktgerechten Preisbildung zuträglich gewesen wären. Der Verkaufsprospekt stellte oftmals die einzige Informationsquelle dar.[162] Daher entsprach „*es verbreiteter Ansicht, daß der Anlegerschutz auf dem grauen Kapitalmarkt wegen dessen besonderer Risikoträchtigkeit - hinsichtlich des Vertriebs wie der Anlagen selbst - schärfer zugreifen müsse als auf dem - durch vielfältige wirtschaftsrechtliche Regulierungen und Selbstregulierungen bereits disziplinierten - Effektenmarkt.*"[163]

---

158 BGHZ 6, (330), 333 = NJW 1952, (1130), 1131. Siehe zu dem Konkurrenzverhältnis der spezialgesetzlichen zur bürgerlich-rechtlichen Prospekthaftung auch ausführlich Teil 3 § 2.

159 *Hüffer*, JuS 1979, (457), 462.

160 *Assmann*, Prospekthaftung, S. 75; *v. Bar*, ZGR 1983, (476), 477; siehe auch oben unter A. III.

161 *Assmann*, Prospekthaftung, S. 75. Vgl. auch die Beispiele in der Abhandlung von *Kohl/Kübler/Walz/Wüstrich*, ZHR 138 (1974), (1), 9 f.

162 *Hellgardt*, ZBB 2012, (73), 76 f.

163 *Köndgen*, AG 1983, (85), 87.

Während der Gesetzgeber darauf mit steuerrechtlichen Regelungen reagierte,[164] entwickelte die Rechtsprechung ein Sonderrecht für die Publikums-KG, wovon die bürgerlich-rechtliche Prospekthaftung ein Teil war. Kommanditgesellschaften wurden vom Anwendungsbereich der existierenden spezialgesetzlichen Prospekthaftungsvorschriften nicht erfasst. Als der Regierungsentwurf aus dem Jahr 1978 zu einem Vermögensanlagengesetz, das auch die genannten KG erfasst hätte, scheiterte,[165] konnte sich die allgemein bürgerlich-rechtliche Prospekthaftung als Anlegerschutzkonzept vertiefen. Das Maß des durch sie gewährten Schutzes ließ die spezialgesetzlichen Prospekthaftungsansprüche fast als „Anachronismus" erscheinen.[166]

C. Zweigleisigkeit nach Inkrafttreten der jüngeren Gesetzesnovellen

Von sich aus wurde der deutsche Gesetzgeber in der Folge nicht mehr tätig, um der faktischen Bedeutungslosigkeit der spezialgesetzlichen Prospekthaftungsansprüche zu begegnen.[167] Damit ließ er sehenden Auges eine Rechtsfortbildung der Gerichte zu, die dabei die verfassungsmäßigen Grenzen der Rechtsfortbildung überschritten.[168] Es bedurfte erst Akte des europäischen Gesetzgebers, um ein Wiedererstarken der spezialgesetzlichen Prospekthaftung herbeizuführen. So trat am 1. Januar 1991 das Verkaufsprospektgesetz in seiner ursprünglichen Fassung in Kraft,[169] das der Umsetzung der Richtlinie 89/298/EWG des Rates vom 17. April 1989 zur Koordinierung der Bedingungen für die Erstellung, Kontrolle und Verbreitung des Prospekts, der im Falle öffentlicher Angebote von Wertpapieren zu veröffentlichen ist[170], diente.[171] Dieses führte in § 1 eine Prospektpflicht für das öffentliche Angebot von Wertpapieren im Inland und in § 13 eine daran anknüpfende Prospekthaftung nach Maßgabe des Börsengesetzes ein. Damit wurde die aus dem AuslInvestmG bekannte Anknüpfung an den Vertrieb ausgeweitet. Allerdings betraf die Regelung nur Wertpapiere, so dass die Publikums-KG nicht erfasst war. Der Regierungsentwurf begründet den

---

164 *Assmann*, Prospekthaftung, S. 75 f.

165 Siehe oben unter A. III.

166 *Assmann*, Prospekthaftung, S. 373.

167 Infolge des effektiven allgemein bürgerlich-rechtlichen Prospekthaftungsanspruchs, den die Gerichte gewährten, sah der Gesetzgeber wohl keinen Handlungsbedarf bzw. wurde kein Druck von Anlegerschützern mehr aufgebaut.

168 Siehe hierzu Teil 2, §§ 1–3.

169 BGBl. 1990 I S. 2749.

170 ABl. EU Nr. L 124/8.

171 RegE VerkProspG 11/6340, S. 1, 10.

eingeschränkten Anwendungsbereich der Prospektpflicht mit der zu dieser Zeit erwünschten Deregulierung der Finanzmärkte und dem erleichterten Zugang der Unternehmen zum Kapitalmarkt. Der Gesetzgeber gab diesen Zielen in einer Abwägung mit Gesichtspunkten des Anlegerschutzes den Vorrang.[172]

Erst im Rahmen der Umsetzung eines weiteren Akts des europäischen Gesetzgebers, der EU-Marktmissbrauchsrichtlinie[173], weitete der deutsche Gesetzgeber durch das Anlegerschutzverbesserungsgesetz (AnSVG)[174] die Prospektpflicht und daran anknüpfend die Prospekthaftung umfassend aus. Begründet wurde das mit der Schließung einer Regelungslücke in einem Marktsegment, *„für dass* [sic!] *sich in der Vergangenheit anhand von hohen Schäden bis hin zu Totalverlusten besonderer Handlungsbedarf gezeigt hat.*“[175] Zwar wurde auch hier wiederum der Anlegerschutz mit dem erschwerten Zugang der Unternehmen zum Kapitalmarkt abgewogen, die Abwägung fiel aber dieses Mal im Wesentlichen zu Gunsten des Anlegerschutzes aus.[176] Dass durch die Ausweitung der Prospektpflicht und der darauf basierenden -haftung auf die meisten Vermögensanlagen der Anwendungsbereich der bürgerlich-rechtlichen Prospekthaftung erheblich eingeschränkt wurde, wird auch in der Literatur erkannt.[177]

Die weiteren Gesetzesnovellen, wie das Gesetz zur Novellierung des Finanzanlagenvermittler- und Vermögensanlagenrechts vom 6.12.2011[178] sowie das OGAW-IV-Umsetzungsgesetz vom 22.6.2011[179] führten hinsichtlich der Prospekthaftung zu einer neuen Systematisierung, wodurch insbesondere die Prospektpflicht und die sich darauf beziehende Haftungsvorschrift im jeweils selben Gesetz standen. In der Sache ergaben sich durch diese Novellen aber keine großen Änderungen.[180] Denn bereits durch § 8f VerkprospektG i.d.F. des AnSVG betraf die Prospektpflicht nunmehr im Inland öffentlich angebotene, nicht in

---

172 RegE VerkProspG 11/6340, S. 10. Damit wurde im Grunde genommen dasselbe Argumentationsmuster wie bei der Schaffung des BörsG von 1896 verwendet: die Emissionstätigkeit solle nicht zum Erliegen kommen; siehe oben unter A. I. 4.

173 Richtlinie 2003/6/EG, ABl. EU Nr. L 96/16.

174 Gesetz zur Verbesserung des Anlegerschutzes vom 28.10.2004, BGBl I S. 2630.

175 RegE AnSVG 15/3174, S. 26.

176 RegE AnSVG 15/3174, S. 41.

177 *Assmann* in: Assmann/Schütze, Handbuch des Kapitalanlagerechts, 4. Aufl. 2015, § 5 Rn. 5, 21 f. Siehe zu dem Meinungsstand ausführlich Teil 3 § 1 dieser Arbeit.

178 BGBl. I. 2011, S. 2481.

179 BGBl. I. 2011, S. 1126.

180 So aber *Assmann*, der davon den größten Teil der vorher auf dem grauen Kapitalmarkt vertriebenen Anlagen erfasst sieht, in: Assmann/Schütze, Handbuch des Kapitalanlagerechts, 4. Aufl. 2015, § 5 Rn. 20.

Wertpapieren verbriefte Anteile, die eine Beteiligung am Ergebnis eines Unternehmens gewähren, für Anteile an einem Treuhandvermögen und für Anteile an sonstigen geschlossenen Fonds und damit den größten Teil der vormaligen Graumarktprodukte. Die Prospektpflicht und die darauf in §§ 13, 13a VerkprospektG aufbauende Haftung erstreckten sich mithin auf „*Unternehmensbeteiligungen an Personenhandelsgesellschaften, GmbH-Anteile, Anteile an BGB-Gesellschaften, Genossenschaftsanteile sowie stille Beteiligungen an den genannten Gesellschaften oder an bestimmten Vermögensmassen solcher Gesellschaften und auch Beteiligungen an ausländischen Unternehmen anderer Rechtsformen.*“[181] Nicht erfasst sein sollten lediglich partiarische Darlehen.[182]

Selbst letztere sind inzwischen aber mit Inkrafttreten[183] des Kleinanlegerschutzgesetz[184], das am 23.4.2015 vom Bundestag verabschiedet wurde, vom Anwendungsbereich des VermAnlG nach dessen § 1 Abs. 2 Nr. 3 erfasst. Der Gesetzgeber sah sich zu diesem Gesetz durch die Insolvenz u.a. von Infinus, S&K und dem Windparkbetreiber Prokon veranlasst.[185] Diesen Unternehmen war es vor ihrer Insolvenz gelungen, von Privatanlegern erhebliche Summen auf dem „Grauen Kapitalmarkt“ durch eine „*Mischung von Werbung, geschickter Vermarktung und unzureichenden Informationen*“ einzuwerben.[186] Weiterhin wurden Nachrangdarlehen, § 1 Abs. 2 Nr. 4 VermAnlG, und sonstige Anlagen, die eine Verzinsung und Rückzahlung oder einen vermögenswerten Barausgleich im Austausch für die zeitweise Überlassung von Geld gewähren oder in Aussicht stellen (§ 1 Abs. 2 Nr. 7 VermAnlG) als Vermögensanlagen definiert. Untere letztere fallen z.B. „*Direktinvestments in Sachgüter (z.B. Beteiligungen an dem Erwerb einzelner Container oder von Rohstoffen mit einer zugesagten jährlichen Verzinsung und einem Rückerwerb der Anlage nach einem gewissen Zeitraum).*“[187] Für alle diese Anlageformen greift in Folge des Kleinanlegerschutzgesetzes die Prospektpflicht nach § 6 VermAnlG und die darauf basierende Prospekthaftung nach §§ 20, 21 VermAnlG. Ausnahmen nach §§ 2a, b, c VermAnlG bestehen lediglich für Schwarmfinanzierungen (Crowdfunding), soziale Projekt, gemeinnützige

181 RegE AnSVG 15/3174, S. 41.

182 RegE AnSVG 15/3174, S. 41.

183 Gemäß Art. 13 des KleinanlegerschutzG ist es teilweise am Tag nach der Verkündung am 10.7.2015, teilweise am 1.1.2016 und in allen Teilen am 3.1.2017 in Kraft getreten, BGBl. I 2015, 1114.

184 BGBl. I 2015, 1114.

185 *Buck-Heeb*, NJW 2015, 2535; *Morlin*, AG 2015, (R23), R24.

186 RegE KleinanlegerschutzG, 18/3994, S. 28.

187 RegE KleinanlegerschutzG, 18/3994, S. 39.

Projekte und Religionsgemeinschaften, allerdings unter strengen Grenzwerten der gesamten vom Anbieter verkauften Anteile desselben Emittenten (maximal 2,5 Millionen Euro) und weiteren Einschränkungen wie der pro Anleger maximal möglichen Investitionssummen (§ 2a VermAnlG) oder einer Begrenzung des Sollzinssatzes (§2b und c VermAnlG).[188]

Damit stellt sich die Frage, ob überhaupt noch ein Anwendungsbereich der allgemein bürgerlich-rechtlichen Prospekthaftung übrig geblieben ist. So wird ihr in der Literatur überwiegend lediglich noch eine Auffangfunktion in wenigen Fällen bescheinigt.[189] Nach Meinung des Gesetzgebers stehen *„Ansprüche aus zivilrechtlicher Prospekthaftung im weiteren Sinne gegen von § 13 in Verbindung mit § 44 Börsengesetz nicht erfasste am Vertrieb der Vermögensanlagen im Sinne des § 8f Abs. 1 Beteiligte, z.B. Vermittler"* weiterhin offen.[190] Dies könnte im Umkehrschluss so gedeutet werden, dass für die hier interessierende Prospekthaftung im engeren Sinn kein Raum mehr sei. Jedenfalls führt die verbliebene Funktion der bürgerlich-rechtliche Prospekthaftung, sofern man eine solche anerkennt, zu Unstimmigkeiten, wie sich unten zeigen wird.[191]

D. Ergebnis

Der Gesetzgeber hat den Anlegerschutz den Entwicklungen des Markts von Kapitalanlageprodukten immer erst ex post angepasst. Als 1896 den Börsentiteln volkswirtschaftlich noch die größte Bedeutung beigemessen wurde,[192] reagierte er auf die Missstände, die sich v.a. in Form von Gründungsschwindeln zeigten, durch die Verschärfung der Zulassungsvoraussetzungen für Wertpapiere an der Börse. So statuierte er im BörsG eine Prospektpflicht für Börsenzulassungen und

---

188 Siehe dazu im Einzelnen unten unter Teil 3 § 3 B. II. 1.

189 *Heidelbach* in: Schwark/Zimmer, KMRK, § 13 VerkprospektG Rn. 37; *Assmann* in: Assmann/Schütze, Handbuch des Kapitalanlagerechts, 4. Aufl. 2015, § 5 Rn. 21, hält sie lediglich noch für partiarische Darlehen und für Altfälle für anwendbar. Die Anwendbarkeit auf partiarische Darlehen hat sich aber mit Inkrafttreten des KleinanlegerschutzG erledigt. Einen weiteren Anwendungsbereich sprechen *Feldmann/Löwisch* in: Staudinger, BGB, Neubearb. 2012, § 311 Rn. 188 ff. der bürgerlich-rechtlichen „uneigentlichen Prospekthaftung" zu. Am weitesten ging *Emmerich* in: MüKo BGB, 6. Aufl. 2012, § 311 Rn. 153, der keine Einschränkung der bürgerlich-rechtlichen Prospekthaftung durch § 13 VerkprospektG erkannte. In der 7. Aufl. 2016, § 311 Rn. 137 weist er ihr aber auch nur noch eine Auffangfunktion zu.

190 RegE AnSVG 15/3174, S. 44.

191 Siehe Teil 4 § 1 A.

192 *Weber*, ZHR 45 (1896), (69), 73.

eine daran gekoppelte Haftung für Fehlangaben. Als dann in den 60er Jahren des zwanzigsten Jahrhunderts die Anlage in ausländische Investmentfonds aufgrund der neuen Vertriebsstrategien an Bedeutung gewann, es aber auch hier zu großen Schwindeln kam, schuf der Gesetzgeber 1969 das AuslInvestmG, dessen Vorschriften an den Vertrieb von ausländischen Investmentprodukten anknüpften. In der Folge verlagerte sich die Flut an privatem Anlagekapital auf die sogenannten Abschreibungsgesellschaften, die meist als GmbH & Co. KG organisiert waren. Wiederum gab es einige dubiose und betrügerische Projekte, was zu großen finanziellen Verlusten von Kleinanlegern führte und deren Vertrauen in den Kapitalmarkt zu untergraben drohte. Nun blieb der Gesetzgeber seine Antwort in Form eines Vermögensanlagengesetzes durch dessen Scheitern schuldig. Damit war der Nährboden für die allgemein bürgerlich-rechtliche Prospekthaftung bereitet, auf dem die sich zum Anlegerschutz berufen gefühlte Rechtsprechung gedeihen konnte. Zu dieser Zeit hatte die allgemein bürgerlich-rechtliche Prospekthaftung daher tatsächlich eine Auffangfunktion, da die nach dem BGB bestehenden vertraglichen und/oder deliktischen Anspruchsgrundlagen nicht weit genug gefasst waren, um eine Haftung der Verantwortlichen der betrügerischen Projekte, die sich hinter den KG verbargen, zu begründen. Dies könnte sich durch das Inkrafttreten der neueren Gesetzesnovellen aber wieder geändert haben, da die Prospektpflicht dadurch erheblich ausgeweitet wurde. Die genaue Abgrenzung wird in Teil 3 vorgenommen. Um es mit den Worten *Köndgens* zu sagen: *„Der Problemaufriß in historischer Sicht hinterläßt beim Betrachter den Eindruck einer gewissen Planlosigkeit der Entwicklung und einer gewissen Zufälligkeit ihres Resultats: einer Zweispurigkeit der Prospekthaftung zwischen zivilrechtlicher culpa in contrahendo und sondergesetzlichen Regeln nach dem börsenrechtlichen Vorbild.“*[193]

§ 3 Notwendigkeit des Regelungsinstruments der Prospekthaftung

Nachdem nun die Entstehungsgeschichte der beiden Stränge der Prospekthaftung nachvollzogen wurde, stellt sich die Frage, ob zur Bewältigung des Problems der fehlerhaften Kapitalmarktinformation durch Prospekte eine zivilrechtliche Haftungsvorschrift für geschädigte Anleger unbedingt nötig war und ist.[194] Um diese Frage einer Antwort zuzuführen, ist zunächst die kapitalmarktrechtliche

193 *Köndgen*, AG 1983, (85), 87.

194 Dass die rechtlichen Instrumentarien zur Zeit der Schaffung des BörsG 1896 nicht ausreichend waren, wurde bereits oben unter § 2 A. I. 3. gezeigt.

Funktion der Prospekthaftungsansprüche zu beleuchten (**A.**). Im Anschluss soll das rechtsökonomische Bedürfnis einer Prospektpflicht und einer darauf basierenden Haftung überhaupt dargestellt werden (**B.**). Dabei sollen auch die anderen zur Verfügung stehenden rechtlichen Instrumentarien mit in die Betrachtung einbezogen werden.

A. Kapitalmarktrechtliche Funktion

Kapitalmarktrechtliche Regelungen dienen einerseits dem Individualschutz der Kapitalanleger und andererseits dem Funktionenschutz von Kapitalmarkt und Wirtschaft.[195] Publizität und Rechnungslegung sollen dabei eben solche Instrumente darstellen, da sie *„rationalere Marktentscheidungen ermöglichen und über diese unter Wettbewerbsbedingungen für die wirtschaftlich richtige Allokation knapper Ressourcen sorgen sollen.“*[196] Um die kapitalmarktrechtliche Funktion der Prospekthaftung als derartiges Publizitätsmedium näher zu erfassen, sollen zunächst die verschiedenen Funktionen des Kapitalmarktrechts näher beschrieben werden (**I.**). Sodann soll eine Einordnung der Prospekthaftung unter diese Funktionen erfolgen (**II.**), wobei die spezialgesetzliche (**1.**) und bürgerlichrechtliche Prospekthaftung (**2.**) jeweils eine gesonderte Betrachtung erfahren.

I. Funktionen des Kapitalmarktrechts

Lenenbach bezeichnet es als die zentrale und das Kapitalmarktrecht charakterisierende Aufgabe, die Voraussetzungen eines effizienten und funktionsfähigen Kapitalmarkts zu schaffen.[197] Denn die Funktionsfähigkeit des Kapitalmarkts stelle ein Rechtsgut dar, das dem Wohl der Allgemeinheit dient.[198] Dabei sind die drei Teilaspekte eines funktionierenden Kapitalmarkts, die institutionelle (**1.**), operationale (**2.**) und allokative (**3.**) Funktionsfähigkeit zu beachten.[199] Daneben wird auch der Anlegerschutz (**4.**) als untergeordnete Aufgabe des Kapitalmarktrechts gesehen.[200]

---

195 *Hopt*, ZHR 141 (1977), (389), 431; ähnlich *Kümpel* in: Kümpel/Hammen/Ekkenga, KMR, Stand 5/04, Kennz. 050, Rn. 29; siehe bereits oben unter § 1 A. II.

196 *Hopt*, ZHR 141 (1977), (389), 415.

197 *Lenenbach*, Kapitalmarktrecht, Rn. 1.67.

198 *Lenenbach*, Kapitalmarktrecht, Rn. 1.67; *Kümpel* in: Kümpel/Hammen/Ekkenga, Hdb. KMR, Stand 5/04, Kennz. 050, Rn. 31.

199 *Kümpel* in: Kümpel/Hammen/Ekkenga, Hdb. KMR, Stand 5/04, Kennz. 050, Rn. 34; *Lenenbach*, Kapitalmarktrecht, Rn. 1.71.

200 *Kümpel* in: Kümpel/Hammen/Ekkenga, Hdb. KMR, Stand 5/04, Kennz. 050, Rn. 59.

1. *Institutionelle Funktionsfähigkeit*

Von der institutionellen Funktionsfähigkeit des Kapitalmarkts wird dann gesprochen, wenn die Grundvoraussetzungen für einen effizienten Markt gegeben sind.[201] Darunter fallen alle Maßnahmen, die das Vertrauen der Anleger in die Stabilität und Integrität des Markts gewährleisten, wie der freie Marktzugang von Emittenten und Anlegern, die Liquidität des Markts in Breite und Tiefe, die von der Rechtsordnung zur Verfügung gestellten Anlageformen sowie die Stabilität des Marktes.[202]

2. *Operationale Funktionsfähigkeit*

Die operationale Funktionsfähigkeit des Kapitalmarkts steht im reziproken Verhältnis zu den Transaktionskosten von Emittenten und Anlegern. Niedrigere Kosten steigern die Rendite, wodurch die Akzeptanz des Markts insgesamt zunimmt.[203]

3. *Allokative Funktionsfähigkeit*

Als bedeutsamste Aufgabe des Kapitalmarktrechts wird die allokative Funktion, d.h. seine Steuerungsfähigkeit, angesehen.[204] Hierbei sollen die knappen Ressourcen privater Ersparnisse und das anlagesuchende Geld der Unternehmen den Weg zu solchen Investitionen finden, die volkswirtschaftlich am sinnvollsten sind. Diese Mittel sollen mithin dorthin fließen, wo das Kapital am dringendsten gebraucht wird. Dies drückt sich dadurch aus, dass eine Anlage bei genügender Sicherheit die höchste Rendite verspricht.[205] Dafür bedarf es einer umfassenden Information der Anleger und einer professionellen Verarbeitung und Weiterleitung dieser Informationen an die Anleger, damit das Anlegerpublikum genügend Vertrauen in die Stabilität, Fairness und Integrität hat.[206] Der wirtschaftswissenschaftliche Hintergrund besteht in der Kapitalmarkteffizienshypothese (in der

---

201 *Kümpel* in: Kümpel/Hammen/Ekkenga, Hdb. KMR, Stand 5/04, Kennz. 050, Rn. 35; *Lenenbach*, Kapitalmarktrecht, Rn. 1.76.

202 *Kübler/Assmann*, Gesellschaftsrecht, S. 469; *Lenenbach*, Kapitalmarktrecht, Rn. 1.76.

203 *Kümpel* in: Kümpel/Hammen/Ekkenga, Hdb. KMR, Stand 5/04, Kennz. 050, Rn. 50; *Lenenbach*, Kapitalmarktrecht, Rn. 1.75.

204 *Lenenbach*, Kapitalmarktrecht, Rn. 1.72; *Kübler/Assmann*, Gesellschaftsrecht, S. 469.

205 *Kümpel* in: Kümpel/Hammen/Ekkenga, Hdb. KMR, Stand 5/04, Kennz. 050, Rn. 57; *Lenenbach*, Kapitalmarktrecht, Rn. 1.72; *Kübler/Assmann*, Gesellschaftsrecht, 6. Aufl. 2005, S. 469; *Mülbert*, ZHR 177 (2013), (160), 172.

206 *Kümpel* in: Kümpel/Hammen/Ekkenga, Hdb. KMR, Stand 5/04, Kennz. 050, Rn. 58; *Lenenbach*, Kapitalmarktrecht, Rn. 1.73.

herrschenden halbstrengen Variante), welche besagt, dass sich öffentlich frei verfügbare Informationen sofort nach deren Bekanntwerden im Marktpreis abbilden.[207]

4. *Anlegerschutz*

Neben der Funktionsfähigkeit des Kapitalmarkts stellt auch der Anlegerschutz ein Regelungsziel des Kapitalmarktrechts dar.[208] Der Begriff „Anlegerschutz" ist marktbezogen zu verstehen und nicht auf bestimmte Rechts- oder Gesellschaftsformen beschränkt.[209] Er basiert auf der Annahme, dass der (potentielle) Anleger dem Anbieter aufgrund des Informationsungleichgewichts strukturell unterlegen ist und strebt danach, dies zu beheben.[210] Allerdings ist hierbei zwischen dem kollektiven und dem individuellen Anlegerschutz zu differenzieren.[211]

a) Kollektiver Anlegerschutz

Erstere Schutzrichtung meint den Schutz der zahlenmäßig unbestimmten Gesamtheit der Anleger als Träger des gesamten Angebots- und Nachfragepotentials.[212] Dieser stellt aber zugleich eine notwendige Voraussetzung für einen institutionell und allokativ funktionsfähigen Kapitalmarkt dar.[213] Kollektiver Anlegerschutz

---

207 *Möllers*, AcP (208), 2008, (1), 7; *Fama*, 25 J.Fin., (383), 384 f. (1970); *ders.*, 46 J.Fin., 1575 (1991); *Fischel*, 74 Corn.L.Rev., (907), 908 f. (1989). *Klöhn* in: Fleischer/Zimmer, Verhaltensökonomie, S. 84 f. nennt die zwei Grundannahmen dieser Theorie: Erstens verstehen Anleger in ihrer Gesamtheit die Informationen richtig, da Missverständnisse zufällig verteilt sind. Zweitens gleichen die informierten Anleger (Arbitrageure) die Differenz zwischen Wert und Preis der Anlageprodukte, die durch den Handel uninformierter Spekulanten entsteht, stets aus. Diese Annahmen werden von Vertretern der Behavioral Finance bezweifelt, siehe hierzu unten unter B. II. 2 und *Klöhn* in: Fleischer/Zimmer, Verhaltensökonomie, S. 87 f.

208 *Oulds* in: Kümpel/Wittig, Rn. 14.170; *Kümpel* in: Kümpel/Hammen/Ekkenga, Hdb. KMR, Loseblatt, Stand 5/04, Kennz. 050, Rn. 59.

209 *Damrau*, Selbstregulierung im Kapitalmarktrecht, S. 28; *Buck-Heeb*, ZHR 176 (2012), (66), 70.

210 *Buck-Heeb*, ZHR 176 (2012), (66), 70.

211 *Oulds* in: Kümpel/Wittig, Rn. 14.170; *Kümpel* in: Kümpel/Hammen/Ekkenga, Hdb. KMR, Loseblatt, Stand 5/04, Kennz. 050, Rn. 60 f.; *Fleischer*, Gutachten F, DJT 2002, S. F25 f.

212 *Oulds* in: Kümpel/Wittig, Rn. 14.170; *Kümpel* in: Kümpel/Hammen/Ekkenga, Hdb. KMR, Loseblatt, Stand 5/04, Kennz. 050, Rn. 62.

213 *Kümpel* in: Kümpel/Hammen/Ekkenga, Hdb. KMR, Loseblatt, Stand 5/04, Kennz. 050, Rn. 62; *Fleischer*, Gutachten F, DJT 2002, S. F24. Mit den Worten *Kochs* ist

wird vor allem durch Publizitätspflichten wie die Prospektpflichten, die Regeln über die Rechnungslegung und die Ad-hoc-Mitteilungspflichten und durch vertrauensschützende Maßnahmen wie das Insiderverbot oder das Marktmissbrauchsverbot gewährleistet.[214] Die Publizitätspflichten dienen dazu, keine Marktteilnehmer durch einen Informationsvorsprung zu übervorteilen.[215] Dagegen ist kollektiver Anlegerschutz nicht mit Sozialschutzmotiven zu rechtfertigen.[216]

b) Individueller Anlegerschutz

Kapitalmarktrechtliche Normen können daneben aber auch dem individuellen Anlegerschutz dienen.[217] Einerseits in unterstützender Rolle, wenn durch individuelle Schadensersatzansprüche die Funktionsfähigkeit des Kapitalmarkts gesichert werden soll,[218] indem durch sie Verhaltensanreize zur Vermeidung des Informationsungleichgewichts zwischen den Marktteilnehmern geschaffen werden.[219] Dies kommt vor allem durch spezialgesetzliche Schadensersatzansprüche zum Ausdruck, wie §§ 97 f. WpHG[220] oder die Prospekthaftungsansprüche[221]. Andererseits kann sich der Gesetzgeber darüber hinaus jenseits von ökonomischer Vernunft aus Gerechtigkeits- oder Sozialschutzerwägungen zum individuellen Anlegerschutz berufen fühlen.[222] Ein Beispiel hierfür bildet der durch das KleinanlegerschutzG eingeführte § 5b VermAnlG, der ein Produktverbot für Vermögensanlagen mit einer Nachschusspflicht beinhaltet, um Anleger vor Nachforderungen zu schützen.[223] Diese Vorschrift dient unmittelbar dem Anlegerschutz[224] und stellt damit auch ein Schutzgesetz i.S.v. § 823 Abs. 2 BGB dar.[225]

„Anlegerschutz kein Almosen, sondern eine lebenswichtige Bedingung für einen funktionierenden Kapitalmarkt […].“, Kapitalanlegerschutz, S. 1.

214 *Oulds* in: Kümpel/Wittig, Rn. 14.171 ff.

215 *Seiler/Geier* in: Schimansky/Bunte/Lowski, BankR-Hdb, Bd. II, Vor § 104 Rn. 79.

216 *Assmann*, ZBB 1989, (49), 61.

217 *Oulds* in: Kümpel/Wittig, Rn. 14.170.; *Mülbert*, ZHR 177 (2013), (160), 172 ff.

218 *Hopt*, WM 2013, (101), 102 spricht insoweit von *„zwei Seiten derselben Medaille.“*

219 *Mülbert*, ZHR 177 (2013), (160), 172 f.; zu der verhaltenssteuernden Funktion genauer unter B. II. 3. f).

220 *Oulds* in: Kümpel/Wittig, Rn. 14.177.

221 *Assmann* in: Assmann/Schütze, Handbuch des Kapitalanlagerechts, 4. Aufl. 2015, § 5 Rn. 2.

222 *Mülbert*, ZHR 177 (2013), (160), 174.

223 RegE KleinanlegerschutzG, BT-Drs. 18/3994, S. 34; *Roth*, GWR 2015, (243), 245.

224 *Wilhelmi/Seitz*, WM 2016, (101), 103.

225 *Wilhelmi/Seitz*, WM 2016, (101), 109; *Maas* in: Assmann/Schlitt/von Kopp-Colomb, WpPG/VermAnlG, 3. Aufl. 2017, § 5b VermAnlG Rn. 14.

Jedoch gilt es zu beachten, dass Kapitalmarkttitel immer ein Risiko in sich bergen und der Anleger nicht vor sich selbst geschützt werden soll, wenn er ein hohes Risiko eingehen will.[226] Um es mit den Worten von *Loss* zu sagen, hat der Bürger bzw. Anleger *„das unveräußerliche Recht, sich selbst zum Narren zu machen."*[227]

II. Funktionen der Prospekthaftung

1. Spezialgesetzliche Prospekthaftung

Die spezialgesetzliche Prospekthaftung zeichnet sich dadurch aus, dass sie ihre Rechtsfolge an einen Verstoß gegen die im Gesetz festgeschriebene und ausgestaltete Prospektpflicht knüpft. Um diese möglichst durchsetzen zu können, ist sie durch einen individuellen Prospekthaftungsanspruch bewehrt, d.h. als individuell anlegerschützende Norm ausgestaltet. Die Prospektpflicht dient der umfassenden Information der Anleger am Primärmarkt, um diesen transparenter und vertrauenswürdiger zu machen und eine Vergleichbarkeit zwischen den verschiedenen, dort angebotenen Anlagen herzustellen.[228] Hierdurch soll das Vertrauen der Anleger in den Markt steigen. Die Prospektpflicht trägt also zu der institutionellen Funktionsfähigkeit des Kapitalmarkts bei.

Gleichzeitig wird durch die aufgrund der prospektvermittelten Information hergestellten Vergleichbarkeit der einzelnen Anlageprodukte sichergestellt, dass der Kapitalmarkt seine allokative Funktion erfüllt.

Scheinbar im Widerspruch steht die Prospektpflicht zur operationalen Funktionsfähigkeit des Kapitalmarkts. Durch die Erstellung der Prospekte entstehen den Emittenten erhebliche Transaktionskosten. Allerdings löst sich dieser Widerspruch auf, wenn man bedenkt, dass Informationen nicht kostenlos beschafft werden können. Sind Kosten unvermeidbar, so sind sie jedoch für einen operativ effizienten Kapitalmarkt möglichst gering zu halten. Hierbei ist festzustellen, dass die Informationen für den Markt insgesamt günstiger sind, wenn sie der Emittent beschaffen und für alle veröffentlichen muss, als wenn jeder Anleger sie sich selbst besorgen muss. Es handelt sich um eine rechtsökonomische Erwägung, wie später noch ausführlich dargestellt werden soll.[229]

---

226 *Fleischer*, Gutachten F, DJT 2002, S. F29; *Luttermann*, ZIP 2015, (805), 809.

227 *Loss*, ZHR 129 (1967), (197), 208. Im englischen Original ist die Rede vom *„sacred right to make a fool of oneself"*.

228 *Assmann*, Prospekthaftung, S. 293.

229 Siehe unten unter B.

2. *Bürgerlich-rechtliche Prospekthaftung*

a) Keine Prospektpflicht

Im Unterschied zur spezialgesetzlichen Prospekthaftung existiert bei der bürgerlich-rechtlichen Prospekthaftung keine gesetzlich ausgestaltete Prospektpflicht, auf die sich die Haftung bezieht. Eine solche Pflicht und eine daran anknüpfende Prospekthaftung, wenn eine komplexe Anlage ohne irgendeine Information vertrieben wurde, können sich entgegen einer Ansicht in der Literatur[230] auch nicht mittelbar aus den allgemeinen bürgerlich-rechtlichen vertraglichen bzw. quasivertraglichen Aufklärungspflichten ergeben. Jene bestehen nur zwischen den Vertragsparteien gemäß § 241 Abs. 2 BGB nach Vertragsschluss oder in Verbindung mit § 311 Abs. 2 BGB vor Vertragsschluss.[231] Dritte haften nach § 311 Abs. 3 BGB nur, wenn sie selbst an den Vertragsverhandlungen mitwirken, jedoch nicht für ein Nichtmitwirken im Sinne einer Aufklärungspflicht. Gerade um die Haftung Dritter zu begründen, die am Prospekt beteiligt sind, aber nicht schon als Vertragspartner in Anspruch genommen werden können, wurde aber die bürgerlich-rechtliche Prospekthaftung von der Rechtsprechung entwickelt.[232] Eine Pflicht einen Prospekt zu erstellen, um der Aufklärungspflicht zu genügen, kann es daher mangels begründbarer Aufklärungspflicht der Prospektverantwortlichen im Sinne der bürgerlich-rechtlichen Prospekthaftung nicht geben.

b) Bestehender Prospekt als Anknüpfungspunkt

Die bürgerlich-rechtliche Prospekthaftung knüpft dagegen an ein bestehendes Informationsmedium an und fragt danach, ob dieses die Definitionsmerkmale des Prospekts im Sinne der bürgerlich-rechtlichen Prospekthaftung, die von der Rechtsprechung entwickelt wurden,[233] erfüllt. Inzwischen hat aber der Gesetzgeber deutlich gemacht, dass er für alle Kapitalanlagen, für die er es aufgrund ihrer Gefährlichkeit für Anleger für nötig hielt, eine spezialgesetzliche Prospektpflicht geregelt hat. Die bürgerlich-rechtliche Prospekthaftung soll daher de lege lata nur noch bei komplett freiwilligen oder einen Prospekt ergänzenden Dokumenten zum Zuge kommen.[234]

---

230 *Eyles* in: Vortmann, Prospekthaftung, § 2 Rn. 60.

231 *Bachmann* in: MüKo BGB, 7. Aufl. 2016, § 241 Rn. 110.

232 Siehe Teil 3 § 3 C. II.

233 Dazu Teil 3 § 3 A.

234 *Habersack* in: Habersack/Mülbert/Schlitt, Hdb. Kapitalmarktinf., § 29 Rn. 73; Zurückhaltender noch *Assmann* in: Assmann/Schütze, Handbuch des Kapitalanlagerechts,

c) Kapitalmarktrechtliche Funktion der bürgerlich-rechtlichen Prospekthaftung

Da sich die bürgerlich-rechtliche Prospekthaftung nur mehr auf freiwillige, ergänzende Dokumente bezieht, ist danach zu fragen, inwiefern sie der Funktionsfähigkeit des Kapitalmarkts dient. Hierbei ist die präventive Wirkung effektiver individueller Haftungsansprüche zu erkennen. Das Vertrauen der Anleger in eine Vermögensanlage wird gesteigert, wenn sie sich sicher sein können, dass keine freiwilligen unrichtigen oder übertriebenen Informationen in den Umlauf gelangen. Dies werden aber die Prospektverantwortlichen vermeiden, wenn sie sich eines Haftungsanspruchs ausgesetzt sehen, der sogar über die Rückabwicklungsmöglichkeit der spezialgesetzlichen Prospekthaftung hinausgeht.[235] Aber auch der operationalen Funktionsfähigkeit ist gedient, wenn Anleger übertriebene freiwillige Angaben nicht mehr durch eigene Informationsbeschaffungsmaßnahmen auf ihren Wahrheitsgehalt prüfen müssen, sondern sich eines Haftungsanspruchs sicher sein können. Emittenten werden dazu veranlasst, Kosten für solche freiwillig veröffentlichten übertrieben positiven Darstellungen zu sparen.

III. Ergebnis

Es zeigt sich, dass de lege lata sowohl die spezialgesetzlichen als auch die bürgerlich-rechtlichen Prospekthaftungsansprüche wesentlich zu einem funktionsfähigen Kapitalmarkt, insbesondere auf dem Primärmarkt, beitragen. Gleichzeitig dienen sie auch dem individuellen Anlegerschutz.

B. Rechtsökonomisches Bedürfnis der Prospekthaftung

Wenn im nächsten Schritt nunmehr das rechtsökonomische Bedürfnis der Prospekthaftung geklärt werden soll, stellt sich zunächst die Frage der Berücksichtigungsfähigkeit rechtsökonomischer Erwägungen im Kapitalmarktrecht (**I.**). Erst nachdem dies bejaht worden ist, soll spezifisch die Prospekthaftung unter diesem Blickwinkel betrachtet werden (**II.**).

---

4. Aufl. 2015, § 5 Rn. 21: nur mehr bei partiarischen Darlehen, was inzwischen ebenfalls obsolet ist.

235 Siehe hierzu Teil 4 § 1 A. IV.

I. Rechtsökonomie im Kapitalmarktrecht

1. Begriff der Rechtsökonomie

Bei der Rechtsökonomie bzw. der ökonomischen Analyse des Rechts handelt es sich um ein Zusammenspiel der Disziplinen der Rechts- und Wirtschaftswissenschaften. Eine zentrale Prämisse der Wirtschaftswissenschaften stellt diejenige der Knappheit dar, so dass die Individuen gezwungen sind, zwischen mehreren Möglichkeiten zu entscheiden.[236] Es geht darum, wie eine Gesellschaft die knappen, ihr zur Verfügung stehenden Mittel so einsetzt, dass ein möglichst hoher Grad an Bedürfnisbefriedigung der Individuen erreicht wird. Je mehr ihr das gelingt, desto effizienter ist die Wirtschaft.[237] Diese Sichtweise wird von der ökonomischen Analyse des Rechts auf die Normen der Rechtsordnung bezogen. *„Sie betrachtet es als legitime und notwendige Aufgabe der Rechtswissenschaft, rechtliche Regelungen danach zu beurteilen, in welchem Maße sie die Verschwendung von Ressourcen verhindern und damit die Effizienz erhöhen."*[238]

2. Berücksichtigungsfähigkeit rechtsökonomischer Erwägungen im Kapitalmarktrecht

Nicht immer strebt der Gesetzgeber nach effizienten Regeln im Sinne der Rechtsökonomie, sondern er kann sich auch von anderen Motiven wie insbesondere der sozialpolitischen Verteilungsgerechtigkeit leiten lassen.[239] Jedoch kann durch eine ökonomische Analyse die wirtschaftspolitische Zielsetzung von Rechtsregeln aufgedeckt werden. Dann sind aber im Rahmen der Auslegung Gesichtspunkte der Effizienz zu berücksichtigen, da dem Gesetzgeber zumindest Folgerichtigkeit unterstellt werden kann.[240] Wie unter A. I. gezeigt wurde, zeichnet sich das Kapitalmarktrecht dadurch aus, einen funktionsfähigen Kapitalmarkt herstellen und gewährleisten zu wollen. Dabei spielen Gesichtspunkte der Allokationseffizienz eine wesentliche Rolle. So findet sich im allgemeinen Teil der Begründung des Regierungsentwurfs zum Zweiten Finanzmarktförderungsgesetz, das das WpHG als „Grundgesetz des Kapitalmarktrechts"[241] schuf, gleich zu Beginn folgende Aussage: *„Die internationale Wettbewerbsfähigkeit einer Volkswirtschaft hängt in entscheidendem Maße von der Funktionsfähigkeit*

236 *Kirchgässner*, Homo oeconomicus, S. 12.
237 *Schäfer/Ott*, Ökonomische Analyse, S. XXXIII.
238 *Schäfer/Ott*, Ökonomische Analyse, S. XXXIII.
239 *Kersting*, Dritthaftung, S. 12.
240 *Kersting*, Dritthaftung, S. 12; *Möllers*, AcP (208) 2008, (1), 6.
241 *Kumpan* in: Baumbach/Hopt, HGB, WpHG, Einl. Rn. 1.

ihrer Finanzmärkte ab. Die Finanzmärkte gewährleisten eine effiziente Ressourcenallokation und sind damit ein Motor für Wachstum und Strukturwandel. [...] Aus diesen Gründen mißt die Bundesregierung der Aufrechterhaltung und Verbesserung der Attraktivität des Finanzplatzes Deutschland hohe Priorität bei; [...] Aufgabe des Staates ist es, die Rahmenbedingungen der Finanzmärkte so zu setzen, daß sie ihre volkswirtschaftlichen Funktionen zu jeder Zeit erfüllen. Insbesondere hat er für einen wirksamen Schutz der Anleger zu sorgen."[242] Daran zeigt sich, dass die ökonomische Analyse des Rechts im Kapitalmarktrecht einen besonderen Stellenwert einnimmt.

II. Prospekthaftung als rechtsökonomische Notwendigkeit

Die Prospekthaftung trägt zur Funktionsfähigkeit des Kapitalmarkts durch Stärkung des Anlegerschutzes bei.[243] In diesem Abschnitt ist zu untersuchen, welche rechtsökonomische Funktion sie dabei genau einnimmt und ob sie daher unersetzlich oder zumindest geboten ist. Hierbei ist von der Gefahr des Marktversagens am Primärmarkt (**1.**) als Ausgangspunkt für das Bedürfnis nach mehr Publizität in Form eines Prospekts (**2.**) auszugehen. Schließlich ist zu untersuchen, ob der Prospekt seine rechtsökonomische Funktion nur durch eine Haftungsbewehrung erfüllen kann, oder ob andere rechtliche Instrumentarien sie ersetzen oder ergänzen können (**3.**).

1. Gefahr des Marktversagens

In einem immer noch sehr viel rezitierten, aus dem Jahr 1970 stammenden Aufsatz hat *Akerlof* anhand des Beispiels des Gebrauchtwagenmarkts die Gefahr eines auf einer Informationsasymmetrie resultierenden Marktversagens anschaulich beschrieben.[244] Dabei wird von verschiedenen Gebrauchtwagen unterschiedlicher Reparaturanfälligkeit ausgegangen. Außerdem kennen die Anbieter die Qualität der Wagen, die Käufer hingegen nicht. Diese zahlen im Vergleich zu einem Neuwagen einen erheblich geringeren Preis, weil sie von einer durchschnittlichen Reparaturanfälligkeit von Gebrauchtwagen ausgehen und diese Unsicherheit einpreisen. Dann lohnt es sich für die Anbieter aber nicht mehr, in die Qualität der Gebrauchtwagen zu investieren. Vielmehr machen sie dann mit Wagen unterdurchschnittlicher Qualität den größten Gewinn. Das senkt

---

242 RegE 2. FMFG, BT-Drs. 12/6679, S. 33.

243 Siehe oben unter A. II.; *Assmann* in: Assmann/Schütze, Handbuch des Kapitalanlagerechts, 4. Aufl. 2015, § 5 Rn. 2.

244 *Akerlof*, Q.J.Econ. 84 (1970), 488.

wiederum den Durchschnitt und führt zu weiteren Preisabschlägen und einem geringeren Angebot höherwertiger Wagen. Schließlich kommt es dazu, dass nur noch Montagsautos („lemons") verkauft werden. Der Markt versagt dadurch.

Dieses Beispiel lässt sich auf alle Sachverhalte übertragen, bei denen eine Informationsasymmetrie besteht.[245] Bei Anlageprodukten handelt es sich nicht um Suchgüter, sondern um Glaubens- bzw. Vertrauensgüter, da die Qualität in Form der Sicherheit und Rendite nicht schon beim Kauf festgestellt werden kann.[246] Der Käufer muss daher auf die Qualitätsangaben, d.h. Informationen des Anbieters vertrauen können.[247] Das gilt insbesondere am Primärmarkt, an dem oft noch keine anderen Informationen zur Verfügung stehen, als diejenigen, die der Anbieter herausgibt. Vor allem wenn die Titel einem größeren Kreis von Anlegern angeboten werden, haben die Emittenten hier einen großen Informationsvorsprung, der nicht durch den Verhandlungsmechanismus des Marktes ausgeglichen werden kann.[248] Die vielen, in der historischen Betrachtung genannten Zusammenbrüche haben gezeigt, dass die freiwillig von den Anbietern herausgegebenen Informationen nicht ohne weiteres einen funktionierenden Markt zur Folge haben. Schwindet dieses für einen funktionierenden Markt notwendige Vertrauen, ziehen sich Anleger von den Kapitalmärkten zurück.[249] Dies kann zu erheblichen volkswirtschaftlichen Verwerfungen führen, indem z.B. geringere Mittel für die private Altersvorsorge zur Verfügung stehen oder benötigtes Risikokapital, insbesondere für kleine und mittlere Unternehmen, fehlt.[250]

---

245 *Akerlof* selbst überträgt es auf Krankenversicherungen für ältere Menschen und den Arbeitsmarkt für Minderheiten Q.J.Econ. 84 (1970), (488), 493 f. Siehe dazu auch *Koch*, Kapitalanlegerschutz, S. 130 ff.; *Lenenbach*, Kapitalmarktrecht, Rn. 11.41; *Möllers*, AcP 208 (2008), (1), 8; *Richter/Furubotn*, Neue Institutionenökonomik, S. 100.

246 *Darby/Karni*, J. Law Econ. 16 (1973), 67, 68 f.; *Lenenbach*, Kapitalmarktrecht, Rn. 11.51; *Kast*, Empfängerhorizont, S. 62; *Fleischer*, Gutachten F, DJT 2002, S. F23.

247 *Schäfer/Ott*, Ökonomische Analyse, S. 542.

248 *Mülbert*, ZHR 177 (2013), (160), 182; *Haarmann*, Die Prospekthaftung am grauen Kapitalmarkt, S. 13 ff. Dies wird jedoch teilweise bestritten, siehe *Grundmann*, Europäisches Gesellschaftsrecht, Rn. 665 m.w.N.

249 *Möllers*, AcP 208 (2008), (1), 8; *Kast*, Empfängerhorizont, S. 63.

250 *Möllers*, AcP 208 (2008), (1), 8 f.; Schlussbericht des Ausschusses der Weisen über die Regulierung der europäischen Wertpapiermärkte v. 5.2.2001 (Lamfalussy-Bericht), S. 15 f., abrufbar unter: http://www.kapitalmarktrecht-im-internet.eu/de/Rechtsgebiete/Kapitalmarktrecht/Grundlagen/4/lamfalussy_verfahren.htm, zuletzt verifiziert am: 19.2.2019.

2. *Publizität eines Prospekts als gebotener Ausweg*

Um Informationsasymmetrien am Primärmarkt im Vorhinein zu verhindern, könnte man einerseits den Anleger in die Pflicht nehmen, vom Anbieter die für seine Anlageentscheidung erheblichen Informationen sich geben (sog. „*fend-for-themselves*“ System)[251] und mit Garantieerklärungen absichern zu lassen. Allerdings würde dies das Problem auf die Beurteilung des Wertes solcher Auskünfte und Garantien verlagern. Dies verursacht erhebliche Transaktionskosten.[252] Außerdem wäre eine Garantie wertlos, wenn der Anbieter bei Eintritt des Garantiefalls bereits insolvent ist.[253] Daher bleibt als Ausweg nur, die Anbieter zur Publizität eines Prospekts mit vorgeschriebenem Mindestinhalt zu zwingen.[254] Dadurch werden Informationen aufgrund der Standardisierung vergleichbar und Risiken offengelegt.[255] Ferner ist es günstiger, die Anbieter dazu zu bringen, alle bewertungserheblichen Informationen veröffentlichen zu müssen, als dies den Anlegern aufzubürden. Es handelt sich bei den Anbietern nämlich um die „*cheapest cost-avoider*“, d.h. es ist in der Gesamtheit von Anbieter und allen Anlegern zusammen günstiger, wenn der Anbieter die Informationen zentral veröffentlichen, als wenn jeder einzelne Anleger sie sich beschaffen muss.[256] Auf diesen Prospekt müssen sich die Anleger aber verlassen können, damit ihnen nicht wiederum eine kostenintensive Prüfung der Inhalte aufgebürdet wird oder sie von der Anlage ganz absehen.[257]

Diesem Postulat liegt im Kern das marktrational-optimistische Modell zugrunde, nach dem der Anleger als informationssuchende und -verarbeitende

---

251 Zum Begriff siehe *Kast*, Empfängerhorizont, S. 67 ff.

252 *Assmann*, ZBB 1989, (49), 62. Zur Bedeutung der Transaktionskosten: *Richter/Furubotn*, Neue Institutionenökonomik, S. 53 ff. Sie unterscheiden insoweit zwischen Such- und Informationskosten, Verhandlungs- und Entscheidungskosten und Überwachungs- und Durchsetzungskosten, S. 59 f.

253 *Assmann*, Prospekthaftung, S. 284.

254 *Hopt*, Gutachten G zum 51. DJT 1976, S. G88 ff; *Assmann*, Prospekthaftung, S. 292 ff; *Ders.* ZBB 1989, (49), 62; *Kast*, Empfängerhorizont, S. 64; *Fleischer*, Gutachten F, DJT 2002, S. F41 f. bezeichnet die Prospektpflicht „*als evolutorisch stabile, universell anerkannte und ökonomisch sinnvolle Einrichtung des Kapitalmarktrechts.*“

255 *Assmann*, ZBB 1989, (49), 62; *Mülbert*, ZHR 177 (2013), (160), 182.

256 *Koch*, Kapitalanlegerschutz, S. 222; *Mülbert*, ZHR 177 (2013), (160), 184; *Weichert*, Anlegerschaden, S. 102 f. Das Konstrukt des „*cheapest cost-avoider*“ geht auf *Calabresi* zurück, der es im Deliktsrecht zu Unfällen entwickelte, Yale Law Journal 70 (1961), 499; *Ders.*, The cost of accidents, 1970.

257 *Franck* spricht insoweit von einer zu befürchtenden Absenkung des Aktivitätsniveaus, Marktordnung durch Haftung, S. 46.

Person grundsätzlich in der Lage ist, auf Basis der ihm gegebenen hinreichenden Informationen eine rationale Entscheidung zu treffen, um seinen eigenen Nutzen zu maximieren (homo oeconomicus).[258] Dieses Anlegerleitbild wird von Vertretern der *Behavioral Finance*, die vom eben beschriebenen Modell durch Studien abweichende Verhaltensanomalien der Anleger festgestellt haben, in Zweifel gezogen.[259] Insbesondere wird die vollständige Rationalität und die praktisch unbegrenzte Informationsverarbeitungskapazität dieses Modells kritisiert.[260] Aber auch die Vertreter dieser neueren Theorie weichen nicht vollständig vom Modell des homo oeconomicus ab, sondern fordern ergänzende Maßnahmen neben der Herstellung des Informationsgleichgewichts,[261] wie eine stärkere Regulierung der Anlageberater[262] oder Produktverbote bzw. Vertriebsbeschränkungen für besonders gefährliche Produkte.[263] Die Herstellung des Informationsgleichgewichts durch Vollprospekte und zunehmend durch

---

258 *Langenbucher*, ZHR 177 (2013), (679), 680 f.; *Fleischer/Schmolke/Zimmer* in: Fleischer/Zimmer, Verhaltensökonomie, S. 12. *Klöhn*, ZHR 177 (2013), (349), 354 ff. unterscheidet dabei zwischen Informationshändlern, die nach möglichst vielen Informationen und deren richtiger Bewertung streben, und Utilitaritätshändlern, die durch den Marktpreis mitttelbar die darin eingespeisten Informationen berücksichtigen. Freilich fügt sich diese Unterscheidung besser in den Sekundärmarkt ein, da hier bereits mehr Informationen zur Verfügung stehen und der Martk immer eine gewisse Zeitspanne braucht, die Informationen einzupreisen - eine Zeitspanne, die bei der Emission nicht besteht. Ausführlich zum Modell des homo oeconomicus auch *Eidenmüller*, Effizienz als Rechtsprinzip, S. 30 ff. und *Kirchgässner*, homo oeconomicus, S. 12 ff.

259 *Klöhn*, WM 2012, (97), 99; *Ders.*, EBOR 10 (2009), (437), 439 f.; *Eidenmüller*, JZ 2011, (814), 816 f.; *Zimmer*, JZ 2014, (714), 716 f.; *Mülbert*, ZHR 177 (2013), (160), 170 f.; *Kast*, Empfängerhorizont, S. 66 ff.

260 *Fleischer/Schmolke/Zimmer* in: Fleischer/Zimmer, Verhaltensökonomie, S. 14, 50.

261 *Klöhn*, EBOR 10 (2009), (437), 449; *Langenbucher*, ZHR 177 (2013), (679), 701; *Möllers/Poppele*, ZGR 2013, (437), 446 f. bezeichnen dies als „homo oeconomicus light". *Fleischer*, Gutachten F, DJT 2002, S. F30 meinte noch, das Kapitalmarktrecht habe keine Handhabe für ein korrigierendes Eingreifen aufgrund dieser Theorie, außer das Wissen des breiten Publikums über die Wirkungsweise von Kapitalmärkten zu stärken.

262 *Langenbucher*, ZHR 177 (2013), (679), 692 ff.; siehe hierzu auch gleich 3. c) bb).

263 *Langenbucher*, ZHR 177 (2013), (679), 697 ff. Ein derartiges Produktverbot besteht mittlerweile z.B. in § 5b VermAnlG, der Vermögensanlagen mit einer Nachschusspflicht zum öffentlichen Angebot oder Vertrieb im Inland untersagt. Zweifelnd hinsichtlich der Wirkung von Produktverboten zur Stärkung des Anlegerschutzes *Zimmer*, JZ 2014, (714), 721.

Kurzinformationen stellt aber auf dem Primärmarkt immer noch ein wichtiges Element des Anlegerschutzes dar.[264]

3. *Notwendigkeit der Haftungsbewehrung des Prospekts*

Jedoch kann infrage gestellt werden, ob es für die Verlässlichkeit dieses Prospekts einer Haftungsbewehrung in Form eines Individualanspruchs der Anleger bedarf.[265]

Auch das öffentliche Recht, insbesondere in Form der Kapitalmarktaufsicht und des Gewerberechts, sowie das Strafrecht könnten ausreichende verhaltenssteuernde Impulse für richtige Prospekte geben. Schließlich könnte zivilrechtlich ein Vorgehen der anderen Wettbewerber eine effektive Kontrolle des Prospektinhalts darstellen.

a) Bestehendes Kapitalmarktaufsichtsrecht hinsichtlich Prospekten

Eine über die Börse und den Börsenhandel hinausgehende Kapitalmarktaufsichtsbehörde wurde erst durch die Gründung der BaFin zum 1.5.2002 geschaffen.[266] Bezüglich der Verwirklichung von zutreffenden Informationen durch Prospekte im weiteren Sinne hat sie die im Folgenden beschriebenen Aufgaben.

aa) Billigung der Vollprospekte

Nach § 13 Abs. 1 WpPG, der Art. 2 Abs. 1 lit. q) und Art. 13 Abs. 1 der Prospektrichtlinie[267] umsetzt, muss der Veröffentlichung des Prospekts die Billigung der BaFin vorausgehen. Die Billigung erfolgt innerhalb von zehn bzw. zwanzig Werktagen dabei „*nach Abschluss einer Vollständigkeitsprüfung des Prospekts einschließlich einer Prüfung der Kohärenz und Verständlichkeit der vorgelegten Informationen.*“ Diese Billigungsvoraussetzung für Wertpapierprospekte wurde einschließlich des Prüfungsmaßstabs in § 8 VermAnlG übernommen. Dadurch sollte das Prüfungsniveau für Vermögensanlagen dem wertpapierrechtlichen angepasst werden.[268] Seit Inkrafttreten des KleinanlegerschutzG sind in § 8 Abs. 1 S. 3 VermAnlG die Inhalte der Kohärenzprüfung sogar genauer geregelt als im WpPG, worin eine Erweiterung des Prüfungsumfang durch die BaFin

---

264 *Langenbucher*, ZHR 177 (2013), (679), 691 f.; *Mülbert*, ZHR 177 (2013), (160), 182 f.

265 Dafür *Assmann*, ZBB 1989, (49), 62; *Gerber*, Prospekthaftung nach dem 3. FMFG, S. 32.

266 *Lenenbach*, Kapitalmarktrecht, Rn. 15.2.

267 Richtlinie 2003/71/EG, ABl. EU Nr. L 345/70, 76.

268 RegE VermAnlG, BT-Drs. 17/6051, S. 33.

hinsichtlich Vermögensanlagenprospekten liegt.[269] Für Publikums-AIF gibt es im Rahmen eines Anzeigeverfahrens nur eine Vollständigkeitsprüfung nach § 316 KAGB.[270] Allerdings ist für den Bereich der Investmentanteile das sonstige Aufsichtsrecht viel strikter und entspricht einem Konzessionssystem, wie insbesondere die Erlaubnispflicht in §§ 20 ff. KAGB zeigt.

Über den eben genannten Maßstab hinaus findet keine weitere materielle Prüfung des Prospekts durch die BaFin statt.[271] Insbesondere erfolgt keine Prüfung des Inhalts und der Bonität des Emittenten.[272]

bb) Keine Billigung des Vermögensanlagen-Informationsblatts

In den letzten Jahren haben sich neben Vollprospekten verpflichtende Kurzinformationen immer mehr etabliert, da der Gesetzgeber die von den Behavioral Economics festgestellte beschränkte Informationsverarbeitungskompetenz der Anleger berücksichtigt hat und nun davon ausgeht, dass kaum ein Privatanleger eine vollständige Lektüre des Prospekts vornimmt.[273]

Bei Wertpapierprospekten gehören Kurzinformationen in der Form von Schlüsselinformationen und Warnhinweisen zur Zusammenfassung und bilden damit einen Teil des von der BaFin zu prüfenden Prospekts, § 5 Abs. 2, 2a, 2b WpPG. Bei den Publikums-AIF sind die wesentlichen Anlegerinformationen gemäß § 316 Abs. 1 S. 2 Nr. 4 KAGB Bestandteil des Anzeigeverfahrens bei der BaFin. Allein bei den vom Gesetzgeber als besonders gefährlich eingestuften Vermögensanlagen nach dem VermAnlG, die früher dem Grauen Markt angehörten, gibt es keine Vorschrift, die eine Billigung des Vermögensanlagen-Informationsblatts vorsieht. Obwohl dieses nach § 13 Abs. 2 VermAnlG auf höchstens drei Seiten die wesentlichen Informationen in übersichtlicher und

269 *Heisterhagen/Conreder*, DStR 2015, (1929), 1930.

270 Dazu genauer Teil 3 § 3 B. III.

271 *Grosjean* in: Heidel, Aktien- und Kapitalmarktrecht, § 13 WpPG Rn. 5; *Möllers/Poppele*, ZGR 2013, (437), 442.

272 RegE ProspektrichtlinienumsetzungsG, BT-Drs. 15/4999 v. 3.3.2005, S. 34; *Groß*, Kapitalmarktrecht, § 13 WpPG Rn. 8; *Grosjean* in: Heidel, Aktien- und Kapitalmarktrecht, § 13 WpPG Rn. 5; *von Kopp-Colomb* in: Assmann/Schlitt/von Kopp-Colomb, WpPG/VermAnlG, 3. Aufl. 2017, § 13 WpPG Rn. 10. *Haarmann*, Die Prospekthaftung am grauen Kapitalmarkt, S. 59 ff. spricht sich de lege ferenda zumindest auf dem grauen Kapitalmarkt für eine verpflichtende inhaltliche Prüfung der Prospekte durch einen Wirtschaftsprüfer anstatt einer nur formalen Prüfung durch die BaFin aus und verspricht sich dadurch eine Steigerung des Anlegerschutzes.

273 Ausführlich zu den Kurzinformationen siehe unten unter Teil 3 § 3 B. IV.

leicht verständlicher Weise enthalten soll und daher besonders geeignet als Informationsquelle für Privatanleger erscheint, unterliegt es nach dem ausdrücklichen Willen des Regierungsentwurfs zum VermAnlG keiner Prüfung und keinem Billigungsverfahren durch die BaFin.[274] Dies erscheint umso unverständlicher, als im Unterschied zur Werbung das Vermögensanlagen-Informationsblatt gemäß § 14 Abs. 1 S. 2 VermAnlG gleichzeitig mit dem Verkaufsprospekt vor dessen Veröffentlichung und vor Beginn des öffentlichen Angebots hinterlegt werden muss.

cc) Aussetzung und Untersagung von Werbung

Nach § 15 Abs. 6 S. 1 WpPG kann die BaFin anordnen, dass Werbung wegen eines Verstoßes gegen zwingende Anforderungen an ihre Gestaltung für jeweils höchstens zehn aufeinander folgende Tage ausgesetzt wird. Gemäß § 15 Abs. 6 S. 2, 3 WpPG kann sie nach Anhörung der betroffenen Wirtschaftskreise und des Verbraucherschutzes Werbung, die über den Umfang der Prüfung im Billigungsverfahren täuscht, untersagen. Die Regelung des § 15 Abs. 6 S. 2 WpPG erfolgte in Umsetzung von Art. 15 Abs. 6 der Prospektrichtlinie. Dabei wurde bezüglich der Befugnisse der BaFin das in Art. 21 Abs. 3 lit. e) festgelegte Mindestmaß mit Ausnahme der dauerhaften Untersagungsbefugnis bei Täuschung über den Prüfungsumfang nicht überschritten.

Auch Werbung für AIF gegenüber Privatanlegern und für OGAW kann sie nach § 302 Abs. 7 S. 1 KAGB untersagen, um Missständen zu begegnen. Regelbeispiele für Missstände sind nach S. 2 hierbei Werbung mit Angaben, die in irreführender Weise den Anschein eines besonders günstigen Angebots hervorrufen können (Nr. 1), sowie Werbung mit dem Hinweis auf die Befugnisse der BaFin oder einer anderen ausländischen Aufsichtsbehörde (Nr. 2). Letztere Regelung orientiert sich noch an § 10 AuslInvG, der seinerseits an das UWG angelehnt war,[275] und geht deshalb weiter als die Befugnisse bei Wertpapieren.

Die Befugnisse der BaFin hinsichtlich Werbung für Vermögensanlagen folgte vor der Änderung durch das KleinanlegerschutzG in § 16 Abs. 1 VermAnlG a.F. zunächst dem Vorbild des § 15 Abs. 6 S. 2 WpPG und sah nur eine Untersagungsmöglichkeit bei einer Irreführung über den Umfang der Prüfung des Verkaufsprospekts durch die BaFin im Billigungsverfahren gemäß § 8 VermAnlG vor. Jedoch erkannte der Reformgesetzgeber breit angelegte Werbemaßnahmen für unseriöse Vermögensanlagen als einen der Hauptpunkte, warum Anleger ein

---

274 RegE VermAnlG, BT-Drs. 17/6051 v. 6.6.2011, S. 33 f.
275 RegE AuslInvG, BT-Drs. 5/3494 v. 13.11.1968, S. 22.

übermäßiges Vertrauen in die Sicherheit dieser Anlagen bildeten.[276] Zunächst stand daher im Raum, Werbemaßnahmen für Vermögensanlagen vollständig zu verbieten.[277] Davon sah die Bundesregierung schon im RegE aus Verhältnismäßigkeitsgründen wieder ab, wollte aber nur mehr bestimmte Vertriebskanäle für die Werbung zulassen.[278] In der zur Gesetz gewordenen Fassung wurde auch diese Einschränkung wieder fallengelassen. Nach § 16 Abs. 1 S. 1 VermAnlG kann die BaFin Emittenten und Anbietern bestimmte Arten der Werbung untersagen, um Missständen bei der Werbung zu begegnen. Diese Regelung folgt § 302 Abs. 7 S. 1 KAGB. Allerdings ist der Katalog an Regelbeispielen in § 16 Abs. 1 S. 2 VermAnlG ausdifferenzierter als derjenige in § 302 Abs. 7 S. 2 KAGB. Neben der Irreführung über den Prüfungsumfang der BaFin im Billigungsverfahren stellt es danach insbesondere einen Missstand dar, wenn den formalen Anforderungen an die Werbung nach § 12 VermAnlG nicht genügt wird.

Die aufsichtsrechtlichen Möglichkeiten der BaFin bzgl. Werbung unterscheiden sich also je nach der in Rede stehenden Anlageform und des darauf anwendbaren Regelungsrahmens. Gemein ist den Vorgaben nach dem WpPG, KAGB und VermAnlG hingegen, dass sie jeweils entgegen dem Ansatz für Vollprospekte und verpflichtenden Kurzinformationen keine spezialgesetzliche Haftungsvorschriften für irreführende Werbung vorsehen. Daher stellen *Apfelbacher/ Metzner* zutreffend fest, dass das größte Risiko für die Prospektverantwortlichen darin bestehe, *„dass die BaFin verlangen könnte, problematische Informationen, die in Marktkommunikationen enthalten sind, in den Prospekt aufzunehmen. Dies könnte aufgrund daraus resultierender Prospekthaftungsrisiken äußerst unerwünscht sein“*.[279] Darin liegt eine weitere Steuerungsmöglichkeit der BaFin, um vor allem aggressive zukunftsgerichtete Aussagen in der Werbung zu unterbinden. Diese Möglichkeit endet allerdings mit der Prospektbilligung, durch die die BaFin die Vollständigkeit des Prospekts anerkennt.[280]

dd) Untersagung des öffentlichen Angebots bei Verstoß gegen Prospektpflicht

Daneben hat die BaFin die Pflicht, ein öffentliches Angebot zu untersagen, wenn trotz bestehender Prospektpflicht kein Prospekt veröffentlicht wird, wenn der

276 RegE KleinanlegerschutzG, BT-Drs. 18/3994, S. 28.
277 FAZ v. 13.11.2014, 27.
278 RegE KleinanlegerschutzG, BT-Drs. 18/3994, S. 13, 45.
279 *Apfelbacher/Metzner*, BKR 2006, (81), 89.
280 *Schlitt* in: Assmann/Schlitt/von Kopp-Colomb, WpPG/VermAnlG, 3. Aufl. 2017, § 15 WpPG Rn. 39.

Prospekt oder ein Nachtrag vor oder ohne Billigung veröffentlicht wird oder wenn der Prospekt nicht mehr gültig ist, §§ 26 Abs. 4 WpPG; 18 Abs. 1 VermAnlG. Dadurch soll sichergestellt werden, dass nur solche Wertpapiere bzw. Vermögensanlagen öffentlich angeboten werden, für die dem Anleger vor seiner Anlageentscheidung ein Prospekt zur Verfügung gestellt wurde.[281] Eine inhaltliche Prüfung der Prospekte findet auch dadurch nicht statt. Dagegen bezieht sich das Produktinterventionsrecht nach § 15 WpHG[282], das sowohl auf Wertpapiere nach dem WpPG, als auch auf Vermögensanlagen nach dem VermAnlG und Investmentvermögen nach dem KAGB anwendbar ist, nicht auf die Prospektpflicht oder die Richtigkeit von Prospekten, sondern allgemein auf den Anlegerschutz. Dies stellt zwar einen starken paternalistischen Eingriff zum (vermeintlichen) Gunsten der Anleger dar, soll aber mangels spezifischen Prospektbezugs nicht näher beleuchtet werden.[283]

ee) Ergebnis

(1) Bei Vollprospekten, die Wertpapiere und Vermögensanlagen betreffen, führt die BaFin ein Billigungsverfahren durch. Hierbei werden zwar die Vollständigkeit, Kohärenz und Verständlichkeit von Prospekten geprüft. Jedoch findet keine inhaltliche Prüfung der Prospektangaben statt. Die Vollprospekte der Publikums-AIF werden dagegen im Rahmen eines Anzeigeverfahrens nur auf Vollständigkeit geprüft.

(2) Bei Wertpapierprospekten sind Kurzinformationen als Zusammenfassung im Prospekt enthalten und nehmen daher am Billigungsverfahren teil. Bei Publikums-AIF und OGAW sind sie ebenfalls Bestandteil des Anzeigeverfahrens. Nur bei Vermögensanlagen stellt sich die Situation anders dar. Hier gibt es kein Billigungsverfahren für das Vermögensanlagen-Informationsblatt, obwohl dieses zeitgleich mit dem Vollprospekt bei der BaFin zu hinterlegen ist.

---

281 *Groß*, Kapitalmarktrecht, § 26 WpPG Rn. 7. Das KAGB knüpft an eine Erlaubnis des Vertriebs an und an individuelle Prospektangebote. Ein öffentliches Angebot, das untersagt werden könnte, gibt es hier gerade nicht; siehe dazu auch unten unter Teil 3 § 3 B. III. 1.

282 Hinsichtlich Vermögensanlagen hat § 18 Abs. 2 VermAnlG, der auf § 15 WpHG verweist, nur eine klarstellende Funktion, *Assmann* in: Assmann/Schlitt/von Kopp-Colomb, WpPG, VermAnlG, 3. Aufl. 2017, § 18 VermAnlG Rn. 15.

283 Siehe hierzu *Buck-Heeb*, BKR 2017, 89; *Bröker/Machunsky*, BKR 2016, 229; *Bußalb*, WM 2017, 553.

(3) Bezüglich Werbung hat die BaFin je nach Anlageform teils nur eingeschränkte Rechte, obwohl keine spezialgesetzliche Haftungsvorschrift existiert.

(4) Bei einem Verstoß gegen die Prospekt- oder Nachtragspflicht, bei fehlender Billigung oder bei der Verwendung eines ungültigen Prospekts muss die BaFin das öffentliche Angebot untersagen. Dies sichert die Prospektpflicht ab, wirkt sich aber nicht auf die inhaltliche Richtigkeit der Prospekte aus.

b) Prospektrichtigkeit durch eine Ausweitung der Kompetenzen der BaFin

Wie gesehen, nimmt die BaFin hinsichtlich der durch Prospekte im weiteren Sinne vermittelten Informationen in inhaltlicher Hinsicht nur ein weitgehend beschränktes Aufsichtsrecht wahr. Insofern ist zu untersuchen, ob eine Ausweitung ihrer Aufsichtsbefugnisse und insbesondere des Prüfungsumfangs in inhaltlicher Hinsicht sinnvoll wäre, um den Anleger in den Genuss ausreichender und zutreffender Informationen zu bringen und so einem Marktversagen entgegenzuwirken. Im Kern geht es um das Problem, ob die Pflicht, nur zutreffende Prospekte zu veröffentlichen, rein aufsichtsrechtlich, privatrechtlich durch Prospekthaftungsansprüche oder durch eine kumulative Anwendung beider Instrumente durchzusetzen ist. Hierzu sind die jeweiligen Vorteile zunächst isoliert gegeneinander aufzuwiegen. Ein Vorteil auf der einen Seite bedingt zumeist gleichzeitig ein Defizit auf der anderen Seite.

aa) Vorteile aufsichtsrechtlicher Maßnahmen hinsichtlich Prospekten

Die Vorteile aufsichtsrechtlicher Maßnahmen liegen vor allem in den nur der BaFin zustehenden Ermittlungsbefugnissen **(1)**, der gezielten Steuerungsmöglichkeit **(2)** und der schnelleren Durchsetzung **(3)**.

(1) Ermittlungsbefugnisse

Aufgrund der ihnen staatlich verliehenen Hoheitsgewalt haben Aufsichtsbehörden viel weitergehende Ermittlungsbefugnisse als Private.[284] So hat die BaFin nach §§ 26 Abs. 2, 3 WpPG; 19 VermAnlG im Rahmen des Billigungsverfahrens weitgehende Auskunfts- und Einsichtsrechte gegenüber den Prospektpflichtigen. Anleger müssten dagegen hohe eigene Kosten aufwenden, um an diese Informationen zu gelangen,[285] wenn es ihnen überhaupt gelingt. Würde der Prüfungsmaßstab der BaFin auf den Inhalt des Prospekts ausgeweitet, könnte sie

284 *Poelzig*, Normdurchsetzung durch Privatrecht, S. 572.
285 *Möllers*, AcP 206 (2006), (1), 15.

dadurch den Wahrheitsgehalt der Prospektangaben und die Bonität des Emittenten prüfen. Allerdings hätte sie dann einen viel höheren Prüfungsaufwand, was die Einhaltung der zehn- bzw. zwanzigtägigen Prüfungsfrist unmöglich machen würde, es sei denn es würden erheblich höhere Personalkosten aufgewendet. Fraglich ist auch, ob überhaupt im Fall einer solchen Änderung genügend geeignetes Personal gefunden werden könnte bzw. ob man bei einer Verschärfung der Aufsicht nicht sogar eine Abwanderung von qualifizierten Kräften der BaFin in den finanzstarken Privatsektor fürchten müsste.[286] Der Haushaltsplan der BaFin sah für das Jahr 2017 beträchtliche Ausgaben in Höhe von ca. 285,5 Mio. € vor.[287] Ein Mehraufwand würde sich wegen der Kostenweitergabe an die Wertpapierdienstleistungsunternehmen im Rahmen der Umlage oder der Erhöhung der Gebühren in höheren Transaktionskosten niederschlagen[288] und so die operationale Funktionsfähigkeit des Kapitalmarkts einschränken. Dasselbe Problem hat schon zur Aufgabe des Konzessionserfordernisses geführt.[289] Hingegen erscheint eine Kompensation der höheren Kosten durch eine Erhöhung der Bußgelder gegenüber den Emittenten und Anbietern, die ihre Prospektpflicht nicht ordnungsgemäß erfüllen, nicht möglich.[290] Die BaFin rechnete für das Jahr 2017 mit Einnahmen in Höhe von lediglich 135.000 € aus Geldstrafen, Geldbußen und Gerichtskosten[291] und deckt damit nicht einmal 0,1 Prozent ihrer Ausgaben, während die Personalausgaben 73,3 Prozent der Gesamtausgaben betragen.[292] Selbst eine massive Erhöhung der Bußgelder könnte daher kaum für die ausreichende Finanzierung des notwendigen Personals für eine derartige Erweiterung der Prüfungspflicht sorgen, zumal der Anteil der Bußgelder wegen Verstößen gegen die Prospektpflicht nach Angaben der zuständigen Mitarbeiter in der BaFin in den Jahren 2002–2012 nur 4 % der gesamten verhängten Bußgelder betrug.[293] Zudem würden der BaFin durch die Prüfung der Bonität der Emittenten

---

286 Vgl. *Langenbucher* in: Lorenz: Karlsruher Forum 2014, S. 38; zu diesem Effekt in den USA im Verhältnis der SEC zu den Broker-Dealern mit relativ aktuellen Zahlen siehe *Gadinis*, 67 Bus.Law. (2012), (679), 725 f.

287 Siehe BaFin, Haushaltsplan 2017, Gesamtüberblick; abrufbar über www.bafin.de; hingegen meint *Maume*, ZHR 180 (2016), (358), 372 ff., die BaFin sei im internationalen Vergleich unterfinanziert und habe zugleich zu wenige Befugnisse.

288 *Möllers*, AcP 206 (2006), (1), 15.

289 Siehe oben unter § 2 A. I. 2. b).

290 *Weichert*, Anlegerschaden, S. 108 f.; *Wagner*, AcP 206 (2006), (352), 441.

291 Siehe BaFin, Haushaltsplan 2017, S. 2; abrufbar über www.bafin.de.

292 Siehe BaFin, Haushaltsplan 2017, Gesamtüberblick; abrufbar über www.bafin.de.

293 *Canzler/Hammermaier*, AG 2014, (57), 60.

unternehmerische Kontrollentscheidungen zukommen, die nicht unerheblich in die Dispositionsbefugnisse der Kapitalmarktteilnehmer eingreifen würden.[294]

(2) Gezielte Steuerungsmöglichkeit

Die Aufsichtsbehörden, die nur dem Gemeinwohl verpflichtet sind, können durch Ermessensspielräume das Durchsetzungsniveau gezielt steuern und damit den jeweils wirtschaftspolitischen Umständen anpassen.[295] So kann die BaFin bei Verstößen gegen die Prospektpflicht Bußgelder in einem bestimmten Rahmen verhängen, §§ 35 WpPG; 29 VermAnlG; 340 Abs. 2 Nr. 38 KAGB.[296] Weiterhin steht ihr Ermessen hinsichtlich der Aussetzung und Untersagung von Werbung zu, §§ 15 Abs. 6 WpPG; 16 Abs. 1 VermAnlG; 302 Abs. 7 KAGB. Wegen der umfangreichen Gestaltungsmöglichkeiten der Werbung erscheint dies sinnvoll. Allerdings ist dieser Ermessensspielraum doch zum Teil sehr klein, wenn man bedenkt, dass, soweit Wertpapiere nach dem WpPG betroffen sind, eine Aussetzung höchstens für zehn Tage zulässig ist und eine Untersagung gar nur nach Absprache mit den Verbänden und dies lediglich bei Täuschung über den Prüfungsumfang der BaFin. Eine weitere aufsichtsrechtliche Beschränkung der Werbung, die im Rahmen des KleinanlegerschutzG diskutiert wurde, konnte sich aus Verhältnismäßigkeitsgründen nicht durchsetzen.[297] Außerdem existieren für das Vermögensanlagen-Informationsblatt kein Billigungsverfahren und auch keine sonstige Befugnis der BaFin. Die Steuerungsmöglichkeit in diesen beiden Bereichen ist also klein.

(3) Schnellere Durchsetzung

Wird ein Missstand in Form eines marktwidrigen Verhaltens festgestellt, ist die Funktionsfähigkeit des Marktes meist schon gestört. Daher kommen

---

294 *Kohl/Kübler/Walz/Wüstrich*, ZHR 138 (1974), (1), 28.

295 *Poelzig*, Normdurchsetzung durch Privatrecht, S. 573; *Hellgardt*, Regulierung und Privatrecht, S. 635 f. Davon zu unterscheiden ist die privatrechtliche „Feinsteuerung", die v.a. im Rahmen der Auslegung von Generalklauseln durch die Zivilgerichte möglich ist, siehe hierzu *Hellgardt*, Regulierung und Privatrecht, S. 632. In den USA wird die Abhängigkeit der Behörden von der (tages-)politischen Einflussnahme gerade als Schwachpunkt der aufsichtsrechtlichen Rechtsdurchsetzung angesehen, siehe *Franck*, Marktordnung durch Haftung, S. 40.

296 *Canzler/Hammermaier*, AG 2014, 57 f. halten die Verhängung von Bußgeldern für die zentrale staatliche Reaktion, um Fehlentwicklungen auf dem Kapitalmarkt entgegenzuwirken und das Vertrauen der Marktteilnehmer in die Integrität des Wertpapiermarkts zu erhalten.

297 Siehe oben unter a) cc).

Schadensersatzansprüche oftmals zu spät, zumal sie erst noch im Rahmen eines zivilgerichtlichen Verfahrens durchgesetzt werden müssen. Auch ein zivilgerichtliches Eilverfahren kann in einem solchen Fall u.U. zu lange dauern. Hier gelingt es Aufsichtsbehörden mit Verwaltungsakten, die sie selbst für vollstreckbar erklären und auch noch mit Zwangsmitteln durchsetzen können, schneller zu handeln.[298] Teilweise ist ein Handeln im Vorfeld, d.h. vor der Schadensentstehung, nötig, das besser von der Aufsichtsbehörde vorgenommen werden kann. So können zu positive Angaben in Prospekten im weiteren Sinn aufgrund des ‚Multiplikatoreffekt(s)'[299] auf den Kapitalmärkten dazu führen, dass viele Anleger das Anlageprodukt falsch einschätzen und kaufen, wodurch ihnen und damit dem Markt insgesamt aufgrund der Fehlallokation ein großer Schaden entsteht. Würde der Prospekt oder die Werbung dagegen bereits im Vorfeld untersagt, würde es niemals zu dieser Fehleinschätzung der Anleger kommen. Dies spricht für eine Ausweitung des Prüfungsmaßstabs der BaFin.

bb) Vorteile privatrechtlicher Prospekthaftungsansprüche

Dagegen können als Vorteile der privatrechtlichen Prospekthaftungsansprüche das stärkere Verfolgungsinteresse der Geschädigten im Vergleich zur Verwaltung **(1)**, der Vorsprung an kollektivem Wissen **(2)** und ihre Funktion für die Rechtsfortbildung **(3)** genannt werden.

(1) Stärkeres Verfolgungsinteresse

Privatpersonen haben ein stärkeres Interesse als die Aufsichtsbehörden, dass ein Rechtsverstoß verfolgt wird, durch den sie selbst Schaden genommen haben.[300] Sie haben ein virales Interesse an Wiedergutmachung und verfolgen dieses oft mit Beharrlichkeit. Damit ist auch der Durchsetzung des objektiven Rechts gedient.[301] Wenn Anleger durch fehlerhafte oder unvollständige Prospekte geworben

298 *Hellgardt*, Regulierung und Privatrecht, S. 634; *Poelzig*, Normdurchsetzung durch Privatrecht, S. 574.

299 *Poelzig*, Normdurchsetzung durch Privatrecht, S. 27.

300 *Hellgardt*, Regulierung und Privatrecht, S. 571, *Franck*, Marktordnung durch Haftung, S, 44, 49 ff. Dies soll vor allem dann gelten, wenn der Schaden nicht in einem entgangenen Gewinn, sondern in einem Verlust im Vergleich zur Vermögenslage vor dem haftungsauslösenden Ereignis, d.h. dem Erwerb der Vermögensanlage, liegt (sog, „loss aversion").

301 *Poelzig*, Normdurchsetzung durch Privatrecht, S. 569. Freilich kann dadurch die (Ermessens-)Entscheidung einer Behörde, nicht einzugreifen, konterkariert werden, *Franck*, Marktordnung durch Haftung, S, 42.

wurden und dann einen Verlust erlitten haben, suchen sie eine Möglichkeit der Wiedergutmachung. Hier bedarf es eines Prospekthaftungsanspruchs, auf den sie sich stützen können. Die Prospektqualität wird steigen, wenn Anbieter eine Klagewelle der Anleger bei fehlerhaften Prospektangaben fürchten müssen und die Kosten, die sie für die Steigerung der Prospektqualität aufzuwenden haben, geringer sind als die zu erwartenden Ersatzansprüche.[302] Allerdings besteht vor allem bei Klagen von Privatanlegern die Gefahr, dass sie ihre Schäden deshalb nicht geltend machen, weil das Kostenrisiko eines Prozesses den Schaden übertrifft.[303] Um den Prospekthaftungsanspruch effektiv auszugestalten, muss daher danach gefragt werden, wie die Ersatzberechtigten zur Durchsetzung ihrer Ansprüche gebracht werden können. Dies kann z.B. durch einen möglichst umfassenden Ersatzanspruch und durch eine Beweislastumkehr oder durch die Möglichkeit einer Sammelklage[304] erfolgen, um den Nutzen der Berechtigten zu erhöhen und die Kosten der für die Klage notwendigen Informationsbeschaffung zu senken.[305]

---

302 *Wagner*, AcP 206 (2006), (352), 463.

303 *Möllers*, AcP 206 (2006), (1), 25; *Hellgardt*, Regulierung und Privatrecht, S. 634 f.

304 Das Kapitalanleger-Musterverfahrensgesetz (KapMuG) stellt keine Sammelklage in diesem Sinne dar. Die Schadensersatzansprüche müssen immer noch von den einzelnen Anlegern geltend gemacht werden, § 1 KapMuG. Lediglich anspruchsbegründende, anspruchsausschließende Voraussetzungen oder die Klärung von Rechtsfragen werden in einem gemeinsamen Feststellungsverfahren gebündelt, § 2 KapMuG. Insofern sollte eher von einer *„begrenzte(n) Gruppenklage"* als von einer Sammelklage gesprochen werden, *Wolf/Lange* in: Vorwerk/Wolf, KapMuG, 1. Aufl. 2007, Einl. Rn. 26. Die erhoffte Verkürzung der Verfahrensdauer durch die Bündelung der Vorfragen ist nicht eingetreten, wie der Telekom Prozess zeigt, bei dem die ersten Klagen 2001 eingereicht wurden, der Musterentscheid des OLG Frankfurt a.M. aber erst Mitte 2012 erging. Von einer Erfolgsgeschichte kann daher noch nicht gesprochen werden, *Wolf/Lange*, NJW 2012, 3751.

305 *Poelzig*, Normdurchsetzung durch Privatrecht, S. 379 ff; *Möllers*, AcP 206 (2006), (1), 25; *Hellgardt*, Regulierung und Privatrecht, S. 635, spricht sich für eine *„Prämie"* aus, die darin liegen soll, dass der Anleger den Gesamtschaden aller geltend machen kann und im Falle der Verurteilung einen höheren Anteil erhält. Detaillierter schlägt *Wagner*, AcP 206 (2006), (352), 464 f. die Einführung eines sogenannten Schaden-Multiplikators vor, durch den der dem Kläger zugesprochene Ausgleichsbetrag mit der umgekehrten Durchsetzungswahrscheinlichkeit multipliziert wird. Diese Methode hat im deutschen Recht jedoch bisher keine gesetzliche Grundlage gefunden und entsprechende Vorschläge konnten sich wegen des schadensrechtlichen Bereicherungsverbots, das überwiegend vertreten wird, bisher nicht durchsetzen, wie *Wagner* selbst zutreffend erläutert.

(2) Vorsprung an kollektivem Wissen

Den Anlegern wird im Vergleich zur Behörde ein Vorsprung an kollektivem Wissen zugeschrieben, da sie durch ihre Teilnahme am Markt unmittelbar betroffen sind.[306] Prospektfehler und -unvollständigkeiten werden oftmals erst im Rahmen der von Anlegern angestrengten Prozesse aufgedeckt bzw. im Vorfeld von Prozessen, wenn Anleger die Behörde informieren, damit diese einschreitet und den Sachverhalt ausermittelt, woraufhin die Anleger den Prozess dann anstrengen.[307] Gibt es effektive Prospekthaftungsansprüche, so kann das die Prospektverantwortlichen präventiv dazu bewegen, besonders auf Vollständigkeit und sachliche Richtigkeit zu achten. Auch missbräuchliche Werbung entdecken Anleger leichter, wenn sie sich unter Umständen dadurch sogar zum Erwerb haben verführen lassen. Allerdings fehlt es hierfür de lege lata an einem Haftungsanspruch. Ein Registrierungsverfahren für die vorgesehene Werbung einzuführen, wie es § 7 Abs. 2 Nr. 3 AuslInvG vorsah,[308] verspricht nicht denselben Erfolg, da es bei der Vielfalt an Werbemöglichkeiten schwer zu kontrollieren sein wird.

(3) Rechtsfortbildung

Schließlich wird die privatrechtliche Normdurchsetzung als wichtiger Beitrag für die Rechtsfortbildung angesehen,[309] da durch die zivilrechtliche Rechtsprechung, die eine ex-post Betrachtung des konkreten Sachverhalts vornimmt, eine Anpassung an neue Ziele und Umstände leichter möglich erscheint als durch die eng an das im Vorhinein festgelegte Gesetz gebundene Verwaltung.[310] Außerdem ist bei der privaten Rechtsdurchsetzung durch die in Konkurrenz zueinander stehenden Anwaltskanzleien mit einem größeren Einfallsreichtum als bei den Behörden durch die Einführung neuer rechtlicher Erwägungen und Beweismittel

---

306 *Poelzig*, Normdurchsetzung durch Privatrecht, S. 570; *Hellgardt*, Regulierung und Privatrecht, S. 631 f. *Franck*, Marktordnung durch Haftung, S, 93.

307 *Franck*, Marktordnung durch Haftung, S, 45. Diese sogenannten „follow-on Klagen" sind vor allem im Kartellrecht bedeutend, da dort durch Ermittlungen der Kartellbehörden die Verjährung des Schadensersatzanspruchs gehemmt wird und den Entscheidungen der Kartellbehörden Bindungswirkung im Schadensersatzprozess zukommt, §§ 33b, 33h Abs. 6 GWB.

308 Dies schlagen aber *Kohl/Kübler/Walz/Wüstrich* vor, ZHR 138 (1974), (1), 34.

309 Zur Rechtsfortbildung genauer Teil 2 §§ 1–3.

310 *Poelzig*, Normdurchsetzung durch Privatrecht, S. 571; *Hellgardt*, Regulierung und Privatrecht, S. 632.

in die Praxis zu rechnen.[311] Diese Funktion wurde durch die Zivilgerichte im Rahmen der bürgerlich-rechtlichen Rechtsprechung exzessiv betrieben.[312]

cc) Bewertung

(1) Viele Unvollständigkeiten und Fehler von Prospekten kommen erst durch geschädigte Anleger auf, die ein virales Interesse an Wiedergutmachung haben. Zwar könnte diese Funktion durch eine Erweiterung des Prüfungsmaßstabs der BaFin im Billigungsverfahren auf inhaltliche Fehler ersetzt werden. Allerdings kann dies mit den bestehenden finanziellen und persönlichen Ressourcen[313] der BaFin nicht gewährleistet werden, zumal die Fristen in §§ 13 Abs. 2 WpPG; 8 Abs. 2 VermAnlG mit zehn bzw. zwanzig Arbeitstagen eng gesetzt sind. Eine dafür notwendige Ausweitung würde zu höheren Transaktionskosten führen, die wiederum letztendlich die Anleger tragen müssten.[314] Hingegen vermag eine Erhöhung der Bußgelder gegenüber den Emittenten und Anbietern, die die Prospektpflicht nicht ordnungsgemäß erfüllen, diese Finanzierungslücke nicht zu schließen, da durch Bußgelder weniger als 0,1 Prozent der Gesamteinnahmen der BaFin generiert werden. Um die Richtigkeit des Prospektinhalts zu gewähren, ist mithin ein effektiv ausgestalteter Prospekthaftungsanspruch einer Erweiterung der Befugnisse der BaFin vorzuziehen.

(2) Zwar sind der BaFin hinsichtlich der auf den Vollprospekt bezogenen Werbung Ermessenspielräume eingeräumt und sie kann damit eine gezielte Steuerung vornehmen, wodurch sich aufgrund der Kontinuität ihres Vorgehens einheitliche Maßstäbe herausbilden können.[315] Allerdings gibt es für Werbung kein Billigungsverfahren, so dass die BaFin missbräuchliche Werbung oftmals gar nicht in Erfahrung bringen wird. Zwar könnte ein Billigungsverfahren de lege ferenda eingeführt werden. Die Kontrolle wäre aber mit einem erheblichen Verwaltungsmehraufwand der BaFin verbunden. Zudem sind die Anleger durch ihre Teilnahme am Markt unmittelbar von der Werbung betroffen, wenn sie sich durch eine solche Werbung zum Erwerb der Anlage haben verführen lassen und weisen demzufolge ein höheres Durchsetzungsinteresse auf. Es fehlt aber insoweit ein Haftungsanspruch.

311 *Franck*, Marktordnung durch Haftung, S, 48.
312 Siehe Teil 2 § 3.
313 Diese als Kriterien nennend: *Poelzig*, Normdurchsetzung durch Privatrecht, S. 21.
314 *Möllers*, AcP 206 (2006), (1), 15.
315 Vgl. *Poelzig*, Normdurchsetzung durch Privatrecht, S. 573 f.

Ansonsten besteht die Gefahr, dass die Prospektpflicht *„zu einer bloßen Farce degenerier[en](t): nachdem die hochglanzkaschierten Werbeschriften und wohltönenden Anzeigen einseitig die Vorteile dargestellt und dadurch Aufmerksamkeit und Interesse geweckt wären, könnten alle gesetzlichen Vorschriften dadurch Genüge getan werden, daß in das Verkaufsformular eine Klausel eingefügt wird, die Prospektempfang und Kenntnisnahme von dessen Inhalt bestätigt.*“[316] Auch insoweit erscheint daher ein wirksamer Haftungsanspruch für Werbeangaben einer Erweiterung der Kontrolldichte der BaFin vorzugswürdig.

(3) Die BaFin hat keine Aufsichtsbefugnis hinsichtlich des Vermögensanlagen-Informationsblatts, obwohl Vermögensanlagen nach dem VermAnlG vom Gesetzgeber als prinzipiell gefährlicher für Privatanleger eingestuft werden und das Informationsblatt als Kurzinformation besonders wahrscheinlich von Privatanlegern gelesen wird. Die Einführung eines Billigungsverfahrens, in dem insbesondere die Kohärenz mit dem Vollprospekt durch die BaFin geprüft würde, wäre wünschenswert. Dies wäre wohl auch machbar, da die Zusammenfassung im Wertpapierprospekt als Teil des Prospekts ebenfalls ins Billigungsverfahren einbezogen ist. Hinsichtlich der inhaltlichen Richtigkeit bliebe es dagegen dabei, dass diese erst im Rahmen von Schadensersatzprozessen der Anleger nach § 22 VermAnlG durch die Gerichte überprüft wird.

(4) Schließlich ist festzustellen, dass staatliche Aufsichtsmaßnahmen durch die BaFin und privatrechtliche Prospekthaftungsansprüche jeweils ihre Vorzüge, aber auch Nachteile haben. Eine umfassende staatliche Überwachung würde die Transaktionskosten zu sehr steigern, während ein gänzlicher Verzicht darauf notwendige effektive Durchsetzungsmethoden ausschalten würde. Zivilrechtliche Schadensersatzklagen ergänzen also Maßnahmen staatlicher Überwachung wirkungsvoll.[317]

---

316 *Kohl/Kübler/Walz/Wüstrich*, ZHR 138 (1974), (1), 34. Eine gewisse Maßnahme gegen die Einseitigkeit stellen aber die Warnhinweise dar, die inzwischen in § 12 Abs. 2, 3 VermAnlG in der Werbung für Vermögensanlagen vorgesehen sind. Siehe dazu unten unter Teil 3 § 3 B. II. 3. a).

317 *Möllers*, AcP 206 (2006), (1), 35; *Weichert*, Anlegerschaden, S. 109; *Maume*, ZHR 180 (2016), (358), 364 f.; *Franck* führt aus, dass öffentlich-rechtliche und privatrechtliche Durchsetzungsmechanismen, wenn sie gut aufeinander abgestimmt sind, die Nachteile des jeweils anderen Instruments ausgleichen und das „angestrebte Equilibrium an Rechtsdurchsetzung“ gewährleisten können, Marktordnung durch Haftung, S. 42.

c) Gewerberecht

Durch die Schaffung des AuslInvG sind erstmals am Vertrieb beteiligte Personen als Anspruchsverpflichtete der Prospekthaftung normiert worden, § 12 Abs. 4 AuslInvG.[318] Dieser Ansatz besteht in § 306 Abs. 4 KAGB fort. Daher muss untersucht werden, inwiefern diese Personen zur Richtigkeit der Prospektangaben beitragen können. Zwar greift deren Prospekthaftung in § 306 Abs. 4 KAGB nur bei Kenntnis der Unrichtigkeit oder Unvollständigkeit. Allerdings wird davon ausgegangen werden können, dass sie, wenn sie eine Beratung vornehmen, den Prospekt zumindest gelesen haben. Angaben ins Blaue hinein begründen bekanntlich Vorsatz.[319] Außerdem wurde im Rahmen des Gesetzes zur Novellierung des Finanzanlagenvermittler- und Vermögensanlagenrechts vom 6.12.2011[320] in § 34f GewO eine Erlaubnispflicht für Vermögensanlagevermittler eingeführt, die an die Erfüllung des Sachkundenachweises und einer Vermögenshaftpflichtversicherung gekoppelt wurde. Es ist zu untersuchen, inwiefern diese gewerbepolizeiliche Maßnahme eine Verbesserung des Anlegerschutzes hinsichtlich der Prospektqualität herbeiführt.

aa) Frühere Rechtslage

Der Anlass für die Schaffung des AuslInvG waren die Vertreterkolonnen von IOS[321] (Investor Overseas Services) und deren Nachahmer, die neue Vertriebsmethoden nutzten.[322] Dazu gehörte der Einsatz gut geschulter Vertreter, die potentielle Käufer in ihren Wohnungen aufsuchten und teilweise zu Vertragsabschlüssen überredeten, die nicht deren wirtschaftlicher Leistungsfähigkeit entsprachen.[323] Zwar verbot und verbietet die Gewerbeordnung den Vertrieb von Wertpapieren[324] im Reisegewerbe (§ 56 Abs. 1 Nr. 1h) GewO), d.h. insbesondere das Aufsuchen eines Käufers in dessen Wohnung.[325] Teilweise wurde diese

---

318 Siehe oben unter § 2 A. II. 1.

319 *Oechsler* in: Staudinger BGB, § 826 Rn. 86 f.

320 BGBl I, S. 2481.

321 Zur Geschichte von IOS siehe *Fehr*, FAZ v. 14.3.2009, „Vom Armenpfleger zum Millionär und Playboy“.

322 *Assmann*, Prospekthaftung, S. 74.

323 *Steder*, WM 1969, Sonderbeil. 2, (2), 8; RegE AuslInvestmG, BT-DrS. 05/3494, S. 23.

324 Der Begriff „Wertpapier“ wird hier weit gesehen und enthält u.a. auch Investmentanteile. Vgl. *Ennuschat* in: Tettinger/Wank/Ennuschat, GewO, § 56 Rn. 11; *Rossi* in: BeckOK, GewO, § 56 Rn. 8.

325 Das geht aus § 55 Abs. 1 Nr. 1 GewO hervor, nach dem ein Reisegewerbe betreibt, wer gewerbsmäßig außerhalb seiner gewerblichen Niederlassung handelt.

Vorschrift aber einfach ignoriert[326] und damit eine Ordnungswidrigkeit begangen, § 145 Abs. 2 Nr. 2a) GewO. Scheinbar hat die in Aussicht stehende Geldbuße in Höhe von heutzutage maximal 2.500 € verbunden mit der Sanktionswahrscheinlichkeit nicht genügend abschreckende Wirkung verbreitet.[327] Teilweise wurde aber auch der Hausbesuch vorher vereinbart, so dass gem. § 55 Abs. 1 GewO gar keine reisegewerbliche Tätigkeit und mithin auch kein Verbot vorlag.

Daneben knüpfte § 34c GewO in der Fassung bis zum 31.12.2012 die Tätigkeit der Anlageberatung (Abs. 1 Nr. 3) zwar an die Erlaubnis der Behörde, die aber allein an die persönliche Zuverlässigkeit und geordnete Vermögensverhältnisse anknüpfte (Abs. 2). Dies war leicht nachzuweisen und sagte über die entsprechende Qualifikation nichts aus.[328]

bb) Schaffung des § 34f GewO

Im Zuge des Gesetzes zur Novellierung des Finanzanlagenvermittler- und Vermögensanlagenrechts vom 6.12.2011[329] wurde § 34f GewO neu geschaffen. Dieser setzt für Finanzanlagenvermittler über den bisherigen § 34c GewO hinaus einen Nachweis der Sachkunde und eine Berufshaftpflichtversicherung voraus.[330] Durch Einführung der Sachkundeprüfung sollte die Qualität der Beratung erhöht und die Anleger dadurch geschützt werden. Die Berufshaftpflichtversicherung sollte diesen Anlegerschutz noch verstärken, indem die durch Falschberatung bzw. -vermittlung entstandenen Schäden abgedeckt sind.[331]

cc) Bewertung

Der Nachweis der Qualifikation der Vertriebsmakler und -vermittler stellt sicherlich ein sinnvolles Instrument des Anlegerschutzes dar. Die Prospektqualität im Bereich öffentlich angebotener Wertpapiere nach dem WpPG und Vermögensanlagen nach dem VermAnlG steigt dadurch, wenn die Vertriebsvermittler aufgrund ihrer Qualifikation und der Gefahr, ihre Erlaubnis als Vermögensanlagevermittler zu verlieren, nur mehr bereit sind, Anlageformen zu verkaufen, bei denen die Prospekte sehr gut aufbereitet wurden.

---

326 RegE AuslInvestmG, BT-DrS. 05/3494, S. 23.

327 Zu diesen Kriterien *Poelzig*, Normdurchsetzung durch Privatrecht, S. 375.

328 *Koch*, Kapitalanlegerschutz, S. 255 f.

329 BGBl I, S. 2481.

330 Siehe dazu im Einzelnen *Will* in: BeckOK, GewO, § 34f Rn. 88 ff.

331 RegE VermAnlG, BT-Drs. 17/6051, S. 43.

Darüber hinaus steigt die Prospektqualität von Aktien oder Investmentanteilen nach dem KAGB dadurch, dass die Vermittler selbst Gefahr laufen in Anspruch genommen zu werden, wenn der Prospekt fehlerhafte Angaben enthält.

Jedoch hat das Gewerberecht eine entscheidende Schwäche darin, dass die Gewerbeaufsicht nach dem jeweiligen Landesrecht bestimmt (§ 155 GewO) wird. Das schließt aber eine zumindest national einheitliche Aufsicht, wie sie gerade im Kapitalmarkt aufgrund der weltweiten Vernetzung der Datenbanken und der daraus resultierenden schnellen Fluktuation des Anlagekapitals[332] nötig ist, aus.[333] § 34f GewO stellt aufgrund weitgehender Verweisungen auf ihrerseits häufig komplexe Regelungen wie des KAGB, des VermAnlG und des KWG eine für die GewO untypisch komplexe Vorschrift dar, die die zuständigen Landesbehörden vor schwierige Anwendungsfragen stellen wird.[334] Ein Vollzugsdefizit vor allem hinsichtlich der nachträglichen Erlaubnisversagung ist auf Grund der personell und sachlich begrenzten Ressourcen der Gewerbeaufsichtsbehörden zu befürchten.[335] Dem kann durch einen privatrechtlichen Prospekthaftungsanspruch entgegengewirkt werden.

d) Strafrecht

Einen anderen Ansatzpunkt, um zutreffende Prospektinformationen zu gewährleisten, bietet das Strafrecht. Aus Angst vor Strafe könnten sich die Prospektverantwortlichen dazu angehalten sehen, die gesetzlichen Vorgaben einzuhalten. So sollen nach *Möllers* strafrechtliche Sanktionen besonders abschreckend sein, weil sie das Unwerturteil im Vergleich zu Bußgeld- oder Schadensersatzansprüchen am besten zum Ausdruck bringen. Als Beispiel nennt er den Mannesmann-Prozess, in dem die Unternehmen alles daran gesetzt hätten, eine strafrechtliche Verurteilung ihrer Mitarbeiter zu verhindern.[336] Auch der europäische Gesetzgeber hat in Erwägungsgrund (6) der Richtlinie über strafrechtliche Sanktionen für Insidergeschäfte und Marktmanipulationen 2014/57/EU zum Ausdruck gebracht, dass er wegen der stärkeren gesellschaftlichen Missbilligung bei schweren

---

332 *Möllers*, AcP 208 (2008), (1), 4.

333 Auch *Brocker/Lohmann*, GWR 2012, (335), 336 halten die Aufspaltung der Aufsicht zwischen der BaFin und den Gewerbeämtern für fragwürdig, zumal bei ersterer die Experten angesiedelt seien.

334 *Will* in: BeckOK, GewO, § 34f Einl.

335 Hierzu *Wagner*, AcP 206 (2006), (352), 441.

336 *Möllers*, AcP 208 (2008), (1), 33; siehe zum Zweck der Strafe, die sozial-ethische Missbilligung eines Verhaltens auszudrücken, auch *Franck*, Marktordnung durch Haftung, S. 76.

Formen des Marktmissbrauchs strafrechtliche Sanktionen neben aufsichtsrechtlichen Maßnahmen für unverzichtbar hält.[337] Im Prospektrecht ist dies zwar noch nicht der Fall. Es zeigt aber, dass im Bereich des Kapitalmarktrechts durchaus auch der europäische Gesetzgeber auf die verhaltenssteuernde Wirkung des Strafrechts setzt.

aa) Gesetzgeberischer Beweggrund der Einführung des § 264a StGB

Durch das 2. WiKG vom 15.5.1986[338] wurde der Straftatbestand des Kapitalanlagebetrugs in § 264a StGB eingeführt. Damit wollte der Gesetzgeber eine Lücke im Bereich des Anlegerschutzes schließen, den er durch das gesetzte Recht, Richterrecht und den besonderen Verhaltensregeln der beteiligten Wirtschaftskreise nicht für alle Anlageformen gleich wirksam ausgebildet sah.[339] Hinsichtlich der Prospekthaftungsansprüche erkannte er dabei das Problem, dass diese erst nach der getroffenen Anlageentscheidung zum Tragen kommen und daher bei Unternehmenszusammenbrüchen wirtschaftlich wertlos sein können.[340] Die Strafandrohung sollte präventiv wirken, damit Kapitalanleger keine Zeit vergeuden, die sie für ihre Anlageentscheidung auf gesicherter Informationsbasis benötigen und somit das Kapital in marktwirtschaftlich sinnvoller Weise angelegt wird.[341] Der Prospektbegriff in § 264a StGB wurde weiter gefasst als in den spezialgesetzlichen Prospekthaftungstatbeständen. So soll *„jedes Schriftstück, das die für die Beurteilung der Anlage erheblichen Angaben enthält oder den Eindruck eines solchen Inhalts erwecken soll*" dem Prospektbegriff unterfallen.[342]

bb) Praktische Bedeutung des § 264a StGB

Die praktische Bedeutung dieser Vorschrift wird aber allgemein als gering angesehen.[343] Dies lässt sich auch mit statistischen Zahlen belegen. So wurden im Jahr 2015 im gesamten Bundesgebiet lediglich 35 Fälle von Prospektbetrug gemäß

---

337 Richtlinie 2014/57/EU des Europäischen Parlaments und des Rates vom 16.4.2014 über strafrechtliche Sanktionen bei Marktmanipulation (Marktmissbrauchsrichtlinie), ABl. EU Nr. L 173/180.

338 BGBl. I, S. 722.

339 RegE 2. WiKG, BT-Drs. 10/318 v. 26.8.1983, S. 21.

340 RegE 2. WiKG, BT-Drs. 10/318 v. 26.8.1983, S. 21.

341 *Bottke* in: Madrid-Symposium f. Tiedemann, (109), 121.

342 RegE 2. WiKG, BT-Drs. 10/318 v. 26.8.1983, S. 23.

343 *Wohlers/Mühlbauer* in: MüKo StGB, § 264a Rn. 11; *Lackner* in: Lackner/Kühl, StGB, § 264a Rn. 2; *Fischer*, § 264a Rn. 2a; *Maume*, ZHR 180 (2016), (358), 392 f.

§ 264a StGB verfolgt (im Jahr 2014 nur 53)[344] und davon nur zehn abgeurteilt und fünf verurteilt.[345] Zwar versucht *Park* diese Zahlen zu relativieren, indem er auf statistische Ungenauigkeiten im Betrugsbereich, dem häufigen Zurücktreten dieser Vorschrift hinter anderen Delikten sowie der an diese Vorschrift angepasste Formulierung der Prospekte hinweist.[346] Jedoch erscheint es schon schwer, den Tätern Vorsatz bzgl. mehrerer normativer Tatbestandsmerkmale nachzuweisen.[347] Denn der Vorsatz bei § 264a StGB muss sich sowohl auf die Erheblichkeit der zu offenbarenden Umstände für die Anlageentscheidung beziehen,[348] als auch auf die Unwahrheit der angegebenen bzw. die Nachteiligkeit der verschwiegenen Tatsachen.[349] Irrtümer diesbezüglich sind vorsatzausschließende Tatbestandsirrtümer, weshalb den Einlassungen der Angeklagten hinsichtlich der Strafbarkeit eine große Bedeutung zukommt.[350] Außerdem verbleibt zwischen straflosen Versprechungen und Betrug, sei es auch nur im Versuchsstadium, nur ein sehr schmaler Anwendungsbereich.[351] Die Strafverfolgungsbehörden werden aufgrund ihrer beschränkten Kapazität und des kaum überschaubaren Kreises der angesprochenen Anleger als potentielle Opfer von Amts wegen die Richtigkeit und Vollständigkeit von Prospektangaben nur sehr selten prüfen.[352] Sie werden regelmäßig erst nach dem Eintritt von Schadensfällen - also reaktiv - tätig.[353]

---

344 Polizeiliche Kriminalstatistik 2015 des BKA, abrufbar unter: https://www.bka.de/DE/AktuelleInformationen/StatistikenLagebilder/PolizeilicheKriminalstatistik/PKS2015/Standardtabellen/standardtabellenFaelle.html?nn=51356, zuletzt verifiziert am 19.2.2019.

345 Strafverfolgungsbericht des Statistischen Bundesamts 2015, Fachserie 10, Reihe 3, S. 36 f. abrufbar unter: https://www.destatis.de/DE/Publikationen/Qualitaetsberichte/Rechtspflege/Strafverfolgung.pdf?__blob=publicationFile, zuletzt verifiziert am: 19.2.2019.

346 *Park*, Kapitalmarktstrafrecht, § 264a StGB Rn. 6.

347 *Perron* in: Schönke/Schröder, StGB, § 264a Rn. 36.

348 Hierzu BGH NJW, 2005, (2242), 2245.

349 *Perron* in: Schönke/Schröder, StGB, § 264a Rn. 36.

350 BGH NJW, 2005, (2242), 2245.

351 *Fischer*, StGB, § 264a Rn. 2a.

352 *Fischer*, StGB, § 264a Rn. 2a.

353 *Wohlers/Mühlbauer* in: MüKo StGB, § 264a Rn. 12; *Kohl/Kübler/Walz/Wüstrich*, ZHR 138 (1974), (1), 19; *Hopt*, ZHR 141 (1977), (389), 412.

cc) Bewertung

Dem Strafrecht kommt zur Durchsetzung der Pflicht, vollständige und richtige Prospekte zu erstellen, nur eine begrenzte Wirkung zu. Eine Strafbarkeit von Unternehmen als von der Prospektpflicht primär Angesprochene gibt es im deutschen Recht nicht.[354] Dann stellt es sich aber als Problem dar, den richtigen Täter aufgrund der arbeitsteiligen Erstellung von Prospekten zu finden.[355] Eine Ausweitung der Strafbarkeit auf z.B. fahrlässiges Verhalten würde dagegen ein ‚viel zu scharfes Schwert' darstellen, um die Prospektpflicht durchzusetzen, da es nicht einfach ist, eine Fülle an Informationen in jeder Hinsicht wiederzugeben.[356] Das würde sich auch mit den spezialgesetzlichen Prospekthaftungsansprüchen nicht vertragen, die mindestens grobe Fahrlässigkeit verlangen. Dem Strafrecht kommt entgegen der vom Gesetzgeber vorgesehenen Ausfüllungsfunktion von Lücken im Gegenteil nur eine ergänzende Auffangfunktion für gravierende Fälle zu.[357] Durch eine Verschärfung der aufsichtsrechtlichen, zivilrechtlichen und insbesondere der wettbewerbsrechtlichen Maßnahmen würde dieser Straftatbestand als Mittel zur Verhaltenssteuerung sogar obsolet.[358] So konstatierten *Kohl/Kübler/Walz/Wüstrich* bereits im Jahr 1974, dass nicht einmal die Mehrheit der durch eine vernünftige gesetzliche Regelung vermeidbaren Zusammenbrüche von Anlagegesellschaften auf strafrechtlich vorwerfbares Verhalten zurückzuführen sei.[359]

e) Wettbewerbsrecht

Schließlich ist auf die Möglichkeiten einzugehen, die das Wettbewerbsrecht bietet, sachlich richtige und vollständige Prospekte im weiteren Sinn, insbesondere in Form der Werbung, durchzusetzen.

aa) Gesetzgeberische Erwägungen bei Schaffung des AuslInvG

Ein Grund für die Schaffung des AuslInvG war, dass man den erheblichen Missständen in der Werbung begegnen wollte, wofür nach Ansicht des Gesetzgebers

---

354 *Poelzig*, Normdurchsetzung durch Privatrecht, S. 23.

355 *Poelzig*, Normdurchsetzung durch Privatrecht, S. 23.

356 *Poelzig*, Normdurchsetzung durch Privatrecht, S. 23.

357 *Kohl/Kübler/Walz/Wüstrich*, ZHR 138 (1974), (1), 19; *Hopt* spricht von dem einen *„Ende der staatlichen Eingriffspalette, ein grobes Geschütz gegen krasse Verstöße."*, ZHR (141), 1977, (389), 412.

358 *Hefendehl*, Kollektive Rechtsgüter, S. 270 f.

359 *Kohl/Kübler/Walz/Wüstrich*, ZHR 138 (1974), (1), 12.

die Mittel des UWG nicht ausreichend waren.[360] Nach dem UWG sei nämlich in der Regel das Beschreiten des Zivilrechtswegs durch einen anderen Wettbewerber gegen den unlauteren Konkurrenten nötig und diese Methode habe sich beim Vertrieb ausländischer Investmentanteile als nicht wirksam erwiesen.[361] Daher wurde in § 10 AuslInvestmG eine Untersagungsbefugnis der Aufsichtsbehörde gegen missbräuchliche Werbung geschaffen. Eine solche Untersagungsbefugnis besteht heute in § 15 WpPG oder § 16 VermAnlG. Diese Vorschriften implizieren aber gleichzeitig wieder die Anwendung des UWG.

bb) Eröffnung des Anwendungsbereich für Prospekte

Bei den §§ 15 WpPG; 16 i.V.m. 12 VermAnlG, die Anforderungen an die Werbung regeln, handelt es sich nämlich um gesetzliche Vorschriften, die das Marktverhalten regeln i.S.d. § 3a UWG.[362] Marktverhalten meint jede Tätigkeit auf einem Markt, „*die objektiv der Förderung des Absatzes oder Bezugs dient und durch die ein Unternehmer auf Mitbewerber, Verbraucher oder sonstige Marktteilnehmer einwirkt.*" Dazu gehört auch die Werbung inklusive der bloßen Aufmerksamkeitswerbung.[363] §§ 15 WpPG, 16 i.V.m. 12 VermAnlG verdrängen dabei nicht die Vorschriften des UWG als leges speciales. Die Ansprüche nach dem UWG greifen vielmehr neben den aufsichtsrechtlichen Befugnissen der BaFin.[364]

Prospekte im weiteren Sinne stellen darüber hinaus als auf die Absatzförderung bezogene Kapitalmarktinformationen geschäftliche Handlungen gemäß § 2 Abs. 1 Nr. 1 UWG dar.[365] Nach der dortigen Legaldefinition meint ‚geschäftliche Handlung' „*jedes Verhalten einer Person zugunsten des eigenen oder eines fremden Unternehmens vor, bei oder nach einem Geschäftsabschluss, das mit der Förderung des Absatzes oder des Bezugs von Waren oder Dienstleistungen oder mit dem Abschluss oder der Durchführung eines Vertrags über Waren oder Dienstleistungen*

360 RegE AuslInvestmG, BT-DrS. 05/3494, S. 15.

361 RegE AuslInvestmG, BT-DrS. 05/3494, S. 22.

362 *Windorfer*, Kapitalmarktinformationen, S. 274; Für § 15 Abs. 3 WpPG OLG Schleswig WRP 2012, (1558), 1560 Rn. 24. Zwar beziehen sich die Fundstellen auf § 4 Nr. 11 UWG a.F. Allerdings war mit der Überführung in § 3a UWG im Zuge der UWG-Novelle 2015 keine Änderung der bisherigen Rechtslage verbunden: *Köhler* in: Köhler/Bornkamm, UWG, § 3a Rn. 1.5; BGH WRP 2016, 1100 Rn. 11.

363 *Köhler* in: Köhler/Bornkamm, UWG, § 3a Rn. 1.62.

364 *Windorfer*, Kapitalmarktinformationen, S. 272 ff.; *Hennrichs* in: Schwark/Zimmer, KMRK, § 8j VerkProspG Rn. 4; *Bruchwitz* in: Arndt/Voß, VerkProspG, § 8j Rn. 4.

365 *Windorfer*, Kapitalmarktinformationen, S. 276; *Keller* in: Harte-Bavendamm/Henning-Bodewig, UWG, § 2 Rn. 33.

objektiv zusammenhängt; als Waren gelten auch Grundstücke, als Dienstleistungen auch Rechte und Verpflichtungen." Auf Prospekte im weiteren Sinne trifft dies zu. Jene dienen als Werbeschriften vor Geschäftsabschluss der Förderung des Absatzes einer Kapitalanlage, sei es des eigenen Unternehmens als Emittent, sei es eines anderen Unternehmens als Anbieter oder Vermittler. Kapitalanlagen unterfallen dabei dem Begriff der Dienstleistung, indem sie Rechte und Verpflichtungen vermitteln.[366] Mithin findet eine umfassende Bewertung der Prospektproblematik am Maßstab des UWG statt. Dies ist auch anhand des Ziels des UWG, Verbraucher, Mitbewerber und eine Unverfälschtheit des Wettbewerbs an sich zu schützen (§ 1 UWG), nachvollziehbar.

Wenn ein Emittent sein Anlageprodukt aufgrund einer unrichtigen, zu positiven Darstellung gut platzieren kann, schadet dies gleichzeitig seinen Mitbewerbern (§ 2 Abs. 1 Nr. 3 UWG), für deren Anlageprodukte Anleger sich ansonsten entschieden hätten. Gleichzeitig sehen sich die Anleger, die nach der insoweit großzügigen Rechtsprechung des BGH auch den Verbraucherbegriff i.S.d. §§ 1, 2 Abs. 2 UWG i.V.m. § 13 BGB erfüllen können,[367] dadurch geschädigt und der Wettbewerb ist verfälscht.

cc) Beschränkte Rechtsfolgen

Das Hauptproblem, sachlich richtige und vollständige Prospekte im Rahmen des UWG zu erzwingen, besteht aber in dessen beschränkten Rechtsfolgen. Zum einen gibt es nach §§ 8 Abs. 3; 9; 10 UWG mit den Mitbewerbern, Verbänden und Kammern nur einen sehr eingeschränkten Kreis von Anspruchsinhabern. Den Anlegern selbst stehen nach überwiegender Ansicht keine Ansprüche nach dem UWG zu, auch nicht über die Brücke des § 823 Abs. 2 BGB, da es sich bei § 3 UWG um kein Schutzgesetz i.S.d. Vorschrift handle.[368] Diese Ansicht überzeugt,

---

366 *Köhler* in: Köhler/Bornkamm, UWG, § 2 Rn. 39.

367 Weder soll nach Ansicht des BGH eine Gewinnerzielungsabsicht gegen die Verbrauchereigenschaft sprechen: BGH, Vorlagebeschl. v. 29.1.1991, AZ: XI ZR 17/90, Rn. 7 juris, Vorlagebeschl. v. 25.5.1993, AZ: XI ZR 45/91, XI ZR 59/91, Rn. 9 juris, noch kommt es danach maßgeblich auf die Höhe des investierten Kapialbetrags an: BGH BB 2001, (2250), 2252 = BGHZ 149, 80. Siehe auch *Edelmann* in: Assmann/Schütze, Handbuch des Kapitalanlagerechts, 4. Aufl. 2015, § 2 Rn. 23.

368 RegE UWG 2004, BT-Drs. 15/1487, S. 22; *Fritzsche* in: MüKo UWG, § 9 Rn. 48; *Köhler* in: Köhler/Bornkamm, UWG, 35. Aufl. 2017, § 8 Rn. 3.4, § 9 Rn. 1.10; **A.A.** *Keßler*, WRP 2005, (264), 272; *Sack*, GRUR 2004, (625), 629 f.; vom BGH wurde diese Frage zuletzt -und das liegt schon mehr als 30 Jahre zurück - offengelassen, NJW 1985, (194), 195.

da ansonsten das fein austarierte Schutzsystem nach dem BGB zwischen Unternehmern und Verbrauchern bzw. anderen natürlichen Personen ausgehöhlt zu werden droht, z.B. hinsichtlich der Verjährungsfristen im Kaufrecht.[369] Dem Schadensersatzanspruch der Mitbewerber nach § 9 S. 1 UWG auf entgangenen Gewinn kommt in der Praxis kaum Bedeutung zu, da den konkurrierenden Emittenten aufgrund *„der Vielzahl der angebotenen und nahezu frei substituierbaren Kapitalanlagemöglichkeiten sowie der Masse an wettbewerblichen Faktoren, die die Anlageentscheidung beeinflussen können,"* niemals der Nachweis gelingen wird, dass der Anleger ansonsten in ihr Produkt investiert hätte.[370] Es bleiben als liquidierbarer Schaden daher nur die Kosten der Rechtsverfolgung.[371] § 10 UWG muss als Anspruchsgrundlage ebenfalls ausscheiden, da es sich bei Finanzierungsvorteilen im Rahmen einer Emission nicht um abschöpfbaren Gewinn i.S.d. Vorschrift handelt. Denn die Emission steigert nicht den Umsatz, sondern das Eigen- oder Fremdkapital. Die Erhöhung der Bilanzsumme allein stellt aber noch keinen Gewinn nach § 10 UWG dar.[372] Der Gesetzgeber versteht unter Gewinn vielmehr die durch den Wettbewerbsverstoß gesteigerten Umsatzerlöse abzüglich der angefallenen Kosten.[373] Letztlich kann der Beseitigungs- und Unterlassungsanspruch nach § 8 UWG erhoben werden, der in Form einer Prospektberichtigung erfüllt werden kann.[374]

dd) Bewertung

Zwar sind Prospekte im weiteren Sinne am UWG zu messen. Jedoch sind die Rechtsfolgen nicht ausreichend, um das Ziel, vollständige und richtige Prospekte zu erlassen, in ausreichendem Maß durchsetzen zu können. Der Kreis der Anspruchsberechtigten ist zu klein und die Anforderungen an den Nachweis eines Schadens in Form des entgangenen Gewinns zu hoch. Das wurde auch schon bei der Schaffung des AuslInvG bemängelt und trug dazu bei, dort einen spezialgesetzlichen Prospekthaftungstatbestand zu statuieren. Eine eigenständige wettbewerbsrechtliche Verbandsklage für die Werbung mit Kapitalanlagen, wie sie *Hefendehl* vorschlägt,[375] erscheint nicht zielführend. Dies entspricht bereits

---

369 *Köhler* in: Köhler/Bornkamm, UWG, § 9 Rn. 1.10; *Fritzsche* in: MüKo UWG, § 9 Rn. 49.

370 *Windorfer*, Kapitalmarktinformationen, S. 305 m.w.N.

371 *Windorfer*, Kapitalmarktinformationen, S. 305.

372 *Windorfer*, Kapitalmarktinformationen, S. 307 f.

373 RegE UWG 2004, BT-Drs. 15/1487, S. 24.

374 *Windorfer*, Kapitalmarktinformationen, S. 309 ff.

375 *Hefendehl*, Kollektive Rechtsgüter, S. 271.

der gesetzlichen Lage de lege lata, da Prospekte für Vermögensanlagen inklusive Werbung dem UWG unterfallen, wie oben gezeigt wurde.[376] Ob eine deliktische Ausweitung des Wettbewerbsrechts die Prospekthaftung ersetzen könnte, wird in Teil 5 § 1 A. diskutiert.

f) Verhaltenssteuerung durch Prospekthaftungsansprüche

Es wurde durch die vorangehenden Ausführungen zwar festgestellt, dass die anderen Teildisziplinen des Rechts alleine nicht ausreichen, um die im Sinne der ökonomischen Analyse des Rechts wirtschaftlich bestmögliche Richtigkeit der Prospekte im weiteren Sinne zu gewährleisten. Im Folgenden soll schließlich aufgezeigt werden, inwiefern Prospekthaftungsansprüche eine rechtökonomisch gebotene Verhaltenssteuerung zur Prospektrichtigkeit gewährleisten. So kann das Vorhandensein von Haftungsansprüchen an sich als monetärer Anreiz ein bestimmtes menschliches Verhalten bzw. Verhalten von Unternehmen beeinflussen **(aa)**. Eine solche Beeinflussung kann auch zur Steigerung der Prospektqualität führen **(bb)**.

aa) Verhaltenssteuerung durch Haftungs- und Schadensersatzrecht

Auch wenn nach traditioneller Auffassung das deutsche Haftungs- und Schadensersatzrecht in erster Linie dem Ausgleich erlittener Schäden dient[377] und der Präventiveffekt lediglich ein ‚erwünschtes Nebenprodukt' darstellt, so mehren sich doch die Stimmen in der Literatur, die Prävention und Ausgleich als gleichberechtigte Ziele anerkennen.[378] Richtigerweise betonen *Schäfer/Ott*, dass es volkswirtschaftlich gesehen durch einen Schadensersatzanspruch nicht zu einem Ausgleich, sondern lediglich zu einer Verlagerung des Schadens von dem Schädiger auf den Geschädigten kommt. Im Gegenteil würde das Schadensersatzrecht, wenn es keiner Präventionsfunktion dient, sogar den Wohlfahrtsverlust mehren. Denn zum eingetretenen Schaden kommen noch Umverteilungskosten durch Anwälte und Gerichte bei der Geltendmachung der Schadensersatzansprüche

---

376 Siehe oben unter bb).

377 Wobei *Franck* zeigt, dass der Ausgleich erst dann gut gelingt, wenn private oder staatliche Versicherungen zuverlässig für Kompensation sorgen, Marktordnung durch Haftung, S. 83 ff.

378 *Wagner*, AcP 206 (2006), (352), 451 m.w.N.; *Schäfer/Ott*, Ökonomische Analyse, S. 150; *Weichert*, Anlegerschaden, S. 53 ff., der jedoch einen erhöhten Begründungsaufwand bei einem Abweichen des Ausgleichgedankens zugunsten des Präventionsgedankens sieht.

hinzu.[379] In diesem Fall wäre es volkswirtschaftlich gesehen günstiger, wenn der Geschädigte seinen Schaden selbst trägt und keinen Ersatzanspruch hat. Daher kann die Präventionsfunktion sogar als zentrale Funktion des Deliktsrechts bezeichnet werden.[380]

Empirische Studien haben gezeigt, dass das Bestehen monetärer Anreize, wie sie Schadensersatzansprüche darstellen, die Entstehung von Schäden verhindern kann.[381]

So zeigten *Kötz/Schäfer* in einer Untersuchung aus dem Jahr 1993 signifikante Auswirkungen in der Unfallstatistik der deutschen Zuckerindustrie durch eine Umstellung eines reinen, durch eine Umlage der beteiligten Unternehmen finanzierten Versicherungssystems auf ein System, durch das die von der durchschnittlichen Unfallhäufigkeit und -schwere abweichenden Unternehmen mit Beitragszuschlägen bzw. -rückzahlungen von bis zu 50 % des normalen Beitragssatzes bestraft bzw. belohnt wurden.[382] Die Zahl der Betriebsunfälle nahm von ungefähr 140 pro 1000 Arbeiter und Jahr vor Einführung des Systems auf ungefähr 80 pro 1000 Arbeiter und Jahr nach Einführung und weiterer Erhöhung der Zuschläge und Rückzahlungen in den Folgejahren ab.[383] Selbst unter Berücksichtigung der übrigen möglichen Ursachen war die Abnahme der Unfälle durch das monetäre Anreizsystem sehr signifikant.[384]

Devlin erkannte in ihrer Studie aus dem Jahr 1990 denselben Effekt anhand eines gegenteiligen Beispiels, nämlich einer signifikanten Zunahme der Verkehrsunfälle in der kanadischen Provinz Québec durch eine Umstellung eines Haftungssystems in ein Versicherungssystem, das den Geschädigten alle Schäden ohne Regressmöglichkeit beim Schädiger ersetzte.[385] Durch die Umstellung nahm die jährliche Zahl der Unfälle mit tödlichem Ausgang um 6 %, diejenige

---

379 *Schäfer/Ott*, Ökonomische Analyse, S. 151. *Franck*, Marktordnung durch Haftung, S. 81 f.

380 *Kötz/Wagner*, Deliktsrecht, Rn. 59.

381 *Schäfer/Ott*, Ökonomische Analyse, S. 152.

382 *Kötz/Schäfer*, International Review of Law and Economics, Vol. 13 (1993), 19, 21 f.

383 *Kötz/Schäfer*, International Review of Law and Economics, Vol. 13 (1993), 19, 26 f.

384 *Kötz/Schäfer*, International Review of Law and Economics, Vol. 13 (1993), 19, 33.

385 *Devlin*, International Review of Law and Economics, Vol. 10 (1990), 193, 197 ff.

mit Körperverletzungen um 27 % bzw. 10 %[386] und diejenige mit Sachbeschädigungen um 4 % zu.[387]

Anreizsysteme in Form von durchsetzbaren Ansprüchen, durch welche gesamtwirtschaftliche Wohlfahrtseinbußen in der Folge von Unfällen ganz oder teilweise von denjenigen getragen werden, die nicht so sorgfältig agieren wie der Durchschnitt in der jeweiligen Referenzgruppe und dadurch die Schäden oder Aufwendungen derjenigen zumindest teilweise ausgleichen, die durchschnittliche oder sogar überdurchschnittliche Sorgfaltsaufwendungen in derselben Referenzgruppe vorgenommen haben, führen also dazu, dass der Durchschnitt an Unfällen und die damit verbunden Verluste insgesamt sinken. Schadensersatzansprüche als typischer Fall solcher Umverteilungen haben daher eine signifikante Präventionsfunktion.[388]

bb) Steigerung der Prospektqualität durch Prospekthaftungsansprüche

Die ausgeführten empirischen Studien bezogen sich zwar jeweils auf die Verhaltenssteuerung bzgl. der Vermeidung von Unfällen und des dadurch eintretenden gesamtwirtschaftlichen Vorteils.[389] Es wird aber auch deutlich, dass sowohl das Verhalten von natürlichen Personen als auch das von Unternehmen[390] durch monetäre Anreize beeinflussbar ist.[391] Wie gezeigt, dient die Steigerung der Prospektqualität dem Abbau von Informationsungleichgewichten zwischen Anbietern und Anlegern und somit der Funktionserhaltung bzw. -steigerung des Kapitalmarkts durch eine Überschaubarkeit und Vergleichbarkeit der Angebote.[392] Ein monetärer Anreiz, dem zu befürchtenden informationsbedingten Marktversagen aufgrund schlechter Prospektqualität vorzubeugen, liegt aber

386 Der Unterschied von 17 % soll sich aus der erhöhten Anzeige von Körperverletzungen, die in einem System der verschuldensunabhängigen Versicherung ohne Regressmöglichkeit keine nachteiligen Folgen für den Anzeigenden mehr hat, ergeben.

387 *Devlin*, International Review of Law and Economics, Vol. 10 (1990), 193, 197.

388 *Weichert*, Anlegerschaden, S. 50 f. Das Optimum dieser Prävention ist dann erreicht, wenn die Summe aus Schadensvermeidungskosten und Schadenskosten minimiert wird, *Franck*, Marktordnung durch Haftung, S. 91.

389 Zur Übertragung dieser Verhaltenssteuerung auf Marktordnungsrecht siehe *Franck*, Marktordnung durch Haftung, S. 65 ff.

390 Die Verhaltenssteuerung von Unternehmen erfolgt dabei durch ihre Organe, deren Haftung im Innen- oder Außenverhältnis mittelbar verhaltenssteuernde Wirkung auf das Unternehmen selbst bewirkt, siehe hierzu *Engelhardt*, Börsenprospekthaftung der Leitungsorgane, S. 49 f.

391 *Schäfer/Ott*, Ökonomische Analyse, S. 152.

392 *Assmann*, Prospekthaftung S. 293; Siehe auch schon II. 1. und 2.

darin, wenn sich jeder Marktteilnehmer darauf verlassen kann, dass durch unzureichende oder falsche Prospektangaben geschädigte Anleger ihre Prospekthaftungsansprüche durchsetzen können und werden.[393] Es wird insoweit auch von der Abschreckungs- und Schadensvermeidungsfunktion des kapitalmarktrechtlichen Haftungsrechts gesprochen.[394] Dadurch werden die Voraussetzungen für einen breiten und tiefen Kapitalmarkt geschaffen, auf dem Anlageformen aller Risikoklassen vertreten sind und das jeweilige Zielpublikum finden.[395] Dies wiederum führt zu einem gesamtwirtschaftlichen Vorteil.

g) Ergebnis

(1) Die Richtigkeit und damit Qualität von Prospekten ist durch das bestehende Aufsichtsrecht nur in einem relativ groben Rahmen gewährleistet. Zwar könnte dies durch eine Ausweitung der Befugnisse der BaFin geändert werden, allerdings nur zu Lasten erheblich höherer Transaktionskosten, die zum Erreichen eines effizienten Kapitalmarkts nicht gewünscht sein können.

(2) Das Gewerberecht hat durch Einführung des § 34f GewO an Bedeutung für die Richtigkeit der Prospekte gewonnen. Es ist aber zu erwarten, dass die Landesbehörden mit der Anwendung dieser Vorschrift überfordert sind.

(3) Eine strafrechtliche Sanktion für unrichtige Prospekte ist ein sehr scharfes Schwert und sollte nur die gröbsten Fälle erfassen. Daher hat § 264a StGB praktisch auch kaum Bedeutung erlangt.

(4) Auch ein Vorgehen der anderen Wettbewerber gegen unrichtige Prospekte und vor allem gegen Werbung verspricht nicht genügend Erfolg. Schuld

---

393 *Assmann*, Prospekthaftung S. 293; *Kast*, Empfängerhorizont, S. 56 f.; *Kaufmann*, Prospektpflicht, S. 45; *Schroeder*, Persönlicher Anwendungsbereich Prospekthaftung, S. 53, 57. Dagegen hält *Gruson*, WM 1995, (89), 98 mit Blick auf die USA nicht die drohende Haftung als maßgeblich für die Steigerung der Prospektqualität, sondern den Wirtschaftskreis, dem der Emittent angehört, die Laufzeit der Vermögensanlagen sowie die für die Anlageentscheidung verantwortlichen Personen. Allerdings erkennt auch er mittelbar einen Einfluss durch den Haftungstatbestand an, indem die Prospektverantwortlichen einschätzen müssen, ob Prospekthaftungstatbestände gegen sie durchgesetzt werden können.

394 *Schütze/Reuschle* in: Assmann/Schütze, Handbuch des Kapitalanlagerechts, 4. Aufl. 2015, § 25 Rn. 3; *Fleischer*, Gutachten F, DJT 2002, S. F116; *Maume*, ZHR 180 (2016), (358), 363.

395 *Assmann*, Prospekthaftung S. 293.

daran sind die nur sehr eingeschränkten Rechtsfolgen und der geringe Kreis der Anspruchsberechtigten.

(5) Schließlich erscheint eine Möglichkeit für die Anleger, selbst gegen unrichtige Prospekte vorzugehen, unverzichtbar. Diese befinden sich am nächsten am Marktgeschehen und kollektiv sammeln sie die meisten Informationen. Es ist empirisch belegt, dass monetäre Anreizsysteme, zu denen auch Schadensersatzansprüche gehören, das Verhalten von Menschen und Unternehmen in die gewünschte Richtung beeinflussen können. Allerdings müssen die Anleger einen effektiven Prospekthaftungsanspruch innehaben, um die Qualität der Prospekte wirksam zu erhöhen.

C. Ergebnis

Sowohl die spezialgesetzlichen als auch der bürgerlich-rechtliche Prospekthaftungsanspruch sind als individuelle anlegerschützende Ansprüche ausgestaltet. Dadurch tragen sie präventiv zur Verbesserung der Qualität der Prospekte im weiteren Sinne bei. Das führt dazu, dass gleichzeitig sowohl die Anleger in ihrer Gesamtheit geschützt werden, als auch der Funktionsfähigkeit des Kapitalmarkts gedient wird.

Bei der Prospekthaftung handelt es sich um ein rechtsökonomisch gebotenes Mittel. Im Kapitalmarktrecht sind rechtsökonomische Argumente schon der gesetzgeberischen Intention nach zu berücksichtigen. Besonders am Primärmarkt herrscht eine Informationsasymmetrie zu Lasten der Anleger, was die Gefahr eines Marktversagens begünstigt. Als Ausweg stellt ein zu veröffentlichender Prospekt, in dem bestimmte Pflichtangaben mindestens enthalten sein müssen, ein probates Mittel dar. Die Anbieter bzw. Emittenten als Adressaten der Prospektpflicht haben den unmittelbarsten Zugriff auf diese Informationen, die aus ihrer Sphäre stammen und können sie volkswirtschaftlich am günstigsten zur Verfügung stellen („*cheapest cost-avoider*“). Um die Richtigkeit dieser und der darüber hinaus veröffentlichten freiwilligen Informationen sicherzustellen, stellt ein privater Haftungsanspruch aus rechtsökonomischer Perspektive ein gebotenes verhaltenssteuerndes Instrument dar.

Teil 2: Bürgerlich-rechtliche Prospekthaftung als dogmatisch fehlerhafte Anspruchsgrundlage

In diesem Teil soll zunächst gezeigt werden, dass die bürgerlich-rechtliche Prospekthaftung von der Rechtsprechung bereits in dogmatisch fehlerhafter Weise geschaffen wurde. Die Rechtsprechung hat sie im Rahmen einer richterlichen Rechtsfortbildung erzeugt (**§ 1**). Daher ist auf Zulässigkeit und Grenzen richterlicher Rechtsfortbildung näher einzugehen (**§ 2**). Im Anschluss wird anhand einer Subsumtion dieser Kriterien untersucht, ob die bürgerlich-rechtliche Prospekthaftung diese Grenzen sprengt (**§ 3**). Schließlich soll darauf eingegangen werden, ob sie zum Gewohnheitsrecht geworden ist oder zumindest präjudizielle Wirkung entfaltet (**§ 4**).

§ 1 Bürgerlich-rechtliche Prospekthaftung als richterliche Rechtsfortbildung

Vor ihrer Kodifizierung durch das am 1.1.2002 in Kraft getretene SMG[396] in § 311 Abs. 2, 3 BGB war die culpa in contrahendo selbst eine Rechtsfortbildung, die auf die Vorarbeit *Jherings* zurückgeht und von *Stoll* und *Ballerstedt* dogmatisch weiterentwickelt wurde.[397] Eine frühe Definition des BGH lautet: „*Die Haftung aus Verschulden bei Vertragsschluß ist eine solche aus einem in Ergänzung des geschriebenen Rechtes geschaffenen gesetzlichen Schuldverhältnis, das aus der Aufnahme von Vertragsverhandlungen entspringt und zur verkehrsüblichen Sorgfalt im Verhalten gegenüber dem Geschäftsgegner verpflichtet.*“[398] Das hier genannte geschriebene Recht meint insbesondere die Vorschrift des § 179 BGB, wie im Zusammenhang deutlich wird.[399] Es wurde also zunächst im Kontext mit Vertretern entwickelt, um eine Haftung des Vertretenen zu konstruieren. Im Folgenden wurde es um die Fallgruppe erweitert, dass auch der Vertreter selbst in Anspruch genommen werden konnte, wenn er besonderes Vertrauen für sich in Anspruch nahm.[400] Schließlich sollte auch ein Dritter als „Sachwalter“ in die

396 Schuldrechtsmodernisierungsgesetz v. 26.11.2001, BGBl. I S. 3138.

397 *Larenz*, Methodenlehre, S 422 f. m.w.N.

398 BGHZ 6, (330), 333.

399 BGHZ 6, (330), 333 nennt auf derselben Seite diese Vorschrift.

400 BGHZ 14, (313), 318; BGHZ 63, (382), 384 ff.

Haftung genommen werden können, wenn er ebenso wie ein Vertreter persönliches Vertrauen in besonderem Maße in Anspruch nahm.[401]

Durch das „Gastronomie-Urteil" des BGH[402] wurde das Institut der culpa in contrahendo aber in zweifacher Hinsicht weiterentwickelt. Einerseits sollte nunmehr auch der Vertreter des Vertreters in Anspruch genommen werden können, also mehrstufige Vertretungsverhältnisse, wie sie bei der GmbH & Co. KG üblich sind. Damit sollte weiterhin ein Durchgriff auf eine natürliche Person als Vertrauensträger möglich sein. Andererseits, und das zeichnet die Prospekthaftung als eigene Rechtsfortbildungsfigur aus, verlangte der BGH nun keine persönliche Vertrauensbeziehung mehr, sondern er ließ das durch den Prospekt vermittelte sich *typischerweise* bildende Vertrauen gegenüber den das Management bildenden Initiatoren und Gründern der Publikums-KG genügen.[403]

§ 2 Zulässigkeit und Grenzen richterlicher Rechtsfortbildung

A. Kategorien von Rechtsfortbildung

Rechtsfortbildungen können danach unterschieden werden, ob sie gesetzesimmanent oder gesetzesübersteigend erfolgen. Der Begriff „Gesetz" soll dabei mit *Larenz* als *„abkürzender Ausdruck für die Gesamtheit der in den Gesetzen oder im Gewohnheitsrecht gegebenen, der Anwendung fähigen Rechtsregeln verstanden"* werden.[404]

I. Gesetzesimmanente Rechtsfortbildung

Gesetzesimmanente Rechtsfortbildungen können sodann dahingehend weiter unterteilt werden, ob sie der Auffüllung einer Gesetzeslücke oder einer Rechtslücke dienen.

Die Kategorie „Gesetzeslücke" bezeichnet dabei sowohl Normlücken im Sinne von für ihre Anwendbarkeit unvollständige Normen als auch Regelungslücken, d.h. eine bestimmte Regel enthält für eine Frage keine Antwort, obwohl nach der zugrunde liegenden Regelungsabsicht des Gesetzgebers eine Regelung nötig gewesen wäre.[405]

401 BGHZ 56, (81), 85 ff.
402 BGHZ 71, 284.
403 BGHZ 71, (284), 287.
404 *Larenz*, Methodenlehre, S. 370.
405 *Larenz*, Methodenlehre, S. 372.

Hingegen erfasst die Kategorie „Rechtslücke" nicht den Regelungsplan eines einzelnen Gesetzes bzw. einer Kodifikation, sondern die Rechtsordnung im Ganzen, indem sie einen ganzen Bereich, der einer Regelung bedarf, gesetzlich ungeregelt lässt.[406] Dagegen wendet *Larenz* ein, der Gedanke einer ‚planwidrigen Unvollständigkeit' als Voraussetzung einer zu füllenden Lücke passe auf die „Rechtlücke" nicht, da der Gesetzgeber zwar innerhalb einer Kodifikation einen Plan habe, aber nicht bezüglich der gesamten Rechtsordnung, die ein ‚offenes System' darstelle, in dem sich Wertungswidersprüche nicht vermeiden ließen.[407] Jedoch stellt *Ochs* zutreffend fest, dass eine Rechtslücke nicht anhand der gesamten Rechtsordnung festzustellen ist, sondern sich nur auf einen bestimmten und abgrenzbaren Bereich der Rechtsordnung beziehen kann.[408] Dieser abgrenzbare Bereich kann aber über eine einzelne Kodifikation hinausgehen. So ist zwar z.B. die spezialgesetzliche Prospekthaftung in mehreren kapitalmarktrechtlichen Kodifikationen enthalten, erfasst aber jeweils nur bestimmte Vermögensanlageprodukte.[409]

Die gesetzesimmanente Rechtsfortbildung schließt die Gesetzes- oder Rechtslücke, indem sie sich eines Analogieschlusses, einer teleologischen Reduktion oder Extension bedient.[410] Der Analogieschluss erfolgt dabei entweder durch die Übertragung einer gesetzlichen Regel auf einen ungeregelten ähnlichen Fall („Gesetzesanalogie" bzw. „Einzelanalogie")[411] oder durch das induktive Erschließen eines allgemeinen Rechtsprinzips aus mehreren verwandten Vorschriften und der anschließenden Anwendung dieses Prinzips auf einen nicht geregelten aber wertungsmäßig gleich gelagerten Fall („Rechtsanalogie" oder „Gesamtanalogie")[412]. Letztere Methode bietet sich vor allem zur Schließung einer Rechtslücke an.[413]

II. Gesetzesübersteigende Rechtsfortbildung

Im Fall der gesetzesübersteigenden Rechtsfortbildung geht es nicht um die Schließung einer „planwidrige(n) Unvollständigkeit" eines Gesetzes oder eines

406 *Engisch*, Juristisches Denken, S. 236; *Canaris*, Lücken im Gesetz, S. 39, der jedoch beide Arten von Lücken als Gesetzeslücke bezeichnet; *Larenz*, Methodenlehre, S. 375 f. der diese Kategorie allerdings ablehnt.

407 *Larenz*, Methodenlehre, S. 376 f.

408 *Ochs*, Prospekthaftung 2005, S. 165.

409 Siehe hierzu unten unter Teil 3 § 3 B.

410 *Larenz*, Methodenlehre, S. 381 ff.; *Bydlinski*, Methodenlehre, S. 475 ff.

411 *Bydlinski*, Methodenlehre, S. 477; *Larenz*, Methodenlehre, S. 381 ff.

412 *Bydlinski*, Methodenlehre, S. 478; *Larenz*, Methodenlehre, S. 383 f.

413 *Ochs*, Prospekthaftung 2005, S. 166 f.

bestimmten Regelungsbereichs, sondern es wird ein neues Rechtsinstitut geschaffen, das im Plan der bestehenden Gesetze nicht vorgesehen war oder ihm sogar zuwider läuft.[414] Anstatt an der Ratio legis eines Gesetzes oder eines Teils der Rechtsordnung orientieren sich die Richter dabei an einem darüber hinausgehenden Rechtsgedanken.[415] Im Folgenden geht es zunächst um die Zulässigkeit und Grenzen dieser zweiten Kategorie, da die bürgerlich-rechtliche Prospekthaftung darunter fällt, wie unter § 3 gezeigt wird.

B. Zulässigkeit und Grenzen gesetzesübersteigender richterlicher Rechtsfortbildung

I. Zulässigkeit

Das in Art. 20 Abs. 2 S. 2 GG zum Ausdruck kommende Gewaltenteilungsprinzip unterscheidet grundsätzlich die Legislative von der Judikative. Nach Art. 20 Abs. 3 GG ist die Rechtsprechung an Gesetz und Recht gebunden. Daraus wird nicht nur das Prinzip des Vorrangs des Gesetzes abgeleitet, nach dem nicht gegen ein Gesetz entschieden werden darf, sondern auch dasjenige des Gesetzesvorbehalts. Das heißt, der Richter darf grundsätzlich nur auf der Grundlage eines Gesetzes entscheiden.[416] Das Problem für den Richter besteht aber nun darin, dass er auch dann entscheiden muss, wenn er keine auf den Sachverhalt passenden Vorschriften im Gesetz findet. Darin läge das Dilemma eines strikten Gesetzesvorbehalts.[417]

Während der enger formulierte Art. 97 Abs. 1 GG aber die Unterwerfung des Richters nur unter das Gesetz betont, um dessen Unabhängigkeit besonders klarzustellen, muss aus dem Begriffspaar „Gesetz und Recht" in Art. 20 Abs. 3 GG eine Legitimationsstiftung über das Gesetz hinaus folgen, da das Wort „Recht" sonst keine Bedeutung hätte. Dies bedeutet, dass eine richterliche Rechtsfortbildung möglich sein muss.[418] Nach der für die Möglichkeiten und Grenzen der Rechtsfortbildung grundsätzlichen „Soraya-Entscheidung" des BVerfG ist das Wort „Recht" in diesem Zusammenhang *„nicht mit der Gesamtheit der geschriebenen Gesetze identisch. Gegenüber den positiven Satzungen der Staatsgewalt kann unter Umständen ein Mehr an Recht bestehen, das seine Quelle in der verfassungsmäßigen Rechtsordnung als einem Sinnganzen besitzt und dem*

414 *Larenz*, Methodenlehre, S. 413.
415 *Larenz*, Methodenlehre, S. 414.
416 BVerfG NJW 1998, 519 f.; NJW 1999, (305), 306; NJW 2011, (836), 841.
417 Vgl. BVerfG NJW 1973, (1221), 1226; *Canaris/Larenz*, Methodenlehre, S. 246 f.
418 *Huster/Rux* in: BeckOK, GG, Art. 20 Rn. 171.

geschriebenen Gesetz gegenüber als Korrektiv zu wirken vermag;".[419] Dies hat auch der einfache Gesetzgeber selbst in § 132 Abs. 4 GVG anerkannt, wenn er dem BGH darin mittelbar die Möglichkeit der Rechtsfortbildung zugesteht.[420] Bei der Verwirklichung der Aufgabe der Rechtsfortbildung sind aber laut BVerfG vor allem die folgenden Elemente zu beachten:

1. Zeitelement

Mit zunehmendem Alter eines Gesetzes bzw. einer Kodifikation kann es angebracht sein, eingedenk des Wandels der gesellschaftlichen Verhältnisse und der begrenzten Reaktionsmöglichkeiten des Gesetzgebers schöpferisch tätig zu werden und dabei vor allem offene Formulierungen von Normen auszufüllen, um den veränderten sozialen und rechtlichen Rahmenbedingungen gerecht zu werden.[421] Es muss dabei nicht immer erst das Eingreifen des Gesetzgebers abgewartet werden, zumal wenn es ungewiss ist und der Richter unter Entscheidungszwang steht.[422]

2. Verwirklichung eines Verfassungsguts oder eines rechtsethischen Prinzips

Weiterhin kommt eine Rechtsfortbildung insbesondere dann in Betracht, wenn „*Wertvorstellungen, die der verfassungsmäßigen Rechtsordnung immanent, aber in den Texten der geschriebenen Gesetze nicht oder nur unvollkommen zum Ausdruck gelangt sind, in einem Akt des bewertenden Erkennens, dem auch willenhafte Elemente nicht fehlen, ans Licht zu bringen und in Entscheidungen zu realisieren.*"[423] Je stärker im Grundgesetz der Schutz eines Verfassungsguts zum Ausdruck kommt, desto eher kann zu seiner Verwirklichung das Recht - auch gegen den Wortlaut bestehender Gesetze[424] - fortgebildet werden. Dies wurde vom BVerfG zum Beispiel hinsichtlich eines nach § 253 Abs. 2 BGB eigentlich ausgeschlossenen Schmerzensgeldanspruchs wegen einer Verletzung des aus Art. 1, 2 Abs. 1 GG abzuleitenden allgemeinen Persönlichkeitsrechts angenommen.[425]

---

419 BVerfG NJW 1973, (1221), 1225.
420 So auch das BVerfG zum insoweit inhaltsgleichen § 137 GVG a.F., NJW 1973, (1221), 1225.
421 BVerfG NJW 1973, (1221), 1225; NJW 1998, (519), 520; NJW 1998, (2269), 2270.
422 BVerfG NJW 1973, (1221), 1226.
423 BVerfG NJW 1973, (1221), 1225.
424 BVerfG NJW 1979, (305), 306.
425 BVerfG NJW 1973, 1221.

Zumindest muss eine Rechtsfortbildung aber der Verwirklichung eines rechtsethischen Prinzips dienen. Das ist ein Prinzip, das durch seinen materialen Gerechtigkeitsgehalt dem allgemeinen Rechtsbewusstsein entspricht.[426]

3. *Rechtsvergleichung*

Schließlich kann auch die Rechtsvergleichung mit anderen Ländern, die ähnliche Wertvorstellungen haben, als Argument für eine Rechtsfortbildung dienen. Wenn diese z.B. alle die Möglichkeit des Geldersatzes für Persönlichkeitsverletzungen anerkennen, ist dies ein Indiz für ein fehlendes Institut bei uns.[427]

II. Grenzen

In negativer Hinsicht muss der Richter aber folgende Grenzen beachten:

1. *Rechtlich erhebliche Frage*

Es muss sich zunächst um eine Frage handeln, die überhaupt rechtlicher Natur ist, also nicht in den rechtsfreien Raum fällt wie z.B. reine Gefälligkeitsverhältnisse.[428]

2. *Richter kein Ersatzgesetzgeber*

Der Richter kann sich nicht einfach eine konkurrierende Gesetzgebungskompetenz anmaßen, indem er *„seine eigene materielle Gerechtigkeitsvorstellung an die Stelle derjenigen des Gesetzgebers setzt.*“[429] Das verstieße gegen den Gewaltenteilungsgrundsatz und den Vorbehalt des Gesetzes.[430] Vielmehr muss er eine Regelungslücke bzw. Rechtslücke feststellen und die Rechtsfortbildung muss sich inhaltlich an dem Zweck der gesetzlichen Regelung und den in der Verfassung aufgestellten Vorgaben orientieren.[431] Er muss seine Entscheidung dabei willkürfrei treffen[432] und sich nicht von eigenen rechtspolitischen Erwägungen leiten lassen.[433] Die Grenze liegt dort, wo es nicht mehr allein um spezifisch rechtliche

---

426 *Larenz*, Methodenlehre, S. 421.
427 BVerfG NJW 1973, (1221), 1225.
428 *Larenz*, Methodenlehre, S. 426.
429 BVerfG NJW 1998, 519 f.; NJW 2011, (836), 837 Rn. 52.
430 *Canaris/Larenz*, Methodenlehre, S. 247.
431 *Huster/Rux* in: BeckOK, GG, Art. 20 Rn. 171.
432 BVerfG NJW 1973, (1121), 1125.
433 BVerfG NJW 1973, (1121), 1126; NJW 1979, (305), 307.

Erwägungen geht, sondern um Fragen der Zweckmäßigkeit oder detaillierter Regelungen, die nur der Gesetzgeber treffen kann.[434]

3. *Subsidiarität der gesetzesübersteigenden Rechtsfortbildung*

Ferner ist zu beachten, dass die gesetzesübersteigende Rechtsfortbildung sich subsidiär zu den übrigen Methoden richterlicher Rechtsfindung verhält.[435] Der Richter muss zu dem Schluss kommen, dass eine Auslegung des geschriebenen Rechts das ihm vorliegende Rechtsproblem nicht gerecht lösen kann.[436] Dabei hat er unter Beachtung von Sinn und Zweck des Gesetzes aber auch zu berücksichtigen, dass durch den wissenschaftlich-technischen oder wirtschaftlichen Fortschritt eine Ausweitung des Anwendungsfeldes einer bereits bestehenden Auslegung in Betracht kommt.[437] Anschaulich formuliert es *Larenz* wenn er postuliert, dass gesetzesübersteigende Rechtsfortbildung nur in Betracht komme, wenn „*die Frage weder im Wege einfacher Gesetzesauslegung, noch einer gesetzesimmanenten Rechtsfortbildung in einer Weise gelöst werden kann, die den Mindestanforderungen genügt, die sich aus einem unabweisbaren Bedürfnis des Rechtsverkehrs, der Forderung nach Praktibilität der Rechtsnormen, der Natur der Sache und den der gesamten Rechtsordnung zu Grunde liegenden rechtsethischen Prinzipien ergeben.* ***Die Unmöglichkeit einer dieser Anforderungen gerecht werdenden Lösung im Wege gesetzesimmanenter Rechtsfortbildung muß außer Zweifel stehen.***“[438]

4. *Ende richterlicher Rechtsfortbildung durch Änderung von Rahmenbedingungen*

Ebenso wie die Schaffung einer richterlichen Rechtsfortbildung geboten sein kann, so kann auch ihr Ende geboten sein. Einerseits natürlich im Wege eines Gesetzes, das die bisherige ausfüllungsbedürftige Lücke schließt. Daneben kann aber auch durch eine Änderung sozialer Verhältnisse, gesellschaftspolitischer Anschauungen und vor allem rechtlicher Rahmenbedingungen einer bisherigen Auslegung oder Rechtsfortbildung die Grundlage entzogen sein.[439]

---

434 *Larenz*, Methodenlehre, S. 426 f.; *Hellgardt*, Regulierung und Privatrecht, S. 680.
435 Vgl. BVerfG NJW 1998, 305 f.
436 BVerfG NJW 1973, (1221), 1225.
437 BVerfG NJW 1998, (519), 520.
438 *Larenz*, Methodenlehre, S. 426. Hervorhebung nicht im Original.
439 BVerfG NJW 1998, (2269), 2270.

§ 3 Bürgerlich-rechtliche Prospekthaftung als unzulässige Rechtsfortbildung

Der BGH selbst hat die Prospekthaftung als Weiterführung der Vertrauenshaftung *„in einem bestimmten vom Gesetzgeber als regelungsbedürftig nicht vorhergesehenen, aber ausfüllungsbedürftigen Bereich"*, d.h. als Rechtsfortbildung gesehen.[440]

In Anbetracht vorstehender Gesichtspunkte ist aber zu hinterfragen, ob die bürgerlich-rechtliche Prospekthaftung ursprünglich eine zulässige Rechtsfortbildung war oder von Beginn an einen rechtsschöpferischen Geburtsfehler aufwies. *v. Bar* spricht vom Ausmaß her jedenfalls von einer *„ungeheuren richterlichen Rechtsfortbildung"*, vergleichbar mit der Rechtsfortbildung zum allgemeinen Persönlichkeitsrecht.[441] Ob darin wirklich eine Ungeheuerlichkeit liegt, ist nunmehr durch die Subsumtion anhand der aufgezählten Kriterien zu prüfen.

A. Gesetzesübersteigende Rechtsfortbildung

Wie oben gesehen, hat die Rechtsprechung bei der Schaffung der bürgerlich-rechtlichen Prospekthaftung an die c.i.c. angeknüpft, die ihrerseits nicht anhand einer oder mehrerer Normen, sondern anhand eines Prinzips entwickelt wurde. Es handelt sich bei der bürgerlich-rechtlichen Prospekthaftung folglich um eine gesetzesübersteigende Rechtsfortbildung.

B. Regelungs- bzw. Rechtslücke

Zur Zeit des „Gastronomie-Urteils"[442] 1978 gab es keine Norm, durch die ein Anleger Schadensersatz aufgrund eines Prospekts von den das Management bildenden Initiatoren und Gründern einer Publikums-KG erlangen konnte, wenn er mit ihnen weder vertraglichen noch deliktischen Kontakt hatte. Eine Rechtslücke bestand also für diese Rechtsfrage. Ein Abwarten der Rechtsprechung, ob aus dem Gesetzesentwurf der Bundesregierung über ein Vermögensanlagengesetz vom 2.1.1978, das in seinem § 7 auch einen Prospekthaftungsanspruch enthielt,[443] ein Gesetz wird, war nicht nötig.[444]

---

440 BGHZ 79, (337), 341.

441 *v. Bar*, ZGR 1983, (476), 479.

442 BGHZ 71, 284.

443 BT-Drs. 8/1405.

444 Siehe oben unter Teil 1 § 2 A. III. Dagegen sieht *Littbarski* hierin ein bewusstes Abweichen des Gesetzgebers von einer Prospekthaftung für diesen Bereich, NJW

C. Zeitelement

Das BGB war seit 1900 in Kraft, das BörsG seit 1897. Im Jahr 1978 waren also schon einige Jahre vergangen, in denen sich unter anderem die wirtschaftlichen Verhältnisse extrem verändert hatten. Die Anlageform einer Publikumspersonengesellschaft gab es 1897 bzw. 1900 noch nicht, es war ja noch nicht einmal die mögliche Existenz einer GmbH & Co. KG anerkannt.[445]

D. Verfassungsgut oder rechtsethisches Prinzip

Zweifelhaft erscheint, ob die bürgerlich-rechtliche Prospekthaftung der Verwirklichung eines Verfassungsguts oder wenigstens eines rechtsethischen Prinzips diente. Der Schutz des Vermögens an sich ist auch von Art. 14 Abs. 1 GG nicht gewährleistet.[446] Vor allem aber ist das Eigentumsgrundrecht ein normgeprägtes Grundrecht, d.h. der genaue Schutz ist durch den einfachen Gesetzgeber festzulegen.[447] Folglich ist es verfassungsrechtlich nicht geboten, einen Anspruch des Anlegers aufgrund einer Fehlinformation genau gegenüber bestimmten Personen zu gewähren. Hiernach würde z.B. auch ein Anspruch gegen den Vertragspartner allein genügen.

Die c.i.c. wurde als Ausformung des im bürgerlichen Rechts ohnehin angelegten Vertrauensprinzips entwickelt.[448] Allerdings war in allen ihren Konstellation, wie im BGB in §§ 122, 179 BGB angelegt, immer ein gesteigertes Vertrauen gegenüber einer *bestimmten* Person nötig. Die bürgerlich-rechtliche Prospekthaftung geht darüber hinaus, wenn sie nur mehr ein sich *typischerweise* bildendes Vertrauen voraussetzt.[449] Allein für ein solches Prinzip gab und gibt es gar keinen rechtlichen Anhaltspunkt im BGB. Im Gegenteil klingt die weitere Formulierung des BGH in diesem Urteil, dass die Initiatoren und Gründer den künftigen

---

1984, (1667), 1670. *Hellgardt*, Kapitalmarktdeliktsrecht, S. 21 meint es fehlte für eine Analogie deshalb an einer *planwidrigen* Regelungslücke. Damit dürften sie aber zu viel in die unkommentierte Nichtumsetzung des Regierungsvorschlags hineininterpretieren. So stellt *Wittmann*, DB 1980, 1579 noch 1980 fest, dass das weitere Schicksal des Gesetzesentwurfs völlig ungewiss sei. Wie hier hingegen auch *Assmann* in: Assmann/Schütze, Handbuch des Kapitalanlagerechts, 3. Aufl. 2007, § 6 Rn. 31.

445 Diese wurde höchstrichterlich erstmals durch einen Beschluss des RG vom 4.7.1922 anerkannt, RGZ 105, (101), 103 ff.; vgl. auch *Fleischer* in: MüKo GmbHG, Bd. 1, 2. Aufl. 2015, Einl. Rn. 85.

446 *Axer* in: BeckOK, GG, Art. 14 Rn. 55.

447 *Axer* in: BeckOK, GG, Art. 14 Rn. 7 f.

448 *Larenz*, Methodenlehre, S. 422.

449 BGHZ 71, (284), 287.

Kommanditisten als die Verantwortlichen erscheinen, aufgrund deren Stellung und Eigenschaft persönliche Zuverlässigkeit erwartet wird,[450] wie das „*Gegenteil eines Rechtssatzes*“[451]. Wie *v. Bar* zutreffend feststellt macht es hinsichtlich des Vertrauensprinzips nämlich einen wesentlichen Unterschied „*Ob jemand einem Privatmann als Verantwortlicher erscheint und ob jener von diesem Zuverlässigkeit erwartet oder ob er tatsächlich verantwortlich* ***ist*** *und man deswegen von ihm Zuverlässigkeit erwarten* ***darf***“.[452] Der BGH hat mithin unzulässigerweise eine „*Vertrauenshaftung ohne Vertrauen*“[453] ersonnen. *Ochs* hält dagegen, indem er die objektive Erzeugung und das tatsächlich subjektive Entgegenbringen von Vertrauen auch „*kraft funktionaler Stellung*“ für möglich hält.[454] Damit rückt er aber zumindest ganz in die Nähe einer Berufshaftung,[455] die er an anderer Stelle entschieden ablehnt.[456]

E. Missachtung der Subsidiarität

Schließlich kommt bei Schaffung der bürgerlich-rechtlichen Prospekthaftung ein Verstoß gegen die Grenze der Subsidiarität gegenüber den sonstigen Methoden richterlicher Rechtsfindung in Betracht. Hier ist insbesondere an eine gesetzesimmanente Rechtsfortbildung zu denken. Untersucht werden soll, ob sich eine Analogie in Form der Rechts- bzw. Gesamtanalogie[457] zu den bereits bestehenden Prospekthaftungsvorschriften im BörsG, AuslInvG und KAGG[458] angeboten hätte.

I. Voraussetzungen der Gesamtanalogie

Wie bereits gezeigt, setzen alle Fälle gesetzesimmanenter Rechtsfortbildung eine vom Gesetzgeber ungewollte Regelungslücke in einem Gesetz bzw. eine Rechtslücke voraus.[459] Für die Möglichkeit einer Gesamtanalogie muss, wie oben bereits ausgeführt,[460] ein allgemeines Rechtsprinzip aus mehreren verwandten

---

450 BGHZ 71, (284), 287.
451 *v. Bar*, ZGR 1983, (476), 482.
452 *v. Bar*, ZGR 1983, (476), 482.
453 So der Titel des Aufsatzes von *v. Bar*, ZGR 1983, 476.
454 *Ochs*, Prospekthaftung, 2005, S. 80.
455 Siehe dazu unten Teil 5 § 1 B.
456 *Ochs*, Prospekthaftung, 2005, S. 58 ff.
457 Siehe zu den Begriffen oben unter § 2 A. I.
458 Dazu siehe oben unter Teil 1 § 2 A.
459 Siehe oben unter § 2 A. I.
460 Siehe oben unter § 2 A. I.

Vorschriften induktiv erschlossen und sodann dieses Prinzip auf einen nicht geregelten aber wertungsmäßig gleich gelagerten Fall angewendet werden.[461] Dazu muss die gesetzgeberische Wertung, die den verwandten Vorschriften zugrunde liegt, nachvollzogen werden. Danach muss positiv festgestellt werden, dass der nicht geregelte Sachverhalt in allen maßgeblichen Wertungen gleich ist, um schließlich negativ festzustellen, dass die verbleibenden Unterschiede nicht groß genug sind, um diese Wertung wieder auszuschließen.[462]

II. Analogieschluss

1. Bestehen einer Rechtslücke

Eine Rechtslücke bestand zur Zeit des „Gastronomie-Urteils" des BGH 1978 hinsichtlich der Frage einer Haftung für den Prospekt durch die das Management bildenden Initiatoren und Gründern einer Publikums-KG.[463]

2. Gesetzgeberische Wertung im BörsG, AuslInvG, KAGG

Wie in Teil 1 gezeigt, ging es bei Schaffung der börsengesetzlichen Prospekthaftung darum, die liquiden Emissionsbanken in die Haftung nehmen zu können, da sie bei der Emission von Wertpapieren an der Börse einen erheblichen Einfluss hatten, aber nicht gegenüber den Anlegern als Vertragspartner auftraten. Man versprach sich eine präventive Wirkung, wenn man sie als haftungsbewehrte Kontrollinstanz für den Prospekt als zentrale Informationsschrift installierte, und wollte volkswirtschaftliche Verwerfungen, die es davor gegeben hatte, in Zukunft verhindern. Gleichzeitig wollte man das Emissionsgeschäft auch nicht zu stark einschränken und forderte daher als Verschuldensmaßstab mindestens grobe Fahrlässigkeit.[464] Es wurde damit eine neue Anspruchsgrundlage geschaffen, die sowohl vertragliche als auch deliktische Elemente beinhaltete.

Bei der investmentrechtlichen Prospekthaftung, die mit § 12 AuslInvG begann und später ganz ähnlich im KAGG übernommen wurde, ging es ebenfalls darum, einen Nichtvertragspartner, nämlich die leichter greifbare inländische Verwaltungs- oder Vertriebsgesellschaft, als Anspruchsgegner für eine Rückabwicklung der Investmentanteile zu gewinnen, da sie nach Ansicht des

461 *Bydlinski*, Methodenlehre, S. 478; *Larenz*, Methodenlehre, S. 383 f.

462 *Larenz*, Methodenlehre, S. 381 f.; vgl. auch *Bydlinski*, Methodenlehre, S. 475 ff.

463 Siehe oben unter B.

464 Siehe oben unter Teil 1 § 2 A. I. 4.

Gesetzgebers wesentlichen Einfluss auf die Richtigkeit und Vollständigkeit der Prospektangaben nehmen konnte.[465]

Auch hier wollte man das Investmentsparen nicht gänzlich verhindern, sondern sah es prinzipiell als gut an, eine *„breite Streuung des Eigentums an Produktionsstätten und Produktionsmitteln zu fördern."*[466] Insgesamt wurde der investmentrechtliche Prospekthaftungsanspruch an den börsengesetzlichen angelehnt. Jedoch war der Anknüpfungspunkt für die Prospektpflicht hier nicht die Zulassung an der Börse, sondern der Vertrieb der Anteile.[467]

In beiden Prospekthaftungsvorschriften konnte nicht der gesamte Schaden verlangt werden, sondern sie waren eher wie Rückabwicklungsansprüche ausgestaltet. Im Gegenzug setzten sie in subjektiver Hinsicht nicht - wie im Deliktsrecht bei der Geltendmachung reiner Vermögensschäden gemäß § 826 BGB - Vorsatz, sondern lediglich grobe Fahrlässigkeit voraus.

3. Ähnlichkeit der bürgerlich-rechtlichen Prospekthaftung

Auch bei Schaffung der bürgerlich-rechtlichen Prospekthaftung wurde versucht, einen Nichtvertragspartner in die Haftung zu nehmen. Es ging hier ebenfalls darum, dass ein Anleger aufgrund einer unrichtigen Information in einer Informationsschrift sich an einer Anlageform beteiligte und deshalb Verluste erlitt, die er beim Nichtvertragspartner liquidieren wollte. Als passivlegitimiert sah die Rechtsprechung diejenigen an, die typischerweise Einfluss auf die Anlageform hatten.[468]

Hier zeigt sich die Ähnlichkeit der Sachverhalte.[469] Sprach man bei der börsengesetzlichen Prospekthaftung der Emissionsbank maßgeblichen Einfluss bei der Emission zu, ist es im Fall der bürgerlich-rechtlichen Prospekthaftung der das Management bildende Initiator. In beiden Fällen sind diejenigen, die großen Einfluss auf die Anlageform haben, keine direkten Vertragspartner und einem deliktischen Anspruch nach § 826 BGB steht das Vorsatzerfordernis entgegen. Kaum einem Anleger wird der Beweis einer vorsätzlichen Schädigung durch den das Management bildenden Initiator gelingen.

---

465 RegE AuslInvestmG, BT-Drs. 05/3494, S. 23; s.a. Teil 3 § 3 C. I. 3.

466 *Baur*, InvestmG, 2. Aufl. 1997, Bd. 1, Vor § 1 Rn. 16. Siehe Teil 1 § 2 A. II. 1.

467 Siehe oben Teil 1 § 2 A. II.

468 BGHZ 71, (284), 287.

469 Siehe auch *Kohl/Kübler/Walz/Wüstrich*, ZHR 138 (1974), (1), 30 f.

4. *Verbleibende Unterschiede*

Der erste maßgebliche Unterschied besteht darin, dass es bei der börsengesetzlichen und investmentrechtlichen Prospekthaftung jeweils eine an bestimmte Personen gerichtete gesetzliche Prospektpflicht gibt, in der der Mindestinhalt des Prospekts geregelt ist und die Haftung daran anknüpft. Dies erschwert bei einer Übertragung des Rechtsprinzips der Haftung für eine Informationsschrift über Vermögensanlagen durch die Verantwortlichen der Informationsschrift, das aus den spezialgesetzlichen Prospekthaftungstatbeständen entnommen werden kann, auf nicht erfasste Vermögensanlagen jedoch lediglich die Einordnung, wann ein Prospekt vorliegt und wer dafür verantwortlich ist.[470] Allerdings war der Prospektinhalt in § 38 BörsG 1896 nur rudimentär mit *„für die Beurtheilung des Werthes der einzuführenden Papiere wesentlichen Angaben"* geregelt. Diese Umschreibung war ohnehin der Auslegung bedürftig und stellt also keinen wesentlichen Einwand dar. Auch die Prospektverantwortlichen waren offen genug bezeichnet, als dass sie gegen einen Analogieschluss sprechen, zumal gerade die Kategorien der Prospekterlasser und -veranlasser von der Rechtsprechung im Rahmen der bürgerlich-rechtlichen Prospekthaftung im Wesentlichen übernommen wurden.[471] Außerdem beschränkte sich die spezialgesetzliche Prospekthaftung mit dieser Formulierung auch nicht allein auf diejenigen, an die die Prospektpflicht gerichtet war. Die Prospektveranlasser sollten ja gerade die Hintermänner sein.[472]

Zweitens könnte eingewendet werden, dass sich der ursprüngliche Prospekthaftungsanspruch von 1896 nur im BörsG befand, das eine reine Marktortregelung enthielt und daher auf die Zulassung von Aktien an der Börse beschränkt war.[473] Dies greift aber spätestens mit Einführung der vertriebsbezogenen Prospekthaftung im AuslInvG und KAGG zu kurz. Darin hat der Gesetzgeber auch aufgrund der ähnlichen Ausgestaltung, insbesondere mit der Beschränkung auf grobe Fahrlässigkeit, deutlich gemacht, dass die Prospekthaftung keine auf das Börsenrecht limitierte Haftungsfigur sein soll.

Schließlich waren in der spezialgesetzlichen Prospekthaftung die in Rede stehenden Anlageprodukte mit Wertpapieren und Investmentanteilen genau

---

470 Dagegen meinen *Pleyer/Hegel*, ZIP 1986, (681), 684, dies nehme der Analogie einen guten Teil ihrer Überzeugungskraft.

471 Siehe unten unter Teil 3 § 3 C. II.

472 Siehe unten unter Teil 3 § 3 C. I. 2. b).

473 Dies betonen auch *Pleyer/Hegel*, ZIP 1986, (681), 684. Siehe zur Marktortregelung auch Teil 1 § 2 A. I. 4.

bezeichnet. Jedoch erfolgte dies aufgrund der jeweiligen Gefährdungslage, die man im Rahmen des wirtschaftlichen Wandels gerade erkannte. Zunächst waren die maßgeblichen Anlageprodukte Wertpapiere, die aber massenhaft nur an der Börse gezeichnet und gehandelt wurden, so dass man dort den richtigen Ansatzpunkt sah. Später kamen dann die aus- und inländischen Investmentanteile hinzu.[474] Dass es durch einen weiteren wirtschaftlichen und gesellschaftlichen Wandel nunmehr einen Markt für Anteile an Publikumskommanditgesellschaften gab, war früher nicht absehbar.[475] Aber die gesetzgeberische Wertung des AuslInvG und KAGG, neuartige Anlageprodukte einer Prospekthaftung zu unterwerfen, die an den Vertrieb anknüpft und sich vom Tatbestand und Rechtsfolgen im Übrigen an der börsengesetzlichen Prospekthaftung orientiert, hätte übernommen werden können. Dies wäre sehr nahe gelegen, wenn man sich darauf besonnen hätte, *„daß Börse wie grauer Kapitalmarkt Teilgebiete des Gesamtkapitalmarkts sind“*.[476]

Selbst wenn die in Rede stehenden Anlageprodukte als „Steuersparmodelle“ vom Gesetzgeber nicht gut angesehen waren, ändert dies nichts daran, dass es sich um legale Anlageprodukte handelte.[477] Durch die Zulassung der gesellschaftsrechtlichen Mischformen der GmbH & Co. KG und der Lücken im Steuersystem hatte er sich dies selbst zuzuschreiben. Eine Verhinderung wäre leicht durch eine Änderung steuer- oder gesellschaftsrechtlicher Regelungen möglich gewesen. Einen Nichtvertragspartner entgegen der oben genannten spezialgesetzlichen Prospekthaftungsansprüche dagegen schon bei leichter Fahrlässigkeit haften zu lassen, wie es die Rechtsprechung im Rahmen der bürgerlich-rechtlichen Prospekthaftung annimmt, widersprach im Gegenteil der bisherigen Wertung. Dies zeigt sich umso mehr, als die Bundesregierung bereits vor dem „Gastronomie-Urteil“ einen Vorschlag über ein VermAnlG erließ, in dessen § 1 auch Publikumskommanditgesellschaften erfasst worden wären und in dessen § 7 Abs. 2 wiederum eine Begrenzung der Haftung auf grobe Fahrlässigkeit vorgesehen war.[478]

---

474 Siehe oben unter Teil 1 § 2 A. II.

475 Dies leugnet *v. Teuffel*, der meint eine wesentliche Veränderung der Gesamtumstände hinsichtlich der Anlagebeteiligung wäre auf tatsächlichem Gebiet die letzten drei Jahrzehnte vor 1985 nicht eingetreten, DB 1985, (373) 374. Dafür aber ausführlich *Hopt*, Gutachten 51. DJT, S. G10, G22 ff., G130.

476 *Kohl/Kübler/Walz/Wüstrich*, ZHR 138 (1974), (1), 13.

477 Anders aber *Crezelius*, BB 1985, (209), 215, 217, da sich die Anleger an Publikumskommanditgesellschaften nur der Steuerersparnis wegen daran beteiligten und sich somit bewusst gegen die liberale Rechts- und Wirtschaftsordnung stellten.

478 BT-Drs. 8/1405, S. 4, 10.

Dass die spezialgesetzliche und bürgerlich-rechtliche Prospekthaftung nur den Namen gemeinsam haben, wie *v. Bar* meint,[479] liegt also nicht in dem zu Grunde liegenden Sachverhalt, sondern in dem von der Rechtsprechung eingeschlagenen falschen Weg.

III. Zwischenergebnis

Die bürgerlich-rechtliche Prospekthaftung hätte als Gesamtanalogie zu den spezialgesetzlichen Prospekthaftungsansprüchen ausgestaltet werden können und müssen,[480] da ansonsten gegen das Prinzip der Subsidiarität der gesetzesübersteigenden Rechtsfortbildung verstoßen wird. Erwähnenswert erscheint, dass die Rechtsprechung durchaus bei der bürgerlich-rechtlichen Prospekthaftung eine Gesamtanalogie zur spezialgesetzlichen vornahm, allerdings nur hinsichtlich der Verjährungsvorschriften.[481] Bezüglich der Prospektverantwortlichkeit wurde immerhin die Ähnlichkeit betont.[482] Der Aussage des BGH in einem Urteil aus dem Jahr 2000, dass die Grundsätze zur allgemeinen Prospekthaftung in Analogie zu den gesetzlich geregelten Prospekthaftungstatbeständen entwickelt wurden,[483] kann aber - wie gezeigt - nicht zugestimmt werden. Dies wäre jedoch der verfassungsrechtlich zulässige Weg gewesen.

F. Ergebnis

Die bürgerlich-rechtliche Prospekthaftung unterlag einem „rechtsschöpferischen Geburtsfehler". Anstatt den gangbaren Weg einer Gesamtanalogie zu den bestehenden Prospekthaftungsansprüchen zu wählen, wurde sie als Fortbildung der c.i.c. konzipiert. Damit wurde aber gegen das Subsidiaritätsprinzip gegenüber der gesetzesimmanenten Rechtsfortbildung verstoßen. Außerdem dient die bürgerlich-rechtliche Prospekthaftung keinem Verfassungsgut oder sozialethischem Prinzip, das eine derartige Rechtsfortbildung rechtfertigen könnte.

---

479 *v. Bar*, ZGR 1983, (476), 478.

480 Dafür sprechen sich auch *Coing*, WM 1980, (206), 211 f. und *van Look* in: Vortmann, Prospekthaftung, § 1 Rn. 74 ff. aus. Hingegen meint *Schwark*, BB 1979, 897, die spezialgesetzliche Prospekthaftung sei nicht analogiefähig, begründet dies aber nicht näher.

481 BGHZ 83, (222), 224; BGH WM 2001, 464; BGH NJW 2002, 1711; OLG Frankfurt, Urteil v. 25.07.2012, AZ: 1 U 136/11, Rn. 26 juris.

482 BGHZ 79, (337), 342; 83, (222), 224.

483 BGH WM 2001, 464.

§ 4 Bürgerlich-rechtliche Prospekthaftung als änderungsresistentes Gewohnheitsrecht oder Präjudiz

Auch wenn die bürgerlich-rechtliche Prospekthaftung in fehlerhafter Weise geschaffen wurde, so könnte sie als Gewohnheitsrecht oder Präjudiz dennoch eine schwer änderbare rechtliche Wirkung entfalten. Hierfür ist auf das Zustandekommen von Präjudizien und Gewohnheitsrecht, ihre rechtliche Wirkung und die Möglichkeit ihrer Aufhebung allgemein einzugehen (**I.**). Im nächsten Schritt soll dann die bürgerlich-rechtliche Prospekthaftung anhand dieser Kriterien geprüft werden (**II.**).

A. Präjudizien und Gewohnheitsrecht

I. Präjudizien

„‚Präjudizien' sind Entscheidungen, in denen dieselbe Rechtsfrage, über die neuerlich zu entscheiden ist, von einem Gericht in einem anderen Fall bereits einmal entschieden worden ist. Präjudiziell ist nicht die in Rechtskraft erwachsende Entscheidung des Einzelfalls, sondern nur die im Rahmen der Urteilsbegründung vom Gericht gegebene Antwort auf eine Rechtsfrage, die sich in dem jetzt zu entscheidenden Fall in gleicher Weise stellt."[484] So definiert *Larenz* in präziser Weise Präjudizien. Der Gesetzgeber selbst hat durch die Vorschrift des § 132 Abs. 4 GVG deutlich gemacht, dass insbesondere von Präjudizien des BGH eine rechtliche Wirkung ausgeht. Die unteren Gerichte richten sich meist danach und auch der BGH weicht nur ungern von einer einmal angenommenen Rechtsauffassung wieder ab.[485]

Allerdings darf der Richter ein Präjudiz nicht „blind" übernehmen. Er ist nicht nur berechtigt, sondern sogar verpflichtet von ihm abzugehen, wenn er überzeugt ist, dass es eine unrichtige Auslegung oder eine nicht genügend begründete Rechtsfortbildung enthält, oder dass die Frage heute aufgrund eines gesellschaftlichen, wirtschaftlichen oder rechtlichen Wandels anders entschieden werden muss.[486] Eine normative Geltung kommt einem Präjudiz in der Regel nicht zu.[487]

---

484 *Larenz*, Methodenlehre, S. 429; vgl. auch *Bydlinski*, Methodenlehre, S. 501 f.
485 *Larenz*, Methodenlehre, S. 429.
486 *Larenz*, Methodenlehre, S. 430.
487 *Larenz*, Methodenlehre, S. 432.

II. Gewohnheitsrecht

Eine ständige Rechtsprechung kann gesetzesgleiche Verbindlichkeit erlangen, wenn sie zu einem Gewohnheitsrecht wird. Dazu genügt es aber nicht, dass eine Judikatur (nahezu) unverändert immer wieder übernommen wird. Auch genügt nicht eine erhebliche Länge der Zeit, in der das geschieht. Es muss vielmehr zu einer allgemeinen Rechtsüberzeugung der beteiligten Kreise, also auch in der Literatur und unter den betroffenen Laien kommen. Am ehesten gelingt dies dort, wo rechtsethische Grundsätze konkretisiert werden, am wenigsten im Bereich rechtstechnischer Regelungen. Als Beispiel kann die c.i.c. vor ihrer Normierung im BGB genannt werden, deren Existenz nicht mehr bestritten wurde.[488] Selbstverständlich verliert auch ein Gewohnheitsrecht seine Geltung, wenn es durch ein neues Gesetz verdrängt wird. Dies gebietet schon der Gewaltenteilungsgrundsatz. Oder um es mit den Worten von *Julius von Kirchmann* auszudrücken: *„drei berichtigende Worte des Gesetzgebers und ganze Bibliotheken werden zu Makulatur."*[489]

B. Bürgerlich-rechtliche Prospekthaftung als Präjudiz oder Gewohnheitsrecht

Die Formel zur bürgerlich-rechtlichen Prospekthaftung bzgl. des typisierten Vertrauens ist vom BGH in einer Reihe von Urteilen nahezu unverändert angewandt worden.[490] Insofern kann durchaus von einem Präjudiz gesprochen werden, mit der Folge, dass sich die Rechtspraxis darauf eingestellt hat und ein Abweichen von dieser Formel durch ein Gericht einen erhöhten Begründungsaufwand voraussetzt.[491]

Allerdings ist diese Rechtsfigur von Beginn an dogmatisch kritisiert worden.[492] Diese Kritik ist niemals abgeebbt.[493] Wie später noch gezeigt werden wird, ist vor allem der genaue Anwendungsbereich immer umstritten gewesen. Ein Gewohnheitsrecht konnte sich daher nicht bilden.[494]

---

488 *Larenz*, Methodenlehre, S. 433.

489 *v. Kirchmann*, Die Werthlosigkeit der Jurisprudenz als Wissenschaft, 1848, S. 23.

490 BGHZ 71, (284), 287; BGHZ 72, (382), 384 f.; BGHZ 74, (103), 108 f.; BGHZ 77, (172), 175; BGHZ 79, (337), 340 f.; BGHZ 83, (222), 223 f.; BGHZ 191, (310), 315.

491 *Larenz*, Methodenlehre, S. 429 ff.

492 *Coing* WM 1980, 206; *Wiedemann/Schmitz*, ZGR 1980, 129; *v. Bar*, ZGR 1983, 476; *Köndgen*, AG 1983, 85.

493 *van Look* in: Vortmann, Prospekthaftung, § 1 Rn. 74 ff.

494 Gegen die Bildung eines Gewohnheitsrechts auch *Herresthal*, Bankrechtstag 2015, (103), 107. Dagegen nimmt *Hoffmeyer*, NZG 2016, (1133), 1137 ein solches an.

Was die präjudizielle Wirkung angeht, wurde schon gesagt, dass dies den Richter nicht von einer Prüfung entbindet, ob es sich nicht um eine unzureichend begründete Rechtsfortbildung handelt. Dass dies der Fall ist, wurde schon festgestellt. Außerdem ist mit Inkrafttreten des AnSVG der bisher nach Meinung der Rechtsprechung bestehende Anwendungsbereich der bürgerlich-rechtlichen Prospekthaftung stark eingeschränkt worden. Die Regulierung des „Grauen Kapitalmarkts" mit einer auf einer Prospektpflicht beruhenden Prospekthaftung für diese Anlageprodukte war erklärtes Regelungsziel dieses Gesetzes.[495] Dass damit explizit die bisherige Rechtsprechung zur bürgerlich-rechtlichen Prospekthaftung i.e.S. ausgeschlossen werden sollte, lässt sich mit einem argumentum e contrario zur Begründung zu Art. 2 Nr. 5 lit. a) bb) AnSVG beweisen. Danach sollten *Ansprüche aus zivilrechtlicher Prospekthaftung im weiteren Sinne* von der neu geschaffenen spezialgesetzlichen Prospekthaftung auf dem Grauen Markt nicht berührt werden.[496] Spätestens damit ist aber dem Präjudiz zur zivilrechtlichen Prospekthaftung im engeren Sinne die Wirkung zu versagen.

C. Ergebnis

Die Rechtsprechung zur bürgerlich-rechtlichen Prospekthaftung hat nicht den Rang eines Gewohnheitsrechts erreicht. Dafür waren schon die dogmatische Grundlage und der genaue Anwendungsbereich viel zu umstritten. Als Präjudiz wurde sie zwar lange Zeit vom BGH fortgeführt. Allerdings hätte dies der BGH aufgrund der nicht genügend begründeten Rechtsfortbildung unterlassen müssen. Spätestens mit dem AnSVG hat auch der Gesetzgeber deutlich gemacht, dass dieses Präjudiz nicht mehr fortgeführt werden kann. Hätte die Rechtsprechung die bürgerlich-rechtliche Prospekthaftung richtigerweise im Wege einer Gesamtanalogie zu den spezialgesetzlichen Vorschriften entwickelt, wäre es zu dem im nächsten Teil beschriebenen Konkurrenzproblem niemals gekommen.

---

495 RegE AnsVG, BT-Drs. 15/3174, S. 1, 26 ff.

496 RegE AnsVG, BT-Drs. 15/3174, S. 44.

Teil 3: Zweigleisigkeit der Prospekthaftung als Konkurrenzproblem

Jedoch muss eine Auseinandersetzung mit dem Konkurrenzverhältnis der spezialgesetzlichen zu der bürgerlich-rechtlichen Prospekthaftung erfolgen, wenn man die bürgerlich-rechtliche Prospekthaftung in ihrer durch die Rechtsprechung verliehenen Form als gegebene Rechtstatsache ansieht. Hinsichtlich des Konkurrenzverhältnisses der Prospekthaftungsansprüche bestehen die im folgenden § 1 aufgezeigten Meinungsverschiedenheiten in Literatur und Rechtsprechung.

§ 1 Meinungsverschiedenheiten in Literatur und Rechtsprechung

A. Literatur

Was das Konkurrenzverhältnis zwischen spezialgesetzlicher und bürgerlich-rechtlicher Prospekthaftung betrifft, geht das in der Literatur vertretene Meinungsspektrum von Idealkonkurrenz bis hin zu vollständiger Verdrängung auseinander.

Am einen Ende der Skala wird trotz Inkrafttreten des AnSVG und des VermAnlG eine Idealkonkurrenz dieser beiden Anspruchsgrundlagen angenommen,[497] wobei diese Ansichten noch aus der Zeit vor Inkrafttreten des KleinanlegerschutzG stammen.[498] Am anderen Ende sprechen sich manche Stimmen dafür aus, dass die bürgerlich-rechtliche Prospekthaftung gar keinen Anwendungsbereich mehr habe.[499] Diametral dazu, allerdings vor den eben genannten gesetzlichen

497 *Emmerich* in: MüKo BGB, 6. Aufl. 2012, § 311 Rn. 153; *Meuschke* AG 2013, (R292), R293; *Kersting*, JR 2009, (221), 224, der jedoch die verkürzte Verjährungsfrist und den Verschuldensmaßstab der spezialgesetzlichen Prospekthaftungsansprüche auf die bürgerlich-rechtliche Prospekthaftung übertragen möchte; *Grundmann* in: Schimansky/Bunte/Lwowski, BankR-Hdb, Bd. II, § 112 Rn. 53 stellt aufgrund einer europarechtskonformen Auslegung eine Idealkonkurrenz in den Raum, lehnt diese aber letztlich ab.

498 Wegen dieses Lückenschlusses tendiert *Emmerich* in: MüKo BGB, 7. Aufl. 2016, § 311 Rn. 137 nun zur Auffassung, dass die bürgerlich-rechtliche Prospekthaftung nur mehr außerhalb des Anwendungsbereichs der spezialgesetzlichen Prospekthaftungsansprüche zur Anwendung kommt.

499 *Grunewald* in: MüKo HGB, § 161 Rn. 192; *Fleischer*, BKR 2004, (339), 343; *Heisterhagen*, DStR 2004, (1089), 1091 f.; *Henze/Notz* in: Ebenroth/Boujong/Joost/Strohn, HGB, § 177a Anh. B Rn. 84; *Ziegler* DStR 2005, (30), 34.

Novellierungen, hatte *Assmann* gemutmaßt, die bürgerlich-rechtliche Prospekthaftung werde die spezialgesetzliche Prospekthaftung einmal überlagern und verdrängen.[500]

Im Graubereich zwischen diesen entgegengesetzten Standpunkten finden sich Befürworter aller möglichen Schattierungen. *Lenenbach* nimmt einen Vorrang der spezialgesetzlichen Prospekthaftung innerhalb ihres Anwendungsbereichs sowohl in objektiver als auch in subjektiver Hinsicht an.[501] Andere lassen die dritte Fallgruppe der bürgerlich-rechtlichen Prospekthaftung - die Expertenhaftung -[502] neben der spezialgesetzlichen bestehen, da sie in persönlicher Hinsicht kein Korrelat im Rahmen der spezialgesetzlichen Prospekthaftung habe.[503] Nach *Schäfer* kann die bürgerlich-rechtliche Prospekthaftung allenfalls dort, d.h. für diejenigen Vermögensanlagen greifen, für die es überhaupt keine Prospektpflicht gibt.[504] Meistens wird aber eine Abgrenzung anhand der Qualität des in Frage stehenden Informationsmediums vor allem unter Einbeziehung der Grundsätze der Gesamtbetrachtung nach dem „Scholz-Urteil"[505] vorgenommen.[506] Schließlich sieht *Herresthal* die bürgerlich-rechtliche Prospekthaftung als umfassenden Auffangtatbestand an. So hält er sie sowohl außerhalb des gegenständlichen Anwendungsbereichs der §§ 1 WpPG; 1 VermAnlG; 1 KAGB, als auch im Falle des Eingreifens eines gesetzlichen Ausnahmetatbestands, wie §§ 3 Abs. 2, 4 Abs. 2 WpPG; 2 VermAnlG, 2 KAGB, sowie innerhalb des Anwendungsbereich des WpPG, VermAnlG und KAGB für anwendbar, wenn lediglich der weitere Prospektbegriff der bürgerlich-rechtlichen Prospekthaftung erfüllt ist oder sich in subjektiver Hinsicht die Prospektverantwortlichkeit nur nach der bürgerlich-rechtlichen Prospekthaftung ergibt.[507]

---

500 *Assmann*, WM 1983, 138 f. Inzwischen vertritt auch er den gegenteiligen Standpunkt, dass kaum ein Anwendungsbereich für die bürgerlich-rechtliche Prospekthaftung übrigbleibe, in: Assmann/Schütze, Handbuch des Kapitalanlagerechts, 4. Aufl. 2015, § 5 Rn. 5, 21.

501 *Lenenbach*, Kapitalmarktrecht, Rn. 12.182.

502 Dazu § 3 C. II. 3, III.

503 *Ellenberger*, Prospekthaftung S: 29 f.; tendenziell auch *Hamann* in: Schäfer/Hamann, KapMG, §§ 44, 45 BörsG Rn. 101; *Suchomel*, NJW 2013, (1126), 1131. Für Wirtschaftsprüfer auch *Schultheiß*, BKR 2015, (133), 135 f.

504 *Schäfer*, ZGR 2006, (40), 46.

505 Siehe unten unter § 3 A. I.

506 *Klöhn*, WM 2012, (97), 101, 106; *Schürnbrand*, ZGR 2014, (256), 281; *Schroeder*, Persönlicher Anwendungsbereich Prospekthaftung, S. 251. Zur Abgrenzung nach dem Prospektbegriff siehe § 3 A. und B.

507 *Herresthal*, Bankrechtstag 2015, (103), 158 ff.

B. Rechtsprechung

Soweit ersichtlich hat der BGH noch keine umfassende Entscheidung zum Konkurrenzverhältnis der Prospekthaftungsansprüche erlassen.[508] In der sogenannten „Telekom-III-Entscheidung" zum dritten Börsengang der Deutsche Telekom AG vom 21.10.2014 hat er sich immerhin für eine analoge Anwendung der spezialgesetzlichen Prospekthaftung bei der Erstellung freiwilliger Prospekte im Rahmen von Umplatzierungen ausgesprochen.[509] Das OLG Frankfurt a.M. hat sich dagegen bereits 1996 in der sogenannten „Sachsenmilch-Entscheidung" für einen Vorrang der börsengesetzlichen Prospekthaftung ausgesprochen.[510] Diesen Vorrang hat es in einem Beschluss vom 13.1.2016 auch für die investmentrechtliche Prospekthaftung angenommen.[511] Während früher außerdem fast nur Urteile zur bürgerlich-rechtlichen Prospekthaftung ergingen, geht die Tendenz in neuerer Zeit Richtung spezialgesetzlicher Prospekthaftung.[512] Die Rechtsprechung scheint also die Schmälerung des Anwendungsbereichs der bürgerlich-rechtlichen Prospekthaftung akzeptiert zu haben.

C. Grund der Unsicherheit

Es ist danach zu fragen, wie es zu einer solchen Vielfalt an Meinungen und unterschiedlicher Ansatzpunkte in der Literatur und zu einer solchen Vorsicht des BGH bezüglich der Beantwortung dieses Problems gekommen ist. Genau genommen sind hier mehrere dogmatisch anspruchsvolle Probleme miteinander verwoben. Dieses Knäuel soll in folgender Reihenfolge aufgelöst werden:

Zum einen beruht die bürgerlich-rechtliche Prospekthaftung auf einer „doppelten" bzw. „zweistufigen" Rechtsfortbildung, wie schon in Teil 2 ausgeführt wurde.

Zum anderen ergibt sich die Konkurrenzproblematik (**§ 2**) aus mehreren Richtungen. Zunächst muss es um denselben Lebenssachverhalt gehen, damit überhaupt ein Konkurrenzverhältnis gegeben ist (**A.**). Ist dies geklärt, steht die

---

508 Zuletzt ausdrücklich offen gelassen in BGH NJW 2013, (2343), 2344 Rn. 23 und NJW 2013, (1877), 1878 Rn. 13.

509 BGHZ 203, 1 ff. = BGH WM 2015, (22), 30 Rn. 71. Kritisch dazu *Herresthal*, Bankrechtstag 2015, (103), 149 ff.

510 OLG Frankfurt, NJW-RR 1997, (749), 751.

511 OLG Frankfurt a. M., Beschluss vom 13.1.2016, AZ: 23 Kap. 1/14, BeckRS 2016, 02623, Ls. und Rn. 87; Anmerkung hierzu von *Suchomel*, GWR 2016, 97.

512 BGH, Urteil v. 14.05.2013, AZ: XI ZR 335/11 juris; OLG Frankfurt, Urteil v. 29.01.2004, AZ: 3 U 211/01, Rn. 30 ff. juris; OLG Dresden BB 2014, 394; OLG Dresden, Urteil v. 23.12.2013, AZ: 8 U 999/12, 8 U 0999/12 juris.

Auslegung der spezialgesetzlichen Konkurrenzvorschriften im Mittelpunkt der Untersuchung (**B.**). Schließlich sind die Anwendungsbereiche der beiden Prospekthaftungsregime in objektiver und subjektiver Hinsicht genau zu analysieren (**§ 3**).

§ 2 Das Konkurrenzverhältnis der spezialgesetzlichen zur bürgerlich-rechtlichen Prospekthaftung

Vorausgehend ist zu fragen, ob sich die Anwendungsbereiche der spezialgesetzlichen und bürgerlich-rechtlichen Prospekthaftung überhaupt überschneiden können, ob also prima facie ein Konkurrenzverhältnis besteht (**A.**). Hierzu sind zunächst die allgemeinen Voraussetzungen und Kategorien für ein Konkurrenzverhältnis zu benennen. (**I.**). Sodann soll eine Einordnung der Prospekthaftungsansprüche darunter versucht werden (**II.**).

Im nächsten Schritt sind als Ausgangspunkt der Konkurrenzproblematik die spezialgesetzlichen Konkurrenzregelungen der §§ 25 Abs. 2 WpPG, 20 Abs. 6 S. 2 VermAnlG, 306 Abs. 6 S. 2 KAGB, nach denen weitergehende Ansprüche nach den Vorschriften des bürgerlichen Rechts aufgrund von Verträgen oder unerlaubten Handlungen unberührt bleiben, zu untersuchen. Dabei stellt sich die Frage, ob die bürgerlich-rechtliche Prospekthaftung nach der Logik der Rechtsprechung ein solcher **weitergehender Anspruch** aufgrund von **Verträgen** oder **unerlaubten Handlungen** ist (**B.**).

A. Bestehen eines Konkurrenzverhältnisses zwischen spezialgesetzlicher und bürgerlich-rechtlicher Prospekthaftung

I. Voraussetzungen und Kategorien von Konkurrenzverhältnissen

Damit ein Konkurrenzverhältnis besteht, bedarf es eines einheitlichen Lebenssachverhalts,[513] auf den - zumindest dem ersten Anschein nach - die Anwendung von mindestens zwei Gesetzen[514] in Betracht kommt. Das heißt der konkrete Vorfall muss den abstrakten Tatbeständen dieser Gesetze entsprechen.[515]

Dabei unterscheidet man zwischen kumulativer, alternativer, normverdrängender und Anspruchsnormenkonkurrenz.[516]

---

513 *Larenz*, Methodenlehre, S. 266.

514 Hinsichtlich des Begriffsverständnisses von „Gesetz“ wird auf die Definition von *Larenz* verwiesen, siehe Teil 2 § 2 A.

515 *Dietz*, Anspruchskonkurrenz, S. 10.

516 Siehe hierzu *Wolf/Neuner*, BGB AT, § 21.

1. *Kumulative Konkurrenz*

Eine kumulative Konkurrenz liegt vor, wenn derselbe Sachverhalt nach verschiedenen Normen verschiedene Ansprüche zur Folge hat, die auf verschiedene Leistungen gerichtet sind. Dann stehen dem Anspruchsberechtigten diese Ansprüche nebeneinander zu, ohne sich gegenseitig auszuschließen.[517]

2. *Alternative Konkurrenz*

Bei der alternativen Konkurrenz stellt das Gesetz dem Anspruchsberechtigten eine Wahl zwischen Ansprüchen zur Verfügung. Ein Beispiel hierfür bildet § 284 BGB.[518]

3. *Normverdrängende Konkurrenz*

Von einer normverdrängenden Konkurrenz spricht man, wenn eine Anspruchsnorm die andere verdrängt, so dass nur eine zur Anwendung kommt. Dies kann vor allem in einem Spezialitätsverhältnis vorliegen, wenn der Fall, der in einer speziellen Norm geregelt ist, einen Unterfall des Tatbestandes der generellen Norm darstellt.[519] Ob ein Spezialitätsverhältnis besteht und ob dies den vollständigen Ausschluss der anderen Norm oder nur eine Ergänzung oder Modifizierung zur Folge hat, ist aber im Rahmen der Auslegung der Normen zu ermitteln.[520]

4. *Anspruchsnormenkonkurrenz*

Schließlich bezeichnet der Ausdruck „Anspruchsnormenkonkurrenz" den Fall, dass ein einheitlicher Lebenssachverhalt unter verschiedene Normen subsumiert werden kann, die jeweils einen Anspruch begründen und wenn die nach diesen unterschiedlichen Normen begründeten Anspruchsinhalte im Prinzip gleich sind und denselben Schutzzweck verfolgen.[521] Dann kann sich der Berechtigte nach h.M. auf alle Anspruchsgrundlagen berufen.[522] Der Unterschied zur kumulativen Konkurrenz besteht darin, dass bei der Anspruchsnormenkonkurrenz dieselbe Rechtsfolge mehrfach begründet ist, während bei der kumulativen Konkurrenz mehrere Rechtsfolgen nebeneinander bestehen.

---

517 *Wolf/Neuner*, BGB AT, § 21 Rn. 2.
518 *Wolf/Neuner*, BGB AT, § 21 Rn. 3.
519 *Wolf/Neuner*, BGB AT, § 21 Rn. 4.
520 *Larenz*, Methodenlehre, S. 268.
521 *Wolf/Neuner*, BGB AT, § 21 Rn. 5.
522 *Wolf/Neuner*, BGB AT, § 21 Rn. 5.

II. Einordnung der Prospekthaftungstatbestände

Sowohl die spezialgesetzlichen Prospekthaftungsansprüche als auch der bürgerlich-rechtliche Prospekthaftungsanspruch stimmen darin überein, dass eine Informationspflicht bzgl. eines Anlageprodukts mangelhaft erfüllt wurde, Anleger dieses Anlageprodukt aufgrund der fehlerhaften Information erworben und einen Wertverlust erlitten haben. Dazu kommt, dass der Adressat dieser Ansprüche in der Regel nicht der Vertragspartner des Kaufvertrags über das Anlageprodukt ist. Darin liegt der gemeinsame Anknüpfungspunkt bzw. einheitliche Lebenssachverhalt.

Das besondere Problem für die Subsumtion unter ein bestimmtes Konkurrenzverhältnis besteht nun darin, dass nur die spezialgesetzliche Prospekthaftung normiert ist. Bei der bürgerlich-rechtlichen Prospekthaftung hingegen handelt es sich um eine richterliche Rechtsfortbildung.[523] Da, wie schon erläutert, diesem Präjudiz keine normative Geltung zukommt, besteht an sich gar keine Normenkonkurrenz. Allerdings haben die Gerichte die bürgerlich-rechtliche Prospekthaftung de facto wie eine eigene Anspruchsgrundlage behandelt. Anstatt auf eine Norm ist für die Bestimmung des Konkurrenzverhältnisses aus Sicht der bürgerlich-rechtlichen Prospekthaftung daher auf die durch die Rechtsprechung entwickelten Bestandteile dieser Rechtsfigur zurückzugreifen.

Jedenfalls kann im Vorhinein die Einordnung unter die alternative Konkurrenz und die Anspruchsnormenkonkurrenz ausscheiden. Ein Wahlrecht im Sinne einer alternativen Konkurrenz ist in den Prospekthaftungsvorschriften nicht vorgesehen. Die bürgerlich-rechtliche Prospekthaftung sieht als Rechtsfolge einen weitergehenden und anders ausgestalteten Schadensersatzanspruch als die spezialgesetzliche Prospekthaftung vor,[524] womit auch nicht mehr von einer Anspruchsnormenkonkurrenz gesprochen werden kann.

Ob somit eine kumulative oder eine im Ganzen oder Teilen normverdrängende Konkurrenz vorliegt, muss durch eine Auslegung der oben genannten spezialgesetzlichen Konkurrenzregelungen festgestellt werden. Darin kommt nämlich die gesetzgeberische Entscheidung bzgl. dieser Frage besonders zum Ausdruck.

523 Siehe oben unter Teil 2.

524 Siehe Teil 4 § 1 A. IV.

B. Bürgerlich-rechtliche Prospekthaftung als weitergehender vertraglicher oder deliktischer Anspruch

Daher muss untersucht werden, was mit der Formulierung des Nichtausschlusses weitergehender vertraglicher oder deliktischer Ansprüche gemeint ist.

I. Wortlaut

1. Weitergehender Anspruch

Zunächst spricht der Wortlaut „weitergehende Ansprüche“ dafür, dass es sich um Ansprüche handeln muss, die ein „Mehr“ beinhalten. Ein solches Mehr kann sich entweder dadurch ergeben, dass der ersetzungsfähige Schaden über das hinausgeht, was die spezialgesetzlichen Prospekthaftungsansprüche gewähren. Daneben kann ein Mehr aber auch darin bestehen, dass weitere, von den spezialgesetzlichen Prospekthaftungsansprüchen nicht erfasste Personen in Anspruch genommen werden können.

Dagegen, dass es sich bei der bürgerlich-rechtlichen Prospekthaftung um ein Mehr handelt, könnte sprechen, dass die Rechtsprechung sie ebenfalls als „Prospekthaftung“ bezeichnet. Das könnte so verstanden werden, dass die Rechtsprechung sie nicht als ein Mehr, sondern als das Gleiche ansieht.

Diese Betrachtung griffe aber zu kurz. Tatsächlich gewährt die Rechtsprechung im Rahmen der bürgerlich-rechtlichen Prospekthaftung ein Mehr an Schadensersatz und dies auch noch unter anderem gegenüber Experten, also einer Personengruppe, die von den spezialgesetzlichen Prospekthaftungstatbeständen nach überwiegender Meinung nicht erfasst ist.[525]

Der Wortlaut unter Berücksichtigung der Wirkungsweise der bürgerlich-rechtlichen Prospekthaftung spricht mithin dafür, dass es sich dabei um einen weitergehenden Anspruch handelt.

2. Vertraglicher oder deliktischer Anspruch

Weiterhin müsste es sich bei der bürgerlich-rechtlichen Prospekthaftung um eine Vorschrift des bürgerlichen Rechts aufgrund von Verträgen oder unerlaubten Handlungen handeln. Wie schon gezeigt, ist sie aber nicht normiert und von der Rechtsprechung genau im Bereich zwischen Vertrags- und Deliktsrecht

525 Ähnlich *Schroeder*, Persönlicher Anwendungsbereich Prospekthaftung, S. 246; siehe auch § 3 C. und Teil 4 § 1 A. IV.

angesiedelt worden.[526] Allein aus dem Wortlaut *bürgerlich-rechtliche* Prospekthaftung kann dabei noch keine Erkenntnis gewonnen werden.[527]

II. Historische Auslegung

Die heutigen spezialgesetzlichen Konkurrenzvorschriften gehen auf § 46 Abs. 2 BörsG (1896) zurück, nach dem Vorschriften des bürgerlichen Rechts aufgrund von Verträgen unberührt bleiben sollten. Zwar war es das erklärte Ziel des historischen Gesetzgebers, durch die Prospekthaftung die Emissionsbanken in die Haftung nehmen zu können. Jedoch sollte dies keinen Einfluss auf die Haftung aus dem unmittelbaren Vertragsverhältnis zwischen Anleger und Emittent haben.[528] Bei Schaffung dieser Vorschrift war an eine bürgerlich-rechtliche Prospekthaftung noch nicht zu denken.

Eine klare Äußerung der Legislative hinsichtlich dieser Frage findet sich erstmals im Rahmen des Gesetzgebungsverfahrens zum 3. FMFG. Danach sollten sonstige Ansprüche, insbesondere solche aus allgemeiner zivilrechtlicher Prospekthaftung, im Anwendungsbereich der Haftung für fehlerhafte Börsenzulassungsprospekte ausgeschlossen sein, da die Vorschriften der §§ 45 ff. BörsG a.F. insoweit als abschließend anzusehen wären. „*Die Regelung berücksichtigt, daß anderenfalls die unter anderem mit der Neuregelung beabsichtigte Begrenzung des Haftungsrisikos für die Prospektverantwortlichen unterlaufen würde.*“[529]

Auch bei der Schaffung des AnSVG wollte der Gesetzgeber bewusst den Anwendungsbereich der bürgerlich-rechtlichen Prospekthaftung schmälern, wenn er im Regierungsentwurf formuliert, dass nur Ansprüche aus bürgerlich-rechtlicher Prospekthaftung im weiteren Sinne gegen Personen, die nicht vom spezialgesetzlichen Prospekthaftungsanspruch erfasst werden, unberührt

---

526 Ähnlich *Schroeder*, Persönlicher Anwendungsbereich Prospekthaftung, S. 247; *Suchomel*, NJW 2013, (1126), 1129.

527 Wie hier *Schroeder*, Persönlicher Anwendungsbereich Prospekthaftung, S. 247. Dagegen sieht *Hoffmeyer*, NZG 2016, (1133), 1136 mit der Voraussetzung „*vertragliche Ansprüche*“ bereits die Grenze als Wortlaut der Auslegung als überschritten, da die bürgerlich-rechtliche Prospekthaftung im engeren Sinn sich dafür zu weit vom Vertragsrecht entfernt habe. Allerdings schränkt er dies sogleich wieder ein, indem er meint, daraus allein könne noch nicht festgestellt werden, wie weit die Verdrängung reiche; ob sie nur den Anwendungsbereich der spezialgesetzlichen Prospekthaftung erfasse oder auch den thematischen Zusammenhang könne anhand des Wortlauts „*weitergehende Ansprüche*“ nicht bestimmt werden.

528 Verhandlungen des Reichstags, Anl. Band I, 1895/97, Aktenstück Nr. 14, S. 25.

529 RegE 3. FMFG, BT-Drs. 13/8933, S. 81; BR-Drs. 605/97, S. 81.

bleiben.[530] Ansonsten sollten gerade die Vermögensanlagen, die vorher dem Grauen Markt zugeschrieben wurden, einer Prospektpflicht zugeführt werden.[531]

Dadurch wird deutlich, dass der Gesetzgeber die bürgerlich-rechtliche Prospekthaftung im Anwendungsbereich der spezialgesetzlichen Prospekthaftung ausschließen wollte und diesen Anwendungsbereich nicht in einem engen Sinn verstand, um ein Unterlaufen der beabsichtigten Begrenzung des Haftungsrisikos zu verhindern.[532]

III. Systematik

In systematischer Hinsicht sollen zum einen Vorschriften ge- und untersucht werden, die ebenfalls explizit auf die Anwendung anderer Vorschriften außerhalb ihres eigenen Anwendungsbereichs verweisen (**1.**). Zum anderen soll versucht werden, die bürgerlich-rechtliche Prospekthaftung als vertraglich oder deliktisch zu qualifizieren (**2.**).

1. Weitergehender Anspruch

Ähnliche „Öffnungsklauseln“[533] wie §§ 25 Abs. 2 WpPG; 20 Abs. 6 S. 2 VermAnlG; 306 Abs. 6 S. 2 KAGB finden sich in den Gefährdungshaftungsvorschriften der §§ 16 StVG; 15 Abs. 2 ProdHaftG; 18 Abs. 1 UmwHG; 12 HPflG.

Hier ergibt der Verweis auf die Geltendmachung weitergehender Schäden vor allem deshalb Sinn, weil die Gefährdungshaftungsvorschriften jeweils eine summenmäßige Haftungshöchstgrenze vorsehen, §§ 12 StVG; 10 ProdHaftG; 15 UmwHG; 9, 10 HPflG. Eine summenmäßige Beschränkung gibt es bei den spezialgesetzlichen Prospekthaftungsansprüchen zwar nicht. Aber es gibt eine auf den Ausgabepreis beschränkte Haftung. Die bürgerlich-rechtliche Prospekthaftung, die eine solche Beschränkung nicht kennt, wäre in diesem Sinne eine weitergehende Haftung.

In besonderem Maße als Vergleichsmaßstab bietet sich aber § 15 Abs. 2 ProdHaftG an, der das Konkurrenzverhältnis zwischen Produkt- und Produzentenhaftung betrifft. Denn auch bei der Produzentenhaftung handelt es sich um eine richterliche Rechtsfortbildung.[534] Allerdings basiert diese auf § 823 Abs. 1 BGB

---

530 RegE AnSVG, BT-Drs. 15/3174, S. 44.

531 RegE AnsVG, BT-Drs. 15/3174, S. 1, 26 ff.

532 Im Ergebnis ebenso *Schroeder*, Persönlicher Anwendungsbereich Prospekthaftung, S. 247 ff.; *Hoffmeyer*, NZG 2016, (1133), 1136 f.

533 Zum Begriff siehe *Oechsler* in: Staudinger, BGB, § 15 ProdhaftG Rn. 12 ff.

534 *Oechsler* in: Staudinger, BGB, § 15 ProdhaftG Rn. 16.

und damit im Unterschied zur bürgerlich-rechtlichen Prospekthaftung bereits ab dem Zeitpunkt ihrer Entwicklung auf einer Norm. Jedenfalls werden auch bei einer durch § 15 Abs. 2 ProdHaftG möglichen gleichzeitigen Anwendbarkeit von Produkt- und Produzentenhaftung Wertungswidersprüche und eine Rechtszersplitterung für die Betroffenen als rechtspolitisch bedenklich moniert.[535] § 15 Abs. 2 ProdHaftG ist jedoch weiter formuliert als z.B. § 25 Abs. 2 WpPG und macht keine Einschränkung auf weitergehende Ansprüche und auch keine dahingehend, dass diese auf Vertrags- und/oder Deliktsrecht basieren müssen. Deshalb wird bei § 15 Abs. 2 ProdHaftG keine Handhabe für eine korrigierende Auslegung gesehen. Dagegen erscheint eine solche Einschränkungsmöglichkeit bei der bürgerlich-rechtlichen Prospekthaftung möglich. Zwar handelt es sich nach der Logik der Rechtsprechung um einen weitergehenden Anspruch.

2. *Vertraglicher oder deliktischer Anspruch*

Zu prüfen ist aber, ob sie auch als vertraglicher oder deliktischer Anspruch qualifiziert werden kann. Gegen die Qualifizierung als Anspruch aufgrund einer unerlaubten Handlung spricht, dass es im deutschen Recht keine deliktische Generalklausel wie z.B. im französischen Recht gemäß Art. 1382 Code Civil gibt[536] und § 826 BGB deutlich macht, dass reine Vermögensschäden nur bei Vorsatz und sittenwidriger Schädigung liquidierbar sind, soweit nicht gegen ein drittschützendes Gesetz nach § 823 Abs. 2 BGB verstoßen wird.[537] Die irrtumslose Dispositionsfreiheit ist hingegen kein von § 823 Abs. 1 BGB geschütztes Rechtsgut.

Wie gezeigt, hat die Rechtsprechung die bürgerlich-rechtliche Prospekthaftung aus der c.i.c. weiterentwickelt. Daher soll zunächst eine Qualifikation der c.i.c. vorgenommen werden. Der BGH bezeichnete die c.i.c. als gesetzliches Schuldverhältnis.[538] Mit diesem Begriff implizierte der BGH eine Abgrenzung zum vertraglichen Schuldverhältnis, das Primärpflichten begründet.[539] Das würde zunächst einmal gegen eine Qualifikation der c.i.c. als vertraglichen Anspruch sprechen. Die c.i.c. ist aber mittlerweile in § 311 Abs. 2, 3 BGB und damit im Abschnitt über Schuldverhältnisse aus Verträgen normiert. Dies könnte wiederum ein Indiz für ihre Qualifikation unter das Vertragsrecht darstellen. Allerdings unterscheidet die amtliche Überschrift in § 311 BGB zwischen rechtsgeschäftlichen

---

535 *Oechsler* in: Staudinger, BGB, § 15 ProdhaftG Rn. 15 f.

536 *Teichmann* in: Jauernig, BGB, Vor § 823 Rn. 2; *Wagner* in: MüKo BGB, Vor § 823 Rn. 15 f., 25.

537 *Wagner* in: MüKo BGB, Vor § 823 Rn. 16.

538 Siehe oben unter Teil 2 § 1.

539 BGH NJW 1952, (1130), 1131.

Schuldverhältnissen und rechtsgeschäftsähnlichen Schuldverhältnissen. Rechtsgeschäftsähnliche Schuldverhältnisse zeichnen sich dadurch aus, wie aus § 311 Abs. 2 und 3 BGB deutlich wird, dass ein solches Schuldverhältnis nur Pflichten nach § 241 Abs. 2 BGB und damit nur Schutzpflichten und keine Primärpflichten begründet.[540] Das Bewahren von Schutzgütern ist aber primäre Aufgabe des Deliktsrechts, wie § 823 BGB zeigt. Anknüpfungspunkt für eine Haftung nach §§ 280 Abs. 1, 311 Abs. 2, 3, 241 Abs. 2 BGB ist jedoch die Einflussnahme auf einen Vertrag oder einen ähnlichen geschäftlichen Kontakt. Dies spricht insgesamt dafür, dass die c.i.c. als eigenständige Haftungsfigur zwischen Vertrags- und Deliktsrecht anzusiedeln ist.[541]

Weiterhin spricht die Qualifikation der c.i.c. nach dem Internationalen Privatrecht für diesen Befund. Das Internationale Privatrecht bietet sich vorliegend als weiteres Element systematischer Auslegung an, da es national geltendes Recht ist[542] und auf einer höheren Ebene der Abstraktheit Rechtsinstitute im Vergleich zu anderen nationalen materiellen Rechtsordnungnen abgrenzt.[543] Im Rahmen der Qualifikation werden dabei konkrete Rechtsfragen behandelt und deren Subsumtion unter eine Kollisionsregel geklärt.[544] Die Qualifikation der c.i.c. war im deutschen Recht international privatrechtlich immer umstritten.[545] Inzwischen ist sie in Art. 12 Abs. 1 der Rom-II-Verordnung[546] als gesetzliches Schuldverhältnis qualifiziert, auf das allerdings das auf den Vertrag anzuwendende Recht anzuwenden ist. Bei der Rom-II-Verordnung handelt es sich gemäß Art. 288 AEUV um verbindliches und unmittelbar in Deutschland geltendes Recht, so dass die Qualifikation hiernach für deutsches Recht von Bedeutung ist. Die Systematik der Rom-II-Verordnung, die Kollisionsnormen für außervertragliche Schuldverhältnisse beinhaltet und darin zwischen den in Kapitel II geregelten unerlaubten Handlungen (Art. 4–9) und den in Kapitel III geregelten gesetzlichen Schuldverhältnissen der ungerechtfertigten Bereicherung (Art. 10), Geschäftsführung ohne Auftrag (Art. 11) und Verschulden bei Vertragsverhandlungen (Art. 12) unterscheidet, verdeutlicht, dass es sich bei der c.i.c. (Verschulden bei

540 Ähnlich *Schroeder*, Persönlicher Anwendungsbereich Prospekthaftung, S. 247; .*Suchomel*, NJW 2013, (1126), 1129.

541 So auch *Emmerich* in: MüKo BGB, 7. Aufl. 2016, § 311 Rn. 39 f.

542 *Zweigert/Kötz*, Rechtsvergleichung, S. 6.

543 *Kropholler*, IPR, S. 2.

544 *Kropholler*, IPR, S. 118.

545 Siehe dazu *Junker* in: MüKo BGB, VO (EG) Nr. 864/2007 Art. 1 Rn. 17 m.w.N, Art. 12. Rn. 10 f.; *Schmitt*, BKR 2010, 366 zur Lage seit der Rom-II-Verordnung.

546 VO (EG) Nr. 864/2007, Abl. EU Nr. L 199/40.

Vertragsverhandlungen) um ein außervertragliches, nicht-deliktisches, sondern eigenständiges gesetzliches Schuldverhältnis handelt.[547] Dieser Befund wird schließlich durch Erwägungsgrund (29) zur Rom-II-Verordnung gestützt, nach dem für Schäden aus Verschulden bei Vertragsverhandlungen Sonderbestimmungen in Abgrenzung zu den unerlaubten Handlungen vorgesehen werden sollten. Insoweit kann von einer ‚dritten Spur' neben Vertrags- und Deliktskollisionsrecht gesprochen werden.[548]

Die bürgerlich-rechtliche Prospekthaftung hat sich sogar noch weiter vom Vertragsrecht entfernt, da sie nicht einmal mehr eine vorvertragliche Kontaktaufnahme voraussetzt, sondern nur noch ein typisiertes Vertrauen. Deshalb handelt es sich auch bei ihr um ein eigenständiges Rechtsinstitut.[549] Sie kann systematisch daher weder dem Vertrags- noch dem Deliktsrecht zugeordnet werden.

Dies unterstützt die These, dass die Anwendbarkeit der bürgerlich-rechtliche Prospekthaftung durch die §§ 25 Abs. 2 WpPG, 20 Abs. 6 S. 2 VermAnlG, 306 Abs. 6 S. 2 KAGB neben den spezialgesetzlichen Prospekthaftungsansprüchen ausgeschlossen ist.

IV. Teleologische Auslegung

Wie schon bei der historischen Auslegung festgestellt, soll durch die bürgerlich-rechtliche Prospekthaftung die Haftungsbeschränkung der spezialgesetzlichen Prospekthaftung, insbesondere hinsichtlich des Verschuldenserfordernisses auf grobe Fahrlässigkeit nicht unterwandert werden können. Entgegen *Canaris* kann nicht angenommen werden, dass § 48 Abs. 2 BörsG a.F. (jetzt § 25 Abs. 2 WpPG) nur den Sinn hat, dem Effektenerwerber einen zusätzlichen Schutz zu gewährleisten.[550] Schon im BörsG von 1896 war die börsengesetzliche Prospekthaftung ein Kompromiss zwischen einer Haftungserweiterung über den Vertragspartner hinaus und unter erleichterten Beweiserfordernissen auf der einen Seite und einer Beschränkung des Schadensersatzes auf den Ausgabepreis und des Verschuldens auf mindestens grobe Fahrlässigkeit auf der anderen Seite. Diese gesetzgeberisch austarierte Regelung sollte nicht durch die einseitig den Anleger schützende bürgerlich-rechtliche Prospekthaftung ausgehebelt werden

547 So auch *Junker* in: MüKo BGB, VO (EG) Nr. 864/2007 Art. 12 Rn. 6.
548 *Junker* in: MüKo BGB, VO (EG) Nr. 864/2007 Art. 12 Rn. 6.
549 OLG Frankfurt a.M. NJW-RR, (749), 751 (Sachsenmilch); *Hoffmeyer*, NZG 2016, (1133), 1136.
550 *Canaris*, Bankvertragsrecht, Rn. 2289.

können.[551] Das Telos der Regelung spricht mithin auch für einen umfassenden Ausschluss der bürgerlich-rechtlichen Prospekthaftung im Anwendungsbereich der spezialgesetzlichen.

V. Europarechtskonforme Auslegung

Etwas anderes könnte sich noch aus einer europarechtskonformen Auslegung der Prospekthaftungstatbestände ergeben. Dieses Problem spricht *Grundmann* an. Danach habe der EuGH deutsche Gerichte im Rahmen des § 611a BGB a.F. schon einmal dazu verpflichtet, entgegen aller sonstigen Auslegungsmethoden konkurrierende Ansprüche zuzulassen. Dies basiere auf Art. 291 AEUV, aus dem der EuGH den Grundsatz ableitet, dass die Sanktionen wegen Verstößen gegen harmonisiertes Recht nicht weniger effizient sein dürfen als diejenigen für Verstöße gegen vergleichbare Tatbestände des nationalen Rechts (Äquivalenzgrundsatz).[552] Unter Anwendung dieses Grundsatzes könne der EuGH auch die bürgerlich-rechtliche Prospekthaftung als ideal konkurrierend ansehen. Denn im nicht harmonisierten Bereich des grauen Kapitalmarkts würde ansonsten aufgrund der erleichterten Voraussetzungen, wie insbesondere der nur einfachen Fahrlässigkeit, ein höheres Schutzniveau herrschen als im harmonisierten Wertpapierrecht, das den höchsten Qualitätsstandard bieten soll.[553]

Allerdings sind in Art. 6 der Prospektrichtlinie[554] nur Mindestanforderungen an die Prospekthaftung gestellt, die durch § 21 WpPG jedenfalls eingehalten werden. Dies wird sich auch nicht durch Art. 11 der EU-Prospektverordnung ändern, die die genaue Ausgestaltung der Prospekthaftung weiterhin den Mitgliedsstaaten überlässt.[555] Außerdem sind in § 23 Abs. 2 WpPG Beweiserleichterungen

551 Dagegen sieht *Schroeder*, Persönlicher Anwendungsbereich Prospekthaftung, S. 250 den Telos hauptsächlich in der Gewährleistung eines adäquaten Anlegerschutz, weshalb er in teleologischer Hinsicht für eine kumulative Anwendung plädiert, in einer Gesamtabwägung der Auslegungsmethoden de lege lata aber davon absieht.

552 *Grundmann* in: Schimansky/Bunte/Lwowski, BankR-Hdb, Bd. II, § 112 Rn. 53; zum Äquivalenzgrundsatz: EuGH, Urteil v. 15.7.1980, verb. Rs. C-119 und C-126/79 (Lippische Hausgenossenschaft ./. Bundesanstalt für Landwirtschaftliche Marktordnung), Slg. 1980, 1863, 1879; EuGH, Urteil v. 20.9.2001, Rs. C-453/99 (Courage Ltd ./. Bernard Crehan), EuZW 2001, (715), 716 Rn. 29.

553 *Grundmann* in: Schimansky/Bunte/Lwowski, BankR-Hdb, Bd. II, § 112 Rn. 53 m.w.N.

554 Richtlinie 2003/71/EG, ABl. EU Nr. L 345/73.

555 VO (EU) Nr. 2017/1129 des Europäischen Parlaments und des Rates vom 14. Juni 2017 über den Prospekt, der beim öffentlichen Angebot von Wertpapieren oder bei

geregelt, die den vermeintlichen Vorteil wieder kompensieren können.[556] Schließlich sind durch das AnSVG große Teile des vormaligen Grauen Kapitalmarkts nun einer spezialgesetzlichen Prospektpflicht und -haftung unterworfen, so dass gar nicht sicher ist, ob die richterrechtliche Prospekthaftung fortgeführt werden wird.

Damit zwingt auch eine europarechtskonforme Auslegung nicht zu einer kumulativen Anwendung der beiden Prospekthaftungsstränge.[557]

VI. Ergebnis

Die Auslegung der §§ 25 Abs. 2 WpPG, 20 Abs. 6 S. 2 VermAnlG, 306 Abs. 6 S. 2 KAGB kommt zu dem Ergebnis, dass die bürgerlich-rechtliche Prospekthaftung im Anwendungsbereich der spezialgesetzlichen Prospekthaftungstatbestände umfassend verdrängt ist.[558] Es handelt sich also um eine normverdrängende Konkurrenz im Sinne einer Spezialität.[559] Damit ist aber noch nicht gesagt, wie weit der Anwendungsbereich der spezialgesetzlichen Prospekthaftung reicht. Darauf und auf ein eventuell ergänzendes Eingreifen der bürgerlich-rechtlichen Prospekthaftung außerhalb dieses Anwendungsbereichs wird nun in **§ 3** eingegangen.

§ 3 Anwendungsbereiche der Prospekthaftungsregime

Dazu sollen zunächst die Anwendungsbereiche im Einzelnen voneinander abgeschichtet werden. Dabei ist festzustellen, dass die Eröffnung des spezifischen Anwendungsbereichs sowohl der spezialgesetzlichen Prospekthaftungstatbestände als auch der allgemein bürgerlich-rechtlichen Prospekthaftung in objektiver Hinsicht an den jeweiligen Prospektbegriff gekoppelt ist. Teilweise wird der Begriff „Prospekt" an sich schon als zu eng kritisiert, da dies zu einer terminologischen

---

deren Zulassung zum Handel an einem geregelten Markt zu veröffentlichen ist und zur Aufhebung der Richtlinie 2003/71/EG, Abl. EU Nr. L 168/16.

556 Das sieht auch *Grundmann* in: Schimansky/Bunte/Lwowski, BankR-Hdb, Bd. II, § 112 Rn. 53.

557 Zur europarechtskonformen Auslegung siehe auch noch Teil 4 § 1 B.

558 Zu § 25 Abs. 2 WpPG: *Groß*, Kapitalmarktrecht, § 25 WpPG Rn. 3a; *Kumpan* in: Baumbach/Hopt, HGB, § 25 WpPG Rn. 2, 4; zu § 20 VermAnlG: *Horbach* in: Münchener Hdb GesR, § 69 Rn. 52a; zu § 306 Abs. 6 KAGB: *Zingel* in: Baur/Tappen, InvestmG, 3. Aufl. 2015, Bd. 2, § 306 KAGB Rn. 32 f.; unverständlicherweise anderer Meinung: *Horbach* in: Münchener Hdb GesR, § 69 Rn. 53; zur Vorgängervorschrift des § 127 InvG wie hier bereits *Heisterhagen* in: Emde/Dornseifer/Dreibus/Hölscher, InvG, § 127 Rn. 54 f.

559 So auch *Köndgen*, AG 1983, (85), 130.

Vorfestlegung insbesondere hinsichtlich der Schriftlichkeit der Information führe.[560] Um diese Einengung zu vermeiden, wird im Rahmen dieser Arbeit von Prospekten im weiteren Sinne gesprochen.[561] Damit erweitert sich der Fokus auf alle Informationen, die bei der Anlegergewinnung eingesetzt werden. Zunächst ist auf den durch die Rechtsprechung geprägten Prospektbegriff nach der bürgerlich-rechtlichen Prospekthaftung einzugehen, da diese immer dann als Anwendungsbereich diskutiert wird, wenn die spezialgesetzliche Prospekthaftung nicht greift und der bürgerlich-rechtliche Prospektbegriff erfüllt ist (**A.**). Der Prospektbegriff der spezialgesetzlichen Prospekthaftung kann hingegen am besten anhand des Bestehens einer gesetzlichen Veröffentlichungspflicht unterteilt werden. Dabei ist entsprechend des jeweiligen Gesetzes produktbezogen und darunter informationstypbezogen zu differenzieren (**B.**). Schließlich ist auf die Anwendungsbereiche der Prospekthaftungsregime in subjektiver Hinsicht im Sinne der möglichen Anspruchsgegner einzugehen (**C.**).

A. Bürgerlich-rechtlicher Prospektbegriff

Der Prospektbegriff im Rahmen der bürgerlich-rechtlichen Prospekthaftung ist entsprechend dieser Haftungsfigur insgesamt allein durch die Rechtsprechung geprägt worden. Höchstrichterlich[562] wurde er erstmals im Rahmen des „Scholz-Urteils" vollständig definiert: „*Prospekt in diesem Sinne ist eine marktbezogene schriftliche Erklärung, die für die Beurteilung der angebotenen Anlage erhebliche Angaben enthält oder den Anschein eines solchen Inhalts erweckt. Sie muss dabei tatsächlich oder zumindest dem von ihr vermittelten Eindruck nach den Anspruch erheben, eine das Publikum umfassend informierende Beschreibung der Anlage zu sein.*"[563] Diese Definition orientiert sich explizit an der Regierungsbegründung zum Kapitalanlagebetrug gemäß § 264a StGB, der im Rahmen des Zweiten Gesetzes zur Bekämpfung der Wirtschaftskriminalität (2. WiKG) eingefügt wurde,

560 *Hellgardt*, ZBB 2012, (73), 80; *Hopt/Voigt*, Kapitalmarktinformationshaftung, S. 48.
561 Siehe Teil 1 § 1.
562 Zuvor bereits ähnlich: OLG Düsseldorf, Urteil v. 17.11.2009, AZ: I-15 U 67/08, Rn. 6 juris.
563 BGHZ 191, (310), 317 = BGH WM 2012, (19), 21 („Scholz-Urteil"). Dieser Definition folgend: OLG Celle, WM 2012, (794), 795; LG Köln, Urteil v. 28.2.2013, AZ: 15 O 576/11, Rn. 144 juris; LG Hamburg, Urteil v. 20.5.2015, AZ: 304 O 443/13 Rn. 28 juris; OLG München, DB 2012, (2511), 2515, wobei dieses Urteil durch den BGH aufgrund des vom OLG nicht richtig gewürdigten Disclaimers aufgehoben wurde, BGH, NJW 2013, (2343), 2344. Siehe auch zum zweiten Aspekt der umfassend informierenden Beschreibung: BGHZ 160, (134), 138; BGHZ 123, (106), 109 f.

das am 1.8.1986 in Kraft trat.[564] Nach Inkrafttreten dieser Vorschrift und vor allem nach Inkrafttreten des AnSVG am 1.7.2005[565] musste der BGH, ohne dies ausdrücklich zu benennen, aufgrund der dadurch entstehenden verschärften Konkurrenzprobleme und der erheblichen Einschränkung des Anwendungsbereichs der bürgerlich-rechtlichen Prospekthaftung früher oder später diesen Begriff klarstellen, während vorher der maßgebliche Begründungsaufwand darauf zielte, eine Verbindung des Prospektmangels und der nach der c.i.c. an sich erforderlichen persönlichen Verbindung herzustellen.[566]

Auf die drei wesentlichen Bestandteile dieser Definition: umfassende Beschreibung der Anlage **(I.)**, Marktbezug **(II.)** und schriftliche Erklärung **(III.)** ist nun näher einzugehen.

I. Umfassende Beschreibung der Anlage

Es wurde erstmals im „Gran Canaria-Urteil" des BGH vom 6.10.1980 ausgesprochen, dass ein Prospekt über alle für den Anlageentschluss wesentlichen Angaben sachlich richtig und vollständig aufklären muss.[567] Dieses Erfordernis der umfassenden Beschreibung ist zunächst ständige Rechtsprechung geworden.[568] Durch das „Scholz-Urteil" änderte der BGH 2011 seine Rechtsprechung und verlangt nunmehr nicht mehr, dass alle relevanten Informationen enthalten sein müssen. Vielmehr lässt er den Eindruck umfassender Anlegerinformation genügen.[569] Adhoc-Mitteilungen nach Art. 17 der Marktmissbrauchsverordnung[570] können daher schon keinen Prospekt im Sinne der bürgerlich-rechtlichen Prospekthaftung darstellen, da sie immer nur auf neue, gewichtige Einzeltatsachen abstellen.[571]

---

564 RegE 2. WiKG, BT-Drs. 10/318 S. 23; siehe dazu bereits oben unter Teil 1 § 3 B. II. 3. d).

565 Gesetz zur Verbesserung des Anlegerschutzes vom 28.10.2004, BGBl. I S. 2630.

566 Insbesondere BGHZ 79, (337), 340 ff. = BGH NJW 1981, (1449), 1450. Im „Scholz-Urteil" selbst wird auf das Konkurrenzproblem zur spezialgesetzlichen Prospekthaftung nicht eingegangen, da noch das Recht vor dem AnSVG anwendbar war. Die Klärung des Prospektbegriffs erfolgte hier aufgrund der mehreren und unterschiedlichen Dokumente, die zusammen eingesetzt wurden.

567 BGHZ 79, (337), 344.

568 BGHZ 116, (7), 12; BGHZ 123, (106), 109 f.; BGHZ 160, (134), 138; BGHZ 191, (310), 317.

569 BGH WM 2012, (19), 21; hierzu auch *Herresthal*, Bankrechtstag 2015, (103), 114 f.

570 VO (EU) Nr. 596/2014, Abl. EU Nr. L 173/34.

571 BGHZ 160, (134), 138; *Groß*, WM 2002, (477), 479 f.

Außerdem fehlt es bei ihnen wegen der gesetzlichen Veröffentlichungspflicht am Marktbezug.[572]

Strittig ist jedoch, ob und inwiefern Werbematerial wie Flyer, Handzettel, Kurzinformationen, Serienbriefe, Kurzexposés oder auch Annoncen trotz ihrer wesensmäßigen Kürze dem Prospektbegriff unterfallen können.

1. Meinungen im Schrifttum

Eine Ansicht in der Literatur verneint die Subsumtion von Kurzexposés, Handzetteln etc. unter den Prospektbegriff, da derartige Werbemaßnahmen für sich genommen nicht den Eindruck vermittelten, für die Beurteilung der Anlage erhebliche Informationen zu beinhalten.[573]

Nach gegenteiliger Ansicht sind alle diese Medien als Prospekte zu qualifizieren.[574] Es gelte dann lediglich ein anderer Maßstab der Vollständigkeitskontrolle.[575]

Schließlich ordnet eine vermittelnde Ansicht diese Dokumente im Einzelfall dem Prospektbegriff unter. Das sei dann der Fall, wenn das in Frage stehende Dokument nach Inhalt und Form aus Sicht des objektiven Empfängers den Eindruck vermittle, die für eine Anlageentscheidung wesentlichen Informationen zusammenfassend zu beinhalten.[576] Die Bezeichnung des Dokuments, z.B. als ‚Kurzprospekt' kommt - wenn man dieser Ansicht konsequent folgt - entgegen der Auffassung *Assmanns*[577] nur eine untergeordnete Indizwirkung zu.[578]

2. Neuere Rechtsprechung

Im „Scholz-Urteil" hat nun der BGH erstmals deutlich gemacht, dass auch Zeitschrifteninterviews dem Prospektbegriff (im Rechtssinne) unterfallen sollen, wenn sie zusammen mit dem Prospekt vertrieben werden.[579] Selbst ein Hinweis,

---

572 Dazu sogleich unter II. 1.

573 *Groß*, Kapitalmarktrecht, § 25 WpPG Rn. 6; dazu tendiert auch *Siol* in: Schimansky/Bunte/Lwowski, BankR-Hdb, Bd. I, § 45 Rn. 47, lässt die Frage aber im Ergebnis offen.

574 *Hopt*, Verantwortlichkeit der Banken bei Emissionen, Rn. 150 f.

575 *Werner/Machunsky*, Rechte und Ansprüche geschädigter Kapitalanleger, S. 179 f.

576 *Assmann* in: Assmann/Schütze, Handbuch des Kapitalanlagerechts, 4. Aufl. 2015, § 5 Rn. 36 i.V.m. 3. Aufl. 2007, § 6 Rn. 72; *Ehricke* in: Hopt/Voigt, Kapitalmarktinformationshaftung, S. 197.

577 *Assmann* in: Assmann/Schütze, Handbuch des Kapitalanlagerechts, 4. Aufl. 2015, § 5 Rn. 36 i.V.m. 3. Aufl. 2007, § 6 Rn. 72.

578 *Ehricke* in: Hopt/Voigt, Kapitalmarktinformationshaftung, S. 197 f.

579 BGH WM 2012, (19), 21 f. Siehe auch *Mülbert/Steup* in: Habersack/Mülbert/Schlitt, Unternehmensfinanzierung, § 41 Rn. 159.

dass ein Dokument nicht den Emissionsprospekt darstellt, entziehe es nicht der Gesamtbetrachtung.[580] Fehlt es hingegen an dem gemeinsamen Vertrieb, so könne nach einem neueren Urteil des BGH durch einen deutlich gestalteten Disclaimer eine Einordnung als Prospekt vermieden werden.[581] Eine derartige Gesamtbetrachtung hat im Hinblick auf einen Prospekthaftungsanspruch für ein Kurzexposé auch schon das OLG München vertreten.[582] Darstellungen, die isoliert betrachtet erkennbar nur allgemein-werblichen Charakter haben oder einen solchen Eindruck erwecken, reichen hingegen auch im Hinblick auf Art. 15 der Prospektrichtlinie[583] nach neuer BGH-Rechtsprechung nicht aus, um das Merkmal der umfassenden Beschreibung der Anlage zu erfüllen.[584]

3. Bewertung

Durch das Abstellen auf die Gesamtbetrachtung, wenn ein gemeinsamer Vertrieb vorliegt, hat der BGH ein sinnvolles Kriterium gefunden, das helfen kann, Medien unterschiedlichen Informationsgehalts in die Haftung einzubeziehen, ohne dabei ihre jeweilige Eigenart zu missachten.

Der gemeinsame Vertrieb stellt somit das Scharnier dar, das die drei unterschiedlichen Ansichten in der Literatur vereinen kann. Es liegt keine unerhebliche Information mehr vor, wenn sie in eine Gesamtbetrachtung mit den übrigen Informationsmedien einbezogen wird. Es können aus der Sicht eines objektiven Empfängers dann zunächst alle Medien auf ihren Informationsgehalt untersucht werden und bei Widersprüchlichkeit zu einer Haftung führen. Der Prospektbegriff ist also recht weit zu sehen und erst auf Ebene der Prüfung des Prospektfehlers einzuschränken.

II. Marktbezug

Dem Merkmal des Marktbezugs einer Erklärung wird zweierlei entnommen.

580 BGH WM 2012, (19), 21.
581 BGH NJW 2013, (2343), 2344.
582 OLG München, NZG 1999, 730 f.
583 Richtlinie 2003/71/EG, ABl. EU Nr. L 345/77.
584 BGH, Beschl. v. 23.11.2015, AZ: XI ZR 519/14, BeckRS 2015, 20796.

1. *Absatzförderung*

Zum einen soll der Marktbezug einer Erklärung nur dann gegeben sein, wenn sie der Förderung des Absatzes einer Kapitalanlage dient.[585] Da bei der bürgerlich-rechtlichen Prospekthaftung der Anlegerschutz im Mittelpunkt steht, ist hier, ebenso wie bei der umfassenden Beschreibung der Anlage, auf den objektiven Empfängerhorizont und nicht auf die Willensrichtung desjenigen abzustellen, der die Erklärung abgegeben hat.[586]

Damit scheiden jedenfalls die Publikationen aus, die nur aufgrund einer sekundärmarktrechtlichen Veröffentlichungspflicht erfolgen und daher keinen Angebotsbezug haben, wie Jahresabschlüsse (§ 325 HGB, §§ 1, 9 PublizitätsG), Zwischenberichte (§ 115 WpHG) oder ad-hoc-Mitteilungen (Art. 17 der Marktmissbrauchsverordnung[587]).[588] Diese Veröffentlichungen unterfallen auch nicht der spezialgesetzlichen Prospekthaftung. Die spezialgesetzlichen Prospektpflichten und die darauf basierende Haftung betreffen grundsätzlich den Primärmarkt,[589] während hier gesetzlich vorgesehene Publikationen des Sekundärmarkts in Rede stehen.

2. *Unterscheidung zu individuellen Vertragsverhältnissen*

Zum anderen soll „Marktbezug" ein Unterscheidungskriterium zu individuellen Vertragsverhältnissen darstellen. Unklar ist aber, wo genau die Grenze verläuft.

a) Rechtsprechung

In einem Urteil aus dem Jahr 1989 hat der BGH dazu entschieden, dass ein Werbeschreiben nicht der bürgerlich-rechtlichen Prospekthaftung unterfällt, wenn es zwar *„für eine Mehrzahl von Personen bestimmt gewesen sein sollte"*, jedoch lediglich die *„Förderung des Abschlusses einzelner noch auszuhandelnder Verträge*

---

585 *Mülbert/Steup* in: Habersack/Mülbert/Schlitt, Unternehmensfinanzierung, § 41 Rn. 157; *Assmann* in: Assmann/Schütze, Handbuch des Kapitalanlagerechts, 4. Aufl. 2015, § 5 Rn. 36 i.V.m. 3. Aufl. 2007, § 6 Rn. 68.

586 So aber *Groß*, WM 2002, (477), 479 f. Wie hier *Assmann* in: Assmann/Schütze, Handbuch des Kapitalanlagerechts, 3. Aufl. 2007, § 6 Rn. 68; *Mülbert/Steup* in: Habersack/Mülbert/Schlitt, Unternehmensfinanzierung, § 41 Rn. 157 mit Fn. 1 auf S. 1378; *Dühn*, Kapitalmarkthaftung, S. 107.

587 VO (EU) Nr. 596/2014, Abl. EU Nr. L 173/34.

588 *Assmann* in: Assmann/Schütze, Handbuch des Kapitalanlagerechts, 4. Aufl. 2015, § 5 Rn. 37; *Mülbert/Steup* in: Habersack/Mülbert/Schlitt, Unternehmensfinanzierung, § 41 Rn. 157.

589 Siehe dazu Teil 1 § 1 B.

zwischen einzelnen Privatpersonen" bezweckte.[590] Das widerspräche wohl der für öffentlich angebotene Vermögensanlagen notwendigen Standardisierung.

Das OLG Düsseldorf hat in seinem Urteil vom 17.11.2009 zu dieser Frage mit Verweis auf die Regierungsbegründung zu § 264a StGB festgestellt, dass es von Bedeutung sei, „*ob die Werbeschrift zur Verwendung gegenüber einer größeren Zahl von Personen bestimmt ist oder nur Grundlage einer individuellen Verhandlung mit einer oder wenigen einzelnen Personen bestimmt ist. Bei dieser Prüfung ist kein allzu strenger Maßstab anzulegen, da ansonsten dem Emittenten und der Vertriebsorganisation ein Ausweichen auf andere weniger kontrollierte Werbemittel allzu sehr erleichtert wird, was einem wirksamen Schutz der Kapitalanleger zuwiderlaufen würde.*"[591] So habe auch schon das OLG Frankfurt in seiner unveröffentlichten Entscheidung vom 18.2.1982[592] ein weites Verständnis vertreten, als es bereits eine Anzeige in einem Magazin oder einer Tageszeitung als Prospekt im Sinne der bürgerlich-rechtlichen Prospekthaftung angesehen hat.[593] Deshalb könne ein Serienbrief, „*selbst in der Form des persönlichen Anschreibens, die Voraussetzungen eines Prospektes ebenso erfüllen wie ein Flyer, ein Handzettel, eine Kurzinformation oder ein Exposé.*" Insbesondere der Verweis auf die Regierungsbegründung zu § 264a StGB macht deutlich, dass das Gericht das entscheidende Kriterium in einer gewissen Zufälligkeit der Auswahl des Adressatenkreises im Unterschied zu einer gezielten persönlichen Ansprache sieht.[594]

b) Literatur

Wohl noch in Anlehnung an den § 2 Nr. 2 VerkProspG a.F., der eine spezialgesetzliche Prospektpflicht verneinte, wenn nur ein begrenzter Anlegerkreis angesprochen wurde, wird von *Assmann* und *Siol* vertreten, der Marktbezug sei nur dann gegeben, wenn es sich um eine „*unbestimmte Zahl von Personen*" bzw. um einen „*regelmäßig unbestimmte[r] (n) Adressatenkreis*" handelt.[595]

Die Gegenansicht ließ schon unter Geltung des § 2 Nr. 2 VerkProspG a.F. einen begrenzten Adressatenkreis genügen, da der Anknüpfungspunkt das enttäuschte

590 BGH NJW 1990, (389), 390.

591 OLG Düsseldorf, Urteil v. 17.11.2009, AZ: I-15 U 67/08, Rn. 7 juris.

592 AZ: 21 U 296/81.

593 OLG Düsseldorf, Urteil v. 17.11.2009, AZ: I-15 U 67/08, Rn. 7 juris.

594 Siehe RegE 2. WiKG, Bt-Drs. 10/318, S. 23 f.

595 *Assmann* in: Assmann/Schütze, Handbuch des Kapitalanlagerechts, 4. Aufl. 2015, § 5 Rn. 36 i.V.m. 3. Aufl. 2007, § 6 Rn. 69; *Siol* in: Schimansky/Bunte/Lwowski, BankR-Hdb, Bd. I, § 45 Rn. 47.

typisierte Vertrauen sei und nicht wie bei der spezialgesetzlichen Prospekthaftung ein fehlerhaftes öffentliches Angebot.[596]

Jedoch haben sich die Ausnahmetatbestände des öffentlichen Angebots nach § 3 Abs. 2 WpPG inzwischen geändert. Dort ist der „begrenzte Personenkreis" im Unterschied zu § 2 Nr. 2 VerkProspG a.F. kein Kriterium mehr, sondern wurde präzisiert.[597] Dieser Analogie ist folglich ihre Grundlage entzogen worden.

Im Übrigen stimmt die Literatur mit der eben dargestellten Rechtsprechung überein.[598]

3. *Bewertung*

Folglich kommt der Voraussetzung des Marktbezugs heute eine zweifache Funktion zu. Zum einen muss es um freiwillige Informationen im Unterschied zu gesetzlichen Veröffentlichungspflichten gehen. Zum anderen muss es sich, ähnlich wie bei AGB im Vertragsrecht, um standardisierte Angaben handeln, die gegenüber mehreren Personen eingesetzt werden sollen. Jedenfalls Informationen, die lediglich noch auszuhandelnde Verträge vorbereiten, können den bürgerlichrechtlichen Prospektbegriff aber nicht erfüllen. Hierfür stellt das Schuldrecht nach dem BGB insbesondere auch mit der c.i.c. nach § 311 Abs. 2, 3 BGB ausreichende Mittel zur Verfügung.[599] Mehrere Personen in diesem Sinne werden dann angesprochen, wenn die Auswahl der Adressaten nicht gezielt persönlich, sondern aufgrund einer gewissen Zufälligkeit erfolgt.

III. *Schriftliche Erklärung*

1. *Definition von „Schriftlichkeit"*

Das Merkmal der Schriftlichkeit eines Prospekts entstammt der Regierungsbegründung zu § 264a StGB, nach der ein „Schriftstück" vorausgesetzt wird.[600] Sinn dieser Begrenzung ist es, dass nur jederzeit nachvollziehbaren und reproduzierbaren Darstellungen die Eigenschaft zugeschrieben wird, *„über alle für eine Anlageentscheidung erheblichen Umstände zutreffend und vollständig zu*

---

596 *Ehricke* in: Hopt/Voigt, Kapitalmarktinformationshaftung, S. 199.

597 Siehe dazu unten unter B. I. 1. c) bb).

598 *Assmann* in: Assmann/Schütze, Handbuch des Kapitalanlagerechts, 4. Aufl. 2015, § 5 Rn. 36 i.V.m. 3. Aufl. 2007, § 6 Rn. 69 f.; *Eyles* in: Vortmann, Prospekthaftung, § 2 Rn. 57.

599 *Assmann* in: Assmann/Schütze, Handbuch des Kapitalanlagerechts, 4. Aufl. 2015, § 5 Rn. 36 i.V.m. 3. Aufl. 2007, § 6 Rn. 69.

600 RegE 2. WiKG, BT-Drs. 10/318 S. 23.

informieren.“[601] Letztlich dient dieses Merkmal damit der besseren Beweismöglichkeit. Da aber auch im Rahmen der modernen Kommunikationsmittel die Ziele der Nachvollziehbarkeit und Reproduzierbarkeit erfüllt sein können, wie z.B. durch E-Mails, Homepages, DVDs etc., wird eine Ausweitung des Prospektbegriffs auf elektronischen Kommunikation allgemein befürwortet und nicht als Widerspruch zur Schriftlichkeit gesehen.[602]

Jedenfalls sollen mündliche Äußerungen von der bürgerlich-rechtlichen Prospekthaftung nicht erfasst sein, weil es mündlichen Äußerungen an der Marktbezogenheit fehle oder jedenfalls nicht alle Aspekte für eine Anlageentscheidung betreffen können, so dass eine umfassende Information unmöglich sei[603] bzw. diese hinreichend von der c.i.c. oder § 823 Abs. 2 i.V.m. § 264a StGB erfasst seien.[604]

2. *Kritik*

Die angeblich mangelnde Marktbezogenheit von mündlichen Äußerungen lässt sich jedoch damit widerlegen, dass sogar Handzettel im Einzelfall als Prospekte angesehen werden können.[605] Durch die Ausstrahlung eines Fernsehinterviews werden aber sicherlich nicht weniger potentielle Anleger erreicht als durch Handzettel und die Informationsdichte in einem z.B. zehnminütigen Fernsehinterview dürfte sogar höher sein als bei einem Handzettel.[606] Auch das weiterhin vorgebrachte Argument gegen die Einbeziehung von mündlichen Äußerungen in den bürgerlich-rechtlichen Prospektbegriff, die in der ausreichenden zivilrechtlichen Haftbarkeit für mündliche Äußerungen bestehen soll, kann widerlegt werden. Denn es ist nicht verständlich, warum die prospektgestützte Aussage eines Anlageexperten im Rahmen einer Wirtschaftssendung weniger Garantiecharakter haben soll als die eines früheren Spitzenpolitikers in einem

601 *Assmann* in: Assmann/Schütze, Handbuch des Kapitalanlagerechts, 4. Aufl. 2015, § 5 Rn. 36 i.V.m. 3. Aufl. 2007, § 6 Rn. 73.

602 *Eyles* in: Vortmann, Prospekthaftung, § 2 Rn. 59; *Assmann* in: Assmann/Schütze, Handbuch des Kapitalanlagerechts, 4. Aufl. 2015, § 5 Rn. 36; *Ehricke* in: Hopt/Voigt, Kapitalmarktinformationshaftung, S. 198; *Groß,* Kapitalmarktrecht, § 25 WpPG Rn. 5; *Keunecke*, Prospekte; S. 445; *Fleischer*, Gutachten F, DJT 2002, S. F57; *Herresthal*, Bankrechtstag 2015, (103), 115.

603 So *Assmann* in: Assmann/Schütze, Handbuch des Kapitalanlagerechts, 4. Aufl. 2015, § 5 Rn. 36 i.V.m. 3. Aufl. 2007, § 6 Rn. 74; *Herresthal*, Bankrechtstag 2015, (103), 116.

604 So *Ehricke* in: Hopt/Voigt, Kapitalmarktinformationshaftung, S. 200.

605 Siehe oben unter I.; vgl. auch *Assmann* in: Assmann/Schütze, Handbuch des Kapitalanlagerechts, 4. Aufl. 2015, § 5 Rn. 36 i.V.m. 3. Aufl. 2007, § 6 Rn. 72.

606 Dagegen *Herresthal*, Bankrechtstag 2015, (103), 116, der meint, die schriftliche oder elektronische Form stelle ein besonderes und erforderliches Vertrauenssubstrat dar.

Zeitungsinterview. Letztere soll nach dem „Scholz-Urteil"[607] im Rahmen der Gesamtbetrachtung aber dem Prospektbegriff unterfallen. Rechtsvergleichend ist schließlich auch nach U.S.-amerikanischem Recht eine Prospekthaftung für mündliche Aussagen gegeben. So unterfällt nach sec. 12 (a) 2 des Securities Act von 1933 ausdrücklich der Haftung („shall be liable") wer eine Vermögensanlage („security") anbietet oder verkauft und dabei in einer mündlichen Äußerung („oral communication") irreführende Aussagen („misleading statements") über eine wesentliche Angabe („material fact") macht.[608] Die mündlichen Aussagen müssen nach der Rechtsprechung dabei im Zusammenhang mit dem Prospekt stehen.[609] Dasselbe gilt nach überwiegender Auffassung auch nach Art. 752 OR (Schweiz), nach dem auch „ähnliche[n] Mitteilungen" neben dem Emissionsprospekt von der Prospekthaftung erfasst sind. Danach sollen mündliche Äußerungen von der Haftungsvorschrift erfasst sein, zumindest wenn sie schriftliche Mitteilungen konkretisieren oder korrigieren.[610] Sowohl in den USA als auch in der Schweiz nach überwiegender Meinung wird daher eine Art Gesamtbetrachtung vorgenommen.

3. *Bewertung*

Es sollte nicht am Merkmal der Schriftlichkeit festgehalten werden.[611] Kann der Anleger die ihm in einer mündlichen Aussage gegebene fehlerhafte Information beweisen, so ist kein Grund ersichtlich, ihm einen Schadensersatzanspruch wegen unbedingten Festhaltens an der Voraussetzung der Schriftlichkeit zu versagen.

B. Spezialgesetzlicher Prospektbegriff

Bei der spezialgesetzlichen Prospekthaftung gibt es hingegen keine allgemeingültige Definition von Prospekt. Vielmehr ist nach den die einzelnen Produkte

---

607 BGHZ 191, 310.

608 *Kulms* in: Hopt/Voigt, Kapitalmarktinformationshaftung, S. 1118 f.

609 Pacific Dunlop Holdings Inc. v. Allen & Co. Inc., 993 F.2d (578), 588 (7th Cir., 1993); Gustafson v. Alloyd Co., Inc, 513 U.S. (561), 567 f. (1995).

610 *Roberto/Wegmann,* SZW 2001, (161), 162; *Watter* in: Basler Kommentar OR II, Art. 752 OR Rn. 14; *Kowalewski* in: Hopt/Voigt, Kapitalmarktinformationshaftung, S. 1033 f.; **a.A.** *Binder/Roberto* in: Handkommentar Schweizer Privatrecht, Art. 752 OR Rn. 12, die aber immerhin Werbespots als erfasst ansehen; *Böckli,* Schweizer Aktienrecht, § 18 Rn. 25, 30, der zumindest insoweit die überwiegende Auffassung aufgreift, als er meint, mündliche Mitteilungen könnten eine Irreführung in den schriftlichen Prospektaussagen vollenden oder umgekehrt richtigstellen.

611 So tendenziell auch *Fleischer,* Gutachten F, DJT 2002, S. F57.

betreffenden Gesetzen zu differenzieren. Dabei besteht der Ausgangspunkt jeweils in dem Auffinden einer Prospektveröffentlichungspflicht,[612] woraufhin eine Subsumtion des in Frage stehenden Mediums darunter erfolgt, wobei etwaige Ausnahmen nicht aus dem Auge verloren werden dürfen. Schließlich ist jeweils darauf einzugehen, ob im Rahmen der Ausnahmen und außerhalb des gegenständlichen Anwendungsbereichs der Prospektpflicht ergänzend die bürgerlichrechtliche Prospekthaftung greift.

I. Wertpapiere nach dem WpPG

1. Bestehen einer Prospektpflicht

Die Prospektpflicht für Wertpapiere ist im WpPG geregelt, das die Prospektrichtlinie[613] umsetzt. Damit die Pflicht, einen Prospekt zu veröffentlichen, greift, muss erstens ein öffentliches Angebot (§ 3 Abs. 1 WpPG) oder die Zulassung zum Handel an einem organisierten Markt im Inland (§ 3 Abs. 4 WpPG) im Raum stehen **(a)**, zweitens ein Wertpapier im Sinne des WpPG vorliegen **(b)** und drittens darf dieses nicht vom Anwendungsbereich dieses Gesetzes ausgenommen bzw. prospektpflichtbefreit sein **(c)**.

a) Prospektpflichtauslösendes Ereignis

aa) Zulassung

Kein großes Problem bereitet die Feststellung des Auslösens der Prospektpflicht für die beabsichtigte Zulassung nach § 3 Abs. 4 WpPG. Auf den Willen der Zulassung kann von dem Stellen des Antrags auf Zulassung[614] durch den Zulassungsantragssteller (§ 2 Nr. 11 WpPG) rückgeschlossen werden.[615] Auf den genauen Zeitpunkt des Willensentschlusses, Wertpapiere zuzulassen, kommt es schon deshalb nicht an, weil die Haftung für fehlerhafte Angaben in Börsenzulassungsprospekten nach § 21 WpPG nur aufgrund des Prospekts bereits zugelassene Wertpapiere betrifft. Diese Zulassung erfolgt gem. § 32 Abs. 3 Nr. 2 BörsG ohnehin erst, wenn der gebilligte Prospekt auch veröffentlicht wurde. Es gibt mithin keine am geregelten

612 *Kaufmann*, Prospektpflicht, S. 42 f.

613 Richtlinie 2003/71/EG, Abl. EU Nr. L 345/64.

614 Nicht betroffen ist dagegen der Antrag i.S.d. §§ 198 f. UmwG oder die Offenlegung im Rahmen einer Sitzverlegung nach Art. 8 Abs. 2 der SE - VO (EG) Nr. 2157/2001, Abl. EU Nr. L 294, da hierbei die bereits zugelassenen Wertpapiere unberührt bleiben. Siehe *Schnorbus* in: Berrar/Meyer/Müller/Schnorbus/Singhof/Wolf, § 3 WpPG Rn. 61 ff.

615 Vgl. § 32 BörsG.

Markt gehandelten Wertpapiere vor der tatsächlichen Zulassung und daher auch keinen Bedarf für eine Haftungsvorschrift für fehlende Zulassungsprospekte entsprechend § 24 WpPG.[616] Für fehlende Nachträge gemäß § 16 WpPG wird nach § 21 und nicht nach § 24 WpPG gehaftet, da aufgrund des fehlenden Nachtrags der Prospekt unvollständig wird, aber nicht fehlt.[617]

bb) Öffentliches Angebot

Schwieriger ist die Lage beim Feststellen eines öffentlichen Angebots, das nach § 3 Abs. 1 WpPG eine Prospektpflicht auslöst. Neben dem WpPG ist diese Variante der zentrale Anknüpfungspunkt für spezialgesetzliche Prospektpflichten, vgl. § 1 VermAnlG (§ 8f VerkprospG a.F.). Ähnliches gilt für Investmentprodukte.[618]

Der Begriff des öffentlichen Angebots wurde erstmals auf europäischer Ebene in Art. 2 Abs. 1 lit. d) der Prospektrichtlinie[619] definiert. Danach bedarf es einer *„Mitteilung an das Publikum in jedweder Form und auf jedwede Art und Weise, die ausreichende Informationen über die Angebotsbedingungen und die anzubietenden Wertpapiere enthält, um einen Anleger in die Lage zu versetzen, sich für den Kauf oder die Zeichnung dieser Wertpapiere zu entscheiden. Diese Definition gilt auch für die Platzierung von Wertpapieren durch Finanzintermediäre"*. In der Begriffsbestimmung in § 2 Nr. 4 WpPG wird die Richtlinienvorgabe zum großen Teil wortgetreu umgesetzt. Nur die nach der Richtlinie ebenfalls erfassten Finanzintermediäre werden genauer beschrieben und es wird klargestellt, dass *„Mitteilungen aufgrund des Handels von Wertpapieren an einem organisierten Markt oder im Freiverkehr kein öffentliches Angebot darstellen"*. Deshalb stellt nach der Begründung des Regierungsentwurfs die bloße Einbeziehung in den Freiverkehr kein öffentliches Angebot dar, sofern keine konkreten Werbemaßnahmen damit verbunden werden.[620] Ebenso ausgenommen sind die ad-hoc-Mitteilungen nach Art. 17 der Marktmissbrauchsverordnung[621] und andere

---

616 *Groß*, Kapitalmarktrecht, § 24 WpPG Rn. 1; **a.A.** *Leuering*, NJW 2012, (1905), 1907, der meint eine Regelungslücke bestehe für den Fall einer irrtümlich angenommenen Befreiung von der Prospektpflicht nach § 4 Abs. 2 WpPG durch die Börsengeschäftsführung. Jedoch sind die Ausnahmetatbestände in § 4 Abs. 2 WpPG so klar formuliert, dass dieser Fall theoretisch bleiben dürfte.

617 *Groß*, Kapitalmarktrecht, § 21 WpPG Rn. 23.

618 Dazu im Einzelnen unten unter II. 1. und III. 1.

619 Richtlinie 2003/71/EG, Abl. EU Nr, L 345/69.

620 RegE ProspektrichtlinienumsetzungsG, BT-Drs. 15/4999, S. 28. Siehe auch *Kumpan* in: Baumbach/Hopt, HGB, § 48 BörsG Rn. 5; *Groß*, Kapitalmarktrecht, § 2 WpPG Rn. 15.

621 VO (EU) Nr. 596/2014, Abl. EU Nr. L 173/34.

gesetzlich vorgeschriebene Veröffentlichungen sowie die reine Wiedergabe von Sekundärmarktpreisen.[622] Für derartige Mitteilungen kann dann auch nicht die bürgerlich-rechtliche Prospekthaftung greifen, da es an der Absatzförderung und mithin am Marktbezug fehlt, wenn keine konkreten Werbemaßnahmen erfolgen. Ad-hoc-Mitteilungen mangelt es darüber hinaus auch an der umfassenden Beschreibung der Anlage, wie bereits gezeigt wurde.[623]

(1) Angebot

(a) Begriff

Das „Angebot" muss keines im Rechtssinne sein,[624] d.h. keines entsprechend § 145 BGB, sondern es genügt eine invitatio ad offerendum, also eine Aufforderung, ein Angebot abzugeben.[625] Diese invitatio muss aber konkret genug sein. Im Gegensatz dazu stehen nach der Regierungsbegründung allgemeine Werbemaßnahmen, Veröffentlichungen und Informationen, die zwar auf den Erwerb von Wertpapieren hinweisen, aber noch keine Erwerbs- oder Zeichnungsmöglichkeit eröffnen.[626] Neben dem Willen des Gesetzgebers spricht für diese Ansicht auch die Systematik des WpPG, da § 14 Abs. 1 S. 1 eine Veröffentlichung des Prospekts, der normalerweise alle Angebotsbedingungen beinhaltet, spätestens einen Werktag vor Beginn des öffentlichen Angebots anordnet. Dies ist aber nur sinnvoll, wenn die Veröffentlichung des Prospekts selbst noch kein öffentliches Angebot darstellt.[627]

Für die Bestimmung des Konkretisierungsgrades, ab dem eine allgemeine zu einer konkreten Werbemaßnahme wird, wird in der Literatur auf die norminterpretierende Bekanntmachung des früheren Bundesaufsichtsamts für

622 *Foelsch* in: Holzborn, WpPG § 2 Rn. 17; *Schnorbus* in: Berrar/Meyer/Müller/Schnorbus/Singhof/Wolf, § 2 WpPG Rn. 57 ff.

623 Siehe oben unter A. I.

624 RegE ProspektrichtlinienumsetzungsG, BT-Drs. 15/4999, S. 28.

625 *Foelsch* in: Holzborn, WpPG § 2 Rn. 11; *Schnorbus* in: Berrar/Meyer/Müller/Schnorbus/Singhof/Wolf, § 2 WpPG Rn. 44; *Groß*, Kapitalmarktrecht, § 2 WpPG Rn. 10.

626 RegE ProspektrichtlinienumsetzungsG, BT-Drs. 15/4999, S. 28.

627 *Schnorbus* in: Berrar/Meyer/Müller/Schnorbus/Singhof/Wolf, § 2 WpPG Rn. 52.

Wertpapierhandel (BAWe) zum VerkprospG[628] verwiesen.[629] Auch der Gesetzgeber des WpPG geht von einer Fortführung des aus dem VerkprospG bekannten Begriffs aus.[630] Unter dem Punkt I 2. d) dieser Bekanntmachung werden als allgemeine Werbemaßnahmen solche Informationen angesehen, die nur allgemein über die Emittenten/Unternehmen und über zukünftig geplante Emissionen berichten. Dies gelte auch für entsprechende Darstellungen in einem elektronisch betriebenen Informationsverbreitungssystem, das bei Kreditinstituten und Versicherungsunternehmen weit verbreitet sei. „*Wenn in derartigen Veröffentlichungen jedoch auf die wesentlichen Merkmale der Wertpapiere (u.a. deren Preis und deren Ausstattungsmerkmale - z.B. Stamm- oder Vorzugsaktien) hingewiesen wird*", bestehe die Pflicht, auf den Verkaufsprospekt und dessen Veröffentlichung hinzuweisen,[631] d.h. dann liegt ein öffentliches Angebot vor. Deshalb sind danach Werbemaßnahmen im Vorfeld eines going public oder „road shows", d.h. Analystenpräsentationen ohne Zugang für die breite Öffentlichkeit noch nicht als Angebot einzustufen.[632] Ebenfalls nicht dem Angebotsbegriff unterfällt reines Informationsmaterial ohne Bezugsmöglichkeit, das den Anlegern zur Verfügung gestellt wird,[633] sowie „*redaktionelle Beiträge in Zeitungen, Zeitschriften, Internet oder Fernsehen*", wenn keine für den Erwerb erforderliche Kontaktadresse genannt wird.[634] Problematisch ist, wann die Schwelle des öffentlichen Angebots durch Nennen des Preises erreicht wird, da sich hier in der Praxis mit dem Decoupled- und dem Bookbuilding-Verfahren Preisentwicklungsmechanismen gebildet haben, bei denen nicht mehr von einem einfachen „Nennen" des Preises gesprochen werden kann.[635] Übereinstimmend wird vertreten, dass

---

628 BAWe, Bekanntmachung des Bundesaufsichtsamtes für den Wertpapierhandel zum Wertpapier-Verkaufsprospektgesetz vom 6.9.1999 abrufbar unter: http://docplayer.org/4015084-Bekanntmachung-des-bundesaufsichtsamtes-fuer-den-wertpapierhandel-zum-wertpapier-verkaufsprospektgesetz-verkaufsprospektgesetz.html, zuletzt verifiziert am: 19.2.2019.

629 *Foelsch* in: Holzborn, WpPG § 2 Rn. 10; *Schnorbus* in: Berrar/Meyer/Müller/Schnorbus/Singhof/Wolf, § 2 WpPG Rn. 49; *Groß*, Kapitalmarktrecht,§ 2 WpPG Rn. 12.

630 RegE ProspektrichtlinienumsetzungsG, BT-Drs. 15/4999, S. 28.

631 BAWe, Bekanntmachung des Bundesaufsichtsamtes für den Wertpapierhandel zum Wertpapier-Verkaufsprospektgesetz, I 2 d).

632 *Groß*, Kapitalmarktrecht, § 2 WpPG Rn. 11; *Kaufmann*, Prospektpflicht, S. 56.

633 *Groß*, Kapitalmarktrecht, § 2 WpPG Rn. 11.

634 *Schnorbus* in: Berrar/Meyer/Müller/Schnorbus/Singhof/Wolf, § 2 WpPG Rn. 50.

635 Dazu: *Groß*, Kapitalmarktrecht, § 2 WpPG Rn. 12 ff.; *Schnorbus* in: Berrar/Meyer/Müller/Schnorbus/Singhof/Wolf, § 2 WpPG Rn. 51.

jedenfalls die Preisspanne bekannt gegeben werden muss, damit ein öffentliches Angebot vorliegt.[636]

Vom Begriff des (öffentlichen) Angebots ausgenommen sein sollen nach der Regierungsbegründung „*die Weiterleitung von Bezugsrechtsangeboten oder die Benachrichtigung der Aktionäre über die Zubuchung junger Aktien durch die Depotbank*“ sowie Umwandlungsvorgänge nach dem UmwG, sofern keine Zuzahlung erforderlich ist.[637] Dies folgt daraus, dass für das Bestehen eines öffentlichen Angebots nach Art. 2 Abs. 1 lit. d) der Prospektrichtlinie[638] die Möglichkeit, eine Kauf- oder Zeichnungsentscheidung zu treffen, also eine Investitionsentscheidung[639] gegeben sein muss. Eine solche Entscheidung wird aber bei einer bloßen Benachrichtigung über die Zubuchung z.B. im Rahmen eines Mitarbeiterbeteiligungsprogramms und der durch Gesetz erworbenen Anteile in Folge einer Umwandlung (§ 20 Abs. 1 Nr. 3 UmwG) gerade nicht getroffen.[640] Bei einer Weiterleitung von Bezugsrechtsangeboten wird die Depotbank aufgrund ihrer Verpflichtung aus dem Depotvertrag tätig und löst kein öffentliches Angebot aus.[641] Die Bezugsrechtsangebote selbst sind allerdings entgegen der früheren Praxis der BaFin und der herrschenden Ansicht in der Literatur durch den im Rahmen der Änderungsrichtlinie zur Prospektrichtlinie eingefügten Art. 7 Abs. 2 lit. g)[642] als öffentliches Angebot anzusehen, auch wenn sie sich nur an Altaktionäre richten.[643]

Irrelevant für das Vorliegen eines Angebots ist das verwendete Medium, wie schon der Wortlaut „eine Mitteilung […] in jedweder Form und auf jedwede

---

636 *Schnorbus* in: Berrar/Meyer/Müller/Schnorbus/Singhof/Wolf, § 2 WpPG Rn. 51; *Groß*, Kapitalmarktrecht, § 2 WpPG Rn. 13a; *Ritz/Zeising* in: Just/Voß/Ritz/Zeising, WpPG, § 2 Rn. 142 f.

637 RegE ProspektrichtlinienumsetzungsG, BT-Drs. 15/4999, S. 28.

638 Richtlinie 2003/71/EG, Abl. EU Nr, L 345/69.

639 *Schnorbus* in: Berrar/Meyer/Müller/Schnorbus/Singhof/Wolf, § 2 WpPG Rn. 53 m.w.N.

640 *Schnorbus* in: Berrar/Meyer/Müller/Schnorbus/Singhof/Wolf, § 2 WpPG Rn. 53 f.; *Foelsch* in: Holzborn, WpPG § 2 Rn. 13.

641 Vgl. ESMA, Questions and Answers, Prospectuses, 29th updated version, January 2019, question No. 42, abrufbar auf: https://www.esma.europa.eu/sites/default/files/library/esma31-62-780_qa_on_prospectus_related_topics.pdf, zuletzt verifiziert am 19.2.2019.

642 Richtlinie 2010/73/EU, Abl. EU Nr. L 327/8.

643 *Groß*, Kapitalmarktrecht, § 2 WpPG Rn. 18a; *Müller*, WpPG, § 2 Rn. 7. Vgl. auch *Schnorbus* in: Berrar/Meyer/Müller/Schnorbus/Singhof/Wolf, § 2 WpPG Rn. 72 ff.

Art und Weise" in Art. 2 Abs. 1 lit. d) der Prospektrichtlinie[644] sowie in § 2 Nr. 4 WpPG nahe legt. Daher sind z.B. Anzeigen in Printmedien, Radio-, Fernsehen-, oder Kinowerbungsspots, SMS, Postwurfsendungen, Flugblätter, Werbeplakate, E-Mails, Internetseiten und mündliche Aussagen auf öffentlich zugänglichen Veranstaltungen erfasst.[645]

(b) Abgrenzung zum Prospektbegriff der bürgerlich-rechtlichen Prospekthaftung

Damit entspricht die Definition des Angebots im Wesentlichen derjenigen des Marktbezugs beim Prospektbegriff der bürgerlich-rechtlichen Prospekthaftung; ein ergänzender Anwendungsbereich für sie besteht insoweit nicht. Auffällig ist aber, dass sich der Prospektbegriff der bürgerlich-rechtlichen Prospekthaftung, dem einige Stimmen in der Literatur eine Auffangfunktion für im Rahmen von öffentlichen Angeboten neben dem Prospekt eingesetzte Medien zuweisen,[646] auf schriftliche Dokumente beschränkt[647] und insoweit enger ist. Dies ist bereits oben kritisiert worden.[648] Andere gesetzlich vorgeschriebene Veröffentlichungen erfüllen weder den Angebotsbegriff im Sinne des WpPG noch das Kriterium des Marktbezugs der bürgerlich-rechtlichen Prospekthaftung.

(2) Öffentlichkeit

Das Angebot muss **öffentlich** sein. Nach § 2 Nr. 4 WpPG wird dafür eine Mitteilung an das Publikum vorausgesetzt. Der entscheidende Punkt liegt in dem Begriffsverständnis von „Publikum". Darunter wird ein unbestimmter Personenkreis verstanden,[649] wobei sich die Abgrenzung zwischen einem bestimmten und einem unbestimmten Personenkreis nach herrschender Meinung nach qualitativen und nicht nach quantitativen Kriterien richten soll.[650] Allerdings ordnet

644 Richtlinie 2003/71/EG, Abl. EU Nr. L 345/69.

645 *Ritz/Zeising* in: Just/Voß/Ritz/Zeising, WpPG, § 2 Rn. 115.

646 *Klöhn,* WM 2012, (97), 106; *Berrar* in: Berrar/Meyer/Müller/Schnorbus/Singhof/Wolf, § 15 WpPG Rn. 22 ff.

647 Siehe oben unter A. III. Vgl. BGH WM 2011, (19), 21.

648 Siehe oben unter A. III.

649 RegE Verkaufsprospektgesetz, BT-Drs. 11/6340, S. 11; *Groß,* Kapitalmarktrecht, § 2 WpPG Rn. 16; *Müller,* WpPG, § 2 Rn. 7.

650 *Groß,* Kapitalmarktrecht, § 2 WpPG Rn. 16 f. m.w.N.; *Müller,* WpPG, § 2 Rn. 7 m.w.N; *Schnorbus* in: Berrar/Meyer/Müller/Schnorbus/Singhof/Wolf, § 2 WpPG Rn. 36; *Ritz/Zeising* in: Just/Voß/Ritz/Zeising, WpPG, § 2 Rn. 101;. **a.A.** *Foelsch* in: Holzborn, WpPG § 2 Rn. 14. *Hopt/Voigt* gehen von einer qualitativen Unterscheidung aus,

§ 3 Abs. 2 Nr. 1 und 2 WpPG Ausnahmen sowohl in quantitativer (Nr. 2) als auch in qualitativer (Nr. 1) Hinsicht an. Systematisch gesehen heißt das im Umkehrschluss, dass jeweils von einem öffentlichen Angebot ausgegangen werden muss. Sonst wäre ja keine Ausnahmeregelung nötig gewesen.[651] Es muss also besonders begründet werden, warum ein nichtöffentliches Angebot vorliegt. Dabei ist aber der Meinung zuzustimmen, dass unter den qualitativen Kriterien vor allem auch zu berücksichtigen ist, ob der Schutzzweck des WpPG greift, der darin besteht, Anleger vor einem unzureichenden Informationsniveau zu bewahren.[652] Daher ist bei Vorerwerbern oder Erwerbern, die anderweitig umfassend informiert sind, wie z.B. das obere Management des Emittenten, grundsätzlich von keinem öffentlichen Angebot auszugehen.[653] Ebenfalls an der Öffentlichkeit fehlt es bei einer Privatplatzierung. Das ist ein Angebot des Anbieters an Personen, mit denen er bereits eine persönliche Verbindung unterhält oder das sich nur an einen nach speziellen Kriterien ausgesuchten Anlegerkreis richtet.[654] Dann fehlt es gleichzeitig wieder am Marktbezug im Sinne des Prospektbegriffs der bürgerlich-rechtlichen Prospekthaftung.

cc) Ergebnis

Im Grunde genommen sind damit in der Definition des prospektpflichtauslösenden öffentlichen Angebots bis auf die bereits kritisierte Schriftlichkeit alle Elemente enthalten, die das Vorliegen eines Prospekts im Rahmen der bürgerlich-rechtlichen Prospekthaftung ausmachen, mit der Ausnahme, dass die bürgerlich-rechtliche Prospekthaftung nicht auf einer Prospektpflicht basiert. Das öffentliche Angebot wäre mithin gleichzeitig als Prospekt im Sinne der bürgerlich-rechtlichen Prospekthaftung zu werten. Die bürgerlich-rechtliche

meinen aber, dass eine quanitative Differenzierung eher richtlinienkonform wäre, Kapitalmarktinformationshaftung, S. 21.

651 *von Kopp-Colomb/J. Schneider* in: Assmann/Schlitt/von Kopp-Colomb, WpPG/VermAnlG, 3. Aufl. 2017, § 2 WpPG Rn. 47; *Müller*, WpPG, § 2 Rn. 7; *Kaufmann*, Prospektpflicht, S. 66.

652 *Groß*, Kapitalmarktrecht, § 2 WpPG Rn. 17a; *Ritz/Zeising* in: Just/Voß/Ritz/Zeising, § 2 WpPG Rn. 101; *Schnorbus* in: Berrar/Meyer/Müller/Schnorbus/Singhof/Wolf, § 2 WpPG Rn. 37.

653 *Groß*, Kapitalmarktrecht, § 2 WpPG Rn. 17a.

654 *Ritz/Zeising* in: Just/Voß/Ritz/Zeising, WpPG, § 2 Rn. 102; *Schnorbus* in: Berrar/Meyer/Müller/Schnorbus/Singhof/Wolf, § 2 WpPG Rn. 37; *Groß*, Kapitalmarktrecht, § 2 WpPG Rn. 17. Bei Privatplatzierungen ist i.d.R. der typischerweise investierte Betrag so groß, dass die individuelle Nachfrage seitens der Investoren den Vorteil standardisierter Publizität übertrifft, *Grundmann*, Europäisches Gesellschaftsrecht, Rn. 666.

Prospekthaftung kann aber aufgrund des in § 2 der Arbeit beschriebenen Spezialitätsverhältnisses dann nicht zum Tragen kommen. Dies gilt auch, wenn überhaupt kein Wertpapierprospekt veröffentlicht wird, da dann § 24 WpPG greift.[655] Die maßgebliche Abgrenzung zwischen den beiden Schienen verschiebt sich damit auf die Produktebene.

b) Wertpapiere

Wertpapiere im Sinne des WpPG sind in dessen § 2 Nr. 1 WpPG definiert. Der Wertpapierbegriff entspricht dabei demjenigen in Art. 4 Abs. 1 Nr. 18 der Richtlinie 2004/39/EG über Märkte für Finanzinstrumente[656]. Entscheidend ist die Handelbarkeit auf einem Kapitalmarkt,[657] so dass z.B. Namensschuldverschreibungen, Schuldscheindarlehen, Termingeld und Sparbriefe ausscheiden müssen, da diese nur durch Abtretung übertragen werden können.[658] Diese fallen aber teilweise unter den Begriff der Vermögensanlage nach dem VermAnlG.[659] Ausdrücklich ausgenommen von den Wertpapieren sind gem. § 2 Nr. 1 WpPG auch Geldmarktinstrumente mit einer Laufzeit von weniger als zwölf Monaten, worunter z.B. Schatzanweisungen, Einlagenzertifikate und Commercial Papers fallen können.[660] Auf dem Geldmarkt sind nur professionelle Anleger wie Banken und Unternehmen bester Bonität tätig und die dort eingesetzten Beträge sind hoch, in der Regel über € 100.000. Außerdem weist dieser Markt einen hohen Organisationsgrad auf.[661] Deshalb besteht hier kein Schutzbedürfnis für Anleger durch prospektmäßig vermittelte Informationen. Eine spezialgesetzliche Prospektpflicht und eine darauf basierende -haftung bedarf es hier deshalb nicht. Selbst wenn derartige Geldmarktprodukte trotz des Fehlens einer Prospektpflicht mit einer umfassenden Beschreibung der Anlage schriftlich beworben werden, fehlt es für ein Eingreifen der bürgerlich-rechtlichen Prospekhaftung am Marktbezug. Wie bereits ausgeführt dient das Kriterium des Marktbezugs in erster Linie dem Anlegerschutz.[662] Dieses Schutzbedürfnis weisen professionelle Anleger aber nicht auf. Außerdem ist der Kreis der professionellen Anleger

---

655 Siehe unten unter Teil 4 § 1 A. III. 1. a) cc).
656 Abl. EU Nr. L 145/10.
657 *Kaufmann*, Prospektpflicht, S. 49.
658 *Groß*, Kapitalmarktrecht, § 2 WpPG Rn. 3; *Müller*, WpPG, § 2 Rn. 2.
659 Siehe unten unter II 1. a).
660 Vgl. Art. 4 Abs. 1 Nr. 19 der Richtlinie über Märkte für Finanzinstrumente (EG) Nr. 2004/39, Abl. EU NR. L 145/11.
661 *Lenenbach*, Kapitalmarktrecht, Rn. 1.47.
662 Siehe oben unter A. II. 1.

klein, so dass es nach dem Maßstab der Rechtsprechung an einer größeren Zahl der angesprochenen Anleger bzw. nach den Kriterien der Literatur an einer unbestimmten Zahl der Personen mangeln dürfte.[663]

c) Ausnahmen von der Prospektpflicht

aa) Ausnahmen vom Anwendungsbereich des WpPG

Handelt es sich demnach um Wertpapiere, so gibt es nach § 1 Abs. 2 WpPG dennoch Ausnahmen von der Anwendung dieses Gesetzes und mithin auch von den darin geregelten Informationsveröffentlichungspflichten. Von der Ausnahme betroffen sind Anteile an Investmentvermögen, die ja umfassend im KAGB geregelt sind (Nr. 1), sowie Staats- oder staatlich garantierte Wertpapiere (Nr. 2, 3) und Nichtdividendenwerte, die von CRR-Kreditinstituten, d.h. Einlagekreditinstituten i.S.v. § 1 Abs. 3d S. 1 KWG, dauernd oder wiederholt für einen Gesamtgegenwert aller im Europäischen Wirtschaftsraum angebotenen Wertpapiere von weniger als 75 Millionen Euro ausgegeben werden, wobei diese Obergrenze über einen Zeitraum von zwölf Monaten zu berechnen ist, sofern diese Wertpapiere nicht nachrangig, wandelbar oder umtauschbar sind oder nicht zur Zeichnung oder zum Erwerb anderer Wertpapiere berechtigen und nicht an ein Derivat gebunden sind (Nr. 4).

In den Fällen, in denen die Staaten des Europäischen Wirtschaftsraums beteiligt sind (Nr. 2, 3), wird wohl das Risiko für die Anleger als nicht so hoch bewertet.[664] Ausdrücklich kann dies aus dem Erwägungsgrund (11) der Prospektrichtlinie[665] zwar nicht gefolgt werden. Aber aus dem Gesamtzusammenhang der Richtlinie, die den Anlegerschutz in den Vordergrund stellt,[666] und der Privilegierung der Staaten kann dieser Schluss gezogen werden. Daueremissionen von den beschriebenen Nichtdividendenwerten durch CRR-Kreditinstitute sind privilegiert, weil bei diesen Emittenten die Bonität unzweifelhaft gegeben ist. Hintergrund der Begrenzung auf bestimmte Nichtdividendenwerte ist, dass die ausgenommenen Wertpapiere den Anlegern trotz guter Bonität des Emittenten aufgrund der Markt- und Wertentwicklung dieser Wertpapiere einen Verlust ihres Investments bescheren könnten.[667] Dennoch besteht für die Emittenten

---

663 Siehe oben unter A. II. 2.

664 Ob diese Bewertung aufrechtzuerhalten ist, kann nach der jüngeren Staatsschuldenkrise bezweifelt werden.

665 Richtlinie 2003/71/EG, Abl. EU Nr, L 345/65.

666 Siehe z.B. Erwägungsgründe (12), (16), (18).

667 *Schnorbus* in: Berrar/Meyer/Müller/Schnorbus/Singhof/Wolf, § 1 WpPG Rn. 22, 24.

eine opting-in Möglichkeit, auf die unten näher eingegangen wird.[668] Jedenfalls darf die bürgerlich-rechtliche Prospekthaftung hier nicht als Auffangtatbestand fungieren, um nicht die vom Gesetzgeber zum Ausdruck gebrachte Wertung zu unterminieren.

bb) Ausnahmen von der Prospektpflicht innerhalb des Anwendungsbereichs des WpPG

Selbst wenn das WpPG aber grundsätzlich anwendbar ist, so gibt es noch Ausnahmen von der Informationsveröffentlichungspflicht für bestimmte Angebote (§ 3 WpPG) oder Wertpapiere (§ 4 WpPG).

(1) Ausnahmen für bestimmte Angebote

Nach § 3 Abs. 2 S. 1 Nr. 1 WpPG muss bei einem Angebot, das sich ausschließlich an qualifizierte Anleger (§ 2 Nr. 6 WpPG) richtet, kein Verkaufsprospekt veröffentlicht werden. Bei den qualifizierten Anlegern handelt es sich um Anleger, die selbst die Möglichkeit haben sich ohne Prospekt umfassend zu informieren.[669] Allerdings muss bei ihnen das Gebot der Informationsgleichbehandlung nach § 15 Abs. 5 WpPG beachtet werden.

Die anderen angebotsbezogenen Ausnahmen von der Prospektpflicht (§ 3 Abs. 2 WpPG) sind ein Angebot, das sich in jedem Staat des Europäischen Wirtschaftsraums an weniger als 150 nicht qualifizierte Anleger richtet (Nr. 2), eine Mindesterwerbssumme von 100.000 € pro Anleger (Nr. 3), eine Mindeststückelung von 100.000 € je Wertpapier (Nr. 4), ein Angebot von CRR-Kreditinstituten oder von Emittenten, deren Aktien bereits zum Handel an einem organisierten Markt zugelassen sind, wenn der Gesamtgegenwert für alle im Europäischen Wirtschaftsraum angebotenen Wertpapiere in einem Zeitraum von zwölf Monaten weniger als EUR 5 Millionen beträgt (Nr. 5) und ein Angebot, wenn der Gesamtgegenwert der angebotenen Wertpapiere im Europäischen Wirtschaftsraum über einen Zeitraum von zwölf Monaten weniger als EUR 8 Millionen beträgt (Nr. 6). Die Ausnahmen nach Nr. 3 und 4 rechtfertigen sich dadurch, dass sich der Anleger bei einer derartigen Investitionssumme regelmäßig auf eine ausreichende Informationsgrundlage stützen wird.[670] Die Ausnahmen nach Nr. 2, 5

---

668 Siehe unten unter 4. a).

669 *Holzborn/Mayston* in: Holzborn, WpPG § 3 Rn. 15; Ob hier überhaupt ein öffentliches Angebot oder eine Privatplatzierung vorliegt, braucht nicht entschieden werden. Vgl. *Zeising* in: Just/Voß/Ritz/Zeising, § 3 WpPG Rn. 33.

670 *Holzborn/Mayston* in: Holzborn, WpPG § 3 Rn. 17 f.

und 6 hingegen sollen ein Missverhältnis von Kleinstemissionen zwischen Anlegerschutz und den damit verbunden Kosten verhindern[671] bzw. die BaFin entlasten.[672] In all diesen Fällen kann die bürgerlich-rechtliche Prospekthaftung daher nicht subsidiär eingreifen.

(2) Ausnahmen für bestimmte Wertpapiere

Bei den in § 4 WpPG geregelten Ausnahmen von der Prospektpflicht wird wiederum zwischen Wertpapieren im Rahmen eines öffentlichen Angebots (Abs. 1) und Wertpapieren, die zum Handel an einem organisierten Markt zugelassen werden sollen (Abs. 2), unterschieden. Der gemeinsame Hintergrund dieser Ausnahmen ist auch hier die typischerweise sichergestellte *„genügende Informationsbasis der Anleger"*[673]. Soweit diese Ausnahmen ein einem Prospekt gleichwertiges Dokument voraussetzen, ist die BaFin im Rahmen ihrer Untersagungsbefugnis nach § 26 Abs. 4 WpPG auch dazu verpflichtet, die materielle Gleichwertigkeit dieser Dokumente mit einem Prospekt zu prüfen.[674] Jedoch stellt sie auch auf Antrag kein Negativtestat über das Vorliegen eines Ausnahmetatbestands aus.[675] Diese Tatsache ist ziemlich unerfreulich für die Betroffenen, zumal ein Gericht anders entscheiden kann als die BaFin, wenn es den Anspruch nach § 24 WpPG wegen Unterlassens der Prospektveröffentlichung prüft. Daher sollen die Befreiungstatbestände nun im Einzelnen aufgezeigt werden.

(a) Öffentliches Angebot

Bei den prospektpflichtbefreiten Wertpapieren im Rahmen eines öffentlichen Angebots nach § 4 Abs. 1 WpPG handelt es sich um Austauschaktien ohne Kapitalerhöhung (Nr. 1), wie sie z.B. bei einer Umwandlung von Nennbetrags- in Stückaktien vorkommen.[676] Hierbei besteht nämlich kein erweitertes Informationsbedürfnis der Empfänger,[677] da die durch die Aktien verbrieften Rechte

---

671 *Holzborn/Mayston* in: Holzborn, WpPG § 3 Rn. 19.

672 *Klöhn* in: FS Hoffmann-Becking, S. (679), 687. Dies gilt freilich nur eingeschränkt bei der Ausnahme nach Nr. 6, bei der ein Wertpapier-Informationsblatt veröffentlicht werden muss. Siehe hierzu unten unter IV. 1. a.E.

673 *Holzborn/Mayston* in: Holzborn, WpPG § 4 Rn. 3; vgl. auch RegE ProspektrichtlinienumsetzungsG, BT-Drs. 15/4999, S. 30.

674 *Groß*, Kapitalmarktrecht, § 4 WpPG Rn. 1.

675 *Zeising* in: Just/Voß/Ritz/Zeising, § 4 WpPG Rn. 3; *Groß*, Kapitalmarktrecht, § 4 WpPG Rn. 1.

676 *Groß*, Kapitalmarktrecht, § 4 WpPG Rn. 2 m.w.N.

677 *Holzborn/Mayston* in: Holzborn, WpPG § 4 Rn. 5.

gleich bleiben.[678] Ferner ausgenommen sind Wertpapiere im Rahmen von Umtauschangeboten (Nr. 2) oder Verschmelzungen bzw. Spaltungen (Nr. 3), sofern ein gleichwertiges Dokument verfügbar ist. In ersterem Fall ist bei Umtauschangeboten nach dem WpÜG aufgrund der Angebotsunterlage nach §§ 11 WpÜG und der WpÜG-AV sichergestellt, dass die Anteilseigner der Zielgesellschaft im gleichen Umfang wie nach § 7 WpPG i.V.m. der Prospektverordnung[679] informiert werden.[680] Im zweiten Fall bedarf es für Verschmelzungen ohne Zuzahlung schon keines Dokuments.[681] Hier erfolgt der Erwerb gem. § 20 Abs. 1 Nr. 3 UmwG durch Registereintragung und folglich qua Gesetz, so dass schon kein Angebot vorliegt.[682] Somit bleiben als Anwendungsfälle Verschmelzungsvorgänge mit Zuzahlung (§ 15 UmwG) und Verschmelzungen bzw. Spaltungen nach ausländischem Recht.[683] Auch die Befreiung in Nr. 4, die Wertpapiere als Sachdividenden enthält, hat nur noch einen Anwendungsbereich bei Fällen mit Auslandsbezug, da in Deutschland Dividenden nicht angeboten, *„sondern am Zahltag eingebucht bzw. ausgezahlt“* werden.[684] Schließlich sind Wertpapiere, die derzeitigen oder ehemaligen Mitarbeitern des Konzerns angeboten werden, von der Prospektpflicht ausgenommen, wenn ihnen ein Dokument mit dem in Nr. 5 geregelten Inhalt zur Verfügung gestellt wird. Dabei geht man davon aus, dass bei ihnen angesichts ihrer Einsichtsmöglichkeit in die betriebsinternen Informationen und über die wirtschaftliche Lage des Emittenten ein vollumfänglicher Prospekt entbehrlich ist.[685]

(b) Zulassung

Bei den Ausnahmen von der Prospektpflicht für die Zulassung von Wertpapieren zum Handel an einem organisierten Markt (§ 4 Abs. 2 WpPG) entsprechen die Nr. 2–6 schon vom Wortlaut her im Wesentlichen den Ausnahmen in Abs. 1 Nr. 1–5. Bei Abs. 2 Nr. 4 kommt im Unterschied zu Abs. 1 Nr. 4 noch die Variante der Aktien aus Gesellschaftsmitteln nach einer Kapitalerhöhung hinzu. Allerdings sind diese Aktien nach § 33 Abs. 4 EGAktG schon ex lege zuzulassen,

---

678 *Schnorbus* in: Berrar/Meyer/Müller/Schnorbus/Singhof/Wolf, § 4 WpPG Rn. 4.
679 VO (EG) Nr. 809/2004, Abl. EU Nr. L 149/1.
680 *Groß*, Kapitalmarktrecht, § 4 WpPG Rn. 3; *Holzborn/Mayston* in: Holzborn, WpPG § 4 Rn. 6.
681 RegE Prospektrichtlinie-Umsetzungsgesetz, BT-Drs. 15/4999, S. 30.
682 *Müller*, WpPG, § 4 Rn. 4. Vgl. auch oben unter a) bb) (1) (a).
683 *Holzborn/Mayston* in: Holzborn, WpPG § 4 Rn. 7.
684 *Groß*, Kapitalmarktrecht, § 4 WpPG Rn. 5 m.w.N.
685 *Groß*, Kapitalmarktrecht, § 4 WpPG Rn. 6.

so dass es gar keines Dokuments bedarf.[686] Dasselbe muss aufgrund einer sonst vorliegenden offenen Diskriminierung nach Art. 18 AEUV auch für Emittenten mit Sitz in einem EWR-Mitgliedsstaat gelten.[687] Schließlich besteht eine Ausnahme für Altfälle (Nr. 6), wenn die Wertpapiere schon vor Inkrafttreten des WpPG an einem organisierten Markt zugelassen wurden und zumindest eine Zusammenfassung veröffentlicht wird (lit. d), e)) die die Schlüsselinformationen gem. § 5 Abs. 2a WpPG enthält (lit. f)). Durch diese Ausnahme sollen Altemittenten den Kapitalmarkt vereinfacht in Anspruch nehmen können.[688]

(c) Kein Anwendungsbereich der bürgerlich-rechtlichen Prospekthaftung

In allen diesen Fällen wäre die Anwendbarkeit der bürgerlich-rechtlichen Prospekthaftung wiederum unangemessen. Sofern ein dem Wertpapierprospekt gleichwertiges Dokument vorausgesetzt wird, stellt dieses ein funktionelles Substrat zu einem Wertpapierprospekt dar. Dies zeigt sich auch in § 21 Abs. 4 WpPG, auf den sogleich unter **2.** eingegangen wird. In den übrigen Fällen sollte, wenn der Prospektverpflichtete trotz mangelnder Prospektpflicht ein derartiges Dokument erstellt, ebenfalls von der Anwendbarkeit der bürgerlich-rechtlichen Prospekthaftung abgesehen werden. Der Gesetzgeber hat zum Ausdruck gebracht, dass er keinen Haftungsanspruch für erforderlich hält, um ein angemessenes Informationsniveau des Anlegers sicherzustellen.[689]

2. *Prospektpflichtbefreiende Dokumente nach § 4 Abs. 2 WpPG*

a) Prospekthaftung nach § 21 Abs. 4 WpPG?

In § 21 Abs. 4 WpPG, der den aufgehobenen § 44 Abs. 4 BörsG a.F. fortführen soll,[690] ist eine Prospekthaftung für prospektpflichtbefreiende schriftliche Darstellungen vorgesehen. Diese Haftungsalternative wurde durch das 3. FMFG vom 24.3.1998[691] eingeführt. Dadurch sollte die vorher strittige Frage, ob schriftliche Darstellungen, die zur Prospektbefreiung führten, Gegenstand der

---

686 Vgl. *Groß*, Kapitalmarktrecht, § 4 WpPG Rn. 17.

687 *Mülbert/Steup* in: Habersack/Mülbert/Schlitt, Unternehmensfinanzierung, § 41 Rn. 28.

688 *Holzborn/Mayston* in: Holzborn, WpPG § 4 Rn. 21.

689 So auch der BGH in der Telekom-III-Entscheidung, BGHZ 203, 1 = BGH WM 2015, (22), 30 Rn. 71, der allerdings eine analoge Anwendung der spezialgesetzlichen Prospekthaftung befürwortet.

690 RegE VermAnlG, BT-Drs. 17/6051 S. 46.

691 BGBl. I S. 529.

börsengesetzlichen Prospekthaftung sein konnten, klargestellt werden.[692] Gemeint sind damit die in § 4 Abs. 2 Nr. 2–6 WpPG genannten Dokumente. Damit werden diese Dokumente, obwohl sie zur Prospektpflichtbefreiung führen, qua gesetzlicher Anordnung zu Prospekten im weiteren Sinne.

b) Bewertung

Allerdings fußen diese meist auf einer anderen Gesetzesgrundlage, so dass in jedem Einzelfall geprüft werden muss, ob die Prospekthaftung nach § 21 Abs. 4 WpPG greift oder durch teleologische Reduktion ausscheidet.[693] Solch eine teleologische Reduktion ist hinsichtlich der Angebotsunterlage (§ 11 WpÜG) für Umtauschangebote nach dem WpÜG (§ 4 Abs. 2 Nr. 2 WpPG) vorzunehmen. Das dürfte sich schon daraus ergeben, dass das WpÜG in § 12 eine den spezialgesetzlichen Prospekthaftungstatbeständen ganz ähnlich ausgestaltete Haftungsvorschrift für die Angebotsunterlage enthält. Eine daneben bestehende Haftung nach § 21 Abs. 4 WpPG würde dem Sinn und Zweck dieser Vorschrift zuwiderlaufen, Haftungslücken für prospektpflichtbefreiende Dokumente zu schließen, da insoweit gar keine Lücke besteht.[694] Außerdem wird die Angebotsunterlage durch die BaFin geprüft, die das Angebot (§ 2 Abs. 1 WpÜG) gemäß § 15 Abs. 1 Nr. 2 WpÜG untersagen kann. Die BaFin prüft dabei nicht nur die formelle Vollständigkeit, sondern auch inhaltliche Aspekte, zumindest hinsichtlich offensichtlich inhaltlicher Mängel.[695] Insofern ist das aufsichtsrechtliche Schutzniveau sogar höher als bei Wertpapierprospekten, was ebenfalls für eine teleologische Reduktion der Prospekthaftung nach § 21 Abs. 1, 4 WpPG spricht.[696] Auch müssen für die Zulassung von Aktien im Rahmen einer Kapitalerhöhung für Emittenten mit Sitz in einem EWR-Mitgliedsstaat aus oben genannten Argumenten[697] keine Dokumente veröffentlicht werden, so dass es dafür auch keine Haftung geben kann. Ferner ist § 21 Abs. 4 WpPG auch hinsichtlich Wertpapieren, die

---

692 *Assmann* in: Assmann/Schütze, Handbuch des Kapitalanlagerechts, 3. Aufl. 2007, § 6 Rn. 47.

693 *Groß*, Kapitalmarktrecht, § 21 Rn. 29.

694 **A.A.** *Mülbert/Steup*, WM 2005, (1633), 1642, die meinen die Haftung für die Angebotsunterlage nach § 21 Abs. 1, 4 WpPG (bzw. § 44 Abs. 1, 4 BörsG a.F.) sei nicht schon durch die Konkurrenzregel nach § 12 Abs. 6 WpÜG ausgeschlossen, da diese nur die Haftung als Angebotsunterlage und nicht die Haftung als prospektpflichtbefreiendes Dokument betreffe.

695 *Mülbert/Steup*, WM 2005, (1633), 1642.

696 *Mülbert/Steup*, WM 2005, (1633), 1642.

697 Siehe oben unter 1. c) bb) (2) (b).

derzeitigen oder ehemaligen Mitarbeitern angeboten werden (§ 4 Abs. 2 Nr. 5 WpPG), teleologisch zu reduzieren. Ihnen fehlt es aufgrund der sogar noch nachvertraglich wirkenden Fürsorgepflicht der Gesellschaft, auf die eine vertragliche Haftung gestützt werden kann, an der Notwendigkeit prospekthaftungsrechtlichen Schutzes.[698] Schließlich ist bezüglich des Dokuments, das für Altfälle zu erstellen ist (§ 4 Abs. 2 Nr. 6 WpPG), zu beachten, dass der Inhalt des Dokuments gemäß lit. d)-f) nur einer Zusammenfassung mit den Schlüsselinformationen nach § 5 Abs. 2a entsprechen muss und für eine Zusammenfassung alleine gemäß § 23 Abs. 2 Nr. 5 WpPG nicht nach § 21 WpPG gehaftet werden kann. Deshalb muss eine Haftung nach § 21 Abs. 4 WpPG auch in diesem Fall ausscheiden.[699]

Im Ergebnis greift der Prospekthaftungsanspruch des § 21 Abs. 4 WpPG nur für Dokumente nach § 4 Abs. 2 Nr. 2 und 3 WpPG, soweit sie für Umtauschangebote nach ausländischem Recht (Nr. 2) oder für Verschmelzungen mit Zuzahlung oder für Verschmelzungen oder Spaltungen nach ausländischem Recht erstellt worden sind. Für die übrigen Dokumententypen nach § 4 Abs. 2 WpPG bedarf es keines Prospekthaftungsanspruchs.

3. *Prospektpflichtbefreiende Dokumente nach § 4 Abs. 1 WpPG*

a) Haftung nach § 24 WpPG?

Nach der Literatur soll es aber **keine Prospekthaftung** nach §§ 21, 22 WpPG für die von der Prospektpflicht befreienden Dokumente nach § 4 Abs. 1 WpPG geben.[700] Dies wird aus dem Wortlaut des § 22 WpPG, der sich nur auf nach § 3 Abs. 1 S. 1 WpPG[701] veröffentlichte Prospekte erstreckt und aus der systematischen Einordnung der Haftung für prospektpflichtbefreiende Dokumente in § 21 Abs. 4 WpPG, der sich nur auf Börsenzulassungen bezieht, abgeleitet. Vielmehr soll bei nicht vollständigen bzw. fehlerhaften prospektpflichtbefreienden Dokumenten die Haftung nach § 24 WpPG greifen, wobei allerdings wiederum

---

698 *Mülbert/Steup* in: Habersack/Mülbert/Schlitt, Unternehmensfinanzierung, § 41 Rn. 28.

699 *Mülbert/Steup* in: Habersack/Mülbert/Schlitt, Unternehmensfinanzierung, § 41 Rn. 28.

700 Vgl. *Groß*, Kapitalmarktrecht, § 21 WpPG Rn. 25; *Mülbert/Steup* in: Habersack/Mülbert/Schlitt, Unternehmensfinanzierung, § 41 Rn. 29. Das Problem erkennt *Klöhn* in: FS Hoffmann-Becking, S. (679), 686 offenbar nicht und führt § 4 Abs. 1 Nr. 2 und 3 WpPG als Beispiele an.

701 Dass § 3 Abs. 1 WpPG inzwischen nicht mehr in mehrere Sätze aufgeteilt ist, übersieht der Gesetzgeber offenbar.

für die Fälle der § 4 Abs. 1 Nr. 4, 5 WpPG an eine teleologische Reduktion des § 24 WpPG gedacht werden könne. *Mülbert/Steup* begründen dies mit einem funktionalen „Substitut“, das § 24 WpPG für die in § 22 WpPG nicht vorgesehene Haftung für fehlerhafte prospektpflichtbefreiende Dokumente bilden soll. Deshalb müsse für die Dokumente des § 4 Abs. 1 Nr. 4, 5 WpPG eine Haftung aus denselben Gründen ausscheiden, die bei § 4 Abs. 2 Nr. 4, 5 WpPG eine teleologische Reduktion des § 21 Abs. 4 WpPG veranlassen, und mithin sei für diese Dokumente auch eine teleologische Reduktion des § 24 WpPG veranlasst.[702] Im Übrigen könne aber eine Haftung nach § 24 WpPG angenommen werden.

b) Bewertung

Daran ist zu kritisieren, dass die Befreiungstatbestände gerade die Fälle erfassen, in denen die Gefahr für die Anleger aufgrund einer üblicherweise vorliegenden anderweitigen ausreichenden Informationsbasis als nicht so groß erachtet wird[703] und die BaFin auch keine Negativtestate über das Vorliegen eines Ausnahmetatbestands erteilt.[704] Somit wäre eine verschuldenslose Haftung nach § 24 WpPG, die immerhin einige Befürworter hat,[705] völlig unangemessen. Dann würde für die prospektpflichtbefreienden Dokumente nach § 4 Abs. 1 WpPG eine strengere Haftung gelten als für die Wertpapierprospekte selbst, obwohl die Schutzbedürftigkeit der Anleger geringer ist. Dies spricht aus Wertungsgesichtspunkten gegen eine Anwendung des § 24 WpPG auf diese Dokumente. Aber auch das Argument von *Mülbert/Steup*, § 24 WpPG stelle ein funktionales Substitut für die in § 22 WpPG nicht vorgesehene Haftung für prospektpflichtbefreiende Dokumente dar, kann nicht nachvollzogen werden. Denn genauso wie § 22 WpPG bezieht sich § 24 Abs. 1 WpPG explizit nur auf die Prospektpflicht aus § 3 Abs. 1 S. 1 (sic!) WpPG und nicht auch auf § 4 Abs. 1 WpPG. Dass § 22 WpPG zusätzlich von einem nach § 3 Abs. 1 S. 1 (sic!) WpPG „veröffentlichten Prospekt“ spricht, kann nicht den entscheidenden Unterschied machen. Vielmehr ist von einem gesetzgeberisch beabsichtigten Gleichlauf zwischen § 22 WpPG und § 24 WpPG hinsichtlich des Prospekts als Bezugspunkt auszugehen. § 22 WpPG sieht die Haftung für fehlerhafte und § 24 WpPG für fehlende Wertpapierangebotsprospekte im Rahmen der Prospektpflicht nach § 3 Abs. 1 WpPG vor. Auch der

702 *Mülbert/Steup* in: Habersack/Mülbert/Schlitt, Unternehmensfinanzierung, § 41 Rn. 29.

703 Siehe oben unter 1. c) bb) (2).

704 *Zeising* in: Just/Voß/Ritz/Zeising, § 4 WpPG Rn. 3; *Groß*, Kapitalmarktrecht, § 4 WpPG Rn. 1.

705 Siehe unten unter Teil 4 § 1 A. III 1. a) cc).

Gesetzgeber sprach bei der Schaffung des § 24 WpPG bzw. § 13a VerkProspG a.F. im Rahmen des AnSVG nur von „Verkaufsprospekt" und nicht auch von anderen Dokumenten.[706]

Daher sollte im Ergebnis § 24 WpPG nicht auf prospektpflichtbefreiende Dokumente nach § 4 Abs. 1 WpPG angewendet werden.

4. *Freiwillige Prospekte*

Weiterhin ist danach zu fragen, ob Wertpapiere, für die keine Prospektpflicht besteht, dennoch dem Anwendungsbereich der Prospekthaftung nach §§ 21 f. WpPG unterfallen können, wenn Dokumente erstellt werden, die freiwillig den gesetzlichen Vorgaben an den Prospekt genügen.

a) Opting-in Möglichkeit

Zum einen sieht § 1 Abs. 3 WpPG ausdrücklich die Möglichkeit vor, einen Prospekt nach den Anforderungen des WpPG zu erstellen, selbst wenn es sich um Wertpapiere handelt, die nach § 1 Abs. 2 Nr. 2–4 WpPG vom Anwendungsbereich des WpPG an sich ausgenommen sind, sog. „opting-in".[707] Hintergrund dieser Regelung ist, dass die Prospektrichtlinie[708] den Mitgliedsstaaten einen Umsetzungsspielraum hinsichtlich der Ausnahmen vom Anwendungsbereich gegeben hat[709] und somit Unterschiede in den Mitgliedsstaaten bzgl. der Prospektpflicht bestehen können. Dann aber sollen Emittenten die Möglichkeit haben, den „Europäischen Pass" nach §§ 17 f. WpPG zu erwirken, um im Aufnahmestaat der Prospektpflicht zu genügen.[710] Zum anderen soll der Grund darin liegen, dass dieser freiwillige Prospekt dann der spezialgesetzlichen Prospekthaftung nach §§ 21, 22 WpPG unterliegt[711] und die Prospektverantwortlichen in den Genuss

---

706 RegE AnSVG, BT-Drs. 15/3174, S. 44.

707 *Schnorbus* in: Berrar/Meyer/Müller/Schnorbus/Singhof/Wolf, § 1 WpPG Rn. 35.

708 Richtlinie 2003/71/EG, Abl. EU Nr, L 345/64.

709 *Ritz/Zeising* in: Just/Voß/Ritz/Zeising, § 1 WpPG Rn. 7 ff., 53.

710 *Ritz/Zeising* in: Just/Voß/Ritz/Zeising, § 1 WpPG Rn. 53; *Schnorbus* in: Berrar/Meyer/Müller/Schnorbus/Singhof/Wolf, § 1 WpPG Rn. 37. *Spindler* in: Holzborn, WpPG § 1 Rn. 32; *Groß*, Kapitalmarktrecht, § 1 Rn. 9; *Müller*, WpPG, § 1 Rn. 8; **a.A.** *Mülbert/Steup* in: Habersack/Mülbert/Schlitt, Unternehmensfinanzierung, § 41 Rn. 19, allerdings ohne Begründung.

711 *Schnorbus* in: Berrar/Meyer/Müller/Schnorbus/Singhof/Wolf, § 1 WpPG Rn. 36; *Mülbert/Steup* in: Habersack/Mülbert/Schlitt, Unternehmensfinanzierung, § 41 Rn. 19, 24; *Groß*, Kapitalmarktrecht, § 1 Rn. 9; *von Kopp-Colomb/Sargut* in: Assmann/Schlitt/von Kopp-Colomb, WpPG/VermAnlG, 3. Aufl. 2017, § 1 WpPG Rn. 93.

der diesbezüglichen Haftungsprivilegierung der verkürzten Verjährungsfrist[712] und des strengeren Verschuldensmaßstabs im Vergleich zur bürgerlich-rechtlichen Prospekthaftung kommen.[713] Letzterer Erwägung ist aber zu widersprechen. Wie oben bereits gezeigt wurde, kommt eine ergänzende Anwendung der bürgerlich-rechtlichen Prospekthaftung aufgrund der vom Gesetzgeber austarierten Regelung gar nicht in Betracht.[714] Im Fall des „opting-in" greift mithin allein die Prospekthaftung nach §§ 21, 22 WpPG.

b) Keine opting-in Möglichkeit

Außerhalb dieser „opting-in"-Vorschrift des § 1 Abs. 3 WpPG ist die Möglichkeit, freiwillige Prospekte zu erstellen, die dann dem spezialgesetzlichen Prospekthaftungsregime unterfallen, sehr strittig.[715] Dabei geht es um Fälle, in denen ein Ausnahmetatbestand von der Prospektpflicht nach § 3 oder § 4 WpPG greift.

aa) Pro haftungsbewehrter Prospekt

Die Befürworter können sich auf den Gemeinsamen Standpunkt vom Rat zur Begründung der Prospektrichtlinie berufen, der eine „opting-in" Möglichkeit ausdrücklich auch für den Fall einer kleinen Emissionssumme nach Art. 3 Abs. 2 lit. e) (umgesetzt in § 3 Abs. 2 S. 1 Nr. 5 WpPG) für gegeben erachtet.[716] Außerdem spreche dafür, dass bei den aus Anlegersicht quasi risikofreien Angeboten des § 1 Abs. 2 WpPG eine Prospekterstellung, die der Information des Anlegers dient, möglich sei, bei den risikoreicheren privilegierten Angeboten der §§ 3, 4 WpPG hingegen nicht.[717] Schließlich seien die Tatbestände des §§ 3, 4 WpPG nicht immer eindeutig und es könne nicht zu Lasten des Emittenten

---

712 Die verkürzte Verjährungsfrist wurde aber inzwischen aufgehoben, siehe unten unter Teil 5 § 5 B. VI. 1.

713 *Schnorbus* in: Berrar/Meyer/Müller/Schnorbus/Singhof/Wolf, § 1 WpPG Rn. 36.

714 Siehe oben unter 1. c) aa).

715 **Dafür:** *Schnorbus* in: Berrar/Meyer/Müller/Schnorbus/Singhof/Wolf, § 1 WpPG Rn. 39 ff.; *Seitz*, AG 2005, (678), 684; *Heidelbach* in: Schwark/Zimmer, KMRK, § 1 WpPG Rn. 30. **Dagegen:** *von Kopp-Colomb/Sargut* in: Assmann/Schlitt/von Kopp-Colomb, WpPG/VermAnlG, 3. Aufl. 2017, § 1 WpPG Rn. 89; *Grosjean* in: Heidel, Aktien- und Kapitalmarktrecht, § 1 WpPG Rn. 9; *Ritz/Zeising* in: Just/Voß/Ritz/Zeising, § 1 WpPG Rn. 52; *Mülbert/Steup* in: Habersack/Mülbert/Schlitt, Unternehmensfinanzierung, § 41 Rn. 19; *Groß*, Kapitalmarktrecht, § 1 Rn. 10.

716 Gemeinsamer Standpunkt des Rates (EG) Nr. 25/2003 vom 27.5.2003, ABl EU Nr. C 125 E 50, Begr. zu Art. 3 Abs. 2.

717 *Schnorbus* in: Berrar/Meyer/Müller/Schnorbus/Singhof/Wolf, § 1 WpPG Rn. 41; *Heidelbach* in: Schwark/Zimmer, KMRK, § 1 WpPG Rn. 30.

bzw. Antragstellers gehen, wenn er von der Privilegierung keinen Gebrauch macht, um jedenfalls der (Garantie-)Haftung nach § 24 WpPG[718] zu entgehen.[719] Auch der BGH hat sich in der sogenannten „Telekom-III-Entscheidung“ vom 21.10.2014 obiter dictum für die analoge Anwendung der spezialgesetzlichen Prospekthaftung in diesen Fällen ausgesprochen.[720]

bb) Contra haftungsbewehrter Prospekt

Die Gegner hingegen haben sowohl den Wortlaut des § 1 Abs. 3 WpPG, der die Berechtigung einen Prospekt zu erstellen auf die Fälle des § 1 Abs. 2 Nr. 2–4 WpPG beschränkt, als auch die systematische Verortung dort und mithin vor den §§ 3, 4 WpPG auf ihrer Seite. Auch die Regierungsbegründung bezieht die Möglichkeit eines freiwilligen Prospekts nur auf diese Fälle.[721] Schließlich bezieht Erwägungsgrund (13) der EU-Prospektverordnung, die hinsichtlich der Ausnahmen von der Prospektpflicht gemäß Art. 3 Abs. 2 bereits am 21. Juli 2018 in Kraft getreten ist (Art. 49 Abs. 2), ausdrücklich gegen die „opting-in“ Möglichkeit Stellung.[722]

cc) Bewertung

Die besseren Argumente sprechen hier gegen die Möglichkeit der Erstellung eines haftungsbewehrten freiwilligen Prospekts außerhalb des Anwendungsbereichs des § 1 Abs. 3 WpPG. Über den Wortlaut und die Systematik dieser Vorschrift sollte man sich nicht einfach hinwegsetzen. Dem Gemeinsamen Standpunkt des Rats kommt im Rahmen der historischen Auslegung des sekundären Unionsrechts, die insgesamt auch im Vergleich zum Stellenwert im deutschen Recht nur eine untergeordnete Rolle einnimmt,[723] hinter den Erwägungsgründen nur eine schwache Aussagekraft zu.[724] Außerdem sieht der Gemeinsame Standpunkt zu dieser Frage selbst nach Wahrnehmung der „opting-in“-Möglichkeit

---

718 Siehe dazu unten unter Teil 4 § 1 A. III 1. a) cc).

719 *Schnorbus* in: Berrar/Meyer/Müller/Schnorbus/Singhof/Wolf, § 1 WpPG Rn. 42.

720 BGHZ 203, 1 ff. = BGH WM 2015, (22), 30 Rn. 70 f.

721 RegE ProspektrichtlinienumsetzungsG, BT-Drs. 15/4999, S. 27 f.

722 VO (EU) Nr. 2017/1129 des Europäischen Parlaments und des Rates vom 14. Juni 2017 über den Prospekt, der beim öffentlichen Angebot von Wertpapieren oder bei deren Zulassung zum Handel an einem geregelten Markt zu veröffentlichen ist und zur Aufhebung der Richtlinie 2003/71/EG, Abl. EU Nr. L 168/12 ff.

723 *Frenz*, Hdb. Europarecht, Bd. 5, S. 131.

724 *Frenz*, Hdb. Europarecht, Bd. 5, S. 127 ff.; noch zurückhaltender *Borchardt* in: Schulze/Zuleeg/Kadelbach, Europarecht, § 15 Rn. 42 ff.

ausdrücklich davon ab, eine Pflicht zur Prospektveröffentlichung bei Kleinemissionen zu formulieren.[725] Dies konterkariert aber die „opting-in"-Möglichkeit. Wer die Vorteile der Anwendbarkeit des WpPG genießen will, soll auch die Nachteile tragen müssen, die in der Veröffentlichungspflicht des Prospekts und der darauf basierenden Haftung bestehen.

Hinsichtlich der Ausnahme des § 3 Abs. 2 S. 1 Nr. 6 i.V.m. § 3a WpPG für Wertpapiere im Gesamtgegenwert von weniger als 100.000 € könnte man zwar einwenden, der Anbieter habe es nicht verdient, der Prospekthaftung zu entkommen, wenn er den Aufwand nicht scheut und trotz der Kleinemission schriftliche Verkaufsunterlagen veröffentlicht.[726] Allerdings dürfte dieser Fall schon aus Kosten-Nutzen Erwägungen des Anbieters theoretisch bleiben und schon oftmals kein öffentliches Angebot vorliegen. Liegen die Voraussetzungen an ein öffentliches Angebot dennoch vor, stellt die maximale Schadenssumme von 100.000 € einen zu geringen Betrag dar, um die Vorteile einer kostenintensiven Prospekterstellung für Kleinemissionen zu rechtfertigen. Anleger, die bei derart kleinen Projekten investieren, können den Schaden selbst günstiger tragen. Die Gefahr einer Garantiehaftung, die die Befürworter eines haftungsbewehrten Prospekts für die Fälle der §§ 3, 4 WpPG anführen, gibt es nach zutreffender Meinung gar nicht, wie noch zu zeigen ist.[727]

Die wahre Funktion des § 1 Abs. 3 WpPG liegt schließlich nicht in einer Haftungsprivilegierung im Vergleich zur bürgerlich-rechtlichen Prospekthaftung, sondern in der Erlangung des Europäischen Passes.[728]

Auch an diesem Meinungsstreit wird wiederum die Notwendigkeit eines einheitlichen Prospekthaftungsanspruchs, der auf die Prospektpflicht abstellt, deutlich. In den Bereichen, in denen der Gesetzgeber ein Risiko für den Anleger sieht, sollte er eine Prospektpflicht festlegen. In den anderen Bereichen ist sein Schutz anderweitig gesichert oder rechtsökonomisch nicht geboten.

5. *Sonstige Informationen/Werbung neben dem Pflichtprospekt*

Darüber hinaus besteht Uneinigkeit darüber, wie mit neben dem Prospekt im engeren Sinne eingesetzten Informationsmaterial bzw. Werbung umgegangen werden soll.

---

725 Gemeinsamer Standpunkt des Rates (EG) Nr. 25/2003 vom 27.5.2003, ABl EU Nr. C 125 E 50, Begr. zu Art. 3 Abs. 2.

726 *Klöhn* in: FS Hoffmann-Becking, S. (679), 687.

727 Siehe unten unter Teil 4 § 1 A. III. 1. a) cc).

728 Dazu siehe oben unter a).

a) Bürgerlich-rechtliche Prospekthaftung

Nach einer im Schrifttum immer noch vertretenen Meinung sollen solche Dokumente, die zusätzlich zu einem Prospekt verwendet werden, in den Anwendungsbereich der bürgerlich-rechtlichen Prospekthaftung fallen.[729] Eine im Vordringen befindliche Ansicht sieht dagegen für die bürgerlich-rechtliche Prospekthaftung keinen Raum mehr, wenn ein Prospekt aufgrund einer spezialgesetzlichen Prospektpflicht erstellt wurde.[730]

aa) Pro bürgerlich-rechtliche Prospekthaftung

Die Befürworter der bürgerlich-rechtlichen Prospekthaftung für diesen Bereich differenzieren meist nach dem Informationswert.[731] Erfasst von der bürgerlich-rechtlichen Prospekthaftung seien danach Darstellungen, die dem Prospektbegriff dieser Haftungsfigur genügten[732] und nicht als bloße Werbung im Sinne von § 15 WpPG anzusehen seien.[733] Diese Differenzierung ist schon in der Prospektrichtlinie[734] und der sie konkretisierenden Verordnung[735] angelegt, die die Werbung (Art. 15 der Richtlinie, Art. 2 Abs. 9, Art. 34 der Verordnung) dem Prospektbegriff gegenüberstellen. Wenn also die Anforderungen des § 15 WpPG, insbesondere die Hinweispflicht auf den Prospekt (Abs. 2), eingehalten werden, liege eine bloße Werbung vor und scheide die bürgerlich-rechtliche Prospekthaftung aus. Diese greife dagegen ein, wenn fehlerhafte Darstellungen verwendet werden, *„die den Eindruck erwecken, über alle für die Beurteilung der*

---

729 *Lenenbach*, Kapitalmarktrecht, Rn. 12.183; *Fleischer*, Gutachten F, DJT 2002, S. F55 f., F91; *Hoffmeyer*, NZG 2016, (1133), 1137; *Wackerbarth* hat seine Meinung im Vergleich zur Vorauflage inzwischen geändert und sieht nur noch zusätzliche Informationen als erfasst an *„soweit diese nicht mit dem gesetzlichen Prospekt zusammen zu betrachten sind* [...]" in: Holzborn, WpPG, § 25 Rn. 2 im Gegensatz zur Vorauflage §§ 44, 45 BörsG Rn. 118.

730 *Habersack* in: Habersack/Mülbert/Schlitt, Hdb. Kapitalmarktinf., § 29 Rn. 73; *Mülbert/Steup* in: Habersack/Mülbert/Schlitt, Unternehmensfinanzierung, § 41 Rn. 31, 151, 156; *Grunewald* in: MüKO HGB, § 161 Rn. 192; *Hebrandt*, ZBB 2011, (451), 454; *Groß*, Kapitalmarktrecht, § 21 Rn. 92; jetzt auch *Assmann* in: Assmann/Schütze, Handbuch des Kapitalanlagerechts, 4. Aufl. 2015, § 5 Rn. 27, 29 im Gegensatz zur 3. Aufl. 2007, § 6 Rn. 77.

731 Siehe bereits *Wiedemann/Schmitz*, ZGR 1980, (129), 132.

732 Siehe dazu oben unter A.

733 *Lenenbach*, Kapitalmarktrecht, Rn. 12.183.

734 Richtlinie 2003/71/EG, Abl. EU Nr. L 345/64.

735 VO (EG) Nr. 809/2004, Abl. EU Nr. L 149/1.

Anlage erheblichen Umstände vollständig zu informieren.“[736] Das Merkmal der Vollständigkeit wird aber von den Vertretern dieser Ansicht nicht überspannt. So sollen entsprechend gestaltete Serienbriefe[737] oder Handzettel darunter fallen.[738] Es reiche aus, dass sich der Anleger hinreichend informiert fühlt.[739] Ausgenommen werden dagegen „marktschreierische“ und sonstige Werbeaussagen, die vom Anleger nicht ernstgenommen werden sollten, weil es sich um *„‚reklamehafte Übertreibung‘ ohne kaufentscheidenden Informationsgehalt handelt.“*[740] Als eine solche „reklamehafte Übertreibung“ wurde vom BGH z.B. die in einem Werbeschreiben eines Börsenblatts enthaltene Aussage angesehen, ein Börsenerfolg sei garantiert.[741]

bb) Bewertung

Richtigerweise hat der Gesetzgeber durch § 15 WpPG deutlich gemacht, dass er das Problem der Werbung gesehen hat und de lege lata nicht im Rahmen einer Haftung, sondern aufsichtsrechtlich (§ 15 Abs. 6 WpPG) und als zu verfolgende Ordnungswidrigkeit (§ 35 Abs. 2 Nr. 1 WpPG) lösen möchte.

b) *Mülbert/Steup*: Integration in das spezialgesetzliche Prospekthaftungsregime

aa) Konzept

Einen anderen Ansatzpunkt für dieses Problem haben *Mülbert/Steup* gewählt, die nach dem Zeitpunkt der Verwendung des Werbematerials unterscheiden. Danach soll ein unvollständiger Börsenzulassungs- oder Verkaufsprospekt im Sinne von §§ 21, 22 WpPG vorliegen, wenn im Vorfeld der eigentlichen Prospektveröffentlichung Werbemaßnahmen entfaltet wurden, die inhaltlich unrichtig oder irreführend sind (§ 15 Abs. 3 S. 2 WpPG) oder im Widerspruch zum später veröffentlichten Prospekt stehen (§ 15 Abs. 3 S. 3 WpPG) und der Prospekt dann nicht diese Fehlangaben richtig stellt. Bei gleichzeitiger oder späterer Veröffentlichung fehlerhafter Werbung zum Prospekt bestünde dagegen eine

---

736 So noch *Assmann* in: Assmann/Schütze, Handbuch des Kapitalanlagerechts, 3. Aufl. 2007, § 6 Rn. 79.

737 *Grunewald* in: MüKO HGB, § 161 Rn. 196.

738 *Lenenbach,* Kapitalmarktrecht, Rn. 12.183.

739 *Klöhn*, WM 2012, (97), 102. Vgl. auch oben unter A. I.

740 *Lehmann*, Vertragsanbahnung durch Werbung, 1981, S. 346.

741 BGHZ 70, (356), 361 f.

Nachtragspflicht zum Prospekt gemäß § 16 WpPG, deren Unterlassen wiederum zu einer Prospekthaftung nach §§ 21, 22 WpPG führe.[742]

bb) Bewertung

Das Konzept von *Mülbert/Steup* überzeugt insoweit, als die Lösung anhand der spezialgesetzlichen Prospekthaftungstatbestände erfolgt und damit eine Integration in das spezialgesetzliche Prospekthaftungssystem gelingt. Allerdings wäre dann der Kreis der Verantwortlichen für die fehlerhafte Werbung ziemlich weit gesteckt, wenn er alle Prospektverantwortlichen betrifft. Diese müssten sich exkulpieren, obwohl sie für die Werbung gar nicht verantwortlich waren. Weiterhin geht diese Ansicht davon aus, dass die Anleger die Prospekte und Nachträge gezielt suchen und lesen. Erkenntnisse aus der Behavioral Economics lassen daran aber zweifeln.[743] Danach nehmen Anleger vor allem kurz gefasste und aufmerksamkeitserregende, d.h. saliente Informationen auf.[744] Es stellt sich nun das Problem, dass nach § 16 Abs. 1 S. 4 WpPG der Nachtrag in derselben Art und Weise wie der Prospekt zu veröffentlichen ist. Für eine wirksame Werbung werden aber meist noch ganz andere Vertriebskanäle genutzt, um salient auf den Anleger einwirken zu können.[745] Wenn die kaufentscheidende Fehlinformation beim Anleger nun aber beispielsweise durch eine fehlerhafte Werbemail entsteht, die z.B. 5 % sichere Zinsen für 5 Jahre beim Zeichnen der Anleihe verspricht, kann es aus Anlegerschutzgründen nicht genügen, wenn die falsche Berechnungsgrundlage nur in einer Wirtschaftszeitung veröffentlicht wird wie der ursprüngliche Prospekt (§ 14 Abs. 2 Nr. 1 WpPG).

6. *Bürgerlich-rechtliche Prospekthaftung für Exposés und Informationsmemoranden*

Schließlich werden als Anwendungsfall der bürgerlich-rechtlichen Prospekthaftung oftmals die (Kurz-)Exposés bei der Einbeziehung in den Freiverkehr und die Informationsmemoranden bei der Umplatzierung von bereits an der Börse zugelassenen Wertpapieren diskutiert.

---

742 *Mülbert/Steup* in: Habersack/Mülbert/Schlitt, Unternehmensfinanzierung, § 41 Rn. 31.

743 Siehe hierzu genauer Teil 5 § 5 B. I. 3. b) aa).

744 *Möllers/Kernchen*, ZGR 2011, (1), 10 f.

745 *Klöhn*, WM 2012, (97), 99.

a) Exposés

Exposés werden häufig von den Freiverkehrsträgern für die Einbeziehung in den Freiverkehr verlangt.[746] Diese Exposés schreiben manche undifferenziert dem Anwendungsbereich der bürgerlich-rechtlichen Prospekthaftung zu.[747] Der richtige Ansatzpunkt ist hingegen in dem öffentlichen Angebot als prospektpflichtauslösendes Ereignis zu sehen.[748] Bei dem Exposé als Einbeziehungsvoraussetzung handelt es sich um ein reines Börseninternum.[749] Wird hingegen das Exposé als konkrete Werbemaßnahme zur Anlegerwerbung eingesetzt, löst diese eine Prospektpflicht aus und damit die mögliche Haftung nach §§ 22, 24 WpPG.[750] Einen Zwischenbereich, in dem noch kein öffentliches Angebot vorliegt, aber dennoch für die Anleger die Gefahr als groß genug gesehen wird, dass man die bürgerlich-rechtliche Prospekthaftung als Auffangtatbestand braucht,[751] ist abzulehnen. Dies lässt sich durch eine nicht zu strenge Subsumtion des Vorliegens eines öffentlichen Angebots erreichen, wie sie ohnehin allgemein vertreten wird.[752]

b) Informationsmemoranden

Unter Informationsmemoranden werden Dokumente verstanden, die bei der Umplatzierung bereits börsenzugelassener Wertpapiere ähnlich Prospekten potenziellen Käufern *„einen Überblick über den Verkaufsgegenstand, den Verkaufsgrund, die Geschäftstätigkeit und die wesentlichen Finanzkennzahlen“* geben sollen.[753] Diese werden jedenfalls nicht erstellt, um von der Prospektpflicht befreit zu werden im Sinne von § 21 Abs. 4 WpPG, wie schon §§ 3 Abs. 4 i.V.m. 4

---

746 Z.B. eine „Unternehmensdarstellung“ falls ein Prospekt entbehrlich ist nach dem Freiverkehrssegment m:access an der Börse München, § 5 Abs. 3 S. 3 Regelwerk f. das Marktsegment m:access, Stand: 1.7.2016, abrufbar unter: https://www.maccess.de/files/downloads/veranstaltungen/160701_Regelwerk_maccess.pdf, zuletzt verifiziert am: 19.2.2019.

747 *Groß*, Kapitalmarktrecht, § 48 BörsG Rn. 10 mit Verweis auf das Urteil BGH NJW 1993, 2865, dem aber ein Prospekt und kein bloßes Exposé zu Grunde liegt. Bei Veröffentlichung des Exposés auch für eine Haftung: *Schwark* in: Schwark/Zimmer, KMRK, § 48 BörsG Rn. 12; *Schlitt/Schäfer*, AG 2006, (147), 152.

748 Siehe oben unter 1. a) bb).

749 *Mülbert/Steup* in: Habersack/Mülbert/Schlitt, § 41 Rn. 25.

750 *Mülbert/Steup* in: Habersack/Mülbert/Schlitt, § 41 Rn. 25.

751 So aber sind wohl *Schlitt/Schäfer* und v.a. *Schwark* zu verstehen. Vgl. *Schlitt/Schäfer*, AG 2006, (147), 152; *Schwark* in: Schwark/Zimmer, KMRK, § 48 BörsG Rn. 12.

752 Siehe oben unter 1. a) bb).

753 *Jobsky* in: Buth/Hermanns, Restrukturierung, Sanierung, Insolvenz, § 26 Rn. 82.

Abs. 2 WpPG deutlich macht, auf den sich § 21 Abs. 4 WpPG allein bezieht.[754] Als entscheidend erweist sich dagegen erstens, ob es sich um ein öffentliches Angebot handelt und zweitens, ob der früher veröffentlichte Börsenzulassungsprospekt noch gültig ist im Sinne von § 9 WpPG.

Wird ein Informationsmemorandum im Rahmen eines M&A-Deals nur bestimmten potenziellen Investoren gegeben, handelt es sich um eine Privatplatzierung und eines Prospekthaftungsanspruchs bedarf es nicht.[755] Liegt dagegen ein öffentliches Angebot vor und ist der vorher veröffentlichte Börsenzulassungsprospekt wegen Ablaufs der Zwölfmonatsfrist gem. § 9 Abs. 1 WpPG nicht mehr gültig, so ist ein Prospekt nach den Anforderungen des WpPG zu erstellen. Unterbleibt dies, greift nach richtiger Ansicht § 24 WpPG, da durch die Koppelung der Zulässigkeit des öffentlichen Angebots an die Gültigkeit des Prospekts eine formelle Betrachtungsweise geboten ist.[756] Das Argument der Gegenseite, derjenige, der Wertpapiere öffentlich anbiete ohne überhaupt einen Prospekt zu erstellen, begehe größeres Unrecht als derjenige, der nur einen ungültigen Prospekt weiterverwende und daher nur eine Prospekthaftung bei inhaltlicher Unrichtigkeit nach §§ 21, 22 WpPG in Betracht komme,[757] stützt sich lediglich auf Billigkeitserwägungen und steht der gesetzlichen Intention der formellen Betrachtungsweise entgegen.

Liegt dagegen ein noch gültiger Börsenzulassungsprospekt vor und wird dennoch ein Informationsmemorandum mit „prospektgleichem Zuschnitt" erstellt, kann § 22 WpPG in direkter Anwendung nicht greifen, da sich diese Vorschrift nur auf Prospekte bezieht, die aufgrund der Prospektpflicht aus § 3 Abs. 1 WpPG veröffentlicht wurden.[758] Für diesen Fall hält *Wackerbarth* die bürgerlich-rechtliche Prospekthaftung für einschlägig.[759] Die herrschende Meinung bevorzugt allerdings eine analoge Anwendung von § 22 WpPG bzw. §§ 44 ff. BörsG a.F.,

754 *Mülbert/Steup* in: Habersack/Mülbert/Schlitt, Unternehmensfinanzierung, § 41 Rn. 21.

755 Siehe oben unter 1. a) bb).

756 *Groß*, Kapitalmarktrecht, § 22 WpPG Rn. 4; *Klöhn*, DB 2012, (1854), 1858; *Kumpan* in: Baumbach/Hopt, HGB, § 24 WpPG Rn. 1; *Pankoke* in: Just/Voß/Ritz/Zeising, WpPG, § 13a VerkprospG Rn. 7.

757 So *Seitz* in: Assmann/Schlitt/von Kopp-Colomb, WpPG, VermAnlG, 3. Aufl. 2017, § 9 WpPG Rn. 75; *Friedl/Ritz* in: Just/Voß/Ritz/Zeising, WpPG, § 9 WpPG Rn. 43 f.

758 *Mülbert/Steup* in: Habersack/Mülbert/Schlitt, Unternehmensfinanzierung, § 41 Rn. 24.

759 *Wackerbarth* in: Holzborn, WpPG, Prospekthaftung BörsG, Rn. 33.

da für freiwillige Veröffentlichungen nicht schärfer gehaftet werden soll als für verpflichtende.[760]

c) Bewertung

Gegen die von der herrschenden Meinung bevorzugte Analogie spricht die historische Entwicklung und das gesetzgeberische Regelungskonzept der §§ 21, 22 WpPG. Die spezialgesetzliche Prospekthaftung hat sich in ihrer Entwicklung immer nur auf Dokumente bezogen, die aufgrund einer Prospektpflicht veröffentlicht werden mussten.[761] Soweit andere Dokumente, wie Werbeschriften, einer haftungsrechtlichen Beurteilung zu unterziehen waren, hat der Gesetzgeber spätestens mit dem Scheitern eines ersten Vermögensanlagengesetzes 1978 der Rechtsprechung das Feld überlassen.[762] Dabei hat der BGH von Anfang an mit der bürgerlich-rechtlichen Prospekthaftung eine eigene Rechtsfigur geschaffen, anstatt eine Analogie zu den spezialgesetzlichen Prospekthaftungstatbeständen vorzunehmen.[763] Insofern wäre aus rechtspraktischer Sicht der Lösung von *Wackerbarth* de lege lata der Vorzug zu geben.

Die Argumentationsstränge zeigen jedoch einmal mehr, dass die bürgerlich-rechtliche Prospekthaftung immer dann bemüht bzw. abgelehnt wird, wenn aus Billigkeitsgründen eine Korrektur angemessen erscheint.

7. Ergebnis

Das spezialgesetzliche Prospekthaftungsregime nach dem WpPG erscheint umfassend und differenziert. Greift das WpPG und ergibt sich daraus eine Prospektpflicht, so bleibt für die bürgerlich-rechtliche Prospekthaftung kein Platz. Handelt es sich um explizite Ausnahmen vom Anwendungsbereich des WpPG insgesamt oder von der Prospektpflicht, so sind diese meist mit einer geringeren Schutzbedürftigkeit der Anleger begründet und lassen daher ebenfalls kein Eingreifen der bürgerlich-rechtlichen Prospekthaftung zu. Dasselbe gilt für Werbung, die neben dem Prospekt vertrieben wird, da der Gesetzgeber hier sich für eine exklusive aufsichtsrechtliche Lösung entschieden hat. Als einzig verbliebener Anwendungsbereich der bürgerlich-rechtlichen Prospekthaftung im Bereich der Wertpapierprospekte ist ein Informationsmemorandum mit

---

760 *Mülbert/Steup* in: Habersack/Mülbert/Schlitt, Unternehmensfinanzierung, § 41 Rn. 24; *Meyer*, WM 2003, (1301), 1303; *Schlitt/Schäfer*, AG 2005, (498), 510.

761 Zur historischen Entwicklung siehe Teil 1 § 2 A.

762 Siehe Teil 1 § 2 A. III und B. I.

763 Siehe Teil 2 § 3.

„prospektgleichem Zuschnitt" zu sehen, wenn noch ein gültiger Börsenzulassungsprospekt vorliegt.

II. Vermögensanlagen nach dem VermAnlG

1. Bestehen einer Prospektpflicht

Eine Prospektpflicht für nicht in Wertpapieren verbriefte Anlageformen wurde erst durch Art. 2 des am 1.7.2005 in Kraft getretenen Anlegerschutzverbesserungsgesetzes (AnSVG) durch Einfügung des § 8f VerkProspG eingeführt.[764] Damit wollte der Gesetzgeber die aus seiner Sicht besonders risikoreichen Produkte des Grauen Kapitalmarkts stärker regeln, insbesondere durch die Einführung einer Prospektpflicht und einer darauf basierenden Haftungsvorschrift.[765] Diese sind mittlerweile durch Art. 1 des am 1.6.2012 in Kraft getretenen Gesetzes zur Novellierung des Finanzanlagenvermittler- und Vermögensanlagenrechts[766] im VermAnlG geregelt. Durch das KleinanlegerschutzG,[767] das im Wesentlichen am 10.7.2015 in Kraft trat, wurde die Prospektpflicht auf weitere Vermögensanlageformen ausgedehnt. Mangels Handelbarkeit der im VermAnlG erfassten Vermögensanlagen an einem organisierten Markt und der deshalb nicht bestehenden Zulassungsmöglichkeit fungiert hier einzig das öffentliche Angebot als prospektpflichtauslösendes Ereignis, § 6 VermAnlG. Bezüglich des Verständnisses von „öffentlichem Angebot" kann nach oben verwiesen werden.[768] Um den Anwendungsbereich des VermAnlG bestimmen zu können, ist zunächst der Begriff der Vermögensanlage im Sinne dieses Gesetzes zu klären (**a**). Im Anschluss wird auf die Ausnahmetatbestände kurz eingegangen (**b**). Dabei ist am Ende wieder jeweils auf die eventuelle Anwendbarkeit der bürgerlich-rechtlichen Prospekthaftung einzugehen.

a) Begriff der Vermögensanlage

Während § 8f VerkProspG eine Prospektpflicht für bestimmte, nicht in Wertpapieren verbriefte Anteile statuierte, aber keine Definition von „Vermögensanlage" enthielt, wurde diese in § 1 Abs. 2 VermAnlG gesetzlich verankert. Diese Definition übernahm im Wesentlichen die vorherige tatbestandliche Umschreibung in

764 BGBl. I 2004, S. 2630, 2647 f.

765 RegE AnSVG, BT-Drs. 15/3174, S. 26 f., 41. Siehe dazu auch *Haarmann*, Die Prospekthaftung am grauen Kapitalmarkt, passim.

766 BGBl. I 2011, S. 2481.

767 BGBl. I 2015, S. 1114.

768 Siehe oben unter: I. 1. a) bb).

§ 8f VerkProspG.[769] Allerdings erfolgt die Legaldefinition rein produktbezogen anhand einer enumerativen Aufzählung.

Dies kritisierte der Verbraucherzentrale Bundesverband in seiner Stellungnahme zum VermAnlG und schlug eine offenere Definition des Begriffs der Vermögensanlage vor, nach der alle Produkte und Dienstleistungen erfasst wären, die dem Anleger angeboten werden, um eine Rendite zu erzielen. Als kleinere Lösung schlug er die Einfügung des Worts „insbesondere" vor dem Katalog vor, um die aufgezählten Vermögensanlagen nur als Regelbeispiele zu statuieren.[770] Dadurch sollten Umgehungsversuche verhindert werden und vor allem Finanzierungskredite von Schrottimmobilien oder der Verkauf von Diamanten und Gold als Kapitalanlage sowie Bankgarantien als Vermögensanlage erfasst werden können. Inzwischen, insbesondere veranlasst durch die Insolvenz von Prokon,[771] ist das KleinanlegerschutzG in Kraft getreten,[772] das die Forderungen der kleinen Lösung des Verbraucherzentrale Bundesverband teilweise erfüllt. Zwar hat der Gesetzgeber die erfassten Vermögensanlagen nicht als Regelbeispiele ausgestaltet. Jedoch ist gemäß Art. 2 Nr. 2 a) des KleinanlegerschutzG § 1 Abs. 2 VermAnlG um partiarische Darlehen, Nachrangdarlehen und *„sonstige Anlagen, die einen Anspruch auf Verzinsung und Rückzahlung gewähren oder im Austausch für die zeitweise Überlassung von Geld einen vermögenswerten auf Barausgleich gerichteten Anspruch vermitteln"* erweitert worden. Anstatt Regelbeispielen hat sich der Gesetzgeber also in § 1 Abs. 2 Nr. 7 VermAnlG eines Auffangtatbestands bedient. Dieser wurde im Rahmen des Ersten Finanzmarktnovellierungsgesetzes (1. FiMaNoG) vom 30.6.2016[773] sogar noch einmal ausgeweitet und erfasst nun *„sonstige Anlagen, die eine Verzinsung und Rückzahlung oder einen vermögenswerten Barausgleich im Austausch für die zeitweise Überlassung von Geld gewähren oder in Aussicht stellen."* Dadurch wollte der Gesetzgeber sicherstellen, *„dass auch Direktinvestments in Sachgüter (z B. Beteiligungen an dem Erwerb einzelner Container), bei welchen der Rückerwerb der Anlage von dem Willen des Anbieters oder eines Dritten abhängt, von dem Tatbestand erfasst werden."*[774]

---

769 RegE VermAnlG, BT-Drs. 17/6051, S. 32.

770 Stellungnahme des Verbraucherzentrale Bundesverbandes v. 6.4.2011, S. 4., abrufbar unter: http://www.kapitalmarktrecht-im-internet.eu/de/Rechtsgebiete/Kapitalmarktrecht/Artikelgesetze/204/Einf_VermAnlG.htm, zuletzt verifiziert am: 19.2.2019.

771 *Jesch/Siemko*, BB 2014, 2570.

772 RegE Kleinanlegerschutzgesetz, BT-Drs. 18/3994.

773 BGBl. I 2016, S. 1514.

774 RegE 1. FiMaNoG, BT-Drs. 18/7482, S. 78.

Ausgenommen vom Begriff der Vermögensanlage sind nach § 1 Abs. 2 a.E. VermAnlG lediglich Einlagengeschäfte nach § 1 Abs. 1 S. 2 Nr. 1 KWG. Durch den Auffangtatbestand verbunden mit der Ausnahme für Einlagengeschäfte sollten die bisherigen Umgehungsstrukturen erfasst und sichergestellt werden, dass Vermögensanlagen „*künftig entweder einer Aufsicht nach dem Kreditwesengesetz oder einer Prospektpflicht nach dem Vermögensanlagengesetz oder dem Wertpapierprospektgesetz.*" unterfallen.[775]

Dass diese Lückenfüllung durch den Gesetzgeber sinnvoll ist, zeigen die im Folgenden aufgeführten Abgrenzungsschwierigkeiten und Lücken bei den einzelnen Produkten.

aa) Unternehmensbeteiligungen (§ 1 Abs. 2 Nr. 1 VermAnlG)

Als erstes fallen unter den Begriff der Vermögensanlagen nach dem Gesetzeswortlaut „Anteile, die eine Beteiligung am Ergebnis eines Unternehmens gewähren". Dazu gehören laut Regierungsbegründung „*Unternehmensbeteiligungen an Personenhandelsgesellschaften, GmbH-Anteile, Anteile an BGB-Gesellschaften, Genossenschaftsanteile sowie stille Beteiligungen an den genannten Gesellschaften oder an bestimmten Vermögensmassen solcher Gesellschaften und auch Beteiligungen an ausländischen Unternehmen anderer Rechtsformen.*"[776] Damit dürfte der umfangreichen Judikatur zur bürgerlich-rechtlichen Prospekthaftung bei Anteilen an Publikumskommanditgesellschaften ein Ende bereitet sein.

Der Begriff des Unternehmens ist wiederum nicht definiert. Darunter lässt sich jede „*planvoll organisierte und rechtlich abgegrenzte Wirtschaftseinheit, in der Güter bzw. Dienstleistungen mit dem Ziel erstellt (Leistungserstellung) und abgesetzt (Leistungsverwertung) werden, um damit Einkommen (Gewinn) zu erzielen.*"[777] subsumieren.

Aus dem Vorangegangenen lassen sich zwei Elemente extrahieren. Erstens fallen jedenfalls alle Anteile darunter, die dem Anleger aufgrund seiner eingegangen Gesellschafterstellung einen gesetzlichen Anspruch auf Gewinnbeteiligung geben.[778] Zweitens muss zwischen den Anlegern als Erwerber und dem die Kapitalanlage darstellenden Vermögenswert ein Unternehmen als Eigentümer oder Verwalter des Vermögens zwischengeschaltet sein, was nicht der Fall ist,

---

775 RegE Kleinanlegerschutzgesetz, BT-Drs. 18/3994, S. 38 f.; *Roth*, GWR 2015, (243), 244.

776 RegE AnSVG, BT-Drs. 15/3174, S. 42.

777 *Gräfer/Schiller/Rösner*, Finanzierung, S. 17.

778 *Maas* in: Assmann/Schlitt/von Kopp-Colomb, WpPG, VermAnlG, 3. Aufl. 2017, § 1 VermAnlG Rn. 56.

wenn individuell zuzuordnende Vermögensgegenstände wie Grundbesitz oder Waren erworben werden.[779] Deshalb sind Anteile an einer Bruchteilsgemeinschaft nach §§ 741 ff. BGB davon nicht erfasst.[780] Bei diesen fehlt es gerade an der vorausgesetzten Mittelbarkeit.[781] Diese Lücke hat der Gesetzgeber aber durch den Auffangtatbestand im Rahmen des KleinanlegerschutzG und des 1. FiMaNoG inzwischen geschlossen.

Die bisher schwierige Einordnung der Genussrechte[782] hat sich durch die Einfügung der Genussrechte in die Definition der Vermögensanlagen (§ 1 Abs. 2 Nr. 5 VermAnlG) erledigt.[783]

bb) Treuhandvermögen

Nach § 1 Abs. 2 Nr. 2 VermAnlG sind auch „*Anteile an einem Vermögen, das der Emittent oder ein Dritter in eigenem Namen für fremde Rechnung hält oder verwaltet*" Vermögensanlagen. Bei dem Treuhandvermögen kann es sich laut Regierungsbegründung entweder um für den Direkterwerb vorgesehene Vermögenswerte handeln oder um Rechte, die eine Beteiligung am Ergebnis eines anderen Unternehmens verschaffen.[784] Es bedarf also im Unterschied zur Nr. 1 keiner zivilrechtlichen Verbindung des Anlegers zu dem das Anlageobjekt haltenden Unternehmen.[785] Die aus dem Wort „Anteile" folgende nötige Mittelbarkeit[786] wird hier durch die Bildung des Treuhandvermögens gewährleistet. Die Begriffe „Halten" und „Verwalten" legen nahe, dass sowohl die fiduziarische Treuhand, bei der die Rechtsinhaberschaft dem Treuhänder übertragen wird, der dann den Vermögensanteil hält, als auch die Ermächtigungstreuhand, bei der der Treugeber Rechtsinhaber bleibt, aber dem Treuhänder die Verfügungsmacht gem. § 185 BGB überträgt, umfasst sein sollen.[787] Diese Auslegung wird

---

779 *Maas* in: Assmann/Schlitt/von Kopp-Colomb, WpPG, VermAnlG, 3. Aufl. 2017, § 1 VermAnlG Rn. 57.

780 *Arndt/Bruchwitz* in: Arndt/Voß, VerkProspG, § 8f Rn. 29.

781 *Maas* in: Assmann/Schlitt/von Kopp-Colomb, WpPG/VerkprospG, 2. Aufl. 2010, § 8f VerkProspG Rn. 63.

782 Dazu *Maas* in: Assmann/Schlitt/von Kopp-Colomb, WpPG/VerkprospG, 2. Aufl. 2010, § 8f VerkProspG Rn. 52 ff.

783 RegE VermAnlG, BT-Drs. 17/6051, S. 32.

784 RegE AnSVG, BT-Drs. 15/3174, S. 42.

785 *Maas* in: Assmann/Schlitt/von Kopp-Colomb, WpPG/VermAnlG, 3. Aufl. 2017, § 1 VermAnlG Rn. 66 ff.

786 Siehe dazu auch oben unter aa).

787 *Maas* in: Assmann/Schlitt/von Kopp-Colomb, WpPG/VermAnlG, 3. Aufl. 2017, § 1 VermAnlG Rn. 69 ff.

auch von der BaFin vertreten, die zwar insoweit von „echter Treuhand“ und „Verwaltungstreuhand“ spricht, aber damit dasselbe meint.[788]

Schon vom Wortlaut „in eigenem Namen für fremde Rechnung“ her nicht erfasst ist dagegen die Vollmachtstreuhand, bei der der Treuhänder nur zur Vornahme von Rechtsgeschäften hinsichtlich des Treuguts bevollmächtigt wird.[789] Wenn es sich dabei um einen Direkterwerb durch den Treugeber mittels des Treuhänders handelt, liegt aber keine Vermögensanlage i.S.d. VermAnlG vor, da die typischen auf Zins und Rückzahlung bezogenen Risiken nicht vorliegen. Handelt es sich hingegen um ein Modell, bei dem ein Rückerwerb durch den Treuhänder im Raum steht, so ist eine Vermögensanlage nach § 1 Abs. 2 Nr. 7 VermAnlG gegeben.[790] Eine Lücke, die durch Anwendung der bürgerlich-rechtlichen Prospekthaftung geschlossen werden könnte, besteht daher nicht mehr.

cc) Partiarische Darlehen

Partiarische Darlehen - das sind Darlehen die als Gegenleistung zumindest auch eine Beteiligung am Gewinn des Unternehmens vorsehen[791] - unterfallen seit Inkrafttreten des KleinanlegerschutzG ausdrücklich der Definition der Vermögensanlage, § 1 Abs. 2 Nr. 3 VermAnlG. Mangels gemeinschaftlichen Zwecks der Vertragsparteien handelt es sich bei ihnen nicht um eine Form gesellschaftsrechtlicher Beziehung.[792] Jedoch stellen partiarische Darlehen grundsätzlich Einlagengeschäfte im Sinne des KWG dar, die nach § 1 Abs. 2 a.E. VermAnlG von der Definition der Vermögensanlage ausgeklammert sind. Etwas anderes gilt dann, wenn eine qualifizierte Rangrücktrittsklausel in den Darlehensvertrag aufgenommen und so dessen Wesen *„zur unternehmerischen Beteiligung mit*

---

788 Auslegungsschreiben der Bundesanstalt für Finanzdienstleistungsaufsicht (BaFin) zur Prospektpflicht für Vermögensanlagen-Verkaufsprospekte vom 30.6.2005, Punkt 1., abrufbar unter: http://www.bafin.de/SharedDocs/Veroeffentlichungen/DE/Auslegungsentscheidung/WA/ae_auslegungsschreiben_prospektpflicht.html, zuletzt verifiziert am 19.2.2019.

789 *Arndt/Bruchwitz* in: Arndt/Voß, VerkProspG, § 8f Rn. 34.

790 Dazu genauer unter gg).

791 Siehe *Dörner*, experten report 04/2007, 2 f.

792 *Maas* in: Assmann/Schlitt/von Kopp-Colomb, WpPG/VermAnlG, 3. Aufl. 2017, § 1 VermAnlG Rn. 77; *Danwerth*, ZBB 2016, (20), 23. Allerdings kann die Abgrenzung zu einer stillen Gesellschaft sehr schwierig sein. Siehe hierzu *Bader*, WM 2014, (2249), 2250 ff.; *Bujotzek/Mocker*, BKR 2015, (358), 359; *Poelzig*, WM 2014, (917), 920.

einer eigenkapitalähnlichen Haftungsfunktion" abgeändert wird.[793] Qualifiziert werden kann der Nachrang dadurch, dass der Anleger seinen Rückzahlungsanspruch schon dann nicht geltend machen kann, wenn die Rückforderung einen Insolvenzgrund darstellen würde.[794] Die Einbeziehung partiarischer Darlehen in den Anwendungsbereich des VermAnlG sollte vor allem dem Schutz vor bonitätsschwachen Anbietern dienen.[795]

dd) Nachrangdarlehen

Ebenfalls durch das KleinanlegerschutzG sind in § 1 Abs. 2 Nr. 4 VermAnlG nunmehr Nachrangdarlehen von der Definition der Vermögensanlage erfasst. Diese gewähren im Unterschied zu den partiarischen Darlehen keine Gewinnbeteiligung, sondern gleichen meist einer reinen Fremdfinanzierung, wobei eine Verlustbeteiligung ausgeschlossen ist.[796] Der Nachrang besteht in der aufschiebenden Bedingung des Rückzahlungsanspruchs des Anlegers bzw. Kreditgebers insofern, dass im Fall der Insolvenz oder Liquidation des Kreditgebers erst alle anderen vorrangigen Gläubiger bedient werden.[797] Der Anleger wird aber immerhin noch vor den Eigenkapitalgebern bedient.[798] Qualifiziert werden kann der Nachrang entsprechend den Ausführungen zu partiarischen Darlehen, damit die Einordnung als Einlagengeschäft i.S.d. KWG entfällt.

ee) Genussrechte

Die Einordnung der Genussrechte als Vermögensanlagen nach § 1 Abs. 2 Nr. 5 VermAnlG hat den vorher bestehenden Streitstand bzgl. der Vorgängervorschrift § 8f VerkProspG, ob und aufgrund welcher Variante bei welcher Ausgestaltung

---

793 BaFin-Merkblatt „Hinweise zum Tatbestand des Einlagengeschäfts" v. 11.3.2014, Punkt I. 5. bb) i.V.m. aa), abrufbar unter: https://www.bafin.de/SharedDocs/Veroeffentlichungen/DE/Merkblatt/mb_140311_tatbestand_einlagengeschaeft.html, zuletzt verifiziert am: 19.2.2019.

794 BaFin-Merkblatt „Hinweise zum Tatbestand des Einlagengeschäfts" v. 11.3.2014, Punkt I. 5.; Vgl. auch *Maas* in: Assmann/Schlitt/von Kopp-Colomb, WpPG/VermAnlG, 3. Aufl. 2017, § 1 VermAnlG Rn. 77; zu den AGB-rechtlichen Grenzen von Rangrücktrittsvereinbarungen siehe *Bitter*, ZIP 2015, 345; zu beidem auch *Poelzig*, WM 2014, (917), 919, 920 ff.

795 *Aurich*, GWR 2014, (295), 296.

796 *Maas* in: Assmann/Schlitt/von Kopp-Colomb, WpPG/VermAnlG, 3. Aufl. 2017, § 1 VermAnlG Rn. 78.

797 *Maas* in: Assmann/Schlitt/von Kopp-Colomb, WpPG/VermAnlG, 3. Aufl. 2017, § 1 VermAnlG Rn. 78.

798 *Danwerth*, ZBB 2016, (20), 23; *Poelzig*, WM 2014, 917.

Genussrechte der Prospektpflicht unterfallen, erledigt.[799] Genussrechte sind grundsätzlich Dauerschuldverhältnisse eigener Art, die keine gesellschaftsrechtlich geprägten Mitgliedschaftsrechte gewähren, sondern Rechte am Gewinn und mitunter auch am Liquidationserlös eines Unternehmens einräumen. Auf der anderen Seite kann auch eine Verlustbeteiligung am Unternehmen vereinbart werden.[800] Eine Nachschusspflicht ist aber gemäß § 5b VermAnlG ausgeschlossen.[801]

ff) Namensschuldverschreibungen

Trotz ihrer Verbriefung werden Namensschuldverschreibungen nach § 1 Abs. 2 Nr. 6 VermAnlG als Vermögensanlage definiert. Es handelt sich eben um keine verbrieften Wertpapiere im Sinne des WpPG, da es zu ihrer Übertragung einer Abtretung der Forderung nach § 398 BGB bedarf und sie mithin mangels Umlauffähigkeit nicht börsenfähig sind.[802] Für den Schuldverschreibungsbegriff kann man sich an § 793 BGB orientieren.[803]

gg) Auffangtatbestand

Die gesetzgeberische Veranlassung und die Definition des Auffangtatbestands wurden bereits oben unter a) besprochen. Typischerweise handelt es sich bei den erfassten Direktinvestments in beiden Alternativen des § 1 Abs. 2 Nr. 7 VermAnlG um Gestaltungen, die durch ihre Gesamtstruktur in erster Linie auf den Aufbau von Vermögen zielen und oft auf mehreren miteinander verbundenen Vertragswerken basieren.[804]

Von § 1 Abs. 2 Nr. 7 Alt. 1 VermAnlG erfasst sind damit insbesondere Direktinvestments in Sachgüter wie Container oder Rohstoffe, wenn es neben Zinszahlungen auch eine Rückerwerbsmöglichkeit gegenüber dem Anleger gibt.[805] Daneben kommen partiarische Rechtsverhältnisse in Betracht, soweit es sich nicht schon um Darlehensverträge nach § 1 Abs. 2 Nr. 3 VermAnlG handelt und

---

799 Siehe auch oben unter aa).

800 *Maas* in: Assmann/Schlitt/von Kopp-Colomb, WpPG/VermAnlG, 3. Aufl. 2017, § 1 VermAnlG Rn. 79 f.

801 Hierzu *Roth*, GWR 2015, (243), 245.

802 *Arndt/Bruchwitz* in: Arndt/Voß, VerkProspG, § 8f Rn. 37; *Maas* in: Assmann/Schlitt/von Kopp-Colomb, WpPG/VermAnlG, 3. Aufl. 2017, § 1 VermAnlG Rn. 81 f.

803 *Arndt/Bruchwitz* in: Arndt/Voß, VerkProspG, § 8f Rn. 38; *Maas* in: Assmann/Schlitt/von Kopp-Colomb, WpPG/VermAnlG, 3. Aufl. 2017, § 1 VermAnlG Rn. 81.

804 *Bußalb/Schermuly*, WM 2016, (2005), 2010.

805 *Maas* in: Assmann/Schlitt/von Kopp-Colomb, WpPG/VermAnlG, 3. Aufl. 2017, § 1 VermAnlG Rn. 85 f.; *Bußalb/Schermuly*, WM 2016, (2005), 2010.

zusätzlich eine Zinszahlung stattfindet, z.B. die Vermietung gewerblicher Räume, die zum Teil auf den geschäftlichen Erfolg des Mieters abstellt.[806] Dagegen sind Versicherungsverträge und ‚reine' Kaufverträge nicht erfasst.[807]

Nach § 1 Abs. 2 Nr. 7 Alt. 2 VermAnlG kann anstatt Zinszahlungen auch ein sonstiger vermögenswerter Barausgleich für den Anleger vereinbart werden.[808] Darunter fallen z.B. Investments in Holzplantagen, wenn für das Ende der Laufzeit die Rückzahlung mit Gewinn oder Verlust versprochen wird,[809] oder eine Gewinn- oder Verlustbeteiligung im Rahmen eines Rechtskaufs ohne laufende Verzinsung, wie Beteiligungserlöse an einem Kinofilm.[810] Maßgeblich ist zum einen eine Vertragsstruktur, die in ihrer Gesamtheit gerade nicht auf ein Behalten oder Verwerten des Kaufgegenstand durch den Anleger abzielt. Zum anderen ist eine gewisse Laufzeit der Vermögensanlage von Nöten.[811] Nicht unter den Auffangtatbestand fallen Beteiligungsformen, die aufgrund der fehlenden Verbindlichkeit und der nicht ‚zeitweisen' sondern durch Übereignung endgültigen Überlassung von Geld im Kern ein Spiel oder eine Wette i.S.v. § 762 BGB darstellen.[812]

hh) Geschlossene Fonds

Der ehemals als Auffangtatbestand fungierende § 1 Abs. 2 Nr. 3 VermAnlG a.F. bzgl. einer Prospektpflicht für sonstige geschlossene Fonds wurde durch Inkrafttreten des KAGB am 22.7.2013[813] aufgehoben, da nun dort alle Fonds einheitlich geregelt sind.[814] Im Gegenteil darf gemäß § 7 Abs. 2 S. 3 VermAnlG der Begriff

806 *Bußalb/Vogel*, WM 2015, (1733), 1735.

807 *Bußalb/Vogel*, WM 2015, (1733), 1735; *Maas* in: Assmann/Schlitt/von Kopp-Colomb, WpPG/VermAnlG, 3. Aufl. 2017, § 1 VermAnlG Rn. 83.

808 *Danwerth*, ZBB 2016, (22), 25 stellt zu Recht fest, dass es sich bei der ersten Alternative also um einen bloßen Anwendungsfall der allgemeiner formulierten zweiten Alternative handelt und daher auch weggelassen werden könnte.

809 Nach Ansicht des VG Frankfurt a.M. WM 2017, (468), 469 f. gilt dies sogar dann, wenn die theoretische Möglichkeit des Selbstverkaufs des Holzes durch den Anleger durch eine schriftliche Mitteilung 6 Monate vor dem geplanten Verkauf gegenüber dem Anbieter besteht, wenn der Regelfall auf einen Verkauf durch den Anbieter gerichtet ist.

810 *Bußalb/Vogel*, WM 2015, (1733), 1735.

811 *Bußalb/Schermuly*, WM 2016, (2005), 2010.

812 *Bußalb/Vogel*, WM 2015, (1733), 1735; *Maas* in: Assmann/Schlitt/von Kopp-Colomb, WpPG/VermAnlG, 3. Aufl. 2017, § 1 VermAnlG Rn. 83; *Casper*, ZBB 2015, (265), 269.

813 BGBl. I, S. 1981.

814 Dazu unten unter III.

‚Fonds' zur Bezeichnung einer Vermögensanlage oder eines Emittenten nach dem VermAnlG - auch nicht als Wortbestandteil - nicht mehr verwendet werden.

ii) Ergebnis

Seit Inkrafttreten des VermAnlG und des 1. FiMaNoG gibt es kaum mehr Anlageformen, die nicht vom WpPG, VermAnlG oder KAGB[815] erfasst sind.[816] Als solche können z.B. noch Wetten nach § 762 BGB oder ‚reine' Kaufverträge genannt werden. Allerding ist bei Wetten das Risiko für den Anleger erkennbar sehr hoch und bei Kaufverträgen gibt es kein anlagetypische d.h. auf Zins und Rückzahlung bezogenes Risiko.

b) Ausnahmen von der Prospektpflicht nach dem VermAnlG

aa) Ausnahmen nach § 2 VermAnlG

In § 2 VermAnlG sind einige Ausnahmen von der Prospektpflicht geregelt. Diese sollen sicherstellen, *„dass der Markt durch die Prospektpflicht nicht überreguliert und in begründeten Einzelfällen der Zugang zum Markt durch die Prospektpflicht nicht unverhältnismäßig erschwert wird.*"[817] Die Gründe für die Ausnahmen in Nr. 3–8 entsprechen im Wesentlichen den Ausnahmen im WpPG, betreffend Angebote, die unter bestimmten Voraussetzungen oder von bestimmten Emittenten gemacht werden, bei denen die Anlegergefährdung als geringer eingeschätzt wird.[818] Die Nr. 1, 1a und 2 hingegen betreffen Anteile, partiarische Darlehen, Nachrangdarlehen oder sonstige Anlagen an Genossenschaften bzw. Anlagen, die von Versicherungsunternehmen oder Pensionsfonds emittiert werden, bei denen durch spezialgesetzliche, überwiegend aufsichtsrechtliche Regelungen, ein ausreichender Anlegerschutz sichergestellt ist.

bb) Ausnahmen nach §§ 2a-c VermAnlG

Durch das Kleinanlegerschutzgesetz sind noch Ausnahmen für über das Internet vertriebene Schwarmfinanzierungen, d.h. Crowdfunding, und für soziale

---

815 Dazu unten unter III.

816 So *Assmann* in: Assmann/Schütze, Handbuch des Kapitalanlagerechts, 4. Aufl. 2015, § 5 Rn. 31 bereits vor Inkrafttreten des KleinanlegerschutzG. Lediglich die mittlerweile auch erfassten partiarischen Darlehen sah er noch als nicht erfasste Anlageform.

817 RegE AnSVG, BT-Drs. 15/3174, S. 42; Vgl. auch RegE VermAnlG, BT-Drs. 17/6051, S. 32.

818 RegE AnSVG, BT-Drs. 15/3174, S. 42; siehe auch oben unter I. 1. c) bb).

und gemeinnützige Projekte und Religionsgemeinschaften in den §§ 2a, 2b, 2c VermAnlG eingeführt worden.

Durch die Ermöglichung von prospektfreiem Crowdinvesting in § 2a VermAnlG soll die Finanzierung kleiner und mittlerer innovativer Unternehmen nicht behindert werden.[819] Um den Anlegerschutz zu gewährleisten, können diese Vermögensanlagen aber nur im Rahmen von Anlageberatung oder -vermittlung vertrieben werden, so dass entweder eine Erlaubnis als Wertpapierdienstleistungsunternehmen nach dem KWG oder als Finanzanlagenvermittler nach der GewO nötig ist.[820] Die Befreiung greift aber nur, wenn es sich bei den angebotenen Anlagen um partiarische Darlehen, Nachrangdarlehen oder Formen, die dem Auffangtatbestand unterfallen, handelt, und eine maximalen Emissionssumme von 2,5 Millionen Euro im Raum steht, § 2a Abs. 1 VermAnlG.[821] Schließlich ist die Einzelanlage nach § 2a Abs. 3 Nr. 1, 2 VermAnlG auf 1.000 € bzw. auf 10.000 €, wenn ein frei verfügbares Vermögen von mindestens 100.000 € vorhanden ist, begrenzt, um Klumpenrisiken sowohl beim Emittenten als auch bei den Anlegern zu verhindern.[822]

Die Befreiungen für soziale Projekte (§ 2b VermAnlG) bzw. für gemeinnützige Projekte und Religionsgemeinschaften (§ 2c VermAnlG) lassen die Emission von partiarischen und Nachrangdarlehen für sozial erwünschte Projekte wie die Schaffung preisgünstigen Wohnraums und Räumlichkeiten für Kleinstgewerbe oder zum günstigen Aufbau und Unterhalt von Kindertagesstätten durch Kleinstkapitalgesellschaften (§ 2b Abs. 2 VermAnlG) bzw. gemeinnützig anerkannten Körperschaften oder Religionsgemeinschaften (§ 2c Abs. 2 VermAnlG)

---

819 *Bußalb*, Fachartikel der BaFin zum KleinanlegerschutzG v. 5.1.2015; *Bader*, WM 2014, (2249), 2254, hingegen ist der Ansicht, dass die Ausnahme für Crowdinvesting leer laufe, da es sich bei den angebotenen Anlagen um Unternehmensbeteiligungen nach § 1 Abs. 2 Nr. 1 VermAnlG handle. Eine Ausnahme ohne Anwendungsbereich kann vom Gesetzgeber aber nicht gewollt sein.

820 RegE KleinanlegerschutzG, BT-Drs. 18/3994, S. 41.

821 Die Begrenzung auf bestimmte Formen von Vermögensanlagen wird unter Anlegerschutzgesichtspunkten kritisiert, *Danwerth*, ZBB 2016, (22), 25; *Klöhn/Hornuf*, DB 2015, (47), 50 bezeichnen diese Beschränkung als „*geradezu grotesk*“ und mutmaßen der Grund liege vermutlich darin, dass diese Anlageformen bis dahin gar nicht dem VermAnlG unterfielen.

822 RegE KleinanlegerschutzG, BT-Drs. 18/3994, S. 41. Die Details dieser Begrenzungen sind aber unklar, siehe *Danwerth*, ZBB 2016, (22), 30. Es handelt sich dabei um hart paternalistische Eingriffe, die verfassungsrechtlich nicht unproblematisch sind, *Danwerth*, ZBB 2016, (22), 30 ff.; *Klöhn/Hornuf*, DB 2015, (47), 52.

ohne Erstellung eines Prospekts zu.[823] Hierbei ist jeweils ein Schwellenwert einer maximal zulässigen Emission von 2,5 Millionen Euro (§ 2b Abs. 1 S. 1 Nr. 2, § 2c Abs. 1 S. 1 Nr. 2 VermAnlG) vorgesehen. Außerdem darf der vereinbarte jährliche Sollzinssatz in diesen Fällen nicht über der marktüblichen Emissionsrendite für Anlagen am Kapitalmarkt in Hypothekenpfandbriefen mit gleicher Laufzeit bzw. nicht über 1,5 Prozent liegen, § 2b Abs. 1 S. 1 Nr. 3, § 2c Abs. 1 S. 1 Nr. 3 VermAnlG. Diese Regelung bezweckt eine Privilegierung für den Fall, dass die Anleger ihre Darlehen nicht zur Erzielung einer möglichen hohen Rendite, sondern allein zur Förderung des sozial erwünschten Zwecks der Anlage vergeben.[824]

Als zusätzliche Anlegerschutzregelung hinsichtlich der Ausnahmetatbestände §§ 2a-c VermAnlG ist in § 2d VermAnlG ein vierzehntägiges Widerrufsrecht für den Anleger vorgesehen, durch dessen Ausübung er die Rückabwicklung der Anlage verlangen kann.[825] Außerdem beziehen sich die Ausnahmen von der Prospektpflicht in §§ 2a-b VermAnlG[826] nicht auf die gemäß § 22 VermAnlG haftungsbewehrte Erstellung eines Vermögensanlagen-Informationsblatts nach § 13 VermAnlG, wobei nach § 13 Abs. 5 VermAnlG sogar ein zusätzlicher Hinweis aufzunehmen ist, dass in diesen Fällen kein von der BaFin gebilligter Verkaufsprospekt erstellt worden ist und Ansprüche sich nur wegen irreführender oder unrichtiger Angaben im Vermögensanlagen-Informationsblatt ergeben können. Nach § 22 Abs. 4a VermAnlG wird auch gehaftet, wenn kein Vermögensanlagen-Informationsblatt erstellt wird, der Warnhinweis bzgl. des Verlustrisikos nach § 13 Abs. 4 VermAnlG fehlt oder der Anleger die Kenntnisnahme des Warnhinweises nicht durch seine Unterschrift bestätigt hat.[827]

In den Ausnahmefällen der §§ 2a-c VermAnlG sieht der Gesetzgeber die Kosten für eine Prospekterstellung als zu hoch an. Er möchte diesen erwünschten Investitionen keine Steine in den Weg legen.[828] Ein dennoch angemessen hohes Niveau an Anlegerschutz versucht er durch die eben beschriebenen Maßnahmen

823 RegE KleinanlegerschutzG, BT-Drs. 18/3994, S. 42.
824 RegE KleinanlegerschutzG, BT-Drs. 18/3994, S. 42.
825 *Casper*, ZBB 2015, (265), 279 f.; kritisch dazu: *Bergmann*, Bankrechtstag 2015, (47), 55.
826 Dies gilt aber nicht für die Ausnahmen nach §§ 2 und 2c VermAnlG, bei denen auch keine Vermögensanlageinformationsblatt erstellt werden muss.
827 Darauf weist auch *Buck-Heeb* hin, bezieht sich aber fälschlicherweise auf § 22 Abs. 1a statt Abs. 4a VermAnlG, NJW 2015, (2535), 2538. *Casper*, ZBB 2015, (265), 274, hält auch die zwingend vorgesehene Erklärung der Kenntnisnahme des Warnhinweises durch den Anleger für einen harten paternalistischen Eingriff in Form eines Anstupsens („Nudge"), sieht diesen aber noch als vertretbar an.
828 RegE KleinanlegerschutzG, BT-Drs. 18/3994, S. 41 f.

wie Schwellenwerte, anderweitige Aufsicht, Widerrufsrecht und teilweise durch die notwendige haftungsbewehrte Erstellung eines Vermögensanlagen-Informationsblatts zu gewährleisten.

cc) Ergebnis

Auch bei Schaffung der Ausnahmetatbestände im VermAnlG hat der Gesetzgeber zum Ausdruck gebracht, dass er von der Prospektpflicht und der darauf basierenden Prospekthaftung absieht,[829] weil er den Anlegerschutz in diesen Bereichen als ausreichend erachtet und um gewollte Investitionen zu fördern. Eine Anwendung der bürgerlich-rechtlichen Prospekthaftung in diesen Fällen würde diesen gesetzgeberischen Willen konterkarieren, wenn die Emittenten bei jeglicher Werbemaßnahme fürchten müssten, aufgrund der Erfüllung des Prospektbegriffs i.S.d. bürgerlich-rechtlichen Prospekthaftung[830] in die Haftung genommen zu werden.[831] Außerdem zeigt § 22 Abs. 1a VermAnlG, dass der Gesetzgeber bei Schaffung des KleinanlegerschutzG auch eine Prospekthaftung im Bereich der Ausnahmetatbestände bedacht hat, diese jedoch nur für die Ausnahmen nach §§ 2a, b VermAnlG und bei diesen nur hinsichtlich des nach § 13 Abs. 1, 3a VermAnlG zwingend zu erstellenden Vermögensanlagen-Informationsblatt für sinnvoll erachtet.

2. *Freiwillige Prospekte*

Wird für Vermögensanlagen, für die aufgrund von § 2 VermAnlG keine Prospektpflicht greift, freiwillig ein Prospekt nach den Vorgaben des VermAnlG erstellt, kann man sich wiederum fragen, ob dann das spezialgesetzliche Prospekthaftungsregime der §§ 20, 21 VermAnlG zur Anwendung kommen soll. Andererseits könnte hier auch an einen Anwendungsfall der bürgerlich-rechtlichen Prospekthaftung gedacht werden. Schließlich könnte man für diesen Fall auch die Notwendigkeit einer Prospekthaftung verneinen.

---

829 *Buck-Heeb*, NJW 2015, (2535), 2536; *Assmann* in: Assmann/Schütze, Handbuch des Kapitalanlagerechts, 4. Aufl. 2015, § 5 Rn. 30; *Nobbe*, WM 2013, (193), 201 f.; *Schneider*, MDR 2016, (496), 497.

830 Siehe hierzu oben unter A.

831 Für die Anwendung der bürgerlich-rechtlichen Prospekthaftung hingegen *Bader*, WM 2014, (2249), 2254 f.; *Danwerth*, ZBB 2016, (22), 34. *Bujotzek/Mocker*, BKR 2015, (358), 359, lassen diese Frage offen.

a) Pro spezialgesetzliche Prospekthaftung

Kind vertritt zu der Vorgängervorschrift von § 20 VermAnlG, § 13 VerkProspG a.F., dass diese auch auf freiwillige Prospekte anwendbar und deshalb kein Rückgriff auf die bürgerlich-rechtliche Prospekthaftung im engeren Sinn notwendig sei. Dies begründet er mit einem systematischen Verweis auf § 13a VerkProspG a.F., der sich ausdrücklich nur auf einen Prospekt im Sinne von § 8f S. 1 VerkProspG a.F. bezog, während § 13 VerkProspG nur von einem Verkaufsprospekt sprach.[832] Diese Ansicht lässt sich auf die §§ 20, 21 VermAnlG übertragen, da sich wiederum nur § 21 auf einen Verkaufsprospekt im Sinne des § 6 VermAnlG bezieht.

b) Pro bürgerlich-rechtliche Prospekthaftung

Assmann hingegen lehnte die Anwendung von § 13 VerkProspG a.F. auf freiwillig erstellte Prospekte ab.[833] Vielmehr hielt er die bürgerlich-rechtliche Prospekthaftung für anwendbar, wenn auch die übrigen Voraussetzungen des diesbezüglichen Prospektbegriffs erfüllt sind.[834]

c) Bewertung

Ebenso wie bei den freiwilligen Prospekten betreffend Wertpapiere i.S.d. WpPG[835] muss hier aber von der Anwendbarkeit der spezialgesetzlichen Prospekthaftung abgesehen werden. Im Bereich der Ausnahmen von der Prospektpflicht hat der Gesetzgeber deutlich gemacht, dass er zwar die Erstellung eines Vermögensanlagen-Informationsblatts für die Ausnahmen nach §§ 2a-b VermAnlG für erforderlich, im Übrigen aber keinen Prospekt für nötig hält, um den Anlegerschutz zu gewährleisten, da er ihn bei diesen Vermögensanlagen

---

832 *Kind* in: Arndt/Voß, VerkProspG, § 13 Rn. 12. Auch *Benecke* sieht freiwillig erstellte Prospekte von § 13 VerkProspG a.F. erfasst an, begründet dies aber nicht näher, BB 2006, (2597), 2598. Ebenso *Heidelbach* in: Schwark/Zimmer, KMRK, § 13 Verkprospekt G Rn. 9.

833 *Assmann* in: Assmann/Schlitt/von Kopp-Colomb, WpPG/VerkprospG, 2. Aufl. 2010, § 13 VerkProspG Rn. 20.

834 *Assmann* in: Assmann/Schütze, Handbuch des Kapitalanlagerechts, 3. Aufl. 2007, § 6 Rn. 265. So auch *Unzicker*, VerkProspG, Vor § 13 Rn. 17, § 13 Rn. 2; *Haarmann*, Die Prospekthaftung am grauen Kapitalmarkt, S. 219. Durch die neueren Gesetze, insbesondere durch das KAGB, sieht *Assmann* aber mittlerweile die Prospektpflicht als umfassend geregelt und daher auch keinen Anwendungsbereich der bürgerlich-rechtlichen Prospekthaftung auf freiwillige Prospekte mehr, in: Assmann/Schütze, Handbuch des Kapitalanlagerechts, 4. Aufl. 2015, § 5 Rn. 30.

835 Siehe oben unter I. 4.

anderweitig gewährleistet sieht oder eine Überregulierung zu befürchten wäre.[836] Konsequenterweise kann das nur heißen, dass der Gesetzgeber insoweit auch eine Prospekthaftung ablehnt.[837] Dies sollte nicht durch die Anwendung der bürgerlich-rechtlichen Prospekthaftung konterkariert werden.[838]

3. *Sonstige Informationen/Werbung neben dem Prospekt*

a) Gesetzliche Lage

Durch Inkrafttreten des KleinanlegerschutzG wurden die Anforderungen an die Werbung für Vermögensanlagen nach dem VermAnlG erstmals konkretisiert.[839] Ähnlich wie § 15 Abs. 2 WpPG eine Hinweispflicht in der Werbung auf den Wertpapierprospekt enthält, ist in § 12 Abs. 1 VermAnlG nunmehr geregelt, dass in Werbung für öffentlich angebotene Vermögensanlagen, in der auf die wesentlichen Merkmale der Vermögensanlage hingewiesen wird, ein Hinweis auf den Verkaufsprospekt und dessen Veröffentlichung aufzunehmen ist. Da die neuen Anforderungen an die Werbung nach § 12 VermAnlG dem Anlegerschutz dienen sollen,[840] sollte an den Inhalt der Werbung bzw. an die wesentlichen Merkmale der Vermögensanlage, die die Hinweispflicht nach dem Wortlaut des § 12 Abs. 1 VermAnlG auslösen, keine hohen Anforderungen gestellt werden. Wird z.B. mit der zu erwartenden Rendite geworben, dürfte dies schon genügen.

Zusätzlich, und insofern geht § 12 VermAnlG über § 15 WpPG hinaus, sind in § 12 Abs. 2 und 3 VermAnlG verpflichtende Warnhinweise geregelt, die der Anbieter in die Werbung mit aufnehmen muss. So ist bei der eben genannten Werbung mit einer Renditeaussicht gemäß § 12 Abs. 3 VermAnlG der deutlich hervorgehobene Warnhinweis aufzunehmen: „*Der in Aussicht gestellte Ertrag ist nicht gewährleistet und kann auch niedriger ausfallen.*“ Bei allen Werbemaßnahmen muss außerdem der in § 12 Abs. 2 S. 2 VermAnlG vorgeschrieben Warnhinweis: „*Der Erwerb dieser Vermögensanlage ist mit erheblichen Risiken verbunden und kann zum vollständigen Verlust des eingesetzten Vermögens führen.*“ enthalten sein.[841] Eine Ausnahme besteht nach § 12 Abs. 2 S. 3 VermAnlG lediglich bei

---

836 RegE VermAnlG, BT-Drs. 17/6051, S. 32; RegE AnSVG, BT-Drs. 15/3174, S. 42.

837 So auch *Buck-Heeb*, NJW 2015, (2535), 2536.

838 So inzwischen auch *Assmann* in: Assmann/Schütze, Handbuch des Kapitalanlagerechts, 4. Aufl. 2015, § 5 Rn. 30.

839 Zur Entwicklung im Laufe des Gesetzgebungsverfahren siehe bereits Teil 1 § 3 B. II. 3. a) cc).

840 RegE KleinanlegerschutzG, BT-Drs. 18/3994, S. 45.

841 Diesen Warnhinweis hält *Danwerth*, ZBB 2016, (22), 35 für zu pauschal und teilweise irreführend, wenn der Totalverlust durch Garantien abgesichert sein sollte.

einer Werbung in elektronischen Medien, in der ausschließlich Schriftzeichen verwendet werden, wenn die Werbung weniger als 210 Schriftzeichen umfasst und einen deutlich hervorgehobenen Link auf das separate, den Warnhinweis enthaltende Dokument enthält, der mit „Warnhinweis" gekennzeichnet ist. Ansonsten wären 140 der 210 Schriftzeichen schon durch den Warnhinweis verbraucht.[842]

Um die Abgrenzung der Vermögensanlagen nach dem VermAnlG zu den im KAGB geregelten Fonds nicht zu verschleiern darf nach § 12 Abs. 5 weder der Begriff „Fonds" noch ein Begriff, der diesen Begriff enthält, zur Bezeichnung des Emittenten oder der Vermögensanlage verwendet werden.

Schließlich darf Werbung gemäß § 12 Abs. 4 VermAnlG keinen Hinweis auf die Befugnisse der BaFin nach dem VermAnlG enthalten. Hierbei ist nicht ganz klar, ob auch ein Hinweis auf die Prüfung oder Billigung des Prospekts durch die BaFin untersagt ist.[843] Dagegen spricht zum einen die Existenz des § 16 Abs. 1 S. 2 Nr. 6 VermAnlG. Zum anderen wurde im Gesetzgebungsverfahren der Vorschlag des Bundesrats in § 12 folgende Formulierung aufzunehmen: „*Sie* (Die Werbung) *darf zudem keinen Hinweis auf die erfolgte Prüfung oder Billigung der Anlageinformationen durch die Bundesanstalt enthalten.*" in der endgültigen Fassung nicht berücksichtigt. Jedenfalls kann die BaFin aber eine Werbung gemäß § 16 Abs. 1 S. 2 Nr. 6 VermAnlG untersagen, wenn sie geeignet ist, über den Umfang der Prüfung durch die BaFin nach § 8 VermAnlG irrezuführen. Weitere Regelbeispiele, nach denen die Bafin gemäß § 16 VermAnlG die Werbung beschränken kann, bestehen unter anderem darin, wenn die formalen Anforderungen an die Werbung nach § 12 VermAnlG nicht eingehalten werden, Nr. 1–3.

b) Bewertung

Der Gesetzgeber hat sich im Rahmen des KleinanlegerschutzG dafür entschieden, die Werbung für Vermögensanlagen in formaler Hinsicht zu beschränken (§ 12 VermAnlG) und aufsichtsrechtliche Untersagungsmöglichkeiten geschaffen (§ 16 VermAnlG). Vorsätzliche oder leichtfertige Verstöße gegen die

---

Oehler, ZBB 2015, 208 ff. hat dagegen anhand einer empirischen Studie gezeigt, dass eine Kombination aus textlichem und grafischem Warnhinweis zielführender für einen gesteigerten Anlegerschutz wäre.

842 Dies gilt aber nur für schriftliche Werbung und nicht für Werbung in Videos im Internet. Hier wird man einen während der gesamten Dauer des Videos deutlich erkennbaren Hinweis verlangen können, wie es z.B. durch das Ablaufen eines Bandes am unteren Teil des Videos möglich ist, *Bußalb/Schermuly*, WM 2016, (2005), 2008 f.

843 *Buck-Heeb*, NJW 2015, (2535), 2539.

Hinweispflichten nach § 12 Abs. 1–3 VermAnlG stellen sogar bußgeldbewehrte Ordnungswidrigkeiten nach § 29 Abs. 1 Nr. 5 VermAnlG dar. Daneben bleibt de lege lata kein Raum für die Anwendung der bürgerlich-rechtlichen Prospekthaftung hinsichtlich Werbemaßnahmen.[844]

4. Ergebnis

Durch das KleinanlegerschutzG wurden die Lücken im VermAnlG geschlossen, bei denen die ergänzende Anwendung der bürgerlich-rechtlichen Prospekthaftung in Betracht kam. Allerdings fehlt ein zivilrechtlicher Haftungsanspruch hinsichtlich irreführender Werbemaßnahmen.

III. Anteile an Investmentvermögen nach dem KAGB

Bis zur Einführung des Kapitalanlagegesetzbuchs (KAGB) zum 22.7.2013[845] gab es eine gesetzliche Zweiteilung betreffend Investmentfonds. Die offenen Fonds, d.h. mit in bestimmten Perioden vorgesehener Rückgabemöglichkeit des eingelegten Kapitals, waren vom InvG und die geschlossenen Fonds vom VermAnlG bzw. vorher von § 8f VerkProspG erfasst. Nunmehr sind alle Anteile an Investmentvermögen einheitlich im KAGB geregelt. Dadurch wurde die AIFM-Richtlinie[846] in nationales Recht umgesetzt. Daneben wurden auch die vorher im Investmentgesetz in Umsetzung der OGAW-Richtlinie[847] geregelten Organismen für gemeinsame Anlagen in Wertpapieren (OGAW)[848] implementiert und das Investmentgesetz aufgehoben.[849] Außerdem wurde von der Möglichkeit Gebrauch gemacht, auch für Privatanleger Regelungen im KAGB zu statuieren.[850]

1. Bestehen einer Prospektpflicht

Eine Prospektpflicht nach dem KAGB ist nur für Publikumsinvestmentvermögen, d.h. Investmentvermögen i.S.d. § 1 Abs. 1 KAGB, an dem sich auch Privatanleger beteiligen können, vorgesehen. Richtet sich die Anlage hingegen nur an

---

844 **A. A.** *Hoffmeyer*, NZG 2016, (1133), 1137.

845 BGBl. I., S. 1983.

846 Richtlinie 2011/61/EU, Abl. EU Nr. L 174/1.

847 Richtlinie 85/611/EWG zur Koordinierung der Rechts- und Verwaltungsvorschriften betreffend bestimmte Organismen für gemeinsame Anlagen in Wertpapieren, Abl. EU Nr. L 375/3.

848 Vgl. auch die OGAW-V Richtlinie 2014/91/EU, Abl. EU Nr. L 257/186.

849 RegE AIFM-Umsetzungsgesetz, BT-Drs. 17/12294, S. 2.

850 RegE AIFM-Umsetzungsgesetz, BT-Drs. 17/12294, S. 1; Erwägungsgrund (10) der AIFM-Richtlinie.

professionelle und semi-professionelle Anleger, so gibt es aufgrund deren geringerer Schutzbedürftigkeit lediglich eine nicht spezialgesetzlich haftungsbewehrte Informationspflicht gemäß § 307 KAGB.

Ferner ist nach dem KAGB bei Publikumsinvestmentvermögen zwischen der Pflicht, einen Prospekt dem Publikum zugänglich zu machen, §§ 164, 268 KAGB, und der Pflicht einem am Erwerb Interessierten die Verkaufsunterlagen - zu denen auch der Verkaufsprospekt gehört - auszuhändigen, § 297 Abs. 1, 2 KAGB, zu unterscheiden. Es gibt hier also die Pflicht eines individuellen Prospektangebots.[851] Aufgrund dieses individuellen Zuschnitts bedarf es aus Anlegerschutzgründen auch keines öffentlichen Angebots als prospektpflichtauslösendes Ereignis.

Damit die Prospektpflicht nach dem KAGB greift, muss es sich um ein Investmentvermögen i.S.v. § 1 Abs. 1 KAGB handeln und es darf keine Ausnahme nach § 2 KAGB greifen.

a) Investmentvermögen

Nach § 1 Abs. 1 S. 1 KAGB ist Investmentvermögen „*jeder Organismus für gemeinsame Anlagen, der von einer Anzahl von Anlegern Kapital einsammelt, um es gemäß einer festgelegten Anlagestrategie zum Nutzen dieser Anleger zu investieren und der kein operativ tätiges Unternehmen außerhalb des Finanzsektors ist.*“ Damit der Anwendungsbereich des KAGB eröffnet ist, müssen alle in dieser Definition enthaltenen Merkmale kumulativ vorliegen.[852] Aufgrund der schwierigen Subsumierbarkeit dieser abstrakt-generellen Begriffe hat die BaFin dazu ein Auslegungsschreiben veröffentlicht,[853] das sich im Wesentlichen an den

---

851 *Köndgen* in: Berger/Steck/Lübbehüsen, InvG, § 127 Rn. 27.

852 Hierzu genauer: *Poelzig/Vollmer*, DNotZ 2014, (483), 484 ff.; *Loritz/Rickmers*, NZG 2014, (1241), 1244; *Loritz/Uffmann*, WM 2013, (2193), 2195 mit Verweis in Fn. 36 auf ESMA, Final Report, Guidelines on key concepts of the AIFMD v. 24.5.2013, ESMA/2013/600, S. 30 f., Annex III, Punkte 4, 11, 12, abrufbar unter: https://www.esma.europa.eu/sites/default/files/library/2015/11/2013-600_final_report_on_guidelines_on_key_concepts_of_the_aifmd_0.pdf, zuletzt verifiziert am: 19.2.2019.

853 BaFin, Auslegungsschreiben v. 14.6.2013, Geschäftszeichen Q 31-Wp 2137-2013/0006, abrufbar unter: http://www.bafin.de/SharedDocs/Veroeffentlichungen/DE/Auslegungsentscheidung/WA/ae_130614_Anwendungsber_KAGB_begriff_invvermoegen.html?nn=2818492#fn1, zuletzt verifiziert am: 19.2.2019. Den Wert dieses Auslegungsschreibens überhöhen *Hartrott/Goller*, BB 2013, 1603, wenn sie meinen, das Ziel davon sei, dass einem Anleger kein unreguliertes Investmentprodukt mehr angeboten werden soll.

„Guidelines" der ESMA orientiert.[854] Zwar verfolgt die BaFin damit in erster Linie ihre Aufsichtsfunktion, jedoch bietet sie der Praxis und den Gerichten dadurch auch wichtige Anhaltspunkte für die Auslegung.

Es gilt ein „‚materieller' Fonds- und Managerbegriff", der die Anlage in Investmentfonds umfassend regeln soll.[855] Wird den Anforderungen des Gesetzes nicht entsprochen, so handelt es sich um „unerlaubtes Investmentgeschäft".[856] Dies ergibt sich auch aus §§ 15 Abs. 1, 339 Abs. 1 KAGB, nach denen die kollektive Vermögensverwaltung ohne Erlaubnis bzw. Registrierung eingestellt, abgewickelt und sogar bestraft werden kann. Deswegen kommt hier auch keine ergänzende Anwendung der bürgerlich-rechtlichen Prospekthaftung in Betracht. Jedenfalls muss es sich aber zunächst um ein Investmentvermögen handeln, damit der Anwendungsbereich des KAGB überhaupt eröffnet ist.[857]

Im Folgenden sollen daher die einzelnen Begriffsbestandteile von Investmentvermögen kurz dargestellt und anhand des Auslegungsschreibens der BaFin erläutert werden.

aa) Anzahl von Anlegern

Eine Anzahl von Anlegern liegt nach § 1 Abs. 1 S. 2 KAGB schon dann vor, wenn die Anlagebedingungen, die Satzung oder der Gesellschaftsvertrag die Anzahl möglicher Anleger nicht auf einen Anleger begrenzen. Es reicht also die theoretische Möglichkeit, dass sich mehrere Anleger an dem Organismus beteiligen können.[858]

bb) Organismus für gemeinsame Anlagen

Ein Organismus zeichnet sich nach der BaFin dadurch aus, dass ein rechtlich oder wirtschaftlich verselbständigtes gepooltes Vermögen ohne Rücksicht auf die Rechtsform aufgelegt wird. Daher können insbesondere Joint-Venture-Vereinbarungen nicht als Organismen qualifiziert werden.[859]

---

854 ESMA, Final Report, Guidelines on key concepts of the AIFMD v. 24.5.2013, ESMA/2013/600.

855 *Nelle/Klebeck*, BB 2013, 2499; *Poelzig/Vollmer*, DNotZ 2014, (483), 484.

856 So im Bericht des Finanzausschusses, BT-Drs. 17/13395, S. 2, 385.

857 *Loritz/Uffmann*, WM 2013, (2193), 2194; widersprüchlich *Emde/Dreibus*, BKR 2013, (89), 90, die die Voraussetzung des Investmentvermögens zunächst erkennen, dann es aber so weit sehen, dass sie letztlich für eine teleologische Reduktion plädieren.

858 BaFin, Auslegungsschreiben v. 14.6.2013, I. 4.

859 BaFin, Auslegungsschreiben v. 14.6.2013, I. 1.

Damit das Merkmal „für gemeinsame Anlagen“ erfüllt ist, muss der Anleger an den Chancen und Risiken des Organismus partizipieren, also sowohl eine Gewinn-, als auch eine Verlustbeteiligung tragen. Dies ist bei unbedingten Kapitalrückzahlungsansprüchen nicht der Fall.[860] Deshalb handelt es sich bei partiarischen Darlehen und Nachrangdarlehen nicht um Investmentvermögen.[861] Die Beteiligungsform des Anlegers ist dagegen unerheblich. Sie kann gesellschaftsrechtlicher, mitgliedschaftlicher oder schuldrechtlicher Natur sein.[862]

cc) Einsammeln von Kapital

Eine Einsammlung von Kapital liegt vor, wenn für Rechnung des Organismus gewerblich Kapital beschafft wird. Dadurch sollen mangels gewerblichen Zwecks Family Offices vom Anwendungsbereich ausgenommen werden, bei denen lediglich Privatvermögen von Familienmitgliedern investiert wird.[863] Ebenso sollen Investmentclubs nicht darunter fallen, wenn sich ihre Mitglieder, die aus natürlichen Personen bestehen, selbsttätig zusammengefunden haben und nicht gewerbsmäßig angeworben wurden.[864]

dd) Festgelegte Anlagestrategie

Eine festgelegte Anlagestrategie sei laut BaFin vor allem von einer allgemeinen Unternehmensstrategie zu unterscheiden, indem „*die Anlagekriterien genau bestimmt und die Handlungsspielräume des AIFM in den Anlagebedingungen, der Satzung oder im Gesellschaftsvertrag eingeschränkt sind.*“[865] Daran wird kritisiert, dass dies zu Umgehungen des KAGB einlädt, indem die Anlagestrategie möglichst vage gehalten wird, um damit in den Bereich der bloßen Unternehmensstrategie zu gelangen.[866]

ee) Investition zum Nutzen der Anleger

Die Investition muss zum Nutzen der Anleger und nicht zum Nutzen des eigenen Unternehmens erfolgen, was etwa der Fall sein soll, wenn eine Bank im

860 BaFin, Auslegungsschreiben v. 14.6.2013, I. 2.
861 *Loritz/Uffmann*, WM 2013, (2193), 2198. Durch das KleinanlegerschutzG wurde diese Lücke geschlossen, indem diese Formen von Darlehen dem Vermögensanlagebegriff unterfallen, siehe oben unter II. 1. a).
862 *Poelzig/Vollmer*, DNotZ 2014, (483), 484.
863 BaFin, Auslegungsschreiben v. 14.6.2013, I. 3 a).
864 BaFin, Auslegungsschreiben v. 14.6.2013, I. 3 b).
865 BaFin, Auslegungsschreiben v. 14.6.2013, I. 5.
866 *Loritz/Uffmann*, WM 2013, (2193), 2199.

Rahmen einer Schuldverschreibung in der Verwendung der Anlegergelder frei ist.[867] Diese Beschreibung erscheint seltsam, wenn man bedenkt, dass in einem marktwirtschaftlichen System jedes Wirtschaftsunternehmen Gewinn erzielen will und nicht rein altruistisch handelt.[868] Bei Lichte betrachtet geht es hier vielmehr um die Unterscheidung zwischen Unternehmens- und Fondsfinanzierung. Erstere ist *„von der konkreten Verwertung des Gegenstands in der Wertschöpfungskette geprägt.“*, d.h. die Finanzierungsentscheidung folgt dem Verwertungsbedarf, während bei der Fondsfinanzierung das Einsammeln von Kapital an erster Stelle steht.[869]

ff) Kein operativ tätiges Unternehmen außerhalb des Finanzsektors

Schließlich ist nur dann von einem Investmentvermögen auszugehen, wenn es sich um kein operativ tätiges Unternehmen außerhalb des Finanzsektors handelt. Für die Einordnung, ob es sich um ein Unternehmen außerhalb des *Finanzsektors* handelt, kann man sich an dem Begriff der „Finanzbranche“ nach § 1 Abs. 19 KWG orientieren.[870]

Als Regelbeispiele für operativ tätige Unternehmen werden solche genannt, *„die Immobilien entwickeln oder errichten, Güter und Handelswaren produzieren, kaufen, verkaufen, tauschen oder sonstige Dienstleistungen außerhalb des Finanzsektors anbieten.“*[871] Selbst wenn ein operatives Unternehmen zusätzlich zu der operativen Tätigkeit noch Investitionen zu Anlagezwecken wie z.B. die Anlage in Finanzinstrumente tätigt, soll das unschädlich sein, solange dies nicht die Haupttätigkeit darstellt.[872]

Problematisch ist es aber, dass die BaFin das Merkmal der operativen Tätigkeit erweitert auf *„Unternehmen, die sich im Rahmen ihrer operativen Tätigkeit fremder Dienstleister oder gruppeninterner Gesellschaften bedienen,* […], *solange die unternehmerischen Entscheidungen im laufenden Geschäftsbetrieb durch die ausdrückliche Vereinbarung von Gestaltungs-, Lenkungs- und Weisungsrechten bei dem Unternehmen selbst verbleiben.“*[873] Dadurch können Unternehmen auf einfache Weise dem Anwendungsbereich des KAGB entkommen, wenn sie sich

867 BaFin, Auslegungsschreiben v. 14.6.2013, I. 6.
868 *Loritz/Uffmann*, WM 2013, (2193), 2200.
869 *Loritz/Rickmers*, NZG 2014, (1241), 1246.
870 Genauer: *Loritz/Rickmers*, NZG 2014, (1241), 1245.
871 BaFin, Auslegungsschreiben v. 14.6.2013, I. 7.
872 BaFin, Auslegungsschreiben v. 14.6.2013, I. 7.
873 BaFin, Auslegungsschreiben v. 14.6.2013, I. 7.

die Letztentscheidungskompetenz zur Inanspruchnahme von Dienstleistungen vorbehalten. Dies ist nämlich rechtlich ohne weiteres konstruierbar.[874]

gg) Anwendungsbereich der bürgerlich-rechtlichen Prospekthaftung?

Wenn eines der vorstehenden Kriterien nicht erfüllt ist, kann das KAGB nicht zur Anwendung kommen. Daher ist zu untersuchen, ob hier ein Anwendungsbereich der bürgerlich-rechtlichen Prospekthaftung liegt. Dabei gilt folgendes: Kann sich am Investmentvermögen nur ein einziger Anleger beteiligen (**aa**), mangelt es für das Vorliegen eines Prospekts i.S.d. bürgerlich-rechtlichen Prospekthaftung schon am Marktbezug, da hierfür eine Mehrzahl von Personen vorausgesetzt wird.[875] Das Merkmal „Organismus" (**bb**) ist weit gefasst und erfasst Anlageprodukte unabhängig von ihrer Rechtsform. Insoweit sind Umgehungen ausgeschlossen. Da partiarische und Nachrangdarlehen keine „gemeinsame Anlage" (**bb**) i.d.S. darstellen und seit dem KleinanlegerschutzG eine Vermögensanlage nach dem VermAnlG darstellen,[876] besteht auch insoweit kein Anwendungsbereich der bürgerlich-rechtlichen Prospekthaftung mehr. Family offices und Investmentclubs (**cc**) sind dadurch geprägt, dass sie innerhalb ihres Kreises aus eigenem Antrieb investieren, so dass es bei ihnen an dem notwendigen persuasiven Element für die Absatzförderung und mithin ebenfalls am Marktbezug i.S.d. bürgerlich-rechtlichen Prospektbegriffs mangelt. Verfolgt der Emittent eines Anlageprodukts keine festgelegte Anlagestrategie (**dd**), so kann aus dem Blickwinkel des Anlegerschutzes bezweifelt werden, ob ein Anleger, der in ein nur vage beschriebenes und daher nicht einmal unter das KAGB fallendes Anlageprodukt investiert, überhaupt schützenswert ist. Auch dürfte in diesem Fall das VermAnlG greifen, da dann eine Beteiligung am Ergebnis eines Unternehmens - sonst würde es ja schon an der Voraussetzung Organismus für gemeinsame Anlagen fehlen (**bb**) - mit einer allgemeinen Unternehmensstrategie vorliegt. Die Abgrenzung, ob ein Investment zum Nutzen der Anleger erfolgt (**ee**), also der Unternehmens- oder Fondsfinanzierung dient, führt ebenfalls zur Abgrenzung zwischen einer Anwendbarkeit des KAGB oder des VermAnlG. Ist die Unternehmensfinanzierung das primäre Ziel und wird der Anleger am Gewinn des Unternehmens beteiligt, so liegt je nach Ausgestaltung eine Vermögensanlage nach § 1 Abs. 2 Nr. 1, 2, 5 oder 7 VermAnlG vor. Dasselbe gilt bzgl.

---

874 *Loritz/Rickmers*, NZG 2014, (1241), 1245.

875 Siehe oben unter A. II.

876 Siehe oben unter II. 1. a) cc) und dd).

der operativen Tätigkeit (**ff**), weil auch insofern das VermAnlG die Funktion eines Auffanggesetzes umfassend erfüllt.

b) Ausnahmen nach § 2 KAGB

In § 2 KAGB sind Ausnahmen statuiert, die entweder das ganze KAGB oder Teile davon, worunter unter anderem die hier interessierende Prospektpflicht fällt, betreffen. Davon sind zunächst Holdinggesellschaften i.S.d. § 2 Abs. 1 Nr. 1 KAGB erfasst. Dadurch sollen Industrieholdinggesellschaften ausgenommen werden, selbst wenn sie keine oder kaum operative Funktionen wahrnehmen. Grund hierfür ist nach lit. a), b), dass diese Form der langfristigen Unternehmensfinanzierung nicht den strengen Auflagen des KAGB unterfallen soll. Dabei kann aber die Abgrenzung zu den vom KAGB erfassten „‚industriell orientierten' Private Equity Fonds" schwierig sein.[877] Eine Anwendbarkeit der bürgerlich-rechtlichen Prospekthaftung kommt hier ohnehin nicht in Betracht, da innerhalb einer Holdinggesellschaft kein schützenswerter Privatanleger beteiligt sein kann.

Ferner gibt es eine Ausnahme vom KAGB nach dessen § 2 Abs. 1 für Einrichtungen der betrieblichen Altersvorsorge (Nr. 2), die bereits von der dort genannten Richtlinie erfasst sind, die ausreichenden Schutz bietet. Weiterhin sind - wie bereits aus dem WpPG und dem VermAnlG bekannt - europäische und staatliche Einrichtungen (Nr. 3–5) sowie Arbeitnehmerbeteiligungssysteme (Nr. 6) ausgenommen. Schließlich gibt es noch eine Ausnahme für Verbriefungszweckgesellschaften (Nr. 7), da sie sich, ihrer rechtlichen Natur nach meist als Schuldverschreibung oder Schuldscheindarlehen ausgestaltet, von einem Fondsanteil unterscheiden.[878] Für jene kann aber wiederum das VermAnlG greifen.[879]

Die Bereichsausnahmen in § 2 Abs. 6, 7 KAGB erklären sich mit der Anpassung an die EU-Verordnung über Europäische Risikokapitalfonds, die insofern ausreichend Schutz bieten soll.[880] § 2 Abs. 5 KAGB lässt die Prospektpflicht unberührt. § 2 Abs. 2 KAGB betrifft nur die Erlaubnis, nicht die Prospektpflicht. § 2 Abs. 3 KAGB betrifft eine Konzernstruktur bei der es keine außenstehenden Anleger und mithin keine Schutzbedürftigkeit für Anleger gibt.

Durch § 2 Abs. 4 KAGB sind gewisse Spezial-AIF unter anderem von der Prospektpflicht ausgenommen, wenn gleichzeitig die dort beschriebenen Schwellenwerte nicht überschritten werden. Anteile an Spezial-AIF dürfen gem. § 1

877 *Nelle/Klebeck*, BB 2013, (2499), 2505.
878 *Tollmann* in: Dornseifer/Jesch/Klebeck/Tollmann, AIFM-Richtlinie, Art. 2 Rn. 103.
879 Siehe oben unter II. 1. a) ff).
880 RegE AIFM-Umsetzungsgesetz, BT-Drs. 17/12294, S. 205.

Abs. 6 KAGB ohnehin nur von professionellen (§ 1 Abs. 19 Nr. 32 KAGB) oder semi-professionellen Anlegern (§ 1 Abs. 19 Nr. 33 KAGB) erworben werden. Bei diesen Anlegern kann aber aufgrund der hohen Investitionssumme und des typischerweise bestehenden Sachverstands davon ausgegangen werden, dass sie sich ausreichend Informationen beschaffen (können), bevor sie Anteile erwerben.[881]

Schließlich wurden erst auf Vorschlag des Finanzausschusses die Bereichsausnahme des § 2 Abs. 4a KAGB in das Gesetzgebungsverfahren aufgenommen. Nach Abs. 4a besteht keine Prospektpflicht für einen inländischen intern verwalteten geschlossenen Publikums-AIF, dessen Vermögensgegenstände den Wert von 5 Mio. € nicht überschreiten (Nr. 1), wenn die Anteile daran von nicht mehr als fünf natürlichen Personen gehalten werden (Nr. 2) und nicht die „opting-in" Möglichkeit in das ganze KAGB genutzt wird (Nr. 3). Der Finanzausschuss begründet dies überzeugend folgendermaßen: „*Bei diesen kleinen Fonds wären Kosten und Aufwand zur Einhaltung der Anforderungen von Absatz 5 im Verhältnis zur Investitionssumme relativ hoch. Absatz 4a dient dazu, nach dem Grundsatz der Verhältnismäßigkeit Privatanlegern auch im Bereich von Kleinstanlagen und im Bereich relativ kleiner Anlagen die Gelegenheit zur Kapitalanlage in einem von ihnen gewählten Rahmen zu geben. Bei diesen kleineren Anlagen mit nur fünf natürlichen Personen als Anlegern ist davon auszugehen, dass sich sowohl die Anleger untereinander als auch den Fondsverwalter kennen und gegenseitig einschätzen können, welche Strategien und Risiken mit der beabsichtigten Investition verbunden und gewollt sind. Die Anleger sind in der Lage, sich entsprechend zu informieren und eine qualifizierte Anlegerentscheidung zu treffen. Besondere anlegerschützende Vorschriften, insbesondere Informationspflichten, müssen daher nicht gesondert geregelt werden. Absatz 4a übernimmt damit den bereits in § 2 Nummer 3 Buchstabe a des Vermögensanlagengesetzes geregelten Grundgedanken.*"[882]

2. *Freiwillige Prospekte*

Im Rahmen des Ausnahmetatbestands des § 2 Abs. 4a KAGB ist eine „opting-in"-Möglichkeit gemäß Nr. 3 ausdrücklich enthalten. Wird diese wahrgenommen, findet das KAGB in seiner Gesamtheit und damit auch hinsichtlich Prospektpflicht und -haftung Anwendung. Wird diese Möglichkeit nicht wahrgenommen, aber dennoch freiwillig Informationen bzw. Werbung herausgegeben, so

---

881 Aus demselben Grund ist bei diesen Anlegergruppen auch außerhalb von Spezial-AIF keine spezialgesetzliche Prospekthaftung, sondern eine bloße Informationspflicht vorgesehen, siehe oben unter 1.

882 Bericht des Finanzausschusses, BT-Drs. 17/13395, S. 402.

besteht nach der hier vertretenen Ansicht kein Bedarf für eine analoge Anwendung von § 306 KAGB oder für einen bürgerlich-rechtlichen Prospekthaftungsanspruch. Der Gesetzgeber hat in diesen Bereichen vielmehr deutlich gemacht, dass er die Anleger als ausreichend informiert bzw. geschützt betrachtet.[883]

3. *Sonstige Informationen/Werbung neben dem Prospekt*

a) Gesetzliche Lage

§ 302 KAGB enthält ausführliche Regelungen zur Werbung und führt im Wesentlichen § 124 InvG fort.[884] Das Problem der Anwendbarkeit der bürgerlich-rechtlichen Prospekthaftung auf neben dem Prospekt verwendetes Werbematerial stellt sich hier entsprechend dem oben bei den Wertpapieren nach dem WpPG Ausgeführten.[885] Werden die Anforderungen des § 302 KAGB an die Werbung eingehalten, so scheidet die bürgerlich-rechtliche Prospekthaftung dafür aus.[886] Dagegen wird genauso wie bei § 15 WpPG die Anwendung der bürgerlich-rechtlichen Prospekthaftung diskutiert, wenn die Voraussetzungen des § 302 KAGB nicht eingehalten werden, aber dennoch Werbematerial verwendet wird, das unter den Prospektbegriff der bürgerlich-rechtlichen Prospekthaftung fallen kann.[887]

b) Bewertung

Ebenso wie bei den Wertpapierprospekten ist aber von einer abschließenden Regelung des Gesetzgebers auszugehen. Es wäre jedoch ein einheitlicher Prospekthaftungsanspruch, der alle miteinander vertriebenen Informationen mit einbezieht, vorteilhaft.[888] Es würden dann zunächst einmal alle zusammen vertriebenen Informationen vom Gericht in die Betrachtung mit einbezogen und nach etwaigen Widersprüchen in wesentlichen Angaben durchsucht werden, die dann die Haftung auslösen können.

---

883 Vgl. insbesondere die Erwägungen des Gesetzgebers zu § 2 Abs. 4a KAGB oben.

884 RegE AIFM-Umsetzungsgesetz, BT-Drs. 17/12294, S. 282.

885 Siehe oben unter I. 5.

886 *Assmann* in: Assmann/Schütze, Handbuch des Kapitalanlagerechts, 3. Aufl. 2007, § 6 Rn. 80, der inzwischen in der 4. Aufl. 2015, § 5 Rn. 29, gar keine bürgerlich-rechtliche Prospekthaftung für Werbung mehr für möglich hält; *Klöhn*, WM 2012, (97), 106.

887 *Köndgen* in: Berger/Steck/Lübbehüsen, InvG, § 127 Rn. 30.

888 Siehe unten unter Teil 5 § 5 B. I. 3. c).

4. *Bürgerlich-rechtliche Prospekthaftung bei Investmentanteilen*

In der älteren Literatur wurde unabhängig von den oben unterschiedenen Kategorien teilweise vertreten, die spezialgesetzliche und die bürgerlich-rechtliche Prospekthaftung seien bei Investmentanteilen ohnehin nebeneinander anwendbar.[889] Dem ist aber mit der heute ganz h.M. zu widersprechen.[890] Schon § 306 Abs. 6 S. 2 KAGB macht klar, dass nur weitergehende Ansprüche nicht ausgeschlossen sein sollen. Das heißt im Umkehrschluss Ansprüche, die den Prospekt betreffen, sind ausgeschlossen. Die bürgerlich-rechtliche Prospekthaftung hat denselben Schutzzweck, vor unrichtigen Prospekten zu schützen. Daher wäre ein Nebeneinander beider Haftungsansprüche systematisch verfehlt.[891] Dies wurde auch schon ausführlich unter § 2 dargelegt.

5. *Ergebnis*

Im Bereich des KAGB verbleibt gar kein Restanwendungsbereich der bürgerlich-rechtlichen Prospekthaftung. Werden die Anforderungen, die das Gesetz stellt, nicht erfüllt, so handelt es sich um ein unerlaubtes Investmentgeschäft. Wenn hingegen der Anwendungsbereich des KAGB nicht eröffnet ist, besteht für die betreffenden Anlageformen entweder keine Schutzbedürftigkeit oder das VermAnlG greift subsidiär. Die Werbung neben einem Prospekt nach dem KAGB ist wie bei den Wertpapierprospekten abschließend aufsichtsrechtlich geregelt.

IV. Kurzinformationen

Bislang ausgeklammert von der Betrachtung der Anwendungsbereiche der Prospekthaftungsansprüche wurde die inzwischen in allen Gesetzen, in denen die Prospekthaftung explizit geregelt ist, enthaltene Pflicht zur Erstellung und die darauf basierende Haftung für Kurzinformationen, §§ 22a; 23 Abs. 2 Nr. 5 WpPG; 22 VermAnlG; 306 Abs. 2, 3, 4, 6 KAGB. Wie sich diese in den verschiedenen Gesetzen entwickelt hat und was der gemeinsame Hintergrund dieser Neuerung ist, wird im Folgenden unter (**1.**) dargestellt. Hierbei ist auch auf die Abgrenzung zu den Kurzinformationsblättern nach dem WpHG und auf die Kritik der verpflichtenden Kurzinformationen insgesamt einzugehen. Im nächsten Schritt

---

889 *Baur*, InvestmG, 2. Aufl. 1997, Bd. 1, § 20 KAGG Rn. 33 ff.; *Schödermeier/Baltzer* in: Brinkhaus/Scherer, § 20 KAGG Rn. 34.

890 *Zingel* in: Baur/Tappen, InvestmG, 3. Aufl. 2015, Bd. 2, § 306 KAGB Rn. 32 f.; *Heisterhagen* in: Emde/Dornseifer/Dreibus/Hölscher, InvG, § 127 Rn. 53; *Hanke*, BKR 2014, (441), 448.

891 *Heisterhagen* in: Emde/Dornseifer/Dreibus/Hölscher, InvG, § 127 Rn. 54.

soll untersucht werden, ob die Grundsätze der bürgerlich-rechtlichen Prospekthaftung auf die Kurzinformationsblätter selbst (**2.**) oder zumindest auf daneben eingesetztes Werbematerial (**3.**) Anwendung findet.

1. Bestehen einer Kurzinformationspflicht

a) Entwicklung

Eine gesetzlich obligatorische, kleinere Informationseinheit als der vollumfängliche Verkaufsprospekt wurde erstmals in Umsetzung der OGAW-III-Richtlinie[892] in § 42 InvG als Pflicht, einen vereinfachten Verkaufsprospekt zu veröffentlichen, begründet. Dadurch sollten die Anleger einen ersten Überblick über das Investmentvermögen bekommen. Jedoch war auch der vereinfachte Verkaufsprospekt in der Praxis sehr umfangreich, so dass aus Anlegerschutzgründen eine weitere Informationsvereinfachung von Nöten war.[893] In Umsetzung der OGAW-IV-Richtlinie[894] wurde der vereinfachte Verkaufsprospekt durch die wesentlichen Anlegerinformationen abgelöst. Nach § 42 Abs. 2 InvG bzw. jetzt § 166 Abs. 4 KAGB i.V.m. Art. 6 der Verordnung (EU) Nr. 583/2010[895] dürfen diese zwei DIN-A4-Seiten nicht überschreiten.[896]

Ebenso müssen seit der Umsetzung der Prospektrichtlinie in deutsches Recht[897] Prospekte nach diesem Gesetz eine Zusammenfassung über die wesentlichen Merkmale und Risiken betreffend Emittent, Garantiegeber und Wertpapiere inklusive Warnhinweise enthalten, § 5 Abs. 2 WpPG. Die Maximallänge beträgt seit der am 1.7.2012 in Kraft getretenen Neufassung des Art. 24 Abs. 1 der Prospektverordnung[898] 7 % des gesamten Prospekts oder nicht mehr als 15 Seiten, je nachdem was länger ist.[899] Eine weitere Verschärfung ist in der insoweit

---

892 Richtlinie 2001/107/EG, Abl. EU Nr. L 41/20.

893 *Müchler*, WM 2012, (974), 975.

894 Richtlinie 2009/65/EG, Abl. EU Nr. L 302/32.

895 Abl. EU Nr. L 176/5.

896 Etwas anderes gilt für strukturierte OGAW. Dort dürfen drei DIN-A4-Seiten gem Art. 37 der Verordnung nicht überschritten werden.

897 Prospektrichtlinie-Umsetzungsgesetz, BGBl. I 2005, S. 1698.

898 Delegierte VO (EU) Nr. 486/2012 der Kommission vom 30.03.2012 zur Änderung der Verordnung (EG) Nr. 809/2004 in Bezug auf Aufmachung und Inhalt des Prospekts, des Basisprospekts, der Zusammenfassung und der endgültigen Bedingungen und in Bezug auf die Angabepflichten, Abl. EU Nr. L 150/5. Die Veränderung von Art. 24 ist in Art. 1 Nr. 10 und das Inkrafttreten in Art. 3 der delegierten VO geregelt.

899 Siehe auch *Schlitt* in: Assmann/Schlitt/von Kopp-Colomb, WpPG/VermAnlG, 3. Aufl. 2017, § 5 WpPG Rn. 30.

noch nicht geltenden EU-Prospektverordnung enthalten, die in Art. 7 Abs. 3 eine verbindliche Maximallänge von sieben DIN-A4-Seiten vorsieht.[900]

Mit Inkrafttreten des VermAnlG am 1.6.2012 wurde in dessen § 13 ein Vermögensanlagen-Informationsblatt eingeführt, das ebenfalls nicht mehr als drei DIN-A4-Seiten umfassen darf, § 13 Abs. 2 S. 1 VermAnlG.

Weiterhin gilt[901] seit dem 1.1.2018 die PRIIP-Verordnung.[902] Diese sieht in Art. 5 Abs. 1 die Veröffentlichung eines Basisinformationsblatts auf der Website des PRIIP-Herstellers vor. PRIIP sind gemäß Art. 1 verpackte Anlageprodukte für Kleinanleger und Versicherungsanlageprodukte. Hierunter fallen alle Produkte, bei denen der dem Kleinanleger zurückzuzahlende Betrag aufgrund der Abhängigkeit von Referenzwerten oder der Entwicklung eines oder mehrerer Vermögenswerte, die nicht direkt vom Kleinanleger erworben werden, Schwankungen unterliegt, wie Investmentfonds, strukturierte Produkte und Einlagen.[903] Durch den Gestaltungsspielraum bei den Verpackungstechniken seitens der PRIIP-Hersteller besteht ein erhöhtes Missbrauchspotential, weshalb die PRIIP-VO durch das Basisinformationsblatt die Transparenz bei Kleinanlegern erhöhen will, um dadurch das Risikoverständnis und Produktvergleiche zu fördern.[904] In ihrem Anwendungsbereich verdrängt die Verordnung das Vermögensanlagen-Informationsblatt gemäß § 13 Abs. 1 Hs. 2 VermAnlG und nach einer Übergangszeit von zunächst[905] bis zum 31.12.2019 (Art. 32 Abs. 1) auch die wesentlichen Anlegerinformationen für OGAW-Anteile. Auch das Basisinformationsblatt darf höchstens drei DIN-A4-Seiten umfassen, Art. 6 Abs. 4.

---

900 VO (EU) Nr. 2017/1129 des Europäischen Parlaments und des Rates vom 14. Juni 2017 über den Prospekt, der beim öffentlichen Angebot von Wertpapieren oder bei deren Zulassung zum Handel an einem geregelten Markt zu veröffentlichen ist und zur Aufhebung der Richtlinie 2003/71/EG, Abl. EU Nr. L 168/33; vgl. auch *Schulz*, WM 2016, (1417), 1421, der sich allerdings noch auf den Kommissionsvorschlag vor dem Kompromiss bezieht.

901 Gemäß Artikel 34 dieser Verordnung sollte sie schon ab dem 31.12.2016 gelten. Auf Bitten der EU-Kommission hat das EU-Parlament aber eine Verschiebung der Geltung auf den 1.1.2018 beschlossen.

902 VO (EU) Nr. 1286/2014, Abl. EU Nr. L 352/1.

903 Erwägungsgrund (6) der Verordnung.

904 *Luttermann*, ZIP 2015, (805), 806.

905 Vgl. Erwägungsgrund (35) der Verordnung.

Schließlich ist in Umsetzung der EU-Prospektverordnung[906] mit Wirkung zum 21.07.2018 § 3a neu in das WpPG eingeführt worden.[907] Danach ist anstatt eines Vollprospekts ein sogenanntes Wertpapier-Informationsblatt zu erstellen und von der BaFin zu gestatten, wenn ein Anbieter die Ausnahme von der Prospektpflicht nach § 3 Abs. 2 S. 1 Nr. 6 WpPG in Anspruch nimmt. Danach besteht keine Verpflichtung zur Veröffentlichung eines (Voll-)Prospekts für ein Angebot von Wertpapieren, deren Gesamtgegenwert im EWR über einen Zeitraum von zwölf Monaten weniger als 8 Millionen Euro beträgt. Der deutsche Gesetzgeber hat in Ausübung der ihm durch Art. 3 Abs. 2 der EU-Prospektverordnung eingeräumten Option, diese geringschwelligen Angebote von der Prospektpflicht auszunehmen, angenommen. Gleichzeitig hat er aber ab einem Schwellenwert von EUR 100.000 die Pflicht geschaffen, das Wertpapier-Informationsblatt veröffentlichen und von der BaFin gestatten lassen zu müssen. Dies ist in Einklang mit Art. 1 Abs. 3 UA 2 der EU-Prospektverordnung, wonach unterhalb einer Schwelle von EUR 1 Million die Mitgliedsstaaten keine Prospektpflicht zur Erstellung eines Prospekts nach den Vorgaben der Verordnung vorsehen dürfen, sondern andere Offenlegungspflichten, wenn sie keine unverhältnismäßige oder unnötige Belastung darstellen. Die Verhältnismäßigkeit ist durch einen weiteren Schwellenwert von EUR 100.000 sowie der Pflicht, das Wertpapier-Informationsblatt veröffentlichen zu müssen gewahrt.[908] Nach §3a Abs. 3 S. 1 WpPG darf das Wertpapier-Informationsblatt nicht mehr als drei DIN-A4-Seiten umfassen.

b) Gemeinsamer Hintergrund

Gemein ist diesen bestehenden vier Arten von Kurzinformationen, dass sie kurz und leicht verständlich die Anleger über die wesentlichen Merkmale der Anlage aufklären sollen, §§ 3a Abs. 3 S. 2; 5 Abs. 2 S. 2 WpPG; 13 Abs. 1 S. 2 VermAnlG; 166 Abs. 3 KAGB. Diese im Vergleich zum Vollprospekt jeweils deutlich kürzere Informationseinheit greift die Erkenntnisse der Behavioral Economis auf, welche die vollumfängliche Informationsverarbeitungskapazität von (Privat-)Anlegern in Zweifel ziehen.[909] Außerdem bezieht sich jeweils ein

---

906 VO (EU) Nr. 2017/1129 des Europäischen Parlaments und des Rates vom 14. Juni 2017 über den Prospekt, der beim öffentlichen Angebot von Wertpapieren oder bei deren Zulassung zum Handel an einem geregelten Markt zu veröffentlichen ist und zur Aufhebung der Richtlinie 2003/71/EG, Abl. EU Nr. L 168/12.

907 Artikel 1 des Gesetzes zur Ausübung von Optionen der EU-Prospektverordnung und zur Anpassung weiterer Finanzmarktgesetze vom 10.07.2018, BGBl. I S. 1102.

908 So auch *Poelzig*, BKR 2018, (357), 359.

909 Siehe oben unter Teil 1 § 3 B. II. 2.

Prospekthaftungsanspruch auf diese Kurzinformationen, wie sich für Wertpapiere mittelbar aus § 23 Abs. 2 S. 5 WpPG ergibt. Für Vermögensanlagen nach dem VermAnlG gibt es mit § 22 VermAnlG eine eigene Haftungsvorschrift, die sich auf das Vermögensanlagen-Informationsblatt bezieht. Bei Investmentvermögen nach dem KAGB ist die Haftung für die wesentlichen Anlegerinformationen in die Prospekthaftungsvorschrift des § 306 integriert. Art. 6–8 der PRIIP-Verordnung enthalten detaillierte formale und inhaltliche Vorschriften für Basisinformationsblätter. Eine zivilrechtliche Haftung für irreführende, ungenaue oder mit sonstigen verpflichtenden vorvertraglichen oder vertraglichen Unterlagen nicht übereinstimmenden Angaben ist in Art. 11 Abs. 1 der Verordnung vorgesehen. Der Schadensersatzanspruch richtet sich gemäß Art. 11 Abs. 2 der Verordnung aber nach nationalem Recht.

c) Abgrenzung zu den Kurzinformationsblättern

Daneben wurde durch das Anlegerschutz- und Funktionsverbesserungsgesetz (AnsFuG)[910] die Pflicht für Wertpapierdienstleistungsunternehmen eingeführt, Privatanlegern rechtzeitig vor dem Abschluss des Geschäfts über Finanzinstrumente ein Kurzinformationsblatt zur Verfügung zu stellen, § 64 Abs. 2 WpHG.[911] Allerdings bezieht sich auf diese Pflicht keine gesonderte Haftungsvorschrift. Vielmehr wird für fehlerhafte sogenannte Produktinformationsblätter vertraglich wegen Verletzung des Beratungsvertrags[912] oder deliktisch, falls man § 64 Abs. 2 WpHG als Schutzgesetz begreift,[913] oder aufgrund der bürgerlich-rechtlichen Prospekthaftung im weiteren Sinne bzw. c.i.c. gehaftet.[914] Wegen der in dieser Arbeit vorgenommenen Beschränkung der Untersuchung auf die Haftung wegen Prospekten wird auf das Produktinformationsblatt nicht näher eingegangen.

---

910 BGBl. I 2011, S. 538.

911 Dazu *Buck-Heeb*, ZHR 176 (2012), (66), 77 f.

912 *Müchler*, WM 2012, (974), 977, 980 ff.

913 RegE AnsFuG, BT-Drs. 17/3628 S. 21.

914 Dagegen kann der Ansicht von *Schlee/Maywald*, BKR 2012, (320), 323 f., das Produktinformationsblatt könne den Prospektbegriff der bürgerlich-rechtlichen Prospekthaftung i.e.S. erfüllen, nicht gefolgt werden. Zum einen basiert es auf einer gesetzlichen Veröffentlichungspflicht, so dass es schon am Marktbezug mangeln dürfte. Zum anderen kann es, isoliert betrachtet, aufgrund seiner wesensmäßigen Kürze nicht alle für die Anlageentscheidung erheblichen Angaben enthalten, siehe oben unter Teil 3 § 3 A.

d) Kritik

Gegen die Entwicklung hin zu verpflichtenden Kurzinformationen wendet sich *Köndgen*. Es handle sich dabei um „*populistisches Brimborium wie Beipackzettel oder manipulationsgefährdete Beratungsprotokolle*". Diese „*mögen für relativ einfach konstruierte Finanzinstrumente wie etwa Investmentfondsanteile einen gewissen Nutzen haben. Hingegen können Risiko- und Auszahlungscharakteristik komplexer Produkte - wie der meisten Zertifikate oder auch strukturierter Zinsswaps - schlechterdings nicht auf maximal drei DIN A4 Seiten zusammengedrängt werden, ohne sich sträflicher und geradezu irreführender Vereinfachungen schuldig zu machen.*"[915]

e) Bewertung

Dem ist zuzugeben, dass sich komplexe Finanzprodukte sicher nicht auf drei Seiten darstellen lassen. Die Kurzinformationen drohen dadurch in Verbindung mit der gesetzlich vorgeschriebenen Menge an Informationen[916] oberflächlicher, abstrakter und nichtssagender zu werden.[917] Allerdings gibt es für Kurzinformationen keine Haftung für Unvollständigkeit, wie sogleich gezeigt wird, und auf das besondere Risiko aufgrund der Komplexität kann auch auf drei Seiten eindringlich hingewiesen werden.

2. Bürgerlich-rechtliche Prospekthaftung für Kurzinformationen

Daneben könnte eine Anwendung der Grundsätze der bürgerlich-rechtlichen Prospekthaftung auf fehlerhafte Kurzinformationen in Betracht kommen. Zum einen wird hier aber schon die Erfüllung der Voraussetzungen des Prospektbegriffs nach der bürgerlich-rechtlichen Prospekthaftung aufgrund der Kürze und des zweifelhaften Marktbezugs der Kurzinformationsblätter bestritten.[918] Zum anderen, und das ist meines Ermessens das überzeugendere Argument, findet sich in den Haftungsvorschriften betreffend die Kurzinformationen in § 22 Abs. 6 S. 2 VermAnlG und § 306 Abs. 6 S. 2 KAGB die auch für die anderen spezialgesetzlichen Prospekte bekannte Formulierung, dass *weitergehende* Ansprüche

915 *Köndgen*, BKR 2011, (283), 285; auch *Loritz*, WM 2014, (1513), 1516 zweifelt an dem Nutzen von Kurzinformationsblättern insbesondere bei komplizierten Anlageprodukten.

916 Siehe z.B. die zahlreichen Pflichtangaben in § 13 Abs. 2, 3 VermAnlG.

917 *Möllers/Kastl*, NZG 2015, (849), 852; *Koch*, BKR 2012, (485), 487.

918 *Müchler*, WM 2012, (974), 980.

nicht ausgeschlossen sind. Das heißt im Umkehrschluss, dass die Haftung betreffend die Kurzinformationen darin abschließend geregelt ist.[919]

3. *Bürgerlich-rechtliche Prospekthaftung für Werbung/Informationen neben den Kurzinformationen*

Wird neben dem Verkaufsprospekt und den Kurzinformationen noch Werbematerial eingesetzt, so ist fraglich, ob hierin ein Anwendungsbereich der bürgerlich-rechtlichen Prospekthaftung liegt. Dabei muss wiederum nach der Werbung neben Kurzinformationen gemäß dem WpPG, dem KAGB und dem VermAnlG unterschieden werden.

a) Werbung neben Kurzinformationen nach dem WpPG

Bei Wertpapieren ist die Zusammenfassung ein Teil des Verkaufsprospekts selbst, so dass sich die Haftung dafür nach §§ 21 ff. WpPG richtet. Die Frage nach der Anwendbarkeit der bürgerlich-rechtlichen Prospekthaftung auf Werbung neben dem Wertpapierprospekt wurde bereits oben verneint und stellt sich hier nicht anders.[920]

b) Werbung neben Kurzinformationen nach dem KAGB

In § 302 Abs. 1, 2 KAGB werden genaue Anforderungen an die Werbung auch hinsichtlich der Kurzinformationen gestellt. Der Gesetzgeber hat also das Problem der Werbung neben den wesentlichen Anlegerinformationen gesehen. Ebenso wie bei den Vollprospekten ist also im Rahmen der Anteile an Investmentvermögen von einer ergänzenden Anwendbarkeit der bürgerlich-rechtlichen Prospekthaftung für daneben vertriebene Werbung abzusehen.[921]

c) Werbung neben Kurzinformationen nach dem VermAnlG

Im Unterschied zu § 302 Abs. 1, 2 KAGB wird zwar in § 12 VermAnlG kein Bezug auf die verpflichtend kürzere Informationseinheit, das ist das Vermögensanlagen-Informationsblatt, genommen. Daraus kann aber noch kein Anwendungsbereich der bürgerlich-rechtlichen Prospekthaftung bei Verwendung irreführender Werbung neben einem Vermögensanlagen-Informationsblatt gefolgert werden, selbst wenn kein Vollprospekt besteht, wie etwa in den Fällen der §§ 2a und 2b VermAnlG. Denn durch die formalen Beschränkungen der

919 Siehe oben III. 4.
920 Siehe oben unter I. 5. a) bb).
921 Siehe oben unter III. 3.

Werbung in § 12 VermAnlG und die erweiterten Untersagungsbefugnisse durch die BaFin in § 16 VermAnlG, die im Rahmen des KleinanlegerschutzG eingeführt wurden, bleibt kein Raum für die Anwendung der bürgerlich-rechtlichen Prospekthaftung.[922]

4. Ergebnis

Für alle Bereiche von Kapitalanlageprodukten ist inzwischen die haftungsbewehrte Pflicht verankert, Kurzinformationen mit festgeschriebenem Inhalt neben dem Vollprospekt zu veröffentlichen. Dadurch sind Erkenntnisse der Behavioral Economics, die die Informationsverarbeitungskompetenz von Anlegern bei Vollprospekten in Zweifel ziehen, in die Gesetzestexte eingeflossen. Jedoch ergibt sich auch für neben den Kurzinformationen eingesetzten Vertriebsmaterialien kein Restanwendungsbereich der bürgerlich-rechtlichen Prospekthaftung. Für Werbung neben den Kurzinformationen wird de lege lata nicht gehaftet, sondern nur aufsichtsrechtlich vorgegangen.

V. Ergebnis zu B.

In objektiver Hinsicht ergibt sich für die bürgerlich-rechtliche Prospekthaftung de lege lata lediglich der schmale Anwendungsbereich, dass sie im Rahmen des WpPG für prospektgleiche Informationsmemoranden greifen kann, wenn noch ein gültiger Börsenzulassungsprospekt vorliegt. Hinsichtlich Vermögensanlagen und Investmentanlagen hat sie gar keinen Anwendungsbereich mehr.

C. Eröffnung des Anwendungsbereichs in subjektiver Hinsicht

In subjektiver Hinsicht ist mit der Darstellung und Entwicklung der Verantwortlichen nach der spezialgesetzlichen Prospekthaftung zu beginnen (**I.**). Hieran hat sich nämlich die Rechtsprechung bei der Ausgestaltung der Fallgruppen der Verantwortlichen nach der bürgerlich-rechtlichen Prospekthaftung orientiert, wie noch genauer aufgezeigt werden wird, und ist schließlich sogar darüber hinausgegangen (**II.**). Abschließend ist darauf einzugehen, ob die bürgerlich-rechtliche Prospekthaftung für die Gruppen von Prospektverantwortlichen weiterhin anwendbar ist, die von dem spezialgesetzlichen Prospekthaftungsregime nicht erfasst werden (**III.**).

---

922 Siehe oben unter II. 3. b).

I. Spezialgesetzliche Prospekthaftung

Um die Bedeutung und den Anwendungsbereich der Verantwortlichkeit nach den spezialgesetzlichen Prospekthaftungsansprüchen zu verstehen, ist zunächst deren historische Herkunft nachzuzeichnen (**1.**). Im Anschluss daran werden die einzelnen Fallgruppen, die sich de lege lata ergeben, untersucht (**2.–5.**).

1. Historische Herleitung

Die nach § 43 BörsG von 1896 bezeichneten Prospektverantwortlichen finden sind noch in der heutigen spezialgesetzlichen Ausgestaltung der Prospekthaftung wieder, wie schon die ähnliche Formulierung in §§ 21 WpPG; 20 VermAnlG zeigt. Bei der Entwicklung ist folgendes festzustellen:

Während in dem Vorschlag der BEK von der Haftung des „Einführende(n)" die Rede ist, hieß es in § 43: *„so haften diejenigen, welche den Prospekt erlassen haben, sowie diejenigen, von denen der Erlaß des Prospekts ausgeht"*. Diese unterschiedlichen Fassungen können durch die Materialien im Gesetzgebungsverfahren erklärt werden. Die BEK ging noch selbstverständlich davon aus, dass unter den „Einführende(n)" die entsprechenden Emissionshäuser fielen, denen die Emission auch wirtschaftlich zu Gute kam.[923] Sie sah nur eine Gefahr, dass Strohmänner dazwischen geschaltet werden oder weniger solide Banken das Emissionsgeschäft übernähmen, falls man den Verschuldensmaßstab zu streng ausgestalten sollte.[924]

Im Entwurf des Börsengesetzes durch den Reichstag[925] ist in § 41 die entsprechende Vorschrift zu § 43 BörsG (1896) zu finden. Nach dieser Vorschrift sollen diejenigen haften, welche den Prospekt erlassen haben.[926] Darunter fallen laut der Begründung *„neben den Unterzeichnern namentlich auch diejenigen, welche sich der Unterzeichner als vorgeschobener Personen bedient haben."*[927] Von den Prospekterlassern sollten also auch die Strohmänner umfasst sein.

Diese Fassung der Prospektverantwortlichkeit wurde jedoch nicht von allen als ausreichend erachtet, wie aus dem Reichstagskommissionsbericht hervorgeht.[928] So wurde von einem Mitglied der Kommission der Vorschlag gemacht, die Verantwortlichkeit auszuweiten *„auf diejenigen, welche die Werthpapiere in*

923 Börsen-Enquete-Kommission 1893, S. 66 ff.
924 Börsen-Enquete-Kommission 1893, S. 68.
925 Verhandlungen des Reichstags, Anl. Band I, 1895/97, Aktenstück Nr. 14.
926 Verhandlungen des Reichstags, Anl. Band I, 1895/97, Aktenstück Nr. 14, S. 8.
927 Verhandlungen des Reichstags, Anl. Band I, 1895/97, Aktenstück Nr. 14, S. 24.
928 Verhandlungen des Reichstags, Anl. Band II, 1895/97, Aktenstück Nr. 246.

den Verkehr eingeführt haben.“[929] Durch diese Erweiterung sollten ebenfalls mit zu geringem Kapital ausgestatte Aktienunternehmungen als Strohmanngesellschaften verhindert werden, da die Haftung dann schon an den Verkauf der solventen Emissionshäuser an die Strohmanngesellschaften angeknüpft würde.[930] Allerdings wurde dieser Entwurf von der Kommission in zweiter Lesung als wenig geglückt empfunden und stattdessen ersetzt durch die schließlich auch im BörsG (1896) übernommene Formulierung: „*sowie denjenigen, von denen der Erlaß des Prospekts ausgeht*“.[931] Dadurch sollten diejenigen erfasst werden, die „*hinter dem Prospekt ständen*“, „*welche als Urheber des Prospekts anzusehen seien*“.[932] Klargestellt wurde hier nur noch, dass darunter jedenfalls nicht diejenigen fallen sollten, „*welche dem Emissionshause das Material für die Ausstellung des Prospekts geliefert hätten, da diese zu dem Prospekt selbst in gar keiner Beziehung ständen.*“[933] Damit war wohl eine inhaltliche Beziehung gemeint. Wer also das Papier lieferte, den Druck oder die optische Gestaltung des Prospekts übernahm, sollte von der Haftung jedenfalls nicht betroffen sein.

Der später eingeführte Prospekthaftungsanspruch in § 12 AuslInvestmG, auf den § 306 KAGB zurückgeht, wurde im Wesentlichen wie der börsengesetzliche Anspruch ausgestaltet.[934] Jedoch wurden die Prospektverantwortlichen genauer bezeichnet. Die Präzisierung der Prospektverantwortlichkeit in § 12 Abs. 1, 4 AuslInvestmG beruhte auf der Annahme des Gesetzgebers, dass ausländische Investmentanteile entweder direkt, über Vertriebsbanken oder über Vertriebsorganisationen an inländische Anleger verkauft wurden.[935] Die Verwaltungs- und Vertriebsgesellschaft musste nach Ansicht des Gesetzgebers deshalb mit einbezogen werden, da sie wesentlichen Einfluss auf die Richtigkeit und Vollständigkeit der Prospektangaben nehmen konnte.[936]

929 Verhandlungen des Reichstags, Anl. Band II, 1895/97, Aktenstück Nr. 246, S. 1469.
930 Verhandlungen des Reichstags, Anl. Band II, 1895/97, Aktenstück Nr. 246, S. 1469.
931 Verhandlungen des Reichstags, Anl. Band II, 1895/97, Aktenstück Nr. 246, S. 1470.
932 Verhandlungen des Reichstags, Anl. Band II, 1895/97, Aktenstück Nr. 246, S. 1470.
933 Verhandlungen des Reichstags, Anl. Band II, 1895/97, Aktenstück Nr. 246, S. 1470.
934 *Steder* spricht von einer Parallelvorschrift, WM 1969, Sonderbeil. 2, (2), 8.
935 *Baur*, InvestmG, 2. Aufl. 1997, Bd. 2, § 12 AuslInvestmG Rn. 4.
936 RegE AuslInvestmG, BT-Drs. 05/3494, S. 23.

2. *Prospektverantwortlichkeit bei Börsenzulassungs- und Verkaufsprospekten nach dem WpPG und dem VermAnlG*

a) Prospekterlasser

Nach §§ 21 Abs. 1 S. 1 Nr. 1 (i.V.m. 22) WpPG; 20 Abs. 1 S. 1 VermAnlG haften zunächst diejenigen, „die für den (Verkaufs-)prospekt die Verantwortung übernommen haben". Diese Formulierung wurde durch das 3. FMFG eingeführt, ohne dass damit inhaltlich etwas anderes gemeint war als mit der seit 1896 bestehenden Umschreibung „welche den Prospekt erlassen haben".[937] Unter den Begriff des Prospekterlassers fällt jeder, der nach außen erkennbar als Verantwortlicher erscheint.[938]

aa) Börsenzulassungsprospekte

Bei einem Börsenzulassungsprospekt müssen jedenfalls der Emittent (§ 2 Nr. 9 WpPG) und die die Emission begleitende Bank[939] als Zulassungsantragssteller (§ 2 Nr. 11 WpPG) durch ihre Unterzeichnung die Verantwortung übernehmen, § 5 Abs. 4 S. 3, 4 WpPG i.V.m. § 32 Abs. 2 BörsG.[940] Wenn *Groß* meint, eine Prospektverantwortung des emissionsbegleitenden Kreditinstituts für den Finanzplatz Deutschland sei zu bedauern,[941] verkennt er den historischen Ursprung dieser Haftungsfigur. Wie im ersten Teil gezeigt, war es gerade Sinn und Zweck der Einführung einer Prospekthaftungsvorschrift, die Banken in die Haftung nehmen zu können bzw. präventiv die Prospektqualität dadurch zu sichern.[942]

---

937 RegE 3. FMFG, BT-Drs. 13/8933, S. 78.

938 *Groß*, Kapitalmarktrecht, § 21 WpPG Rn. 30; *Assmann* in: Assmann/Schütze, Handbuch des Kapitalanlagerechts, 4. Aufl. 2015, § 5 Rn. 153; *Hauptmann* in: Vortmann, Prospekthaftung, § 3 Rn. 49 f.

939 Genauer gesagt das Kreditinstitut, Finanzdienstleistungsinstitut bzw. für ausländische Unternehmen nach § 53 Abs. 1 S. 1 oder § 53b Abs. 1 S. 1 KWG tätige Unternehmen. Der Emittent der gleichzeitig ein solches Institut ist, kann nach § 32 Abs. 2 S. 3 BörsG auch eine Selbstemission vornehmen.

940 *Fleischer/Schmolke/Zimmer* in: Fleischer/Zimmer, Verhaltensökonomie, S. 52 sehen in der Prospektverantwortlichkeit des Emissionsbegleiters den aus den Verhaltenswissenschaften entnehmbaren Sinn, dass Emittenten durch die Einschaltung eines erfahrenen Finanzinstituts als Emissionsbegleiter davon abgehalten werden sollen, ihre wirtschaftliche Lage möglichst günstig darzustellen, da sie zu einer allzu optimistischen Einschätzung ihrer Unternehmenssituation neigen könnten (overconfidence bias).

941 *Groß*, Kapitalmarktrecht, § 5 WpPG Rn. 8.

942 Siehe Teil 1 § 2 A I. 4 a). Dagegen wurde an eine Haftung des emittierenden Unternehmens selbst zu dieser Zeit noch nicht gedacht. Diese hat erst zu gesellschaftsrechtlichen

Zutreffend bezeichnet es deshalb *Hauptmann* als „*das tragende Element der börsengesetzlichen Prospekthaftung, da die Realisierung von Schadensersatzansprüchen gegen den Emittenten häufig wenig erfolgversprechend oder gar aussichtslos sein wird.*"[943]

Daneben können auch freiwillig Unterzeichnende die Prospektverantwortung nach § 21 Abs. 1 S. 1 Nr. 1 i.V.m. § 5 Abs. 4 S. 1 WpPG übernehmen.[944] Außerdem fallen darunter jene Personen, die ohne zu unterzeichnen als für den Inhalt Verantwortliche genannt werden,[945] wie z.B. bei entsprechenden Prospekterklärungen von Konsortialmitgliedern.[946] Voraussetzung ist aber jeweils, dass sie die Verantwortung für den gesamten Prospekt übernommen haben, wie aus dem Wortlaut des § 5 Abs. 4 S. 1 WpPG folgt, der eine Verantwortungsübernahme „für seinen Inhalt" sowie eine Erklärung erfordert, dass „*ihres Wissens [...] keine wesentlichen Umstände ausgelassen sind.*"[947] Dieses Problem wird bei der Expertenhaftung virulent und daher dort behandelt.[948] Organmitglieder sind ohne freiwillige Übernahme der Verantwortung de lege lata nicht von dieser Gruppe der Prospektverantwortlichen erfasst.[949]

Problemen, wie die Frage eines Verstoßes gegen den Kapitalerhaltungsgrundsatz und den Erwerb eigener Aktien geführt. Siehe dazu *Wahl*, Primärmarkthaftung und Vermögensbindung, S. 186 ff.; *Ziegler*, NZG 2005, 301.

943 *Hauptmann* in: Vortmann, Prospekthaftung, § 3 Rn. 50.

944 *Mülbert/Steup* in: Habersack/Mülbert/Schlitt, Unternehmensfinanzierung, § 41 Rn. 66.

945 RegE 3. FMFG, BT-Drs. 13/8933, S. 78; *Groß*, Kapitalmarktrecht, § 21 WpPG Rn. 30; *Mülbert/Steup* in: Habersack/Mülbert/Schlitt, Unternehmensfinanzierung, § 41 Rn. 66; *Schroeder*, Persönlicher Anwendungsbereich Prospekthaftung, S. 219.

946 *Assmann* in: Assmann/Schütze, Handbuch des Kapitalanlagerechts, 4. Aufl. 2015, § 5 Rn. 156; *Schwark* in: Schwark/Zimmer, KMRK, §§ 44, 45 BörsG Rn. 10; *Schroeder*, Persönlicher Anwendungsbereich Prospekthaftung, S. 221 f.

947 *Sittmann*, NZG 1998, (490), 493; *Mülbert/Steup* in: Habersack/Mülbert/Schlitt, Unternehmensfinanzierung, § 41 Rn. 81; *Hauptmann* in: Vortmann, Prospekthaftung, § 3 Rn. 54, 55.

948 Siehe dazu unten unter c).

949 *Mülbert/Steup* in: Habersack/Mülbert/Schlitt, Unternehmensfinanzierung, § 41 Rn. 86; *Schroeder*, Persönlicher Anwendungsbereich Prospekthaftung, S. 213. Das Argument von *Fleischer*, BKR 2004, (339), 344, im Rahmen der Prospekthaftung für Verkaufsprospekte nach § 13 VerkProspG a.F., eine Einbeziehung von Organmitgliedern in die Prospekthaftung sei möglich, da darin lediglich eine ‚entsprechende' Anwendung der börsengesetzlichen Prospekthaftung angeordnet sei, hat sich mit der Überführung in § 20 VermAnlG erledigt.

bb) Verkaufsprospekte

(1) Wertpapierverkaufsprospekte

Bei Verkaufsprospekten nach § 22 WpPG muss gemäß § 5 Abs. 4 S. 1, 3 WpPG der Anbieter (§ 2 Nr. 10 WpPG) den Prospekt unterzeichnen und mithin verantworten. Dies kann der Emittent oder auch eine andere Person sein, wie die Differenzierung in § 24 Abs. 1 S. 1 WpPG deutlich macht.[950] Bezüglich freiwillig Unterzeichnender und sonstiger als Verantwortliche Benannte nach § 5 Abs. 4 S. 1 WpPG gilt dasselbe wie bei Börsenzulassungsprospekten.[951] Hier gilt ebenfalls das Prinzip der Gesamtverantwortung.[952]

(2) Vermögensanlageverkaufsprospekte

(a) Keine haftungsrechtlich relevante Teilverantwortlichkeit

Im Unterschied zu Wertpapierprospekten ist bei Vermögensanlageverkaufsprospekten die Möglichkeit der Verantwortungsübernahme für nur bestimmte Angaben im Prospekt gem. § 7 Abs. 3 S. 1 Nr. 1 VermAnlG, § 3 VermVerkProspV ausdrücklich vorgesehen. Jedenfalls müssen die Erklärungen von mehreren Personen aber insgesamt sämtliche Angaben des Verkaufsprospekts abdecken, wenn keiner alleine die Gesamtverantwortung übernimmt.[953] Daraus wird aber von der Rechtsprechung und der h.M. in der Literatur de lege lata haftungsrechtlich keine Konsequenz gezogen und wegen des insoweit angenommenen fortbestehenden Grundsatzes der Gesamtverantwortlichkeit eine zwingende Expertenhaftung für die von ihnen bearbeiteten Teile abgelehnt.[954]

---

950 *Mülbert/Steup* in: Habersack/Mülbert/Schlitt, Unternehmensfinanzierung, § 41 Rn. 67.

951 So auch *Mülbert/Steup* in: Habersack/Mülbert/Schlitt, Unternehmensfinanzierung, § 41 Rn. 67.

952 *Ebke*, ZGR 2015, (325), 330 f.

953 *Voß* in: Arndt/Voß, VerkProspG, § 3 VermVerkProspV Rn. 4; *Maas* in: Assmann/Schlitt/von Kopp-Colomb, WpPG, VermAnlG, 3. Aufl. 2017, § 3 VermVerkProspV Rn. 13.

954 OLG Dresden, WM 2014, (598), 608 f.; *Hauptmann* in: Vortmann, Prospekthaftung, § 3 Rn. 204, 54, 55; *Kind* in: Arndt/Voß, VerkProspG, § 13 Rn. 33; *Assmann* in: Assmann/Schlitt/von Kopp-Colomb, WpPG/VermAnlG, 3. Aufl. 2017, § 20 VermAnlG Rn. 31, §§ 21–23 WpPG Rn. 84; *Nobbe*, WM 2013, (193), 196; *Schroeder*, Persönlicher Anwendungsbereich Prospekthaftung, S. 206 ff.; zweifelnd hinsichtlich Experten insgesamt *Fleischer*, BKR 2004, (339), 344; zweifelnd hinsichtlich des Bestätigungsvermerk der Abschlussprüfer OLG Dresden, Urteil v. 30.06.2011, AZ: 8 U 1215/09 Rn. 29 juris und *Unzicker*, VerkProspG, § 13 Rn. 49, der im Ergebnis aber ebenfalls

(b) Haftung des Emittenten

Weiterhin stellt sich hier das Problem der Haftung des Emittenten. Bei dem Emittenten von Vermögensanlagen handelt es sich oftmals um Publikumspersonengesellschaften.[955] Ergibt sich eine Haftung des Emittenten, so sind mit *Ziegler* folgende Ungereimtheiten mit personengesellschaftsrechtlichen Grundsätzen auszumachen:[956]

(aa) Gläubigerschutz

Erstens kommt es zu einem Vermögensabfluss zu Gunsten des geschädigten Anlegers ohne eine Auseinandersetzung nach §§ 161 Abs. 2, 105 Abs. 3 HGB i.V.m. § 738 BGB, die den Gläubigern dient, da sie nach §§ 161 Abs. 2, 105 Abs. 3 HGB i.V.m. § 733 Abs. 1 BGB zuerst zu bedienen sind.[957] Auch würde in einer KG die Kommanditistenhaftung nach § 172 Abs. 4 HGB wieder aufleben.[958]

(bb) Gesellschaftergleichbehandlung

Zweitens führt eine prospekthaftungsrechtliche Rückabwicklung gegenüber dem Emittenten zu einem sogenannten „Windhundrennen"[959]. Die Anleger, die am schnellsten einen Titel gegen die Gesellschaft erlangen, könnten sich voll befriedigen, während andere ebenfalls getäuschte Anleger leer ausgingen. Dies widerspricht aber dem Grundsatz der gesellschaftsrechtlichen Gleichbehandlung.

(cc) Keine eigenen Anteile

Drittens gibt es im Personengesellschaftsrecht im Gegensatz zum Kapitalgesellschaftsrecht keine eigenen Anteile.[960] Wenn als Rechtsfolge aber die Übernahme der Anteile statuiert wird, so würde dies zu eigenen Anteilen führen.

---

die spezialgesetzliche Prospektverantwortlichkeit ablehnt; **a.A.** *Hellgardt*, ZBB 2012, (73), 88; näher zur Expertenhaftung siehe unten unter c).

955 *Ziegler*, DStR 2005, 30.

956 *Ziegler*, DStR 2005, (30), 32 f.

957 Vgl. auch schon *Ulmer/Dopfer*, BB 1978, (461), 463.

958 *Ulmer/Dopfer*, BB 1978, (461), 464.

959 Siehe *Ulmer/Dopfer*, BB 1978, (461), 464.

960 *Ulmer/Dopfer*, BB 1978, (461), 464.

(dd) Bewertung

Ziegler lehnt daher eine Haftung des Emittenten ab.[961] Andere Stimmen in der Literatur befürworten sie hingegen, da nicht anders als bei der AG entschieden werden könne, wenn dort sogar ein strengeres Kapitalerhaltungsgebot gelte.[962] Überwiegend und de lege lata vorzugswürdig wird dagegen ein modifiziertes Rücktrittsrecht in Form eines Rechts auf eine Austrittskündigung angenommen.[963]

cc) Ergebnis zu a)

Bei den Börsenzulassungsprospekten müssen der Emittent und zumindest eine emissionsbegleitende Bank die Verantwortung für den Prospekt übernehmen und sind damit die Verantwortlichen im Sinne der Prospekthaftung. Daneben fallen darunter auch freiwillig Unterzeichnende und sonstige mit ihrem Wissen als Gesamtverantwortliche Genannte. Bei den Verkaufsprospekten müssen die Anbieter den Prospekt als Verantwortliche unterzeichnen. Schließlich wird bei den Vermögensanlagenverkaufsprospekten das Erfordernis der Gesamtverantwortlichkeit zu Gunsten einer möglichen Teilverantwortlichkeit aufgeweicht, sofern insgesamt der ganze Prospekt verantwortet wird. Allerdings folgt daraus de lege lata nach h.M. keine haftungsrechtliche Konsequenz, so dass auch daraus keine zwingende Expertenhaftung folgt. Bei Vermögensanlagen ergeben sich personengesellschaftsrechtliche Schwierigkeiten, wenn der Emittent selbst Prospektverantwortlicher ist, weshalb sich die Rückabwicklung ihm gegenüber als Recht auf eine Austrittskündigung darstellt.

b) Prospektveranlasser

aa) Definition

„Mit der Haftung derjenigen, von denen der Prospekt ausgeht, werden die tatsächlichen Urheber des Prospektes erfaßt.“[964] Der Emittent gehört, wie eben gezeigt, schon zu den Prospekterlassern, weshalb er nicht gleichzeitig als

---

961 *Ziegler*, DStR 2005, (30), 33.

962 *Zimmer/Cloppenburg*, ZHR 171 (2007), (519), 526 f.; *Schroeder*, Persönlicher Anwendungsbereich Prospekthaftung, S. 173; *Schlitt*, Bankrechtstag 2014, (75), 92.

963 *Schäfer*, ZGR 2006, (40), 75; *Fleischer*, BKR 2004, (339), 345 m. Fn. 109; *Benecke*, BB 2006, (2597), 2600; *Freitag/Fürbaß*, ZGR 2016, (729), 752 f. vertreten diese Ansicht für als Personengesellschaften organisierte geschlossene Fonds im Anwendungsbereich des KAGB. Siehe zu meinem Vorschlag de lege ferenda unten unter Teil 5 § 5 B. VII. 4. und VIII. 1.

964 RegE 3. FMFG, BT-Drs. 13/8933, S. 78.

Prospektveranlasser zu sehen ist.[965] Vielmehr wird typischerweise danach gefragt, ob es sich um Personen handelt, die an der Emission ein eigenes wirtschaftliches Interesse haben.[966] Die Formel des eigenen wirtschaftlichen bzw. geschäftlichen Interesses geht bereits auf eine Definition des Prospektveranlassers von *Nußbaum* aus dem Jahr 1910 zurück:

„Wer aufgrund eines eigenen geschäftlichen Interesses an der Emission tatsächlich Veranlassung gibt, daß der Prospekt in der Fassung veröffentlicht wird, die sich später als unrichtig oder unvollständig erweist, muß demjenigen gleichgestellt werden, der durch seine Unterschrift formell die Verantwortung übernimmt. Hiernach wird es insbesondere möglich sein, unter Umständen Vorstandsmitglieder solcher Gesellschaften, die den Prospekt unterzeichnet haben, ferner auch Gründer und Inhaber von Unternehmungen, mit deren Uebernahme die Emission im Zusammenhang steht, persönlich haftbar zu machen. Der bloße Umstand, daß jemand zur Zeit des Prospekterlasses Vorstandsmitglied der den Prospekt erlassenden Gesellschaft gewesen ist, würde zur Begründung der Haftung nicht ausreichen, es muß die tatsächliche Urheberschaft und das eigene geschäftliche Interesse an der Emission hinzukommen.“[967]

bb) Organmitglieder

Bezüglich Organmitgliedern wie z.B. Vorständen wird bis heute nicht von dieser Formel abgewichen und wegen ihrer Abstraktheit kritisiert.[968] Ein solches geschäftliches Interesse sollen beispielsweise Vorstandsmitglieder aufweisen, die selbst Aktien nach einer Emission veräußern wollen.[969] Das KapInHaG, das eine Verschärfung vorgesehen hätte, hat es gar nicht erst zu einer parlamentarischen Gesetzesinitiative geschafft.[970] Ob eine solche Verschärfung geboten ist, wird unten besprochen.[971]

---

965 Anders aber *Baums*, ZHR 167 (2003), (139), 165.

966 RegE 3. FMFG, BT-Drs. 13/8933, S. 78; BGH, Urteil v. 14.5.2013, AZ: XI ZR 335/11, Rn. 38 juris; *Hauptmann* in: Vortmann, Prospekthaftung, § 3 Rn. 53; *Assmann* in: Assmann/Schlitt/von Kopp-Colomb, WpPG/VermAnlG, 3. Aufl. 2017, §§ 21–23 WpPG Rn. 82, § 20 VermAnlG Rn. 29 f.; *Schwark* in: Schwark/Zimmer, KMRK, §§ 44, 45 BörsG Rn. 9.

967 *Nußbaum*, BörsG, 1910, S. 193.

968 *Fleischer*, Gutachten F, DJT 2002, S. F62 f.; *Baums*, ZHR 161 (2003), (139), 174 f.

969 *Hamann* in: Schäfer/Hamann, KapMG, §§ 44, 45 BörsG Rn. 92; kritisch *Schroeder*, Persönlicher Anwendungsbereich Prospekthaftung, S. 238 der sie in diesem Fall als Anbieter qualifiziert.

970 Siehe *Hannich*, WM 2013, 449 Fn. 4.

971 Siehe unten unter: Teil 5 § 5 B. VIII. 3.

cc) Hintermänner

Weiterhin sollen als Prospektveranlasser insbesondere Konzernmuttergesellschaften in die Haftung genommen werden können, wenn die Tochter auf deren Veranlassung Wertpapiere emittiert.[972] *„Auch ein Großaktionär, der seine Beteiligung veräußert und maßgeblich auf die Erstellung des Prospekts Einfluß genommen hat, kann je nach den Umständen verantwortlich sein.“*[973] *Wackerbarth* lässt zumindest die Stellung als Mehrheitsgesellschafter genügen.[974] Ebenso können Aufsichtsrats- oder Beiratsmitglieder, die die Prospekterstellung steuern sollen, als Hintermänner zu den Prospektveranlassern gehören.[975] Dies wird durch die neuere BGH-Rechtsprechung bestätigt, nach der die zur bürgerlich-rechtlichen Prospekthaftung entwickelte Hintermannhaftung zur Konkretisierung des spezialgesetzlichen Prospektveranlassers herangezogen werden kann.[976] Bezüglich des Prospektveranlassers und des Hintermanns im Sinne der bürgerlich-rechtlichen Prospekthaftung ist nach der Rechtsprechung also ein Gleichlauf bereits erreicht.

Als Hintermann i.d.S. wird angesehen, wer *„auf die Konzeption des konkreten, mit dem Prospekt beworbenen und vertriebenen (Anlage-)Modells maßgeblich Einfluss genommen hat* […]“.[977] Hierbei komme es sowohl auf die gesellschaftsrechtliche Funktion des Hintermanns als auch auf ein etwaiges erhebliches, wirtschaftliches Eigeninteresse an.[978] Während eine unmittelbare Beteiligung bei der Gestaltung des Prospekts selbst keine entscheidende Rolle spiele, müsse der Prospekt mit Kenntnis des Hintermanns in den Verkehr gebracht worden sein, um seine Haftung zu begründen.[979] *Mülbert/Steup* ist in ihrer Kritik insofern zuzustimmen, dass dies sprachlich schwer mit einer tatsächlichen Urheberschaft des Prospekts im Sinne der Regierungsbegründung zum 3. FMFG[980] gleichge-

---

972 RegE 3. FMFG, BT-Drs. 13/8933, S. 78; BGH, Urteil v. 14.5.2013, AZ: XI ZR 335/11, Rn. 38 juris.

973 RegE 3. FMFG, BT-Drs. 13/8933, S. 78. Dagegen subsumiert *Schroeder*, Persönlicher Anwendungsbereich Prospekthaftung, S. 222 ff., 234, den umplatzierenden Großaktionär schon unter die Gruppe der Prospekterlasser.

974 *Wackerbarth*, WM 2011, (193), 197.

975 *Hauptmann* in: Vortmann, Prospekthaftung, § 3 Rn. 53; *Sittmann*, NZG 1998, (490), 493.

976 BGH WM 2012, (2147), 2152; BGH, Urteil v. 14.5.2013, AZ: XI ZR 335/11, Rn. 39 juris.

977 BGHZ 115, (213), 218 ff.; BGH WM 2012, (19), 20; BGH WM 2012, (2147), 2152.

978 BGHZ 145, (121), 127; BGH WM 2006, (427), 428; BGH WM 2012, (2147), 2152.

979 BGHZ 72, (382), 388; BGHZ 115, (213), 220; BGH WM 2006, (427), 428; BGH WM 2012, (2147), 2152; BGH, Urteil v. 14.5.2013, AZ: XI ZR 335/11, Rn. 39 juris.

980 RegE 3. FMFG, BT-Drs. 13/8933, S. 78.

setzt werden kann. Die tatsächliche Urheberschaft meint aber lediglich, wie sich aus dem weiteren Zusammenhang ergibt, ein eigenes wirtschaftliches Interesse an der prospektbegleiteten Emission bzw. dem prospektbegleiteten Angebot und die Möglichkeit der Einflussnahme darauf.[981]

Das laut *Hauptmann* eher „theoretische Beispiel" des großen Bankhauses, das ein kleineres vorschiebt, um der Haftung zu entgehen,[982] hat überhaupt erst zu der immer noch gültigen Formulierung von Prospektveranlasser in § 43 des BörsG von 1896 geführt.[983]

Im Rahmen des Vermögensanlagenmarkts werden auch oft die Gründungsgesellschafter unter diese Gruppe subsumiert werden können, da oftmals die prospektpflichtige Maßnahme von ihnen ausgegangen sein wird.[984]

dd) Ausschluss für Materiallieferanten

Jedenfalls soll die bloße Lieferung von Material für den Prospekt zu keiner Haftung führen, solange kein eigenes geschäftliches Interesse besteht.[985] Diese Formulierung entspricht derjenigen vom Reichstagskommissionsbericht zum BörsG von 1896.[986] Inwiefern darunter Experten fallen, wird gleich ausgeführt.

ee) Ergebnis

Die Definition für ein eigenes geschäftliches Interesse, das für die Begründung der Stellung als Prospektveranlasser angeführt wird, geht bis in das Jahr 1910 zurück. Seitdem haben sich die Fallgruppen der Organmitglieder und der Hintermänner herausgebildet. Unter letztere fallen vor allem Konzernmuttergesellschaften und Großaktionäre bzw. Mehrheitsgesellschafter, wenn sie auf die

---

981 *Wackerbarth*, WM 2011, (193), 197, hält hingegen nicht das wirtschaftliche Eigeninteresse, sondern die Mitverantwortung für entscheidend, gibt aber zu, dass diese in der Regel gleichlaufend sein werden.

982 *Hauptmann* in: Vortmann, Prospekthaftung, § 3 Rn. 53.

983 Siehe oben unter 1. Dass eine Haftung der emissionsbegleitenden Bank im Falle der Insolvenz des Emittenten auch heute noch einen wirkungsvollen Schutz der Investoren darstellt führt *Wackerbarth*, WM 2011, (193), 203, aus.

984 *Schroeder*, Persönlicher Anwendungsbereich Prospekthaftung, S. 238.

985 RegE 3. FMFG, BT-Drs. 13/8933, S. 78; *Schroeder*, Persönlicher Anwendungsbereich Prospekthaftung, S. 149 f., der genauer auf die insoweit bestehenden Abgrenzungsprobleme eingeht.

986 Verhandlungen des Reichstags, Anl. Band II, 1895/97, Aktenstück Nr. 246, S. 1470. Siehe außerdem oben unter 1.

Gestaltung des Prospekts Einfluss genommen haben. Jedenfalls reine Materiallieferanten für den Prospekt sind davon aber nicht erfasst.

c) Expertenhaftung de lege lata?

Fraglich ist, ob eine Expertenhaftung schon de lege lata unter die Begriffe Prospekterlasser oder Prospektveranlasser subsumiert werden kann. Es geht also darum, ob die im Prospekt enthaltenen Gutachten, Testate und Erklärungen von Rechtsanwälten, Steuerberatern, Wirtschaftsprüfern oder technischen Sachverständigen eine spezialgesetzliche Prospektverantwortlichkeit begründen können, wenn sie nicht ausnahmsweise sowieso die Verantwortung für den gesamten Prospekt übernehmen oder ein eigenes wirtschaftliches Interesse im Sinne eines Prospektveranlassers aufweisen.

aa) Umfassende Expertenhaftung

Am weitesten geht hierbei die im Vordringen befindliche Ansicht, nach der es in personeller Hinsicht eine umfassende Expertenhaftung für die ihnen zurechenbaren Aussagen im Prospekt geben soll. Dabei sei die Haftung aber nur auf den Inhalt ihrer Aussage bezogen und nicht auf den ganzen Prospekt. Der Experte sei dabei jemand, der für den Prospekt die Verantwortung übernommen hat, also Prospekterlasser. Das Prinzip der Gesamtverantwortung wird dabei auch bei den Wertpapierprospekten nicht für zwingend gehalten.[987] Allerdings befürwortet *Bosch* eine Einschränkung für Testate von Wirtschaftsprüfern aufgrund des aus seiner Sicht aus § 323 HGB abzuleitenden Haftungsausschlusses ggü. Dritten.[988]

bb) Haftung des Abschlussprüfers nach Groß

Groß dagegen vertritt den Standpunkt, dass der Abschlussprüfer für sein auf den Jahresabschluss bezogenes und mit seiner Zustimmung in den Prospekt aufgenommenes Testat verantwortlich im Sinne der spezialgesetzlichen Prospekthaftung sei.[989] Auffällig daran ist zunächst, dass er mit dem Abschlussprüfer gerade den Fall herausgreift, den *Bosch* explizit ausgenommen hat. Offen lässt er dabei die Einordnung, ob der Abschlussprüfer Prospekterlasser oder -veranlasser sein soll.

---

987 *Bosch*, ZHR 163 (1999), (274), 280 ff.; *Schwark*, FS Hadding, 2004; S. (1117), 1126 f.; *Hopt*, WM 2013, (101), 103; *Kumpan* in: Baumbach/Hopt, HGB, § 21 WpPG Rn. 4; *Hellgardt*, ZBB 2012, (73), 88.

988 *Bosch*, ZHR 163 (1999), (274), 281 m.w.N.

989 *Groß*, Kapitalmarktrecht, § 21 WpPG Rn. 37.

Groß begründet seine Ansicht damit, dass die europäischen Vorschriften betreffend Prospekte gerade die Möglichkeit von Teilverantwortlichkeiten vorsehen und die Bestätigungsvermerke für die Jahresabschlüsse wortwörtlich im Prospekt wiedergegeben werden müssen. Außerdem umfassten diese bestätigten Jahresabschlüsse meist schon ca. 50 % des gesamten Prospekts. Schließlich erzeugten sie dadurch *„beim Anlegerpublikum Vertrauen in die Richtigkeit und Vollständigkeit der Zahlen"*, also mithin einen erheblichen Vertrauenstatbestand. Übereinstimmend mit *Bosch* hält auch *Groß* das Prinzip der Gesamtverantwortung selbst bei Wertpapierprospekten nicht für zwingend.[990]

cc) Keine Expertenhaftung nach h.M.

Nach noch h.M. lässt sich dagegen de lege lata keine Expertenhaftung begründen.[991] Für Wertpapierprospekte folge dies aus dem Wortlaut des § 5 Abs. 4 S. 1 WpPG, nach dem eine Verantwortungsübernahme für den gesamten Prospekt zwingend erforderlich sei.[992] Für Verkaufsprospekte nach dem VermAnlG, bei denen die Übernahme einer Teilverantwortung möglich ist,[993] soll die Expertenhaftung dagegen daran faktisch scheitern, dass eine tatsächliche Prospekterklärung bzgl. der Verantwortungsübernahme vorausgesetzt wird und es an dieser bei Experten ebenfalls regelmäßig mangeln wird.[994] Außerdem sprechen

990 *Groß*, Kapitalmarktrecht, § 21 WpPG Rn. 36 f.

991 *Hamann* in: Schäfer/Hamann, KapMG, §§ 44, 45 BörsG Rn. 93; *Assmann*, AG 2004, 435 ff.; *Ders.* in: Assmann/Schlitt/von Kopp-Colomb, WpPG/VermAnlG, 3. Aufl. 2017, § 20 VermAnlG Rn. 31, §§ 21–23 WpPG Rn. 84; *Ders.* in: Assmann/Schütze, Handbuch des Kapitalanlagerechts, 4. Aufl. 2015, § 5 Rn. 158; *Mülbert/Steup* in: Habersack/Mülbert/Schlitt, Unternehmensfinanzierung, § 41 Rn. 80 ff. die sich dezidiert mit den Argumenten von *Groß* auseinandersetzen; *Hauptmann* in: Vortmann, Prospekthaftung, § 3 Rn. 54, 55; *Meyer*, WM 2003, (1301), 1306 f.; *Heidelbach* in: Schwark/Zimmer, KMRK, § 13 VerkprospektG Rn. 20; *Herresthal*, Bankrechtstag 2015, (103), 136; *Schroeder*, Persönlicher Anwendungsbereich Prospekthaftung, S. 206 ff.

992 *Sittmann*, NZG 1998, (490), 493; *Mülbert/Steup* in: Habersack/Mülbert/Schlitt, Unternehmensfinanzierung, § 41 Rn. 81; *Assmann* in: Assmann/Schütze, Handbuch des Kapitalanlagerechts, 4. Aufl. 2015, § 5 Rn. 158; *Hauptmann* in: Vortmann, Prospekthaftung, § 3 Rn. 54, 55.

993 Siehe oben unter: 2. a) bb) (2).

994 *Assmann*, AG 2004, (435), 445. Auch die DAV-Stellungnahme zum KapInhaG weist darauf hin, dass es in der Praxis unüblich sei, dass ein Experte ganz oder teilweise ausdrücklich die Verantwortung für den Prospektinhalt übernimmt, ZIP 2004, (2348), 2352 zu § 44a BörsG - E.

mit *Schroeder* sowohl die grammatikalische Auslegung, die systematische als auch die historisch-genetische Auslegung eher dagegen, eine haftungsrechtliche Teilverantwortlichkeit der Experten zuzulassen. Denn sowohl § 21 Abs. 1 S. 1 Nr. 1 WpPG als auch § 20 Abs. 1 S. 1 VermAnlG reden von einer Verantwortung *„für* ***den*** *(Verkaufs-)Prospekt"*, womit sprachlich meist der gesamte Prospekt verstanden wird. In systematischer Hinsicht wird zwar in § 7 Abs. 3 S. 1 Nr. 1 VermAnlG i.V.m. § 3 VermVerkProspV anders als in § 5 Abs. 4 S. 1 WpPG auch eine Verantwortung für „bestimmte Angaben" und nicht nur für den Inhalt des gesamten Prospekts zugelassen. Allerdings ist die Haftungsvorschrift davon abweichend in oben bezeichneter Weise gleich formuliert, was für einen Gleichlauf der Haftungsverpflichteten spricht. Schließlich wurde § 20 VermAnlG aus § 13 VerkProspG entwickelt, der früher explizit auf die börsengesetzliche Prospekthaftungsvorschrift verwies, wo es nur eine Gesamtverantwortlichkeit gab. Bei der Überführung in das VermAnlG wollte der Gesetzgeber den Kreis der Haftungsverpflichtenden aber nicht erweitern.[995] Der teleologischen Auslegung, die den beabsichtigten stärkeren Anlegerschutz für Vermögensanlagen durch den Gesetzgeber im Rahmen des AnSVG[996] zu berücksichtigen hat und daher für eine Fortführung der Garantenhaftung im Rahmen der spezialgesetzlichen Prospekthaftung spricht und mithin auch für eine haftungsrechtliche Teilverantwortung der Experten, kann dagegen gegenüber den anderen Auslegungsmethoden kein Vorrang eingeräumt werden.[997]

Die von *Groß* ins Feld geführten europäischen Vorschriften determinieren hinsichtlich der Ausgestaltung der Prospekthaftung auch in persönlicher Hinsicht die nationalen Gesetzgeber nicht, wie Art. 6 Abs. 1 der Prospektrichtlinie[998] klarstellt.[999]

dd) Bewertung

Die besseren Argumente sprechen de lege lata für einen Ausschluss der spezialgesetzlichen Prospekthaftung von Experten für die von ihnen erstellten Prospektteile. Solange sie nicht ausdrücklich die Verantwortung übernehmen, liegt schon keine die Verantwortlichkeit begründende Wissenserklärung i.S.v. §§ 5 Abs. 4 S. 1 Hs. 2 WpPG; 7 Abs. 3 S. 1 Nr. 1 VermAnlG i.V.m. § 3 Hs. 2

995 *Schroeder*, Persönlicher Anwendungsbereich Prospekthaftung, S. 207 ff.
996 RegE AnSVG, BT-Drs. 15/3174, S. 26.
997 *Schroeder*, Persönlicher Anwendungsbereich Prospekthaftung, S. 210 ff.
998 Richtlinie 2003/71/EG, Abl. EU Nr. L 345/73.
999 Siehe auch *Kunold/Schliltt*, BB 2004, (501), 511; *Mülbert/Steup* in: Habersack/Mülbert/Schlitt, Unternehmensfinanzierung, § 41 Rn. 83.

VermVerkProspG vor. Die Auslegung der Prospekthaftungsansprüche spricht außerdem gegen eine haftungsrechtliche Teilverantwortlichkeit.

3. *Prospektverantwortlichkeit bei Verkaufsprospekten nach dem KAGB*

Die in § 306 Abs. 1 S. 1, Abs. 4 KAGB genannten Prospektverantwortlichen stellen eine Kombination der Prospektverantwortlichkeit aus der Vorgängervorschrift des § 127 Abs. 1 S. 1, Abs. 4 InvG[1000], erweitert um den Kreis der verantwortlichen Personen nach § 20 Abs. 1 VermAnlG dar.[1001] Hinsichtlich des Kreises der Prospektverantwortlichen im Sinne von § 20 Abs. 1 VermAnlG gelten die eben bei **2.** gemachten Ausführungen hierzu entsprechend. § 127 InvG führte seinerseits die Regelungen in §§ 20 KAGG; 12, 15i AuslInvG fort.[1002]

Die Verwaltungsgesellschaften (§ 1 Abs. 14 KAGB) sind die zuerst genannten Prospektverantwortlichen in § 306 Abs. 1 S. 1 KAGB. Das ist schon deshalb sinnvoll, weil sie für ihren Geschäftsbetrieb einer schriftlichen Erlaubnis durch die BaFin bedürfen, §§ 20 ff. KAGB. Damit wird sichergestellt, dass sie mit einem Mindestkapital ausgestattet sind, § 25 KAGB. Außerdem wird zur Vermeidung von Missmanagement die Zuverlässigkeit der entscheidenden Personen geprüft, § 23 Nr. 3, 4 KAGB. Schließlich richtet sich die Prospektpflicht an die Verwaltungsgesellschaft, §§ 164 Abs. 1, 268 Abs. 1, 298 Abs. 1, 299 Abs. 1 KAGB, und es müssen detaillierte Informationen über sie und ihre Organe im Prospekt enthalten sein, § 165 Abs. 2 Nr. 28, 29 KAGB. Das alles trägt dazu dabei, dass die prospekthaftungsrechtlichen Rückabwicklungsansprüche gegen die Verwaltungsgesellschaft auch durchsetzbar sind. Eine Haftung des Investmentvermögens selbst bei einer externen Verwaltung ist im KAGB im Unterschied zur vorherigen Rechtslage, nach dem die Investmentaktiengesellschaft über den Verweis des § 99 Abs. 3 InvG zum Adressaten der Prospekthaftung nach § 127 InvG erklärt wurde, nicht vorgesehen. Dies sollte im Gegensatz zur Ansicht *Schlitts* als bewusste Entscheidung des Gesetzgebers akzeptiert und nicht über eine erweiterte Interpretation des Prospektveranlassers konterkariert werden.[1003]

Unter die gewerblichen Anteilsverkäufer im eigenen Namen i.S.v. Abs. 1 S. 1 fallen insbesondere Kreditinstitute bzw. Finanzdienstleistungsinstitute, die die Anteile als Kommissionäre oder als Eigenhändler verkaufen.[1004] Dieser Fall hat

---

1000 RegE AIFM-UmsG, BT-Drs. 17/12294 S. 283.

1001 Beschlussempfehlung des Finanzausschusses zum AIFM-UmsG, BT-Drs. 17/13395 S. 409.

1002 RegE InvestmentmodernisierungsG, BT-Drs. 15/1553 S. 115.

1003 Anders *Schlitt*, Bankrechtstag 2014, (75), 86.

1004 *Patzner/Döser*, InvG, § 127 Rn. 2.

aber kaum praktische Relevanz, da Kreditinstitute in der Regel als Vertreter beim Abschluss eines Investmentvertrags handeln und freie Vermittler oft als Makler auftreten.[1005]

Nach § 306 Abs. 4 KAGB haften jedoch ebenso die gewerbsmäßigen Vermittler und Verkaufsvertreter, wenn auch nur bei Vorsatz.[1006]

4. *Prospektverantwortlichkeit bei Fehlen des Verkaufsprospekts*

Wird trotz einer bestehenden Prospektpflicht kein Prospekt erstellt, so haften nach §§ 24 Abs. 1 S. 1 WpPG, 21 Abs. 1 S. 1 VermAnlG Emittent und Anbieter als Gesamtschuldner.

a) Anbieter

Der Begriff des Anbieters ist in § 2 Nr. 10 WpPG legaldefiniert und kann auch im VermAnlG als Nachfolger des VerkProspG herangezogen werden.[1007] Danach ist Anbieter eine Person oder Gesellschaft, die Wertpapiere bzw. Vermögensanlagen öffentlich anbietet. Der Gesetzgeber versteht darunter denjenigen, *„der für das öffentliche Angebot der Vermögensanlage verantwortlich ist, den Anlegern gegenüber nach außen erkennbar als Anbieter auftritt.*[1008] Was unter einem öffentlichen Angebot zu verstehen ist, wird bereits oben ausführlich dargestellt.[1009] Entgegen der Ansicht von *Manzei* kann es nicht nur immer einen Anbieter geben.[1010] Der Anbieterbegriff ist eben ein anderer als der des Prospektverantwortlichen nach § 21 Abs. 1 S. 1 Nr. 1 WpPG, wie schon die Systematik dieses Gesetzes zeigt. Gerade Emissionskonsortien oder Vertriebsunternehmen können durch ihr äußeres Wirken als Anbieter gelten.[1011] Eine extensive Auslegung von „Anbieter", so dass auch Hintermänner entsprechend § 21 Abs. 1 S. 1 Nr. 2 WpPG erfasst werden, ist dagegen nicht möglich.[1012] Ein Hintermann zeichnet sich schon seinem

1005 *Köndgen* in: Berger/Steck/Lübbehüsen, InvG, § 127 Rn. 16.

1006 Hierzu genauer Teil 4 § 1 A. III. 1. a) cc).

1007 RegE ProspektrichtlinienumsetzungsG, BT-Drs. 15/4999, S. 29.

1008 RegE VermAnlG, BT-Drs. 17/6051 S. 32; RegE AnSVG, BT-Drs. 15/3174, S. 42.

1009 Siehe oben unter B. I. 1. a) bb).

1010 *Manzei*, WM 2006, (845), 848.

1011 *Assmann* in: Assmann/Schlitt/von Kopp-Colomb, WpPG/VermAnlG, 3. Aufl. 2017, § 24 WpPG Rn. 17.

1012 So aber *Mülbert/Steup* in: Habersack/Mülbert/Schlitt, Unternehmensfinanzierung, § 41 Rn. 79.

Wortsinn nach dadurch aus, dass er gerade nicht nach außen erkennbar ggü. den Anlegern auftritt, wie es der Anbieterbegriff erfordert.[1013]

b) Emittent

Emittent von Wertpapieren ist nach § 2 Nr. 9 WpPG dagegen eine Person oder Gesellschaft, die Wertpapiere begibt oder zu begeben beabsichtigt.[1014] Bei Vermögensanlagen wird der Emittent nach § 1 Abs. 3 VermAnlG als Person oder Gesellschaft definiert, deren in den Anwendungsbereich des VermAnlG fallende Vermögensanlagen im Inland öffentlich angeboten werden.

Emittent und Anbieter können identisch sein, wie es beim Eigenvertrieb oder der Selbstemission der Fall ist, müssen es aber nicht.[1015] Als problematisch erweist sich die Haftung des Emittenten, wenn das Angebot allein vom Anbieter ausgeht, wie es im Falle der Zweitplatzierung geschieht. In diesem Fall wird allgemein eine Verantwortlichkeit des Emittenten verneint, sei es mit Verweis auf den missverständlichen Wortlaut[1016] oder meines Erachtens vorzugswürdig im Wege einer teleologischen Reduktion.[1017] Zu Recht wird hierbei die Gesetzesbegründung des AnSVG zur Vorgängernorm des § 13a VerkProspG angeführt,[1018] nach der es um die pflichtwidrige Nichterstellung eines Prospekts geht.[1019] Daraus wird deutlich, dass für einen fehlerhaften Prospekt nur derjenige haften muss, den auch die Prospektpflicht trifft.[1020] Ansonsten würde den Emittenten

---

1013 *Assmann* in: Assmann/Schlitt/von Kopp-Colomb, WpPG/VermAnlG, 3. Aufl. 2017, § 24 WpPG Rn. 16.

1014 Siehe zum historischen Ursprung oben Teil 1 § 2 A. I. 4. a).

1015 RegE VermAnlG, BT-Drs. 17/6051 S. 32; *Manzei*, WM 2006, (845), 848; *Assmann* in: Assmann/Schlitt/von Kopp-Colomb, WpPG/VermAnlG, 3. Aufl. 2017, § 24 WpPG Rn. 17.

1016 *Assmann* in: Assmann/Schlitt/von Kopp-Colomb, WpPG/VermAnlG, 3. Aufl. 2017, § 24 WpPG Rn. 15; *Unzicker*, VerkProspG, § 13a Rn. 9.

1017 *Schäfer*, ZGR 2006, (40), 59 f.; *Kind* in: Arndt/Voß, VerkProspG, § 13a Rn. 10.

1018 *Assmann* in: Assmann/Schlitt/von Kopp-Colomb, WpPG/VermAnlG, 3. Aufl. 2017, § 24 WpPG Rn. 15 Fn. 1; *Mülbert/Steup* in: Habersack/Mülbert/Schlitt, Unternehmensfinanzierung, § 41 Rn. 78.

1019 RegE AnSVG, BT-Drs. 15/3174, S. 44.

1020 So auch *Assmann* in: Assmann/Schütze, Handbuch des Kapitalanlagerechts, 4. Aufl. 2015, § 5 Rn. 220.

eine für Kapitalmarkthaftungstatbestände systemwidrige Gefährdungs-[1021] bzw. Garantiehaftung[1022] treffen.

c) Haftung des Anbieters bei Investmentanteilen

Gänzlich missglückt ist die Haftung des Anbieters für einen fehlenden Prospekt nach § 306 Abs. 5 KAGB. Dieser Absatz wurde im Gesetzgebungsverfahren erst durch einen Vorschlag des Finanzausschusses in Anlehnung an § 21 VermAnlG eingefügt.[1023] Die Prospektpflicht trifft aber aus guten Gründen[1024] nach §§ 164 Abs. 1, 268 Abs. 1, 298 Abs. 1, 299 Abs. 1 KAGB nur die Verwaltungsgesellschaft. Wenn nun z.B. eine Vertriebsbank durch ihr Erscheinungsbild gegenüber den Anlegern als Anbieter angesehen wird, ist nicht verständlich, warum sie und nicht die Verwaltungsgesellschaft des Investmentvermögens für einen fehlenden Prospekt haften soll, wenn sie doch gar keine Prospektpflicht trifft. Hier zeigt sich wieder besonders die Vorteilhaftigkeit eines einheitlichen Prospekthaftungsanspruchs, der allein auf der Prospektpflicht basiert.[1025]

5. *Prospektverantwortlichkeit bei Kurzinformationen*

Für fehlerhafte Vermögensanlagen-Informationsblätter haftet nach § 22 Abs. 1 VermAnlG der Anbieter. Der Gesetzgeber begründet das explizit mit der Prospektpflicht, die ja gemäß § 13 Abs. 1 VermAnlG ebenfalls nur den Anbieter trifft.[1026]

Auch die PRIIP-Verordnung[1027] sieht in Art. 11 Abs. 1, 2 eine Haftung allein des PRIIP-Herstellers vor, den nach Art. 5 Abs. 1 die Pflicht trifft, ein Basisinformationsblatt zu erstellen.

Der im Rahmen des Gesetzes zur Ausübung von Optionen der EU-Prospektverordnung und zur Anpassung weiterer Finanzmarktgesetze[1028] eingeführte § 24a WpPG lässt für das fehlende Wertpapier-Informationsblatt dagegen Emittent und Anbieter als Gesamtschuldner haften, obwohl die Pflicht zur

---

1021 *Assmann* in: Assmann/Schlitt/von Kopp-Colomb, WpPG/VermAnlG, 3. Aufl. 2017, § 24 WpPG Rn. 15.

1022 *Mülbert/Steup* in: Habersack/Mülbert/Schlitt, Unternehmensfinanzierung, § 41 Rn. 78.

1023 Beschlussempfehlung des Finanzausschusses zum AIFM-UmsG, BT-Drs. 17/13395 S. 287, 409.

1024 Siehe oben unter 3.

1025 Siehe dazu Teil 5 § 5 A.

1026 RegE VermAnlG, BT-Drs. 17/6051 S. 37.

1027 VO (EU) Nr. 1286/2014, Abl. EU Nr. L 352/1.

1028 BGBl. I 2018, S. 1102.

Veröffentlichung des Wertpapier-Informationsblatts nach § 3a Abs. 1 S. 1 WpPG nur den Anbieter trifft. Hier hat der Gesetzgeber unreflektiert die Vorlage des § 24 WpPG verwendet.[1029]

Nach § 306 Abs. 2 S. 1 KAGB sind für die wesentlichen Anlegerinformationen die Verwaltungsgesellschaft und die gewerbsmäßigen Verkäufer prospektverantwortlich. Erstere sind wiederum die Prospektpflichtigen. Die Verantwortlichkeit der gewerbsmäßigen Verkäufer dagegen ist ein Relikt aus § 127 Abs. 2 InvG. Darin wurde in Umsetzung der OGAW-IV Richtlinie eine Haftungsnorm für Kurzinformationen parallel zur schon existierenden in Absatz 1 geschaffen.[1030] Diese wurde in § 306 Abs. 2 KAGB ohne Berücksichtigung, dass der Kreis der Prospektverantwortlichen in § 306 Abs. 1 KAGB im Unterschied zu § 127 Abs. 1 InvG weiter gezogen wurde, übernommen. Bei Schaffung einer einheitlichen Prospekthaftungsvorschrift sollte dies berücksichtigt werden.

6. *Ergebnis zu I.*

Die heute noch in den spezialgesetzlichen Prospekthaftungsvorschriften enthaltenen Anspruchsgegner der Prospekterlasser und -veranlasser lagen bereits dem BörsG von 1896 zu Grunde. Heute werden unter erstere meistens der Emittent - bei den Vermögensanlagen jedoch mit Einschränkung -, die Emissionsbank und sonstige Unterzeichnende und wissentlich als gesamtverantwortlich Genannte subsumiert. Dazu kommen die Anbieter als zentraler Anknüpfungspunkt, wenn Verkaufsprospekte in Rede stehen. Auf die Anbieter wird auch i.d.R. abgestellt, wenn ein Verstoß gegen die Prospektpflicht vorliegt und bei den Haftungsvorschriften betreffend Kurzinformationen.

Unter die Gruppe der Prospektveranlasser fallen vor allem die Hintermänner; insoweit besteht ein Gleichlauf mit den Prospektverantwortlichen nach der bürgerlich-rechtlichen Prospekthaftung. Schließlich ergibt sich bei den Anlagen an Investmentvermögen historisch bedingt eine andere Anknüpfung. Haftungsverpflichtete sind hier die Verwaltungsgesellschaften, die gewerblichen Anteilverkäufer im eigenen Namen und die gewerbsmäßigen Vermittler und Verkaufsvertreter.

Eine Expertenhaftung besteht de lege lata noch nicht.

1029 RegE Gesetz zur Ausübung von Optionen der EU-Prospektverordnung und zur Anpassung weiterer Finanzmarktgesetze, BT-Drs. 19/2435, S. 47.

1030 RegE OGAW-IV UmsG, BT-Drs. 17/4510 S. 83 f.

II. *Bürgerlich-rechtliche Prospekthaftung*

Neben dem zu engen Prospektbegriff war die zu restriktive Bezeichnung der Prospektverantwortlichen in den spezialgesetzlichen Prospekthaftungstatbeständen die zweite Säule, die dazu führte, dass die Rechtsprechung eine bürgerlich-rechtliche Prospekthaftung entwickelt hat. Sie entstand zunächst als Sonderrecht der Publikums-KG.[1031] Im Unterschied zur spezialgesetzlichen Prospekthaftung konnte sie als Ausprägung einer besonderen Vertrauenshaftung die emittierende Gesellschaft selbst nicht als Anspruchsgegner nehmen, da *„bei rein kapitalistisch organisierten Gesellschaftsbeteiligungen der einzelne Gesellschafter auf die Beitrittsverträge neuer Gesellschafter keinerlei Einwirkungsmöglichkeiten hat und demgemäß die Gesellschafter dem am Beitritt interessierten Dritten gegenüber überhaupt nicht in Erscheinung treten. Der (getäuschte) Beitrittswillige bringt regelmäßig nur dem die Verhandlung führenden Vertreter der Gesellschafter, nicht aber diesen oder der Gesellschaft Vertrauen entgegen. Daher ist es gerechtfertigt, nur diesen Vertreter persönlich und nicht auch die übrigen Gesellschafter haften zu lassen.“*[1032] Die Publikumsgesellschaft selbst ist darüber hinaus auch nicht Vertragspartnerin der Anleger.[1033] Schließlich soll es zu keinem „Wettrennen“[1034] bzw. „Windhundrennen[s]“[1035] kommen, nach dem die schnellsten der getäuschten Anleger zu Lasten der anderen Anleger und übrigen Gläubiger das restliche Kapital der Gesellschaft unter sich verteilen.[1036] Unter Ausklammerung der Gesellschaft selbst entwickelte die Rechtsprechung folglich drei Gruppen von Prospektverantwortlichkeit im Sinne der bürgerlich-rechtlichen Prospekthaftung im engeren Sinne.

1. *Prospektherausgeber, Gründer, Initiatoren und Gestalter der Gesellschaft*

Im „Gastronomie-Fall“, in dem es um eine Publikums GmbH & Co. KG ging, prüfte der BGH eine Haftung der Komplementär-GmbH. Dabei kam er aber zu dem Ergebnis, *„daß der Beitrittsinteressent bei der Aufnahme der Vertragsverhandlungen sein besonderes Vertrauen nicht allein und auch nicht in erster Linie*

1031 Vgl. Teil 1 § 2 B. II.

1032 BGHZ 156, (46), 51 f.

1033 *Siol* in: Schimansky/Bunte/Lwowski, BankR-Hdb, Bd. I, § 45 Rn. 28; *Eyles* in: Vortmann, Prospekthaftung, § 2 Rn. 38.

1034 *Eyles* in: Vortmann, Prospekthaftung, § 2 Rn. 38.

1035 *Assmann* in: Assmann/Schütze, Handbuch des Kapitalanlagerechts, 4. Aufl. 2015, § 5 Rn. 69 f. i.V.m. 3. Aufl. 2007, § 6 Rn. 140.

1036 *Herresthal*, Bankrechtstag 2015, (103), 120.

der Komplementär-GmbH entgegenbringt. Die künftigen Kommanditisten, die im Wesentlichen das zur Erreichung des Gesellschaftszwecks erforderliche Eigenkapital aufzubringen haben, werden öffentlich geworben. Die Prospekte sind dementsprechend für eine anonyme Vielzahl von Interessenten bestimmt. Für diese aber stellt die Komplementär-GmbH im Regelfalle ein abstraktes Gebilde dar, dessen interne Verhältnisse und finanzielle Leistungsfähigkeit sie nicht kennen. Aus diesem Grunde schenken sie typischerweise denjenigen ihr Vertrauen, die hinter der Komplementär-GmbH und der Publikums-Kommanditgesellschaft stehen, d.h. vor allem den Initiatoren und Gründern, die das Management bilden oder beherrschen. Sie erscheinen den künftigen Kommanditisten als die Verantwortlichen; aufgrund ihrer Stellung und Eigenschaft wird persönliche Zuverlässigkeit erwartet."[1037] Diese Formel ist ständige Rechtsprechung des BGH geworden und wird bis heute verwendet.[1038]

Unter die Initiatoren und Gründer fallen diejenigen, die den Gegenstand des Gesellschaftsunternehmens festlegen und nach außen derart in Erscheinung treten, dass von ihnen die Verwirklichung des im Prospekt genannten Unternehmens erwartet werden kann.[1039] Sie müssen dabei bei der Prospekterstellung und -veröffentlichung entweder aktiv mitgewirkt oder sie zumindest geduldet haben, so dass ihnen der aus dem Prospekt abzuleitende Vertrauenstatbestand aufgrund ihrer Kenntnis zurechenbar ist.[1040] Daraus wird deren Prospektverantwortlichkeit abgeleitet, ohne dass es darauf ankommt, dass sie ausdrücklich im Prospekt genannt werden.[1041] Hierin liegt neben der Nichtverantwortlichkeit der Gesellschaft selbst der wesentliche Unterschied zur Fallgruppe der Prospekterlasser im Sinne der spezialgesetzlichen Prospekthaftung. Von dieser Gruppe sind neben den Geschäftsführern der Komplementär-GmbH[1042] auch die nicht vertretungsberechtigten Gründerkommanditisten erfasst, wenn sie die Geschäfte in der Anfangszeit entscheidend mitbestimmt haben.[1043] Im Einklang mit der spezialgesetzlichen Prospekterlasserhaftung führt die Unterzeichnung an „exponierter

1037 BGHZ 71, (284), 287.

1038 BGHZ 72, (382), 384 f.; BGHZ 74, (103), 108 f.; BGHZ 77, (172), 175; BGHZ 79, (337), 340 f.; BGHZ 83, (222), 223 f.; BGHZ 191, (310), 315.

1039 BGHZ 71, (284), 288.

1040 BGHZ 71, (284), 287 f.; BGHZ 72, (382), 388. *Kersting*, Dritthaftung, S. 61 spricht insoweit von einer Art Statushaftung der Gründer und Initiatoren.

1041 *Eyles* in: Vortmann, Prospekthaftung, § 2 Rn. 34; *Siol* in: Schimansky/Bunte/Lwowski, BankR-Hdb, Bd. I, § 45 Rn. 33.

1042 BGHZ 71, 284.

1043 BGHZ 72, (382), 385 ff.

Stelle“[1044] auf dem Prospektdeckblatt oder unter dem Prospekttext aber ebenfalls zu einer Haftung nach dieser Gruppe,[1045] wobei die bloße namentliche Nennung irgendwo im Prospekt ohne weitere inhaltliche Vertrauensschaffung im Prospekt nicht genügt.[1046]

2. *Hintermänner*

Als zweite Gruppe der Prospektverantwortlichkeit, die nicht immer leicht von der ersten Gruppe abgegrenzt werden kann und oft auch Überschneidungen zu ihr aufweist,[1047] hat die Rechtsprechung die Haftung der Hintermänner entwickelt. Darunter versteht sie die Personen, *„die hinter der Gesellschaft stehen und auf ihr Geschäftsgebaren oder die Gestaltung des konkreten Anlagemodells besonderen Einfluss ausüben und deshalb Mitverantwortung tragen.“*[1048] Entscheidend sei dabei der Einfluss des Hintermanns bei der Initiierung des Projekts,[1049] der sich in der Innehabung einer Schlüsselposition, die mit derjenigen der Geschäftsleitung vergleichbar ist, zeigen kann.[1050] Dagegen kommt es weder darauf an, ob sie in dieser Einflussnahme nach außen in Erscheinung getreten sind oder nicht,[1051] noch wie die gesellschaftsrechtliche Ausgestaltung erfolgt.[1052]

Darunter fallen in erster Linie Geschäftsführer und Mehrheitsgesellschafter, weil diese die Geschicke der Initiatorengesellschaft bestimmen.[1053] Daneben kommen nach der Rechtsprechung aber auch mit ähnlichem Einfluss versehene Personen, wie ein Generalbevollmächtigter[1054] oder der Leiter einer für die

---

1044 *Assmann*, Prospekthaftung, S. 346.

1045 *Eyles* in: Vortmann, Prospekthaftung, § 2 Rn. 36; *Assmann* in: Assmann/Schütze, Handbuch des Kapitalanlagerechts, 4. Aufl. 2015, § 5 Rn. 69 i.V.m. 3. Aufl. 2007, § 6 Rn. 152; OLG Stuttgart WM 2005, (2382), 2383.

1046 BGHZ 79, (337), 348 f.

1047 *Eyles* in: Vortmann, Prospekthaftung, § 2 Rn. 34 f.

1048 BGHZ 191, (310), 315; vgl. auch BGHZ 79, (337), 340 ff.; BGHZ 115, (213), 217 f.; BGH WM 2008, (725), 727.

1049 BGHZ 115, (213), 227; BGH WM 2008, (725), 727; BGHZ 191, (310), 315.

1050 BGH NJW-RR 2007, (1332), 1333 Rn. 19; BGH NJW 2010, (1279), 1280 Rn. 13; BGHZ 191, (310), 315.

1051 BGHZ 72, (382), 387; BGHZ 79 (337), 340; BGH NJW-RR 2007, (1479), 1480 Rn. 11.

1052 BGH NJW-RR 2007, (1479), 1480 Rn. 11.

1053 BGHZ 111, (314), 318 f.; BGH NJW-RR 2007, (1479), 1480 Rn. 11; OLG München, Urteil v. 13.02.2017, AZ: 21 U 2159/14 Rn. 30 juris.

1054 BGHZ 79, (337), 343.

Baubetreuung zuständigen ‚Planungsgemeinschaft'[1055] als nach dieser Gruppe Prospektverantwortliche in Betracht.

Diese Hintermannhaftung stimmt im Wesentlichen mit der spezialgesetzlichen Prospektveranlasserhaftung überein, wie der BGH erst vor kurzem wieder festgestellt hat.[1056] Diese zweite Gruppe kann also hinsichtlich der Prospektverantwortlichkeit durch die Ausprägung der Rechtsprechung de lege lata leicht durch die spezialgesetzliche Prospekthaftung substituiert werden.

3. Garanten

Die größten Unterschiede zwischen spezialgesetzlicher und bürgerlich-rechtlicher Prospekthaftung ergeben sich hingegen hinsichtlich der Garanten- bzw. Expertenhaftung. Diese besteht spezialgesetzlich de lege lata nach h.M. nicht.[1057]

a) Definition und Anwendungsbereich

Die entsprechende Fallgruppe der bürgerlich-rechtlichen Prospekthaftung wird nach inzwischen gefestigter Rechtsprechung folgendermaßen definiert: Der Garantenhaftung unterliegen *„diejenigen, die mit Rücksicht auf ihre allgemein anerkannte und hervorgehobene berufliche und wirtschaftliche Stellung oder ihre Eigenschaft als berufsmäßige Sachkenner eine Garantenstellung einnehmen, sofern sie durch ihr nach außen in Erscheinung tretendes Mitwirken am Emissionsprospekt einen besonderen, zusätzlichen Vertrauenstatbestand schaffen und Erklärungen abgeben.*"[1058]

Dies wurde das erste Mal vom BGH bezüglich eines Kurzgutachtens von Rechtsanwälten angenommen, welches mit deren Wissen werbend in den Prospekt aufgenommen wurde.[1059] Im Übrigen betrifft diese Fallgruppe vor allem Experten wie Steuerberater, Notare, Wirtschaftsprüfer, Gutachter, Sachverständige und auch Kreditinstitute.[1060]

1055 BGHZ 76, (231), 233 f.

1056 BGH WM 2012, (2147), 2152. Vgl. auch BGHZ 79, (337), 342. Siehe schon oben unter I. 2. b) cc).

1057 S. o. unter I. 2. c).

1058 BGHZ 191, (310), 316 Rn. 19; vgl. auch BGHZ 77, (172), 176 f.; BGHZ 79, (337), 348, BGH WM 2008, (725), 728 Rn. 18; BGH NJW 2013, (1877), 1878 Rn. 12.

1059 BGHZ 77, (172), 177.

1060 *Eyles* in: Vortmann, Prospekthaftung, § 2 Rn. 34, zur Garantenhaftung von Ratingagenturen siehe Rn. 49; *Assmann* in: Assmann/Schütze, Handbuch des Kapitalanlagerechts, 4. Aufl. 2015, § 5 Rn. 80.

Der Vertrauenstatbestand muss sich dabei aus dem Prospekt selbst ergeben, sofern nicht anderweitig die Mitwirkung an der Prospektgestaltung nach außen hervorgetreten ist.[1061] Es handelt sich, wie auch bei den übrigen Prospektverantwortlichen, um einen Fall typisierenden Vertrauens.[1062] Soweit dagegen eine persönliche Erklärung der Garanten vorliegt, die an die Anleger über den Prospekt lediglich vermittelt wird, wird diese Fallgruppe seit der Schuldrechtsreform von § 311 Abs. 3 S. 2 BGB erfasst.[1063]

b) Einschränkungen

aa) Teilverantwortung

Die Haftung des Garanten ist auf die ihm selbst zuzurechnenden Prospektaussagen (z.B. Rechtsgutachten, Testate) begrenzt und betrifft daher in der Regel nicht den gesamten Prospekt.[1064] Das ist der wesentliche Unterschied zur spezialgesetzlichen Prospekthaftung, die haftungsrechtlich nur eine Gesamtverantwortung kennt.[1065]

bb) Identifizierbarkeit

Der durch die Expertenaussage im Prospekt geschaffene Vertrauenstatbestand bestimmt sich aus der Sicht eines durchschnittlichen Anlegers (§§ 133, 157

1061 BGHZ 145, (187), 197; BGHZ 191, (310), 316. Die Auffassung von *Canaris*, JZ 1995, (441), 445, dass das Schriftstück selbst vertrauenswürdig und somit Träger persönlichen Vertrauens sein kann überzeugt nicht, da Vertrauen immer an eine bestimmte Person gekoppelt ist. So auch noch *Ballerstedt*, AcP 151 (1950/51), (501), 510; *Wiedemann/Schmitz*, ZGR 1980, (129), 142 f. Ablehnend auch *Kersting*, Dritthaftung, S. 332.

1062 BGH NJOZ 2008, (2685), 2688 Rn. 16; *Herresthal*, Bankrechtstag 2015, (103), 119 führt aus, dass es sich bei den möglichen Vertrauensgrundlagen um Elemente eines beweglichen Systems handelt.

1063 *Kersting*, Dritthaftung, S. 332.

1064 BGH WM 1984, (19), 20; BGH WM 2006, (423), 425; BGH WM 2008, (725), 728 Rn. 18; BGHZ 191, (310), 316 f.; *Eyles* in: Vortmann, Prospekthaftung, § 2 Rn. 44; *Assmann* in: Assmann/Schütze, Handbuch des Kapitalanlagerechts, 4. Aufl. 2015, § 5 Rn. 80; *Hamann* in: Schäfer/Hamann, KapMG, §§ 44, 45 BörsG Rn. 102.

1065 Siehe oben unter I. 2. c); *Kersting*, Dritthaftung, S. 62, meint daher die Haftung der Garanten gründe nicht auf typisiertem, sondern auf tatsächlich in Anspruch genommenem Vertrauen. Allerdings ist, wie gezeigt, Bezugspunkt hier ebenfalls der Prospekt als typisierte Vertrauensgrundlage, so dass mich diese Differenzierung nicht überzeugt.

BGB).[1066] Während auf der einen Seite die bloße Namensnennung dafür noch nicht genügen kann,[1067] muss andererseits derjenige, der eine Expertenaussage im Prospekt getroffen hat, identifizierbar sein, um seine Haftung zu begründen.[1068] So hat der BGH in einem Fall den Verfasser eines Gutachtens, auf das der Prospekt als ihm zugrunde liegend hinwies, deshalb nicht haften lassen, weil er im Prospekt unbekannt geblieben ist.[1069] In einem anderen Fall hingegen hielt der BGH durch folgende Aussage im Prospekt den dadurch haftenden Experten als ausreichend identifizierbar: „*Prospekt und Bauherrenvertrag sind durch einen Wirtschaftsprüfer geprüft. Bericht und Testat können aus standesrechtlichen Gründen in diesem Prospekt nicht abgedruckt werden. Auf Anforderung von Interessenten wird der Prüfungsbericht selbstverständlich zur Verfügung gestellt.*“[1070]

cc) Zurechenbarkeit

Wie schon bei der ersten Gruppe der Prospektverantwortlichen ausgeführt, muss auch bei der Expertenhaftung die Zurechenbarkeit gefordert werden. Das heißt, die Experten haften nicht, wenn ihre Aussagen nicht mit Wissen und Wollen oder zumindest mit ihrer Duldung in den Prospekt gelangt sind.[1071] Auch sollte man mit *Assmann* annehmen, dass eine zur Zurechnung führende Duldung im Nachhinein entfällt, wenn der Experte die Gesamtprospektverantwortlichen nach Kenntnis der Umstände zur Unterlassung und Beseitigung bzw. zur Berichtigung der Wiedergabe seiner Erklärung oder des Hinweises auf sein Gutachten auffordert.[1072] Solange keine Prospektberichtigung erfolgt, vertrauen die Anleger zwar auf die Expertenaussage bzw. auf das Expertengutachten und die Experten wissen das in der Regel, wenn sie mit der Erstellung eines Gutachtens betraut werden. Allerdings kann von den Experten nicht mehr gefordert werden, als nach Abgabe ihrer Gutachten eine Berichtigung durch die Gesamtprospektverantwortlichen zu veranlassen.

1066 *Assmann* in: Assmann/Schütze, Handbuch des Kapitalanlagerechts, 4. Aufl. 2015, § 5 Rn. 80; *Eyles* in: Vortmann, Prospekthaftung, § 2 Rn. 44.

1067 BGHZ 79, (337), 348 f.; BGH NJW 1995, 1025 Ls. 4; *Assmann* in: Assmann/Schütze, Handbuch des Kapitalanlagerechts, 4. Aufl. 2015, § 5 Rn. 81; *Eyles* in: Vortmann, Prospekthaftung, § 2 Rn. 45.

1068 *Assmann* in: Assmann/Schütze, Handbuch des Kapitalanlagerechts, 4. Aufl. 2015, § 5 Rn. 81.

1069 BGH WM 1986, (904), 906.

1070 BGHZ 111, (314), 320.

1071 *Assmann* in: Assmann/Schütze, Handbuch des Kapitalanlagerechts, 4. Aufl. 2015, § 5 Rn. 82.

1072 *Assmann*, AG 2004, (435), 439 f.

dd) Haftungsfreizeichnung

Zwar haften, wie eben gezeigt, Experten ohnehin nur für die von ihnen ausgearbeiteten Teile des Prospekts. Jedoch stellt sich die Frage einer möglichen Haftungsfreizeichnung vor allem für Wirtschaftsprüfer. Bezieht sich das Testat nämlich auf die Prüfung des Prospekts allgemein, so würde sich die Prospektverantwortlichkeit des Wirtschaftsprüfers auf alle Angaben des Prospekts erstrecken.[1073] Eine generelle Haftungsfreizeichnung dadurch, dass im Prospekt nur in unauffälliger Form und ohne Namensnennung auf das von interessierten Anlegern anforderbare Gutachten verwiesen wurde, wie sie der Wohnungswirtschaftliche Fachausschuss im Institut der Wirtschaftsprüfer 1983 empfahl,[1074] wurde durch das bei der Identifizierbarkeit genannte Urteil des BGH kassiert.[1075] Einer Haftungsfreizeichnung bedarf es aber gar nicht, wenn die im Prospekt wiedergegebene Erklärung deutlich macht, dass bestimmte Angaben nicht geprüft wurden.[1076] Ein Vertrauen der Anleger kann sich dann insoweit gerade nicht bilden.

c) Erweiterung der Garantenhaftung durch das „Scholz-Urteil"?

Im „Scholz-Urteil" hat der BGH festgestellt, dass als Garant nicht nur in Betracht komme, wer in Ausübung seines Berufs als Sachkenner an der Gestaltung des Prospekts mitwirkt.[1077] Daneben hafte auch, wer mit seinen veröffentlichten Aussagen den Eindruck bei den potentiellen Anlegern erweckt, er hätte Einfluss auf die Gestaltung des Anlagekonzepts, und gleichzeitig aufgrund seines Werdegangs und Berufs Vertrauen in seine Integrität, Objektivität und Fachkompetenz in Anspruch nimmt und zur Anlegerwerbung einsetzt.[1078] Wenn die wohl h.M. in der Literatur meint, damit werde die Fallgruppe der Garantenhaftung erweitert oder sogar eine neue Fallgruppe geschaffen,[1079] liegen sie damit aber falsch. Selbst wenn die Rechtsprechung vorher hauptsächlich mit Garanten in Ausübung ihrer Berufstätigkeit zu tun hatte, so ist dennoch schon mit dem ersten Teil der oben genannten Definition der Garantenhaftung:[1080] *„diejenigen, die mit Rücksicht auf ihre allgemein anerkannte und hervorgehobene berufliche und*

1073 *Assmann*, AG 2004, (435), 440.

1074 Siehe *Assmann*, Prospekthaftung S. 351 m. Fn. 92, 93 m.w.N.

1075 BGHZ 111, (314), 320.

1076 *Assmann*, AG 2004, (435), 440.

1077 BGHZ 191, (310), 319 f.

1078 BGHZ 191, (310), 320.

1079 *Klöhn*, WM 2012, (97), 104; *Hellgardt*, ZBB 2012, (73), 84 f.; *Schroeder*, Persönlicher Anwendungsbereich Prospekthaftung, S. 33 f.

1080 Siehe oben unter 3 a).

wirtschaftliche Stellung [...]"[1081] diese Fallgruppe abgedeckt.[1082] Die tatsächliche Beteiligung bei der Prospekterstellung ist nicht maßgeblich, es kommt nur auf die Sicht der Anleger an. „Rupert-Scholz-Grundsätze" in diesem Sinne, die über die bisherige Garantenhaftung hinausgehen, gibt es also nicht.[1083]

Die Eigenschaft als bedeutender Politiker und Vorsitzender bzw. Mitglied des Beirats genügt nach Ansicht des BGH aber noch nicht, um diese Kriterien zu erfüllen.[1084] Vielmehr muss danach beim Anleger der Eindruck eines maßgeblichen Einflusses auf das im Prospekt zum Ausdruck kommende Anlagekonzept entstehen.[1085]

4. Ergebnis zu II.

Die bürgerlich-rechtliche Prospekthaftung kennt drei Fallgruppen der Prospektverantwortlichkeit. Unter die Prospektherausgeber, Gründer und Initiatoren fallen diejenigen, die aktiv bei der Prospekterstellung mitgewirkt haben. Von der zweiten Gruppe der Hintermänner sind diejenigen erfasst, die aufgrund ihrer Stellung hinter der Gesellschaft Einfluss auf die Gestaltung des Prospekts genommen haben, ohne bei der Erstellung selbst aktiv beteiligt gewesen zu sein. Diese Gruppe ist bei den spezialgesetzlichen Prospekthaftungsansprüchen von den Prospektveranlassern erfasst. Schließlich trifft die Garanten eine Prospekthaftung, jedoch nur für die von ihnen verantworteten Teile des Prospekts. Außerdem müssen sie identifizierbar und die Aussage ihnen zurechenbar sein. Hierunter fallen vor allem im Prospekt abgedruckte Testate von Wirtschaftsprüfern und Gutachten von Rechtsanwälten. Diese Gruppe der Verantwortlichen kennt de lege lata im Rahmen der spezialgesetzlichen Prospekthaftung kein Pendant.

III. Ergänzende Anwendung der bürgerlich-rechtlichen Prospekthaftung auf Garanten

Dies führt zu der Frage, ob die bürgerlich-rechtliche Prospekthaftung auch unter Geltung des spezialgesetzlichen Prospekthaftungsregimes in der heutigen Form weiterhin auf Garanten anwendbar ist. Dies wird in der Tat von einem Teil der

1081 BGHZ 77, (172), 176 f;

1082 Wie hier *Herresthal*, Bankrechtstag 2015, (103), 118.

1083 So aber *Klöhn*, WM 2012, (97), 105.

1084 BGHZ 79, (337), 349.

1085 BGHZ 191, (310), 319 ff. *Hellgardt* ist insofern zuzustimmen, dass dann die Einordnung als Hintermann ebenfalls nicht fernliegend gewesen wäre, ZBB 2012, (73), 84 f.

Literatur angenommen.[1086] Einerseits wird dies damit zu begründen versucht, dass es sich bei der Haftungsprivilegierung der Prospektverantwortlichen im Rahmen der spezialgesetzlichen Prospekthaftung um eine Ausnahmeregelung handle, die eng auszulegen und nicht analogiefähig sei („singularia non sunt extendenda"). Daher sei auch eine analoge Anwendung der Haftungsprivilegierung auf grobe Fahrlässigkeit auf den Garanten nicht möglich.[1087] Diese Begründung stellt aber einen Zirkelschluss dar. Denn das Ergebnis der ergänzenden Anwendbarkeit der bürgerlich-rechtlichen Prospekthaftung auf Garanten wird argumentativ darauf gestützt, dass eine Übertragung der Haftungsprivilegierung der spezialgesetzlichen Prospekthaftung auf sie nicht möglich sei, was implizit deren Fortbestehen voraussetzt.

Der andere Begründungsansatz stützt sich darauf, dass die spezialgesetzliche Prospekthaftung auf den in den einzelnen Gesetzen geregelten Prospektpflichten und den dort verpflichtend vorgesehenen Informationen basiere, es aber keine Informationspflicht für Garanten gebe.[1088] Dem kann aber ebenfalls nicht gefolgt werden. So müssen bei Aktien und ähnlichen Wertpapieren gemäß § 7 WpPG i.V.m. Art. 3 und Anhang I Nr. 2.1 und 20.1 der Prospektverordnung[1089] in den Prospekt die letzten drei Jahresabschlüsse unter Nennung von Name und Anschrift der sie erstellenden Abschlussprüfer aufgenommen werden. Bei Vermögensanlagen folgt aus § 11 VermVerkProspV, dass der Name, die Anschrift und die Berufsbezeichnung des Abschlussprüfers, der Bestätigungsvermerk einschließlich zusätzlicher Bemerkungen in den Verkaufsprospekt aufgenommen werden müssen und der Wirtschaftsprüfer dem nicht widersprechen kann. Bei Anteilen an Investmentvermögen ergibt sich aus § 165 Abs. 2 Nr. 18 KAGB die Pflicht, den Namen des Abschlussprüfers, der mit der Prüfung des Investmentvermögens einschließlich des Jahresberichtes beauftragt ist, zu veröffentlichen. Es gibt also Stellen im Prospekt, die zwingend von Garanten erstellt und sodann von den Gesamtverantwortlichen veröffentlicht werden müssen. Daher ist der h.M. zu folgen, nach der die abschließende spezialgesetzliche Prospekthaftung

---

1086 *Hoffmeyer*, NZG 2016, (1133), 1137 f.; *Suchomel*, NJW 2013, (1126), 1131; *Ellenberger*, Prospekthaftung, S. 29 f.; *Kumpan* in: Baumbach/Hopt, HGB, § 25 WpPG Rn. 4; tendenziell auch *Hamann* in: Schäfer/Hamann, KapMG, §§ 44, 45 BörsG Rn. 101.
1087 *Suchomel*, NJW 2013, (1126), 1131.
1088 *Hoffmeyer*, NZG 2016, (1133), 1138.
1089 VO (EG) Nr. 809/2004, Abl. EU Nr. L 149/9, 28, 37.

aufgrund der normverdrängenden Konkurrenz[1090] auch eine ergänzende Anwendung der bürgerlich-rechtlichen Prospekthaftung auf Garanten versperrt.[1091]

IV. Ergebnis zu C.

Die spezialgesetzlichen Prospekthaftungsverantwortlichen unterscheiden sich von den Adressaten der bürgerlich-rechtlichen Prospekthaftung im Wesentlichen in den Punkten der Haftung des Emittenten und der Experten. Während bei den spezialgesetzlichen Prospekthaftungstatbeständen die emittierende Gesellschaft oftmals haftet, ist dies bei der bürgerlich-rechtlichen Prospekthaftung gerade ausgeschlossen. Genau umgekehrt verhält es sich bei der Haftung von Experten bzw. Garanten. Deren Haftung kann auch nicht durch eine ergänzende Anwendung der bürgerlich-rechtlichen Prospekthaftung begründet werden, da eine solche aufgrund der normverdrängenden Konkurrenz ausscheiden muss. Die Gesellschaftsorgane geraten bei der bürgerlich-rechtlichen Prospekthaftung eher in die Haftung als bei der spezialgesetzlichen. Schließlich ergibt sich innerhalb der spezialgesetzlichen Prospekthaftung ein Unterschied zwischen Wertpapieren und Vermögensanlagen einerseits und Investmentanteilen andererseits. Bei letzteren gehören auch die in den Vertrieb einbezogenen Personen zur Gruppe der Prospektverantwortlichen.

1090 Hierzu siehe oben unter § 2 B.

1091 *Schroeder*, Persönlicher Anwendungsbereich Prospekthaftung, S. 251; *Grunewald* in: MüKo HGB, § 161 Rn. 193; *Zimmer/Binder*, WM 2005, (577), 579; *Assmann*, AG 2004, (435), 436; *Meyer*, WM 2003, (1301), 1309; *Schwark* in: Schwark/Zimmer, KMRK, § 45 BörsG Rn. 12.

Teil 4: Schaffung eines einheitlichen Haftungstatbestandes

In diesem Teil soll zum einen das Bedürfnis nach einem einheitlichen Prospekthaftungstatbestand deutlich gemacht werden (**§ 1**). Hierbei sind im Rahmen einer Problemanalyse zunächst neben den bereits in Teil 3 § 3 C. herausgearbeiteten unterschiedlichen Prospektverantwortlichen die übrigen Kernprobleme aufzuzeigen, die sich durch die Zweigleisigkeit der Prospekthaftungsansprüche herausgebildet haben (**A.**). Zugleich werden damit Kriterien gewonnen, die bei der in dieser Arbeit angestrebten Vereinheitlichung der Prospekthaftungsansprüche zu berücksichtigen sind. Sodann soll gezeigt werden, dass sowohl ein europarechtliches (**B.**) als auch ein rechtsökonomisches Bedürfnis (**C.**) nach einem einheitlichen Haftungstatbestand bestehen. Zum anderen muss ein solcher einheitlicher Haftungstatbestand rechtsdogmatisch abgesichert werden (**§ 2**). Dabei ist auf die dogmatische Einheit der beiden Stränge zu rekurrieren (**A.**). Schließlich bringen eine rechtsvergleichende (**B.**) sowie eine rechtshistorische Betrachtung (**C.**) weitere Sicherheit.

§ 1 Bedürfnis nach einem einheitlichen Haftungstatbestand

A. Kernprobleme der Zweigleisigkeit

Die rechtstatsächliche Notwendigkeit eines einheitlichen Haftungstatbestands ergibt sich vor allem durch eine Analyse der bestehenden Unstimmigkeiten zwischen den beiden Prospekthaftungsregimen. Diese zeigen sich zunächst im Rahmen der unterschiedlich erfassten Prospektmängel (**I.**), sodann in den Kausalitäts- und Beweislastregeln (**II.**). Vor allem bestehen auch Unterschiede beim vorausgesetzten Verschulden, der Möglichkeit des Berufens auf ein Mitverschulden sowie einer Haftungsfreizeichnung (**III.**). Abschließend richtet sich der Blick auf den jeweils ersetzungsfähigen Schaden (**IV.**).

I. Prospektmängel

Handelt es sich bei dem streitgegenständlichen Medium nach den obigen Ausführungen um einen Prospekt,[1092] so ist im nächsten Schritt zu prüfen, ob dieser Prospekt so mangelhaft ist, dass er einen Prospekthaftungsanspruch auszulösen

1092 Siehe oben unter Teil 3 § 3 A., B.

vermag. Dabei sind die erfassten Fehler an sich (**1.**), der Beurteilungshorizont, nach dem sich die Fehler bestimmen (**2.**) und die Aktualisierungspflichten zu untersuchen (**3.**). Hierbei ist jeweils wiederum nach der spezialgesetzlichen und der bürgerlich-rechtlichen Prospekthaftung zu unterscheiden.

1. *Prospektfehler*

a) Spezialgesetzliche Prospekthaftung

Innerhalb der spezialgesetzlichen Prospekthaftungsansprüche kann weiter differenziert werden hinsichtlich der Prospektmängel bei Vollprospekten (**aa**)) und Kurzinformationen (**bb**)). Schließlich ist das vollständige Fehlen des Prospekts ein erheblicher Mangel (**cc**)), wenn eine Prospektpflicht besteht.

aa) Vollprospekte

Bei den Vollprospekten setzen die spezialgesetzlichen Haftungsansprüche jeweils die Unrichtigkeit oder Unvollständigkeit wesentlicher Angaben voraus, §§ 21, 22 WpPG; 20 VermAnlG; 305 Abs. 1 KAGB. Unter dem Begriff „Angabe" werden sämtliche Tatsachen sowie wertende Aussagen und Prognosen verstanden, wenn sie sich auf eine ausreichende Tatsachenbasis stützen und kaufmännisch vertretbar sind.[1093] Durch die Aufgabe des unterschiedlichen Verschuldensmaßstabs von Unrichtigkeit und Unvollständigkeit im Rahmen des 3. FMFG mit der Begründung, die Unvollständigkeit stelle einen Unterfall der Unrichtigkeit dar,[1094] ist die maßgebliche Bedeutung dieser Differenzierung nivelliert worden. Ihr kommt nur mehr eine Klarstellungsfunktion zu.[1095]

„*Unrichtig sind nicht der Wahrheit entsprechende Angaben. Das ist dann der Fall, wenn der Prospektverantwortliche Tatsachen behauptet, die nicht vorliegen oder seine Werturteile und Prognosen durch die ihnen zugrunde liegenden Tatsachen nicht gerechtfertigt bzw. kaufmännisch - aus ex ante Sicht - nicht vertretbar sind.*"[1096] Wie optimistisch solche Prognosen sein dürfen, ist umstritten. Während der BGH im „BuM"-Urteil noch eine gebotene Zurückhaltung bzgl. Prognosen

---

1093 RegE 3. FMFG, BT-Drs. 13/8933, S. 76; *Gerber*, Prospekthaftung nach dem 3. FMFG, S. 118 f. Mit Blick auf die Tatsachenbasis hält wohl auch *Altmeppen*, DB 1993, 84 darauf gestützte Prognosen als von dem Begriff „Angabe" erfasst an.

1094 RegE 3. FMFG, BT-Drs. 13/8933, S. 80.

1095 *Assmann* in: Assmann/Schütze, Handbuch des Kapitalanlagerechts, 3. Aufl. 2007, § 6 Rn. 88.

1096 *Mülbert/Steup* in: Habersack/Mülbert/Schlitt, Unternehmensfinanzierung, § 41 Rn. 39.

forderte,[1097] verlangt er in einem neueren Urteil keine *„vorsichtige Kalkulation“* mehr, sondern lässt eine auf Tatsachen - die nicht einmal unbedingt alle angegeben werden müssen - basierende optimistische Prognose als ausreichend genügen.[1098] Diese Rechtsprechungsänderung wird von *Klöhn* unter anderem zu Recht dahingehend kritisiert, dass dadurch die ohnehin zu optimistisch denkenden Kleinanleger noch mehr zu Fehlallokationen bewegt werden.[1099]

Angaben sind jedenfalls dann unvollständig, wenn nicht die gesetzlich mindestens vorgeschriebenen Angaben wie z.B. in § 7 WpPG i.V.m. den darin genannten europarechtlichen Vorschriften im Prospekt enthalten sind.[1100]

Aufgrund der Menge und Unübersichtlichkeit der vorgeschriebenen Prospektangaben ist als Korrektiv aber zu beachten, dass nur Prospektmängel, die für die Beurteilung der Anlage wesentliche Angaben betreffen, zu einer Haftung führen.[1101] Der Gesetzgeber verstand unter einer „wesentlichen Angabe“ eine solche, die im konkreten Fall bei ihrer Ordnungsmäßigkeit die für die Beurteilung der Wertpapiere relevanten maßgeblichen tatsächlichen oder rechtlichen Verhältnisse verändern würde.[1102] Nach Rechtsprechung und Literatur soll entsprechend der zur bürgerlich-rechtlichen Prospekthaftung entwickelten Grundsätze Wesentlichkeit dann gegeben sein, wenn ein Anleger die Angaben *„eher als nicht“* bei seiner Anlageentscheidung berücksichtigen würde.[1103] Dies sei bei wertbildenden Faktoren einer Anlage der Fall,[1104] wie z.B. die Darstellung der Geschäftsaussichten oder die Angaben über den Entwicklungsstand eines neuen

1097 BGH NJW 1982, (2823), 2826.

1098 BGH WM 2009, 2303; ihm folgend OLG Köln, Urteil v. 30.8.2012, AZ: 18 U 79/11, Rn. 167 juris.

1099 *Klöhn*, WM 2010, (289), 291 ff. m.w.N.

1100 *Hamann* in: Schäfer/Hamann, KapMG, §§ 44, 45 BörsG Rn. 151; *Schwark* in: Schwark/Zimmer, KMRK, § 45 BörsG Rn. 35.

1101 Dies befürwortet z.B. *Fleischer*, Gutachten F, DJT 2002, S. F58, der ansonsten ein Abwälzen des typischen Anlegerrisikos auf Emittent und Emissionsbegleiter fürchtet.

1102 RegE 3. FMFG, BT-Drs. 13/8933, S. 76.

1103 BGH WM 2012, (2147), 2150; OLG Hamm, Urteil v. 5.2.2015, AZ: 34 U 265/12, Rn. 102 juris; *Assmann* in: Assmann/Schlitt/von Kopp-Colomb, WpPG/VermAnlG, 3. Aufl. 2017, §§ 21–23 WpPG Rn. 55; *Mülbert/Steup* in: Habersack/Mülbert/Schlitt, Unternehmensfinanzierung, § 41 Rn. 48; *Hamann* in: Schäfer/Hamann, KapMG, §§ 44, 45 BörsG Rn. 148; *Hauptmann* in: Vortmann, Prospekthaftung, § 3 Rn. 64.

1104 *Hauptmann* in: Vortmann, Prospekthaftung, § 3 Rn. 64.

Produkts,[1105] oder bei irreführenden Angaben über die Weichkosten, wenn diese erst durch eine Reihe von Rechenvorgängen ermittelt werden können.[1106]

bb) Kurzinformationen

Bei den Prospekthaftungsansprüchen für fehlerhafte Kurzinformationen stellen Irreführung, Unrichtigkeit und teilweise[1107] Unvereinbarkeit von Angaben mit den anderen Teilen des Prospekts bzw. Widersprüchlichkeit mit dem Prospekt die relevanten Prospektmängel dar, §§ 22a Abs, 1; 23 Abs. 2 Nr. 5 WpPG; 22 Abs. 1 Nr. 1 VermAnlG; 306 Abs. 2 S. 1 KAGB. Dabei muss aber betont werden, dass bei den Kurzinformationen auf das dort bekannte Merkmal der „Wesentlichkeit" der Angaben für die Anlageentscheidung verzichtet wird. Dies ist einleuchtend, da in den Kurzinformationen nach der gesetzlichen Intention ohnehin nur wesentliche Angaben enthalten sein sollen, §§ 13 Abs. 2 S. 2 VermAnlG; 166 Abs. 2 KAGB.[1108] Dennoch kann eine Unrichtigkeit nicht schon bei Fehlern gänzlich untergeordneter Bedeutung wie z.B. bei einem marginalen Zahlendreher angenommen werden, sondern es ist auch hier eine gewisse Relevanz für die Anlageentscheidung aus der Sicht des durchschnittlichen Anlegers zu fordern, um eine Übermaßhaftung zu vermeiden.[1109]

Die Tatbestandsalternative der „Irreführung" findet sich auch in § 63 Abs. 6 S. 1 WpHG und ist gegeben, wenn die Angaben an sich zwar zutreffend sind, *„ihre Darstellung aber unklar oder missverständlich ist, so dass beim Anleger ein unzutreffender Eindruck entsteht."*[1110] Dabei ist auf den *„Durchschnittskunden der angesprochenen Zielgruppe"* abzustellen.[1111] Wegen der notwendigen Unvollständigkeit der Kurzinformationen, sollte dieser Begriff aber eng ausgelegt werden.[1112]

1105 *Mülbert/Steup* in: Habersack/Mülbert/Schlitt, Unternehmensfinanzierung, § 41 Rn. 49.

1106 BGH WM 2016, (72), 74 Rn. 16. Genügt aus den Angaben im Prospekt hingegen ein einfacher Rechenschritt zur Ermittlung der Weichkosten, kann dies dem Anleger noch zugemutet werden und führt nicht zu einem Prospektfehler, BGH WM 2016, (1487), 1488 Rn. 20.

1107 Nicht so bei § 22a WpPG.

1108 *Aurich*, GWR 2016, 23.

1109 *Aurich*, GWR 2016, (23), 25.

1110 *Müchler*, WM 2012, (974), 978; *Heisterhagen* in: Emde/Dornseifer/Dreibus/Hölscher, InvG, § 127 Rn. 31.

1111 *Rothenhöfer* in: Schwark/Zimmer, KMRK, § 31 WpHG Rn. 109.

1112 *M. Bauer/Schmidt* in: Teuber, Wertpapierrecht 2011, Rn. 586.

Die dritte Alternative der Nichtvereinbarkeit mit den einschlägigen Teilen des Verkaufsprospekts ist bei Investmentvermögen und Vermögensanlagen selbständig zu prüfen[1113] und erlangt eigenständige Bedeutung gegenüber der Unrichtigkeit und Irreführung dann, wenn die Kurzinformationen von dem im Verkaufsprospekt gezeichneten „Gesamtbild" abweichen.[1114] Diese Alternative besteht logischerweise nicht beim fehlerhaften Wertpapier-Informationsblatt nach § 22a Abs. 1 WpPG, da dieses nach § 3a Abs. 1 WpPG nur in Fällen zu erstellen ist, in denen eine Ausnahme zur Pflicht der Erstellung eines Vollprospekts greift.[1115]

Dagegen scheidet Unvollständigkeit d.h. fehlende Angaben als haftungsrelevanter Prospektmangel für all diese Dokumente bzw. Dokumentteile (§ 5 Abs. 2 WpPG) aus (**(1)** - **(3)**). Etwas anderes gilt im Anwendungsbereich der PRIIP-VO für verpackte Anlageprodukte für Kleinanleger und beim Wertpapier-Informationsblatt (§ 3a WpPG) im Falle des Fehlens des vorgeschriebenen Warnhinweises **(4)**.

(1) Bei Wertpapieren nach dem WpPG ist dies durch Art. 6 Abs. 2 der Prospektrichtlinie[1116] bedingt, wonach niemand lediglich aufgrund der Zusammenfassung haften soll. Dass es sich bei der Zusammenfassung selbst um ein unvollständiges Dokumentteil handelt, wird durch den zwingenden Warnhinweis des § 5 Abs. 2b Nr. 1 WpPG verdeutlicht. Enthält ein Prospekt diesen Warnhinweis nicht, wird es zu keiner Billigung durch die BaFin nach § 13 WpPG kommen. Beachtet der Anleger den Warnhinweis hingegen nicht und stützt seine Erwerbsentscheidung dennoch nur auf die Zusammenfassung, so ist es gerechtfertigt, dass er nur bei Irreführung, Unrichtigkeit oder Widersprüchlichkeit im Zusammenhang mit anderen Prospektteilen einen Anspruch hat.[1117]

(2) Bei Investmentvermögen lässt sich das Fehlen der Haftung für Unvollständigkeit der wesentlichen Anlegerinformationen durch die OGAW-IV-Richtlinienvorgabe in Art. 79 Abs. 2 begründen, wonach aufgrund der wesentlichen Informationen für den Anleger alleine noch keine Zivilhaftung bestehen soll.[1118] Laut des deutschen Gesetzgebers sollte durch die fehlende Pflicht zur Vollständigkeit eine „Überfrachtung" vermieden werden.[1119]

1113 *M. Bauer/Schmidt* in: Teuber, Wertpapierrecht 2011, Rn. 580.

1114 *Müchler*, WM 2012, (974), 978.

1115 Zur Entwicklung siehe *Poelzig*, BKR 2018, 357 ff.

1116 Richtlinie 2003/71/EG, Abl. EU Nr. L 345/73.

1117 So auch *Bergdolt* in: Heidel, Aktien- und Kapitalmarktrecht, 3. Aufl. 2011, § 45 BörsG Rn. 33.

1118 Richtlinie 2009/65/EG, Abl. EU Nr. L 302/72.

1119 RegE OGAW-IV UmsG, BT-Drs. 17/4510, S. 84.

Müchler kritisiert dabei zu Recht, dass aufgrund des detaillierten Regelungsumfangs für diese wesentlichen Anlegerinformationen in der Verordnung EU/583/2010[1120] dieser Einwand kaum berechtigt ist. Eine Lösung dahingehend, die Unvollständigkeit als Unterfall der Unrichtigkeit anzusehen, wie es v.a. im Rahmen des § 21 WpPG vertreten wird,[1121] bietet sich hier nicht an. Dagegen spricht der Wortlaut von Art. 79 Abs. 2 der Richtlinie und der ausdrückliche Wille des (Umsetzung-)Gesetzgebers. Allerdings wird sich das mit Inkrafttreten der PRIIP-VO auf diese Produkte am 1.1.2020 ändern.[1122]

(3) Bei Vermögensanlagen gibt es zwar keine europäisch bindende Vorgabe, aber der Gesetzgeber hat diese Vorschrift eng an die eben behandelten Normen angelehnt und auch hier sein Bedenken wiederholt, dass eine Haftung für Unvollständigkeit zu einer Überfrachtung führen könnte.[1123] Immerhin gibt es bei den Vermögensanlagen keine derart detaillierten Angaben wie bei den Investmentvermögen, so dass man sein Bedenken hier eher teilen kann.[1124] Allerdings wird in der Literatur kritisiert, dass eine Unterscheidung zwischen einer bloßen Unvollständigkeit oder einer bereits vorliegenden Unrichtigkeit oftmals schwer möglich sei[1125] und eine unvollständige Darstellung wesentlicher Risiken zugleich irreführend sein könne.[1126] Jedoch ist dieser Unterschied de lege lata systematisch vorgezeichnet, wie die unterschiedlichen Prospektfehler in § 20 Abs. 1 VermAnlG im Vergleich zu § 22 Abs. 1 Nr. 1 VermAnlG zeigen und der Wille des historischen Gesetzgebers ist zu beachten. Ein Ausweg würde darin bestehen, die Verordnungsermächtigung aus § 13 Abs. 8 VermAnlG wahrzunehmen und eine Rechtsverordnung mit Bestimmungen zum Inhalt und zum Aufbau des Vermögensanlagen-Informationsblatts zu erlassen.[1127] Letzteren Weg geht zunehmend auch der europäische Gesetzgeber, wenn auch noch nicht für Vermögensanlagen i.S.d. VermAnlG, die rein national geregelt sind. So

---

1120 Abl. EU Nr. L 176/1.

1121 Vgl. *Assmann* in: Assmann/Schütze, Handbuch des Kapitalanlagerechts, 3. Aufl. 2007, § 6 Rn. 88 m.w.N.

1122 Siehe hierzu unten unter **(4)**.

1123 RegE VermAnlg, BT-Drs. 17/6051, S. 37 f.

1124 *Müchler*, WM 2012, (974), 978.

1125 *Hanten/Reinholz*, ZBB 2012, (36), 46; *Schott/Brinkmann*, RdF 2011, (238), 241; *Schäfer/Schäfer*, ZBB 2013, (23), 30.

1126 *Hartrott/Voigt*, RdF 2012, (87), 91; *Rinas/Pobortscha*, BB 2012, (1615), 1618; *Schäfer/Schäfer*, ZBB 2013, (23), 30.

1127 So auch *Hartrott/Voigt*, RdF 2012, (87), 91; *Rinas/Pobortscha*, BB 2012, (1615), 1618.

enthalten Art. 6–8 der PRIIP-Verordnung genaue Vorgaben hinsichtlich Inhalt, Form und Aufbau des Basisinformationsblatts.[1128] Ebenso macht die insoweit noch nicht geltende EU-Prospektverordnung in Art. 7 detaillierte Angaben hinsichtlich der Prospektzusammenfassung.[1129]

(4) Im Anwendungsbereich der PRIIP-VO (Artt. 1–4)[1130] ist für verpackte Anlageprodukte für Kleinanleger dagegen eine Haftung für Unvollständigkeit vorgesehen. So sieht Art. 11 Abs. 1 eine Haftung vor, wenn das Basisinformationsblatt nicht mit den Anforderungen nach Art. 8 übereinstimmt. In Art. 8 Abs. 3 sind aber Angaben geregelt, die das Basisinformationsblatt enthalten muss. Insofern besteht eine Haftung für Unvollständigkeit. Ebenso ist in § 22a Abs. 1 WpPG eine Haftung beim Wertpapier-Informationsblatt vorgesehen, wenn der zwingende Warnhinweis nach § 3a Abs. 4 WpPG nicht enthalten ist. Auch insofern handelt es sich um eine Haftung für Unvollständigkeit. Allerdings dürfte der Haftung für einen fehlenden Warnhinweis keine praktische Relevanz zukommen. Ähnlich wie unter (1) für die wohl nicht erfolgende Billigung bei Fehlen des Warnhinweises nach § 5 Abs. 2b Nr. 1 WpPG wird die BaFin auch das Wertpapier-Informationsblatt nicht gestatten, wenn der Warnhinweis nach § 3a Abs. 4 WpPG fehlt. Dies gilt umso mehr, da die Prüfung der Hinweise, die nach den folgenden Absätzen erforderlich sind, in § 3a Abs. 2 S. 2 WpPG ausdrücklich als Prüfungsmaßstab für die BaFin vorgesehen ist.

cc) Fehlender Prospekt

(1) Wertpapiere und Vermögensanlagen

Wird trotz Eingreifens einer Prospektpflicht nach dem WpPG oder dem VermAnlG gar kein Vollprospekt erstellt, stellt dies nach § 24 WpPG bzw. § 21 VermAnlG einen haftungsbewehrten Mangel dar. Strittig ist dann lediglich noch der Verschuldensmaßstab.[1131]

1128 VO (EU) Nr. 1286/2014, Abl. EU Nr. L 352/10 ff.

1129 VO (EU) Nr. 2017/1129 des Europäischen Parlaments und des Rates vom 14. Juni 2017 über den Prospekt, der beim öffentlichen Angebot von Wertpapieren oder bei deren Zulassung zum Handel an einem geregelten Markt zu veröffentlichen ist und zur Aufhebung der Richtlinie 2003/71/EG, Abl. EU Nr. L 168/33.

1130 VO (EU) Nr. 1286/2014, Abl. EU Nr. L 352/8 ff.

1131 Genauer dazu unten unter III. 1. In diesem Zusammenhang wird auch die dann relevante Abgrenzung zwischen einem fehlenden und einem fehlerhaften Prospekt vorgenommen.

(2) Anteile an einem Investmentvermögen

Komplizierter stellt sich die Lage bei Anteilen an einem Investmentvermögen dar. Zwar gibt es hier mit § 306 Abs. 5 KAGB ebenfalls eine Haftungsvorschrift für fehlende Prospekte. Jedoch bezieht sich diese mit §§ 164 Abs. 1, 268 Abs. 1, 299 Abs. 1 KAGB nur auf Publikums-AIF, EU-OGAW und EU-AIF. Die Verweisung auf inländische OGAW nach § 164 Abs. 4 KAGB fehlt gerade. Nach Satz 1 dieser Vorschrift genügt es, der BaFin den Prospekt erst unverzüglich nach erstmaliger Verwendung zu übermitteln. Das galt nach dem alten InvG zuvor für alle von diesem Gesetz erfassten inländischen Sondervermögen, § 42 Abs. 6 S. 1 InvG. Es ist dafür also keine Prüfung durch die BaFin vorgesehen.[1132] In Anlehnung an die Auffassung, die von *Assmann* zu § 42 Abs. 6 InvG vertreten wurde, unterfallen dem Prospektbegriff für inländische OGAW alle Darstellungen, *„die dem Anleger zur Erfüllung der sich aus §§ 42, 121 InvG ergebenden Pflicht als Anlegerinformation angeboten und ausgehändigt werden.*“[1133] Der Prospektbegriff bestimmt sich also anhand des nachträglich aus den verwendeten Unterlagen festzustellenden subjektiven Willens des Prospekterstellers bei der Erfüllung der festgelegten Prospektpflichten. Somit gibt es aber auch keinen Anknüpfungspunkt für eine Haftung bei einem fehlenden Prospekt. Dieses Problem wird einerseits durch eine aufsichtsrechtliche Regelung abgefangen, indem ein fehlender Prospekt eine Ordnungswidrigkeit darstellt, § 340 Abs. 2 Nr. 38, 40 KAGB.

Daneben soll es aufgrund des individuellen Prospektangebots nach § 297 Abs. 1 KAGB zu keiner Haftungslücke kommen, da die Zurverfügungstellung des Prospekts eine vorvertragliche Pflicht nach 311 Abs. 2 BGB darstelle und daher bei Missachtung eine Haftung nach culpa in contrahendo auslöse.[1134] Jedoch stellt dies eine Anspruchsverkürzung gegenüber der Prospekthaftung hinsichtlich der Anspruchsgegner dar. In § 297 Abs. 1 S. 2 KAGB ist nicht geregelt, von wem dem Anleger der Verkaufsprospekt zur Verfügung gestellt werden muss und wer damit für eine Haftung nach § 311 Abs. 2 BGB in Betracht kommt.[1135] Die historische Entwicklung dieser Norm spricht gegen einen Gleichlauf mit den Prospektverantwortlichen nach § 306 KAGB. Denn § 297 Abs. 1 KAGB soll nach dem Willen des Gesetzgebers § 121 Abs. 1 S. 1, 2 InvG fortführen.[1136] §§ 121–142

1132 Siehe *Schmitz* in: Berger/Steck/Lübbehüsen, InvG, § 42 InvG Rn. 34.

1133 *Assmann* in: Assmann/Schütze, Handbuch des Kapitalanlagerechts, 3. Aufl. 2007, § 6 Rn. 64.

1134 *Köndgen* in: Berger/Steck/Lübbehüsen, InvG, § 127 Rn. 27.

1135 Zu diesem Problem siehe *Ewers* in: Berger/Steck/Lübbehüsen, InvG, § 121 Rn. 4 ff. m.w.N.

1136 RegE AIFM-Umsetzungsgesetz, BT-Drs. 17/12294, S. 280.

InvG sollten die vorher bestehenden Vertriebsvorschriften nach dem AuslInvG und dem KAGG zusammenfassen.[1137] Im AuslInvG und im KAGG gab es aber nur eine individuelle Prospektpflicht, § 3 AuslInvG, § 17a KAGG, und die Prospekthaftungsvorschriften mit den dort genau bezeichneten Verantwortlichen bezogen sich auf diese Prospektpflichten, § 12 AuslInvG, § 17b KAGG. Es gab also noch nicht die heute bestehende Zweiteilung zwischen der Veröffentlichung für das Anlegerpublikum und dem individuellen Prospektangebot.[1138] Das individuelle Prospektangebot wurde damals gerade vom spezialgesetzlichen Prospekthaftungsanspruch erfasst und nicht nur über die Brücke der culpa in contrahendo nach § 311 Abs. 2 BGB. Nun entkoppelt von der spezialgesetzlichen Prospekthaftung kann man den § 297 KAGB als vorvertragliche Pflicht[1139] des späteren Veräußerers i.S.v. § 311 Abs. 2 BGB und den Vertrauenspersonen nach § 311 Abs. 3 BGB sehen, quasi als spezialgesetzlich ausgestaltete Pflicht i.S.v. § 241 Abs. 2 BGB. Der spätere Veräußerer und die Vertrauenspersonen sind aber nicht zwangsläufig zugleich der Anbieter i.S.v. § 306 Abs. 5 KAGB. Diese Haftungslücke hinsichtlich der Prospektverantwortlichen bei fehlendem Zurverfügungstellen und Veröffentlichen des Prospekts wird aber dadurch ausgeglichen, dass aufgrund der hohen Regelungsdichte der OGAW-IV-Richtlinie[1140] ein ohnehin hohes Schutzmaß für die (Privat-)Anleger erreicht ist.

(3) Kurzinformationen

Das Regime für Haftungsansprüche wegen fehlender Kurzinformationen ist als uneinheitlich zu bezeichnen.

(a) Wertpapiere

Bei Wertpapieren nach dem WpPG stellt die Zusammenfassung einen Teil des Prospekts dar, so dass bei dessen Fehlen eine Unvollständigkeit von wesentlichen Angaben und mithin ein haftungsrelevanter Mangel des Verkaufsprospekts vorliegt. Dies ergibt sich schon aus der Zusammenschau von §§ 21, 22 WpPG i.V.m. § 23 Abs. 2 Nr. 5 WpPG, da bei einem Fehlen der Zusammenfassung auch die in § 5 Abs. 2 S. 1, Abs. 2a WpPG zwingend dort vorgesehenen Schlüsselinformationen fehlen und mithin ein haftungsrelevanter Prospektfehler

---

1137 RegE Investmentmodernisierungsgesetz, BT-Drs. 15/1553, S. 112.
1138 Siehe oben unter Teil 3 § 3 B. III. 1.
1139 *Müchler* in: Emde/Dornseifer/Dreibus/Hölscher, InvG, § 121 Rn. 33.
1140 Richtlinie 2009/65/EG, Abl. EU Nr. L 302/32.

besteht.[1141] Abgesehen davon dürfte in einem solchen Fall gar keine Billigung des Prospekts durch die BaFin erfolgen.[1142] Eine explizite Haftungsvorschrift für das Fehlen von Kurzinformationen im Bereich der Wertpapiere existiert daneben nach § 24a WpPG. Hier wird für die Nichteinhaltung der Pflicht nach § 3a WpPG gehaftet, wonach die Veröffentlichungspflicht für einen Vollprospekt wegen Inanspruchnahme der Ausnahme nach § 3 Abs. 2 S. 1 Nr. 6 WpPG durch das Veröffentlichen eines Wertpapier-Informationsblatts substituiert wird.

(b) Anteile an einem Investmentvermögen

Hinsichtlich Anteilen an Investmentvermögen gibt es keine Haftungsvorschrift für die Nichterstellung der wesentlichen Anlegerinformationen. Dies kann aber entgegen *Müchler* nicht mehr pauschal damit begründet werden, dass es sich um ein Spezifikum bei Investmentvermögen handle, da es hier auch keine Haftungsvorschrift für unterlassene Verkaufsprospekte gebe. Eine solche hat der Gesetzgeber nämlich inzwischen entgegen der Vorgängervorschrift im InvG durch § 306 Abs. 5 KAGB mit Ausnahme der inländischen OGAW eingeführt.[1143] Schon eher Überzeugungskraft kommt ihren weiteren Argumenten zu. So führe es erstens zu einem Wertungswiderspruch mit dem Prinzip, dass für die notwendigerweise bestehende Unvollständigkeit von wesentlichen Anlegerinformationen nicht gehaftet werden soll.[1144] Außerdem sei es gut möglich, dass der Anleger anderweitig über die für seine Erwerbsentscheidung bedeutsamen Faktoren aufgeklärt wurde.[1145] Die Haftung erfolge daher aufgrund der (vor-)vertraglichen Aufklärungspflichtverletzung.[1146] Eine Stütze findet diese Ansicht in Art. 79 Abs. 1 der OGAW-IV-Richtlinie[1147], nach dem die wesentlichen Informationen für den Anleger vorvertragliche Informationen sind.

Außerdem gibt es gerade für diejenigen Personen die Pflicht, dem Anleger die Kurzinformationen vor Vertragsschluss zur Verfügung zu stellen, die mit ihm unmittelbar in Kontakt treten und so den Vertragsschluss herbeiführen.[1148]

1141 *Assmann* in: Assmann/Schlitt/von Kopp-Colomb, WpPG/VermAnlG, 3. Aufl. 2017, §§ 21–23 WpPG Rn. 60.
1142 Siehe oben unter bb) (1).
1143 Vgl. aber noch *Müchler*, WM 2012, (974), 978.
1144 Siehe oben unter bb).
1145 *Müchler*, WM 2012, (974), 978.
1146 *Müchler*, WM 2012, (974), 978.
1147 Richtlinie 2009/65/EG, Abl. EU Nr. L 302/72.
1148 *Zingel* in: Baur/Tappen, InvG, 3. Aufl. 2015, Bd. 2, § 297 KAGB Rn. 3; *Müchler* in: Emde/Dornseifer/Dreibus/Hölscher, InvG, § 121 Rn. 9.

Das ist beim Eigenvertrieb der Anbieter, vgl. § 15 Abs. 2 S. 1 VermAnlG bzw. § 297 Abs. 1, 2 KAGB und bei Zwischenschaltung eines Wertpapierdienstleistungsunternehmens eben dieses, vgl. §§ 63 Abs. 7, 64 WpHG.

Zwar kommt es dabei wiederum zu einer Verkürzung hinsichtlich der Anspruchsgegner. Allerdings sind die Kurzinformationen ein wesentlich weniger komplexes Medium als der vollumfängliche Verkaufsprospekt, so dass die Erfüllung dieser Aufklärungspflicht tatsächlich auf anderem Wege möglich erscheint. Außerdem ist der Kreis der Haftenden ohnehin bei unrichtigen Kurzinformationen schon wesentlich kleiner im Vergleich zu unrichtigen Verkaufsprospekten, § 22 Abs. 1 VermAnlG, § 306 Abs. 2, 4 KAGB. Schließlich ist nach der gesetzlichen Wertung die Vertrauensbasis betreffend Kurzinformationen gegenüber dem Verkaufsprospekt als geringer einzustufen, § 13 Abs. 4 Nr. 4, 5 VermAnlG, § 5 Abs. 2b Nr. 2 WpPG.

Etwas anderes scheint für die wesentlichen Anlegerinformationen gem. § 166 Abs. 1, 3 KAGB bzw. i.V.m. § 270 Abs. 1 KAGB zu gelten, da nach dem Wortlaut von § 166 Abs. 1 KAGB auf deren Grundlage eine fundierte Anlageentscheidung ohne die Heranziehung zusätzlicher Dokumente möglich sein soll. Die erstrebte Fundiertheit steht aber schon im Widerspruch zu den maximal zwei DIN-A4-Seiten umfassenden wesentlichen Informationen.[1149]

(c) Vermögensanlagen

Dieselben Argumente gegen eine Haftungsvorschrift für fehlende Kurzinformationen wie bei den Anteilen für Investmentvermögen griffen an sich auch für das Vermögensanlagen-Informationsblatt und dies entsprach auch der gesetzlichen Lage vor Inkrafttreten des KleinanlegerschutzG am 10.7.2015.[1150] Bei den Vermögensanlagen besteht zusätzlich das Problem, dass das Vermögensanlagen-Informationsblatt entgegen des Vollprospekts (§ 8 VermAnlG) nicht zur Billigung bei der BaFin eingereicht werden muss und daher der Zeitpunkt der Unterlassung schwer feststellbar wäre.[1151] Denkbar wäre es, entweder an die Übermittlung des Vermögensanlagen-Informationsblatts zur Hinterlegung bei der BaFin gemäß § 14 Abs. 1 S. 2 i.V.m. S. 1 VermAnlG oder an die Eingangsbestätigung durch die BaFin nach § 14 Abs. 2 S. 1 VermAnlG anzuknüpfen. Wohl unter anderem zur Vermeidung dieses Problems wurde in der durch das KleinanlegerschutzG eingeführten Haftungsvorschrift des § 22 Abs. 4a VermAnlG auch nicht

1149 Siehe oben unter Teil 3 § 3 B. IV. 1. a).

1150 BGBl. I 2015, S. 1114.

1151 Zu diesem Problem siehe bereits oben Teil 1 § 3 B. II. 3. a) bb).

an das vollständige Fehlen des Vermögensanlagen-Informationsblatts, sondern an das Nichtzurverfügungstellen desselben entgegen § 15 VermAnlG (Nr. 1), an den fehlenden Warnhinweis entgegen § 13 Abs. 4 VermAnlG (Nr. 2) und an die fehlende Bestätigung der Kenntnisnahme des Warnhinweises entgegen § 15 Abs. 3 und 4 VermAnlG (Nr. 3) angeknüpft.[1152] Außerdem wird dadurch deutlich, dass diese Haftungsvorschrift die vorvertraglichen Aufklärungspflichten absichert und weniger der Information des Kapitalmarkts und den Anlegern als Teil dieses Marktes, sondern ausschließlich dem Schutz der individuellen (Klein-) Anleger dient.[1153] Insofern erscheint eine solche Haftungsvorschrift für Kurzinformationen im Lichte des Anlegerschutzes als sinnvoll.

dd) Ergebnis zu a)

Bei Vollprospekten stellen Unvollständigkeit und Unrichtigkeit von wesentlichen Angaben einen haftungsrelevanten Mangel dar, wobei die Unvollständigkeit seit dem 3. FMFG einen Unterfall der Unrichtigkeit bildet. Hingegen wird bei Kurzinformationen aufgrund ihrer wesensmäßigen Kürze für Unvollständigkeit nicht gehaftet. Hier setzen sich die Prospektmängel aus Irreführung, Unrichtigkeit und Unvereinbarkeit bzw. Widersprüchlichkeit mit dem Vollprospekt zusammen. Etwas anderes gilt lediglich im Anwendungsbereich der PRIIP-Verordnung, die auch eine Haftung für Unvollständigkeit vorsieht. Der Verstoß gegen die Pflicht, Kurzinformationen zu erstellen, führt an sich nicht zur Prospekthaftung. Allerdings führt deren Fehlen im WpPG als Teil des Vollprospekts zu einem haftungsbewehrten Mangel und im VermAnlG ist eine Haftung an das Nichtzurverfügungstellen des Vermögensanlagen-Informationsblatts, an den fehlenden Warnhinweis bzw. an die fehlende Bestätigung der Kenntnisnahme desselben durch den Anleger angeknüpft. Das Nichterstellen von Wertpapier- oder Vermögensanlageverkaufsprospekten sowie von Wertpapier-Informationsblättern trotz Prospektpflicht ist durch eine jeweils spezielle Vorschrift haftungsbewehrt. Dasselbe gilt für die Prospektpflicht nach dem KAGB außer bei inländischen OGAW. Bei letzteren soll sich eine Haftung lediglich aus c.i.c. nach § 311 Abs. 2, 3 BGB ergeben können.

1152 *Bergdolt*, Bankrechtstag 2015, (47), 60 weist zu Recht auf das Problem für Anleger hin, dass sich Anbieter und Vertreiber von Vermögensanlagen im Falle ihrer zivilrechtlichen Inanspruchnahme zukünftig wohl mit der Unterzeichnung des Warnhinweises durch den Anleger zu exkulpieren versuchen werden.

1153 *Assmann* in: Assmann/Schlitt/von Kopp-Colomb, WpPG/VermAnlG, 3. Aufl. 2017, § 22 VermAnlG Rn. 19.

b) Bürgerlich-rechtliche Prospekthaftung

Im Rahmen der bürgerlich-rechtlichen Prospekthaftung haben die Gerichte als Prospektmängel ebenfalls die Unrichtigkeit und Unvollständigkeit von wesentlichen Angaben geprüft.[1154] Probleme für die Beurteilung insbesondere der Vollständigkeit ergeben sich daraus, dass es bei der bürgerlich-rechtlichen Prospekthaftung aufgrund der fehlenden Prospektpflicht auch keinen gesetzlichen Mindestkatalog geben kann. Deshalb hat man sich in der Praxis oft an den vom Institut der Wirtschaftsprüfer (IdW) entworfenen Katalogen orientiert.[1155] Auch hieran sieht man wieder den Vorteil eines einheitlichen, nur an gesetzliche Prospektpflichten gekoppelten Prospekthaftungsanspruchs, da ansonsten ein privater Normgeber erheblichen Einfluss gewinnt.

Eine Prospekthaftung für die Nichterstellung eines Prospekts kann es dagegen bei der bürgerlich-rechtlichen Prospekthaftung logischerweise nicht geben. Sie kommt erst in Betracht, wenn der Prospektbegriff erfüllt ist. Da danach eine umfassende Beschreibung der Anlage vorausgesetzt wird, sollten ihr eigentlich auch keine Kurzinformationen unterfallen können. Eine Gesamtbetrachtung würde aber zu einem anderen Ergebnis kommen, wenn noch andere Informationen darin miteinbezogen werden können.[1156]

2. *Beurteilungshorizont*

a) Spezialgesetzliche Prospekthaftung

aa) Vollprospekte

Mit dem Beurteilungshorizont, nach dem sich das Vorliegen eines Prospektmangels im Rahmen der spezialgesetzlichen Prospekthaftung bestimmt, hat sich der BGH erstmals in der „BuM-Entscheidung"[1157] beschäftigt. Danach komme es darauf an, welchen Gesamteindruck der Prospekt *„auf einen durchschnittlichen Anleger, der zwar eine Bilanz zu lesen versteht, aber nicht unbedingt mit der in eingeweihten Kreisen gebräuchlichen Schlüsselsprache vertraut zu sein braucht."* macht.[1158] Die dabei geforderte Bilanzkunde des durchschnittlichen Anlegers

---

1154 BGHZ 79, (337), 343 ff.; BGHZ 123, (106), 109 ff.; siehe auch noch gleich unter 2. b).

1155 *Eyles* in: Vortmann, Prospekthaftung, § 2 Rn. 72.

1156 Siehe oben unter Teil 3 § 3 A. I. So vom BGH im „Scholz-Urteil" vertreten, BGHZ 191, 310.

1157 BGH NJW 1982, 2823.

1158 BGH NJW 1982, (2823), 2824.

wird in der Literatur teilweise kritisiert,[1159] zumal die heute bei großen Unternehmen üblichen, umfangreichen und nach § 315e HGB zulässigen Abschlüsse nach US-GAAP oder IFRS kaum von einem durchschnittlichen Anleger verstanden werden können.[1160]

In einem neueren Urteil vom 18.9.2012[1161] hat sich der BGH hinsichtlich Verkaufsprospekten zumindest teilweise von diesem Maßstab verabschiedet: „*Wendet sich der Emittent ausdrücklich auch an das unkundige und börsenunerfahrene Publikum, so kann von dem durchschnittlich angesprochenen (Klein-)Anleger nicht erwartet werden, dass er eine Bilanz lesen kann. Der Empfängerhorizont bestimmt sich daher in diesen Fällen nach den Fähigkeiten und Erkenntnismöglichkeiten eines durchschnittlichen (Klein-)Anlegers, der sich allein anhand der Prospektangaben über die Kapitalanlage informiert und über keinerlei Spezialkenntnisse verfügt.*“[1162]

Damit scheint der BGH der von *Hamann* propagierten Lösung gefolgt zu sein, dass es die Prospektverantwortlichen selbst in der Hand hätten zu bestimmen, welcher Anlegerhorizont maßgeblich wäre. So könnten sie z.B. auf der Titelseite des Prospekts deutlich machen, dass er sich nur an erfahrene und spekulative Anleger richte.[1163]

Das ist hinsichtlich der verschiedenen Anlagearten (WpPG, VermAnlG oder KAGB) überzeugend. Müssten alle Bilanzangaben für Unkundige erläutert werden, würden die Prospekte zu „Informationsfriedhöfen“ verkommen.[1164] Insbesondere bei komplexeren Produkten kann davon ausgegangen werden, dass Kleinanleger sie sich von Intermediären erklären lassen oder der Anlagestimmung folgen[1165] und daher mittelbar von Bilanzkunde ausgegangen werden kann.[1166] Auch bei Anlagen in Investmentfonds wird davon ausgegangen, dass der Anleger wegen fehlender Sachkunde oder Zeit oder mangelnden Informationen sich der

---

1159 *Schwark* in: Schwark/Zimmer, KMRK, § 45 BörsG Rn. 22; *Wieneke*, NZG 2005, (109), 111; *Canaris*, Bankvertragsrecht, Rn. 2279; *Ehricke*, DB 1980, (2429), 2432. Teilweise wird dort aber auch auf einen Fachmann oder professionellen Marktteilnehmer als Empfänger abgestellt: *Wittmann*, DB 1980, (1579), 1583 f.; *Spindler*, DStR 2002, (1576), 1577. *Wunderlich*, DStR 1975, (688), 690 stellt im Gegenteil auf einen unbewanderten Laien ab.

1160 *Groß*, Kapitalmarktrecht, § 21 WpPG Rn. 41.

1161 BGH WM 2012, 2147.

1162 BGH WM 2012, (2147), 2150.

1163 *Hamann* in: Schäfer/Hamann, KapMG, §§ 44, 45 BörsG Rn. 191.

1164 *Hopt*, Verantwortlichkeit der Banken, Rn. 185.

1165 *Möllers/Kernchen*, ZGR 2011, (1), 15; zur Anlagestimmung sogleich unter II. 1. b) aa).

1166 *Ehricke* in: Hopt/Voigt, Kapitalmarktinformationshaftung, S. 220; *Hauptmann* in: Vortmann, Prospekthaftung, § 3 Rn. 62.

Hilfe eines Dritten bedienen wird.[1167] Dagegen steht bei Vermögensanlagen (des früheren Grauen Kapitalmarkts) meist der Direktvertrieb an Kleinanleger im Vordergrund. Dann ist aber auch sprachlich auf diesen Anlegerhorizont abzustellen und allgemein verständliche Formulierungen sind von Nöten. Jedoch kann entgegen der Ansicht des BGH[1168] im Anwendungsbereich des WpPG beim Anlegerleitbild nicht zwischen Börsenzulassungs- und Verkaufsprospekten unterschieden werden.[1169] § 5 Abs. 1 S. 1 WpPG, der auf Art. 5 Abs. 1 S. 2 der Prospektrichtlinie[1170] zurückgeht, differenziert nicht zwischen den beiden Arten von Prospekten und verlangt, dass sie *„in leicht analysierbarer und verständlicher Form sämtliche Angaben enthalten"*.[1171] In der Richtlinie wird dabei von dem Kenntnisstand professioneller Marktteilnehmer ausgegangen.[1172]

Bei allen Arten von Prospekten verlangt der BGH außerdem weiterhin, dass von einem Anleger sowohl eine sorgfältige und eingehende Lektüre des Prospekts[1173] als auch noch ein einfacher Rechenschritt verlangt werden kann.[1174]

bb) Kurzinformationen

Eine andere Frage ist es, ob bezüglich Kurzinformationen ein anderer Beurteilungsmaßstab gilt. Diese zeichnen sich ja dadurch aus, dass sie prägnant und allgemein verständlich die wesentlichen Informationen und Risiken zusammentragen.

Laut *Assmann* gebe es keinen Anlass, *„für unterschiedliche Prospektteile unterschiedliche Adressaten und Verständnismöglichkeiten derselben und damit unterschiedliche Maßstäbe der Inhaltskontrolle zu verlangen."*[1175] Zwar ist seiner weiteren Argumentation insoweit zu folgen, als dass die Zusammenfassung nach

---

1167 *Möllers*, BKR 2011, (353), 345; *Mülbert*, ZHR 177 (2013), (160), 179.

1168 Allerdings war zum entscheidungserheblichen Zeitpunkt die Prospektrichtlinie noch nicht in Kraft und der BGH begründet ausdrücklich, dass diese keine Vorwirkung entfaltet, BGH WM 2012, (2147), 2150 Rn. 27.

1169 *Mülbert/Steup* in: Habersack/Mülbert/Schlitt, Unternehmensfinanzierung, § 41 Rn. 35; *Mülbert*, ZHR 177 (2013), (160), 179; *Assmann* in: Assmann/Schlitt/von Kopp-Colomb, WpPG, VermAnlG, 3. Aufl. 2017, §§ 21–23 WpPG Rn. 39; *Zech/Hanowski*, NJW 2013, (510), 511 f.; ausführlich *Kast*, Empfängerhorizont, S. 145 ff.

1170 Richtlinie 2003/71/EG, Abl. EU Nr. L 345/72.

1171 Aufgrund der Prospektrichtlinie gehen *Möllers/Steinberger*, NZG 2015, (329), 332 f. von einem europäischen Anlegerleitbild aus, ohne dies genau zu konkretisieren.

1172 *Grundmann*, Europäisches Gesellschaftsrecht, Rn. 677.

1173 BGH WM 2013, (734), 735 Rn. 14; BGH WM 2016, (1487), 1488 Rn. 20.

1174 BGH WM 2016, (1487), 1488 Rn. 20.

1175 *Assmann* in: Assmann/Schütze, Handbuch des Kapitalanlagerechts, 3. Aufl. 2007, § 6 Rn. 84. Jetzt ähnlich in 4. Aufl. 2015, § 5 Rn. 138 f.

§ 5 Abs. 2b Nr. 1 WpPG nur als Einführung verstanden werden sollte und insoweit vom Gedanken der Einheitlichkeit des Prospekts bzw. des Gesamteindrucks nicht abgewichen wird.[1176] Daraus folgt aber nicht zwingend, dass der Beurteilungsmaßstab ein einheitlicher sein muss. Gerade die Fehleralternative der Widersprüchlichkeit mit den anderen Teilen des Prospekts und das Weglassen der Schlüsselinformationen, § 23 Abs. 2 Nr. 5 WpPG, macht deutlich, dass es sich bei der Zusammenfassung um einen exponierten Teil des Prospekts handelt, dem besondere Bedeutung insbesondere gegenüber Kleinanlegern zukommt.

Die Auffassung von *Wieneke,* nach der sich einzelne Teile des Prospekts an unterschiedliche Anlegergruppen richten,[1177] erscheint in dieser Pauschalität zwar zu weit geraten. Jedoch scheint ein unterschiedlicher Beurteilungsmaßstab für Vollprospekte und Kurzinformationen geboten.[1178] Erstere richten sich vor allem bei komplexeren Anlageprodukten in erster Linie an professionelle Anleger und Intermediäre. Letztere hingegen richten sich an Kleinanleger.[1179] Hierfür spricht nicht zuletzt die Rechtsentwicklung betreffend Kurzinformationen, für die nach §§ 22 VermAnlG und 306 Abs. 2 KAGB eigene Haftungsvorschriften vorgesehen sind. Auch der europäische Gesetzgeber hat mit der PRIIP-Verordnung[1180] bereits diesen Weg eingeschlagen. Diese enthält in Art. 11 Abs. 1, 2 einen Haftungsanspruch für Kleinanleger bei Irreführung, Ungenauigkeit

1176 Dazu auch *Hamann* in: Schäfer/Hamann, KapMG, §§ 44, 45 BörsG Rn. 190.

1177 *Wieneke*, NZG 2005, (109), 111; *Ders.* NZG 2012, (1420), 1421. Im US-amerikanischen Recht wird von *„differential disclosure"* gesprochen, siehe auch *Kast*, Empfängerhorizont, S. 159.

1178 In diese Richtung argumentiert auch *Fleischer*, Gutachten F, DJT 2002, S. F45, der eine Kombination fachspezifischer Einzelangaben und allgemein verständlicher Zusammenfassungen fordert.

1179 Eine Evaluation für das BMELV aus dem März 2012 hat gezeigt, dass Kurzinformationen bei den Verbrauchern bzw. Kleinanlegern durchaus für wichtig oder eher wichtig gehalten (71 % der Befragten) werden und die Mehrheit der Befragten (56 %) diese intensiv las, *Habschick/Gaedecke/Lausberg/Eibisch/Evers*, Evaluation von Produktinformationsblättern für Geldanlageprodukte, S. 8, abrufbar unter: http://verbraucherportal-bw.de/site/pbs-bw-new/get/documents/MLR.Verbraucherportal/Dokumente/Dokumente%20pdfs/Verbraucherschutz/Evaluation%20Produktinformationsblaetter%20BLE%20BMELV%202012.pdf, zuletzt verifiziert am: 19.2.2019. Die Studie bezog sich zwar auf Produktinformationsblätter gemäß § 31 Abs. 3a WpHG (jetzt § 64 Abs, 2 WpHG), zeigt aber, dass Kurzinformationen durchaus Kleinanleger als Zielpublikum erreichen. Kritisch zur Wirkung: *Langenbucher*, ZHR 177 (2013), (679), 691 f.

1180 VO (EU) Nr. 1286/2014, Abl. EU Nr. L 352/1.

oder Widersprüchlichkeit in Bezug zu anderen Prospektteilen des Basisinformationsblatts.[1181] Maßgeblich ist dabei, wie auch Erwägungsgrund (36) zeigt, das Verständnis des durchschnittlichen Kleinanlegers.[1182] Dagegen stellte der europäische Gesetzgeber in der Prospektrichtlinie[1183] noch nicht auf Kleinanleger, sondern nur auf Anleger im Unterschied zu qualifizierten Anlegern ab, Art. 2 Abs. 1 lit. e), Art. 3 Abs. 2 lit. a), Art. 5 Abs. 1, Erwägungsgrund (16). Allerdings unterschied er bereits hier zwischen dem Vollprospekt, in dem die Informationen in „*leicht zu analysierender und verständlicher Form darzulegen*" sind und der am Anfang stehenden Zusammenfassung, in der „*in allgemein verständlicher Sprache die wesentlichen Merkmale und Risiken*" inklusive Warnhinweise genannt werden müssen, Art. 5 Abs. 1 S. 2, Abs. 2 S. 2.[1184] Aus der unterschiedlichen Wortwahl von „verständlicher Form" und „allgemein verständlicher Sprache" kann darauf geschlossen werden, dass der europäische Gesetzgeber einen unterschiedlichen Adressatenkreis bezüglich der beiden Prospektteile im Auge hatte. Der Ausdruck „allgemein verständlich" kann dabei so interpretiert werden, dass auch jeder Kleinanleger die Zusammenfassung verstehen können muss, während mit der „verständlichen Form" des Prospekts der Durchschnittsanleger gemeint ist.[1185] In der insoweit noch nicht geltenden EU-Prospektverordnung erklärt Erwägungsgrund (28) ausdrücklich die Zusammenfassung als nützliche Informationsquelle insbesondere für Kleinanleger und Erwägungsgrund (29) fordert eine Hervorhebung der Risiken in der Zusammenfassung besonders für die Kleinanleger.[1186] Damit vertieft der europäische Gesetzgeber den durch die PRIIP-Verordnung bereits eingeschlagenen Weg des unterschiedlichen Beurteilungshorizonts von Vollprospekt und kürzeren Informationseinheiten.

1181 Siehe hierzu genauer oben unter Teil 3 § 3 B. IV. 1. b).

1182 Siehe auch *Langenbucher*, ZHR 177 (2013), (679), 689.

1183 Richtlinie 2003/71/EG, Abl. EU Nr. L 345/64.

1184 Anders *Mülbert/Steup* in: Habersack/Mülbert/Schlitt, Unternehmensfinanzierung, § 41 Rn. 35, die meinen der Maßstab der „allgemein verständlichen Sprache" sei auf den ganzen Prospekt zu beziehen.

1185 Wie hier: *Kast*, Empfängerhorizont, S. 159 ff.; *Kaufmann*, Prospektpflicht, S. 178 f.; *Grundmann*, Europäisches Gesellschaftsrecht, Rn. 678. Dagegen auf den Durchschnittsanleger allein abstellend: *Assmann* in: Assmann/Schütze, Handbuch Kapitalanlagerecht, 4. Aufl. 2015, § 5 Rn. 138 f; *Assmann* in: Assmann/Schlitt/von Kopp-Colomb, WpPG, VermAnlG, 3. Aufl. 2017, §§ 21–23 WpPG Rn. 40.

1186 VO (EU) Nr. 2017/1129 des Europäischen Parlaments und des Rates vom 14. Juni 2017 über den Prospekt, der beim öffentlichen Angebot von Wertpapieren oder bei deren Zulassung zum Handel an einem geregelten Markt zu veröffentlichen ist und zur Aufhebung der Richtlinie 2003/71/EG, Abl. EU Nr. L 168/16.

b) Bürgerlich-rechtliche Prospekthaftung

Die bürgerlich-rechtliche Prospekthaftung hat sich überwiegend anhand von Anlageprodukten auf dem Grauen Kapitalmarkt entwickelt, auf dem vor allem Kleinanleger angesprochen wurden. Der hier maßgebliche Adressatenkreis bestimmte sich ebenfalls nach dem typischerweise zu erwartenden Informationsstand hinsichtlich der konkret angebotenen Kapitalanlage.[1187] Der BGH setzte in einem Urteil aus dem Jahr 1992 allerdings auch hier eine sorgfältige und eingehende Lektüre nicht nur des Prospekts, sondern auch einer angehängten Dokumentationsmappe voraus.[1188] In einem neueren Beschluss weist der BGH ebenfalls darauf hin, dass kein schneller Überblick nötig sei, wenn durch umfangreiche Ausführungen das Informationsinteresse der Anleger erfüllt werde.[1189] Ob diese Rechtsprechung mit der Entwicklung der Haftungsvorschriften für Kurzinformationen aufrecht zu erhalten ist, kann bezweifelt werden. Durch die infolge des „Scholz-Urteils"[1190] gebotene Gesamtbetrachtung muss auch der Beurteilungshorizont hinsichtlich der in den Prospekt miteinbezogenen Dokumente und Werbeschriften bestimmt werden. Der BGH selbst differenziert in diesem Urteil hinsichtlich des Beurteilungshorizonts nicht zwischen den verschiedenen Teilen des Gesamtprospekts, sondern stellt einheitlich auf den durchschnittlichen Anlageinteressenten ab.[1191] Daraus kann der Schluss gezogen werden, dass kein anderer Beurteilungshorizont gilt und die Angaben in den Werbeaussagen wahr und vollständig sein müssen, d.h. dass kein wesentlicher Aspekt weggelassen oder verzerrt dargestellt werden darf.[1192]

3. *Beurteilungszeitpunkt und Aktualisierungspflichten*

Um die Fehlerhaftigkeit der Prospektangaben festzustellen, ist es wichtig zu wissen, auf welchen Zeitpunkt die (Un-)Richtigkeit zu beziehen ist und inwiefern es eine Pflicht gibt, die Prospektangaben zu aktualisieren. Schließlich ist der Frage nachzugehen, ob ein ordnungsgemäßer und rechtzeitiger Nachtrag die Haftung entfallen lässt.

1187 *Keunecke*, Prospekte im Kapitalmarkt, S. 446.
1188 BGH, NJW-RR 1992, (879), 881.
1189 BGH WM 2006, (522), 523.
1190 BGHZ 191, 310 = BGH WM 2012, 19.
1191 BGH WM 2012, (19), 21 f. Rn. 25, 31, 32.
1192 *Herresthal*, Bankrechtstag 2015, (103), 117.

a) Spezialgesetzliche Prospekthaftung

aa) Maßgeblicher Zeitpunkt

Ob ein Prospekt in wesentlichen Angaben richtig und vollständig ist, ist aus einer ex-ante-Perspektive zu beurteilen, das heißt ohne Beachtung der Umstände, die erst nach der für die Beurteilung des Prospekts maßgeblichen Zeitpunkts auftreten.[1193] Der maßgebliche Zeitpunkt ist dabei in dem Abschluss des Erwerbsgeschäfts zu sehen. Für Wertpapiere ergibt sich das deutlich aus dem Haftungsausschluss des § 23 Abs. 2 Nr. 4 WpPG. Für Vermögensanlagen folgt dies mittelbar aus § 20 Abs. 1 S. 1 bzw. § 22 Abs. 1 Nr. 2 jeweils i.V.m § 11 VermAnlG und für Investmentanteile aus § 306 Abs. 1, 2 i.V.m. §§ 164 Abs. 3, 268 Abs. 2 S. 1 KAGB.

bb) Gesetzliche Aktualisierungspflichten

Aktualisierungspflichten sind in §§ 16 WpPG; 11, 13 Abs. 5 VermAnlG; 164 Abs. 3, 268 Abs. 2 S. 1 KAGB enthalten. Dabei sind für die Beurteilung des Anlageprodukts wichtige Angaben aktuell zu halten und ggf. in einem Nachtrag zu veröffentlichen.[1194] Dies gilt während der Dauer des öffentlichen Angebots bzw. bei Wertpapieren, falls später, der Einführung in den Handel an einem organisierten Markt §§ 16 Abs. 1 S. 1 WpPG; 11 Abs. 1 S. 1, 13 Abs. 7 S. 1 VermAnlG und bei Investmentanteilen während der Vertriebsphase, § 268 Abs. 2 S. 2 KAGB. Die Veröffentlichung erfolgt in derselben Weise wie der ursprüngliche Prospekt, §§ 16 Abs. 1 S. 5 WpPG; 11 Abs. 1 S. 5 VermAnlG. Für Anleger von Wertpapieren und Vermögensanlagen, die vor Veröffentlichung des Nachtrags, aber nach Eintritt des nachtragspflichtigen Umstands gezeichnet haben,[1195] besteht ein Widerrufsrecht, sofern die Wertpapiere bzw. Vermögensanlagen noch nicht geliefert wurden bzw. erfüllt wurde, §§ 16 Abs. 3 S. 1 WpPG; 11 Abs. 2 S. 1 VermAnlG.[1196]

1193 BGH WM 2009, (2303), 2305; *Assmann* in: Assmann/Schütze, Handbuch des Kapitalanlagerechts, 4. Aufl. 2015, § 5 Rn. 132.

1194 *Aurich*, GWR 2014, (295), 297 weist zu Recht darauf hin, dass die Nachtragspflicht ein beträchtliches Haftungsrisiko in sich birgt, da ein fehlender Nachtrag zu einem fehlerhaften Prospekt führen kann.

1195 *Oulds*, WM 2011, (1452), 1459 führt zutreffend aus, dass bei Zeichnung vor Eintritt des nachtragspflichtigen Umstands, dieser Umstand für die Anlageentscheidung gar nicht kausal geworden sein kann.

1196 *Markwardt/Kracke*, BKR 2012, (149), 150 f. beschäftigen sich genauer mit dem Zeitpunkt der Erfüllung bei einem Erwerb von Anteilen an einer GmbH & Co. KG und

cc) Nachtrag als Haftungsausschluss

Daher ist der Frage Beachtung zu schenken, inwiefern und zu welchem Zeitpunkt ein zutreffender Nachtrag die Prospekthaftung hinsichtlich des berichtigten Umstands entfallen lassen kann. Wenn das Erwerbsgeschäft bereits vor Veröffentlichung des Nachtrags abgeschlossen ist, können zweifelslos Prospekthaftungsansprüche greifen.[1197] Ebenso eindeutig entfallen die Prospekthaftungsansprüche, wenn die auf den Erwerb gerichtete Willenserklärung des Anlegers erst nach Veröffentlichung des Nachtrags, durch den der Prospekt richtig wurde, abgegeben wird.[1198]

Als allein problematisch erweist sich die Konstellation, in der der Anleger bereits seine auf den Erwerb gerichtete Willenserklärung abgegeben hat, dann aber ein Nachtrag veröffentlicht wird, und dem Anleger dadurch ein Widerrufsrecht eingeräumt wird, wenn noch keine Erfüllung bzw. Lieferung eingetreten ist. Ein solches Widerrufsrecht gibt es nur bei Verkaufsprospekten betreffend Wertpapiere, Vermögensanlagen und geschlossene Fonds §§ 16 Abs. 3 S. 1 WpPG; 11 Abs. 2 S. 1 VermAnlG; 305 Abs. 8 KAGB. Nach h.M. soll in dieser Situation, wenn das Widerrufsrecht nicht wahrgenommen wird, der Prospekthaftungsanspruch hinsichtlich der im Nachtrag berichtigten Umstände entfallen.[1199] Als Argumente werden der Wortlaut bzw. Rechtsgedanke des § 23 Abs. 2 Nr. 4 WpPG genannt[1200] sowie die wirtschaftliche Vergleichbarkeit des Bestehens

---

kommen zu dem Ergebnis, dass Erfüllung mit Erwerb der Beteiligung und Zahlung der ersten Rate der Zeichnungssumme eintrete.

1197 *Groß*, Kapitalmarktrecht, § 16 WpPG Rn. 17; *Hamann* in: Schäfer/Hamann, KapMG, § 16 WpPG, Rn. 27.

1198 *Groß*, Kapitalmarktrecht, § 16 WpPG Rn. 17a; *Hamann* in: Schäfer/Hamann, KapMG, § 16 WpPG, Rn. 26.

1199 *Groß*, Kapitalmarktrecht, § 16 WpPG Rn. 18; *Mülbert/Steup* in: Habersack/Mülbert/Schlitt, Unternehmensfinanzierung, § 41 Rn. 141; *Heidelbach* in: Schwark/Zimmer, KMRK, § 16 WpPG Rn. 51; *Seitz/Scholl* in: Assmann/Schlitt/von Kopp-Colomb, WpPG/VermAnlG, 3. Aufl. 2017, § 16 WpPG Rn. 149; *Friedl/Ritz* in: Just/Voß/Ritz/Zeising, WpPG, § 16 Rn. 203 ff.; *Becker* in: Heidel, Aktien- und Kapitalmarktrecht, § 16 WpPG Rn. 26.

1200 *Groß*, Kapitalmarktrecht, § 16 WpPG Rn. 18; *Friedl/Ritz* in: Just/Voß/Ritz/Zeising, WpPG, § 16 Rn. 205. Bei Bestehen eines Widerrufsrecht sei das Erwerbsgeschäft bis zum Abschluss der Widerrufsfrist nämlich noch nicht abgeschlossen, vgl. *Hamann* in: Schäfer/Hamann, KapMG, § 16 WpPG, Rn. 27.

eines Widerrufsrechts mit der Situation vor ‚Abschluss eines Erwerbsgeschäfts', da kein höheres Schutzbedürfnis bestehe.[1201]

b) Bürgerlich-rechtliche Prospekthaftung

Auch bei der bürgerlich-rechtlichen Prospekthaftung soll die ex-ante-Sicht vor Abschluss des Erwerbsgeschäfts maßgeblich sein, wobei während der Dauer des Gebrauchs des Prospekts eine ständige Aktualisierungs- und Berichtigungspflicht bestehe.[1202] Dies entspricht der ständigen Rechtsprechung des BGH.[1203] Ein Widerrufsrecht infolge einer Aktualisierung gibt es hier nicht. Der Nachtrag hat im Rahmen der bürgerlich-rechtlichen Prospekthaftung durch „*Prospektberichtigung oder durch entsprechende Hinweise bei Abschluß des Vertrages*" zu erfolgen.[1204] Diese Hinweise sollen auch mündlich erfolgen können.[1205]

Gerade die zweite Alternative erlaubt einen individuelleren Nachtrag als im Rahmen der spezialgesetzlichen Prospekthaftung. Dies hat den Vorteil, dass dieser den angesprochenen Anleger auch erreicht. Allerdings stellt sich zugleich das Problem, dass durch allgemeine mündliche Hinweise nicht gleichzeitig alle potentiellen Anleger erreicht werden und es zu Beweisschwierigkeiten kommen kann.[1206]

c) Aktualisierungsverpflichtete

Gemeinsam ist beiden Formen der Prospekthaftung, dass jeweils nur die für den gesamten Prospekt Verantwortlichen[1207] aktualisierungsverpflichtet sein können. Die Experten, die Teile des Prospekts erstellen, geben ihren Einfluss auf diese Aussagen aus der Hand, wenn sie sie an die Gesamtverantwortlichen abgegeben haben und können daher nicht aktualisierungsverpflichtet sein. Sie

1201 *Seitz/Scholl* in: Assmann/Schlitt/von Kopp-Colomb, WpPG/VermAnlG, 3. Aufl. 2017, § 16 WpPG Rn. 149. Zur von mir vorgeschlagenen Lösung de lege ferenda siehe unten unter Teil 5 § 5 B. III.

1202 *Assmann* in: Assmann/Schütze, Handbuch des Kapitalanlagerechts, 4. Aufl. 2015, § 5 Rn. 43.

1203 Für eine Aktualisierungspflicht: BGHZ 71, (284), 291; BGHZ 123, (106), 110; BGHZ 139, (225), 232; BGH WM 2002, (813), 814. Für eine Berichtigungspflicht: BGHZ 72, (382), 387; BGH NJW 1981, (1449), 1451.

1204 BGHZ 123, (106), 110; BGHZ 139, (225), 232; BGH WM 2002, (813), 814.

1205 *Eyles* in: Vortmann, Prospekthaftung, § 2 Rn. 69; *Siol* in: Schimansky/Bunte/Lwowski, BankR-Hdb, Bd. I, § 45 Rn. 56.

1206 *Eyles* in: Vortmann, Prospekthaftung, § 2 Rn. 69.

1207 Siehe oben unter Teil 3 § 3 C.

haben auch nicht die Möglichkeit, einen Nachtrag zu veröffentlichen oder an die Anleger heranzutreten.[1208]

4. Ergebnis

a) Zwar werden prima facie mit Unrichtigkeit und Unvollständigkeit dieselben Prospektmängel sowohl bei der spezialgesetzlichen als auch bei der bürgerlich-rechtlichen Prospekthaftung geprüft. Jedoch mangelt es bei der bürgerlich-rechtlichen Prospekthaftung an einer Prospektpflicht. Dies hat zum einen die Konsequenz, dass die notwendigen Mindestangaben bei der bürgerlich-rechtlichen Prospekthaftung nicht einfach anhand eines gesetzlichen Pflichtenkatalogs abgelesen werden können. Daher haben private Normgeber wie das IdW Einfluss auf die Auslegung gewonnen. Zum anderen kann bei einer fehlenden Prospektpflicht auch kein Mangel darin liegen, dass gegen sie verstoßen wird, indem gar kein Prospekt veröffentlicht wird. Bei der bürgerlich-rechtlichen Prospekthaftung beginnt die Prüfung hingegen mit dem in Frage stehenden Medium, ob es die Anforderungen an den Prospektbegriff erfüllt.

b) Der maßgebliche Beurteilungshorizont, nach dem sich das Vorliegen eines Prospektmangels bestimmt, hat sich bei der bürgerlich-rechtlichen Prospekthaftung von Anfang an auf die Erkenntnismöglichkeiten eines Kleinanlegers bezogen. Jedoch hat die Rechtsprechung ein umfassendes Lesen der Informationsquellen vorausgesetzt. Bei der spezialgesetzlichen Prospekthaftung wurde zunächst durch das „BuM-Urteil" Bilanzkunde vorausgesetzt. Dieses Erfordernis wurde durch die neuere Rechtsprechung aber wieder aufgeweicht. Der Maßstab richtet sich danach nach dem vom Emittenten angesprochenen Anlegerkreis. Allerdings kann aufgrund europarechtlicher Vorgaben im Rahmen des WpPG hinsichtlich des Beurteilungshorizonts nicht zwischen Börsenzulassungs- und Verkaufsprospekten nach dem WpPG differenziert werden. Kurzinformationen richten sich dagegen in erster Linie an Kleinanleger, weshalb bei ihnen auch von diesem Maßstab ausgegangen werden sollte.

c) Bei beiden Prospekthaftungsregimen ist hinsichtlich des maßgeblichen Zeitpunkts für das Vorliegen eines Prospektfehlers auf den Erwerb abzustellen. Eine Aktualisierungspflicht der jeweils Gesamtverantwortlichen besteht bei der bürgerlich-rechtlichen Prospekthaftung während der Dauer des Gebrauchs des Prospekts und bei der spezialgesetzlichen Prospekthaftung je

1208 *Assmann*, AG 2004, (435), 442 f.

nachdem nach der Dauer des öffentlichen Angebots, nach der Einführung in den Handel an einem organisierten Markt oder nach der Vertriebsphase. Die Aktualisierung im Rahmen der bürgerlich-rechtlichen Prospekthaftung kann auch mündlich erfolgen, während bei der spezialgesetzlichen Prospekthaftung eine Veröffentlichung in derselben Form wie der ursprüngliche Prospekt erfolgen muss. Ein Widerrufsrecht für Anleger infolge eines Nachtrags, wenn der Erwerb noch nicht abgeschlossen ist, gibt es nur bei der spezialgesetzlichen Prospekthaftung. Wird es von den Anlegern nicht ausgeübt, so ist die Haftung hinsichtlich der berichtigten Umstände ausgeschlossen.

II. Kausalität und Beweislast

Als nächstes haftungsbegründendes Merkmal wird der Ursachenzusammenhang zwischen Prospektmangel und Vermögensschaden untersucht. Nach deutscher Dogmatik ist dabei zwischen der haftungsbegründenden und der haftungsausfüllenden Kausalität zu differenzieren.[1209]

1. Haftungsbegründende Kausalität

a) Tatbestandsvoraussetzung

Sowohl nach den spezialgesetzlichen Prospekthaftungstatbeständen als auch nach der bürgerlich-rechtlichen Prospekthaftung muss der fehlerhafte Prospekt kausal für den Erwerb der Anlage (haftungsbegründende Kausalität) sein. Für die spezialgesetzlichen Vorschriften ergibt sich das aus der Formulierung „auf Grund" in §§ 21 Abs. 1, 23 Abs. 2 Nr. 1, 5 WpPG; 20 Abs. 4 Nr. 1, 22 Abs. 1 VermAnlG; 306 Abs. 3 S. 2 Nr. 2 KAGB. Für die bürgerlich-rechtliche Prospekthaftung lässt sich das der ständigen Rechtsprechung entnehmen.[1210] Lediglich bei der Haftung für fehlende Prospekte wegen Verstoßes gegen die Prospektpflicht gemäß §§ 24 WpPG; 21 VermAnlG; 306 Abs. 5 KAGB wird nach überzeugender Ansicht keine haftungsbegründende Kausalität vorausgesetzt.[1211] Der Wortlaut

---

1209 *Hopt/Voigt,* Kapitalmarktinformationshaftung, S. 96, die auch rechtsvergleichend auf andere Standpunkte eingehen.

1210 BGHZ 71, 284, 291 f.; BGHZ 74, 103, 112 f.; BGHZ 79, 337, 346; BGH WM 1982, 90, 91; BGHZ 111, 314, 321; BGHZ 115, 214, 223; BGH BKR 2013, (280), 282.

1211 *Fleischer*, BKR 2004, (339), 346 f.; *Bennecke*, BB 2006, (2597), 2599; *Horbach* in: Münchener Hdb. GesR, Bd. 2, 4. Aufl. 2014, § 69 Rn. 35; *Haarmann*, Die Prospekthaftung am grauen Kapitalmarkt, S. 172 f.; **a.A.** *Assmann* in: Assmann/Schütze, Handbuch des Kapitalanlagerechts, 4. Aufl. 2015, § 5 Rn. 290; *Herresthal*, Bankrechtstag 2015, (103), 137.

dieser Vorschriften enthält im Unterschied zu § 22 VermAnlG („auf Grund") weder eine Formulierung, die in positiver Hinsicht auf ein Kausalitätserfordernis hinweist, noch gibt es wie in §§ 23 Abs. 2 Nr. 1 WpPG; 20 Abs. 4 Nr. 1 VermAnlG einen Haftungsausschluss für fehlende Kausalität, so dass schon die Systematik für das Nichtbestehen eines Kausalitätserfordernisses spricht.[1212] Das Argument der Gegenseite, das Kausalitätserfordernis entspreche der allgemeinen Struktur von Haftungstatbeständen im Zivilrecht,[1213] greift zu kurz, da zumindest ein Anhaltspunkt in der gesetzlichen Formulierung enthalten sein muss, an dem es hier fehlt. Die Haftung wird schon durch die Platzierung ohne Prospekt begründet.[1214]

b) Beweislastverteilung

Soweit die Kausalität vorausgesetzt wird, ist eine differenziertere Betrachtung hinsichtlich der Beweislastverteilung angebracht.

aa) Spezialgesetzliche Prospekthaftung

(1) Wertpapier- und Vermögensanlagenprospekte

Nach §§ 21 Abs. 1 S. 1 a.E., 22 Nr. 1 WpPG; 20 Abs. 1 S. 1 a.E. VermAnlG muss der klagende Anleger lediglich den Abschluss des Erwerbsgeschäfts der Wertpapiere bzw. Vermögensanlagen nach der Veröffentlichung des Prospekts und innerhalb eines bestimmten Zeitraums nach Einführung der Wertpapiere in den Börsenhandel (§ 21 Abs. 1 S. 1 WpPG: 6 Monate) bzw. nach dem Zeitpunkt des ersten öffentlichen Angebots im Inland (§ 22 Nr. 1 WpPG: 6 Monate; § 20 Abs. 1 S. 1 VermAnlG: 2 Jahre) beweisen. Hierbei kommt es auf das schuldrechtliche Erwerbsgeschäft und nicht auf das Verfügungsgeschäft an.[1215]

Nach § 23 Abs. 2 Nr. 1 WpPG und § 20 Abs. 4 Nr. 1 VermAnlG ist der Anspruch aber jeweils ausgeschlossen, wenn die Wertpapiere bzw. Vermögensanlagen nicht auf Grund des Prospekts erworben wurden.

Im Zusammenspiel dieser Normen sieht die h.M. eine widerlegliche Vermutung dahingehend, dass bei einem Erwerb der Wertpapiere bzw. Vermögensanlagen innerhalb des gesetzlich vorgesehenen Zeitraums der Prospektmangel für den

---

1212 *Bennecke*, BB 2006, (2597), 2599.

1213 *Herresthal*, Bankrechtstag 2015, (103), 137.

1214 *Fleischer*, BKR 2004, (339), 346 f.; *Bennecke*, BB 2006, (2597), 2599; *Horbach* in: Münchener Hdb. GesR, Bd. 2, 4. Aufl. 2014, § 69 Rn. 35.

1215 RegE Drittes Finanzmarktförderungsgesetz, BT-Drs. 13/8933, S. 77; *Groß*, Kapitalmarktrecht, § 21 WpPG Rn. 70.

Erwerb ursächlich war.[1216] Diese Vermutung kann gemäß § 292 ZPO durch einen vollen Beweis des Gegenteils widerlegt werden.[1217] Als widerlegende Faktoren können zum Beispiel massiv negative Pressestimmen oder dramatische Kurseinbrüche nach Prospektveröffentlichung aber noch vor Erwerb durch den Anleger sowie die Veröffentlichung eines neuen Jahresabschlusses, der eine negative Entwicklung aufzeigt, oder die Stellung eines Insolvenzantrags angeführt werden.[1218]

Damit sollte die vorher von der Rechtsprechung für die Anleger als Beweiserleichterung entwickelte „Anlagestimmung", die sich durch Veröffentlichungen in der Fachpresse oder im Rahmen der Anlageberatung bei den Anlegern bildete, gesetzlich verankert werden.[1219] Die „Anlagestimmung" begründete eine tatsächliche Vermutung der Ursächlichkeit zwischen Prospektfehler und Erwerbsentscheidung innerhalb eines bestimmten Zeitraums nach Veröffentlichung des Prospekts[1220] und geht bereits auf das RG zurück. Das RG formulierte diese einmal in der Weise, „*daß ein Anspruch aus Prospekthaftung mindestens die Möglichkeit eines ursächlichen Zusammenhangs zwischen den unrichtigen Angaben des Prospekts und dem Aktienerwerbe voraussetzt, und daß diese Möglichkeit schon dann gegeben ist, wenn sich unter Mitwirkung der offenkundigen, allgemeinen Verhältnisse eine dem Inhalt des Prospekts entsprechende Stimmung des zur Aufnahme der Papiere aufgerufenen Publikums gebildet hat und der Erwerber dadurch zum Erwerbe bestimmt worden ist. Wer den Anspruch auf Prospekthaftung erhebt, braucht danach den Prospekt nicht gelesen zu haben, ihn nicht einmal zu kennen, wenn er nur, beeinflußt durch diese Stimmung, die Wertpapiere erworben hat.*"[1221] Der BGH hat später diese Rechtsprechung des RG sowohl hinsichtlich

1216 *Piekenbrock*, WM 2012, (429), 431; *Assmann* in: Assmann/Schütze, Handbuch des Kapitalanlagerechts, 4. Aufl. 2015, § 5 Rn. 171.

1217 *Piekenbrock*, WM 2012, (429), 431; *Gerber*, Prospekthaftung nach dem 3. FMFG, S. 164, 189.

1218 OLG Düsseldorf WM 1984, (586), 596 - BuM-Urteil; *Groß*, Kapitalmarktrecht, § 21 WpPG Rn. 70. Die damit verbundenen praktischen Probleme für die Richter beschreibt *Franck*, Marktordnung durch Haftung, S. 506.

1219 RegE Drittes Finanzmarktförderungsgesetz, BT-Drs. 13/8933, S. 76, 80.

1220 *Piekenbrock*, WM 2012, (429), 431.

1221 RGZ 80, (196), 204 f. Ähnlich bereits RGZ 46, (83), 86, in dem das RG hinsichtlich der Ursächlichkeit die unrichtige Angabe im Prospekt der sich als unrichtig darstellende Angabe gleichsetzt. *Franck* legt hingegen dar, dass das Börsengesetz von 1896 entgegen der Auslegung des Reichsgerichts kein Erfordernis einer Transaktionskausalität, d.h. die notwendige Verknüpfung zwischen Prospektfehler und Anlageentscheidung, enthielt, sondern allein die Kursbeeinflussung durch einen fehlerhaften Prospekt die Haftung begründete, Marktordnung durch Haftung, S. 501 ff.

Börsenprospekten als auch bezogen auf Unternehmensberichte, auf die qua gesetzlicher Verweisung die börsengesetzliche Prospekthaftung ebenfalls anwendbar war, fortgeführt.[1222] Danach muss insbesondere der Anleger den Prospekt nicht einmal gekannt haben.[1223]

(2) Investmentvermögensprospekte und wesentliche Anlegerinformationen

Durch Inkrafttreten des FiMaAnpG am 19.7.2014[1224] wurde § 306 Abs. 3 S. 2 KAGB neu gefasst. Dieser enthält in Nr. 2 nun ebenfalls eine Beweislastumkehr dahingehend, dass die Prospektverantwortlichen nach § 306 Abs. 1 S. 1, Abs. 2 S. 2 KAGB die Beweislast dafür tragen, dass *„die Anteile oder Aktien nicht auf Grund des Verkaufsprospekts oder der wesentlichen Anlegerinformationen erworben wurden."* Dadurch wollte der Gesetzgeber klarstellen, dass ebenso wie bei den Prospekten nach dem WpPG und dem VermAnlG der Anspruchsgegner die Beweislast für die „Transaktionskausalität" trägt.[1225] Bemerkenswert ist, dass durch diese gesetzliche Änderung auch die wesentlichen Anlegerinformationen als Kurzinformationen der Beweislastumkehr unterfallen.

(3) Vermögensanlagen-Informationsblätter

Damit greift selbst im Bereich der Kurzinformationen nur für die Vermögensanlagen-Informationsblätter noch keine Beweislastumkehr zu Gunsten der Anleger. Hier verbleibt es wegen des eindeutigen Wortlauts von § 22 Abs. 1: *„Wer Vermögensanlagen auf Grund von Angaben in einem Vermögensanlagen-Informationsblatt erworben hat,* [...]" dabei, dass der Anleger die Beweislast für den kausalen Erwerb der Vermögensanlage auf Grund des Vermögensanlagen-Informationsblatts

---

1222 BGH NJW 1982, (2827), 2828 - BuM-Urteil hinsichtlich eines Börsenprospekts; BGH DStR 1998, (1523), 1525 bezüglich eines Unternehmensberichts.

1223 BGH DStR 1998, (1523), 1525; So bereits RGZ 80, (196), 204 f. **A.A.** *Assmann* in: Assmann/Schütze, Handbuch des Kapitalanlagerechts, 4. Aufl. 2015, § 5 Rn. 171, der sich insoweit zu Unrecht auf RGZ 80, (196), 204 f.; OLG Düsseldorf WM 1984, (586), 596; OLG Frankfurt a.M. WM 1996, (1216), 1219 beruft.

1224 Gesetz zur Anpassung von Gesetzen auf dem Gebiet des Finanzmarktes, BGBl. I 2014, S. 934.

1225 RegE FiMaAnpG, BT-Drs. 18/1305, S. 51. *Zingel* spricht insoweit von einem ‚KAGB-Reperaturgesetz' in: Baur/Tappen, InvestmentG, 3. Aufl. 2015, Bd. 2, § 306 KAGB Rn. 1. Damit wurde der vorher wohl h.M. entgegengetreten, dass es im Bereich der investmentrechtlichen Prospekthaftung keine Beweislastumkehr bzw. Anlagestimmung gebe. Vgl. dazu noch *Heisterhagen* in: Emde/Dornseifer/Dreibus/Hölscher, InvG, § 127 Rn. 36.

trägt.[1226] Dies entspricht dem ausdrücklichen Willen des Gesetzgebers[1227] und wurde auch durch das KleinanlegerschutzG nicht geändert.

Eine Beweiserleichterung wird deshalb abgelehnt, weil Vermögensanlagen-Informationsblätter anders als Verkaufsprospekte „*nicht der breiten Information des Kapitalmarkts dienen, sondern vielmehr potentielle Anleger bei ihrer Anlageentscheidung unterstützen soll(en).*“[1228] Jedoch sollen bei Verwendung im Rahmen der Anlageberatung die Grundsätze des Anscheinsbeweises greifen können.[1229] Allerdings wird der Kausalitätsnachweis schwierig zu führen sein, weil die individuelle Anlageentscheidung oftmals durch eine Vielzahl rationaler und irrationaler Faktoren beeinflusst wird.[1230] Das Argument, dass die fehlende Beweislastumkehr in der Unterstützung der Anlageentscheidung des individuellen Anlegers anstatt der breiten Information des Kapitalmarkts begründet ist, hat der Gesetzgeber durch die Schaffung der Haftung für ein fehlerhaftes Wertpapier-Informationsblatt und der hier vorgesehenen Beweislastumkehr nach § 23 Abs. 2 Nr. 1 WpPG weiter entwertet. Denn ein Wertpapier-Informationsblatt ist nach § 3a Abs. 1 S. 1 WpPG gerade dann zu erstellen, wenn die Prospektpflicht nach § 3 Abs. 2 S. 1 Nr. 6 WpPG wegen eines Gesamtgegenwerts des Angebots von weniger 8 als Millionen Euro nicht greift, d.h. in Fällen, in denen nicht der breite Kapitalmarkt betroffen ist.

(4) Basisinformationsblätter nach der PRIIP-VO

Im der PRIIP-VO vorausgehenden Vorschlag der Kommission vom 3.7.2012[1231] war in dessen Art. 11 Abs. 2 noch eine Beweislastumkehr dahingehend vorgesehen, dass der Kleinanleger nur nachweisen musste, dass ihm infolge der Verwendung von in dem Basisinformationsblatt enthaltenen Informationen ein Verlust entstanden ist, während der Anbieter dann die gesetzliche Konformität des Basisinformationsblatts beweisen musste. Dies ist in Art. 11 Abs. 2 der zur Gesetz gewordenen Verordnung[1232] wieder fallengelassen worden, wohl da es in den

1226 *Assmann* in: Assmann/Schlitt/von Kopp-Colomb, WpPG/VermAnlG, 3. Aufl. 2017, § 22 WpPG Rn. 37.
1227 RegE VermAnlG, BT-Drs. 17/6051 S. 37.
1228 *Müchler*, WM 2012, (974), 979.
1229 *Müchler*, WM 2012, (974), 979; ähnlich *Hellgardt*, der die Vorschrift des § 448 ZPO zur Anwendung bringen möchte, ZBB 2012, (73), 83.
1230 *Müchler*, WM 2012, (974), 978.
1231 COM(2012) 352 final 2012/0169 (COD).
1232 VO (EU) Nr. 1286/2014, Abl. EU Nr. L 352/14.

nationalen Rechtsordnungen der Mitgliedsstaaten keine Beweiserleichterung in dieser Form gibt.[1233]

bb) Bürgerlich-rechtliche Prospekthaftung

Bei der bürgerlich-rechtlichen Prospekthaftung wird ebenfalls über die Beweislastverteilung hinsichtlich der haftungsbegründenden Kausalität gestritten. Die Rechtsprechung lässt eine Mitursächlichkeit des Prospektmangels für die Anlageentscheidung genügen, wobei nach der Lebenserfahrung eine Ursächlichkeit zu vermuten sei.[1234] Die Kausalität entfalle jedoch, „*wenn der Anspruchsgegner nachweist, dass der Schaden auch bei pflichtgemäßem Verhalten eingetreten wäre, weil sich der Geschädigte über jeden anderweitigen Rat oder Hinweis hinweggesetzt und auch bei zutreffender Information die fragliche Anlage erworben hätte (fehlender Pflichtwidrigkeitszusammenhang).*“[1235] Im Schrifttum sind ebenfalls verschiedene Beweiserleichterungen diskutiert worden, deren Spannbreite von einer Beweislastumkehr bis zu einer bloßen widerleglichen Vermutung in einer non-liquet-Situation reichen.[1236]

2. *Haftungsausfüllende Kausalität*

a) Spezialgesetzliche Prospekthaftung

aa) Wertpapier- und Vermögensanlagenprospekte

Nach den §§ 23 Abs. 2 Nr. 2 WpPG; 20 Abs. 4 Nr. 2, 22 Abs. 4 Nr. 2 VermAnlG sind die jeweiligen Prospekthaftungsansprüche ausgeschlossen, wenn die unrichtigen Angaben im Prospekt nicht zu einer Minderung des Börsen- bzw. Erwerbspreises geführt haben. Die vollständig fehlende haftungsausfüllende Kausalität kann also von den Prospektverantwortlichen als rechtsvernichtende

---

1233 So *Möllers*, ZEuP 2016, (325), 348 f. unter Verweis auf die Kritik der Verbände.

1234 BGH III ZR 94/12 v. 21.2.2013 Rn. 14 juris; BGH WM 2012, (1184), 1186; BGHZ 71, (284), 291 f.; BGHZ 79, (337), 346; BGHZ 111, (314), 321; BGHZ 115, (213), 223; BGHZ 177, (25), 34.

1235 *Assmann* in: Assmann/Schütze, Handbuch des Kapitalanlagerechts, 4. Aufl. 2015, § 5 Rn. 94 m.w.N aus der Rechtsprechung; vgl. auch *Ehricke* in: Hopt/Voigt, Kapitalmarktinformationshaftung, S. 238.

1236 Für eine Beweislastumkehr: *Wittmann*, DB 1980, (1579), 1586; *Pleyer/Hegel*, ZIP 1985, (1370), 1373; für einen Beweis des ersten Anscheins *Wunderlich*, DStR 1975, (688), 690; *Schwark*, BB 1979, (897), 898; für eine bloß widerlegliche Vermutung: *Assmann* in: Assmann/Schütze, Handbuch des Kapitalanlagerechts, 4. Aufl. 2015, § 5 Rn. 92.

Einwendung geltend gemacht werden.[1237] Dadurch wurde der vorher bestehende Meinungsstreit, ob dieser Einwand bei der börsengesetzlichen Prospekthaftung möglich sei,[1238] positiv entschieden. Allerdings tragen die Prospektverantwortlichen die volle Beweislast für diesen Einwand. Da bereits Mitursächlichkeit des Prospektmangels für den Schaden die Einwendung entfallen lässt, dürfte dieser Nachweis in der Praxis kaum möglich sein und mithin eine „probatio diabolica" darstellen.[1239]

bb) Investmentvermögensprospekte

Eine dem § 23 Abs. 2 Nr. 2 WpPG vergleichbare Regelung findet sich im KAGB nicht, was den Schluss nahelegt, dass es dort keine Einwendung der fehlenden haftungsausfüllenden Kausalität geben soll. In den Gesetzgebungsmaterialien findet sich dazu nichts. Die Abweichung zur Prospekthaftung für Wertpapiere lässt sich aber durchaus begründen. So stellen v.a. börsengehandelte Wertpapiere ein viel größeres Haftungsrisiko für die Prospektverantwortlichen dar, da sie häufig *„breit gestreut"* sind und summenmäßig ein *„beträchtliches Ausmaß erreichen können."*[1240] Weiterhin kommt es auf *„volatilen Märkten"* schneller zu *„‚irrationalen' Kursbewegungen"*, die eher psychologisch als durch Marktdaten bedingt sind. Die Informationsdichte auf diesen Märkten ist viel höher, so dass der Kausalitätszusammenhang des einen Informationsmediums für den Kursverlust leichter bestritten werden kann.[1241] Schließlich war es die Intention des Gesetzgebers bei Schaffung der investmentrechtlichen Prospekthaftung, den Anlegern ein effektives Rücktrittsrecht für den „Sparer" unter Vermeidung von Beweisschwierigkeiten einzuräumen.[1242] Das Ziel der Rückabwicklung steht hier also noch mehr im Vordergrund. Da wäre eine vollständige oder teilweise Kürzung durch den Einwand der fehlenden haftungsausfüllenden Kausalität nicht angebracht.

Dieselben Argumente griffen an und für sich auch für Vermögensanlagen nach dem VermAnlG. Allerdings lehnte sich § 22 VermAnlG an § 20 VermAnlG an, der wiederum § 13 VerkProspG fortführte.[1243] Darin wurde aber mit wenigen Ergänzungen pauschal auf die §§ 44–47 BörsG a.F. verwiesen und somit auch auf die rechtsvernichtende Einwendung der fehlenden haftungsausfüllenden Kausalität.

1237 RegE Drittes Finanzmarktförderungsgesetz, BT-Drs. 13/8933, S. 80.
1238 Dazu *Fleischer/Kalss*, AG 2002, (329), 330 m.w.N.
1239 *Fleischer/Kalss*, AG 2002, (329), 330.
1240 *Fleischer/Kalss*, AG 2002, (329), 332.
1241 *Fleischer/Kalss*, AG 2002, (329), 332.
1242 RegE AuslInvG, BT-Drs. 5/3494, S. 23.
1243 RegE VermAnlG, BT-Drs. 17/6051, S. 36, 38.

b) Bürgerlich-rechtliche Prospekthaftung

Auf das Problem der haftungsausfüllenden Kausalität bei der bürgerlich-rechtlichen Prospekthaftung wurde vom BGH im sogenannten „Hornblower-Fischer-Urteil"[1244] eingegangen. In Abweichung zur Vorinstanz[1245] entschied der BGH, dass der Schutzzweck der Prospekthaftung nicht der Schutz vor der Entwertung der Beteiligung, sondern die unbeirrte, fehlerfreie Beteiligungsentscheidung des Anlegers sei.[1246] Mithin sei allein entscheidend, ob der Anleger vom Erwerb der Anlage abgesehen hätte, wenn er Kenntnis vom im Prospekt verschwiegenen oder fehlerhaft dargestellten Umstand gehabt hätte. Dagegen dürfe der Prospektmangel dem Anleger nicht nur als Vorwand dazu dienen, eine nachteilige Investitionsentscheidung wieder rückgängig zu machen.[1247] Der Einfluss des Prospektmangels auf die Werthaltigkeit der Anlage sei hingegen schon bei der haftungsbegründenden Kausalität mit zu berücksichtigen.[1248] Damit hat der BGH die Anforderungen an die haftungsbegründende Kausalität etwas erhöht. Hingegen bleibt bei dem alleinigen Schutzzweck der fehlerfreien Investitionsentscheidung und damit der Selbstbestimmung über die Verwendung des Vermögens kein Raum mehr für die haftungsausfüllende Kausalität als darüber hinausgehende Voraussetzung.[1249] Etwas anderes gilt nur bei Garanten als Prospektverantwortliche,[1250] da diese nur einen bestimmten Prospektteil verantworten und ihnen deshalb auch nur ein Fehler in diesem Teil zugerechnet werden kann.[1251]

3. Ergebnis

a) Sowohl die spezialgesetzlichen Prospekthaftungsansprüche als auch die bürgerlich-rechtliche Prospekthaftung haben jeweils die haftungsbegründende Kausalität zur Voraussetzung. Uneinigkeit besteht aber hinsichtlich der Beweislastverteilung. Dies betrifft zunächst die verschiedenen spezialgesetzlichen

1244 BGHZ 123, 106.
1245 OLG Frankfurt, WM 1992, 572.
1246 BGHZ 123, (106), 111 ff.; bestätigt durch BGH WM 2009, 789; BGH WM 2012, (1184), 1186.
1247 BGHZ 123, (106), 114.
1248 BGHZ 123, (106), 114 f.
1249 So auch *Assmann* in: Assmann/Schütze, Handbuch des Kapitalanlagerechts, 4. Aufl. 2015, § 5 Rn. 95; *Fleischer/Kalss*, AG 2002, (329), 330; *Eyles* in: Vortmann, Prospekthaftung, § 2 Rn. 88; *Hoffmeyer*, NZG 2016, (1133), 1134.
1250 Dazu siehe bereits oben: Teil 3 § 3 C. II. 3.
1251 *Eyles* in: Vortmann, Prospekthaftung, § 2 Rn. 90.

Prospekthaftungsansprüche, in denen außer bei Ansprüchen auf Grund des Vermögensanlagen-Informationsblatts eine Beweislastumkehr explizit angeordnet ist. Bei der bürgerlich-rechtlichen Prospekthaftung sind die Möglichkeiten von Beweiserleichterungen bzw. einer vollständigen Beweislastumkehr heillos umstritten. Dies stellt ein weiteres Indiz gegen die Sinnhaftigkeit dieser Rechtsprechungsfigur an sich dar.

b) Eine darüber hinausgehende Prüfung der haftungsausfüllenden Kausalität wird von der Rechtsprechung im Rahmen der bürgerlich-rechtlichen Prospekthaftung aufgrund des Schutzzwecks der fehlerfreien Investitionsentscheidung verneint. Bei den spezialgesetzlichen Prospekthaftungsansprüchen herrscht dagegen Uneinheitlichkeit. Während ein Berufen auf das vollständige Fehlen der haftungsausfüllenden Kausalität bei Wertpapieren- und Vermögensanlagenprospekten möglich sein soll, wird dies bei Investmentprospekten abgelehnt.

III. Verschuldensmaßstab, Mitverschulden, Haftungsfreizeichnung

Der unterschiedliche Verschuldensmaßstab der Prospekthaftungsansprüche ist einer der zentralen Streitpunkte. Daher ist hierauf vertieft einzugehen (**1.**). Weiterhin ist der Frage nachzugehen, ob bei der Prospekthaftung Aspekte des Mitverschuldens (**2.**) und der Haftungsfreizeichnung (**3.**) zu berücksichtigen sind.

1. Verschuldensmaßstab

a) Spezialgesetzliche Prospekthaftung

aa) Gesetzliche Lage bei Unrichtigkeit und Unvollständigkeit

Im Rahmen der Novellierung des Börsengesetzes durch das 3. FMFG 1998 wurde der vorher bestehende unterschiedliche Verschuldensmaßstab für unrichtige und unvollständige Angaben in Prospekten aufgegeben, da die Unvollständigkeit nunmehr als Unterfall der Unrichtigkeit angesehen wurde.[1252] Der heute unbekannte Verschuldensmaßstab der „Böslichkeit“, der zwischen Vorsatz bzw. Arglist[1253] und bewusster (grober) Fahrlässigkeit anzusiedeln war,[1254] wurde damit aufgegeben. Seit dem 3. FMFG ist für alle spezialgesetzlichen

1252 RegE Drittes Finanzmarktförderungsgesetz, BT-Drs. 13/8933, S. 80.

1253 Hierzu *Altmeppen*, DB 1993, (84), 85.

1254 *Hauptmann* in: Vortmann, Prospekthaftung, § 3 Rn. 99. Schon damals war der Maßstab der Böslichkeit nicht ganz klar. So mutmaßte *Max Weber*, dass dieser Maßstab eingeführt wurde, weil *„jeder der dafür Stimmenden das ihm Genehme zu denken vermochte.“*, ZHR 45 (1896), (69), 91.

Prospekthaftungsansprüche, außer der von manchen Stimmen vertretenen Garantiehaftung bei einem fehlenden Prospekt,[1255] eine Entlastung der Prospektverantwortlichen dahingehend möglich, dass sie nachweisen, dass sie keine Kenntnis von dem Prospektfehler hatten und ihre Unkenntnis nicht auf grober Fahrlässigkeit beruht, §§ 23 Abs. 1 WpPG; 20 Abs. 3, 22 Abs. 3 VermAnlG; 306 Abs. 3 S. 1 KAGB.

bb) Haftung nur bei Kenntnis

(1) Gesetzliche Lage

§ 306 Abs. 4 S. 1 KAGB begründet die Haftung für gewerbsmäßige Vermittler und Verkaufsvertreter, wenn sie die Unrichtigkeit oder die Unvollständigkeit des Prospekts gekannt haben. Diese Kenntnis bezeichnet nach allgemeiner Meinung den Verschuldensmaßstab und soll keine dem Wortlaut ebenfalls entnehmbare verschuldensunabhängige Haftung begründen.[1256] Es soll dadurch jede Haftung für Fahrlässigkeit ausscheiden.[1257]

(2) Kritik

Die Privilegierung ihrer Haftung auf Vorsatz wird von *Köndgen* kritisiert, da der gemäß § 306 Abs. 1 S. 1 Var. 4 KAGB nicht privilegierte gewerbsmäßige Verkauf nach § 2 Abs. 8 S. 1 Nr. 1 WpHG ebenso aufsichtspflichtige Wertpapierdienstleistung ist wie die Vermittlung und Verkaufsvertretung (§ 2 Abs. 8 S. 1 Nr. 2–4 WpHG) und in der Praxis diese verschiedenen Formen „*weitgehend auswechselbar*" seien.[1258]

(3) Bewertung

Dabei übersieht er aber scheinbar, dass das Ausführen gewerbsmäßiger Finanzkommissionsgeschäfte Kreditinstituten vorbehalten ist, § 1 Abs. 1 S. 2 Nr. 4 KWG, und dieser Status (§ 2 Abs. 10 WpHG) zu zahlreichen Pflichten nach dem KWG und dem WpHG führt, wie z.B. die die Verhaltenspflichten nach §§ 63 ff. WpHG. Infolgedessen kann diesen Unternehmen auch höheres Vertrauen geschenkt werden. Deshalb erscheint es angemessen, jene im Vergleich zu den

---

1255 Siehe sogleich unten unter dd).

1256 *Assmann* in: Assmann/Schütze, Handbuch des Kapitalanlagerechts, 4. Aufl. 2015, § 5 Rn. 406.

1257 *Assmann* in: Assmann/Schütze, Handbuch des Kapitalanlagerechts, 4. Aufl. 2015, § 5 Rn. 406; *Köndgen* in: Berger/Steck/Lübbehüsen, InvG, § 127 Rn. 9.

1258 *Köndgen* in: Berger/Steck/Lübbehüsen, InvG, § 127 Rn. 15.

nach § 306 Abs. 4 S. 1 KAGB privilegierten gewerbsmäßigen Abschluss- und Anlagevermittlern unter erleichterten Bedingungen, d.h. aufgrund einer niedrigeren Verschuldensschwelle wegen enttäuschten Vertrauens in die Haftung zu nehmen. Dazu kommt, dass diese Institute aufgrund ihrer notwendigen Größe i.d.R. bessere Einsichtsmöglichkeiten in die Anlageprodukte haben werden als freie Vermittler. Mithin erscheint der unterschiedliche Verschuldensmaßstab de lege lata doch gerechtfertigt.

cc) Verschuldenslose Haftung für fehlende Prospekte?

Bei §§ 24 WpPG, 21 VermAnlG, 306 Abs. 5 KAGB, die jeweils einen Verstoß gegen die Prospektpflicht sanktionieren, ist zwischen fehlerhaften und fehlenden Prospekten zu unterscheiden. Eine Haftung für fehlende Börsenzulassungsprospekte kann es hingegen nicht geben.[1259] Relevanz hat diese Abgrenzung deshalb, weil diese Vorschriften weder direkt, noch durch Verweis ein Verschuldenserfordernis beinhalten und daher Streit darüber besteht, ob es sich bei ihnen um eine verschuldenslose Haftung handelt.[1260]

(1) Pro verschuldenslose Haftung

Die Befürworter einer verschuldenslosen Haftung[1261] haben den Gesetzeswortlaut, der kein Verschuldenserfordernis enthält, sowie die Tatsache auf ihrer Seite, dass der Referentenentwurf zum AnSVG in § 13a VerkProspG noch ein Verschuldenserfordernis beinhaltete,[1262] das dann aber im Regierungsentwurf - unkommentiert[1263] - wieder fallen gelassen wurde, obwohl die Begründung ansonsten

---

1259 Siehe oben unter Teil 3 § 3 B. I. 1. a) aa).

1260 Der Streit bestand genauso zum alten § 13a VerkProspG, da ausweislich der Regierungsbegründung zum neu geschaffenen § 24 WpPG § 13a VerkProspG übernommen werden sollte, RegE VermAnlG BT-Drs. 17/6051 S. 46. Daher beziehen sich die meisten in der Folge genannten Verweise auf die alte Vorschrift.

1261 OLG München GWR 2011, 574; *Habersack* in: Habersack/Mülbert/Schlitt, Hdb. Kapitalmarktinf., § 29 Rn. 66; *Pankoke* in: Just/Voß/Ritz/Zeising, WpPG, § 13a VerkProspG Rn. 11; *Benecke*, BB 2006, (2597), 2600; *Barta*, NZG 2005, (305), 306 f.; *Fleischer*, BKR 2004, (339), 346; *Zingel* in: Baur/Tappen, InvG, 3. Aufl. 2015, Bd. 2, § 306 KAGB Rn. 30; *Herresthal*, Bankrechtstag 2015, (103), 133, 137 f., 141; *Haarmann*, Die Prospekthaftung am grauen Kapitalmarkt, S. 173 ff; *Franck*, Marktordnung durch Haftung, S. 438 ff.

1262 Siehe ZBB 2004, (168), 194.

1263 Genau darauf stützen aber die Gegner einer verschuldenslosen Haftung u.a. ihre Kritik.

im Wesentlichen gleich geblieben ist.[1264] *Fleischer* führt zusätzlich noch sec. 12 (a) (1) Securities Act 1933 als vergleichbare Vorschrift des oft als Vorbild dienenden U.S.-amerikanischen Kapitalmarktrechts ins Feld,[1265] die bei einem Verstoß gegen die Prospektpflicht ebenfalls als verschuldenslose Haftung konstruiert ist.[1266] Zweck dieser Norm im U.S.-amerikanischen Recht ist vor allem die präventive Abschreckungswirkung („deterrence") und nicht die erleichterte Rückabwicklungsmöglichkeit („restitution").[1267] Der Beklagte kann sich danach auch nur damit verteidigen, dass im konkreten Fall keine Prospektpflicht nach sec. 5 Securities Act 1933 bestand.[1268]

(2) Contra verschuldenslose Haftung

Die Gegner einer verschuldenslosen Haftung stützen sich darauf, dass es eine solche im deutschen Recht bei Verstößen gegen Sorgfaltspflichten bzw. in den Haftungstatbeständen für fehlerhafte Kapitalmarktinformationen nicht gebe und sie daher einen Systembruch darstellen würde.[1269] Die Nichterstellung eines Prospekts trotz Prospektpflicht stelle aber eine Pflichtverletzung dar, wie der Gesetzgeber selbst deutlich mache.[1270]

(3) Bewertung

Die besseren Argumente sprechen gegen eine verschuldenslose Haftung. Sieht man die Prospekthaftung als Ausprägung einer Vertrauenshaftung als dritte Spur zwischen vertraglicher und deliktischer Haftung an,[1271] so fehlt es schon am Prospekt als Vertrauenstatbestand.[1272] Die Anleger werden aufgrund der

---

1264 RegE AnSVG, BT-Drs. 15/3174 S. 24, 44.

1265 Sec. 12 (a) (1) lautet: „*Any person who offers or sells a security in violation of section 5* (dort ist die Prospektpflicht enthalten) […] *shall be liable* […] *to the person purchasing such security from him.*"

1266 *Fleischer*, BKR 2004, (339), 346; Vgl. *Loss/Seligman*, Securities Regulation, 4th Edition 2013, Vol. IX, S. 231: „[…] *the liability is close to absolute.*".

1267 *Loss/Seligman*, Securities Regulation, 4th Edition 2013, Vol. IX, S. 232 f.

1268 *Loss/Seligman*, Securities Regulation, 4th Edition 2013, Vol. IX, S. 234.

1269 *Assmann* in: Assmann/Schlitt/von Kopp-Colomb, WpPG/VermAnlG, 3. Aufl. 2017, § 24 WpPG Rn. 22; *Mülbert/Steup* in: Habersack/Mülbert/Schlitt, Unternehmensfinanzierung, § 41 Rn. 119; *Bongertz*, BB 2012, (470), 474; *Bohlken/Lange*, DB 2005, (1259), 1261; *Schäfer*, ZGR 2006, (40), 51 f.

1270 *Assmann* in: Assmann/Schlitt/von Kopp-Colomb, WpPG/ VermAnlG, 3. Aufl. 2017, § 24 WpPG Rn. 22 mit Verweis auf RegE AnSVG, BT-Drs. 15/3174, S. 44.

1271 So *Ochs*, Prospekthaftungstheorie 2005, S. 123 ff., S. 169 ff.

1272 Hierzu *Canaris*, Vertrauenshaftung, S. 491 ff.

komplizierten gesetzlichen Ausgestaltung hinsichtlich der Ausnahmen zur Prospektpflicht dem Nichtvorliegen eines Prospekts kaum die Erklärung entnehmen, dass es sich um eine besonders sichere Anlage handelt. Eine Einordung des § 24 WpPG in das System der Vertrauenshaftung gelingt mithin nicht.

Qualifiziert man hingegen die Prospekthaftung deliktisch,[1273] so ist festzustellen, dass dort nur im Bereich der Gefährdungshaftung auf das Verschuldenserfordernis verzichtet wird. Diese knüpft jedoch daran an, dass jemand eine Gefahrenquelle zum eigenen Vorteil unterhält und beherrscht und deshalb im Fall der Realisierung der Gefahr die Schäden Dritter ersetzen muss, unabhängig davon, ob diese Schäden durch Maßnahmen pflichtgemäßer Sorgfalt (§ 276 Abs. 2 BGB) hätten verhindert werden können.[1274]

Ein fehlender Prospekt kann aber nicht als eine derartige Gefahrenquelle angesehen werden, zumal ein Gefährdungstatbestand, der reine Vermögensschäden betrifft, ein rechtliches Novum darstellen würde, wie der Vergleich mit §§ 833 BGB; 1, 2 Abs. 1 HPflG; 1 ProdHaftG; 7 Abs. 1 StVG; 1 UmweltHG zeigt, die jeweils nur eine Haftung für Tod, Körper-, Gesundheits- oder Sachschäden, nicht aber für reine Vermögensschäden vorsehen.[1275] Auf eine verschuldensunabhängige Haftung würde es außerdem nur dann ankommen, wenn kein pflichtwidriges Verhalten der Prospektverantwortlichen vorliegt. In dem oben zitierten, vom OLG München entschiedenen Fall, hatten die Beklagten aber die Prospektpflichtigkeit ihres Fonds sowohl von ihrem Rechtsanwalt als auch von der BaFin prüfen lassen und jeweils die mangelnde Prospektpflicht bestätigt bekommen. Damit hatten sie alles ihnen Zumutbare getan, um von der fehlenden Prospektpflicht für das Angebot ausgehen zu dürfen. Eine Gefährdungshaftung würde nun zu dem Resultat gelangen, dass der Prospektpflichtige weder auf den Rat seines Anwalts noch auf die Auskunft der BaFin vertrauen dürfte. Der Gesetzgeber kann aber kaum beabsichtigt haben, auch dann für die Erstellung eines Prospekts zu sorgen, wenn der Prospektverantwortliche nach Einholung von Rechtsrat zu der Erkenntnis gelangt ist, die von ihm geplante Struktur sei prospektfrei.[1276] Schließlich würde die BaFin, wenn sie von einer Prospektbefreiung

---

1273 So *Hellgardt*, Kapitalmarktdeliktsrecht, S. 25 ff.; *Assmann*, Prospekthaftung, S. 252 ff.; *Habersack* in: Habersack/Mülbert/Schlitt, Hdb. Kapitalmarktinf., § 29 Rn. 3; *Schroeder*, Persönlicher Anwendungsbereich Prospekthaftung, S. 6.

1274 *Assmann* in: Assmann/Schlitt/von Kopp-Colomb, WpPG/ VermAnlG, 3. Aufl. 2017, § 24 WpPG Rn. 22; *Bongertz*, BB 2012, (470), 474.

1275 *Bongertz*, BB 2012, (470), 474.

1276 *Bongertz*, BB 2012, (470), 475. Dagegen meint *Franck*, die vom Gesetzgeber intendierte Garantiehaftung von Emittent und Anbieter sei zu akzeptieren und enthalte

ausgeht, den erstellten und bei ihr eingereichten Prospekt wegen fehlenden Verbescheidungsinteresses gar nicht prüfen und billigen, so dass in diesem Fall nach h.M., die bei der Abgrenzung zwischen fehlerhaftem und fehlendem Prospekt allein auf das Billigungsverfahren abstellt,[1277] die verschuldenslose Haftung nach §§ 24 WpPG; 21 VermAnlG Anwendung finden müsste, wenn in Wirklichkeit doch eine Prospektpflicht gegeben ist - ein geradezu absurdes Ergebnis.[1278] Außerdem kommt es ansonsten zu dem gleich unter ((**4**)) beschriebenen Folgeproblem, wenn man eine verschuldenslose Haftung annimmt.

Daher ergibt schon die Auslegung de lege lata, dass ein Verschuldenserfordernis besteht.

(4) Abgrenzung zwischen fehlerhaftem und fehlendem Prospekt

Sieht man §§ 24 WpPG; 21 VermAnlG hingegen unzutreffenderweise als verschuldenslose Haftung an, erlangt die Abgrenzung zwischen fehlendem und fehlerhaftem Prospekt erhebliche Bedeutung.[1279]

Bei Verkaufsprospekten könnte man die Eigenschaft eines Dokuments, die Prospektpflicht zu erfüllen, an seiner inhaltlichen Güte messen,[1280] wobei auch vertreten wird, dabei sei noch der Wille des Herausgebers zu berücksichtigen.[1281] Die herrschende Ansicht stellt dagegen auf das erfolgreiche Durchlaufen des Billigungsverfahrens bei der BaFin ab (§§ 13 WpPG; 8 VermAnlG),[1282] wobei innerhalb der herrschenden Ansicht wiederum nach Verfahrensschritten differenziert wird. Nach *Heidelbach* soll die Einreichung des Materials zur Billigung bei der BaFin genügen.[1283] Die überwiegende Ansicht stellt auf die vollzogene

---

eine Misstrauensbekundung gegenüber den Gerichten dahingehend, dass diese ansonsten den Sorgfaltsmaßstab der Prospektpflichtigen zu gering ansetzen würden, Marktordnung durch Haftung, S. 438 ff., 442.

1277 Dazu sogleich unter (4).

1278 *Bongertz*, BB 2012, (470), 475.

1279 Diese Abgrenzung muss freilich auch de lege lata erfolgen, um die Abwendungsbereiche von §§ 21, 22 WpPG und § 24 WpPG voneinander abzuschichten.

1280 *Mülbert/Steup* in: Habersack/Mülbert/Schlitt, Unternehmensfinanzierung, § 41 Rn. 58 f.; *Panetta/Zessel*, NJOZ 2010, (418), 419.

1281 *Fleischer*, WM 2004, (1897), 1902 f.; *Bennecke*, BB 2006, (2597), 2599.

1282 BGHZ 177, 25 = NZG 2008, (661), 663; OLG München GWR 2011, 574; OLG Dresden BB 2014, (394), 397; *Heidelbach* in: Schwark/Zimmer, KMRK, § 13 VerkprospektG Rn. 9; *Groß*, Kapitalmarktrecht, § 22 WpPG Rn. 4; *Assmann* in: Assmann/Schlitt/von Kopp-Colomb, WpPG/VermAnlG, 3. Aufl. 2017, § 24 WpPG Rn. 7.

1283 *Heidelbach* in: Schwark/Zimmer, KMRK, § 13 VerkprospektG Rn. 9.

Billigung selbst ab.[1284] Teilweise wird zusätzlich noch die Veröffentlichung bzw. die Zugänglichmachung ggü. den Anlegern verlangt.[1285]

Für die herrschende Ansicht spricht die Rechtssicherheit. Die BaFin prüft den Prospekt gem. §§ 13 Abs. 1 S. 2 WpPG; 8 Abs. 1 S. 2 VermAnlG auf Vollständigkeit, so dass bei einer Veröffentlichung vor Abschluss des Billigungsverfahrens noch nicht klar ist, ob ein vollständiger Prospekt vorliegt. Ob und zu welchem Zeitpunkt ein Dokument bei der BaFin eingereicht bzw. gebilligt bzw. gebilligt und dann veröffentlicht wurde, lässt sich leicht feststellen.

Allerdings sind die Argumente von *Mülbert/Steup* nicht von der Hand zu weisen. So folgt aus dem Wortlaut der Bußgeldvorschrift des § 35 Abs. 1 Nr. 5 WpPG dass auch vor der Billigung von der Veröffentlichung eines „Prospekts" gesprochen werden kann. Außerdem erfolgt die Billigung durch die BaFin nur im öffentlichen Interesse. Wenn nun ein inhaltlich richtiges Dokument ohne Billigung veröffentlicht würde, käme es möglicherweise zu einer Haftung nach § 24 WpPG, obwohl gar kein Informationsdefizit der Anleger vorliegt. Es würde allein ein fehlender Verwaltungsakt zu einem privaten Schadensersatzanspruch führen.[1286] Gerade diesen Sinn entnimmt aber *Klöhn* der Vorschrift, der sie *„als privatrechtliche Sanktion eines Verfahrensverstoßes"* begreift.[1287]

dd) Ergebnis zu a)

Der bestehende Verschuldensmaßstab für fehlerhafte Prospekte ist grobe Fahrlässigkeit, dessen Fehlen die Prospektverantwortlichen beweisen müssen. Eine Ausnahme gilt de lege lata für gewerbsmäßige Vermittler und Verkaufsvertreter, die nur bei Vorsatz haften. Bei fehlenden Prospekten trotz Prospektpflicht besteht Streit darüber, ob sie eine verschuldenslose Haftung für die Prospektverantwortlichen begründen. Die besseren Argumente sprechen dagegen.

1284 *Groß*, Kapitalmarktrecht, § 24 WpPG Rn. 4; *Barta*, NZG 2005, (305), 308, der allerdings entsprechend der alten Rechtslage noch von Gestattung spricht.

1285 *Becker* in: Heidel, Aktien- und Kapitalmarktrecht, § 24 WpPG Rn. 7 ff.; *Haarmann*, Die Prospekthaftung am grauen Kapitalmarkt, S. 169.

1286 *Mülbert/Steup* in: Habersack/Mülbert/Schlitt, Unternehmensfinanzierung, § 41 Rn. 58.

1287 *Klöhn*, DB 2012, (1854), 1855 ff. Tendenziell auch OLG Dresden, Urteil v. 23.12.2013, AZ: 8 U 999/12. 8 U 0999/12, Rn. 124 juris und *Herresthal*, Bankrechtstag 2015, (103), 134 f. Allerdings gibt *Klöhn*, DB 2012, (1854), 1856 f. zu, dass die einzige von ihm genannte Parallele im deutschen Recht, § 176 HGB, von der h.M. ebenfalls nicht als privatrechtliche Sanktion eines Verfahrensverstoßes, sondern als Vertrauenshaftung einsortiert wird.

b) Bürgerlich-rechtliche Prospekthaftung

Die bürgerlich-rechtliche Prospekthaftung wurde aus der c.i.c. entwickelt und daher als Verschuldenshaftung nach § 276 BGB ausgestaltet. Sie umfasst mithin nach der Rechtsprechung und h.M. im Schrifttum auch leicht fahrlässiges Verhalten.[1288] Eine Beweislastumkehr hinsichtlich des Verschuldens wird in entsprechender Anwendung des § 280 Abs. 1 S. 2 BGB hier ebenfalls angenommen.[1289]

aa) Kritik

Gegen den Verschuldensmaßstab der leichten Fahrlässigkeit wird folgendes vorgebracht: Der Gesetzgeber habe mit Schaffung des VermAnlG und der dort mindestens vorausgesetzten groben Fahrlässigkeit bzgl. der Prospekthaftung bei Vermögensanlagen (§ 20 Abs. 3 VermAnlG), die vorher zum Grauen Kapitalmarkt gehörten und mithin dem Kernanwendungsbereich der bürgerlich-rechtlichen Prospekthaftung unterlagen, das Mindestmaß an Verschulden für jegliche Prospekthaftung allgemein deutlich gemacht.[1290] Außerdem sei ebenso wie bei der spezialgesetzlichen Prospekthaftung das Verschuldenserfordernis von mindestens grober Fahrlässigkeit die Kompensation für die Erweiterung der Anspruchsgegner im Vergleich zur rechtsgeschäftlichen Haftung.[1291] Dieser Maßstab könne im Wege der Rechtsanalogie[1292] auf die bürgerlich-rechtliche Prospekthaftung übertragen werden.[1293]

bb) Bewertung

Die Argumente der Gegner gegen eine Prospekthaftung bei lediglich (leicht) fahrlässigem Verhalten überzeugen. Weiter gedacht wäre es aber sinnvoll, de

---

1288 BGHZ 71, (284), 291; BGHZ 72, (382), 388; BGHZ 74, (103), 112; BGHZ 79, (337), 345; BGHZ 139, (225), 230; BGH AG 2008, (260), 263; *Assmann* in: Assmann/Schütze, Handbuch des Kapitalanlagerechts, 4. Aufl. 2015, § 5 Rn. 96; Ders., Prospekthaftung, S. 366; *Bergdolt* in: Heidel, Aktien- und Kapitalmarktrecht, Nr. 19 Teil 3 Rn. 5.

1289 BGH WM 1987, (495), 497; BGHZ 61, (118), 121 ff.; BGHZ 64, (46), 51 f.; BGH NZG 2013, (344), 345 Rn. 18; BGH NJW 2006, (2042), 2043 Rn. 14; *Assmann* in: Assmann/Schütze, Handbuch des Kapitalanlagerechts, 4. Aufl. 2015, § 5 Rn. 97.

1290 *Mülbert/Steup* in: Habersack/Mülbert/Schlitt, Unternehmensfinanzierung, § 41 Rn. 69. Ohne nähere Begründung dafür *Habersack* in: Habersack/Mülbert/Schlitt, Hdb. Kapitalmarktinf., § 29 Rn. 73.

1291 *Mülbert/Steup*, WM 2005, (1633), 1648 f.; *Meyer*, WM 2003, (1301), 1303; *Canaris*, Bankvertragsrecht, Rn. 2296, 2294, 2280.

1292 Zum Begriff siehe oben unter Teil 2 § 2 A. I.

1293 *Coing*, WM 1980, (206), 212; dafür auch *Herresthal*, Bankrechtstag 2015, (103), 155.

lege ferenda einen einheitlichen Prospekthaftungsanspruch zu schaffen und zwar nicht schon bei einem leicht fahrlässigem,[1294] sondern erst bei einem grob fahrlässigen Sorgfaltspflichtverstoß.[1295]

Hinsichtlich der Beweislastumkehr kommt es zu keinen Anpassungsschwierigkeiten.

2. *Mitverschulden*

a) Spezialgesetzliche Prospekthaftung

aa) Gesetzliche Lage

In den spezialgesetzlichen Prospekthaftungstatbeständen findet sich jeweils ein Ausschluss bei Kenntnis des Erwerbers vom Prospektmangel beim Erwerb, §§ 23 Abs. 2 Nr. 3 WpPG; 20 Abs. 4 Nr. 3, 22 Abs. 4 Nr. 1 VermAnlG; 306 Abs. 3 S. 2 Nr. 1, Abs. 4 S. 2 KAGB. Dabei soll es sich nach der Begründung des Gesetzgebers um eine abschließende gesetzliche Sonderregelung hinsichtlich der Frage der Berücksichtigungsfähigkeit eines etwaigen Mitverschuldens des Anlegers handeln, so dass andere Gründe eines Mitverschuldens keine Berücksichtigung finden können.[1296]

bb) Kritik

Dagegen vertritt *Sittmann* den Standpunkt, dass mit Aufgabe des Besitzerfordernisses als Tatbestandsvoraussetzung der Prospekthaftung beim Anspruchsteller bei der Berechnung des Schadensumfangs ein mitwirkendes Verschulden des Anlegers zu berücksichtigen sei. Ein solches sei bereits dann anzunehmen, wenn ein Anleger bei einer sinkenden Kursentwicklung seine Papiere nicht verkauft.[1297] Dieser Gedanke finde seine gesetzliche Stütze im Schadensminderungsgebot des § 254 Abs. 2 S. 1 BGB.

cc) Bewertung

Die h.M. spricht sich jedoch zu Recht dagegen aus.[1298] Der Kurs hängt von einer Vielzahl von Faktoren ab, die kaum ein Anleger überblicken kann. Daher kann keine stichhaltige Kursbeobachtungspflicht, verbunden mit einer

---

1294 So aber *Grundmann*, WM 1996, (985), 988 f.

1295 Siehe dazu unten unter Teil 5 § 5 B. V. 1. a).

1296 RegE Drittes Finanzmarktförderungsgesetz, BT-Drs. 13/8933, S. 80.

1297 *Sittmann*, NZG 1998, (490), 495.

1298 *Assmann* in: Assmann/Schütze, Handbuch des Kapitalanlagerechts, 4. Aufl. 2015, § 5 Rn. 185 f.; *Schwark* in: Schwark/Zimmer, KMRK, § 45 BörsG Rn. 72 f.; *Fleischer/*

Verkaufspflicht, statuiert werden. Auch würde eine solche makroökonomisch negativ wirken, wenn alle Anleger gleichzeitig verkaufen.

Dagegen ist - insoweit in Übereinstimmung mit *Sittmann* - § 254 BGB hinsichtlich der Bestimmung des zu berücksichtigenden Schadensumfangs, mithin bezüglich der haftungsausfüllenden Kausalität, grundsätzlich anwendbar.[1299] Denn das mitwirkende Verschulden der Kenntnis des Prospektmangels bezieht sich nach dem Gesetzeswortlaut nur auf den Erwerbszeitpunkt, so dass spätere Zeitpunkte in Bezug auf das Mitverschulden nicht von der Betrachtung ausgeschlossen sind. Als ein derartiges berücksichtigungsfähiges Mitverschulden des Anlegers bei der Berechnung der Schadenshöhe ist ein Verkauf unter Marktpreis zu werten.[1300] Zum aktuellen Marktpreis zu verkaufen, kann dem Anleger immer zugemutet werden. Weiterhin kann ihm zugemutet werden, den Prospektverantwortlichen unverzüglich anzuzeigen, dass er den Prospekthaftungsanspruch geltend machen will, sobald er von dem oder den Prospektfehlern Kenntnis erlangt hat.[1301] Dadurch wird ein Spekulieren des Anlegers zu Lasten der Prospektverantwortlichen verhindert, da diese dann die Möglichkeit haben die Vermögensanlagen Zug-um-Zug gegen Erstattung des Erwerbspreises zurückzuerwerben[1302] bzw. die Differenz zwischen Veräußerungs- und Erwerbspreises zu diesem Zeitpunkt zu erstatten. Die dagegen vorgebrachten Argumente der wohl h.M. können allesamt nicht überzeugen. Die Sonderverjährungsfrist von 6 Monaten ab Kenntnis der Unrichtigkeit des Prospekts in § 47 BörsG a.F., die eine Schadensvergrößerung durch zu langes Zuwarten verhindern sollte,[1303] ist inzwischen der regelmäßigen Verjährung gewichen.[1304] Eine gewisse, wenn auch kurze Dauer der Marktbeobachtung, die dem Anleger zustehen soll, bevor er

---

Kalss, AG 2002, (329), 334 f.; *Fleischer*, Gutachten F, DJT 2002, S. F71 f.; *Weichert*, Anlegerschaden, S. 163 ff.

1299 *Haarmann*, Die Prospekthaftung am grauen Kapitalmarkt, S. 154; *Ellenberger*, Prospekthaftung, S. 66; *Rothenhöfer*, WM 2003, (2032), 2033; *Schwark* in: Schwark/Zimmer, KMRK, § 45 BörsG Rn. 72.

1300 *Haarmann*, Die Prospekthaftung am grauen Kapitalmarkt, S. 154; *Schwark* in: Schwark/Zimmer, KMRK, § 45 BörsG Rn. 73.

1301 RGZ 80, (196), 202 f.; *Weichert*, Anlegerschaden, S. 165 f.; *Rothenhöfer*, WM 2003, (2032), 2036 f.; **a. A.** *Assmann* in: Assmann/Schütze, Handbuch des Kapitalanlagerechts, 4. Aufl. 2015, § 5 Rn. 186; *Ellenberger*, Prospekthaftung, S. 66 f.

1302 *Weichert*, Anlegerschaden, S. 166; *Schwark* in: Schwark/Zimmer, KMRK, § 45 BörsG Rn. 72; *Fleischer/Kalss*, AG 2002, (329), 335 f.

1303 *Ellenberger*, Prospekthaftung, S. 66 f.; *Fleischer/Kalss*, AG 2002, (329), 335.

1304 Siehe unten unter Teil 5 § 5 B. VI. 1.

seine Desinvestitionsentscheidung nach Kenntnis des Prospektfehlers trifft,[1305] ist durch eine entsprechende Auslegung von „unverzüglich" möglich. Dem von *Schwark* vorgebrachten Argument, weiter fallende Kurse träfen die Prospektverantwortlichen genauso wie die Anleger,[1306] kann in dieser Pauschalität ebenfalls nicht zugestimmt werden. So kann sich der Emittent z.B. dazu entscheiden, seine Anteile an einen Investor privat zu platzieren, der durch die Erlangung einer Mehrheitsposition gewillt sein kann, einen höheren Preis als den derzeitigen Marktpreis zu bezahlen. Die Begründung von *Fleischer/Kalls*, Melde- und Informationspflichten bzgl. Neuerkenntnissen seien im Kapitalmarktrecht grundsätzlich dem Emittenten zugeordnet,[1307] stimmt zwar. Dieser kapitalmarktrechtliche Grundsatz schließt aber nicht den allgemeinen zivilrechtlichen Grundsatz der Schadensminderung nach § 254 Abs. 2 S. 1 BGB, der in diesem Fall in einer Anzeigepflicht besteht, aus.[1308]

dd) Ergebnis

Somit finden bei den spezialgesetzlichen Prospekthaftungstatbeständen nur vorhergehende Kenntnis des Erwerbers vom Prospektmangel, ein Verkauf unter Marktwert sowie eine unterlassene Anzeige der beabsichtigten Geltendmachung des Prospekthaftungsanspruchs als Mitverschulden Berücksichtigung.

b) Bürgerlich-rechtliche Prospekthaftung

Kennt der Anleger den Prospektmangel bereits vor dem Erwerb der Anlage, muss auch im Bereich der bürgerlich-rechtlichen Prospekthaftung eine Haftung ausscheiden. Dies lässt sich schon mit der fehlenden haftungsbegründenden Kausalität begründen,[1309] aber auch basierend auf § 242 BGB mit einem widersprüchlichen Verhalten oder Verwirkung. Jedenfalls werden strenge Anforderungen an das Vorliegen dieser Kenntnis gestellt, um den Anspruch nicht leer laufen zu lassen.[1310]

Problematischer ist die Frage, ob und in welchem Maß eine Nachforschungspflicht der Anleger besteht, deren Nichteinhaltung anspruchsmindernd zu berücksichtigen wäre. Der BGH hat diese Frage im Einzelfall geprüft, das Ergebnis

---

1305 *Ellenberger*, Prospekthaftung, S. 67.

1306 *Schwark* in: Schwark/Zimmer, KMRK, § 45 BörsG Rn. 72.

1307 *Fleischer/Kalss*, AG 2002, (329), 335.

1308 So auch *Rothenhöfer*, WM 2003, (2032), 2036 f.

1309 *Assmann* in: Assmann/Schütze, Handbuch des Kapitalanlagerechts, 4. Aufl. 2015, § 5 Rn. 98; *Eyles* in: Vortmann, Prospekthaftung, § 2 Rn. 103.

1310 *Eyles* in: Vortmann, Prospekthaftung, § 2 Rn. 103.

aber immer offen lassen können.[1311] In einem Urteil des OLG München wurde die fehlende Nachforschung als Mitverschulden des Anlegers schadensmindernd berücksichtigt, allerdings nicht im Rahmen eines Prospekthaftungsanspruchs, sondern bei einem Anspruch aus c.i.c. wegen Angaben in einem Treuhandvertrag.[1312] Ob diese Rechtsprechung auf einen viel umfangreicheren Verkaufsprospekt Anwendung finden kann, ist zweifelhaft.

Dagegen sprechen sich einige Stimmen in der Literatur gegen eine generelle Nachforschungspflicht aus. Die Informationsverantwortlichkeit sei den Prospektverantwortlichen zugewiesen und eine Nachforschungspflicht würde den präventiven Zweck der Prospekthaftung nivellieren.[1313]

Dieses Problem würde sich bei einer rein spezialgesetzlichen Prospekthaftung, die auf Prospektpflichten basiert,[1314] erledigen. Die Angaben, für die die Prospektverantwortlichen die Verantwortung tragen, wären dann klar benannt. Außerdem würde dann ohnehin nur der Ausschlussgrund bei Kenntnis des Anlegers greifen.

3. *Haftungsfreizeichnung*

a) Spezialgesetzliche Prospekthaftung

Wie § 25 Abs. 1 WpPG, §§ 20 Abs. 6 S. 1, 21 Abs. 5 S. 1, 22 Abs. 6 S. 1 VermAnlG, § 306 Abs. 6 S. 1 KAGB deutlich machen, kommt im Bereich der spezialgesetzlichen Prospekthaftung eine vorherige Haftungsfreizeichnung nicht in Betracht. Nach dem Entstehen des Anspruchs können dagegen Vereinbarungen, wie z.B. ein Vergleich, geschlossen werden.[1315]

b) Bürgerlich-rechtliche Prospekthaftung

Im Bereich der bürgerlich-rechtlichen Prospekthaftung ist die Möglichkeit einer Haftungsfreizeichnung hingegen weitaus strittiger. Da die Prospekthaftung nach h.M. eine besondere Form der Vertrauenshaftung darstellt, ist strittig, inwiefern dieses Vertrauen wieder zerstört werden kann. Während eine solche

---

1311 BGHZ 71, (284), 292; BGHZ 160, (149), 159 = BGH NJW 2004, (2971), 2974; BGH WM 2008, (725), 729.

1312 OLG München, WM 1991, (447), 450.

1313 *Eyles* in: Vortmann, Prospekthaftung, § 2 Rn. 106; *Assmann* in: Assmann/Schütze, Handbuch des Kapitalanlagerechts, 4. Aufl. 2015, § 5 Rn. 98; dagegen für eine abgestufte Nachforschungspflicht je nach Erfahrenheit des Erwerbers *Schwark*, BB 1979, (897), 898.

1314 Siehe hierzu Teil 5 § 5 A.

1315 *Groß*, Kapitalmarktrecht, § 25 WpPG Rn. 2.

Freizeichnung bei der bürgerlich-rechtlichen Prospekthaftung im weiteren Sinne in gewissen Grenzen für möglich gehalten wird,[1316] kommt die Rechtsprechung bei derartigen Klauseln im Prospekt im Rahmen der bürgerlich-rechtlichen Prospekthaftung i.e.S. zu einem ablehnenden Ergebnis. Der BGH hielt eine Freizeichnungsklausel, die die Haftung auf Vorsatz und grobe Fahrlässigkeit begrenzte, wegen Verstoßes gegen § 9 AGBG (jetzt: § 307 BGB) für unwirksam. Selbst ein Haftungsausschluss für leichte Fahrlässigkeit widerspreche nämlich der Aufgabe des Prospekts, „*die potenziellen Anleger verlässlich, umfassend und wahrheitsgemäß zu informieren.*"[1317] Auch eine verjährungsverkürzende Klausel wird wegen Verstoßes des Ausschlusses einer Haftung für grobe Fahrlässigkeit (§ 309 Nr. 7 b) BGB) vom BGH als unwirksam angesehen.[1318]

Es soll mithin bei der bürgerlich-rechtlichen Prospekthaftung i.e.S. keine Freizeichnungsmöglichkeit im Prospekt geben.[1319] Dagegen halten manche Stimmen in der Literatur eine Beschränkung der Haftung auf Vorsatz und grobe Fahrlässigkeit gerade im Lichte der neueren spezialgesetzlichen Prospekthaftungsansprüche, die eine solche Begrenzung beinhalten, für möglich.[1320] Bei einer einheitlichen spezialgesetzlichen Prospekthaftung würde sich das Problem durch eine gesetzliche Vorschrift entsprechend § 25 Abs. 1 WpPG erledigen.

4. *Ergebnis*

a) Nach der Ausgestaltung durch die teilweise kritisierte Rechtsprechung wird im Rahmen der bürgerlich-rechtlichen Prospekthaftung als Verschulden lediglich leicht fahrlässiges Verhalten vorausgesetzt. Dagegen führt bei der spezialgesetzlichen Prospekthaftung hinsichtlich der Unrichtigkeit oder

---

1316 Zum Streitstand *Assmann* in: Assmann/Schütze, Handbuch des Kapitalanlagerechts, 3. Aufl. 2007, § 6 Rn. 203 ff. Inzwischen hält *Assmann* eine Haftungsfreizeichnung aber selbst für leichte Fahrlässigkeit für unwirksam, 4. Aufl. 2015, § 5 Rn. 109.

1317 BGH NJW 2002, (1711), 1712. Siehe auch OLG Stuttgart, WM 2005, (2382), 2384 und *Seibel/Westphalen*, BB 1998, (169), 173.

1318 BGH WM 2012, (1184), 1187.

1319 Dagegen unterschied *Schwark*, BB 1979, (897), 899 noch zwischen Erwerbserklärungen, bei denen eine AGB-Kontrolle stattfinde und ein Haftungsausschluss im Prospekt bzgl. leichter Fahrlässigkeit möglich sei und Beitrittserklärungen zu einer Gesellschaft wie einer Publikums-KG, bei denen die Haftung insgesamt ausgeschlossen werden könne. Dem dürfte durch die zitierte Rechtsprechung aber in der Rechtspraxis heute keine Bedeutung mehr zukommen.

1320 *Herresthal*, Bankrechtstag 2015, (103), 123; *Schürnbrand*, ZGR 2014, (256), 281 f.; *Nobbe*, WM 2013, (193), 200.

Unvollständigkeit des Prospekts nur grobe Fahrlässigkeit, teilweise auch nur fehlende Kenntnis zur Haftung.

b) Besteht eine spezialgesetzliche Prospektpflicht und wird kein Prospekt veröffentlicht, so ist strittig, ob eine verschuldenslose Haftung greift, da die entsprechenden Vorschriften kein explizites Verschuldenserfordernis enthalten. Jedoch würde eine derartige Garantiehaftung gegen das System der Schadensersatzansprüche im deutschen Recht verstoßen und hätte das sehr schwierige Folgeproblem einer Abgrenzung zwischen einem fehlenden und einem unvollständigen Prospekt zur Konsequenz. Eine verschuldenslose Haftung muss daher schon de lege lata abgelehnt werden.

c) Ein Mitverschulden des Anlegers ist innerhalb des spezialgesetzlichen Prospekthaftungsregimes nur insoweit ausdrücklich geregelt, als die Kenntnis des Anlegers zum Ausschluss des Anspruchs führt. Zwar gibt es keine Kursbeobachtungspflicht, allerdings muss auch ein Verkauf unter dem Marktpreis nach allgemeinen Regeln berücksichtigungsfähig sein, da ein Verkauf zum Marktpreis immer zumutbar ist. Außerdem ist zu berücksichtigen, ob der Anleger unverzüglich angezeigt hat, dass er den Prospekthaftungsanspruch geltend machen will. Bei der bürgerlich-rechtlichen Prospekthaftung scheidet der Anspruch ebenfalls aus, wenn der Anleger den Prospektmangel kennt. Strittiger ist in diesem Bereich die Annahme einer Kursbeobachtungspflicht, die in der Rechtsprechung teilweise anerkannt wurde.

d) Eine vorherige Haftungsfreizeichnung ist bei der spezialgesetzlichen Prospekthaftung explizit ausgeschlossen. Bei der bürgerlich-rechtlichen Prospekthaftung ist diese Möglichkeit hingegen strittig. Wenn es sich um eine Vertrauenshaftung handelt, kann das Vertrauen ja schon im Vorfeld wieder zerstört werden. Jedoch wurde dies bei der bürgerlich-rechtlichen Prospekthaftung i.e.S. von der Rechtsprechung noch nie zugelassen.

IV. Ersetzungsfähiger Schaden

1. Spezialgesetzliche Prospekthaftung

a) Wertpapiere und Vermögensanlagen

Bis zum 3. FMFG gab es im börsengesetzlichen Prospekthaftungstatbestand keine ausdifferenzierte Regelung des zu ersetzenden Schadens.[1321] Die Schadensbemessung erfolgte daher anhand der §§ 249 ff. BGB. Allerdings wurde, wie

1321 Siehe dazu auch *Assmann* in: Assmann/Schütze, Handbuch des Kapitalanlagerechts, 4. Aufl. 2015, § 5 Rn. 187.

schon in § 44 Abs. 2 des Börsengesetzes von 1896, dem Ersatzpflichtigen die Möglichkeit eingeräumt, der Ersatzpflicht durch Übernahme der Wertpapiere gegen Erstattung des Erwerbspreises zu genügen.

Nunmehr ist der ersatzfähige Schaden in den §§ 21, 24 WpPG und in Anlehnung daran in §§ 20, 21, 22 VermAnlG genau geregelt. Es wird dabei danach differenziert, ob der Anspruchsteller noch Inhaber der Wertpapiere bzw. Vermögensanlagen ist. Ist dies der Fall, so kann er von den Prospektverantwortlichen als Gesamtschuldnern die Übernahme der Wertpapiere Zug-um-Zug[1322] gegen Erstattung des Erwerbspreises und der mit dem Erwerb verbundenen üblichen Kosten verlangen. Zu letzteren gehören zum Beispiel die für Maklercourtage und Provision aufgewandten Kosten.[1323] Allerdings ist der Anspruch der Höhe nach auf den ersten Ausgabepreis begrenzt.

Bei dieser ersten Variante, wenn der Anspruchsteller noch Inhaber der Wertpapiere bzw. Vermögensanlagen ist, entsteht also ein Rückabwicklungsverhältnis ähnlich § 346 BGB mit dem Zusatz der Erstattung der Erwerbsnebenkosten.

Wenn der Anspruchsteller nicht mehr Inhaber ist, so kann er den Unterschiedsbetrag zwischen Erwerbs- und Veräußerungsbetrag verlangen, wobei es auch hier eine Begrenzung auf den ersten Ausgabepreis gibt. Zusätzlich kann er wiederum die Erwerbsnebenkosten verlangen. Damit wurde das früher bestehende Besitzerfordernis aufgehoben, da es die Wirksamkeit der spezialgesetzlichen Prospekthaftung in der Praxis stark einschränkte.[1324] Es handelt sich bei der zweiten Variante mithin um einen „modifizierten Schadensersatzanspruch", der den ersatzfähigen Schaden konkretisiert und zugleich begrenzt. Hierdurch wird die Schadensberechnung nach §§ 249 ff. BGB insoweit verdrängt. Allerdings greift die Schadenminderungspflicht (§ 254 Abs. 2 BGB), wenn der Anspruchsteller einen Veräußerungspreis erzielt, der unter dem Marktpreis liegt.[1325] Hingegen muss sich der Anleger bei der zweiten Variante aufgrund der Verdrängung der §§ 249 ff. BGB nicht im Rahmen der Vorteilsausgleichung daran festhalten

---

1322 RegE Drittes Finanzmarktförderungsgesetz, BT-Drs. 13/8933, S. 78; BGH BKR 2008, (163), 164 Tz. 7; *Assmann* in: Assmann/Schütze, Handbuch des Kapitalanlagerechts, 4. Aufl. 2015, § 5 Rn. 192; *Ders.* in: Assmann/Schlitt/von Kopp-Colomb, WpPG/VermAnlG, 3. Aufl. 2017, §§ 21–23 WpPG Rn. 122.

1323 RegE Drittes Finanzmarktförderungsgesetz, BT-Drs. 13/8933, S. 78; *Assmann* in: Assmann/Schütze, Handbuch des Kapitalanlagerechts, 4. Aufl. 2015, § 5 Rn. 190.

1324 RegE Drittes Finanzmarktförderungsgesetz, BT-Drs. 13/8933, S. 79.

1325 RegE Drittes Finanzmarktförderungsgesetz, BT-Drs. 13/8933, S. 79; *Assmann* in: Assmann/Schütze, Handbuch des Kapitalanlagerechts, 4. Aufl. 2015, § 5 Rn. 195; *Groß*, Kapitalmarktrecht, § 21 WpPG Rn. 87; siehe auch bereits oben unter III. 2. a).

lassen, wenn er die Wertpapiere bzw. Vermögensanlagen noch während der Desinformationsphase, d.h. bevor die unwahren oder unterlassenen Angaben bekannt geworden sind und der Kurs daher noch informationsbedingt verzerrt war, veräußert hat.[1326]

b) Investmentanteile

Auch bei Investmentanteilen erfolgt eine Zweiteilung des Prospekthaftungsanspruchs anhand der Inhaberschaft. So kann der Anspruchsberechtigte, wenn er noch Inhaber der Anteile ist, nach § 306 Abs. 1 S. 1 KAGB von den Prospektverantwortlichen als Gesamtschuldnern „Übernahme der Anteile oder Aktien gegen Erstattung des von ihm gezahlten Betrages verlangen." Diese Formulierung geht schon auf § 12 AuslInvG bzw. § 20 KAGG zurück. Im Regierungsentwurf zum Auslandsinvestmentgesetz betonte der Gesetzgeber, dass durch die Formulierung ‚Erstattung des Kaufpreises' zum Ausdruck komme, dass der Käufer den vollen Betrag inklusive der Nebenkosten wie z.B. Zahlungen an Vertriebsgesellschaften oder Vertreter verlangen könne.[1327] Dieser Anspruchsinhalt wird auch heute noch dem § 306 Abs. 1 S. 1 KAGB entnommen.[1328] Im Wesentlichen entspricht dies der Regelung bei den Wertpapieren und Vermögensanlagen. Die Gesetzesbegründung spricht explizit von einem „Rücktrittsrecht".[1329] Allerdings enthält § 306 Abs. 1 S. 1 KAGB keine Begrenzung auf den ersten Ausgabepreis.

Wenn der Anspruchsteller nicht mehr Inhaber ist, so hat er gemäß § 306 Abs. 1 S. 2, Abs. 2 S. 2 KAGB wie bei den Wertpapieren und Vermögensanlagen einen Anspruch auf Ersatz des Differenzschadens zwischen Erwerbs- und Veräußerungs- bzw. Rücknahmepreis. Wiederum gibt es hier keine Einschränkung auf den Ausgabepreis.

2. *Bürgerlich-rechtliche Prospekthaftung*

Die bürgerlich-rechtliche Prospekthaftung fußt auf dem Prinzip der Vertrauenshaftung und wurde aus der c.i.c. entwickelt. Als ersatzfähiger Schaden kann hier das negative Interesse nach §§ 249 ff. BGB verlangt werden, d.h. der Anleger ist so zu stellen, wie er stünde, wenn die Prospektverantwortlichen richtig aufgeklärt

---

1326 *Weichert*, Anlegerschaden, S. 276; **a.A.** *Haarmann*, Die Prospekthaftung am grauen Kapitalmarkt, S. 184 f.

1327 RegE AuslInvG, BT-Drs. 5/3494, S. 23.

1328 *Zingel* in: Baur/Tappen, InvG, 3. Aufl. 2015, Bd. 2, § 306 KAGB Rn. 28; *Heisterhagen* in: Emde/Dornseifer/Dreibus/Hölscher, InvG, § 127 Rn. 45.

1329 RegE AuslInvG, BT-Drs. 5/3494, S. 23.

hätten und er daher die Anlage nicht erworben hätte.[1330] Der Anleger kann also Rückabwicklung verlangen, wobei ihm auch seine Aufwendungen für den Erwerb zu ersetzen sind.[1331] Ist die Anlage wertlos, so kann er Rückzahlung des angelegten Kapitalbetrags und Ersatz seiner Aufwendungen verlangen.[1332] Falls die Anlage hingegen noch werthaltig ist, besteht der Anspruch Zug-um-Zug gegen Abtretung der Beteiligung[1333] oder des Liquidationserlöses.[1334] Insoweit ist die schadensersatzrechtliche Rückabwicklung nach der bürgerlich-rechtlichen Prospekthaftung gleichlaufend zu der investmentrechtlichen Rückabwicklung. Im Unterschied zur Prospekthaftung nach dem WpPG und dem VermAnlG gibt es auch hier keine Begrenzung nach oben im Sinne eines Ausgabepreises. Dagegen verneint der BGH einen Schaden, wenn trotz des Prospektfehlers die Äquivalenz von Leistung und Gegenleistung gegeben ist.[1335] Dies wird in der Literatur zu Recht bestritten, zumal die bürgerlich-rechtliche Prospekthaftung teleologisch mit Vertrauensschutz begründet wird und mithin das Dispositions- und nicht das Äquivalenzinteresse schützen soll.[1336]

Eine Einschränkung ergibt sich hinsichtlich der Haftung der Garanten wegen des Grundsatzes der Einzelverantwortlichkeit, wobei zwei Konstellationen unterschieden werden müssen.[1337] Wenn der Anleger beweisen kann - insoweit gilt keine Kausalitätsvermutung -, dass der vom Prospektgaranten garantierte Einzelumstand zumindest mitkausal für die Anlageentscheidung war, dann haftet dieser auch auf das gesamte negative Interesse. Fehlt es an der Kausalität bzw. kann sie der Anleger nicht beweisen, so haftet der Prospektgarant nur für

---

1330 BGHZ 72, (382), 389; BGHZ 79, (337), 346; BGHZ 115, (213), 220 f.; *Assmann* in: Assmann/Schütze, Handbuch des Kapitalanlagerechts, 4. Aufl. 2015, § 5 Rn. 99; *Eyles* in: Vortmann, Prospekthaftung, § 2 Rn. 91; *Schwark*, BB 1979, (897), 898.

1331 BGHZ 115, (213), 221; BGHZ 123, (106), 110 „Hornblower-Fischer"; BGH, Urteil v. 7.12.2009, AZ: II ZR 115/08, Rn. 28 juris.

1332 *Eyles* in: Vortmann, Prospekthaftung, § 2 Rn. 92; *Assmann* in: Assmann/Schütze, Handbuch des Kapitalanlagerechts, 4. Aufl. 2015, § 5 Rn. 101.

1333 BGHZ 79, (337), 346; BGHZ 83, (222), 226; BGHZ 115, (213), 221; BGH NJW 2006, (2042), 2043.

1334 BGH, NJW 1992, (1223), 1224.

1335 BGHZ 115, (213), 221 m.w.N.

1336 *Eyles* in: Vortmann, Prospekthaftung, § 2 Rn. 93; *Assmann* in: Assmann/Schütze, Handbuch des Kapitalanlagerechts, 4. Aufl. 2015, § 5 Rn. 100.

1337 Siehe hierzu bereits oben unter Teil 3 § 3 C. II. 3. b) aa).

diejenigen Schäden, die aus dem Umstand resultieren, den er fälschlicherweise garantiert hat.[1338]

In zweierlei Hinsicht geht der nach der bürgerlich-rechtlichen Prospekthaftung erstattungsfähige Schaden über alle spezialgesetzlichen Prospekthaftungstatbestände hinaus.

a) Differenzschaden auch bei „Inhaberschaft"

So kann der Anspruchsberechtigte, selbst wenn er noch „Inhaber" der Anlage ist, an seiner Beteiligung festhalten und den Differenzschaden verlangen, der im Minderwert aufgrund der unrichtigen Prospektangaben liegt.[1339] Die Übernahme der Anteile Zug-um-Zug gegen Erstattung des Erwerbspreises wurde bereits in § 44 des BörsG von 1896 als Einrede des Ersatzpflichtigen eingeführt. Dies geht auf einen Vorschlag der BEK zurück. Diese meinte, eine derartige Einrede sei nötig, damit Anleger nicht auf Kosten der Emittenten spekulieren bzw. sich bereichern können, sondern nur ihren Schaden abzuwenden vermögen.[1340] Die bürgerlich-rechtliche Prospekthaftung verlagert diesen Ausgleich zu Ungunsten der Prospektverantwortlichen.

b) Berücksichtigung des entgangenen Gewinns

Ferner kann der Anleger im Rahmen der bürgerlich-rechtlichen Prospekthaftung den entgangenen Gewinn (§ 252 BGB) geltend machen.[1341] Dieser soll darin liegen, dass es der Anleger unterlassen hat, eine andere erfolgreichere Investition zu tätigen.[1342] Nach früherer Rechtsprechung des BGH wurde es als ausreichend erachtet, wenn der Anleger ohne nähere Ausführungen geltend machte, er hätte das Geld ansonsten zu einem allgemein üblichen Zinssatz angelegt, wobei

---

1338 *Herresthal*, Bankrechtstag 2015, (103), 124; *Assmann* in: Assmann/Schütze, Handbuch des Kapitalanlagerechts, 4. Aufl. 2015, § 5 Rn. 80; *Siol* in: Schimansky/Bunte/Lwowski, BankR-Hdb, Bd. I, § 45 Rn. 61 f.

1339 BGHZ 69, (53), 57 f.; BGHZ 114, (87), 94; BGH, NJW 1992, (1223), 1224; BGH, DStR 2003, (1494), 1495 f.; *Assmann* in: Assmann/Schütze, Handbuch des Kapitalanlagerechts, 4. Aufl. 2015, § 5 Rn. 100, 104; *Eyles* in: Vortmann, Prospekthaftung, § 2 Rn. 96; *Ehricke* in: Hopt/Voigt, Kapitalmarktinformationshaftung, S. 242; *Weichert*, Anlegerschaden, S. 280. Zu den insoweit zu berücksichtigenden Faktoren siehe *Assmann* in: FS Lange, 1992, S. 357 ff.

1340 Börsen-Enquete-Kommission 1893, S. 69.

1341 *Eyles* in: Vortmann, Prospekthaftung, § 2 Rn. 94; *Assmann* in: Assmann/Schütze, Handbuch des Kapitalanlagerechts, 4. Aufl. 2015, § 5 Rn. 104.

1342 BGH, MDR 1984, 392.

in zwei Urteilen 7 % p.a. als begründet angesehen wurden.[1343] Als Mindestmaß wurde oft der gesetzliche Zinssatz von 4 % p.a. gemäß § 246 BGB genannt.[1344]

Die neuere Rechtsprechung des BGH ist strenger. Nunmehr muss der Kläger anhand eines Tatsachenvortrags plausibel darlegen, für welche konkrete Anlageform er sich entschieden hätte.[1345] Dabei ist vor allem sein Anlageziel zu berücksichtigen.[1346] Diese Änderung der Rechtsprechung ist zu begrüßen, zumal sich der Anleger nicht einfach darauf berufen können soll, er hätte nur in eine ‚*eierlegende Wollmilchsau*'[1347] investiert. Von der älteren Rechtsprechung wurde den Anlegern vielmehr unberechtigterweise eine „*Ausfallversicherung auf komfortablem Niveau*" geboten.[1348]

Da die Rechtsprechung zur bürgerlich-rechtlichen Prospekthaftung vor allem auch im Rahmen unseriöser Steuersparmodelle entwickelt wurde, ist es nicht erstaunlich, dass unter dem Topos „entgangener Gewinn" auch die entgangenen Steuervorteile diskutiert werden.[1349] Die Rechtsprechung hat diesen Punkt zu Recht als beim Schadensersatzanspruch berücksichtigungsfähige Eigenschaft gesehen.[1350] In umgekehrter Hinsicht müssen dann aber auch steuerliche Vorteile, z.B. die durch den geringeren Gewinn ersparten Steuern als Abzugsposten berücksichtigt werden (Vorteilsausgleichung).[1351] Allerdings ist gerade bei einer Investition in Steuersparmodelle die Frage komplizierter, da dann ja auch bei einer Alternativanlage steuerliche Vorteile erlangt worden wären. Deshalb sind nach der Rechtsprechung des BGH erlangte Steuervorteile nur mehr bei einer außergewöhnlichen Höhe im Rahmen der Vorteilsausgleichung berücksichtigungsfähig.[1352]

1343 BGH, WM 1974, (128), 129; BGH, NJW 1992, (1223), 1224.

1344 *Junglas*, BKR 2013, (360), 362.

1345 BGH, WM 2012, (1188), 1189; BGHZ 193, (159), 180 f. Dafür auch schon *Assmann* in: FS Lange, 1992, S. 361 f.

1346 *Junglas*, BKR 2013, (360), 362 f.

1347 *Junglas*, BKR 2013, (360), 363.

1348 *Assmann* in: Assmann/Schütze, Handbuch des Kapitalanlagerechts, 3. Aufl. 2007, § 6 Rn. 197.

1349 *Assmann* in: Assmann/Schütze, Handbuch des Kapitalanlagerechts, 4. Aufl. 2015, § 5 Rn. 105, 108; *Pleyer/Hegel*, ZIP 1985, (1370), 1377; *Eyles* in: Vortmann, Prospekthaftung, § 2 Rn. 94.

1350 BGHZ 79, (183), 186; BGH, NJW-RR 1986, 700; OLG Köln, WM 1982, 23.

1351 *Assmann* in: Assmann/Schütze, Handbuch des Kapitalanlagerechts, 4. Aufl. 2015, § 5 Rn. 107 f.; *Eyles* in: Vortmann, Prospekthaftung, § 2 Rn. 97.

1352 *Assmann* in: Assmann/Schütze, Handbuch des Kapitalanlagerechts, 4. Aufl. 2015, § 5 Rn. 108.

3. *Ergebnis zu IV.*

Als Ergebnis wird deutlich, dass die Rechtsfolge der bürgerlich-rechtlichen Prospekthaftung über die in erster Linie als Rücktrittsrecht ausgestaltete spezialgesetzliche Prospekthaftung hinausgeht. Es gibt keine Begrenzung auf den ersten Ausgabepreis und der Differenzschaden kann geltend gemacht werden, ohne dass sich der Anleger von seinen Anteilen trennen muss. Darüber hinaus kann im Rahmen der bürgerlich-rechtlichen Prospekthaftung auch der entgangene Gewinn in gewissen Grenzen verlangt werden.

V. Ergebnis

Es hat sich gezeigt, dass sich im Tatbestand und in der Rechtsfolge, sowohl innerhalb des spezialgesetzlichen Prospekthaftungsregimes, als auch vor allem im Vergleich zu der bürgerlich-rechtlichen Prospekthaftung vielfältige Unstimmigkeiten ergeben, die nicht logisch oder teleologisch erklärt werden können. Daher besteht ein rechtstatsächliches Bedürfnis für eine Neuordnung, die sowohl vereinfachend als auch wertungsmäßig gerecht erfolgt. Hier bietet sich vor allem ein Abschied von der Zweigleisigkeit zu Gunsten eines einheitlichen spezialgesetzlichen Prospekthaftungsregimes an.

B. Europarechtliches Bedürfnis nach einem einheitlichen Prospekthaftungsanspruch

Es wurde bereits an einer früheren Stelle in dieser Arbeit die Frage aufgeworfen, ob das europarechtliche Äquivalenzgebot eine einheitliche Auslegung der Prospekthaftungsansprüche nach dem Maßstab der bürgerlich-rechtlichen Prospekthaftung erforderlich macht.[1353] Dies problematisiert vor allem *Grundmann*[1354], der sich dabei auf die Rechtsprechung des EuGH zu Art. 291 AEUV bzw. zu dessen Vorgängervorschrift beruft, nach der Sanktionen für die Verletzung des harmonisierten Rechts mindestens so effizient sein müssen wie die vergleichbaren Tatbestände des nicht harmonisierten Rechts.[1355] Als solcher Vergleichsmaßstab

---

1353 Siehe oben unter Teil 3 § 2 B. V.

1354 *Grundmann* in: Schimansky/Bunte/Lwowski, BankR-Hdb, Bd. II, § 112 Rn. 53; *Grundmann/Selbherr*, WM 1996, (985), 988.

1355 Dieses Erfordernis hat der EuGH zum ersten Mal im Urteil v. 15.7.1980, verb. Rs. C-119 und C-126/ (*Lippische Hausgenossenschaft./.Bundesanstalt für Landwirtschaftliche Marktordnung*) aufgestellt, Slg. 1980, (1863), 1879; vgl. zur notwendigen abschreckenden Wirkung als Teil der Effektivität auch das Urteil des EuGH v. 10.4.1984, Rs. 14/83 (*von Colson und Kamann*), NJW 1984, 2021, Ls. 3.

komme aber die bürgerlich-rechtliche Prospekthaftung in Betracht.[1356] Zumindest vor Schließung der Lücken der Anwendungsbereiche der spezialgesetzlichen Prospekthaftungsansprüche durch Schaffung des VermAnlG, des KAGB und der Erweiterung der Prospektpflichten durch das AnSVG und das KleinanlegerschutzG hat es Ansprüche aus bürgerlich-rechtlicher Prospekthaftung gegeben, wobei je nach Ausgestaltung des Anlageprodukts eine gewisse Unsicherheit herrschte, welches Prospekthaftungsregime anwendbar ist. Die bürgerlich-rechtliche Prospekthaftung setzt im Unterschied zu den spezialgesetzlichen Prospekthaftungsansprüchen insbesondere nur einfache Fahrlässigkeit voraus.[1357] Anders als *Grundmann/Selbherr* anklingen lassen, kann dem Äquivalenzgrundsatz aber nicht nur durch eine umfassende Zulassung einer kumulativen Anspruchskonkurrenz der beiden Prospekthaftungsregime und de lege ferenda durch eine Absenkung des Verschuldensmaßstabs auf einfache Fahrlässigkeit in allen spezialgesetzlichen Prospekthaftungsansprüchen nachgekommen werden.[1358] Der für den Äquivalenzgrundsatz maßgebliche Vergleichsmaßstab des nationalen Rechts kann auch durch Aufgabe der Rechtsprechungsfigur der bürgerlich-rechtlichen Prospekthaftung verschoben werden.[1359] Denn dann blieben nur noch die spezialgesetzlichen Prospekthaftungsansprüche übrig, die nach richtiger Ansicht alle mindestens grobe Fahrlässigkeit voraussetzen.[1360]

C. Rechtsökonomisches Bedürfnis nach einem einheitlichen Prospekthaftungsanspruch

Die rechtsökonomische Notwendigkeit der Prospekthaftung als Regelungsinstrument wurde bereits umfassend diskutiert und bejaht.[1361] Nunmehr soll gezeigt werden, dass rechtsökonomische Erwägungen sogar einen einschienigen Prospekthaftungsanspruch erforderlich machen. Wie bereits gezeigt, geht es bei der Rechtsökonomie darum, möglichst effiziente Regelungen zu finden und eine Ressourcenverschwendung zu vermeiden.[1362]

Ein zentraler Begriff der ökonomischen Analyse des Rechts ist derjenige der „Property Rights". Hierunter werden Verfügungsrechte verstanden, die nach

1356 *Grundmann* in: Schimansky/Bunte/Lwowski, BankR-Hdb, Bd. II, § 112 Rn. 53; *Grundmann/Selbherr*, WM 1996, (985), 988.

1357 Siehe oben unter A. III. 1. b).

1358 *Grundmann/Selbherr*, WM 1996, (985), 988 f.

1359 Siehe bereits oben unter A. III. 1. a) bb) (3).

1360 Siehe oben unter A. III. 1. a) aa).

1361 Siehe oben unter Teil 1 § 3 B.

1362 Siehe oben unter Teil 1 § 3 B. I. 1.

dem Grundsatz des Privateigentums innerhalb einer klassischen liberalen Gesellschaft erlaubte Handlungen von unerlaubten abgrenzen.[1363] Verfügungsrechte unterteilen sich in das Recht auf Nutzung bzw. Nutzungsuntersagung[1364], auf Veränderung, auf Fruchtziehung, sowie auf Veräußerung.[1365] Das umfassendste Verfügungsrecht ist das Eigentumsrecht. Die Ausgestaltung dieser Rechte zu einer Rechtsstruktur führt dazu, dass Erwartungen an das Verhalten von Mitmenschen hinsichtlich der Nutzung wirtschaftlicher Mittel entstehen.[1366] Dadurch wird den einzelnen Personen das Planen, Entscheiden und Handeln erleichtert. Dies ist es, was man unter der Kapitalguteigenschaft des Rechts versteht.[1367] Werden Rechtsstrukturen zu häufig geändert, führt das zu einer Erosion dieser Kapitalguteigenschaft. Investoren müssen sich vielmehr auf die Gültigkeit von Regelungen verlassen können. Mit anderen Worten muss das Recht transparent und über längere Dauer vorhersehbar sein, wenn es keine Investitionen hemmen, sondern fördern will.[1368] „[...] *Widersprüchlichkeiten innerhalb der Rechtsordnung mindern deren Kapitalguteigenschaft.*“[1369] Hier liegt das Problem der ständigen Änderungen der Prospekthaftungsregime. Es ist nicht mehr vorhersehbar, welches Dokument von den Gerichten als Prospekt im Sinne der bürgerlich-rechtlichen Prospekthaftung mit strengerer Haftung, welches als nicht haftungsbewehrte Werbung nach der spezialgesetzlichen Prospekthaftung und welches schließlich der spezialgesetzlichen Prospekthaftung unterfällt. Das macht eine transparente Abgrenzungsmöglichkeit erforderlich. Eine solche würde ein einheitlicher, in seinen Tatbestandsvoraussetzungen klar definierter Prospekthaftungsanspruch bieten.

Zum selben Ergebnis gelangt man unter Anwendung des „Coase-Theorems“. Dieses stellt eine Methode dar, mehrere rechtliche Regelungen hinsichtlich ihrer ökonomischen Auswirkungen zu vergleichen.[1370] Es geht auf den Aufsatz

1363 *Erlei/Leschke/Sauerland*, Institutionenökonomik, S. 283; *Richter/Furubotn*, Neue Institutionenökonomik, S. 91, 94.

1364 *Shavell*, Foundations of Economic Analysis of Law, S. 9.

1365 *Erlei/Leschke/Sauerland*, Institutionenökonomik, S. 283 f. *Shavell* unterscheidet hierbei zwischen den beiden Kategorien der Besitzrechte („Possessory Rights“) und dem Recht zur Veräußerung („Rights of Transfer“), Foundations of Economic Analysis of Law, S. 9 ff.

1366 *Richter/Furubotn*, Neue Institutionenökonomik, S. 91.

1367 *Erlei/Leschke/Sauerland*, Institutionenökonomik, S. 291.

1368 *Erlei/Leschke/Sauerland*, Institutionenökonomik, S. 291 f.

1369 *Erlei/Leschke/Sauerland*, Institutionenökonomik, S. 292.

1370 *Schäfer/Ott*, Ökonomische Analyse, S. 73.

„The problem of social cost" von *Coase* aus dem Jahr 1960 zurück.[1371] Die Hauptaussage dieses Theorems besteht darin, „dass *bei Transaktionskosten von null sowie hinreichend spezifizierten und handelbaren Eigentumsrechten unabhängig von der Ausgangsverteilung mit einer effizienten Ressourcenallokation gerechnet werden kann.*"[1372] In Wirklichkeit werden die Transaktionskosten aber niemals den Wert 0 betragen, was auch *Coase* feststellt[1373] und steigen tendenziell mit der Anzahl der Marktteilnehmer.[1374] Um eine möglichst effiziente Ressourcenallokation durch den Markt sicherzustellen, sind sie aber möglichst gering zu halten.[1375] Hierbei können sowohl der Gesetzgeber bei der Ausgestaltung der Rechte[1376] als auch die Gerichte einen Beitrag leisten, wenn sie die ökonomischen Folgen ihrer Entscheidungen für beide Parteien in Erwägung ziehen.[1377] Es sind mithin alle vorstellbaren, realistischen institutionellen Arrangements zu durchdenken und hinsichtlich der abgeschätzten Wirkungen für die Betroffenen zu vergleichen. Dies fängt bei den unterschiedlichen Gestaltungsmöglichkeiten der Verfügungsrechte an und geht bis hin zu direkten staatlichen Eingriffen in den Marktmechanismus.[1378] Bei den hier in Frage stehenden Anlageprodukten stellen die Kosten für die Informationsbeschaffung hinsichtlich ihrer Güte die maßgeblichen Transaktionskosten dar. Aus dem Effizienzgebot folgt, dass sie demjenigen aufgebürdet werden müssen, der sie am billigsten erfüllen kann („cheapest cost-avoider").[1379] Dies ist der Emittent, da es um Informationen geht, die sein Unternehmen betreffen. Es muss deshalb eine ihn betreffende Informationsveröffentlichungspflicht bzw. Prospektpflicht statuiert werden, die klare Kriterien nennt, wann welche Informationen preisgegeben werden müssen.[1380] Wird jedoch die bestehende Zweigleisigkeit der Prospekthaftung mit allen genannten Abgrenzungsproblemen beibehalten, haben beide Seiten erhebliche

---

1371 *Coase*, J. Law Econ. 3 (1960), 1.

1372 *Voigt*, Institutionenökonomik, S. 60.

1373 *Coase*, J. Law Econ. 3 (1960), (1), 16.

1374 *Posner*, Economic Analysis of Law, S. 52.

1375 *Kirchgässner*, homo oeconomicus, S. 130 f.

1376 Zur Gesetzesfolgenabschätzung als relativ neue Maßnahme im Gesetzgebungsverfahren: *Erlei/Leschke/Sauerland*, Institutionenökonomik, S. 298 f. Dazu kritisch *Calliess* in: FS Teubner 2009, S. 474 f.

1377 *Coase*, J. Law Econ. 3 (1960), (1), 16 ff.; *Schäfer/Ott*, Ökonomische Analyse, S. 4 f., 7 ff.; *Posner*, Economic Analysis of Law, S. 31 ff.; *Möllers*, AcP (208), 2008, (1), 11.

1378 *Erlei/Leschke/Sauerland*, Neue Institutionenökonomik, S. 296.

1379 Siehe oben unter Teil 1 § 3 B. II. 2.

1380 *Möllers*, AcP (208), 2008, (1), 10 f., der dies aber ausdrücklich nur auf börsennotierte Unternehmen bezieht.

Transaktionskosten vor allem für die Rechtsberatung zu tragen. So besteht sowohl auf der Seite der Emittenten Unsicherheit, für welche veröffentlichten Informationen die eine und für welche die andere Schiene mit ihren unterschiedlich strengen Ausgestaltungen greift. Aber auch seitens der Anleger besteht dann Unsicherheit, ob es sich lohnt, einen Prozess anzustrengen, wenn sie nicht wissen unter welchen Voraussetzungen sie überhaupt Recht bekommen. Ein einschieniger Prospekthaftungsanspruch, bei dem die Haftungsvoraussetzungen klar umrissen sind, ist dem aus rechtsökonomischer Sicht klar überlegen und zwingt geradezu zu dieser Ausgestaltung.

§ 2 Rechtfertigung eines einheitlichen Haftungstatbestands

In diesem Abschnitt soll unter Verwendung der bisherigen Ergebnisse gezeigt werden, dass ein einheitlicher Haftungstatbestand auch gerechtfertigt werden kann. Das gilt vor allem in dogmatischer Hinsicht (**A.**), wenn man sich den jeweiligen Haftungsgrund noch einmal vor Augen führt. Dieses Resultat kann darüber hinaus einer rechtsvergleichenden (**B.**) und einer rechtshistorischen (**C.**) Absicherung zugeführt werden.

A. Dogmatische Einheit von spezialgesetzlicher und bürgerlich-rechtlicher Prospekthaftung

In Teil 2 § 3 wurde umfassend dargelegt, dass die bürgerlich-rechtliche Prospekthaftung nicht im Rahmen gesetzesübersteigender Rechtsfortbildung hätte entwickelt werden dürfen. Die dagegen vorzugswürdige Gesamtanalogie zu den spezialgesetzlichen Prospekthaftungsansprüchen begründet sich mit den ähnlichen zu bewältigenden Sachverhalten, die der Gesetzgeber im einen und der Richter im anderen Fall als Ausgangspunkt ihrer jeweiligen Lösung nahmen. Trotz der unterschiedlichen Ausgestaltungen werden beide Prospekthaftungsschienen nach überwiegender Meinung in Rechtsprechung und Schrifttum als Ausformung der Vertrauenshaftung angesehen. Bei der bürgerlich-rechtlichen Prospekthaftung hat dies der BGH selbst am Anfang der Entwicklung klar gestellt.[1381] Aber auch im Rahmen der spezialgesetzlichen Prospekthaftung hat er sich in dem Urteil „Dritter Börsengang" der Deutschen Telekom AG klar für die Einordung als Vertrauenshaftung ausgesprochen.[1382] Die Mehrheit in der

1381 BGHZ 79, (337), 341; siehe auch oben unter Teil 2 § 1.
1382 BGHZ 190, (7), 13 f., Rn. 17.

Literatur sieht dies genauso.[1383] Die abweichenden Auffassungen, die eine gänzlich andere Konzeption vertreten, werden zu Beginn von Teil 5 dargestellt und bewertet. Ob man nun auf die Vertrauenshaftung als Grundlage beider Stränge der Prospekthaftung rekurriert oder mit *Coing* und *van Look* de lege lata für die Altfälle eine Gesamtanalogie zu den spezialgesetzlichen Prospekthaftungstatbeständen annimmt,[1384] wird jedenfalls deutlich, dass eine dogmatische Einheit von spezialgesetzlicher und bürgerlich-rechtlicher Prospekthaftung besteht.

B. Rechtsvergleichende Absicherung

Wie den Antworten auf den Fragenkatalog der ESMA über die unterschiedliche Ausgestaltung der Prospekthaftung in den EU-Mitgliedsstaaten entnommen werden kann, haben zwar 15 Länder zusätzlich zu dem allgemeinen zivilrechtlichen Haftungsregime spezialgesetzliche Prospekthaftungsansprüche erlassen, so dass sich potentiell Konkurrenzprobleme stellen können.[1385] Deutschland ist aber das einzige Land, das dem Umfang des spezialgesetzlichen Prospekthaftungsanspruchs im Vergleich zu den Möglichkeiten nach den sonstigen zivilrechtlichen Haftungsansprüchen, die dann ausgeschlossen sind, Einschränkungen unterwirft.[1386] Eine derartige Zersplitterung ist auf europäischer Ebene einmalig und schon deshalb fragwürdig. In den USA sind die bundesstaatlichen Prospekthaftungsansprüche einheitlich in einem Gesetz (Securities Act 1933) und dort im Wesentlichen mit sec. 11 und 12 in zwei zentralen Vorschriften geregelt.[1387] In der Schweiz gibt es mit Art. 752 OR sogar nur eine zentrale Prospekthaftungsvorschrift, die sowohl im Fall einer gesetzlichen Prospektpflicht, z.B. nach Art. 652a OR, Art. 28 KR oder vermittels Art. 1156 OR, als auch für

1383 *Groß*, Kapitalmarktrecht, § 21 WpPG Rn. 9; *Canaris*, Bankvertragsrecht, Rn. 2227; *Ellenberger*, Prospekthaftung S. 9 f.; *Hamann* in: Schäfer/Hamann, KMG §§ 44, 45 BörsG Rn. 33.

1384 Siehe dazu Teil 5 § 1 D.

1385 ESMA/2013/619, Report v. 30.5.2013; Comparison of liability regimes, S. 12, abrufbar unter: www.esma.europa.eu.

1386 S. 14 f. des Reports.

1387 *Loss/Seligman*, Securities Regulation, 4th Edition 2013, Vol. IX, S. 227 f. Dagegen soll der daneben bestehende Anspruch aus sec. 10(b) Securities Exchange Act i.V.m. rule 10b-5, der ebenfalls bei unwahren bzw. unvollständigen Angaben im Zusammenhang mit dem öffentlichen Angebot von securities greift, ausgeklammert werden, da dieser Vorsatz (scienter) voraussetzt und daher nicht mit den spezialgesetzlichen Prospekthaftungsansprüchen in Deutschland vergleichbar ist, vgl. hierzu *Gerber*, Prospekthaftung nach dem 3. FMFG, S 81 ff., 85.

freiwillige prospektähnliche Dokumente v.a. bei den Privatplatzierungen und bei pflichtwidrig nicht erstellten Prospekten greift.[1388] Eine Vereinheitlichung zumindest in einem einzigen Prospekthaftungsgesetz bietet sich auch für die deutsche Prospekthaftung an.[1389]

C. Rechtshistorische Absicherung

Es wurde in den ersten beiden Teilen dieser Arbeit ausführlich dargelegt, wie sich die Zweigleisigkeit der Prospekthaftung in tatsächlicher und rechtlicher Hinsicht entwickelt hat und dass dies kein zwingender oder zumindest stringent nachvollziehbarer Weg war. Im Gegenteil hing die Herausbildung der Zweigleisigkeit maßgeblich von einer zu langsamen und zu laxen Gesetzgebung und von einer ihre Kompetenzen überschreitenden Rechtsprechung ab. Dieser Fehler in der Vergangenheit könnte durch ein einheitliches Prospekthaftungsgesetz bereinigt werden. Die Tendenz zu mehreren Prospekthaftungsansprüchen in verschiedenen kapitalmarktrechtlichen Gesetzen macht die Abkehr von der bürgerlich-rechtlichen Prospekthaftung zwar deutlich, kann aber zu neuen Zersplitterungen führen.

1388 *Watter* in: Basler Kommentar OR II, Art. 752 OR Rn. 4; *Lehmann* in: Kurzkommentar OR, Art. 752 Rn. 3; *Roberto/Wegmann*, SZW 2001, (161), 163 f., die darauf hinweisen, dass auch die Prospekthaftung nach Art. 1156 Abs. 3 OR entweder von Art. 752 OR verdrängt wird, soweit sich die Ansprüche überschneiden und im Übrigen die Tatbestandsmerkmale von Art. 752 OR auf Art. 1156 Abs. 3 OR analog angewendet werden; so auch *Kowalewski* in: Hopt/Voigt, Kapitalmarktinformationshaftung, S. 1020 ff., der zusätzlich noch auf die Art. 39 BankG, Art. 65 AFG und Art. 827 OR hinweist, die auch alle jeweils zumindest parallel zu Art. 752 OR ausgelegt werden oder sogar direkt auf diese Vorschrift verweisen.

1389 Dagegen schlägt *Herresthal*, Bankrechtstag 2015, (103), 154 ff. einen anderen Weg ein, indem er die bürgerlich-rechtliche Prospekthaftung als umfassenden Auffangtatbestand neben der spezialgesetzlichen begreift, diese aber in den Rechtsfolgen im Wesentlichen den spezialgesetzlichen Prospekthaftungstatbeständen angleichen möchte.

Teil 5: Ende der Zweigleisigkeit der Prospekthaftungstatbestände

In diesem Teil sollen schließlich Auswege aus der bestehenden Zweigleisigkeit aufgezeigt werden. Dabei wird von den älteren Vorschlägen (**§ 1**), die zur Zeit der Ausbildung der bürgerlich-rechtlichen Prospekthaftung entstanden, ausgegangen. Im Anschluss werden die aktuell in der Literatur vorgeschlagenen Lösungen diskutiert. Das ist zum einen die Anlehnung der Prospekthaftung an den Tatbestand der Marktmanipulation (**§ 2**) und zum anderen die von *Schnauder* entwickelte Theorie der Prospekthaftung als Geschäftsbesorgung (**§ 3**). Schließlich soll nach einer Analyse des Vorschlags eines einheitlichen Prospektgesetzes (**§ 4**) mein eigener Vorschlag eines Prospekthaftungsgesetzes unter Berücksichtigung der in den Teilen 3 und 4 erarbeiteten Kriterien dargestellt werden (**§ 5**).

§ 1 Ältere Vereinheitlichungsvorschläge

Bereits zur Zeit ihrer Entwicklung durch die Rechtsprechung wurde die bürgerlich-rechtliche Prospekthaftung als eigenständige richterrechtliche Anspruchsgrundlage dogmatisch kritisiert. Dabei gab es mehrere Vorschläge in der Literatur, wie sie in das bestehende System von Anspruchsgrundlagen eingebettet werden könnte. Diese Vorschläge sollen im Folgenden nachvollzogen werden, da sie teilweise Wertungen enthalten, die bei einer Neuordnung berücksichtigt werden sollten.

A. Wiedemann/Schmitz: Deliktisches Wettbewerbsrecht

I. Konzept

So schlugen *Wiedemann/Schmitz* vor, die aus ihrer Sicht begrüßenswerte Haftung der Hintermänner des Werbeprospekts nicht wie die Rechtsprechung mit einer Ausweitung der richterrechtlichen Anspruchsgrundlage der c.i.c.,[1390] sondern im Wege der Rechtsfortbildung des deliktischen Wettbewerbsrechts zu begründen. Das Deliktsrecht setze keinen rechtsgeschäftlichen Kontakt voraus und als Schutzgesetz könne die Strafbarkeit irreführender Werbung dienen.[1391] Die Autoren erkannten das Problem dieser Lösung, das darin besteht, dass nur die Mitbewerber

1390 Siehe oben unter Teil 1 § 2 B.
1391 *Wiedemann/Schmitz*, ZGR 1980, (129), 143.

Schadensersatz verlangen können, zwar noch selbst.[1392] Sie verließen sich jedoch auf die damals absehbare Gesetzesnovelle des UWG, welche in § 13a Abs. 2 des Regierungsentwurfs einen Schadensersatzanspruch der Verbraucher vorsah.[1393] Diese Novelle trat in dieser Form jedoch niemals in Kraft[1394] und bis heute gibt es im UWG keine ausdrückliche Anspruchsgrundlage für Verbraucher.

II. Bewertung

Diese Lösung ist daher auch nach dem geltenden UWG abzulehnen, da die Anspruchsberechtigten in §§ 8–10 ausdrücklich auf Mitbewerber, Verbände und Kammern beschränkt sind. Damit wollte der Gesetzgeber die Risiken einer Klagewelle und eines daraus resultierenden Standortnachteils für den Industriestandort Deutschland oder einer alternativen Absenkung des wettbewerbsrechtlichen Schutzniveaus, um einer Klagewelle vorzubeugen, verhindern.[1395] Im Übrigen sind die Verbraucher durch die sonstigen Anspruchsgrundlagen des BGB, die ein sorgfältig abgestuftes und ausdifferenziertes System von vertraglichen und deliktischen Ansprüchen und vor allem auch Verbraucherwiderrufsrechte bereithalten, ausreichend geschützt.[1396] Ein deliktischer Anspruch der Verbraucher kann auch nicht über § 823 Abs. 2 BGB begründet werden, da nach ganz h.M. § 3 UWG kein Schutzgesetz im Sinne dieser Vorschrift darstellt.[1397] Bei der für die Frage der Prospekthaftung relevanten Strafvorschrift des § 16 UWG, der insbesondere irreführende Werbung sanktioniert, handelt es sich hingegen um ein Schutzgesetz i.S.d. § 823 Abs. 2 BGB, da insofern keine abschließende Regelung der zivilrechtlichen Rechtsfolgen erfolgt ist.[1398] Allerdings wird hier wieder Vorsatz vorausgesetzt. Deshalb stellt dieser Vorschlag keine praktikable

---

1392 *Wiedemann/Schmitz*, ZGR 1980, (129), 144.

1393 RegE UWG 1978, BT-Drs. 8/2145, S. 5, 15 ff., 24.

1394 *Köhler* in: Köhler/Bornkamm, UWG, Einl. Rn. 2.9.

1395 RegE UWG 2004, BT-Drs. 15/1487, S. 22.

1396 *Köhler* in: Köhler/Bornkamm, UWG, § 1 Rn. 39; ausführlich zu den Normen, die einen Schutz der Verbraucher nach dem BGB begründen, auch *Fritzsche* in: MüKo UWG, § 9 UWG Rn. 49.

1397 *Köhler* in: Köhler/Bornkamm, UWG, § 1 Rn. 39; *Ohly* in: Ohly/Sosnitza, UWG, § 9 Rn. 23; *Goldmann* in: Harte-Bavendamm/Henning-Bodewig, UWG, § 9 Rn. 13; *Fritzsche* in: MüKo UWG, § 9 UWG Rn. 49, der mit überzeugenden Argumenten begründet, warum auch nach der UGP-Richtlinie (2005/29/EG) keine andere Auslegung erforderlich ist; **a.A.** Sack, GRUR 2004, (625), 629 f.

1398 RegE UWG 2004, BT-Drs. 15/1487, S. 22; *Köhler* in: Köhler/Bornkamm, UWG, § 1 Rn. 39; *Sosnitza* in: Ohly/Sosnitza, UWG, § 16 Rn. 29.

Lösung für eine Einordung der Haftung der Hintermänner unter die herkömmlichen Anspruchsgrundlagen dar.

B. *v. Bar/Assmann*: Prospektpflicht als deliktische Verkehrspflicht

I. Konzept

Ebenfalls einen deliktischen Ansatz wählte *v. Bar*.[1399] Nach seinem Konzept stellt die bürgerlich-rechtliche Prospekthaftung eine Ausprägung der Berufshaftung dar. Die Berufspflichten seien Teil der deliktischen Verkehrspflichten, die als Schutzgesetze i.S.v. § 823 Abs. 2 BGB zu qualifizieren seien.[1400] Dadurch könnten persönliche Pflichten von Geschäftsherren und Experten leicht geschaffen werden, ohne Rückgriff auf die Vertrauenshaftung nehmen zu müssen.[1401] Auch wäre bei einem deliktischen Ansatz dem Problem der Freizeichnung, die für deliktische Ansprüche ausgeschlossen ist, zu begegnen.[1402] Dies wäre bei einem vertraglichen Ansatzpunkt dagegen nur schwer zu begründen. Dies zeige sich daran, dass Vertreter dieser Ansicht eine Freizeichnung nur mit dem unbestimmten ‚haftungsrechtlichen ordre public' ablehnen konnten, wobei als Einfallstor das AGB-Klauselverbot des Haftungsausschlusses trotz zugesicherter Eigenschaft nach § 11 Nr. 11 AGBG diente.[1403] Ein Prospekt enthält aber selbst noch keine Vertragsbedingungen, sondern geht als Informationsmedium einem Vertragsschluss voraus.[1404]

Einen ganz ähnlichen Ausgangspunkt wie *v. Bar* nahm *Assmann*. Danach soll es sich bei der Prospektpflicht um ein Bündel kapitalmarktrechtlicher Informationsverhaltenspflichten handeln und die Prospekthaftung ein *„informationsbedingtes Marktversagen"* verhindern.[1405] Diese Informationsverhaltenspflichten - insoweit decken sich die Ansichten von *v. Bar* und *Assmann* - seien hiernach vom Berufsbild geprägte deliktische Verkehrspflichten.[1406]

1399 *v. Bar*, ZGR 1983, 476.
1400 *v. Bar*, ZGR 1983, (476), 507 ff.
1401 *v. Bar*, ZGR 1983, (476), 508.
1402 *v. Bar*, ZGR 1983, (476), 509.
1403 *Köndgen*, AG 1983, (120), 131. Nach heutigem Recht stellt § 444 BGB sicher, dass die Haftung für zugesicherte Eigenschaften nicht mehr aufgehoben werden kann, *Wurmnest* in: MüKo BGB, 7. Aufl. 2016, § 309 BGB Rn. 1.
1404 Siehe oben unter Teil 1 § 1 A. III.
1405 *Assmann*, Prospekthaftung, S. 275 f.
1406 *Assmann*, Prospekthaftung, S. 273 ff., 294.

II. Bewertung

Die Hauptschwäche dieses Konzepts liegt darin, dass es einen allgemeinen Vermögensschutz im deutschen Deliktsrecht nicht gibt.[1407] Während bei den von *v. Bar* als Beispiel genannten Rollfuhrunternehmern, Spediteuren, Humanmedizinern, Schwimmmeistern, Architekten usw.[1408] die Schädigung jeweils eines von den in § 823 Abs. 1 BGB geschützten absoluten Rechtsgütern wie Körper, Gesundheit oder Eigentum in Rede steht, geht es bei den Kapitalanlageverlusten aufgrund fehlerhafter Prospektwerbung aber um reine Vermögensinteressen.

Außerdem müsste die Rechtsprechung die einzelnen Berufs- bzw. Verkehrspflichten genau begründen und voneinander abgrenzen.[1409] Dies mag bei den genannten Berufsgruppen aufgrund der Verantwortung jeweils einer Person für einen bestimmten sich aus dem Berufsbild ergebenden Bereich noch konstruierbar erscheinen. Bei Prospekten fiele es ungleich schwerer. Hier sind bei der Prospekterstellung jeweils eine Vielzahl von Personen beteiligt, die arbeitsteilig zusammenarbeiten. So lassen sich nach dem Vorschlag von *v. Bar* noch die Pflichten und Verstöße dagegen von Experten für die von ihnen ausgearbeiteten Prospektteile nachvollziehen. Unbegründbar erscheint dagegen die Gesamtverantwortlichkeit der das Management bildenden Initiatoren und Hintermänner aufgrund einer Berufspflicht. Verkehrspflichten setzen die tatsächliche und rechtliche Möglichkeit der Gefahrsteuerung voraus.[1410] Dann müsste aber nachvollzogen werden, inwieweit jeder Einzelne Einfluss auf die Veröffentlichung des Prospekts hatte. Dies scheint gerade hinsichtlich der Hintermänner schwer nachvollziehbar. Eine variable Ausgestaltung im Innenverhältnis zwischen den Prospektverantwortlichen begründet noch nicht eine umfassende Verantwortlichkeit einer möglichst großen Anzahl von Personen im Außenverhältnis.[1411]

Auch begründet nicht der Beruf an sich die Verkehrspflicht. Vielmehr ergibt sich eine Verkehrspflicht erst aus einer konkret übernommenen Aufgabe. Lediglich das Maß der dabei erforderlichen Sorgfalt kann je nach Beruf durch

---

1407 *Wagner* in: MüKo BGB, § 823 Rn. 370 ff; *Ellenberger*, Prospekthaftung, S. 9; *Kersting*, Dritthaftung, S. 97.

1408 *v. Bar*, ZGR 1983, (476), 507 f.

1409 Wie *Pleyer/Hegel*, ZIP 1986, (681), 688 richtig aufzeigen, ist es eine Aufgabe des formellen Gesetzgebers, Schutzgesetze i.S.v. § 823 Abs. 2 BGB zu erschaffen und nicht Aufgabe der Rechtsprechung, die immer Schwankungen unterliegt.

1410 *Wagner* in: MüKo BGB, § 823 Rn. 462.

1411 In diese Richtung argumentiert aber *Assmann*, Prospekthaftung, S. 294 f.

Ausbildung und Spezialisierung gesteigert sein.[1412] Ein erweiterter deliktsrechtlicher Vermögensschutz durch eine berufshaftungsrechtliche Komponente, wie *v. Bar* sie postuliert,[1413] ist daher abzulehnen.

Schließlich wurde bei Schaffung der spezialgesetzlichen Prospekthaftungstatbestände die Erweiterung der Prospektverantwortlichen im Vergleich zur vertraglichen Haftung stets mit einer Reduzierung des Verschuldensmaßstabs auf mindestens grobe Fahrlässigkeit erkauft. Diese gesetzgeberische Wertung darf durch deliktische Verkehrspflichten, die zu einer Haftung schon bei Fahrlässigkeit führen würden, nicht umgangen werden.

C. *Köndgen*: Vertragliches Garantieversprechen

I. Konzept

Köndgen ordnete die Prospekthaftung dem Vertragsrecht zu. Nach dieser Auffassung soll es sich bei den Prospektangaben um ein „*in Selbstbindungsabsicht abgegebenes Qualitätsversprechen*", also um eine Garantieerklärung handeln.[1414]

Das vermeintliche Fehlen eines konkreten Rechtsbindungswillens als Mindestbestandteil einer Willenserklärung, da bei der Prospekterstellung noch keine individuelle Vertragsbeziehung absehbar ist, meint er durch einen ‚generalisierten Geschäftswillen[s]' ersetzen zu können.[1415] In ähnlicher Weise soll die mangelnde Bestimmbarkeit der Adressaten durch eine Renaissance der alten Rechtsfigur der ‚Offerte ad incertas personas' lösbar sein.[1416]

Der These, dass es sich bei Werbung nur um rechtlich unverbindliche Anpreisungen handelt, widerspricht er. Vielmehr sei ein Filter anzuwenden und aus der Werbung die haftungsrelevanten Informationen von den bloßen Anpreisungen zu trennen.[1417]

Den größten Begründungsaufwand benötigt *Köndgen* schließlich dafür, dem Argument zu widersprechen, dass es sich bei den meisten Prospekterstellern und -verbreitern nicht um die Vertragspartner der Anleger handelt.[1418] Er versucht dies anhand eines Modells ökonomischer Rollen als Resultat gesellschaftlicher

1412 *Wagner* in: MüKo BGB, § 823 Rn. 419; *Spindler* in: BeckOK, BGB, Stand: 1.11.2015, § 823 Rn. 231 f.
1413 *v. Bar*, ZGR 1983, (476), 511.
1414 *Köndgen*, AG 1983, (85), 91.
1415 *Köndgen*, AG 1983, (85), 91.
1416 *Köndgen*, AG 1983, (85), 92.
1417 *Köndgen*, AG 1983, (85), 92.
1418 *Köndgen*, AG 1983, (85), 92.

Arbeitsteilung.[1419] Dabei hält er die Dogmatik der Zweiseitigkeit im Vertragsrecht für überholt und möchte stattdessen die Haftung an die beherrschende Position in der Marketingkette knüpfen. Hierzu seien die tatsächliche Funktion im Absatzgeschehen und normativ aufgrund einer ökonomischen Analyse zu berücksichtigen, welche ökonomische Rolle am besten bzw. kostengünstigsten bestimmte Tätigkeiten durchführen bzw. bestimmte Risiken beherrschen und auffangen kann. Hierbei stellten die geschäftlich abgegebenen Verlautbarungen des jeweiligen Rolleninhabers ein entscheidendes Kriterium dar.[1420] Daraus leitet er eine eigene rechtsgeschäftliche Erklärung der Gründer ab, da sie aus Sicht der Anleger vom Absatzerfolg einer Emission in erster Linie profitieren.[1421] Auch Hintermännern, die im Prospekt selbst nicht in Erscheinung treten, sollen diese rechtsgeschäftlichen Erklärungen zurechenbar sein, da es bei der arbeitsteiligen Erstellung der Prospekte oft zufällig sei, wer im Prospekt in Erscheinung tritt. Die emittierende Gesellschaft selbst diene mangels unternehmerischer Profilierung als soziale Organisation noch nicht als vertraglicher Vertrauensadressat.[1422]

Schließlich bevorzugt *Köndgen* im Rahmen einer angestrebten Wiedervereinheitlichung der Prospekthaftungsansprüche den Verschuldensmaßstab der bürgerlich-rechtlichen Prospekthaftung.[1423] Als Problem erkennt er aber aufgrund der gemeinsamen dogmatischen Grundlage der Prospekthaftungsansprüche die spezialgesetzlichen Konkurrenznormen, wie z.B. § 48 Abs. 2 BörsG a.F. (jetzt ähnlich in § 25 Abs. 2 WpPG). Deshalb sieht er eine Lösung über die anerkannten Regeln von Anspruchs- und Gesetzeskonkurrenz als gesperrt an und propagiert eine verdrängende Rechtsfortbildung, *„die das Haftungsprivileg der gesetzlichen Prospekthaftungen außer Kraft setzt.“*[1424]

II. Bewertung

Gegen letztere Aussage spricht allerdings klar der Gewaltenteilungsgrundsatz als Grenze richterlicher Rechtsfortbildung.[1425] Eine Rechtsfortbildung contra legem ist nur unter sehr strengen Voraussetzungen möglich. Insbesondere muss ein zwingendes Verfassungs- oder zumindest rechtsethisches Prinzip dies

---

1419 *Köndgen*, AG 1983, (85), 93.
1420 *Köndgen*, AG 1983, (85), 94.
1421 *Köndgen*, AG 1983, (85), 95.
1422 *Köndgen*, AG 1983, (85), 95 f.
1423 *Köndgen*, AG 1983, (120), 128.
1424 *Köndgen*, AG 1983, (120), 130.
1425 Hierzu ausführlich Teil 2 § 2. B. II.

erforderlich machen. Die Prospekthaftung schon bei leichter und nicht erst bei grober Fahrlässigkeit zu gewähren, erfüllt diese Voraussetzungen nicht. Die genaue Ausgestaltung einer Haftung bleibt dem parlamentarischen Gesetzgeber vorbehalten, zumal die Beschränkung auf grobe Fahrlässigkeit in der Entstehungsgeschichte der spezialgesetzlichen Prospekthaftungsansprüche ausführlich mit Wertungsgesichtspunkten begründet wurde.

Die äußerst aufwändig begründete vertragliche Konstruktion der Prospektangaben als rechtsgeschäftliche Erklärungen der Gründer und Hintermänner kann ebenfalls keinen Beifall finden.[1426] Zwar hat auch der BGH einen Prospekt, der zum Beitritt an einer Publikums-KG aufforderte, als Offerte ad incertas personas gesehen.[1427] In der Regel wird diese Konstruktion aber nur bei Alltagsgeschäften verwendet, bei denen es dem Antragenden egal ist, mit wem er das Geschäft abschließt.[1428] Außerdem ist das jeweilige Prospektangebot auf ein bestimmtes Kontingent an Vermögensanlagen beschränkt. Der Anbietende will sich hier wie auch bei anderen Massenkommunikationsmitteln noch nicht binden, da u. U. sein Vorrat nicht ausreicht.[1429]

Vor allem aber verstößt die Konstruktion einer rechtsgeschäftlichen Garantieerklärung von Gründern und Hintermännern gegen den Grundsatz der von Art. 2 Abs. 1 GG geschützten Vertragsfreiheit als Teil der Privatautonomie.[1430] Dazu gehört in erster Linie über das Ob des Vertragsschlusses zu entscheiden, wie auch § 311 Abs. 1 BGB zeigt.[1431] Ökonomische Rollen mögen dazu geeignet sein, Verkehrspflichten im Deliktsrecht zu statuieren. Als Anknüpfungspunkt für rechtsgeschäftliche Erklärungen taugen sie dagegen nicht. In Wirklichkeit reaktiviert *Köndgen* dadurch die noch an späterer Stelle kritisierte[1432] Auskunftsvertragsfiktion.[1433]

Einzig die Aufteilung der Werbeaussagen in Informationen und bloße Anpreisungen überzeugt. Diese Idee sollte Berücksichtigung finden.

1426 Auch kritisch *Pleyer/Hegel*, ZIP 1986, (681), 685 f.

1427 BGH NJW-RR 1994, 1185 f.

1428 *Bork* in: Staudinger, BGB, § 145 Rn. 19.

1429 *H.-W. Eckert* in: BeckOK, BGB, Stand: 15.6.2017, § 145 Rn. 41.

1430 *Di Fabio* in: Maunz/Dürig, GG, Art. 2 Rn. 101.

1431 *Busche* in: Staudinger, BGB, Eckpfeiler des Zivilrechts F Rn. 5.

1432 Siehe § 5 B. VIII. 3. b).

1433 *v. Bar*, ZGR 1983, (476), 505.

D. *Coing/van Look/Ochs*: Rechtsanalogie zur spezialgesetzlichen Prospekthaftung

I. Konzept

Schließlich sah *Coing* die bürgerlich-rechtliche Prospekthaftung genauso als Institut der Vertrauenshaftung an wie die spezialgesetzliche.[1434] Der Schutz von begründetem Vertrauen sei nämlich als solcher kein rechtliches Institut, sondern nur ein wichtiger rechtspolitischer Aspekt bei der Ausgestaltung eines bestimmten Instituts. Ein derartiges Institut sei die spezialgesetzliche Prospekthaftung.[1435] Da der Gesetzgeber aber die maßgeblichen Probleme, die sich auch bei der Ausgestaltung der bürgerlich-rechtlichen Prospekthaftung stellen, wie vor allem der Kreis der Verantwortlichen und die Begrenzung des Haftungsmaßstabs, im Rahmen der spezialgesetzlichen Prospekthaftungsansprüche geregelt habe, wäre der richtige methodische Weg der Rechtsfortbildung eine Rechtsanalogie gewesen.[1436] Eine Gesetzesanalogie scheitere hingegen daran, dass die bisherigen spezialgesetzlichen Prospekthaftungstatbestände nur bestimmte Anlageprodukte beträfen.[1437]

Van Look hat sich dieser Ansicht angeschlossen und weist noch darauf hin, dass der Gesetzgeber den Anwendungsbereich der börsengesetzlichen Prospekthaftung peu à peu ausgeweitet hat.[1438] Er spricht sich lediglich für eine Absenkung des Verschuldensmaßstabs auf leichte Fahrlässigkeit durch den Gesetzgeber aus.[1439]

In dieselbe Richtung stößt auch der Vorschlag von *Ochs*, der als gemeinsame dogmatische Wurzel der spezialgesetzlichen und der bürgerlich-rechtlichen Prospekthaftung die Vertrauenshaftung annimmt und daher die bürgerlich-rechtliche Prospekthaftung in Rechtsanalogie zur spezialgesetzlichen ausgestalten möchte.[1440] Die planwidrige Regelungslücke in Form der ‚Rechtslücke' begründet er mit der Entwicklung des „Grauen Kapitalmarkts" und der damit einhergehenden Änderung der sozialen und wirtschaftlichen Verhältnisse, für die der Gesetzgeber keine Regelung gefunden hat, obwohl die „ratio legis" der spezialgesetzlichen Prospekthaftungsansprüche in den wesentlichen Punkten

---

1434 *Coing*, WM 1980, (206), 211.
1435 *Coing*, WM 1980, (206), 211.
1436 *Coing*, WM 1980, (206), 212. Zum Begriff der Rechts- bzw. Gesamtanalogie siehe bereits oben unter Teil 2 § 2 A. I.
1437 *Coing*, WM 1980, (206), 212.
1438 *Van Look* in: Vortmann, Prospekthaftung, § 1 Rn. 74 f.
1439 *Van Look* in: Vortmann, Prospekthaftung, § 1 Rn. 75.
1440 *Ochs*, Prospekthaftungstheorie 2005, S. 156 ff.

auch auf Ansprüche wegen fehlerhafter Prospekte bezüglich Vermögensanlagen des Grauen Kapitalmarkts übertragbar gewesen wäre. In diesem durch die sozialen und wirtschaftlichen Veränderungen ausfüllungsbedürftigen Bereich könne aufgrund der Entwicklungsfähigkeit der spezialgesetzlichen Prospekthaftungsansprüche als System zugleich von der Planwidrigkeit ausgegangen werden.[1441]

II. Bewertung

Damit treffen vorstehende Autoren das Resultat, das von mir hinsichtlich der unzulässigen gesetzesübersteigenden Rechtsfortbildung vertreten wird.[1442] Es wäre eine gesetzesimmanente bzw. Gesamtanalogie zu den bestehenden spezialgesetzlichen Prospekthaftungsansprüchen möglich und vorzugswürdig gewesen. Die planwidrige Regelungslücke bzw. Rechtslücke lag darin, dass der Gesetzgeber bei der Schaffung der Prospektpflichten und der darauf basierenden Haftung mit der Entwicklung der Vermögensanlageprodukte auf dem deutschen Kapitalmarkt nicht Schritt gehalten hat.[1443] Allerdings ist noch darauf hinzuweisen, dass eine Ausweitung der Prospektpflichten auf immer mehr Anlageprodukte die Notwendigkeit einer Gesamtanalogie nach und nach entfallen lässt und irgendwann vielleicht gänzlich überflüssig macht. Ein Absenken des Verschuldensmaßstabs auf einfache Fahrlässigkeit wird bereits in Teil 4 abgelehnt.[1444]

E. Ergebnis

Hinsichtlich der dogmatisch alternativen Einordnung der bürgerlich-rechtlichen Prospekthaftung überzeugt allein die von *Coing* vorgeschlagene und von *van Look* und *Ochs* fortgeführte Rechts- bzw. Gesamtanalogie. Allerdings kann sie bei einer Ausweitung der Prospektpflichten de lege ferenda obsolet werden. Von dem Vorschlag *Köndgens* überzeugt immerhin die Filterung der Werbung in Informationen und bloße Anpreisungen.

1441 *Ochs*, Prospekthaftungstheorie 2005, S. 162 ff. Siehe dazu auch schon oben unter Teil 2 § 2 A. I. und § 3 E.

1442 Siehe Teil 2 § 3 E. und F.

1443 Siehe hierzu oben unter Teil 1 § 2.

1444 Siehe Teil 4 § 1 A. III. 1. a) bb).

§ 2 Einheitlicher Tatbestand der Marktmanipulation

A. Konzept

I. Begründung durch Hopt/Voigt

Auf *Hopt/Voigt* geht der Vorschlag zurück, de lege ferenda die haftungsrechtliche Anknüpfung an den Prospekt aufzugeben und stattdessen eine einheitliche Haftungsvorschrift an das Vorliegen einer informationsgestützten Marktmanipulation zu koppeln.[1445] Danach sollte nicht mehr zwischen haftungsbewehrten Informationen des Primärmarkts und des Sekundärmarkts unterschieden werden, sondern § 20a Abs. 1 S. 1 WpHG[1446] so ausgeweitet werden, dass entgegen der bisherigen Einschränkung in S. 2, der eine Begrenzung auf den Sekundärmarkt beinhaltete, alle Wertpapiere und Vermögensanlagen davon erfasst wären.[1447] In diesen Tatbestand sollten dann auch die Haftung für pflichtwidrig unterlassene und fehlerhafte Ad hoc-Meldungen und schließlich die spezialgesetzlichen Prospekthaftungstatbestände integriert werden. Damit wären alle Pflichtangaben, freiwillige Angaben, mündliche oder schriftliche, positive oder negative Angaben von einer Haftungsvorschrift erfasst.[1448] Dem europäischen Gesetzgeber legten *Hopt/Voigt* nahe, eine an die Marktmissbrauchsrichtlinie[1449] angelehnte neue Richtlinie zu erlassen, die die Rahmenbedingungen für eine Haftung der Mitgliedsstaaten für eine informationsgestützte Marktmanipulation vorgibt.[1450]

II. Kriterien nach Hellgardt

Einen ähnlichen funktionalen Ansatz wählt *Hellgardt*, der ebenfalls den Sinn von Kapitalmarktinformationshaftung in der Bekämpfung informationsgestützter

---

1445 *Hopt/Voigt*, Kapitalmarktinformationshaftung, S. 48 f.; zustimmend *Gottschalk*, Der Konzern 2005, (274), 285.

1446 Diese Vorschrift wurde durch das 1. FiMaNoG v. 30.6.2016 aufgehoben, BGBl. I S. 1514, da das Verbot der Marktmanipulation inzwischen durch Art. 15 der VO (EU) Nr. 596/2014 der europäischen Parlaments und des Rates v. 16.4.2014 über Marktmissbrauch (Marktmissbrauchsverordnung) und zur Aufhebung der Richtlinie 2003/6/EG des Europäischen Parlaments und des Rates und der Richtlinien 2003/124/EG, 2003/125/EG und 2004/72/EG der Kommission, Abl. EU Nr. L 173/33 unionseinheitlich geregelt ist.

1447 *Hopt/Voigt*, Kapitalmarktinformationshaftung, S. 49.

1448 *Hopt/Voigt*, Kapitalmarktinformationshaftung, S. 49 f.

1449 Richtlinie 2003/6/EG, Abl. EU Nr. L 96 v. 12.4.2003.

1450 *Hopt/Voigt*, Kapitalmarktinformationshaftung, S. 50.

Marktmanipulation sieht.[1451] Im Unterschied zu *Hopt/Voigt* schlägt aber *Hellgardt* kein konkretes gesetzgeberisches Vorgehen für eine Vereinheitlichung vor, sondern nennt Kriterien, die bei einer Vereinheitlichung Berücksichtigung finden sollten. Es wird nicht ganz deutlich, ob er eine Integration der Kriterien in die spezialgesetzlichen Prospekthaftungstatbestände de lege lata für möglich hält, oder ob er wie *Hopt/Voigt* ein gesetzgeberisches Tätigwerden erwartet.[1452] Im Folgenden sollen die von ihm ausgearbeiteten Kriterien aufgezeigt werden.

1. Gesamtschau

So solle jeweils die Notwendigkeit einer Haftung für Informationen davon abhängen, welches Informationsbedürfnis der Anleger und des Markts durch sie befriedigt werden sollen. Eine Informationshaftung sei dann geboten, wenn die Informationen geeignet sind, den Markt zu manipulieren.[1453] Dies könne durch ein Dokument allein der Fall sein, oder aber entsprechend des „Scholz-Urteils“[1454] auch erst durch mehrere Dokumente im Wege der „Gesamtbetrachtung“, wenn sie zusammen vertrieben und inhaltlich miteinander verknüpft sind.[1455] Sie müssen nicht einmal alle vom Anbieter selbst stammen, aber dieser muss sie sich zu Eigen machen.[1456]

2. Mündlichkeit

Nach *Hellgardt* sollen auch mündliche öffentliche Äußerungen von der Haftung erfasst sein, wenn ihnen das Potenzial einer Marktmanipulation zukomme. In Zeiten des Internets hätten etwa Pressekonferenzen oder Talkshows keinen flüchtigen Charakter mehr, sondern könnten gut dokumentiert werden. Außerdem hielte eine Haftung für mündliche Äußerungen die Verantwortlichen davon ab, brisante Informationen gerade auf diesem Weg zu verbreiten.[1457]

1451 *Hellgardt*, ZBB 2012, (73), 81.

1452 Für erstere Sichtweise spricht S. 81 mit Fn. 82. Für zweitere Sichtweise spricht hingegen S. 88, wo eine teleologische Auslegung der gesetzlichen Prospekthaftung bzgl. Experten vorgeschlagen wird.

1453 *Hellgardt*, ZBB 2012, (73), 82.

1454 BGHZ 191, 310.

1455 *Hellgardt*, ZBB 2012, (73), 82.

1456 *Hellgardt*, ZBB 2012, (73), 82.

1457 *Hellgardt*, ZBB 2012, (73), 82 f.

3. *Unterschiedliche Maßstäbe der Vollständigkeit und Kausalität*

Um den verschiedenen, allesamt von der Haftungsvorschrift erfassten Informationen gerecht zu werden, plädiert *Hellgardt* dafür, je nach Informationsform einen anderen Maßstab der Vollständigkeit anzulegen. Vorbild sollte dafür der abweichende Maßstab in § 22 Abs. 1 VermAnlG im Unterschied zu § 20 Abs. 1 VermAnlG sein.[1458]

Die Beweislast hinsichtlich der Kausalität möchte er für kürzere Informationen als Vollprospekte grundsätzlich dem Anleger auferlegen. Kann dieser allerdings den Anfangsbeweis erbringen, d.h. spricht aufgrund der vorangegangen Beweisaufnahme wenigstens eine gewisse Wahrscheinlichkeit dafür, dass er die Vermögensanlagen aufgrund der Kurzinformationen erworben hat, so soll eine Vernehmung des Anlegers von Amts wegen nach § 448 ZPO möglich sein, so wie es der BGH hinsichtlich Ad-hoc-Mitteilungen vertreten hat.[1459]

4. *Prospektverantwortlichkeit*

Schließlich soll nach *Hellgardt* bei einer vereinheitlichten Prospekthaftung, wie bisher schon bei den spezialgesetzlichen Haftungstatbeständen, grundsätzlich der Emittent haften. Organe sollen dagegen nur haften, wenn sie die bisherigen Anforderungen an den „Prospektveranlasser“ bzw. den „Hintermann“ erfüllen. Eine Expertenhaftung soll schließlich für die von ihnen verantworteten Prospektteile möglich sein. Dies ließe der Wortlaut der spezialgesetzlichen Prospekthaftungstatbestände in teleologischer Interpretation zu.[1460]

B. Bewertung

Für den Vorschlag von *Hopt/Voigt* spricht die einfache Handhabung. Die Prospekthaftung knüpft zwar hauptsächlich, aber eben nicht nur an den Primärmarkt an und eine Unterscheidung zwischen Primär- und Sekundärmarkt wird legislatorisch teils auch nicht trennscharf durchgeführt.[1461] Jedoch würde dies die

1458 *Hellgardt*, ZBB 2012, (73), 83.

1459 *Hellgardt*, ZBB 2012, (73), 83 mit Verweis auf BGHZ 160, (134), 147.

1460 *Hellgardt*, ZBB 2012, (73), 88.

1461 So sind z.B. nach § 21 Abs. 1 S. 3 WpPG auch Erwerber auf dem Sekundärmarkt im Rahmen des dort geregelten Prospekthaftungsanspruchs anspruchsberechtigt, wenn ihre Wertpapiere nicht nach Ausstattungsmerkmalen oder in sonstiger Weise von den gerade emittierten unterschieden werden können. Siehe auch *Hopt/Voigt*, Kapitalmarktinformationshaftung, S. 50, 55 ff.

Rechtslage, vor allem auf europäischer Ebene, verkennen.[1462] Zum einen kennen rechtsvergleichend die meisten Länder mit ausgeprägtem Kapitalmarkt eine Unterscheidung zwischen Primär- und Sekundärmarkt und so ist schließlich auch die Untersuchung in dem von *Hopt/Voigt* herausgegebenen Werk selbst aufgebaut.[1463] Zum anderen hat der europäische Gesetzgeber stets an dieser Unterscheidung festgehalten. So hat er auf dem Primärmarkt die Prospektrichtlinie[1464] und -verordnung[1465] erlassen, wobei die Prospektrichtlinie in Art. 6 ausdrücklich eine Prospekthaftung durch die Mitgliedsstaaten forderte. Dies sahen auch *Hopt/Voigt*, schlugen aber de lege ferenda ein Tätigwerden des europäischen Gesetzgebers in der oben unter **I.** beschriebenen Form vor. Allerdings hat der europäische Gesetzgeber durch die jüngsten Gesetzgebungsakte auf diesem Gebiet deutlich gemacht, dass er an der bisherigen Einteilung festhalten möchte.

So sind in der PRIIP-Verordnung[1466] in Art. 5 die Pflicht, ein Basisinformationsblatt zu erstellen und in Art. 11 eine daran gekoppelte Haftung für alle „verpackten" Anlageprodukte an Kleinanleger vorgesehen. Das geht vom Anwendungsbereich über die Prospektrichtlinie, die nur Wertpapiere betrifft, hinaus. Gleichzeitig wird aber in Erwägungsgrund (9) und in Art. 3 ausdrücklich festgestellt, dass die Prospektrichtlinie zusätzlich Anwendung findet. Es sollte damit also nur ein Teilbereich geregelt werden und die hier normierte Haftungsvorschrift stellt nur eine Ausnahme in diesem Bereich dar.

Vor allem aber hat der europäische Gesetzgeber nicht, wie von *Hopt/Voigt* gefordert eine neue Marktmissbrauchsrichtlinie, die die Rahmenbedingungen für eine Haftung der Mitgliedsstaaten für eine informationsgestützte Marktmanipulation vorgibt, erlassen. Dagegen hat er eine Marktmissbrauchsverordnung, die die bisherige Marktmissbrauchsrichtlinie aufhebt, geschaffen.[1467] Der Anwendungsbereich dieser Verordnung ist gemäß deren Art. 2 aber wiederum

1462 *Weichert*, Anlegerschaden, S. 322, lehnt eine Vereinheitlichung ebenfalls ab, begründet dies aber mit der unterschiedlichen Rechtsnatur von Kapitalmarktinformationshaftung auf dem Primärmarkt und Sekundärmarkt. Erstere basiere auf dem Prinzip der Vertrauenshaftung, während letztere deliktischer Natur sei.

1463 *Hopt/Voigt*, Kapitalmarktinformationshaftung, passim.

1464 Richtlinie 2003/71/EG, Abl. EU Nr. L 345/64.

1465 VO (EG) Nr. 809/2004, Abl. EU Nr. L 149/1.

1466 VO (EU) Nr. 1286/2014, Abl. EU Nr. L 352/1.

1467 VO (EU) Nr. 596/2014 des europäischen Parlaments und des Rates vom 16.4.2014 über Marktmissbrauch (Marktmissbrauchsverordnung) und zur Aufhebung der Richtlinie 2003/6/EG des Europäischen Parlaments und des Rates und der Richtlinien 2003/124/EG, 2003/125/EG und 2004/72/EG der Kommission, Abl. EU Nr. L 173/1.

auf bereits zugelassene Finanzinstrumente bzw. Derivate beschränkt und erfasst mithin nur den Sekundärmarkt. Die neue EU-Prospektverordnung führt ebenfalls den bisherigen Ansatz in Art. 6 der Prospektrichtlinie fort und weist die Regelung der Prospekthaftung in Art. 11 weiterhin den Mitgliedsstaaten zu.[1468] Die von *Hopt/Voigt* vorgeschlagene Nivellierung von Primär- und Sekundärmarkt hinsichtlich der Haftung widerspricht daher auch den jüngeren europäischen Regelungen und wird daher auf absehbare Zeit nicht praktisch umsetzbar sein.

Die Kriterien *Hellgardts* hinsichtlich der Gesamtschau, Mündlichkeit und den unterschiedlichen Vollständigkeitsmaßstäben überzeugen. Lediglich die Notwendigkeit einer Haftung für Werbung wird nicht dezidiert genug erläutert, da *Hellgardt* nur allgemein von haftungsrelevanten Informationen spricht, ohne näher auf die de lege lata bestehende Unterscheidung zwischen Prospekt und Werbung einzugehen. Dieser Punkt wird später im Rahmen meines eigenen Vorschlags ausgeführt. Die Ablehnung einer Beweislastumkehr bezüglich der Kausalität bei Kurzprospekten überzeugt nicht.[1469] Was die Prospektverantwortlichkeit angeht, sollten Organe, auch ohne die Anforderungen an den „Prospektveranlasser“ zu erfüllen, de lege ferenda haften.[1470] Ansonsten überzeugt der Vorschlag auch hinsichtlich der Prospektverantwortlichen.

§ 3 Geschäftsbesorgungstheorie von *Schnauder*

A. Konzept

Einen anderen Ansatz wählt *Schnauder*, der die Prospekthaftung als Ausprägung der Haftung für Geschäftsbesorgung sieht.

I. Geschäftsbesorgung als allgemeines schuldrechtliches Prinzip

Er begreift dabei die Geschäftsbesorgung nicht als einen Vertragstypus i.S.v. § 675 BGB, sondern als *„vertragsübergreifendes Strukturprinzip des allgemeinen Schuldrechts“*.[1471] Die auftragsrechtlichen Informationspflichten des BGB seien

1468 VO (EU) Nr. 2017/1129 des Europäischen Parlaments und des Rates vom 14. Juni 2017 über den Prospekt, der beim öffentlichen Angebot von Wertpapieren oder bei deren Zulassung zum Handel an einem geregelten Markt zu veröffentlichen ist und zur Aufhebung der Richtlinie 2003/71/EG, Abl. EU Nr. L 168/41.

1469 Siehe dazu Teil 4 § 1 A. II. 1. b).

1470 Siehe unten unter § 5 B. VIII. 3.

1471 *Schnauder*, Recht der Geschäftsbesorgung, S. 6, 26.

danach ein allgemeiner Verhaltenskodex für alle Geschäftsbesorger.[1472] Geschäftsbesorgung könne mithin definiert werden als *„Vorgang, der allein an die Rechtsmacht des Handelnden anknüpft, wirksam im fremden Rechtskreis und Interesse tätig zu werden."*[1473] Hierbei sei es egal, ob die Geschäftsbesorgung Haupt- oder Nebenpflicht eines entgeltlichen oder unentgeltlichen Vertrags sei, oder aus dem vor- oder außervertraglichen Bereich resultiere. Dann komme jeweils eine sachgerechte Anwendung des Auftragsfolgenrechts der §§ 665 ff. BGB in Betracht.[1474] Geschäftsbesorger sei jeder, *„der außerhalb eines reinen Gefälligkeitsverhältnisses auf die Willensentschließung des am Vertragsabschluss Interessierten einwirkt."*[1475]

II. Prospekthaftung als Sanktion für geschäftsbesorgungsrechtliche Informationspflichten

Die durch Prospekte vermittelten Informationen gingen daher auf die Informationspflichten aus §§ 665, 666 BGB zurück, die leges speciales zu den §§ 241 Abs. 2, 311 Abs. 2 BGB darstellten.[1476]

1. Prospektherausgeber

Nach der Auffassung von *Schnauder* sind die für die Prospektherausgabe maßgeblichen Personen im Verhältnis zum Anlegerpublikum als Geschäftsbesorger anzusehen und unterliegen daher dem *„geschäftsbesorgungsrechtlichen Pflichtenregime"*.[1477] Wenn sich der Anleger auf die Werbeaussagen, egal ob diese im Vollprospekt, den Werbematerialien oder mündlich getätigt werden, einlässt, so räume er dem Informanten Geschäftsbesorgungsmacht ein. Für dieses Einlassen sei die tatsächliche Kenntnisnahme der Werbeaussagen nötig. Die Geschäftsbesorgungsmacht verpflichte dann zur richtigen und vollständigen Aufklärung.[1478] Ein Prospektmangel stelle eine Verletzung dieser geschäftsbesorgungsrechtlichen Verhaltenspflicht dar.[1479] Eine Haftung für falsche Kapitalmarktinformationen resultiere daraus. Soweit die spezialgesetzlichen

1472 *Schnauder*, Recht der Geschäftsbesorgung, S. 8.
1473 *Schnauder*, Recht der Geschäftsbesorgung, S. 27.
1474 *Schnauder*, Recht der Geschäftsbesorgung, S. 27, 30.
1475 *Schnauder*, Recht der Geschäftsbesorgung, S. 50.
1476 *Schnauder*, Recht der Geschäftsbesorgung, S. 45.
1477 *Schnauder*, NJW 2013, (3207), 3212 f.; *Ders*, Recht der Geschäftsbesorgung, S. 136 f.
1478 *Schnauder*, NJW 2013, (3207), 3212; *Ders.*, Recht der Geschäftsbesorgung, S. 138.
1479 *Schnauder*, Recht der Geschäftsbesorgung, S. 138.

Prospekthaftungstatbestände nicht griffen, werde ergänzend nach §§ 675 Abs. 1, 280 Abs. 1, 276 BGB für Fahrlässigkeit gehaftet.[1480]

2. *Hintermänner*

Schnauder sieht die vom BGH im Rahmen der bürgerlich-rechtlichen Prospekthaftung entwickelte Hintermannhaftung von der Wertung her als richtig an, meint aber eine Rechtsanalogie zu der börsengesetzlichen Prospekthaftung hätte näher gelegen. Schließlich erklärt er diese Figur aber durch Inkrafttreten des AnSVG für erledigt, da sie dadurch in der spezialgesetzlichen Prospekthaftung aufgegangen sei.[1481] Allerdings sieht er die bisherige bürgerlich-rechtliche Prospekthaftung weiterhin eröffnet für freiwillige Prospekte und sonstiges Informationsmaterial, jedoch auf der Grundlage des Geschäftsbesorgungsrechts.[1482]

3. *Garantenhaftung*

Eine Garantenhaftung, die der bisherigen dritten Gruppe der bürgerlich-rechtlichen Prospekthaftung entspricht, will *Schnauder* folgendermaßen fortführen: Übernimmt ein Garant, meist ein Wirtschaftsprüfer, Verantwortung für den ganzen Prospekt, indem er sämtliche Angaben für unbedenklich erklärt, so unterliege er als Gesamtverantwortlicher der spezialgesetzlichen Prospekthaftung.[1483] Beziehen sich die Aussagen des sachkundigen Garanten dagegen nur auf bestimmte Prospektteile, so liege darin eine Einflussnahme auf den Willensentschluss der Anleger, da davon das Signal ausgeht, dass sie sich hinsichtlich des Gegenstands der Aussage keine weiteren Informationen mehr beschaffen müssen. Demnach sind die Garanten Geschäftsbesorger und müssen bei einer Verletzung der Schutz- und Sorgfaltspflichten durch falsche Aussagen nach §§ 280 Abs. 1, 276 BGB haften.[1484]

B. Bewertung

Die Hauptschwäche dieses Konzepts liegt darin, dass die Haftung des Hintermanns bzw. des Prospektveranlassers nicht begründet werden kann. Die Einbeziehung des Prospektveranlassers wurde aber von Anfang an als wichtige Maßnahme angesehen, um Umgehungsgestaltungen über Strohmänner

---

1480 *Schnauder*, NJW 2013, (3207), 3212 f.
1481 *Schnauder*, Recht der Geschäftsbesorgung, S. 139 f.
1482 *Schnauder*, Recht der Geschäftsbesorgung, S. 154 ff.
1483 *Schnauder*, Recht der Geschäftsbesorgung, S. 157 ff.
1484 *Schnauder*, Recht der Geschäftsbesorgung, S. 160 ff.

zu vermeiden.[1485] Der Hintermann gestaltet den Prospekt gerade nicht aus, sondern steht nur mit eigenem wirtschaftlichem Interesse hinter dem Prospekt. Anders formuliert könnte man auch ihn als Geschäftsherrn bezeichnen, für den der Prospektersteller als Geschäftsbesorger tätig wird. Aber zwischen Hintermann und Anleger gibt es keinen Kontakt, durch den der Anleger dem Hintermann Geschäftsbesorgungsmacht einräumen könnte. Dieses Problem umschifft *Schnauder*, indem er insoweit auf eine mögliche Analogie zur spezialgesetzlichen Prospekthaftung verweist und im Übrigen nur auf das Problem des Haftungsdurchgriffs eingeht. Eine Einordung der Hintermänner als Geschäftsbesorger versucht er gar nicht, da sie nicht gelingen kann. Dies verhält sich aber inkonsequent zu seinen sonstigen Ausführungen, bei denen stets ein Rückgriff auf das Geschäftsbesorgungsrecht versucht wird. Auch die Expertenhaftung aufgrund Geschäftsbesorgung erscheint konstruiert, da die Experten ebenso in erster Linie für die Prospektersteller tätig werden. Hier ist der Ansatz der Teilverantwortlichkeit zu bevorzugen. Ebenfalls nicht überzeugend ist der unterschiedliche Verschuldensmaßstab innerhalb und außerhalb der spezialgesetzlichen Prospekthaftungstatbestände. Schließlich kritisiert *Herresthal* zu Recht, dass einem geschäftsbesorgungsrechtlichen Schuldverhältnis schon die negative Privatautonomie entgegensteht, da die Prospektverantwortlichen aus objektiver Empfängerperspektive kein Interesse daran haben, einer unbestimmten Anzahl von potentiellen Anlegern auf vertraglicher Grundlage Informationen zu vermitteln und mithin keinen Rechtsbindungswillen aufweisen.[1486]

§ 4 Einheitliches Prospektgesetz

A. Konzept

Kohl/Kübler/Walz/Wüstrich schlugen bereits 1974 vor, ein einheitliches Vermögensanlagengesetz zu schaffen, in dem durch eine Generalklausel eine allgemeine Prospektpflicht statuiert wird, die *„jedes öffentliche Angebot von Vermögensanlagen, unabhängig von der Rechtsform des kapitalsuchenden Unternehmens und der Anlage einem Prospektzwang unterwirft.“*[1487] Insoweit wären dann die spezialgesetzlichen Sonderregeln im BörsenG, AuslInvG und KAGG überflüssig geworden.[1488] Ausnahmen von der Prospektpflicht seien für Bagatellangebote und in

1485 Siehe Teil 1 § 2 A. I. und Teil 3 § 3 C. I. 1.
1486 *Herresthal*, Bankrechtstag 2015, (103), 106.
1487 *Kohl/Kübler/Walz/Wüstrich*, ZHR 138 (1974), (1), 31.
1488 *Kohl/Kübler/Walz/Wüstrich*, ZHR 138 (1974), (1), 35.

den Bereichen denkbar, in denen Anlageformen dem Publikum hinsichtlich Ertragschancen und Risiken vertraut sind und zudem durch Aufsichtsmaßnahmen hinreichend kontrolliert werden, so dass dadurch für den Anlegerschutz gesorgt ist. Beispiele seien z.B. Sparbücher oder kurzfristige Festgeldanlagen bei Banken und Sparkassen.[1489]

An diese Prospektpflicht soll eine Prospekthaftung gekoppelt werden, die sich an den bisherigen spezialgesetzlichen Prospekthaftungsvorschriften orientieren könne, aber in einigen Bereichen zu modifizieren wäre.[1490]

Einen ganz ähnlichen Ansatzpunkt wählte *Hopt* in seinem Gutachten zum 51. DJT. Er propagiert darin ebenfalls die Einführung eines Anlegerschutzgesetzes mit einer umfassenden Prospektpflicht für öffentlich vertriebene Vermögensanlagen. Dabei sollen nach seiner Definition Vermögensanlagen ausgeklammert werden, *„die von den Berechtigten [nicht] zur eigenen Nutzung erworben und rechtlich oder tatsächlich für gemeinsame Rechnung verwaltet werden.“*[1491] Öffentlicher Vertrieb sei dabei in Anlehnung an § 1 Abs. 1 AuslInvG *„jeder ‚Vertrieb … im Wege des öffentlichen Anbietens, der öffentlichen Werbung oder in ähnlicher Weise‘.“*[1492] Daran solle auch nach der Ansicht *Hopts* eine Prospekthaftung anknüpfen, die sich an der bisherigen investmentrechtlichen Prospekthaftung orientieren könne, aber noch wesentlich zu modifizieren wäre.[1493] Genauere Vorschläge hinsichtlich der Ausgestaltung der Prospekthaftung macht er an dieser Stelle nicht.

B. Bewertung

Der Vorschlag eines einheitlichen Anlegerschutz- bzw. Vermögensanlagengesetzes, in dem eine umfassende Prospektpflicht und eine daran gekoppelte Haftung für alle Vermögensanlagen geregelt ist, erscheint auf den ersten Blick überzeugend. Er konzentriert das Problem des öffentlichen, prospektvermittelten Vertriebs an einer Stelle und verdeutlicht den kapitalmarktrechtlichen Ansatz. In den Jahren 1974 bzw. 1976 wäre dieser Vorschlag sogar noch überzeugender gewesen.

Inzwischen ist aber der europäische Gesetzgeber mehrfach tätig geworden und versperrt faktisch diesen Weg. So hat er mit der Prospektrichtlinie[1494] und der

1489 *Kohl/Kübler/Walz/Wüstrich*, ZHR 138 (1974), (1), 39.
1490 *Kohl/Kübler/Walz/Wüstrich*, ZHR 138 (1974), (1), 42 ff.
1491 *Hopt*, Gutachten G zum 51. DJT 1976, S. G 102.
1492 *Hopt*, Gutachten G zum 51. DJT 1976, S. G 103.
1493 *Hopt*, Gutachten G zum 51. DJT 1976, S. G 112.
1494 Richtlinie 2003/71/EG, Abl. EU Nr. L 345/64.

sie konkretisierenden Verordnung[1495] eine detaillierte Prospektpflicht für Wertpapiere statuiert. Bei dem insoweit zur Anwendung kommenden vierstufigen Lamfalussy-Verfahren,[1496] das der Ausschuss der Weisen unter Vorsitz von Lamfalussy entwickelt hat,[1497] bleibt dem deutschen Gesetzgeber durch eine Vielzahl technischer Durchführungsbestimmungen auf Unionsebene in Umsetzung der Prospektrichtlinie kaum Freiraum in der Gestaltung des nationalen Gesetzes.[1498]

Art. 3 und 4 der Prospektrichtlinie enthalten für das öffentliche Angebot (Art. 2 Abs. 1 lit. d)) und die Zulassung zum geregelten Markt von Wertpapieren, die ebenfalls nach Art. 2 Abs. 1 lit. a) der Richtlinie definiert werden, genaue Angaben, wann die Prospektpflicht greift und in welchen Fällen eine Ausnahme besteht. Insoweit besteht für die Mitgliedsstaaten kein Spielraum. Art. 1 Abs. 1 der Richtlinie stellt klar, dass das Ziel der Richtlinie *„die Harmonisierung der Bedingungen für die Erstellung, die Billigung und die Verbreitung des Prospekts, der beim öffentlichen Angebot von Wertpapieren bzw. bei der Zulassung von Wertpapieren zum Handel an einem geregelten Markt* […] *zu veröffentlichen ist“* ist. Allein durch diese unionsweit einheitlich geregelte Prospektpflicht für Wertpapiere ist zwar der Weg zu einem nationalen Gesetz, das eine umfassende Prospektpflicht für alle Vermögensanlagen enthält, noch nicht versperrt. Denn der deutsche Gesetzgeber kann Richtlinien grundsätzlich überschießend umsetzen und weitere Regelungsbereiche erfassen, um das nationale Recht zu harmonisieren.[1499] Allerdings muss, wenn unionsrechtlich vorgegebene und nationale Norminhalte zusammen in einem Gesetz geregelt werden, aufgrund der vom EuGH geforderten klaren Erkennbarkeit, welche Vorschriften der Umsetzung der Richtlinie dienen,[1500] der jeweilige Ursprung deutlich gemacht werden.[1501] Das heißt im Umsetzungsgesetz zur Prospektrichtlinie hätte zwar auch eine Prospektpflicht für andere Vermögensanlagen als Wertpapiere geregelt werden

1495 VO (EG) Nr. 809/2004, Abl. EU Nr. L 149/1.

1496 Erwägungsgründe (6) - (9) der Prospektrichtlinie 2003/71/EG.

1497 Schlussbericht des Ausschusses der Weisen über die Regulierung der europäischen Wertpapiermärkte v. 5.2.2001 (Lamfalussy-Bericht), abrufbar unter: http://www.kapitalmarktrecht-im-internet.eu/de/Rechtsgebiete/Kapitalmarktrecht/Grundlagen/4/lamfalussy_verfahren.htm, zuletzt verifiziert am: 19.2.2019.

1498 *Groß*, Kapitalmartktrecht, Vorb. Rn. 3 f.

1499 *Frenz*, Hdb. Europarecht, Bd. 5, § 2 Rn. 958 f. *Danwitz* spricht insoweit von ‚Aufsateln', JZ 2006, (1), 7 f.

1500 Der EuGH bezeichnet dies als Erfordernisse der Publizität, Klarheit und Bestimmtheit, siehe EuGH, Urteil v. 20.3.1997, Rs. C-96/95 (Kommission ./. Deutschland), Slg. 1997, (I-1653), 1680 Rn. 39.

1501 *Frenz*, Hdb. Europarecht, Bd. 5, § 2 Rn. 961.

können. Dann wäre jedoch in den einzelnen Bestimmungen deutlich zu machen gewesen, welche auf der Richtlinie beruhen und welche nicht. Dadurch ist im Vergleich zu verschiedenen Gesetzen je nach Anlageform nichts gewonnen, außer der Gefahr normativer Komplexität.[1502] Die insoweit noch nicht in Kraft getretene EU-Prospektverordnung regelt in Art. 6 ff. die Ausgestaltung des Prospekts unionseinheitlich[1503] und lässt damit dem nationalen Gesetzgeber noch weniger Spielraum als die Prospektrichtlinie.

Außerdem hat der europäische Gesetzgeber mit der PRIIP-Verordnung[1504] eine umfangreiche Pflicht für Kurzinformationen hinsichtlich verpackter Anlageprodukte für Kleinanleger (Art. 4 Nr. 1 der VO) eingeführt, Art. 5 Abs. 1 der VO. Da es sich dabei um gem. Art. 288 UA 2 AEUV in allen Teilen verbindliches und unmittelbar in den Mitgliedsstaaten geltendes Recht handelt, darf insoweit gar kein nationales Recht erlassen werden.[1505] Lediglich die bloße Wiederholung von einschlägigen Vorschriften bei Schaffung eines größeren insgesamt kohärenten Normwerks bleibt möglich, wobei dann wieder die europarechtliche Grundlage offenzulegen ist.[1506]

Die AIFM-Richtlinie[1507] enthält keine eigene Prospektpflicht, knüpft in Art. 23 Abs. 3 aber an eine nach der Prospektrichtlinie oder nationalen Rechtsvorschriften greifende Prospektpflicht an und schreibt in diesem Fall eine Aufnahme der in Art. 23 Abs. 1 und 2 vorgesehen Informationen für die Anleger von AIF in diesem Prospekt vor. Das AIFM-Umsetzungsgesetz normiert nicht nur die Umsetzung der Vorgaben aus der AIFM-Richtlinie, die im Wesentlichen nur Vorschriften zu den Managern von AIF enthält, sondern regelt durch Schaffung des KAGB überschießend ein in sich geschlossenes Regelwerk im Investmentbereich und ersetzt das vorherige InvG. Allerdings begründet dies der Gesetzgeber eingehend und überzeugend damit, dass ein Auseinanderreißen der Regelungen zu Investmentprodukten in getrennte Gesetze erhebliche Umwälzungen für die Marktteilnehmer bedeutet hätte und z.B. ein Gesetz für offene und ein Gesetz für geschlossene Fonds oder ein Gesetz für OGAW und ein Gesetz für AIF, eine

1502 *Danwitz*, JZ 2006, (1), 7 f.

1503 VO (EU) Nr. 2017/1129 des Europäischen Parlaments und des Rates vom 14. Juni 2017 über den Prospekt, der beim öffentlichen Angebot von Wertpapieren oder bei deren Zulassung zum Handel an einem geregelten Markt zu veröffentlichen ist und zur Aufhebung der Richtlinie 2003/71/EG, Abl. EU Nr. L 168/32 ff.

1504 VO (EU) Nr. 1286/2014, Abl. EU Nr. L 352/1.

1505 *Frenz*, Hdb. Europarecht, Bd. 5, § 2 Rn. 864 ff.

1506 *Frenz*, Hdb. Europarecht, Bd. 5, § 2 Rn. 874.

1507 Richtlinie 2011/61/EU, Abl. EU Nr. L 174/1.

Dopplung zahlreicher Vorschriften zur Folge gehabt hätte.[1508] Im Unterschied zu der Begründung, warum in Umsetzung der Prospektrichtlinie nicht alle Vermögensanlagen geregelt wurden und verschiedene Gesetze für die unterschiedlichen Vermögensanlagen vorzugswürdig waren, hätten verschiedene Gesetze in diesem Bereich eine größere normative Komplexität erzeugt als ein einheitliches nationales Gesetz, das den Bereich der Investmentprodukte und ihrer Manager harmonisiert.

Insgesamt ist daher festzustellen, dass sich aufgrund der europäischen Gesetzgebung die Drei- bzw. Vierteilung, wenn man verpackte Anlageprodukte für Kleinanleger als eine eigene Kategorie von Anlagen sieht, hinsichtlich der Prospektpflichten von Wertpapieren, Vermögensanlagen, Investmentprodukten und verpackten Anlageprodukten für Kleinanleger verfestigt hat und eine Konzentration der Prospektpflichten in nur einem Gesetz schon aus europarechtlichen Gründen kaum ein noch gangbarer Weg ist.

§ 5 Eigener Vorschlag: Prospekthaftungsgesetz

A. Konzept

Daran orientiert sich mein Vorschlag. Der deutsche Gesetzgeber sollte nicht eine umfassende Prospektpflicht und eine daran anknüpfende Haftung in demselben Gesetz regeln, sondern die Prospektpflichten in den einzelnen kapitalmarktrechtlichen Gesetzen belassen. Dagegen sollte die Prospekthaftung aus diesen Gesetzen ausgeklammert und in ein neu zu schaffendes einheitliches Prospekthaftungsgesetz überführt werden. Die darin geregelte Prospekthaftung sollte die Aussagen betreffen, die aufgrund der Prospektpflichten veröffentlicht werden müssen, sowie Aussagen, die im Rahmen eines gemeinsamen Vertriebs im Zusammenhang mit den Pflichtaussagen getroffen werden. Der Vorteil liegt in der europarechtlichen Unbedenklichkeit. In Art. 6 der Prospektrichtlinie sind nur Grundzüge einer Prospekthaftung geregelt und die genaue Ausgestaltung ist den Mitgliedsstaaten überlassen. Die AIFM-Richtlinie beinhaltet keine Regelung über eine etwaige Prospekthaftung für Anteile an Investmentvermögen. Sonstige Vermögensanlagen sind europarechtlich noch gar nicht geregelt. Die PRIIP-Verordnung sieht zwar in Art. 11 eine Haftung für fehlerhafte Kurzinformationen vor.[1509] Allerdings ist diese vorgesehene Regelung auch nur rudimentär. Die genaue Ausgestaltung der Schadensersatzvorschrift überlässt sie gemäß

1508 RegE AIFM-UmsetzungsG, BT-Drs. 17/12294, S. 187.

1509 VO (EU) Nr. 1286/2014, Abl. EU Nr. L 352/14.

Art. 11 Abs. 2 dem nationalen Recht der Mitgliedsstaaten. Eine Wiederholung von Art. 11 bzw. eine Bezugnahme auf sie im Rahmen eines kohärenten Prospekthaftungsgesetzes ist auch europarechtlich zulässig.[1510] Des Weiteren bietet diese Vorschrift einen ersten Anhaltspunkt, wie eine nationale Haftungsnorm für Kurzinformationen als Prospekte im weiteren Sinne aussehen könnte. In diesem Prospekthaftungsgesetz könnten abgestufte Haftungsvorschriften für Vollprospekte, Kurzinformationen und Werbung vorgesehen werden. Das führt zugleich zu dem Punkt der de lege ferenda zu berücksichtigenden Kriterien.

B. Kriterien

Bei der Erörterung dieses Punktes können insbesondere die im Teil 3 § 3 und Teil 4 § 1 A. dieser Arbeit aufgefundenen Unstimmigkeiten wieder aufgegriffen und einer Lösung zugeführt werden.

I. Haftung nach Art des Informationsgehalts

1. Vollprospekte

Für Vollprospekte kann es bei dem Maßstab der Unrichtigkeit oder Unvollständigkeit in wesentlichen Angaben bleiben.[1511] Dieser Maßstab hat sich bewährt und ist niemals bestritten worden. Der Filter der Wesentlichkeit ist aufgrund der Fülle an Pflichtangaben in Prospekten nötig, um eine übermäßige Haftung zu vermeiden.

2. Kurzinformationen

Ebenso ist der bei den gesetzlich verpflichtenden Kurzinformationen festgesetzte Maßstab mit Irreführung, Unrichtigkeit, Unterlassen von Warnhinweisen und Unvereinbarkeit bzw. Widersprüchlichkeit von Angaben in Bezug auf den Vollprospekt richtig gewählt.[1512]

3. Werbung

Ein Problem stellt die Frage dar, ob in einem Prospekthaftungsgesetz eine Haftung für Werbung eingeführt werden sollte.

1510 Siehe oben unter § 4 B.
1511 Siehe Teil 4 § 1 A. I. 1. a) aa).
1512 Vgl. Teil 4 § 1 A. I. 1. a) bb).

a) Gesetzliche Lage de lege lata

aa) Spezialgesetzliche Prospekthaftung

(1) Nationales Recht

Die bisherige gesetzliche Ausgestaltung sieht keine Haftung für Werbung vor und eine Integration in die bestehenden spezialgesetzlichen Prospekthaftungsansprüche erscheint konstruiert.[1513] Es wird spezialgesetzlich nämlich gerade zwischen verpflichtenden Publikationen, für die eine Haftungsvorschrift existiert, und Werbung unterschieden.

(2) Europäisches Recht

Dieser Unterscheidung bedient sich auch der europäische Gesetzgeber in Art. 15 und Art. 6 der Prospektrichtlinie.[1514] Dabei wird die Ausgestaltung der Prospekthaftung großteils den Mitgliedsstaaten überlassen, mit der Ausnahme, dass für Kurzinformationen lediglich in dem oben genannten beschränkten Umfang gehaftet werden soll.[1515] Die Zweiteilung von Werbung und Prospekt bzw. Basisinformationsblatt führt der europäische Gesetzgeber durch die PRIIP-Verordnung fort. Während in dessen Art. 11 erstmals eine, wenn auch nur rudimentäre, Prospekthaftungsvorschrift vorgesehen ist,[1516] normiert Art. 9 lediglich eine Hinweispflicht in der Werbung auf das Basisinformationsblatt und ein Verbot widersprechender Aussagen in Bezug auf das Basisinformationsblatt sowie Aussagen, die dessen Bedeutung herabstufen.[1517] Die Aufsicht über Werbeunterlagen wird gemäß Erwägungsgrund (4) dagegen nicht von der Verordnung erfasst. Auch bei einem Verstoß gegen die gestalterischen Anforderungen an die Werbung gemäß Art. 9 der Verordnung sind unionseinheitlich in Art. 24 Abs. 1 und 2 nur Mindestsanktionen geregelt, worunter kein zivilrechtlicher Haftungsanspruch fällt. Die EU-Prospektverordnung hält weiterhin an der Unterscheidung

---

1513 Siehe Teil 3 § 3 B. I. 5.

1514 Da sowohl die Schadensersatzhaftung nach Art. 6 der Prospektrichtlinie als auch die administrativen Maßnahmen für Verstöße gegen die Anforderungen an die Werbung nach Art. 15 der Prospektrichtlinie einen unionsrechtlichen Ursprung haben, kann eine Haftung für irreführende Werbung auch nicht aus dem Äquivalenzgrundsatz wegen des Bestehens der Prospekthaftungsansprüche nach §§ 21 ff. WpPG folgen, wie *Franck* zurecht feststellt, Marktordnung durch Haftung, S. 274 ff.

1515 Art. 6 Abs. 2 UA 2 der Prospektrichtlinie; Art. 79 Abs. 2 der OGAW-IV-Richtlinie.

1516 Siehe dazu oben unter § 4 B.

1517 VO (EU) Nr. 1286/2014, Abl. EU Nr. L 352/13 f.

zwischen der Prospekthaftung in Art. 11 und den Anforderungen an sowie Aufsichtsmaßnahmen gegen Werbung in Art. 22 fest.[1518]

bb) Bürgerlich-rechtliche Prospekthaftung

Im Rahmen der bürgerlich-rechtlichen Prospekthaftung, bei der eine spezialgesetzliche Prospektpflicht gerade fehlt, ist eine Haftung für Werbung dagegen in gewissen Grenzen anerkannt.[1519] Überhaupt hat das Bedürfnis nach einer Prospekthaftung für unseriöses Werbematerial zur Entwicklung der bürgerlich-rechtlichen Prospekthaftung beigetragen.[1520]

b) Notwendigkeit einer spezialgesetzlichen Haftung für Werbung de lege ferenda

Aufgrund dieser unterschiedlichen Beantwortung der Frage nach einer Haftung für Werbung, stellt sich die Frage, ob es bei einer angestrebten Vereinheitlichung im Rahmen eines Prospekthaftungsgesetzes ein rechtspolitisches Bedürfnis für eine Haftung von Werbung gibt.

aa) Eigenverantwortlichkeit des Anlegers versus Behavioral Economics

Zunächst könnte die Eigenverantwortlichkeit der Anleger für ihre Entscheidung entgegenstehen. Werbung vermittle keine oder kaum Fakten. Daher sei jeder Anleger, der auf sie vertraue, selbst schuld.[1521]

Jedoch sprechen Erkenntnisse der Behavioral Economics gegen eine Überbetonung der Eigenverantwortlichkeit der Anleger.[1522] So führt *Klöhn* zutreffend aus: „*Die klassische Sichtweise, dass nicht schutzwürdig sei, wer an Werbung glaube, geht - zumeist unausgesprochen - von relativ optimistischen Annahmen über die Rationalität von Anlegern aus. Sie unterstellt, (1) dass sich Anleger vor einer Anlageentscheidung umfassend informieren, (2) dass sie trennscharf zwischen werbender Übertreibung und entscheidungsrelevanter Information unterscheiden können und (3) dass sie ihre Anlageentscheidung ausschließlich auf die wirklich*

1518 VO (EU) Nr. 2017/1129 des Europäischen Parlaments und des Rates vom 14. Juni 2017 über den Prospekt, der beim öffentlichen Angebot von Wertpapieren oder bei deren Zulassung zum Handel an einem geregelten Markt zu veröffentlichen ist und zur Aufhebung der Richtlinie 2003/71/EG, Abl. EU Nr. L 168/41, 50 f.

1519 Siehe Teil 3 § 3 B. II. 3.

1520 Zuletzt im „Scholz-Fall", BGH WM 2012, 19; siehe auch Teil 1 § 2 B. I.

1521 Vgl. *Klöhn*, WM 2012, (97), 98, der diesen Ansatz im Ergebnis aber ablehnt.

1522 Siehe hierzu *Schäfer/Ott*, Ökonomische Analyse, S. XXXVI f.; 103 ff.

wesentlichen Angaben stützen.“[1523] Im Folgenden soll aufgezeigt werden, inwieweit sich der Gesetzgeber hinsichtlich der spezialgesetzlichen Prospektpflichten und der darauf basierenden Haftung und die Rechtsprechung im Rahmen der bürgerlich-rechtlichen Prospekthaftung an diesen Kriterien orientiert haben. Daran schließt jeweils eine kritische Bewertung an.

(1) Voraussetzung der umfassenden Information

(a) Spezialgesetzliche Prospekthaftung

Die Voraussetzung der umfassenden Information durch den Anleger war das ursprüngliche gesetzliche Leitbild bei der Schaffung der Prospektpflicht und -haftung. Dies zeigt sich jetzt noch in § 5 Abs. 1 S. 1 WpPG, § 7 Abs. 1 VermAnlG, nach dem der Vollprospekt alle notwendigen Angaben zur Beurteilung der jeweiligen Anlage beinhalten muss. Dieses Erfordernis wurde erstmals in Umsetzung der OGAW-III-Richtlinie aufgeweicht, in deren Umsetzung in § 42 InvG a.F. der vereinfachte Verkaufsprospekt geschaffen wurde und sich in § 127 InvG a.F. die Prospekthaftung auch darauf bezog. Dieser Gedanke hat sich durch die Schaffung der Kurzinformationsblätter und der daran anknüpfenden Haftungsvorschriften ausgebreitet.[1524] So geht im spezialgesetzlichen Bereich der Gesetzgeber nicht mehr unbedingt von einem umfassend informierten, den Vollprospekt lesenden, Anleger aus. In Erwägungsgrund (15) der PRIIP-Verordnung wird ausdrücklich festgestellt: „*Kleinanleger sollten die für sie notwendigen Informationen erhalten, um eine fundierte Anlageentscheidungen* (sic!) *treffen und unterschiedliche PRIIP vergleichen zu können; sind diese Informationen jedoch nicht kurz und prägnant, so besteht die Gefahr, dass sie von den Kleinanlegern nicht genutzt werden.*“[1525] Dieses Bild der Kleinanleger weicht deutlich von dem ursprünglich gesetzgeberisch intendierten Anlegerleitbild ab.

(b) Bürgerlich-rechtliche Prospekthaftung

Bei der bürgerlich-rechtlichen Prospekthaftung ist die umfassende Informationsmöglichkeit der Anleger durch den Emissionsprospekt integraler Bestandteil des Prospektbegriffs gewesen. Allerdings ist es hier durch die Gesamtbetrachtung nach dem „Scholz-Urteil“ ebenfalls zu einer Aufweichung gekommen, wenn selbst Zeitschrifteninterviews bei Zusammenschau und gemeinsamen Vertrieb

---

1523 *Klöhn*, WM 2012, (97), 98.

1524 Siehe Teil 3 § 3 B. IV.

1525 VO (EU) Nr. 1286/2014, Abl. EU Nr. L 352/4.

mit den anderen Materialen zu einem einheitlichen Prospekt im Rechtssinne gehören.[1526]

(c) Bewertung

Die Voraussetzung der umfassenden Information der Anleger wird zurecht bei beiden Ausprägungen der Prospekthaftung nicht mehr streng verfolgt. Sowohl der Gesetzgeber als auch die Rechtsprechung sind damit von der ursprünglichen optimistischen Annahme abgewichen, dass sich jeder Anleger vor einer Investitionsentscheidung umfassend informiert. Vielmehr werden die Erkenntnisse der Behavioral Economics fruchtbar gemacht, dass bei einer Überfülle an Informationen (information overload), der (Klein-)Anleger diese nicht mehr alle wahrnehmen wird, sondern im Gegenteil von einer Lektüre gänzlich absehen wird.[1527]

(2) Trennscharfe Unterscheidbarkeit zwischen Information und werbender Übertreibung

(a) Spezialgesetzliche Prospekthaftung

Die Unterscheidung bei den spezialgesetzlichen Prospekthaftungsregimen zwischen Information und Werbung erscheint einfach. Vollprospekte und auf einer gesetzlichen Pflicht basierende Kurzinformationen unterfallen dem Prospektbegriff (im weiteren Sinn), die übrigen beim Vertrieb eingesetzten Informationen der Werbung. Dies entspricht der Unterteilung de lege lata.

(b) Bürgerlich-rechtliche Prospekthaftung

Auch im Rahmen der bürgerlich-rechtlichen Prospekthaftung ging der BGH ursprünglich von der zweiten Annahme der trennscharfen Unterscheidbarkeit zwischen Information und werbender Übertreibung aus. So differenziert er im „Börsenblatt-Fall" zwischen den den Vertrag konkretisierenden Angaben in der Werbung (sorgfältige Überprüfung von Spezialisten) und den reklamehaften Übertreibungen (Börsenerfolg sei garantiert).[1528] Auch im „Scholz-Fall" bringt der BGH zum Ausdruck, dass eine Werbung, die sich rein auf die Sympathie zum Werbenden stützt, nicht zur Haftung führe, während ein Werben mit der

---

1526 Siehe Teil 3 § 3 A. I.

1527 *Möllers/Kernchen*, ZGR 2011, (1), 6 ff.; *Mülbert*, ZHR 177 (2013), (160), 187; *Möllers*, ZEuP 2016, (325), 333 definiert „information overload" als *„den kognitiven Schwellenwert, bei dessen Überschreitung Informationen nicht mehr aufgenommen oder verarbeitet werden."*

1528 BGHZ 70, (356), 361 f.

Seriosität und den bei der Prüfung eingesetzten Fachkenntnissen eine Haftung begründe.[1529] In letzterem Urteil zeigt sich allerdings schon, dass die Übergänge fließend sind. Dort wird festgestellt, dass sich die Aussagen von Scholz zwar *„schwerpunktmäßig nicht auf einzelne Fakten bezogen, sondern überwiegend ein positives Gesamtbild der Anlage und ihrer Sicherheit zeichneten. Auch wenn die Offenlegung der näheren Umstände des Anlagekonzeptes für dessen sachliche Bewertung unverzichtbar ist, kann der Schaffung einer positiven Anlagestimmung und der Erzeugung eines Gefühls der Sicherheit letztlich eine größere Bedeutung für die Anlageentscheidung eines durchschnittlichen Interessenten zukommen“*.[1530]

(c) Bewertung

Aus Anlegersicht ist die trennscharfe Unterscheidung zwischen entscheidungsrelevanter Information und Werbung, wie sie im Rahmen der spezialgesetzlichen Prospekthaftung betrieben wird, gefährlich. Dies zeigen die Erkenntnisse der „Behavioral Finance“, die eine jüngere Disziplin der Kapitalmarktforschung darstellt und sich dabei auf kognitionspsychologische Erkenntnisse stützt.[1531] Danach streben Anleger bei der Informationssuche nicht nach Optimierung, also nach einem möglichst umfassenden, sondern lediglich nach einem sie zufriedenstellenden Informationsniveau.[1532] Dabei versuchen sie kognitive Dissonanzen zu vermeiden und überschätzen daher den Wert von Informationen, die ihre vorgefasste Meinung bestätigen. Im Gegenzug sind sie geneigt, den Hinweisen zu wenig Beachtung zu schenken, die ihre Meinung ins Wanken bringen könnten.[1533] Ein verbreiteter kognitiver Fehler liegt darüber hinaus darin, dass sich Menschen bei Entscheidungen unter Unsicherheit zu sehr auf solche Informationen verlassen, die leicht verfügbar sind.[1534] Die Verfügbarkeit einer Information richtet sich vor allem danach, wie hervorstechend sie zur Kenntnis gelangt. Werbung, die gerade durch ihre Aufmachung Aufmerksamkeit erzielen will, ist aber um einiges hervorstechender als die nüchternen Zahlenwerke in

---

1529 BGHZ 191, (310), 321 Rn. 31 = BGH WM 2012, (19), 22.

1530 BGHZ 191, (310), 321 Rn. 31.

1531 Dazu ausführlich *Klöhn*, Kapitalmarkt, Spekulation und Behavioral Finance, S. 80 ff.; siehe auch *Schäfer/Ott*, Ökonomische Analyse, S. 105 ff.; *Mülbert*, ZHR 177 (2013), (160), 170 f.

1532 *Möllers/Kernchen*, ZGR 2011, (1), 8.

1533 *Klöhn*, Kapitalmarkt, Spekulation und Behavioral Finance, S. 107.

1534 *Möllers/Kernchen*, ZGR 2011, (1), 10 f.; *Klöhn*, Kapitalmarkt, Spekulation und Behavioral Finance, S. 108 ff.

den Vollprospekten. Daher ist die Gefahr nicht unbegründet, dass die Anleger nicht die Werbung, sondern die Angaben im Vollprospekt ignorieren.[1535]

Dieser Ansatz überzeugt und zeigt die Notwendigkeit für den Gesetzgeber, de lege ferenda hinsichtlich der Haftungsrelevanz die trennscharfe Unterscheidung zwischen Prospektangaben und Werbung aufzugeben.

(3) Anlageentscheidung nur aufgrund der wirklich wesentlichen Angaben

Die dritte Annahme, dass ein Anleger nur aufgrund der wirklich wesentlichen Angaben entscheiden soll, schreibt ihm eine Filterfunktion zu. Diese kann der Anleger aber nur beschränkt wahrnehmen, wie die Ausführungen zur Behavioral Finance eben gezeigt haben. Eine derartige Selektionsfunktion hat nun der Gesetzgeber mit Einführung der verpflichtenden Kurzinformationen versucht. Dies ist ein Schritt in die richtige Richtung. Allerdings hält dies die Anleger allein nicht auf, sich auf die noch verfügbarere Werbung zu verlassen.

bb) Aufsichtsrechtliche Maßnahmen oder Verbot

Hieran knüpft die Idee an, die Werbung durch aufsichtsrechtliche Maßnahmen oder gar Verbote weniger verfügbar zu machen. In Teil 1 wurde aber schon dargelegt, dass aufsichtsrechtliche Maßnahmen allein das Problem missbräuchlicher Werbung nicht in effektiver Weise in den Griff bekommen können.[1536]

Ein anderer Ansatz besteht darin, die Werbung ganz oder teilweise zu verbieten. Diese Methode verfolgt das U.S.-amerikanische Recht, das je nach zeitlicher Phase des Angebots und Typ des Emittenten ein stufenweises Verbot der Werbung beinhaltet, sogenannte „gun jumping laws".[1537] In der ersten Phase vor Einreichung der Registrierungsdokumente - zu denen der Verkaufsprospekt gehört - bei der SEC (*Prefiling Period*) ist nur die Veröffentlichung bestimmter Arten tatsächlicher Informationen in engen Grenzen erlaubt, vor allem Informationen der Regelpublizität.[1538] In der Phase nach Einreichung der Dokumente bei der SEC, aber vor deren Billigung (*Waiting Period*), ist es zwar möglich,

---

1535 *Klöhn*, WM 2012, (97), 99.

1536 Siehe Teil 1 § 3 B II. 3. a) und b).

1537 Vgl. *Klöhn*, WM 2012, (97), 99; *Choi*, Lewis & Clark Law Revison, Bd. 10, (85), 92 ff. (2006). Einen guten tabellarischen Überblick über zu bestimmten Zeitpunkten erlaubte und verbotene Veröffentlichungen je nach Art des Emittenten und der zu veröffentlichten Information bieten *Loss/Seligman*, Securities Regulation, 5th Edition 2014, Vol. I, S. 713 f.

1538 *Choi*, Lewis & Clark Law Revison, Bd. 10 (2006), (85), 94 f.; *Loss/Seligman*, Securities Regulation, 5th Edition 2014, Vol. I, S. 774 f.

ein mündliches Angebot zu verbreiten, aber die meisten Werbemittel, inklusive Fernseh- oder Radiospots, bleiben verboten.[1539] Ausdrücklich zugelassen ist nach sec. 2 (a) (10) (b) Securities Act 1933 i.V.m. Securities Act Rule 134 Werbung, die die detaillierten Anforderungen dieser Vorschriften erfüllt, sogenannte „Tombstone Ads".[1540] Danach muss die Werbung insbesondere darauf hinweisen, von welcher Stelle der schriftliche Vollprospekt erhalten werden kann und es dürfen nur bestimmte Informationen wie die Identität und die Anschrift des Emittenten, der Preis, die Art und Stückzahl der angebotenen Vermögensanlagen, die Identität und Anschrift des Erstellers der Werbung usw. enthalten sein. Nach Billigung durch die SEC (*Post-Effective Period*) sind die meisten Werbemittel zulässig,[1541] unterliegen aber der Haftungsvorschrift des sec. 12 (a) (2).[1542]

Diese Lösung erscheint zwar das Problem der Werbung effektiv in den Griff zu bekommen, ist aber mit dem bisherigen Konzept des europäischen und deutschen Gesetzgebers nicht vereinbar und daher schwierig umzusetzen.[1543] Dies zeigt sich an der jeweils jüngsten Gesetzesnovelle, die zu dieser Frage auf europäischer und deutscher Ebene ergangen ist. So ist in Art. 9 der PRIIP-Verordnung[1544] lediglich das Gebot enthalten, in Werbematerialien „*darauf hinzuweisen, dass es ein Basisinformationsblatt gibt und wie und wo es erhältlich ist, einschließlich der Angabe der Website des PRIIP-Herstellers.*" Weiterhin „*dürfen keine Aussagen getroffen werden, die im Widerspruch zu den Informationen des Basisinformationsblatts stehen oder die Bedeutung des Basisinformationsblatts herabstufen.*" Von weiteren Anforderungen an die Werbung oder gar Verboten hat der europäische Gesetzgeber aber abgesehen. Auch die insoweit noch nicht in Kraft getretene EU-Prospektverordnung sieht in Art. 22 lediglich gesteigerte Anforderungen an die Gestaltung der Werbung vor. So enthält Abs. 4 das Gebot, dass auch mündlich verbreitete Informationen über das öffentliche Angebot von Wertpapieren oder die Zulassung zum Handel an einem geregelten Markt

---

1539 *Choi*, Lewis & Clark Law Revison, Bd. 10 (2006), (85), 98.

1540 Zum Begriff s. *Loss/Seligman*, Securities Regulation, 5th Edition 2014, Vol. I, S. 813.

1541 *Choi*, Lewis & Clark Law Revison, Bd. 10 (2006), (85), 101.

1542 Siehe unten unter: ee) (2).

1543 Dabei handelt es sich mit *Klöhn* in: Fleischer/Zimmer, Verhaltensökonomie, S. 89 f. um einen harten paternalistischen mit Erwägungen der Verhaltensökonomie (Behavioral Finance) begründeten Eingriff, der der klassischen Theorie des rational handelnden homo oeconomicus widerspricht. Für eine Lockerung dieser Verbotskultur auch in den USA plädiert hingegen *Chiappinelli*, University of Pittsburgh Law Review, Bd. 50 (1989), (457), 492 ff.

1544 VO (EU) Nr. 1286/14, Abl. EU Nr. L 352/13.

mit den im Prospekt enthaltenen Informationen übereinstimmen müssen.[1545] Ein Verbot enthält sie ebenfalls nicht. Auf nationaler Ebene enthielt der Regierungsentwurf zum KleinanlegerschutzG noch den Vorschlag, § 12 VermAnlG so zu gestalten, dass nur bestimmte Vertriebskanäle wie wirtschaftsnahe Medien zulässig gewesen wären.[1546] Diese Einschränkung wurde aber in der endgültigen Gesetzesversion[1547] wieder fallengelassen.[1548] Der Gesetzgeber hat es hingegen bei verpflichtenden Warnhinweisen belassen.[1549]

cc) Obligatorischer Verweis auf Vollprospekt

Ein obligatorischer Verweis in Werbeanzeigen auf den Vollprospekt ist bereits in Art. 15 Abs. 2 der Prospektrichtlinie und daraus folgend auch in § 15 Abs. 2 WpPG, sowie in § 302 Abs. 2 KAGB und § 12 Abs. 1 VermAnlG vorgesehen. Zusammen mit der Ausgestaltung der Werbung in Art. 15 Abs. 3 der Prospektrichtlinie und § 15 Abs. 3 WpPG, sowie § 302 Abs. 1 KAGB und § 12 Abs. 2–4 VermAnlG sollte so den Anlegern bewusst werden, dass sie sich allein auf die Werbung nicht verlassen können.

Als allgemeiner Standard für alle Arten von Vermögensanlagen sollte aber, wie schon in § 302 Abs. 2 S. 1 Alt. 2 KAGB angelegt, auch ein Hinweis auf die gesetzlich vorgesehenen Kurzinformationen erfolgen müssen. In den Kurzinformationen selbst sollte wiederum auf den Vollprospekt verwiesen werden. Dies ist de lege lata in § 5 Abs. 2b Nr. 1, 2 WpPG und § 13 Abs. 3 Nr. 3 VermAnlG schon der Fall.

Jedoch darf bei all diesen technischen Details der Ausgestaltung nicht vergessen werden, dass ihre wirksame Durchsetzung Sanktionsmechanismen bedarf. Wird aber mit den obigen Argumenten eine Ausweitung der Befugnisse der

---

1545 VO (EU) Nr. 2017/1129 des Europäischen Parlaments und des Rates vom 14. Juni 2017 über den Prospekt, der beim öffentlichen Angebot von Wertpapieren oder bei deren Zulassung zum Handel an einem geregelten Markt zu veröffentlichen ist und zur Aufhebung der Richtlinie 2003/71/EG, Abl. EU Nr. L 168/50 f.

1546 RegE KleinanlegerschutzG, BT-Drs. 18/3994, S. 13, 45 ff. Siehe dazu auch schon Teil 1 § 3 B. II. 3. a) cc).

1547 BGBl. 2015 I S. 1114.

1548 Dies begrüßend *Bujotzek/Mocker*, BKR 2015, (358), 359; *Casper*, ZBB 2015, (265), 272 f.

1549 Auch hierbei handelt es sich um einen paternalistischen Eingriff, der allerdings weicher erfolgt, als ein Informations- bzw. Werbeverbot, *Klöhn* in: Fleischer/Zimmer, Verhaltensökonomie, S. 90; *Casper*, ZBB 2015, (265), 267, 273. Siehe dazu auch oben unter Teil 3 § 3 B. II. 3. a).

Aufsichtsbehörden und ein Verbot bestimmter Arten von Werbung abgelehnt, so kommt zusätzlich zu den nicht ausreichenden bestehenden Aufsichtsbefugnissen nur ein privatrechtlicher Schadensersatzanspruch in Betracht.[1550]

dd) Gesetzgeberische Parallelwertung in § 434 Abs. 1 S. 3 BGB

Dafür, die Haftung für vertriebsbezogene Werbung in ein neu zu schaffendes Prospekthaftungsgesetz mit einzubeziehen, spricht auch die Parallelwertung in § 434 Abs. 1 S. 3 BGB. Danach kann ein Sachmangel aufgrund einer nicht üblichen Beschaffenheit auch dann angenommen werden, wenn der Kaufgegenstand eine Eigenschaft nicht aufweist, die nach der Werbung erwartet werden kann. Diese Vorschrift beruht auf Art. 2 Abs. 2 lit. d) der Verbrauchsgüterkaufrichtlinie[1551]. Über § 437 Nr. 3 BGB i.V.m. §§ 280, 281 BGB kann daraus sogar ein Schadensersatzanspruch resultieren. Dadurch wurde erstmals die Haftung für Werbung explizit ins BGB und damit in das Zivilrecht eingebunden.[1552] Damit erfolgte auch vom deutschen Gesetzgeber die Anerkennung, dass Werbung durchaus Erklärungswert beinhalten kann und ihr nicht als marktschreierische Reklame im Vorhinein keine rechtserhebliche Bedeutung zukommt. Damit der Werbung aber Erklärungswert zukommt, muss sie hinreichend bestimmt sein, was z.B. bei allgemeinen Anpreisungen wie „Spitzenprodukt“ oder scherzhaften Übertreibungen wie „Mutti gibt mir nur das Beste“[1553] nicht der Fall ist.[1554] Hierin ist zugleich ein Maßstab enthalten, der bei der Ausgestaltung der Haftung für Werbung zu berücksichtigen ist.[1555]

ee) Rechtsvergleichende Gesichtspunkte

Auch rechtsvergleichend zeigt sich, dass viele Mitgliedsstaaten der EU, sowie die Schweiz und die USA eine Haftung für Werbung anerkennen.[1556] Gerade die USA als Mutter des Kapitalmarktrechts, sowie die Schweiz mit ihrer langen prospekthaftungsrechtlichen Tradition und ihrem weit entwickelten Kapitalmarktrecht[1557] bieten sich als Vergleichsmaßstab an. Zwar kennt z.B. auch das niederländische Recht eine Haftung für vertriebsbezogene Werbeveröffentlichungen, aber dort

---

1550 Siehe dazu schon oben unter Teil 1 § 3 B. II. 3. a) cc) und b) cc) (2).
1551 Richtlinie 1999/44/EG vom 7.7.1999, Abl. EU Nr. L 171/12.
1552 *Lehmann*, DB 2002, 1090.
1553 *Bernreuther*, MDR 2003, (63), 64.
1554 *Matusche-Beckmann* in: Staudinger BGB, § 434 Rn. 102.
1555 Hierzu genauer unter c).
1556 *Hopt/Voigt*, Kapitalmarktinformationshaftung, S. 46 ff.
1557 *Kowalewski* in: Hopt/Voigt, Kapitalmarktinformationshaftung, S. 1001 f.

wird allgemein an die irreführende Werbung statt an einen fehlerhaften Prospekt angeknüpft, so dass eine spezialgesetzliche Prospekthaftung i.d.S. dort gar nicht existiert.[1558]

(1) Rechtliche Lage in der Schweiz

In der Schweiz basiert die Prospekthaftung regelmäßig auf einer bestehenden gesetzlichen Prospektpflicht, setzt aber keinen Prospektzwang voraus.[1559] Zentrale Anspruchsnorm ist Art. 752 OR, der sich systematisch eigentlich nur auf Aktiengesellschaften bezieht. Diese Vorschrift wird jedoch nach allgemeiner Rechtsauffassung in der Schweiz auf alle möglichen Vermögensanlagen, die massenweise emittiert werden, angewandt.[1560] Von Art. 752 OR sind ausdrücklich „Emissionsprospekte[n] oder ähnliche Mitteilungen" erfasst. Daher werden funktional nach einer gängigen Formel ‚alle Mittel der Werbung und Information' erfasst. Das heißt, es werden massenhaft versandte E-Mails, Inserate, Kurzprospekte und Werbeschreiben ohne weiteres in die Haftung einbezogen.[1561] Nach überwiegender Auffassung gilt dies auch für mündliche Aussagen in Werbespots im Fernsehen oder Radio.[1562]

(2) Rechtliche Lage in den USA

In den USA sind die Prospektpflicht und die darauf aufbauende Haftung im Securities Act von 1933 geregelt. Während Werbeangaben vor Billigung des

---

1558 *Hopt/Voigt*, Kapitalmarktinformationshaftung, S. 46.

1559 *Watter* in: Basler Kommentar OR II, Art. 752 Rn. 5; *Binder/Roberto,* Handkommentar Schweizer Privatrecht, Art. 752 OR Rn. 12; *Roberto/Wegmann,* SZW 2001, (161), 162; *Kowalewski* in: Hopt/Voigt, Kapitalmarktinformationshaftung, S. 1020.

1560 *Watter* in: Basler Kommentar OR II, Art. 752 Rn. 4; *Binder/Roberto,* Handkommentar Schweizer Privatrecht, Art. 752 OR Rn. 11; *Kowalewski* in: Hopt/Voigt, Kapitalmarktinformationshaftung, S. 1021.

1561 *Watter* in: Basler Kommentar OR II, Art. 752 Rn. 14; *Binder/Roberto,* Handkommentar Schweizer Privatrecht, Art. 752 OR Rn. 12; *Lehmann* in: Kurzkommentar OR, Art. 752 Rn. 3; *Roberto/Wegmann,* SZW 2001, (161), 162; *Kowalewski* in: Hopt/Voigt, Kapitalmarktinformationshaftung, S. 1032.

1562 *Watter* in: Basler Kommentar OR II, Art. 752 Rn. 14; *Kowalewski* in: Hopt/Voigt, Kapitalmarktinformationshaftung, S. 1032 f. *Böckli,* Schweizer Aktienrecht, § 18 Rn. 25, 30 sieht zwar mündliche Äußerungen bei ‚road shows' und vor Medienvertretern oder Aktionären als nicht von Art. 752 OR erfasst an, meint aber mündliche Ergänzungen zu schriftlichen Prospektaussagen können eine Irreführung vertiefen oder umgekehrt eine Unklarheit beseitigen.

Prospekts ohnehin weitgehend verboten sind,[1563] bezieht sich die Prospekthaftung gemäß sec. 12 (a) (2) in der *Post-Effective period* neben dem Prospekt auch auf alle Arten von Kommunikationsmitteln inklusive *oral communication*. Davon sind auch werbende Aussagen in Telefon- und Tischgesprächen mit den Vorständen des Emittenten erfasst.[1564] Ähnlich wie in der Schweiz wird also nicht nur auf das Pflichtdokument abgestellt und außerdem auf die Voraussetzung der Schriftlichkeit verzichtet.

(3) Ergebnis

Die Rechtsvergleichung mit der Schweiz und den USA zeigt, dass es auch in sehr entwickelten Kapitalmarktrechten trotz Anknüpfung der Prospekthaftung an die Prospektpflicht eine auf der Prospekthaftung aufbauende Haftung für Werbung geben kann. In der Schweiz wird dies durch die Einbeziehung der ähnlichen Mitteilungen, im U.S.-Recht durch die Erfassung aller Arten von Kommunikationsmitteln gewährleistet. Eine Umstellung im deutschen Recht dahingehend erscheint möglich und erstrebenswert.

ff) Bewertung

Alle in diesem Abschnitt besprochenen Gesichtspunkte sprechen daher für die Einführung einer Haftungsvorschrift für vertriebsbezogene Werbemaßnahmen. Dieser zivilrechtlichen Anspruchsgrundlage kommt zumindest eine notwendige ergänzende Funktion zu und kann vor allem mit rechtsökonomischen und rechtsvergleichenden Argumenten begründet werden. Zwar unterfallen vertriebsbezogene Werbemaßnahmen auch dem UWG. Allerdings sind dessen Rechtsfolgen, insbesondere der beschränkte Kreis der Anspruchsinhaber, nicht ausreichend um das Ziel sachlich richtiger und nicht irreführender Werbung durchzusetzen, wie bereits oben ausführlich dargestellt wurde.[1565]

c) Lösungsvorschlag de lege ferenda

Das führt sogleich zu der Frage, wie eine derartige Haftungsvorschrift de lege ferenda auszugestalten ist. Den richtigen gedanklichen Ansatz für eine Vereinheitlichung der spezialgesetzlichen mit der bürgerlich-rechtlichen Haftung für Werbung bietet das „Scholz-Urteil“, in dem die beim Vertrieb verwendeten

---

1563 Siehe oben unter bb).

1564 McMahan & Co v. Wherehouse Entertainment, Inc., F.2d, 900, (576), 581 (2nd Cir. 1990).

1565 Siehe dazu oben unter Teil 1 § 3 B. II. 3. e).

Werbematerialien einer Gesamtbetrachtung unterzogen wurden.[1566] Auch in einem Sonderdruck in einer Wirtschaftszeitung können für eine Emission entscheidungserhebliche Angaben gemacht werden, wie z.B. die Prüfung durch einen Experten. Hier aber eine Haftung wegen der fehlenden gesetzlichen Pflicht dieser Veröffentlichungsform zu verneinen, erscheint aus Anlegerschutzgesichtspunkten mangelhaft. Dadurch würde man bei einer rein spezialgesetzlichen Lösung der Prospekthaftung hinter den von den Gerichten im Rahmen der bürgerlich-rechtlichen Prospekthaftung gewährten status-quo zurückfallen, obwohl eine Steigerung des Anlegerschutzes durch das Kleinanlegerschutzgesetz, das AnSVG und das VermAnlG gerade beabsichtigt war. Eine spezialgesetzliche Ausgestaltung könnte folgendermaßen erfolgen:

aa) Gemeinsamer Vertrieb

Das Kriterium des gemeinsamen Vertriebs könnte gesetzlich formuliert werden, wie es schon in § 15 Abs. 1 S. 1 WpPG angelegt ist: es muss sich um Werbung handeln, die sich auf ein öffentliches Angebot bzw. eine Zulassung **bezieht**.

bb) Maßstab

Als haftungsauslösendes Merkmal kann man sich an den bestehenden Haftungsvorschriften für Kurzinformationen orientieren. Werbung soll gerade hervorstechend sein und kann daher nicht vollständig aufklären. Eine Haftung wegen Unvollständigkeit wäre hier also noch unsinniger als bei den Kurzinformationen. Dagegen bieten die Voraussetzungen der Unrichtigkeit, Irreführung und Unvereinbarkeit bzw. Widersprüchlichkeit von Angaben, wie sie in §§ 23 Abs. 2 Nr. 5 WpPG; 22 Abs. 1 Nr. 1 VermAnlG; 306 Abs. 2 S. 1 KAGB enthalten sind, den richtigen Maßstab. Den Gerichten bliebe vor allem die Aufgabe, objektiv nachvollziehbare Angaben von reinen Anpreisungen, die keinen materiellen Gehalt haben, zu unterscheiden. Hierzu müssen sie den Empfängerhorizont der Anleger berücksichtigen.[1567] Insbesondere dem Merkmal Irreführung würde wohl besondere Bedeutung zukommen. Es ist auch in Art. 11 Abs. 1 i.V.m. Art. 6 Abs. 1 der PRIIP-Verordnung[1568], sowie im schweizerischen Art. 752 OR angelegt.

1566 BGHZ 191, (310), 317 ff. Rn. 22 ff. = WM 2012, (19), 21 f.

1567 *Haas/Hanowski*, NZG 2010, 254.

1568 VO (EU) Nr. 1286/2014, Abl. EU Nr. L 352/1.

cc) Keine Beschränkung auf schriftliche Aussagen

Entsprechend der oben im Rahmen des bürgerlich-rechtlichen Prospektbegriffs ausgeführten Kritik, sollten nicht nur schriftliche, sondern auch mündliche Werbeaussagen dem neu zu schaffenden Haftungstatbestand unterfallen.[1569]

dd) Ergebnis

Entscheidet sich der Gesetzgeber für die Einführung einer Haftungsvorschrift für Werbung, so wie sie hier vorgeschlagen wird, würden die vom BGH im „Scholz-Urteil" zum Prospekt im Sinne der bürgerlich-rechtlichen Prospekthaftung unter großen Anstrengungen gemachten Ausführungen darin vollständig aufgehen. Die von Scholz in den Zeitschrifteninterviews gegebenen Interviews, die sich nach der Intention des Emittenten mit Kenntnis von Scholz auf den Verkaufsprospekt bezogen, wären bei einer Gesamtbetrachtung mit dem Emissionsprospekt als eine haftungsbegründende irreführende Werbung anzusehen, da darin ein zu positives Gesamtbild der Anlage vermittelt wurde. Daneben sollten auch mündliche Werbeaussagen in die Gesamtbetrachtung mit einbezogen werden.

II. Beurteilungshorizont

Bezüglich des Beurteilungshorizonts von Prospektangaben kann auf die in Teil 4 gemachten Ausführungen verwiesen werden.[1570] Je nach Anlageform ist auf den typischerweise angesprochenen Anleger abzustellen. Daneben kann auch noch hinsichtlich des Beurteilungshorizonts gegenüber Vollprospekten und Kurzinformationen unterschieden werden. Letzterer ist weniger streng, da sich die Kurzinformationen typischerweise an Kleinanleger richten und die Informationen darin ohnehin in einer einfachen, verständlichen Form dargestellt werden müssen. Ein ähnlicher Maßstab ist an Werbeangaben anzulegen, da sich diese ebenso wie die Kurzinformationen vor allem an beeinflussbare Kleinanleger richten.

III. Berichtigung bzw. Aktualisierung von Angaben

Bei der Aktualisierung von Angaben ist zwischen Pflicht- und Werbeangaben zu unterscheiden.

1569 Zur Begründung siehe oben unter Teil 3 § 3 A. III. 2., 3.

1570 Siehe Teil 4 § 1 A. I. 2.

1. *Pflichtangaben*

In der Konstellation, in der der Anleger bereits seine auf den Erwerb gerichtete Willenserklärung abgegeben hat, dann aber ein Nachtrag veröffentlicht und dem Anleger dadurch ein Widerrufsrecht eingeräumt wird, lässt die h.M. den Prospekthaftungsanspruch entfallen, wenn der Anleger sein Widerrufsrecht nicht ausübt.[1571]

Dagegen gibt *Hamann* zu bedenken, dass den Anlegern hierdurch eine Obliegenheit aufgebürdet würde, ständig die Veröffentlichung von Nachträgen zu verfolgen, um ihres etwaigen Prospekthaftungsanspruchs nicht verlustig zu werden. Die Kaufentscheidung der Anleger sei durch die Abgabe der Willenserklärung aber schon gefallen und ein Kennenmüssen der Berichtigung sei deshalb weder mit dem Einwand des Mitverschuldens noch der Treuwidrigkeit zu begründen.[1572]

Es ist *Hamann* zuzugeben, dass dies für den Anleger misslich sein kann, zumal die Widerrufsfrist jeweils nur zwei Werktage[1573] nach Veröffentlichung des Nachtrags beträgt.[1574]

Vor allem aber genügt eine Veröffentlichung des Nachtrags entsprechend derjenigen des Prospekts, wobei lediglich an hervorgehobener Stelle eine Belehrung über das Widerrufsrecht erfolgen muss, §§ 16 Abs. 1 S. 5, Abs. 3 S. 3 WpPG; 11 Abs. 1 S. 4, Abs. 2 S. 4 VermAnlG. Zwar ist es hierzu nicht, wie vor Inkrafttreten des KleinanlegerschutzG, ausreichend, den Nachtrag in Papierform bei einer zur Abholung benannten Zahlstelle zu veröffentlichen. Er muss zwingend zusätzlich auf der Internetseite des Anbieters (§ 11 Abs. 3 S. 5 i.V.m § 9 Abs. 2 S. 1 Nr. 2 VermAnlG) bzw. des Emittenten (§ 16 Abs. 1 S. 5 i.V.m. § 14 Abs. 2 S. 1 Nr. 3, S. 2 WpPG) eingestellt werden. Es wird aber kaum davon ausgegangen werden können, dass die Anleger ständig die Internetseite des Anbieters bzw. Emittenten auf Nachträge prüft, zumal die Widerrufsfrist mit zwei Werktagen sehr kurz bemessen ist.

De lege ferenda könnte der Schutz der Anleger durch Einführung einer Pflicht verbessert werden, nach der der Nachtrag zumindest in Textform (als E-Mail) den Anlegern zukommen muss. Dies wäre ohne hohen zusätzlichen Kostenaufwand möglich, wenn bei der Zeichnung durch die Anleger eine E-Mailadresse angegeben und eingespeichert würde. Durch diese persönliche Ansprache wäre

---

1571 Siehe oben unter Teil 4 § 1 A. I. 3. a) cc).

1572 *Hamann* in: Schäfer/Hamann, KapMG, § 16 WpPG, Rn. 27.

1573 Im Fall von Wertpapieren nach dem WpPG kann die Widerrufsfrist gemäß § 16 Abs. 3 S. 2 WpPG vom Emittenten, Anbieter oder Zulassungsantragsteller verlängert werden.

1574 Ähnlich auch *Friedl/Ritz* in: Just/Voß/Ritz/Zeising, WpPG, § 16 Rn. 205.

es viel wahrscheinlicher, dass die Anleger Kenntnis von den Nachträgen und der Widerrufsmöglichkeit erlangen. Dadurch könnte die Widerrufsfrist auch bei zwei Tagen belassen werden, um einen zu langen Schwebezustand seitens der Anbieter und eine zu ihren Lasten bestehenden Spekulationsmöglichkeit der Anleger zu vermeiden.[1575] Wenn der Vertrieb über einen Finanzintermediär erfolgt, könnte zusätzlich die Pflicht für den Finanzintermediär festgeschrieben werden, die Anleger, die das Anlageprodukt bei ihm erworben haben, am Tag der Veröffentlichung des Nachtrags zu kontaktieren und diese über den Nachtrag zu informieren. Letzteres ist im Bereich der Wertpapiere durch die insoweit noch nicht geltende EU-Prospektverordnung in Art. 23 Abs. 3 UA 3 festgeschrieben[1576] und sollte auf alle Anlageformen ausgedehnt werden. Diese Regelungen sind aber in den Gesetzen, die die Prospektpflicht betreffen, zu berücksichtigen, da in diesen festgelegt sein muss, welche Anforderungen ein Prospekt zu welchem Zeitpunkt erfüllen muss.[1577]

2. Werbeangaben

Die Berichtigung falscher bzw. irreführender Angaben wurde bereits als maßgeblicher Grund dafür identifiziert, warum eine Implementierung der Haftung für Werbung in die spezialgesetzlichen Haftungstatbestände de lege lata nicht reibungslos gelingen kann.[1578] Während es aber bei den gesetzlich verpflichtenden Prospekten eine, wenn auch nicht immer hinreichend ausgestaltete,[1579] Aktualisierungs- bzw. Berichtigungspflicht in den einzelnen Gesetzen gibt, fehlt eine solche bei der Werbung. Daher sollte dieser Aspekt bei der Haftungsvorschrift für die Werbung berücksichtigt werden. Dies könnte in einer Art erfolgen, wie sie *Bernreuther* im Kaufrecht vorgeschlagen hat. Danach soll kein Sachmangel vorliegen, wenn die irreführende Werbung bis zum Vertragsschluss richtiggestellt wurde. Die Richtigstellung habe dabei so zu erfolgen, dass sie der situationsbedingten und situationsangemessenen Aufmerksamkeit der Käufer entspricht. Es komme hierbei auf die durchschnittlichen Wahrnehmungsgewohnheiten der

1575 Vgl *Riesenhuber*, ZBB 2014, (134), 143.

1576 VO (EU) Nr. 2017/1129 des Europäischen Parlaments und des Rates vom 14. Juni 2017 über den Prospekt, der beim öffentlichen Angebot von Wertpapieren oder bei deren Zulassung zum Handel an einem geregelten Markt zu veröffentlichen ist und zur Aufhebung der Richtlinie 2003/71/EG, Abl. EU Nr. L 168/52.

1577 Daher findet dieser Vorschlag in dem Gesetzesformulierungsvorschlag unter C., der nur das Prospekthaftungsgesetz betrifft, keine Berücksichtigung.

1578 Vgl. Teil 3 § 3 B. I. 5 b) bb).

1579 Vgl. Teil 4 § 1 A. I. 3. a).

umwerbenden Personenkreise im Hinblick auf das zur Richtigstellung verwendete Mitteilungsmittel an. Das heißt es ist danach zu fragen, ob ein gleiches oder anderes Medium zur Richtigstellung verwendet werden muss, unter Berücksichtigung des Erscheinungszeitpunkts der richtig zu stellenden Werbung und ob eine regelmäßige Kenntnisnahme von dieser Art der Mitteilung erfolgt.[1580]

Übertragen auf die Prospekthaftung für Werbung heißt dies, dass die mangelhaften oder mangelhaft gewordenen Werbeangaben entweder durch ein Medium korrigiert werden müssen, das die Anleger mindestens so gut erreicht wie die Werbung oder individuell vor Vertragsabschluss. Dieser Gedanke wird auch durch § 13 Abs. 7 VermAnlG gestützt, der für das Vermögensanlagen-Informationsblatt als kleinere, übersichtlichere Informationseinheit auch eine zu veröffentlichende Aktualisierung vorsieht, wenn im Verkaufsprospekt ein Nachtrag veröffentlicht wurde. Die Richtigstellung der Werbung sollte dann als Haftungsausschluss formuliert werden.

IV. Kausalität und Beweislast

1. Haftungsbegründende Kausalität

Die geltenden spezialgesetzlichen Prospekthaftungsansprüche enthalten, mit Ausnahme der Ansprüche auf Grund des Vermögensanlagen-Informationsblatts, eine Beweislastumkehr hinsichtlich der haftungsbegründenden Kausalität zu Gunsten der Anleger.[1581]

Eine solche sollte de lege ferenda bei der auf spezialgesetzlichen Prospektpflichten beruhenden Prospekthaftung als allgemeiner Standard eingeführt werden. Diese dient dazu, dem Prospekthaftungsanspruch eine hinreichende verhaltenssteuernde Abschreckungswirkung[1582] zu verleihen, indem private Kläger diesen gerichtlich durchsetzen können.[1583] Die für die Ablehnung einer Beweislastumkehr für Vermögensanlagen-Informationsblätter gesetzgeberische Begründung der Unterstützung der individuellen Anlegerentscheidung[1584] wurde für die wesentlichen Anlegerinformationen im Rahmen des § 127 Abs. 2 InvG, der insoweit zunächst in § 306 KAGB fortgeführt wurde, entwickelt.[1585] Auf Vermögensanlagen-Informationsblätter konnte diese Begründung nur

1580 *Bernreuther*, MDR 2003, (63), 67.

1581 Siehe oben unter Teil 4 § 1 A. II. 1. b).

1582 Zu diesem Kriterium siehe oben unter Teil 1 § 3 B. II. 3. f).

1583 Vgl. *Hellgardt*, Regulierung und Privatrecht, S. 571.

1584 Siehe hierzu oben unter Teil 4 § 1 A. II. 1. b) aa) (3).

1585 *Müchler*, WM 2012, (974), 979.

übertragen werden, weil sich der Gesetzgeber ausdrücklich daran orientiert hat.[1586] Jedoch ist der Kritik *Podewils* zu folgen, der den Unterschied zur vorgesehenen Beweislastumkehr für Vollprospekte als nicht gerechtfertigt ansieht.[1587] Zu Recht verweist er darauf, dass die Anleger nach Einführung der Vermögensanlagen-Informationsblätter diese eher als den Vollprospekt studieren werden und eine Beweislastumkehr für diese umso mehr geboten sei.[1588] Außerdem hat der Gesetzgeber durch das FiMaAnpG deutlich gemacht, dass er den Unterschied hinsichtlich der Beweislastumkehr zwischen Vollprospekten und Kurzinformationen als nicht zwingend erachtet, indem er eine Beweislastumkehr für die wesentlichen Anlegerinformationen einführte.[1589]

Wenn ein haftungsrelevanter Prospektmangel vorliegt, so sollte es am Prospektverantwortlichen liegen, nachzuweisen, dass diese Information den Anleger gar nicht erreicht hat oder jener sich auf andere Informationen gestützt hat.

Etwas anderes sollte hinsichtlich der Angaben in der Werbung gelten. Da es sich insoweit um keine Pflichtveröffentlichung handelt und damit von einem Ansprechen aller Anleger nicht einfach ausgegangen werden kann, sollte zunächst der Anleger die Beweislast dafür tragen, dass er aufgrund der Angaben in der Werbung auf die Vermögensanlage aufmerksam geworden und diese erworben hat.

2. *Haftungsausfüllende Kausalität*

Bei Wertpapier- und Vermögensanlagenprospekten kann die vollständige fehlende haftungsausfüllende Kausalität als Einwendung von den Prospektverantwortlichen geltend gemacht werden. Da bereits Mitursächlichkeit des Prospektmangels für den Schaden die Einwendung entfallen lässt, dürfte dieser Nachweis in der Praxis kaum möglich sein.[1590] Dem könnte dadurch entgegengetreten werden, dass den Prospektverantwortlichen auch ein Berufen auf das teilweise Fehlen der haftungsausfüllenden Kausalität gestattet wird, wie es im U.S.-amerikanischen

1586 RegE VermAnlG, BT-Drs. 17/6051 S. 37.

1587 *Podewils*, ZBB 2011, (169), 177.

1588 *Podewils*, ZBB 2011, (169), 177.

1589 Siehe oben unter Teil 4 § 1 A. II. 1. b) aa) (2).

1590 Siehe oben unter Teil 4 § 1 A. II. 2. a) aa).

Recht nach dessen sec. 11 (e)[1591] und 12 (b)[1592] Securities Act 1933 bereits möglich und dort unter dem Begriff „loss causation" bekannt ist.[1593]

Auch in der Schweiz ist im Rahmen des Prospekthaftungsanspruchs nach Art. 752 OR die Schadensberechnung nach allgemeinen Grundsätzen möglich. Das heißt der geschädigte Anleger kann sowohl das positive als auch im Einzelfall das negative Interesse verlangen.[1594] Wenn der Anleger das negative Interesse verlangt, also rückabwickeln will, muss er aber glaubhaft machen, dass er die Titel bei Kenntnis des wahren Sachverhalts gar nicht erworben hätte.[1595] Im Rahmen des regelmäßig geltend gemachten positiven Interesses sind Kursschwankungen, die nicht auf der fehlerhaften Prospektangabe, sondern auf äußeren Faktoren, wie dem Zinsniveau oder allgemeinen Marktbewegungen beruhen, im Schadensersatzanspruch zu berücksichtigen, auch wenn die Berechnungsmethode im Einzelfall strittig ist.[1596] Das heißt die Prospektverantwortlichen können sich insoweit auch auf eine zum Teil fehlende haftungsausfüllende Kausalität berufen.

Bei der haftungsausfüllenden Kausalität sollte es den Prospektverantwortlichen entsprechend des U.S. amerikanischen und Schweizer Vorbilds gestattet sein, sich auf ein teilweises Fehlen der haftungsausfüllenden Kausalität zu berufen. Im Unterschied zu der Zeit, als die börsengesetzliche Prospekthaftung erstmals begründet wurde, bestehen mittlerweile finanzwissenschaftlich gesicherte Einsichten über die Grundsätze der Preisbildung und der Informationsverarbeitung an den Kapitalmärkten, sodass die fehlende Bezifferbarkeit des teilweisen

---

1591 *Loss/Seligman*, Securities Regulation, 4th Edition 2013, Vol. IX, S. 313 f. In Bastian v. Petren Resources Corp., 892 F.2d (680), 685 (7th Cir. 1990) stellt das Court of Appeals ausdrücklich fest, dass im Rahmen von sec. 11 (e) *„absence of loss causation is an explicit defense"*; In re Worlds of Wonders Securities Litigation, 35 F.3d, (1407), 1421 f. (9th. Cir. 1994); Akerman v. Onyx Communications, Inc., 810 F.2d, (336), 343 (2d Cir., 1987); *Hopt/Voigt*, Kapitalmarktinformationshaftung, S. 98; *Fleischer/Kalss*, AG 2002, (329), 332 f.

1592 *Loss/Seligman*, Securities Regulation, 4th Edition 2013, Vol. IX, S. 303 f.; Federal Housing Finance Agency v. Nomura Holding America, Inc., 104 F.Supp.3d (S.D.N.Y. 2015), (441), 585 ff.

1593 Siehe hierzu: *Franck*, Marktordnung durch Haftung, S. 583 ff.

1594 *Watter* in: Basler Kommentar OR II, Art. 752 OR Rn. 22 f.; *Roberto/Wegmann*, SZW 2001, (161), 171.

1595 *Watter* in: Basler Kommentar OR II, Art. 752 OR Rn. 23; *Binder/Roberto*, Handkommentar Schweizer Privatrecht, Art. 752 OR Rn. 20 f.

1596 *Watter* in: Basler Kommentar OR II, Art. 752 OR Rn. 22, 24, 27a; *Binder/Roberto*, Handkommentar Schweizer Privatrecht, Art. 752 OR Rn. 20 ff.; *Böckli*, Schweizer Aktienrecht, § 18 Rn. 34 ff.; *Roberto/Wegmann*, SZW 2001, (161), 171 f.

Fehlens der haftungsausfüllenden Kausalität nicht (mehr) eingewendet werden kann.[1597]

Dies sollte auch hinsichtlich Investmentvermögensprospekten gelten, wo es de lege lata aufgrund der im Vergleich zu den Wertpapiermärkten geringeren Informationsdichte keine Einwendung der fehlenden haftungsausfüllenden Kausalität gibt.[1598] Inzwischen sind durch das KAGB aber mehr Informationspflichten festgelegt als im VermAnlG, wo der Gesetzgeber diese Einwendung zulässt. Dadurch ist auf diesen Märkten eine höhere Informationsdichte anzunehmen, als auf denjenigen für Vermögensanlagen. Auch dürfte der Sekundärmarkt bei Investmentanteilen, soweit es sich nicht um geschlossene Fonds handelt, größer sein als bei Vermögensanlagen. Das heißt die aufgezeigte Differenzierung hinsichtlich der haftungsausfüllenden Kausalität ist nicht gerechtfertigt.

Der Einwand der teilweisen fehlenden haftungsausfüllenden Kausalität sollte generell für alle Anlageprodukte zugelassen werden.[1599] Die Prospektverantwortlichen sollten schon aus rechtsökonomischen Gründen nicht die Rolle eines Versicherers gegen ungünstige Markt- oder Unternehmensentwicklungen übernehmen. Dies würde volkswirtschaftlich schädlichen Spekulationsblasen Vorschub leisten.

V. Verschulden

1. Verschuldensmaßstab

Als Verschuldensmaßstab sollte einheitlich grobe Fahrlässigkeit als untere Grenze des Verschuldens festgelegt werden.

a) Kein Absenken auf einfache Fahrlässigkeit

Zwar wird von manchen Stimmen in der Literatur ein Absenken des Verschuldensmaßstabs auf einfache Fahrlässigkeit gefordert.

aa) Plädoyer für einfache Fahrlässigkeit

So seien die spezialgesetzlichen Prospektpflichten berufliche Marktinformationspflichten und bei der Berufshaftung sei (leichte) Fahrlässigkeit als Sorgfaltsmaßstab die Regel.[1600] *Köndgen* hält sogar eine *„berufstypische[n]*

1597 *Franck*, Marktordnung durch Haftung, S. 509 f.

1598 Siehe oben unter Teil 4 § 1 A. II. 2. a) bb).

1599 *Franck* lehnt den Einwand dagegen für Marktsegmente ab, in denen kein funktionsfähiger Sekundärmarkt konstatiert werden kann, Marktordnung durch Haftung, S. 510.

1600 *Grundmann/Selbherr*, WM 1996, (985), 989.

Verschärfung" der Einstandspflicht aufgrund der überaus bedeutenden Rolle der Kreditinstitute für das Emissionsgeschäft für angebracht, die sich wegen des rechtsgeschäftlichen Charakters der Prospektangaben bis zu einem Garantieversprechen steigern könne.[1601]

Rechtsvergleichend sei auf anderen entwickelten Kapitalmärkten wie den USA und den meisten europäischen Ländern eine Prospekthaftung bereits bei leichter Fahrlässigkeit Standard.[1602]

Außerdem sei eine auf grober Fahrlässigkeit basierende Prospekthaftung ineffektiv, wie die überwiegende Bedeutung der bürgerlich-rechtlichen Prospekthaftung in der judiziellen Praxis zeige.[1603]

Darüber hinaus beruhen die meisten spezialgesetzlichen Prospektpflichten im WpPG und im KAGB auf Europarecht, wie § 7 WpPG, der hinsichtlich der Mindestangaben auf die Prospektverordnung (EG) Nr. 809/2004[1604] verweist, und § 165 KAGB, der im Wesentlichen die Mindestangaben nach Art. 23 der AIFM-Richtlinie 2011/61/EU[1605] umsetzt, zeigen. Art. 6 der Prospektrichtlinie 2003/71/EG sieht explizit vor, dass die Mitgliedsstaaten eine Prospekthaftung haben müssen. In Art. 48 der AIFM-Richtlinie sind zwar ausdrücklich nur Verwaltungssanktionen vorgesehen. Der deutsche Gesetzgeber ist in Umsetzung der Richtlinie aber darüber hinausgegangen und hat in § 306 KAGB einen Prospekthaftungsanspruch als Sanktion für einen Verstoß gegen die Prospektpflicht normiert. Gemäß Erwägungsgrund (75) der AIFM-Richtlinie müssen Sanktionen wirksam, verhältnismäßig und abschreckend sein. Damit rekurriert der europäische Gesetzgeber auf den vom EuGH aus Art. 4 Abs. 3 EUV abgeleiteten allgemeinen Grundsatz der Effektivität. Dieser meint, dass die Mitgliedsstaaten alle geeigneten Maßnahmen treffen müssen, um die volle Wirksamkeit des Unionsrechts zu gewährleisten.[1606] Er kann sich sogar zu der Pflicht verdichten,

---

1601 *Köndgen*, AG 1983, (120), 128.

1602 *Grundmann/Selbherr*, WM 1996, (985), 986 f.; *Haarmann*, Die Prospekthaftung am grauen Kapitalmarkt, S. 150 f; *Förster*, Die Prospekthaftung der organisierten und grauen Kapitalmärkte, S 154.

1603 *Schäfer/Ott* nennen dies mit Verweis auf *Posner* gar „*ein Beispiel für die rechtsökonomische These von der größeren Effizienz des Richterrechts gegenüber dem Gesetzesrecht[s].*", Ökonomische Analyse, S. 710.

1604 VO (EG) Nr. 809/2004, ABl. EU Nr. L 149/1, Nr. L 215/3.

1605 Richtlinie 2011/61/EU, ABl. EU Nr. L 174/33.

1606 EuGH, Urteil vom 15.1.2004, Rs. C-230/01- Penycoed, Slg. 2004, I-937, Tz. 36; EuGH, Urteil vom 26.10.1995, Rs. C-36/94 - Siesse, Slg. 1995, I-3573, Tz. 20; EuGH, Urteil vom 10.7.1990, Rs. C-326/88 - Hansen, Slg. 1990, I-2911, Tz. 17; EuGH, Urteil vom 21.9.1989, Rs. 68/88 - Kommission/Griechenland, Slg. 1989, 2965, Tz. 23.

dass neben den vorgesehenen verwaltungsrechtlichen Sanktionen Haftungsansprüche eingeführt werden müssen, wenn die volle Wirksamkeit der Richtlinie anders nicht gewährleistet werden kann.[1607] Dem ist der Gesetzgeber des KAGB durch dessen § 306 zuvorgekommen. Neben dem Effektivitätsgrundsatz wird vom EuGH aus Art. 4 Abs. 3 EUV auch der Äquivalenzgrundsatz abgeleitet. Dieser besagt, dass die Mitgliedstaaten Verstöße gegen das gemeinschaftliche Unionsrecht nach ähnlichen und nicht weniger günstigen sachlichen und verfahrensrechtlichen Regeln zu ahnden haben wie nach Art und Schwere gleichartige Verstöße gegen nationales Recht.[1608] Dabei ist zu beachten, dass es im deutschen Recht neben den spezialgesetzlichen Prospekthaftungsansprüchen zumindest vor Schließung der Lücken durch das VermAnlG und das KAGB Ansprüche aus bürgerlich-rechtlicher Prospekthaftung gegeben hat, wobei je nach Ausgestaltung des Anlageprodukts eine gewisse Unsicherheit herrschte, welches Prospekthaftungsregime anwendbar ist. Die bürgerlich-rechtliche Prospekthaftung setzt als Verschuldensmaßstab jedoch nur leichte Fahrlässigkeit voraus.[1609] Daher könnte es auch aus dem europarechtlichen Äquivalenzgrundsatz geboten sein, im Bereich des WpPG und des KAGB die bürgerlich-rechtliche Prospekthaftung aufgrund des geringeren Sorgfaltsmaßstabs auf alle von der Prospektrichtlinie und der AIFM-Richtlinie erfassten Produkte anzuwenden.[1610]

Teilweise wird in der rechtsökonomischen Literatur hinsichtlich des vorgeschlagenen Verschuldensmaßstabs auch zwischen Primär- und Sekundärmarkt dahingehend unterschieden, dass auf dem Primärmarkt einfache Fahrlässigkeit genügen soll, während auf dem Sekundärmarkt grobe Fahrlässigkeit gefordert wird.[1611] Diese Differenzierung wird damit begründet, dass auf dem Sekundärmarkt Fehlinformationen Anlegern nicht nur Verluste, sondern auch Gewinne bescheren[1612] und daher die saldierten sozialen Verluste kleiner seien als die

---

1607 *Poelzig*, ZGR 2015, (801), 807 f.; *Wagner* in: MüKo BGB, § 823 Rn. 481.

1608 *Poelzig*, ZGR 2015, (801), 806; EuGH, Urteil vom 20.9.2001 - Rs C-453/99, Slg. 2001, I-6297, Tz. 29 - Courage; EuGH, Urteil vom 13.7.2006 - Rs C-295/04, Slg. 2006, I-6619, Tz. 93 - Manfredi; EuGH, Urteil vom 26.10.1995, Rs. C-36/94 - Siesse, Slg. 1995, I-3573, Tz. 20.

1609 Siehe dazu oben unter Teil 4 § 1 A. III. 1. b).

1610 *Grundmann* in: Schimansky/Bunte/Lwowski, BankR-Hdb, Bd. II, § 112 Rn. 53; *Grundmann/Selbherr*, WM 1996, (985), 988.

1611 *Schäfer/Ott*, Ökonomische Analyse, S. 709 f.; *Schäfer* in: *Hopt/Voigt*, Kapitalmarktinformationshaftung, S. 175 ff., der die Untersuchung allerdings auf das Testat von Wirtschaftsprüfern und der daraus resultierenden Haftung begrenzt.

1612 So profitiert z.B. ein Anleger von einer Fehlinformation, wenn er seine Aktien dadurch zu einem objektiv zu hohen Preis verkaufen kann.

privaten. Eine Haftung für leichte Fahrlässigkeit würde hier aufgrund der Abschreckungswirkung zu einer Übermaßhaftung führen.[1613] Auf der anderen Seite gehe es auf dem Primärmarkt darum, die asymmetrische Informationsverteilung zwischen Anbieter und Anleger auszugleichen. Es handle sich bei den Kosten für eine sorgfältige Prospekterstellung um notwendige, dem Anlegerschutz dienende Transaktionskosten. Der Schutz der Anleger sei hier höher als auf dem Sekundärmarkt zu bewerten, da Erwerber auf dem Primärmarkt eine größere Zahlungsbereitschaft für ihren haftungsrechtlichen Schutz aufzuwenden bereit seien als auf dem Sekundärmarkt. Denn jede Überbewertung, die sich im Kaufpreis niederschlage, gehe unmittelbar zu Lasten des Käufers.[1614] Deshalb seien derart fehlerhafte Angaben nicht anders zu beurteilen als fehlerhafte Wertgutachten, die zur Vorbereitung eines Kaufvertrags erstellt werden und für die nach der c.i.c. bereits für einfache Fahrlässigkeit gehaftet werde.[1615]

Eine andere Differenzierung hat jüngst *Schroeder* vorgeschlagen. Während bei der Prospekthaftung für Wertpapiere der Verschuldensmaßstab der groben Fahrlässigkeit beibehalten werden solle, möchte er für Vermögensanlagen nach dem VermAnlG de lege ferenda eine Absenkung auf einfache Fahrlässigkeit vornehmen. Er begründet dies einerseits damit, dass die Anforderungen an den Prospekt in diesem Bereich nach der VermVerkProspV wesentlich weniger ausdifferenziert seien als im Rahmen der ProspektVO, die für Wertpapiere greife, und andererseits mit der geringeren Informationsdichte in den Prospekten auf dem Vermögensanlagenmarkt. Schließlich führe eine rechtstatsächliche Analyse dazu, dass die einfache Fahrlässigkeit im vormaligen Anwendungsbereich der bürgerlichrechtlichen Prospekthaftung nicht zu einer Überabschreckung geführt habe, wie die im Vergleich zum Wertpapiermarkt hohen Haftungszahlen zeigten.[1616]

bb) Argumente für die Beibehaltung der groben Fahrlässigkeit

Als Hauptargumente für die grobe Fahrlässigkeit als Mindestsorgfaltsmaßstab für die Prospekthaftung werden folgende genannt: Zum einen stelle der strengere Verschuldensmaßstab einen Ausgleich für die Erweiterung der Anspruchsgegner, insbesondere auf die emissionsbegleitenden Banken, gegenüber der Haftung aufgrund eines rechtsgeschäftlichen Kontakts,[1617] sowie für das vermutete

1613 *Schäfer/Ott*, Ökonomische Analyse, S. 709.

1614 *Schäfer* in: *Hopt/Voigt*, Kapitalmarktinformationshaftung, S. 176; *Förster*, Die Prospekthaftung der organisierten und grauen Kapitalmärkte, S. 151 ff.

1615 *Schäfer/Ott*, Ökonomische Analyse, S. 709.

1616 *Schroeder*, Persönlicher Anwendungsbereich Prospekthaftung, S. 178 f.

1617 *Canaris*, Bankvertragsrecht, Rn. 2280; siehe hierzu auch schon Teil 1 § 2 A. I. 4.

Verschulden dar.[1618] Zum anderen gebe es Haftungsausschlüsse für leichte Fahrlässigkeit auch in anderen Bereichen des deutschen Rechts, wenn eine Haftung hierfür als unbillig erschiene, wie z.B. die reduzierte Haftung des Schenkers, § 521 BGB. Bei der Prospekthaftung sei eine Reduzierung gerechtfertigt, da die Verantwortlichen sonst einem unkalkulierbaren Risiko ausgesetzt wären, wenn sie auch für fehlerhafte Marktprognosen, Wertschätzungen und Entwicklungen einstehen müssten.[1619] Schließlich sei bei spezialgesetzlichen Kapitalmarkthaftungsvorschriften die Beschränkung auf mindestens grobe Fahrlässigkeit in Verbindung mit einer Beweislastumkehr allgemeiner Standard, da bei der Kapitalmarkthaftung die „*Sicherung der Informationseffizienz als Voraussetzung effizienter Kapitalallokation*" und nicht die Verkäufergewährleistung im Vordergrund stehe.[1620] Eine indirekte Kontrolle der Richtigkeit des Prospekts durch das Haftungsrecht sei aus ökonomischer Sicht aufgrund einer „Kosten-Nutzen-Analyse" aber eher durch die Begrenzung auf grobe Fahrlässigkeit zu erreichen. Die Haftung für leichte Fahrlässigkeit wäre bei der Fülle der Prospektanforderungen fast schon eine Garantiehaftung und es wäre für die Emittenten u.U. billiger, nicht so viel Zeit und Kosten auf einen fehlerfreien Prospekt aufzuwenden.[1621]

cc) Bewertung

Den Vertretern für eine Beibehaltung der groben Fahrlässigkeit ist der Vorzug zu geben. Der Sorgfaltsmaßstab wird nach h.M. zunächst objektiv bestimmt, wobei der Maßstab je nach Informationsnähe variiert,[1622] und es greift eine Beweislastumkehr, wodurch die Bedenken hinsichtlich des europarechtlichen Effektivitätsgebots ausgeräumt sein sollten.[1623] Werden Pflichtangaben unterlassen, stellt dies i.d.R. schon eine grobe Fahrlässigkeit dar.[1624] Eine Entlastungsmöglichkeit

---

1618 *Assmann* in: Assmann/Schütze, Handbuch des Kapitalanlagerechts, 4. Aufl. 2015, § 5 Rn. 178.

1619 *Ehricke* in: Hopt/Voigt, Kapitalmarktinformationshaftung, S. 235.

1620 *Hellgardt*, Kapitalmarktdeliktsrecht, S. 460.

1621 *Hellgardt*, Kapitalmarktdeliktsrecht, S. 462 f.

1622 *Schroeder*, Persönlicher Anwendungsbereich Prospekthaftung, S. 81 ff., 98 ff: Die Anforderungen werden je strenger, je näher der Prospektverantwortliche der Quelle der Information steht und sind daher für den Emittenten am höchsten.

1623 *Hellgardt*, AG 2012, (154), 158.

1624 *Grundmann* in: Schimansky/Bunte/Lwowski, BankR-Hdb, Bd. II, § 112 Rn. 60 m.w.N. aus der Rechtsprechung. Im „Bond-Urteil" des LG Frankfurt wurde sogar die Unterlassung der Beobachtung des internationalen Markts als böslich, d.h. erst recht als grob fahrlässig angesehen, NJW-RR 1993, (502), 504; siehe hierzu auch die kritische Anmerkung von *Altmeppen*, DB 1993, (84), 85. *Hopt/Voigt* plädieren

für andere Angaben ist dann faktisch nur noch bei dem Maßstab der groben Fahrlässigkeit möglich.[1625] Außerdem kann die europarechtliche Äquivalenz auch durch einen Abschied von der bürgerlich-rechtlichen Prospekthaftung sichergestellt werden, weil dann ein vergleichbarer nicht harmonisierter Tatbestand fehlt.[1626]

Gegen eine Differenzierung des Verschuldensmaßstabs zwischen Primärmarkt und Sekundärmarkt spricht zunächst, dass diese oft gar nicht trennscharf möglich ist. Ferner lässt sich eine Übermaßhaftung auf dem Sekundärmarkt auch dadurch vermeiden, dass Sorgfaltspflichten des jeweiligen Verkehrskreises objektiv festgelegt werden. Weiterhin kann es auch Umverteilungsschäden auf dem Primärmarkt geben, da nach §§ 21 Abs. 1 S. 3 WpPG; 20 Abs. 1 S. 2 VermAnlG auch Erwerber alter, nach Ausstattungsmerkmalen nicht unterscheidbarer Stücke einen Anspruch haben.[1627]

Schließlich ist den beiden Argumenten von *Fleischer* zuzustimmen, wenn er meint, dass zum einen die Emissionsbanken, für die der beschränkte Verschuldensmaßstab vor allem eingeführt wurde, um ihr Standing besorgt sind und daher Reputationsmechanismen die disziplinierende Wirkung des Haftungsrechts teilweise ersetzen. Zum anderen müssen die Prospektverantwortlichen, solange die Grenze zwischen einfacher und grober Fahrlässigkeit nicht rechtssicher vorhersagbar ist,[1628] ohnehin einen gehörigen ‚Sicherheitsabstand' einkalkulieren.[1629]

Der von *Schroeder* vorgeschlagenen Differenzierung des Haftungsmaßstabs zwischen Wertpapieren und Vermögensanlagen ist entgegenzusetzen, dass sich eine Orientierung an der bürgerlich-rechtlichen Prospekthaftung verbietet, da

---

dagegen für eine Absenkung des Verschuldensmaßstabs auf einfache Fahrlässigkeit im Bereich der Pflichtangaben, Kapitalmarktinformationshaftung, S. 6. Das dürfte aufgrund der vorstehenden Argumente aber gar nicht erforderlich sein.

1625 *Hellgardt*, Kapitalmarktdeliktsrecht, S. 463.

1626 Siehe bereits oben unter Teil 4 § 1 B.; ähnlich *Hellgardt*, AG 2012, (154), 158. *Förster*, Die Prospekthaftung der organisierten und grauen Kapitalmärkte, S 154 f. hingegen ist der Ansicht, für einen Verstoß gegen den Äquivalenzgrundsatz fehle es schon an der Vergleichbarkeit zwischen spezialgesetzlicher und bürgerlich-rechtlicher Prospekthaftung hinsichtlich der erfassten Sachverhalte und Regelungsprobleme. Dem kann aufgrund der Entstehungsgeschichte aber nicht zugestimmt werden, siehe oben unter Teil 1 § 2.

1627 *Hopt/Voigt*, Kapitalmarktinformationshaftung, S. 85 f.

1628 Siehe hierzu *Franck*, Marktordnung durch Haftung, S. 447.

1629 *Fleischer*, Gutachten F, DJT 2002, S. F62; *Schroeder*, Persönlicher Anwendungsbereich Prospekthaftung, S. 80.

diese durch eine unzulässige Rechtsfortbildung geschaffen wurde.[1630] Bei der spezialgesetzlichen Prospekthaftung handelt es sich um ein einheitliches Rechtsinstitut mit in ihren Ausformungen vergleichbaren Tatbestandsvoraussetzungen und Rechtsfolgen.[1631] Auch die geringeren Anforderungen an den Prospekt nach der VermVerkProspV sprechen nicht für eine Absenkung des Verschuldensmaßstabs. Denn wenn es weniger Anforderungen gibt, so können diese auch leichter erfüllt werden und eine Nichterfüllung wird dann sogar eher die Schwelle zur groben Fahrlässigkeit übersteigen. Schließlich stellt auch bei Vermögensanlagen die Beschränkung des Verschuldens auf grobe Fahrlässigkeit einen Ausgleich für die Erweiterung der Haftenden im Vergleich zur vertraglichen Haftung dar.

b) Keine verschuldenslose Haftung für einen fehlenden Prospekt - Streichung der Haftungsvorschriften

Schon de lege lata besteht nach überzeugender Ansicht keine verschuldenslose Haftung für einen fehlenden Prospekt trotz Prospektpflicht.[1632] De lege ferenda sollten die Haftungsvorschriften für fehlende Prospekte trotz Prospektpflicht gestrichen werden.[1633]

Wird schuldlos überhaupt kein Prospekt veröffentlicht und kauft der Anleger trotzdem, so hat er sich sein Informationsdefizit selbst zuzuschreiben. Kommt es zur Veröffentlichung eines Prospekts vor oder trotz nicht erfolgter Billigung, so ist mit *Mülbert/Steup* anzunehmen, dass der Prospekt nicht fehlt.[1634] Das Gericht ist bei der Prüfung der Prospektfehler ohnehin nicht an die Prüfung der BaFin gebunden und kann auch einen unvollständigen Prospekt annehmen, obwohl die Billigung erfolgt ist. Es findet also im Streitfall eine gerichtliche Inhaltskontrolle auf Unrichtigkeit und Unvollständigkeit des veröffentlichten Prospekts statt. Bleibt der Prospekt hinter dem gesetzlichen Mindestmaß zurück, lässt sich leicht eine Unvollständigkeit feststellen. Auch wird sich dann schnell eine grobe Fahrlässigkeit feststellen lassen, wenn ein wesentlicher, dem Gesetz zu

1630 Siehe oben unter Teil 2 § 3.

1631 Siehe oben unter Teil 2 § 3 E. II.

1632 Siehe oben unter Teil 4 § 1 A. III. 1. a) cc).

1633 Auch *Franck*, der de lege lata eine verschuldenslose Haftung annimmt, führt aus, dass angesichts der der Garantiehaftung implizierten Risiken systematischer Überabschreckung „*eine Verschuldenshaftung aufgrund ihres Potentials, Vermeidungsaufwand zu steuern, als die (theoretisch) übelegene Lösung*" erscheine, Marktordnung durch Haftung, S. 442.

1634 *Mülbert/Steup* in: Habersack/Mülbert/Schlitt, Unternehmensfinanzierung, § 41 Rn. 58.

entnehmender Punkt oder ganzer Teil, einfach weggelassen wird. Somit besteht gar kein Bedarf für eine Haftungsvorschrift aufgrund eines fehlenden Prospekts.

2. *Mitverschulden*

Ein Mitverschulden des Anlegers ist nur bei einem Weiterverkauf unter Marktpreis sowie bei einer unterlassenen Anzeige der beabsichtigten Geltendmachung des Prospekthaftungsanspruchs zu berücksichtigen.[1635]

3. *Haftungsfreizeichnung*

Eine Haftungsfreizeichnung im Voraus sollte nicht möglich sein.[1636]

VI. *Verjährung und Ausschlussfristen*

1. *Verjährung*

Der einzige Prüfungspunkt, bei dem die Rechtsprechung eine analoge Anwendung der Regelungen der spezialgesetzlichen auf die bürgerlich-rechtliche Prospekthaftung annahm, war die Verjährung.[1637] Jedoch wurden im Zuge der Reform bei der Schaffung des Vermögensanlagegesetzes vom 6.12.2011 die prospektrechtlichen Sonderverjährungsvorschriften abgeschafft.[1638] Damit gilt sowohl für die spezialgesetzlichen als auch für die bürgerlich-rechtlichen Prospekthaftungsvorschriften die Regelverjährung nach §§ 195, 199 BGB.[1639] Eine generelle Verkürzung der Verjährungsfrist in einem formularmäßigen Emissionsprospekt stellt nach Ansicht des BGH einen Verstoß gegen § 309 Nr. 7b) BGB dar und ist daher unwirksam.[1640]

1635 Siehe oben unter Teil 4 § 1 A. III. 2.

1636 Vgl. Teil 4 § 1 A. III. 3.

1637 BGH WM 2010, (796), 797; BGH WM 2010, (262), 265; BGH WM 2004, 1869 f.; BGH NJW 2002, 1711; WM 2001, 464; BGHZ 123, (106), 117 f.

1638 BGBl. I S. 2481; RegE VermAnlG, BT-Drs. 17/6051, S. 1, 30, 36, 37, 46.

1639 Nicht gefolgt werden kann der Ansicht von *Leuering*, NJW 2012, (1905), 1909 es lasse sich gut vertreten, dass im Rahmen der bürgerlich-rechtlichen Prospekthaftung weiterhin die kürzere Verjährungsfrist der früheren spezialgesetzlichen Verjährungsvorschriften greife, da es sich insoweit um Richterrecht handle. Denn die Grundlage dieser Begründung war eine Analogie, die mit der Aufhebung dieser Vorschriften weggefallen ist.

1640 BGH BKR 2016, 118 Ls.1, 120 Rn. 15 ff.

a) Argumente für eine Sonderverjährung

Diese Abschaffung wird im Schrifttum aber teilweise kritisch gesehen.[1641] So meinen *Lorenz/Schönemann/Wolf*, dass dies vor allem im Bereich der Wertpapiere, wo liquide Sekundärmärkte existieren, den Anlegern eine Spekulationsmöglichkeit zu Lasten der Prospektverantwortlichen eröffne.[1642] Vor allem kritisieren sie aber die dadurch entstehenden Auswirkungen auf die emissionsbegleitenden Banken. Die bisherige Sonderverjährungsfrist hätte einen Ausgleich zu ihren Gunsten dafür enthalten, dass sie als prospektverantwortliche Mitunterzeichner die Beweislast für den Entlastungsbeweis tragen.[1643] Dieser Entlastungsbeweis werde nach einigen Jahren durch die „hindsight bias" erschwert. Darunter versteht man „*die Neigung, Einschätzungen oder Umstände aufgrundlage von später gewonnenen Erkenntnissen oder Entwicklungen als bereits anfänglich ersichtlich unrichtig dargestellt anzusehen, obwohl die Einschätzungen oder Darstellung der Umstände aus der ex ante-Perspektive durchaus vertretbar waren.*"[1644] Es erscheine daher denkbar, dass sich die Banken das daraus entstehende finanzielle Risiko durch einen entsprechenden Aufschlag absichern und dadurch die Kapitalbeschaffungskosten steigen.[1645] *Haarmann* hält im Gegenteil die allgemeine Verjährungsfrist zumindest für Produkte des grauen Kapitalmarkts noch für zu kurz und spricht sich für eine Verlängerung auf mindestens 15, besser sogar 30 Jahre aus.[1646]

b) Bewertung

Gegen eine Verkürzung der Verjährungsfrist im Vergleich zur allgemeinen Verjährungsfrist ist einzuwenden, dass auf dem Sekundärmarkt eine Fülle an Veröffentlichungspflichten besteht, die jeweils Auswirkungen auf den Kurs haben können. Zwar tragen die Prospektverantwortlichen die Beweislast dafür, dass der Kursverlust nicht auf dem Prospektfehler beruht.[1647] Dieser Beweis wird jedoch, falls man, wie in dieser Arbeit vorgeschlagen, auch das Berufen auf eine Teilauswirkung zulässt, mit zunehmender Zeit immer leichter gelingen. So entsteht ein flexibles Instrument und gerade bei sehr komplizierten Sachverhalten haben

---

1641 *Lorenz/Schönemann/Wolf*, CFL 2011, 346. Kritisch auch *Groß*, Kapitalmarktrecht, § 21 WpPG Rn. 90 f; *Singhof* in: MüKo HGB, Bd. 6, Emissionsgeschäft Rn. 287.

1642 *Lorenz/Schönemann/Wolf*, CFL 2011, (346), 348.

1643 *Lorenz/Schönemann/Wolf*, CFL 2011, (346), 348.

1644 *Lorenz/Schönemann/Wolf*, CFL 2011, (346), 348 f.; siehe auch *Schäfer/Ott*, Ökonomische Analyse, S. 106 f.; *Mülbert*, ZHR 177 (2013), (160), 188.

1645 *Lorenz/Schönemann/Wolf*, CFL 2011, (346), 349.

1646 *Haarmann*, Die Prospekthaftung am grauen Kapitalmarkt, S. 166.

1647 Siehe oben unter Teil 4 § 1 A. II. 2.

so die Anleger mehr Zeit, die Prospektfehler zu erkennen und ihre Ansprüche geltend zu machen.[1648] Im Übrigen werden sich Emissionsbanken, die auf dieses Geschäft spezialisiert sind, durch eine Vielzahl an Dokumenten beweistechnisch absichern. Es ist nicht zu erwarten, dass die Verlängerung der Verjährungsfrist ihr Haftungsrisiko wesentlich steigert. Außerdem wurde bereits die Begrenzung des Verschuldensmaßstabs auf mindestens grobe Fahrlässigkeit als Ausgleich für die Erweiterung der Prospektverantwortlichen, insbesondere auf die Emissionsbanken genommen.[1649] Im EU-Vergleich wird meist eine Verjährungsfrist von bis zu fünf Jahren angewandt, manchmal auch eine längere.[1650] Auch in der Schweiz beträgt die Verjährungsfrist des Anspruchs aus Art. 752 OR gemäß Art. 760 OR fünf Jahre.[1651] In den USA gelten ein Jahr ab Kenntnis und maximal drei Jahre nach dem ersten öffentlichen Angebot.[1652] Die regelmäßige Verjährungsfrist des BGB bewegt sich also auch im internationalen Vergleich nicht oder zumindest nicht wesentlich über dem üblichen Rahmen. Rechtsvergleichend spricht daher nichts für eine kürzere Sonderverjährungsfrist. Eine längere Sonderverjährungsfrist von 15 oder 30 Jahren würde dagegen im internationalen Vergleich sehr hoch ausfallen. Eine Sonderbehandlung für Graumarktprodukte ist durch die Vielzahl an neuen, diese betreffenden Regelungen durch die jüngeren Gesetzesnovellen[1653] aus Anlegerschutzgründen nicht mehr nötig.

Insgesamt kann es daher bei der Regelverjährungsfrist für Prospekthaftungsansprüche bleiben.

2. *Ausschlussfristen*

aa) Wertpapiere

(1) Gesetzliche Lage und Begründung

Nach den §§ 21 Abs. 1 S. 1; 22 Nr. 1; 24 Abs. 1 S. 1 WpPG greift der wertpapierrechtliche Prospekthaftungsanspruch nur bei einem Erwerb innerhalb von sechs Monaten nach erstmaliger Einführung bzw. nach dem Zeitpunkt des ersten öffentlichen Angebots. Diese sechsmonatige Ausschlussfrist wurde durch das 3.

1648 Laut *Lorenz/Schönemann/Wolf* stellt dies den mutmaßlichen Grund für die Gesetzesänderung dar, CFL 2011, (346), 348.

1649 Siehe Teil 4 § 1 A. III. 1. a).

1650 ESMA/2013/619, Report v. 30.5.2013; Comparison of liability regimes, S. 15, abrufbar unter: www.esma.europa.eu.

1651 *Kowalewski* in: Hopt/Voigt, Kapitalmarktinformationshaftung, S. 1054.

1652 *Kulms* in: Hopt/Voigt, Kapitalmarktinformationshaftung, S. 1131.

1653 Siehe hierzu oben unter Teil 1 § 2 C.

FMFG als Kehrseite der Beweislastumkehr bei der haftungsbegründenden Kausalität eingeführt und vor allem damit begründet, dass nach § 39 Abs. 4 BörsG in der Fassung durch das Börsenänderungsgesetz vom 11.7.1989[1654] ein Emittent einen bereits an einer anderen inländischen Börse zugelassenen Prospekt innerhalb dieser Frist bei einem weiteren Zulassungsverfahren ohne erneute Billigung verwenden könne.[1655]

(2) Kritik

Das letztgenannte Argument greift jedoch seit der Aufhebung dieser Vorschrift durch das Prospektrichtlinien-Umsetzungsgesetz[1656] nicht mehr. Die Aufhebung erfolgte gerade deshalb, da gemäß § 9 WpPG deutlich wird, dass ein Prospekt für 12 Monate seine Gültigkeit bewahrt.[1657] Das andere Argument des Gesetzgebers, dass die Rechtsprechung nur innerhalb von sechs Monaten eine Anlagestimmung angenommen hat, kann ebenfalls widerlegt werden. Die Rechtsprechung zur Anlagestimmung bei der spezialgesetzlichen Prospekthaftung[1658] enthält nur in dem Urteil „Elsflether Werft“ des BGH eine Zeitangabe von maximal einem Jahr.[1659] Für die abweichende Sechsmonatsfrist verweist der BGH darin sogar explizit auf das 3. FMFG. Als letztes Argument im Regierungsentwurf begründet der Gesetzgeber die Abweichung zu der z.B. in den USA geltenden Jahresfrist für eine ähnliche Vermutung mit weniger strengen rechtlichen Rahmenbedingungen am Risikokapitalmarkt in Deutschland.[1660] Jedoch geht die Tendenz des europäischen und deutschen Gesetzgebers dahin, diese Rahmenbedingungen immer strenger und anlegerfreundlicher auszugestalten, wie insbesondere das AnSVG, das VermAnlG, das KAGB und das KleinanlegerschutzG deutlich gemacht haben. Daher verliert auch diese Begründung fortlaufend an Gewicht.

1654 BGBl. I S. 1412.

1655 RegE Drittes Finanzmarktförderungsgesetz, BT-Drs. 13/8933, S. 77.

1656 BGBl. 2005 I S. 1698.

1657 RegE Prospektrichtlinienumsetzungsgesetz, BT-Drs. 15/4999, S. 42.

1658 RGZ 80, (196), 204; BGH NJW 1982, (2827), 2828 („BuM“); BGHZ 139, (225), 233 („Elsflether Werft“); OLG Frankfurt a.M. NJW-RR 1994, (946), 948 f. („Bond“).

1659 BGHZ 139, (225), 233.

1660 RegE Drittes Finanzmarktförderungsgesetz, BT-Drs. 13/8933, S. 77.

bb) Vermögensanlagen

(1) Gesetzliche Lage und Begründung

Bei den Prospekthaftungsansprüchen für Vermögensanlagenverkaufsprospekte und für Vermögensanlagen-Informationsblätter besteht nach §§ 20 Abs. 1 S. 1; 21 Abs. 1 S. 1; 22 Abs. 1 Nr. 2 VermAnlG jeweils eine zweijährige Ausschlussfrist mit Beginn des ersten öffentlichen Angebots im Inland. Für diese im Vergleich zu §§ 21, 22 und 24 WpPG längere Ausschlussfrist ließ sich der Gesetzgeber von mehreren Erwägungen leiten. So sei im Bereich der Vermögensanlagen der Verkaufsprospekt für die Anleger häufig die einzige und mithin wichtigste Informationsquelle, da es keine weiteren Informationspflichten oder *„effiziente Preisbildungsmechanismen"* wie an den Wertpapiermärkten gebe. Dadurch habe der Verkaufsprospekt nicht nur zu Beginn der Platzierungsphase maßgebliche Bedeutung.[1661]

Ferner ziehe sich die Platzierungsphase bei Vermögensanlagen oft über mehrere Jahre hin, ohne dass sich an der Konzeption wesentlich etwas ändere. Ein Ausschluss nach sechs Monaten käme daher zu früh.[1662]

Schließlich seien Vermögensanlagen weniger fungibel als Wertpapiere und es sei nicht in demselben Maße ein zeitlicher Ausgleich dafür erforderlich, dass auch der frühere Inhaber der Vermögensanlagen anspruchsberechtigt ist (§ 20 Abs. 2 VermAnlG).[1663]

Allerdings sei zu berücksichtigen, dass während der Dauer des öffentlichen Angebots eine Aktualisierungspflicht nach § 11 VermAnlG greife. Danach dürfe der Prospekt von Gesetzes wegen veraltet sein. Deshalb sei eine maximale Ausschlussfrist von zwei Jahren angemessen.[1664]

Assmann meint, die zweijährige Ausschlussfrist sei auch eine Kompensation dafür, dass der Anspruchsgegner die Beweislast für die Beendigung des öffentlichen Angebots trage. Dieses ende, sofern im Angebot selbst keine Frist festgelegt ist, in dem Zeitpunkt, in dem für das von dem Angebot angesprochene Publikum erkennbar das Angebot beendet wird und dieser Zeitpunkt sei oft schwierig zu bestimmen.[1665] Zusätzlich muss der Anbieter die BaFin gemäß § 10a Abs. 1

1661 RegE VermAnlG, BT-Drs. 17/6051, S. 36.

1662 RegE VermAnlG, BT-Drs. 17/6051, S. 36.

1663 RegE VermAnlG, BT-Drs. 17/6051, S. 36.

1664 RegE VermAnlG, BT-Drs. 17/6051, S. 36 f.

1665 *Assmann* in: Assmann/Schütze, Handbuch des Kapitalanlagerechts, 4. Aufl. 2015, § 5 Rn. 260; siehe zu diesem Problem hinsichtlich des öffentlichen Angebots im Rahmen des WpPG *Kaufmann*, Prospektpflicht, S. 59 ff.

S. 1 Var. 1 VermAnlG davon unverzüglich in Kenntnis zu setzen, da ansonsten die Fiktion des Fortdauerns des öffentlichen Angebots nach § 10a Abs. 2 S. 1 Var. 1 VermAnlG gilt.

(2) Kritik

Der Begründung *Assmanns* kann entgegnet werden, dass es der Anpruchsgegner selbst in der Hand hat, durch eine Befristung des öffentlichen Angebots und einer Inkenntnissetzung der BaFin davon, dieses zu beenden.

Durch Inkrafttreten des KleinanlegerschutzG[1666] ist die Gültigkeit des Prospekts nach § 8a VermAnlG entsprechend § 9 WpPG auf ein Jahr begrenzt worden. Soll das öffentliche Angebot über die Gültigkeit des Prospekts hinaus fortgeführt werden, so bedarf es erneut der Billigung eines Prospekts durch die BaFin mit aktuellen Angaben. Dies kann durch die rechtzeitige Einreichung eines Anschlussprospekts bei der BaFin bewerkstelligt werden, wobei je nach Umfang und Komplexität des Prospekts ein Zeitraum von zwei bis drei Monaten vor Ablauf der Gültigkeit des Prospekts als angemessen angesehen wird.[1667]

Durch die Koppelung der Zulässigkeit eines öffentlichen Angebots an die Gültigkeit des Prospekts, die im Übrigen noch durch die Fiktion des § 10a Abs. 2 S. 2 VermAnlG, nach der ohne Mitteilung von der Beendigung des öffentlichen Angebots dieses mit dem Ablauf der Gültigkeit des Verkaufsprospekts als beendet gilt, verstärkt wird, verlieren auch die übrigen Begründungsansätze des Gesetzgebers zur Festlegung einer maximalen Ausschlussfrist von zwei Jahren an Gewicht.

Einen veralteten Prospekt von Gesetzes wegen darf es gerade nicht mehr geben, da ein neuer Prospekt veröffentlicht werden muss, wenn die Gültigkeit des ersten Prospekts abgelaufen ist.

Im Übrigen hat der Gesetzgeber lediglich Überlegungen angestellt, warum eine längere Ausschlussfrist als sechs Monate bei Wertpapieren gerechtfertigt ist. Allerdings erscheinen die festgelegten zwei Jahre mit Beginn des ersten öffentlichen Angebots als willkürlich, zumal mit der Festlegung der maximalen Gültigkeit des Prospekts in § 8a VermAnlG ein viel besserer Maßstab geschaffen wurde.[1668]

Außerdem würden bei einer starren Ausschlussfrist Schutzlücken entstehen. Die Anbieter könnten ihren Vertrieb so ausrichten, dass erst nach Ablauf der Sechsmonats- bzw. Zweijahresfrist ein Großteil der Anlagen verkauft wird, um

1666 BGBl. 2015 I S. 1114.

1667 *Bußalb/Vogel*, WM 2015, (1733), 1737 mit Fn. 22; vgl. auch *Maas* in: Assmann/Schlitt/von Kopp-Colomb, WpPG/VermAnlG, 3. Aufl. 2017, § 8a VermAnlG Rn. 14.

1668 Dazu sogleich mehr unter dd).

so das Prospekthaftungsrisiko zu minimieren. Den Ersterwerbern hier den Prospekthaftungsanspruch wegen des zu späten Erwerbs zu versagen, würde dem durch das AnSVG erstrebten verbesserten Anlegerschutz entgegenstehen[1669] Daher wurde in der Literatur unter Geltung der sechsmonatigen Ausschlussfrist nach § 13 VerkProspG a.F. i.V.m. § 44 Abs. 1 S. 1 BörsG a.F. eine teleologische Reduktion dieser Vorschrift hinsichtlich nicht börsennotierter Wertpapiere und Vermögensanlagen vorgeschlagen.[1670]

cc) Investmentanteile

Bei den Prospekthaftungsansprüchen für Investmentanteile aufgrund eines veröffentlichten fehlerhaften Verkaufsprospekts oder fehlerhafter wesentlicher Anlegerinformationen gibt es gemäß § 306 Abs. 1, 2 KAGB keine Ausschlussfrist. Seit Inkrafttreten des FiMaAnpG[1671], durch welches in § 306 Abs. 3 S. 2 Nr. 2 KAGB eine Beweislastumkehr hinsichtlich der haftungsbegründenden Kausalität eingeführt wurde,[1672] kann das Fehlen der Ausschlussfrist nicht mehr damit begründet werden, sie sei eine Kompensation für die Umkehr der Beweislast,[1673] die es bei Investmentanteilen nicht gibt. Außerdem gilt für die Haftung nach § 306 Abs. 5 KAGB, wenn gar kein Prospekt veröffentlicht wird, eine Ausschlussfrist von zwei Jahren nach dem ersten Anbieten oder Platzieren. Diese Vorschrift wurde im Rahmen der Umsetzung der AIFM-Richtlinie erst durch einen Beschluss des Finanzausschusses in das Gesetzgebungsverfahren aufgenommen.[1674] Dieser orientierte sich erkennbar an §§ 24 WpPG; 21 VermAnlG und übernahm die zweijährige Ausschlussfrist von § 21 VermAnlG. Das Fehlen der Ausschlussfrist in § 306 Abs. 1, 2 KAGB kann nicht teleologisch begründet werden. Es handelt sich dabei vielmehr um ein Relikt der investmentrechtlichen Prospekthaftung.

1669 *Kind* in: Arndt/Voß, VerkProspG, § 13 Rn. 28; *Horbach* in Münchener Hdb. GesR, Bd. 2, 4. Aufl. 2014, § 69 Rn. 24; *Heisterhagen*, DStR 2006, (759), 762.

1670 *Kind* in: Arndt/Voß, VerkProspG, § 13 Rn. 28; hinsichtlich geschlossener Fonds auch *Hellgardt*, Kapitalmarktdeliktsrecht, S. 356; *Haarmann*, Die Prospekthaftung am grauen Kapitalmarkt, S. 134 ff.

1671 BGBl. 2014 I S. 934.

1672 Siehe dazu oben unter Teil 4 § 1 A. II. 1. b) aa) (2).

1673 Das meint der Gesetzgeber, wenn er von Rechtssicherheit für alle Beteiligten durch die zeitliche Begrenzung und der Anlagestimmung, die nur eine gewisse Zeit andauern soll, spricht, RegE Drittes Finanzmarktförderungsgesetz, BT-Drs. 13/8933, S. 76 f.

1674 BT-Drs. 17/13395, S. 287.

dd) Vorschlag de lege ferenda

(1) Verkaufsprospekte

Anstatt Ausschlussfristen unabhängig von der Gültigkeit des Prospekts auf sechs Monate (§§ 22 Nr. 1; 24 Abs. 1 S. 1 WpPG) oder zwei Jahre mit Beginn des ersten öffentlichen Angebots im Inland (§§ 20 Abs. 1; 22 Abs. 1 Nr. 2) festzusetzen, wie es der bisherigen gesetzlichen Lage entspricht, sollte sie der Gesetzgeber bei Verkaufsprospekten grundsätzlich an die gesetzlich vorgesehene maximale Gültigkeit des jeweiligen Vollprospekts für ein öffentliches Angebot koppeln.[1675] Somit hätte es der Gesetzgeber in der Hand, durch die Festlegung der jeweiligen Gültigkeit auf die Unterschiede der einzelnen Anlageprodukte bzw. Kategorien von Anlagen wie Wertpapiere, Vermögensanlagen und Investmentanteile hinsichtlich Gefährlichkeit, Absatzmöglichkeit und vertretbarer Aufwand für die Prospektersteller Rücksicht zu nehmen und die Haftung davon abhängig zu machen. Diese Anbindung hat der Gesetzgeber in §§ 20 Abs. 1; 22 Abs. 1 Nr. 2 VermAnlG i.V.m. § 10a Abs. 2 S. 2 VermAnlG bereits teilweise vollzogen. Denn die aus §§ 20 Abs. 1; 22 Abs. 1 Nr. 2 VermAnlG resultierenden Prospekthaftungsansprüche sind für Anspruchsteller, die die Vermögensanlagen nach Ablauf der Gültigkeit des Prospekts erworben haben, ausgeschlossen, da es durch die Beendigungsfiktion nach § 10a Abs. 2 S. 2 VermAnlG an der Voraussetzung „*während der Dauer des öffentlichen Angebots*“ mangelt. Darin liegt aber nur eine teilweise Koppelung, da einerseits das öffentliche Angebot bereits vorher beendet und dies der BaFin angezeigt worden sein kann und zum anderen die Ausschlussfrist seit Beginn des ersten öffentlichen Angebots von zwei Jahren greift. Diese Beschränkung auf zwei Jahre seit Beginn des ersten öffentlichen Angebots würde dadurch entfallen. Dies ist aber dadurch gerechtfertigt, dass durch Einführung von § 8a VermAnlG über die Gültigkeit des Prospekts von dem ursprünglichen Leitbild des VermAnlG, den Anlegern für eine Vermögensanlage durch die Veröffentlichung des Verkaufsprospekts eine einmalige, hinreichende Informationsbasis zu bieten, abgewichen wurde.[1676] Wird aber bei öffentlichen Angeboten, die länger als 12 Monate dauern, jeweils nach 12 Monaten ein neuer Prospekt mit aktuellen Angaben veröffentlicht, so liegt darin eine neue wichtige Informationsbasis für die Anleger und es ist nicht einleuchtend, warum nach zwei Jahren seit dem ersten öffentlichen

---

1675 Gemäß § 13 Abs. 1 VermAnlG muss vor Beginn des öffentlichen Angebots neben dem Verkaufsprospekt auch das Vermögensanlagen-Informationsblatt erstellt werden, so dass es hinsichtlich der Gültigkeit mit dem Vollprospekt gleichläuft.

1676 *Maas* in: Assmann/Schlitt/von Kopp-Colomb, WpPG/VermAnlG, 3. Aufl. 2017, § 8a VermAnlG Rn. 3.

Angebot der Prospekthaftungsanspruch ausgeschlossen sein soll, obwohl der Anbieter mit den neuen Prospekten neue Vertrauenstatbestände geschaffen hat und jener es selbst in der Hand hat, wie lange er das öffentliche Angebot aufrecht erhalten will. Daher wäre es sinnvoller, die Ausschlussfrist für die Prospekthaftung bezüglich des jeweiligen Prospekt an dessen Gültigkeit zu koppeln. Um der Unsicherheit zu entgehen, ob der Prospekt durch die Nichterfüllung der Nachträge ungültig geworden ist (§§ 9, 16 WpPG; 8a, 11 VermAnlG), sollte jedoch die Ausschlussfrist an der jeweils maximal gesetzlich vorgesehenen Gültigkeit, wenn alle erforderlichen Nachträge erfüllt werden, festgemacht werden.

(2) Börsenzulassungsprospekte

Bei börsenzugelassenen Wertpapieren greift hingegen eine Vielzahl von Informationsveröffentlichungspflichten, insbesondere die ad-hoc-Publizitätspflicht des Art. 17 Abs. 1, 7 oder 8 der EU-Marktmissbrauchsverordnung[1677] und die Pflicht zur Veröffentlichung eines Jahres- bzw. Halbjahresfinanzberichts spätestens zehn bzw. acht Monate nach der Börsenzulassung gemäß § 114 Abs. 1 S. 1 WpHG bzw. § 115 Abs. 1 S. 1 WpHG.[1678] Hier wäre es unangemessen, eine Aktualisierung des Börsenzulassungsprospekts auch noch nach Einführung bzw. Einbeziehung zu fordern, wie § 16 Abs. 1 S. 1 WpPG zeigt. Diese kann vielmehr durch die anderen Informationspflichten ersetzt werden, wie jetzt schon § 23 Abs. 2 Nr. 4 WpPG deutlich macht. Es ist hier außerdem ausnahmsweise eine unterschiedliche Behandlung von Gültigkeit und Ausschlussfrist bzgl. der Anspruchsstellung geboten. Für die Prospekthaftung bei Börsenzulassungsprospekten könnte es der Gesetzgeber mithin bei der bisherigen Frist von sechs Monaten belassen.

VII. Schaden

Während die Schadensberechnung bei der bürgerlich-rechtlichen Prospekthaftung nach §§ 249 ff. BGB erfolgt, sind bei den spezialgesetzlichen Prospekthaftungstatbeständen Begrenzungen enthalten.[1679] Daher ist danach zu fragen, auf welche Weise im Rahmen einer Vereinheitlichung eine Anpassung stattfinden könnte. Hierzu ist zunächst auf die gesetzgeberischen Erwägungen einzugehen, die zu den Beschränkungen geführt haben (**1.**). Sodann sind die Argumente darzustellen, die für eine Aufhebung dieser Beschränkung sprechen (**2.**). Schließlich

1677 VO (EU) Nr. 596/2014, Abl. EU Nr. L 173/34.
1678 *Hellgardt*, Kapitalmarktdeliktsrecht, S. 353 f.
1679 Siehe Teil 4 § 1 A. IV.

soll ein kurzer rechtsvergleichender Blick vorgenommen werden (**3.**), um abschließend eine Bewertung (**4.**) dieser Frage vorzunehmen.

1. Gesetzgeberische Erwägungen für eine Beschränkung

Die begrenzte Rechtsfolge der spezialgesetzlichen Prospekthaftungstatbestände, die darin besteht, dass nur Übernahme der Wertpapiere gegen Erstattung des Erwerbspreises und begrenzt auf den Ausgabepreis bzw. Geltendmachung des Differenzschadens begrenzt auf den Erwerbspreis verlangt werden kann, wird vom Gesetzgeber folgendermaßen begründet: Es soll zum einen keine Spekulation auf Kosten der Prospektverantwortlichen stattfinden und die beschränkte Haftung das Risikokapital fördern.[1680] Zum anderen soll die Beschränkung auf den Ausgabepreis dem Umstand Rechnung tragen, dass nachfolgende Preisveränderungen von einer „*Vielzahl anderer (Markt-)Faktoren*" abhängig seien, über die der Prospekt keine Aussage treffen kann.[1681]

2. Argumente für die Aufhebung der Beschränkung

a) Argumente gegen die Beschränkung auf den Ausgabepreis

Gegen die Beschränkung auf den Ausgabepreis lässt sich vorbringen, dass die Abhängigkeit von einer Vielzahl anderer Marktfaktoren zwar bei Wertpapieren zutreffen mag, aber auch dort schon mit der Ermöglichung des Einwands der teilweise fehlenden haftungsausfüllenden Kausalität begegnet werden könnte.[1682]

Bei Vermögensanlagen, bei denen „*der Verkaufsprospekt für die Anleger oftmals die zentrale und einzige Informationsquelle [ist], weil es im Bereich der Vermögensanlagen häufig keine weiteren Informationen oder effiziente Preisbildungsmechanismen wie an den Wertpapiermärkten gibt.*",[1683] ist das Argument der Abhängigkeit von einer Vielzahl anderer Marktfaktoren noch weniger tragfähig.

Dies zeigt sich auch dadurch, dass es bei Investmentanteilen keine Begrenzung auf den Ausgabepreis gibt.[1684] Dieser Unterschied ist wohl nur durch den von der Prospekthaftung nach dem WpPG und dem VermAnlG zu unterscheidenden Entwicklungsstrang der investmentrechtlichen Prospekthaftung zu

1680 RegE Drittes Finanzmarktförderungsgesetz, BT-Drs. 13/8933, S. 78. So auch *Groß*, Kapitalmarktrecht, § 21 WpPG Rn. 86.

1681 RegE Drittes Finanzmarktförderungsgesetz, BT-Drs. 13/8933, S. 78. Kritisch hierzu: *Groß*, Kapitalmarktrecht, § 21 WpPG Rn. 86.

1682 Siehe oben unter IV. 2.

1683 RegE VermAnlG, BT-Drs. 17/6051, S. 36.

1684 Siehe oben unter Teil 4 § 1 A. IV. 1 b).

erklären. Anlehnend an die gesetzgeberischen Argumente für die Begrenzung auf den ersten Ausgabepreis dort, könnte man als Umkehrschluss sagen, dass der Prospekt bei Investmentanteilen ein zentraleres Informationsmedium als bei Wertpapieren darstellt und das Risikokapital in diesem Bereich nicht so gefördert werden soll. Historisch gesehen wurde das AuslInvG gerade wegen eines verstärkten Anlegerschutzes beim Investmentsparen geschaffen und man wollte diesen möglichst effektiv ausgestalten.[1685] Allerdings erscheint der Unterschied zur Haftungsvorschrift bei Vermögensanlagen willkürlich, da dort - wenn nicht sogar noch in einem größeren Maße - dieselben Probleme bestehen wie auf dem Markt für Investmentanteile, z.B. kein liquider Sekundärmarkt, geringere Publizitätsvorschriften als an der Börse etc.

Weiterhin wird die Schadensberechnung in der Literatur bei weit unter pari erworbenen Anleihen wie z.B. Nullkuponanleihen[1686] und Optionsscheinen[1687] als unzureichend erachtet, da der eigentliche Schaden hierbei über den Erwerbspreis hinausgeht.[1688]

Im Gegenteil führt die Begrenzung auf den Ausgabepreis im Falle von Kurssteigerungen aufgrund allgemeiner Marktbewegungen, die den Kursverlust aufgrund des Prospektfehlers (teilweise) kompensieren oder sogar übersteigen zu einer nach allgemeinen schadensrechtlichen Kriterien unzulässigen Anwendung der Vorteilsausgleichung.[1689] Denn eine solche Anrechnung im Rahmen der Schadensberechnung setzt nach ständiger Rechtsprechung des BGH voraus, dass ein adäquater Kausalzusammenhang zwischen dem schädigenden Ereignis und dem Vorteil besteht, die Anrechnung aus Sicht des Geschädigten zumutbar ist, den Schädiger nicht unbillig entlastet und sie dem Zweck des Schadensersatzes entspricht.[1690] Alle diese Voraussetzungen liegen hier aber nicht vor. Der Kausalverlauf ist bei allgemeinen Marktbewegungen nicht adäquat kausal zum Prospektfehler, die Anrechnung ist aus Sicht des Anlegers nicht zumutbar, die Prospektverantwortlichen werden unbillig entlastet, wenn sie von der allgemeinen Marktlage profitieren und der Zweck des Schadensersatzes, die Wertminderung aufgrund des Prospektfehlers auszugleichen, wird nicht erreicht.[1691]

1685 RegE AuslInvG, BT-Drs. 5/3494, S. 14 ff.

1686 *Kumpan* in: Baumbach/Hopt, HGB, § 21 WpPG Rn. 9.

1687 *Schwark* in: Schwark/Zimmer, KMRK, § 45 BörsG Rn. 65 ff.

1688 *Förster*, Die Prospekthaftung der organisierten und grauen Kapitalmärkte, S. 159.

1689 *Förster*, Die Prospekthaftung der organisierten und grauen Kapitalmärkte, S 157.

1690 BGHZ 30, 29 = NJW 1959, 1078 f.; BGH, NJW 2001, (673), 674, BGHZ 173, 83 = NJW 2007, (2695), 2696 Rn. 18; BGH NJW 2015, (553), 554 Rn. 14.

1691 *Förster*, Die Prospekthaftung der organisierten und grauen Kapitalmärkte, S 157 f.

b) Argumente gegen die Zug-um-Zug Rückabwicklung

Gegen die Erstattung des Erwerbspreises Zug-um-Zug gegen Rückübertragung der Wertpapiere bzw. Vermögensanlagen ist anzuführen, dass auf Kapitalmärkten gehandelte Produkte ein dem Kapitalmarkt inhärentes Risiko bergen, und die hierin liegenden Unwägbarkeiten, wie ein allgemeiner Kurseinbruch, daher beim Anleger verbleiben müssen.[1692] Dafür spricht auch, dass die allgemeinene deliktische Haftung für Vermögensschäden ein vorsätzliches und gegebenenfalls sittenwidriges Verhaltens der Emittenten bzw. ihrer Organe voraussetzt und es im Gegensatz für diese Beschränkung aus Abschreckungsgesichtspunkten vertretbar erscheint, dass der Schuldner auch für das allgemeine Marktrisiko der geschädigten Anleger aufkommen muss. Dagegen setzt die spezialgesetzliche Prospekthaftung lediglich grobe Fahrlässigkeit voraus, weshalb eine Abwälzung des allgemeinen Marktrisikos vermieden werden sollte.[1693]

3. *Rechtsvergleichung*

Im europäischen Vergleich ist laut des ESMA-Reports, der die unterschiedlichen Haftungsregime der Mitgliedsstaaten betreffend die Prospekthaftung behandelt, die Beschränkung des Schadensersatzes in Deutschland auf den Ausgabepreis einmalig.[1694] Auch in der Schweiz gibt es eine solche Begrenzung nicht. Dort kann grundsätzlich das positive Interesse verlangt werden.[1695]

4. *Bewertung*

Um durch den spezialgesetzlichen Prospekthaftungsanspruch einen wirksamen Anlegerschutz zu gewährleisten, sollte de lege ferenda daher die Begrenzung auf den Ausgabepreis gestrichen werden.[1696] Die zwingende Rückgabe der Vermögensanlagen erscheint überzogen. Diese begrenzt nicht unbedingt die Haftung der Prospektverantwortlichen, sondern lässt sie im Gegenteil als Versicherer gegen schlechte Markttrends erscheinen und birgt die Gefahr einer für den Kapitalmarkt schädlichen systematischen Überabschreckung.[1697] Besser wäre es mit

---

1692 *Fleischer*, NJW 2002, (2977), 2981; *Ders.*, BB 2002, (1869), 1871.

1693 *Engelhardt*, BKR 2006, (443), 447.

1694 ESMA/2013/619, Report v. 30.5.2013; Comparison of liability regimes, S. 14 f., abrufbar unter: www.esma.europa.eu.

1695 *Kowalewski* in: Hopt/Voigt, Kapitalmarktinformationshaftung, S. 1047 f. Siehe dazu schon Teil 4 § 1 A. II. 2. a) aa).

1696 So auch *Haarmann*, Die Prospekthaftung am grauen Kapitalmarkt, S. 181 f.

1697 *Franck*, Marktordnung durch Haftung, S. 540.

Hopt/Voigt eine grundsätzliche Geltendmachung des Kursdifferenzschadens zu fordern: das ist die Differenz zwischen dem Marktpreis zum Zeitpunkt des Erwerbs und dem hypothetischen Marktpreis ohne Einfluss der fehlerhaften Information. Diese Methode würde der Schadensberechnung im Rahmen der allgemeinen bürgerlich-rechtlichen Prospekthaftung entsprechen, sofern keine dort ebenfalls mögliche Rückabwicklung verlangt wird, und zu einer gerechten Verteilung des allgemeinen Marktrisikos führen.[1698] Zwar würde das zur Folge haben, dass die Gründe des Kursverlustes sachverständig ermittelt werden müssten. Ein solches Verfahren ist aber nicht unüblich und gibt es z.B. schon in der Schweiz.[1699] Dies kann wie in Art. 752 OR einfach so formuliert werden, dass der *„dadurch verursachte[n] Schaden"* verlangt werden kann. Zudem würde durch diese Art der Schadensberechnung der Konflikt zur Lehre vom fehlerhaften Verband entschärft, die eine vollständige Rückabwicklung nicht zulässt.[1700] Entsprechend der bisherigen Konzeption der spezialgesetzlichen Prospekthaftungsansprüche sollte aber der entgangene Gewinn, der in der anderweitigen fiktiven Investition des Kapitals in eine gewinnbringende Anlage liegen könnte, nicht vom Anspruchsinhalt gedeckt sein.[1701] Auf dem Kapitalanlagemarkt gibt es eine Vielzahl verschiedener Anlageformen und eine Behauptung ex post, der Anleger hätte in die eine oder andere Anlage investiert, ist kaum nachprüfbar bzw. beweisbar. Außerdem würde sich dadurch eine weitere Spekulationsmöglichkeit auf Kosten der Prospektverantwortlichen eröffnen, die der Gesetzgeber gerade verhindern wollte. Eine Wahlmöglichkeit zwischen beiden Formen des Schadensersatzes für den Anleger, d.h. Rückabwicklung oder Differenzschaden, wie sie teilweise postuliert wird,[1702] würde diese Spekulationsmöglichkeit sogar noch vertiefen und ist daher abzulehnen.

1698 *Hopt/Voigt*, Kapitalmarktinformationshaftung, S. 7; ihnen folgend *Engelhardt*, BKR 2006, (443), 447; *Franck*, Marktordnung durch Haftung, S. 540 ff.

1699 *Roberto/Wegmann*, SZW 2001 (61), 170 f. sprechen dabei insbesondere das Capital Asset Pricing Model an; *Watter* in: Basler Kommentar OR II, Art. 752 OR Rn. 22, 24, 27a hingegen meint, Bewertungsgutachten kämen nur in ganz seltenen Fällen zum Tragen und bevorzugt einen Vergleich der Kurse vor und nach Bekanntwerden der im Prospekt unrichtigen Tatsache; *Böckli*, Schweizer Aktienrecht, § 18 Rn. 35b hält hingegen diese Methode für „verwegen" da Kursstürze meistens mehrere Ursachen hätten; vgl. auch *Kowalewski* in: Hopt/Voigt, Kapitalmarktinformationshaftung, S. 1048.

1700 *Schäfer*, ZIP 2012, (2421), 2426; siehe hierzu bereits oben unter Teil 3 § 3 C. I. 2. a) bb) (2) (b).

1701 Dafür hingegen *Haarmann*, Die Prospekthaftung am grauen Kapitalmarkt, S. 180 f.; *Gerber*, Prospekthaftung nach dem 3. FMFG, S. 158.

1702 *Weichert*, Anlegerschaden, S. 322 f.

VIII. *Prospektverantwortlichkeit*

Nach dem hier vorgeschlagenen Konzept soll die Prospekthaftung zunächst diejenigen treffen, die die Verantwortung für den Prospekt übernehmen. Dies kann eine Gesamt- oder Teilverantwortung sein und auf einer gesetzlichen Pflicht (Prospektpflicht) oder einer freiwilligen Übernahme beruhen. Dadurch ist auch das Problem einer Organ- und Expertenhaftung in den Griff zu bekommen (**3.**). Daneben stellt sich die Frage einer Haftung der gewerbsmäßigen Vermittler und Verkaufsvertreter (**2.**). Zunächst soll aber kurz die Haftung des Emittenten angesprochen werden (**1.**).

1. *Haftung des Emittenten auch bei Personengesellschaften*

Während bei der bürgerlich-rechtlichen Prospekthaftung die emittierende Gesellschaft nicht haftbar gemacht wird, gelangt sie bei der spezialgesetzlichen Prospekthaftung in die Haftung, wenn sie die Verantwortung für den Prospekt übernimmt.[1703] Dies hat unter anderem zu einer uneinheitlichen Anwendung der Lehre vom fehlerhaften Verband hinsichtlich der AG und KG geführt.[1704] Allerdings sind Anteile an KG seit dem AnSVG ebenfalls von einer spezialgesetzlichen Prospektpflicht erfasst und die emittierende Gesellschaft trifft selbst die Prospekthaftung. Die Lösung ist hier, wie eben unter VII. ausgeführt, in einer Änderung der Rechtsfolge des Prospekthaftungsanspruchs dahingehend zu sehen, dass nur mehr der Differenzschaden verlangt werden kann. Dies gilt auch für Kapitalgesellschaften.[1705] Zwar gibt es im Recht der Kapitalgesellschaften die Möglichkeit des Erwerbs eigener Anteile, allerdings unter strengen Bedingungen, §§ 33 GmbHG; 71 AktG. Außerdem würde dann der prospekthaftungsrechtliche Schadensersatzanspruch als gemeinsames Prinzip unabhängig von der Rechtsform zu demselben Ergebnis führen, wodurch Umgehungsgestaltungen der Anbieter verhindert werden können.

1703 Siehe Teil 3 § 3 C.

1704 *Schäfer*, ZIP 2012, 2421.

1705 Bei den Kapitalgesellschaften wird de lege lata meist ein Vorrang der spezialgesetzlichen Prospekthaftung vor dem Kapitalerhaltungsgrundsatz nach der lex-posterior oder lex-specialis Regel angenommen: *Fleischer*, Gutachten F, DJT 2002, S. F73; *Groß*, Kapitalmarktrecht, § 21 WpPG Rn. 14 ff.; *Herresthal*, Bankrechtstag 2015, (103), 139 f; *Gerber*, Prospekthaftung nach dem 3. FMFG, S. 172 f.

2. *Keine Haftung der gewerbsmäßigen Vermittler und Verkaufsvertreter*

Die Haftung gewerbsmäßiger Vermittler und Verkaufsvertreter ist eine Spezialität der investmentrechtlichen Prospekthaftung, § 306 Abs. 1, 4 S. 1 KAGB. Zu untersuchen ist, ob diese Gruppe von Prospektverantwortlichen im Rahmen der investmentrechtlichen Prospekthaftung beibehalten oder gar als allgemeiner Standard eines Prospekthaftungsanspruchs eingeführt werden oder im Gegenteil ganz aufgehoben werden sollte. *Kohl/Kübler/Walz/Wüstrich* schlugen vor, gewerbsmäßige Vertreiber von Vermögensanlagen für das Fehlen und Fehler von Prospekten haften zu lassen, da es sich dabei gerade um diejenigen handelte, die den (Klein-)Anlegern unmittelbar gegenüber treten.[1706]

Es bestehen zwar keine Ansprüche aus dem Kaufvertrag über die Anteile ihnen gegenüber, da sie nicht als Vertragspartner beim Erwerb der Anteile fungieren. Da sie aber den Anlegern persönlich gegenüber treten, kommt eine Haftung aus c.i.c. nach §§ 311 Abs. 2, 3; 241 Abs. 2 BGB in Betracht. Bei einer Honorarberatung ist hingegen sogar von einem eigenständigen Beratungsvertrag auszugehen, so dass es entgegen des Vorschlags von *Kohl/Kübler/Walz/Wüstrich*[1707] keines Rückgriffs auf den Prospekthaftungsanspruch bedarf. Darüber hinaus unterliegen die gewerbsmäßigen Vertreiber von Vermögensanteilen den Pflichten des WpHG, insbesondere der §§ 63 ff. WpHG und können zusammen mit den Grundsätzen der fehlerhaften Anlageberatung in die Haftung gelangen.[1708] Außerdem können sie dann, wenn sie ausnahmsweise einen besonders großen Einfluss auf die Prospektgestaltung haben, zum Beispiel im Rahmen eines ‚Exklusivvertriebs' als Prospektveranlasser[1709] angesehen und so Adressat der spezialgesetzlichen Prospekthaftung werden.[1710] Es bedarf mithin keines eigenen Prospekthaftungsanspruchs gegenüber dieser Gruppe.[1711]

3. *Einführung einer spezialgesetzlichen Organ- und/oder Expertenhaftung de lege ferenda?*

Wie sich in den bisherigen Ausführungen zu den Prospektverantwortlichen gezeigt hat, bestehen ein Hauptproblem und eine der Hauptdistinktionen zwischen den beiden Formen der Prospekthaftung in der möglichen Einbeziehung

1706 *Kohl/Kübler/Walz/Wüstrich*, ZHR 138 (1974), (1), 44 f.
1707 *Kohl/Kübler/Walz/Wüstrich*, ZHR 138 (1974), (1), 44 f.
1708 *Hamann* in: Schäfer/Hamann, KapMG, §§ 44, 45 BörsG Rn. 109.
1709 Siehe hierzu oben unter Teil 3 § 3 C. I. 2. b).
1710 *Haarmann*, Die Prospekthaftung am grauen Kapitalmarkt, S. 121 f.
1711 *Haarmann*, Die Prospekthaftung am grauen Kapitalmarkt, S. 122.

von Organmitgliedern des Emittenten und Anbieters und von Experten in die Verantwortlichkeit. Zunächst soll der historische Ursprung dieser Problemfelder untersucht werden (**a)**), um im nächsten Schritt nach einem rechtspraktischen Bedürfnis einer spezialgesetzlichen Haftung dieser Gruppen zu fragen (**b)**). Schließlich sollen Kriterien für eine Einbeziehung von Organmitgliedern und Experten in den Haftungstatbestand entwickelt werden (**c)**).

a) Historische Herleitung

aa) Organhaftung

Eine spezielle Haftung von Organmitgliedern für Prospektmängel hat niemals existiert.[1712] Sie können aber de lege lata bei Erfüllung der entsprechenden Voraussetzungen als Prospekterlasser oder Prospektveranlasser subsumiert werden.[1713]

bb) Expertenhaftung

Das Problem der Prospekthaftung für Experten ist eng verknüpft mit der nach § 675 Abs. 2 BGB ausdrücklich angeordneten Freistellung einer speziellen Schadensersatzhaftung für einen Rat oder eine Empfehlung, unbeschadet vertraglicher oder deliktischer Ansprüche. Denn ein Rat wird üblicherweise von Experten eingeholt, denen aufgrund ihrer beruflichen Stellung besonderes Vertrauen entgegengebracht wird. Lässt sich daraus aber ein Prinzip ableiten, dass es keine spezialgesetzliche Haftung von Experten geben darf? Eine Privilegierung des Expertenrats lässt sich bereits im römischen Recht nachweisen.

(1) Römisches Recht

Im römischen Recht wurden Dienst- bzw. Werkverträge (locatio conductio operis) von Mandatsverhältnissen (mandatum tua gratia) unterschieden. Erstere waren als handwerkliche Dienste gesellschaftlich nicht hoch angesehen und wurden v.a. von Sklaven und sonstigen Personen verrichtet, die sich für Geld einem fremden Willen unterordneten. Ehrenhafte Römer leisteten dagegen in geistiger Arbeit höhere Dienste (artes liberales)[1714] als Freundschaftsgabe unentgeltlich. Sie erwarteten lediglich eine Ehrengabe (honorarium) und versprachen

1712 *Fleischer*, Gutachten F, DJT 2002, S. F 63; *Hopt*, WM 2013, (101), 109.

1713 Siehe hierzu oben unter Teil 3 § 3 C. I. 2. a) und b).

1714 Vgl. die heutigen angeblich ebenfalls höher angesehenen „freien Berufe“. Zum Begriff siehe § 1 Abs. 2 PartGG.

sich politisches Kapital durch gegenseitige Abhängigkeiten. Das Mandatsverhältnis wurde somit als Recht der Ehrenmänner keiner Haftung unterstellt.[1715]

Allerdings gab es im römischen Recht die mensorische Klage (Si mensor falsum modum dixerit).[1716] Der Mensor übte eine angesehene höhere Tätigkeit (ars liberalis) ohne vertragliche Bindung im Drittinteresse aus.[1717] Als Feldmesser hatte er nämlich durch sein Messergebnis Einfluss auf den im Kaufvertrag festgelegten Kaufgegenstand. Konnte bei einem Messfehler der Kaufvertrag aufgrund der Insolvenz einer der Parteien nicht rückabgewickelt werden, griff die mensorische Klage als Ausfallhaftung.[1718] Diese stützte sich ausdrücklich auf das Vertrauen gegenüber dem Mensor, das dieser aufgrund seiner beruflichen Fähigkeiten genoss. Deshalb bestand der Schadensersatzanspruch unabhängig von vertraglichen Beziehungen des Geschädigten zum Mensor.[1719] Jedoch haftete er nur bei dolus malus, was ungefähr der heute bekannten Arglist entspricht, so dass seine Haftung im Vergleich zu einer vertraglichen privilegiert war.[1720]

Bereits im römischen Recht wurde also die Haftungsfreistellung höherer, geistiger Dienste nicht stringent durchgehalten.

(2) Rezeption der mensorischen Klage

(a) Deutsche Partikularrechte

In manchen deutschen Rechtsquellen wurde der in der mensorischen Klage enthaltene Gedanke fortgeführt und teilweise ausgeweitet.

So enthielt das 1865 in Kraft getretene sächsische BGB in § 1508 eine Schadensersatzpflicht öffentlich angestellter Sachverständiger, wenn sie zumindest grob fahrlässig ein unrichtiges Gutachten abgaben.[1721] Zu betonen ist hier, dass freilich noch nicht trennscharf zwischen öffentlich-rechtlicher Amtshaftung und privatrechtlicher Gutachterhaftung unterschieden wurde, wie der Zusammenhang mit §§ 1506, 1507 zeigt.

Der Dresdner Entwurf eines allgemeinen deutschen Gesetzes über Schuldverhältnisse von 1866 enthielt in Art. 1030 denselben Regelungsvorschlag. Daneben wurde in Art. 688 Abs. 2 eine Schadensersatzpflicht für Rat oder Auskunft bei

---

1715 Siehe zum Ganzen: *Lammel*, AcP 179 (1979), (337), 343 f. mit vielen w. N.

1716 Digesten 11,6.

1717 *Lammel*, AcP 179 (1979), (337), 347; *Beul*, Si mensor, S. 100.

1718 *Beul*, Si mensor, S. 107.

1719 *Beul*, Si mensor, S. 139 ff.

1720 *Beul*, Si mensor, S. 100.

1721 Abrufbar unter: http://www.koeblergerhard.de/Fontes/BGBSachsen1863.pdf, zuletzt verifiziert am 19.2.2019.

Arglist oder Verletzung der Sorgfaltspflicht, die jemandem durch Amtspflicht, Beruf oder Vertrag zukam, statuiert.[1722]

Auch das preußische allgemeine Landrecht von 1794 enthielt in §§ 217–223 ALR I. 13 bereits ein abgestuftes Haftungsregime für Rat und Empfehlung.[1723] So haftete bei einem vorsätzlichen falschen Rat jedermann, Sachverständige bereits bei grober Fahrlässigkeit. Bei Vergütung haftete jedermann bereits bei einfacher Fahrlässigkeit.

(b) Keine Rezeption im BGB

Zur Zeit der Schaffung des BGB stellte das Naturrecht eine starke Strömung dar. Deshalb gewann der subjektive Wille aufgrund des Selbstbestimmungsrechts der Personen und mithin das Vertragsrecht als Geltungsgrund von Rechtsfolgen Bedeutung.[1724] Daneben wurden Rechtsfolgen an die Vorwerfbarkeit, d.h. Delikt und an das Gesetz, abgeleitet aus dem Staatsgründungsvertrag, geknüpft. Hingegen war kein Platz mehr für eine Haftung „qua Berufsausübung“[1725] i.S.d. mensorischen Klage.

Ins BGB fand diese Haftungskategorie daher keinen Eingang. So wurde im ersten Entwurf auf das richtig verstandene - gemeint ist in seiner naturrechtlichen Prägung - römische und gemeine Recht verwiesen, nach dem der ohne Aufforderung gegebene Rat unverbindlich sei. Eine Haftung sei nur aufgrund

---

1722 Siehe *Lammel*, AcP 179 (1979), (337), 349 Fn. 76.

1723 Vom Rathe und von der Empfehlung

§. 217. Ein einem Andern in desselben eignen Angelegenheiten ertheilter Auftrag ist nur für einen Rath oder für eine Empfehlung zu achten.

§. 218. In der Regel wird nur der, welcher wissentlich einen nachtheiligen Rath oder eine schädliche Empfehlung ertheilt, für den widrigen Erfolg verantwortlich.

§. 219. Ein Sachverständiger aber haftet, wenn er in Angelegenheiten seiner Kunst oder Wissenschaft Rath ertheilt, für ein grobes Versehen.

§. 220. Aber auch ein mäßiges Versehen muß er vertreten, wenn er seinen Rath gegen Bezahlung oder Belohnung ertheilt hat.

§. 221. Der, welcher kein Sachverständiger ist, haftet bey einem, in andern Angelegenheiten, gegen Bezahlung oder Belohnung ertheilten Rath, ebenfalls für ein mäßiges Versehen.

§. 222. Welche Empfehlungen die Wirkung einer Bürgschaft nach sich ziehen, ist gehörigen Orts bestimmt. (Tit. XIV. Sect. III.)

§. 223. Ebenso ist wegen der kaufmännischen Empfehlungen das Nähere im Kaufmannsrechte vorgeschrieben. (Th. II. Tit. VIII. Sect. VII.)

1724 *Lammel*, AcP 179 (1979), (337), 348 f.; *Assmann*, Prospekthaftung, S. 66.

1725 *Lammel*, AcP 179 (1979), (337), 349.

eines Delikts wegen Arglist möglich oder aufgrund eines ausdrücklichen oder stillschweigenden Vertrags. Etwas anderes gelte nur für die Amtshaftung von Beamten, die aber öffentlich-rechtlich zu beurteilen sei. Eine Haftung Sachverständiger entsprechend dem ALR wurde ausdrücklich abgelehnt. Man wollte dadurch eine weitreichende Haftung der Ratgebenden vermeiden, die gerade bei Erkundigungen über die Solvenz gegenüber einer Vielzahl von Personen entstehen könnte.[1726]

Im zweiten Entwurf wurde die von manchen eingebrachte Idee eines stillschweigenden Vertrags durch die Erteilung eines Rats mehrheitlich abgelehnt.[1727]

(c) Rezeption im BörsG von 1896

Durch Inkrafttreten des BGB am 1. Januar 1900 konnte ein sachverständiger Bankier ohne vertragliche und deliktische Verbindung entgegen der vorherigen Gesetzeslage nach dem ALR für eine Falschauskunft außerhalb der börsengesetzlichen Prospekthaftung nicht mehr in Anspruch genommen werden.[1728] Gerade Banken sollten aufgrund ihrer Solvenz und Fachkunde sich aber bei Emissionen schadensersatzpflichtig machen, wenn sie schuldhaft falsche Auskünfte in den Verkehr haben gelangen lassen. Das war unter anderem der Grund der Einführung der Prospekthaftung im BörsG von 1896.[1729] Die Parallele zur mensorischen Klage ist evident. Die Haftung der Bank war auch hier nur als Ausfallhaftung nötig, wenn das Anlagegeschäft wegen Insolvenz des Emittenten (im modernen Sinn)[1730] nicht im Verhältnis Emittent-Anleger rückabgewickelt werden konnte. Eine Bankenhaftung wurde vor allem auch wegen ihres guten Namens, der Vertrauen bei den Anlegern erweckte und so wesentlich zu ihrer Anlageentscheidung beitragen konnte, für nötig gehalten. Zwar haben Banken ein eigenes wirtschaftliches Interesse an der Emission, aber dies führt zu keinem Vertrauensverlust. Unentgeltliche Tätigkeiten haben in der modernen, hochspezialisierten kapitalistischen Gesellschaft im Vergleich zur römischen Gesellschaft an Bedeutung verloren. Auch die in freien Berufen Tätigen lassen sich durch ein Honorar im Sinne einer Geldzahlung vergüten.[1731] Die Haftungsprivilegierung der mensorischen Klage lebte ebenfalls in § 43 BörsG von 1896 fort.

1726 Motive, Band II, S. 555 = *Mugdan*, Materialien, Bd. II, S. 310.

1727 Protokolle, Band II, S. 2342, 2902 f. = *Mugdan*, Materialien, Bd. II, S. 959 f.

1728 Vgl. zur vorherigen Gesetzeslage: RGZ 39, 245 ff.; siehe auch Teil 1 § 2 A. I. 3.

1729 Siehe Teil 1 § 2 A. II. 1.

1730 Dazu Teil 1 § 2 A. I. 4. a).

1731 *Lammel*, AcP 179 (1979), (337), 346.

Allerdings betraf diese Vorschrift nicht alle Experten, sondern in persönlicher Hinsicht nur Banken als Prospekterlasser. In materieller Hinsicht war nur die Emission von Wertpapieren an der Börse erfasst. Außerhalb dieses engen Bereichs gab es keine spezielle Expertenhaftung für Auskünfte mehr.

b) Rechtspraktisches Bedürfnis für sowie dogmatische Bedenken gegen eine spezialgesetzliche Prospekthaftung

Weiterhin ist das rechtspraktische Bedürfnis nach einer Haftung dieser Gruppen zu hinterfragen. Hierbei ist jeweils besonders die Rechtsprechung von Bedeutung, die über den Umweg v.a. der bürgerlich-rechtlichen Prospekthaftung zu einer Haftung gelangte. Auch rechtsvergleichende Argumente, gesetzgeberische Reformbestrebungen, wenn auch nicht verabschiedete, und Stimmen in der Literatur sprechen für eine Einbeziehung dieser Gruppen in den Prospekthaftungstatbestand. Dabei sollen aber auch die Ausführungen zu den dogmatischen Bedenken nicht zu kurz kommen.

aa) Prospekthaftung von Organmitgliedern

(1) Rechtsprechung

Die erste Gruppe der bürgerlich-rechtlichen Prospekthaftung bezieht sich auf die das Management bildenden Initiatoren und Gründer, also die Organe in der Gründungsphase der Gesellschaft. Dies war aber der besonderen Situation der Publikumskommanditgesellschaft geschuldet.[1732] Eine reine Organaußenhaftung für Prospekte lässt sich in der Rechtsprechung dagegen nicht nachweisen. Zwar könnte die Aussage des BGH im „Hornblower-Fischer-Urteil", die Prospekthaftung des Vorstandsvorsitzenden der H.F. AG als Verantwortlicher für die Herausgabe und den Inhalt des Prospekts bedürfe unter *den gegebenen Umständen* keiner näheren Begründung,[1733] dafür sprechen. Allerdings werden diese gegebenen Umstände nicht näher beschrieben und die Entscheidung ist singulär geblieben, wie die in der Folge ergangene, der herkömmlichen Linie folgende KG-Entscheidung zeigt.[1734] Deshalb kann aus der BGH-Entscheidung nicht der Schluss einer allgemeinen Organhaftung gezogen werden.[1735] Jedoch wird letztere in der Rechtsprechung manchmal über §§ 823 Abs. 2 BGB i.V.m. 264a StGB oder § 826 BGB konstruiert, wenn den Organen bei der Prospekterstellung oder

1732 Siehe oben unter Teil 3 § 3 C. II. 1.
1733 BGHZ 123, (106), 110.
1734 KG AG 2003, (324), 325.
1735 *Fleischer*, BKR 2003, (608), 609.

-aktualisierung grobe Fehler passieren.[1736] An das Vorsatzerfordernis werden hierbei keine großen Anforderungen gestellt. Dies spricht für ein rechtspraktisches Bedürfnis einer Organaußenhaftung von Vorstandsmitgliedern, vor allem in der Insolvenz der emittierenden Gesellschaft.[1737]

(2) Rechtsvergleichung

Rechtsvergleichend steht eine Mehrheit der europäischen Rechtsordnungen sowie das U.S. - amerikanische Recht einer Prospekthaftung von Organmitgliedern positiv gegenüber.[1738] So haftet in den USA nach sec. 11 (a) (2) Securities Act 1933 jeder „director" oder Person mit ähnlichen Funktionen[1739], wenn er zum Zeitpunkt der Prospektveröffentlichung dieses Organ ausübte.[1740] Im englischen Recht ist durch die 2010 in Kraft getretenen Liability of Issuers Regulations[1741] hingegen eine Rechtsänderung dahingehend eingetreten, dass eine Organaußenhaftung nun nicht mehr möglich ist.[1742] Nach dessen sec. 7 (2) ist "*A person other than the issuer [is] not subject to any liability, other than to the issuer, in respect of any such loss.*" Diese Kodifikation folgte dem Bericht von *Davies.*[1743] Die aufsichtsrechtlichen Möglichkeiten der Financial Services Authority (FSA), die zu befürchtende Überabschreckung („extreme and undesirable caution") angesichts hoher Schadensersatzklagen, die mögliche Überwälzung des Schadens von den Organen zurück auf die Gesellschaft durch eine D&O Versicherung, Regressmöglichkeiten der Gesellschaft gegenüber Organen sowie mögliche Klagen

1736 Siehe OLG München, Urteil v. 9.2.2011, AZ: 15 U 3789/10 Rn. 51 ff. juris.

1737 *Gottschalk*, Der Konzern 2005, (274), 275. So war auch der Fall des OLG München ausgestaltet, s. letzte Fn. Rn. 10.

1738 *Hopt/Voigt*, Kapitalmarktinformationshaftung, S. 67 f.

1739 Hierzu siehe Mersay v. First Republic Corp. of America, 43 F.R.D. (465), 469 (1968): "*Most probably, this phrase is concerned with imposing liability upon the person who is actually directing the affairs of the corporation, but who, for the purpose of avoiding liability, shuns the formal title 'director'.*" Die Parallele zur Definition des Prospektveranlassers insbesondere in Form des Hintermanns nach deutschem Recht ist augenfällig, vgl. oben unter Teil 3 § 3 C. I. 2. b).

1740 *Loss/Seligman*, Securities Regulation, 4th Edition 2013, Vol. IX, S. 317 ff.

1741 2010 No. 1192 Companies, The Financial Services and Markets Act 2000 (Liability of Issuers) Regulations 2010, in Kraft getreten am 1.10.2010.

1742 *Hopt*, WM 2013, (101), 103, 109.

1743 *Davies*, Davies Review of Issuer Liability: Final Report, June 2007, abrufbar unter: https://uk.practicallaw.thomsonreuters.com/3-365-9960?transitionType=Default&contextData=(sc.Default)&firstPage=true&comp=pluk&bhcp=1, zuletzt verifiziert am 19.2.2019; *Hopt*, WM 2013, (101), 109.

der Anteilseigner gegen die Organe nach dem Companies Act 2006 werden als Gründe dafür angeführt.[1744]

(3) Reformbestrebungen und dogmatische Bedenken

In Deutschland wurde eine Organaußenhaftung für Prospekte erstmals 2004 durch einen entsprechenden Vorschlag im vom Bundesfinanzministerium zur Diskussion gestellten Entwurf eines Kapitalmarktinformationshaftungsgesetzes (KapInHaG)[1745] legislatorisch ins Spiel gebracht. Dieser beruhte zum einen auf dem Gutachten von *Fleischer* zum 64. Deutschen Juristentag bezüglich der Notwendigkeit einer anlegerfreundlichen Neuregelung des Börsen- und Kapitalmarktrechts, das eine verschärfte Prospekthaftung von Experten und Organmitgliedern propagierte.[1746] Zum anderen sah auch schon der Bericht der Regierungskommission „Corporate Governance" eine verschärfte Haftung der Organmitglieder vor[1747] und das darauf beruhende 10-Punkte-Programm „Unternehmensintegrität und Anlegerschutz" stellte in Punkt 2 ebenfalls eine strengere Organaußenhaftung in Aussicht.[1748] Bezüglich Organmitgliedern waren diese Vorschläge vor dem KapInHaG aber jeweils auf den Sekundärmarkt beschränkt. Nach Art. 2 des KapInHaG-Entwurfs sollte die börsengesetzliche Prospekthaftung erweitert werden um die Gruppe der *„für die Erstellung des Prospekts verantwortlichen Mitgliedern eines Leitungs-, Verwaltungs- oder Aufsichtsorgans des Emittenten, […]"*.[1749] Der Vorschlag wollte damit eine Haftung der Organmitglieder installieren, die nach außen nicht die Verantwortung übernommen, aber die operative (Mit-)Entscheidung für die Einreichung des unrichtigen Prospekts getroffen haben.[1750]

Die dazu geäußerte Kritik erfasst zwar hauptsächlich die durch das KapInHaG vorgeschlagenen §§ 37a ff. WpHG, die den Sekundärmarkt betreffen.[1751] Allerdings war darin ebenfalls eine persönliche Außenhaftung der Organmitglieder

1744 *Davies*, Davies Review of Issuer Liability: Final Report, June 2007, S. 5.

1745 Abgedruckt in: NZG 2004, 1042 ff.

1746 *Fleischer*, Gutachten F, DJT 2002, S. F62 ff., F92. Siehe auch Ziff. 1.11 der Beschlüsse des 64. DJT, NZG 2002, 1006 f.

1747 BT-Drs. 14/7515 v. 14.8.2001, S. 86 ff.

1748 *Seibert*, BB 2003, (693), 694.

1749 NZG 2004, (1042), 1043.

1750 NZG 2004, (1042), 1050.

1751 *Semler/Gittermann*, NZG 2004, (1081), 1085; *Spindler*, WM 2004, (2089), 2093 ff.; *Kiethe*, DStR 2003, 1982 ff.; *Casper*, BKR 2005, 83 ff.;

vorgesehen, so dass die dort geäußerte Kritik auch auf die hier in Frage stehende Prospekthaftung zumindest teilweise übertragen werden kann.

(**a**) So richte sich erstens die Informationsveröffentlichungspflicht - in unserem Fall die Prospektpflicht - an den Emittenten und nicht an seine Organe.[1752] Wenn man aber die Prospekthaftung als besondere Vertrauenshaftung qualifiziert, kann sich dieses Vertrauen i.d.R. nur gegenüber dem Prospektpflichtigen und nicht gegenüber seinen Organen bilden.[1753]

Allerdings gibt es ohnehin Aufweichungen von diesem Prinzip, wenn das Organmitglied ein eigenes wirtschaftliches Interesse hat.[1754] Das aber kann der Anleger nicht ohne weiteres im Vorhinein feststellen. Außerdem wird deliktisch oftmals eine Organaußenhaftung angenommen,[1755] teilweise unter Aufweichung der Voraussetzungen des § 826 BGB. So wird z.B. im Urteil des OLG München das bewusste Zulassen des Vorstands, dass ein überholter Prospekt bei der Anlegergewinnung eingesetzt wird, als ausreichend für den Schädigungsvorsatz erachtet.[1756] Schließlich wurde in der bürgerlich-rechtlichen Prospekthaftung die Haftung des Emittenten gerade deshalb ausgeschlossen, weil sich gegenüber einer Gesellschaft kein Vertrauen bilden könne.

(**b**) Zweitens werde dadurch, wenn es sich beim Emittenten um eine AG handelt, gegen das aus §§ 93, 116 AktG folgende Prinzip der Binnenhaftung der Organe gegenüber der AG verstoßen[1757] und die Anleger dadurch gegenüber anderen Anlegergruppen privilegiert.[1758]

Allerdings greift auch hier wieder das eben unter (**a**) genannte Argument, dass eine derartige Haftung unter bestimmten Voraussetzungen schon gegeben ist. Der Gesetzgeber hat es in der Hand, den Organen einen Bereich zuzuweisen, in denen sie persönlich nach außen haften müssen.[1759] Die Zuverlässigkeit der Informationen auf dem Primärmarkt und das damit einhergehende Anlegervertrauen in die Funktionsfähigkeit des Kapitalmarkts ist jedenfalls ein wichtiger

---

1752 *Kiethe*, DStR 2003, (1982), 1986; *Casper*, BKR 2005, (83), 86.

1753 *Casper*, BKR 2005, (83), 86; DAV-Stellungnahme zum DiskE KapInhaG, ZIP 2004, (2348), 2349.

1754 Siehe oben unter Teil 3 § 3 C. 1. b). Allerdings nicht schon nach § 44 Abs. 1 Nr. 1 BörsG a.F. wie *Gottschalk* meint, Der Konzern 2005, (274), 283.

1755 *Fleischer*, ZGR 2004, (437), 464 f.

1756 OLG München, Urteil v. 9.2.2011, AZ: 15 U 3789/10 Rn. 74 juris.

1757 *Casper*, BKR 2005, (83), 86; *Engelhardt*, Börsenprospekthaftung der Leitungsorgane, S. 355 ff.

1758 DAV-Stellungnahme zum DiskE KapInhaG, ZIP 2004, (2348), 2349.

1759 *Hopt/Voigt*, Kapitalmarktinformationshaftung, S. 122.

Grund, der eine Aufweichung des Prinzips der Binnenhaftung rechtfertigen kann.[1760] Schließlich kann, wenn Emittent und Organe im Außenverhältnis als Gesamtschuldner haften, durch eine entsprechende Innenregressvereinbarung das Aufweichen des Prinzips der Binnenhaftung abgemildert werden. *Engelhardt* schlägt eine Außenhaftung der Organe nur im Falle der Insolvenz oder der kurz bevorstehenden Insolvenz (Last-period) der AG vor, damit die Prospekthaftung ihre Ausgleichsfunktion erfüllen könne.[1761] Wenn jedoch eine summenmäßige Beschränkung der Organaußenhaftung gesetzlich vorgesehen wird - wie hier vorgeschlagen - werden die Anleger ohnehin vorrangig den Emittenten in Anspruch nehmen.

(c) Drittens wird ins Feld geführt, dass eine umfassende Haftung der Organmitglieder zu einer Überabschreckung und einem daraus resultierenden übervorsichtigen, die Unternehmensentwicklung hemmenden Verhalten führen könne.[1762]

Einerseits weisen aber selbst die Vertreter dieser Ansicht auf die zumindest teilweise Versicherbarkeit durch eine D&O-Versicherung hin. Zum anderen können verpflichtend anzugebende Informationen, wie die Pflichtangaben in einem Prospekt, nicht das Geschäftsleiterermessen einschränken, da sie ja insoweit – Pflichtangabe (!) – gar keines haben, wie *Casper* und *Fleischer* zutreffend einwenden.[1763] Außerdem ist durch die Beschränkung des Verschuldensmaßstabs auf grobe Fahrlässigkeit eine Haftung für jede leichte Unachtsamkeit ausgeschlossen.[1764]

Schließlich könnte eine Deckelung der Haftung der Organmitglieder zur Vermeidung einer Überabschreckung führen. Diese könnte von der jeweiligen Jahresvergütung abhängig gemacht werden. Das Organmitglied würde damit nur einen Teil des sonst von den Anlegern zu tragenden Marktrisikos übernehmen.[1765]

(d) Die Gefahr missbräuchlicher, erpresserischer Klagen von Anlegern,[1766] die im Bereich der Hauptversammlungen von AG unter dem Topos „räuberische Aktionäre" diskutiert wird, kann laut *Hopt/Voigt* rechtsvergleichend nicht festgestellt werden.[1767] Außerdem ist ein gewisser Schutz dadurch gegeben, dass der

---

1760 *Fleischer*, ZGR 2004, (437), 464 f.; *Schroeder*, Persönlicher Anwendungsbereich Prospekthaftung, S. 74.

1761 *Engelhardt*, Börsenprospekthaftung der Leitungsorgane, S. 362 ff.

1762 *Fuchs/Dühn*, BKR 2002, (1063), 1071; *Kiethe*, DStR 2003, (1982), 1987 f.

1763 *Casper*, BKR 2005, (83), 87; *Fleischer*, ZGR 2004, (437), 465.

1764 *Schroeder*, Persönlicher Anwendungsbereich Prospekthaftung, S. 75.

1765 *Gottschalk*, Der Konzern 2005, (274), 284.

1766 DAV-Stellungnahme zum DiskE KapInhaG, ZIP 2004, (2348), 2349; *Zimmer*, WM 2004, (9), 14; *Mülbert*, JZ 2002, (826), 832.

1767 *Hopt/Voigt*, Kapitalmarktinformationshaftung, S. 122.

Verschuldensmaßstab der Prospekthaftung ohnehin mindestens grobe Fahrlässigkeit voraussetzt.[1768] Schließlich kann zur Eindämmung hier zivilprozessual ebenfalls an ein *„vorgeschaltetes gerichtliches Zulassungsverfahren"* gedacht werden,[1769] falls sich in der Zukunft Missbräuche ergeben sollten.[1770]

(**e**) Teilweise wird eingewendet, eine Organaußenhaftung bringe im Vergleich zur Innenhaftung keine zusätzliche Steuerungs- und Präventivwirkung, da nicht entscheidend sei, wer den Anspruch geltend mache, sondern nur dass einer existiere.[1771] Zutreffend weisen aber *Fleischer* und *Hopt/Voigt* darauf hin, dass medienwirksame Haftungsprozesse wie z.B. EM.TV, Infomatec oder Telekom, an denen viele Kleinanleger beteiligt sind, eine *„wesentlich größere Abschreckungswirkung entfalten als die geräuschlose Geltendmachung von Ersatzansprüchen durch die Gesellschaft selbst."*[1772] *Richard Schmalensee*, ehemaliger Dekan der M.I.T. Sloan Management School, hat dies in einem Zeitungsinterview anschaulich den „New-York-Times-Titelseiten-Test" genannt.[1773]

(**f**) Schließlich wird auf Folge- bzw. Abstimmungsprobleme einer solchen Regelung insbesondere mit dem Gesellschaftsrecht hingewiesen.

(**aa**) So bestehe bisher ein divergierender Haftungsmaßstab. Der Emittent kann nur bei Vorsatz oder grober Fahrlässigkeit gegenüber dem Anleger in Anspruch genommen werden, kann aber gleichzeitig gegenüber seinem Organ Regress schon bei leichter Fahrlässigkeit nehmen. Diese Gefüge würde durch einen Direktanspruch bei mindestens grober Fahrlässigkeit des Anlegers gegenüber dem Organ gestört, da eine solche Änderung in der Außenhaftung Abstimmungsbedarf bezüglich der Innenhaftung zur Folge hätte.[1774]

Dagegen wird zu Recht vorgebracht, dass die Gesellschaft bei leicht fahrlässigem Verhalten des Organs gar keinen Schaden - der ja in den Ansprüchen der

---

1768 *Fleischer*, ZGR 2004, (437), 465; *Schroeder*, Persönlicher Anwendungsbereich Prospekthaftung, S. 76.

1769 DAV-Stellungnahme zum DiskE KapInhaG, ZIP 2004, (2348), 2349. Ebenso *Fleischer*, ZGR 2004, (437), 465.

1770 *Gottschalk*, Der Konzern 2005, (274), 284; *Schroeder*, Persönlicher Anwendungsbereich Prospekthaftung, S. 76 f.

1771 *Zimmer*, WM 2004, (9), 12; *Fuchs/Dühn*, BKR 2002, (1063), 1070 f.; *Mülbert*, JZ 2002, (826), 832.

1772 *Fleischer*, ZGR 2004, (437), 466; *Hopt/Voigt*, Kapitalmarktinformationshaftung, S. 122.

1773 *Fleischer*, ZGR 2004, (437), 463 mit Fn. 176.

1774 *Zimmer*, WM 2004, (9), 13.

geschädigten Anleger bestehen würde - hat, wenn dieser selbst erst bei grober Fahrlässigkeit haften muss.[1775]

(**bb**) Der Einwand der Ungleichbehandlung zwischen Anlegern und anderen Gläubigern der Gesellschaft[1776] lässt sich mit *Gottschalk* folgendermaßen ausräumen: Vertragliche Fremdkapitalgeber werden häufig ohnehin einen Anspruch gegen die Organe aus § 823 Abs. 2 BGB i.V.m. § 263 StGB oder aus § 826 BGB haben, wenn sie z.B. aufgrund eines unrichtigen Jahresabschlusses ein Darlehen gewährt haben. Außerdem werden sich vertragliche Fremdkapitalgeber, v.a. Banken, zusätzlich absichern. Deliktische Gläubiger der Gesellschaft haben darüber hinaus in der Regel erstmal einen persönlichen Anspruch gegen die Organe und erst mit § 31 BGB, der das Verschulden zurechnet, einen Anspruch gegen die Gesellschaft.[1777] Insofern kommt es gar nicht zu einer Privilegierung der Anleger.

(4) Bewertung

Hiermit sind die Hauptbedenken gegen eine Prospektverantwortlichkeit der Organmitglieder ausgeräumt. Vielmehr kann man sich dadurch „*zusätzliche verhaltenssteuernde Impulse*" in Richtung eines vollständigen und zutreffenden Prospekts versprechen, wenn das Organmitglied nicht mehr alleine durch den Emittenten, sondern auch durch den einen Schadensersatz geltend machenden Investor kontrolliert wird.[1778] Außerdem wird die zur Verfügung stehende Haftungsmasse vergrößert, was gerade in der Insolvenz des Emittenten von Bedeutung ist.[1779] Deshalb sollte eine solche Haftung eingeführt werden. Auch rechtsvergleichende Aspekte stützen diesen Befund.[1780] Die Haftung sollte gleichstufig mit dem Emittenten erfolgen und nicht nur als sekundäre Ausfallhaftung im Fall der Insolvenz. Denn die Haftung der Organe dient vor allem der Vermeidung von Missmanagement und opportunen Verhaltens, das in der Ausnutzung des Informationsvorsprung zu Lasten der Anleger liegt. Beide Präventionsziele können aber auch außerhalb eines Insolvenzfalls auftreten.[1781] Eine

---

1775 *Fleischer*, ZGR 2004, (437), 466; *Hopt/Voigt*, Kapitalmarktinformationshaftung, S. 123; *Gottschalk*, Der Konzern 2005, (274), 283; *Schroeder*, Persönlicher Anwendungsbereich Prospekthaftung, S. 77.

1776 *Zimmer*, WM 2004, (9), 13 f.

1777 *Gottschalk*, Der Konzern 2005, (274), 284.

1778 *Hopt/Voigt*, Kapitalmarktinformationshaftung, S. 71.

1779 *Casper*, BKR 2005, (83), 84; *Hopt/Voigt*, Kapitalmarktinformationshaftung, S. 71.

1780 *Fleischer*, ZGR 2004, (437), 466 f.; *Hopt*, WM 2013, (101), 109; *Hopt/Voigt*, Kapitalmarktinformationshaftung, S. 69 ff.

1781 *Schroeder*, Persönlicher Anwendungsbereich Prospekthaftung, S. 77 f.

Haftungsdeckelung auf das vierfache Bruttojahresgehalt erscheint mit den im KapInHaG genannten Argumenten sinnvoll: es handle sich um eine subsidiäre Haftung[1782] nach dem Emittenten mit Sanktionscharakter und vor allem verhaltenssteuernden Elementen. Die potenziell exorbitant hohe Schadenshöhe solle nicht zu einer Existenzgefährdung führen.[1783]

Schließlich überzeugt auch der Selbstbehalt bei Abschluss einer D&O-Versicherung in Höhe von 50 % der Versicherungssumme, da ansonsten das ganze Risiko auf den Emittenten abgewälzt werden könnte und mithin die verhaltenssteuernde Funktion entfiele.[1784]

bb) Prospekthaftung von Experten

(1) Rechtsprechung

Zunächst ist im Anwendungsbereich der bürgerlich-rechtlichen Prospekthaftung die Garantenhaftung von Experten als dritte Gruppe der Prospekthaftung anerkannt.[1785]

1782 Dies widerspricht nicht der eben postulierten Gleichrangigkeit der Haftung. Die Subsidiarität ergibt sich praktisch daraus, dass der Emittent in der Regel wirtschaftlich leistungsfähiger sein wird und bei ihm keine Haftungsdeckelung greift.

1783 BMF Diskussionsentwurf KapInHaG, NZG 2004, (1042), 1048, 1050; siehe auch *Baums* ZHR 167 (2003), (139), 176; zustimmend auch *Gottschalk*, Der Konzern 2005, (274), 285 der die vorgeschlagenen abweichenden Deckungsbeträge von 5 oder 10 Mio € in Fn. 119 referiert. *Schroeder*, Persönlicher Anwendungsbereich Prospekthaftung, S. 86 meint hingegen, eine Deckelung auf zwei Bruttojahresgehälter bei Wertpapieren sei ausreichend, da der Reputationsverlust des Organs im Vordergrund stehe. Bei Vermögensanlagen hält er eine Deckelung auf fünf Bruttojahresgehälter für angemessen, da hier der Reputationsverlust keine vergleichbare Motivation darstelle. Diese Differenzierung widerspricht aber der spezialgesetzlichen Prospekthaftung als einheitliches Rechtsinstitut.

1784 BMF Diskussionsentwurf KapInHaG, NZG 2004, (1042), 1048. *Schroeder*, Persönlicher Anwendungsbereich Prospekthaftung, S. 86 lehnt dies ab. Dies begründet er zum einen ebenfalls mit dem Reputationsverlust („corporate shaming“) als vorrangigem Ziel und zum anderen mit den zu befürchtenden hohen Prämien einer solchen kapitalmarktbezogenen D&O - Versicherung, die erst geschaffen werden müsse. Allerdings relativiert er selbst, dass der Reputationsverlust gerade ältere Vorstandsmitglieder nicht im selben Maß motiviert wie jüngere, da sie keinen Karriereknick mehr fürchten. Hinsichtlich der Versicherung ist zu erwarten, dass ein höherer Selbstbehalt eher zu geringeren Prämien führen wird, da Haftungsfälle umso mehr verhindert werden, je mehr die Versicherten im Schadensfall selbst tragen müssen.

1785 Siehe oben unter Teil 3 § 3 C. II. 3.

Eine Auskunftshaftung von Experten gegenüber Dritten wurde von der Rechtsprechung darüber hinaus durch die Aufweichung des Vertragserfordernisses installiert. So soll ein stillschweigend abgeschlossener Auskunftsvertrag schon dann vorliegen, „*wenn erkennbar die Auskunft für den Empfänger von erheblicher Bedeutung ist und er sie zur Grundlage wesentlicher Entschlüsse oder Maßnahmen macht.*“[1786] Das Fehlen sonstiger vertraglicher Beziehungen sowie Unentgeltlichkeit schlössen das nicht aus. Es genüge die Erteilung der Auskunft.[1787] Allerdings machte der BGH in einem späteren Urteil deutlich, dass von ihm in ständiger Rechtsprechung eine „*unmittelbare[r] Fühlungnahme zwischen Geber und Empfänger der Auskunft*“ gefordert wurde.[1788] Das schließt aber eine Haftung von Experten für Prospekterklärungen gerade aus.

Außerdem setzte die Rechtsprechung im Rahmen der deliktischen Haftung die Voraussetzungen einer vorsätzlichen sittenwidrigen Schädigung nach § 826 BGB herab. Sittenwidrigkeit komme im Bereich der Expertenhaftung „*bei einer besonders schwer wiegenden Verletzung der einen Experten treffenden Sorgfaltspflichten in Betracht. Als sittenwidrig ist dabei zu beurteilen, dass der Auskunfterteilende aufgrund des Expertenstatus ein besonderes Vertrauen für sich in Anspruch nimmt, selbst aber nicht im Mindesten den an einen Experten zu richtenden Maßstäben genügt*“, was insbesondere bei Angaben ins Blaue hinein der Fall sei.[1789] Bezüglich des Vorsatzerfordernisses wird bedingter Vorsatz für ausreichend gehalten. Der Experte müsse lediglich mit der Möglichkeit rechnen, seine Auskunft könne bei „*Kreditverhandlungen mit einem Geldgeber verwandt werden und diese zu nachteiligen Dispositionen veranlassen*“ bzw. einem Anleger zur Grundlage seiner Anlageentscheidung dienen.[1790] Der bedingte Vorsatz wird wiederum oftmals aus einer besonderen Leichtfertigkeit des Schädigers abgeleitet, was im praktischen Ergebnis zu einer unzulässigen Absenkung des Verschuldensmaßstabs auf grobe Fahrlässigkeit führt.[1791]

Schließlich hat der BGH in zwei Urteilen, die Gutachten eines Wirtschaftsprüfers hinsichtlich der Prüfung eines Werbeprospekts und eines Sachverständigen bezüglich der Bewertung eines Grundstücks betrafen, Anleger als geschützte Dritte im Sinne eines Vertrags mit Schutzwirkung zu Gunsten Dritter

---

1786 BGH, Urteil vom 5.7.1962, AZ: VII ZR 199/60, BeckRS 1962, 31185367.

1787 BGH NJW 1972, (678), 680; *Lammel*, AcP 179 (1979), (337), 340 m.w.N.

1788 BGH NJW 1973, (321), 323.

1789 OLG Dresden WM 2014, (598), 600; BGH, Urt. v. 19.11.2013, AZ: VI ZR 411/12, Rn. 10 juris.

1790 OLG Dresden WM 2014, (598), 606; siehe auch BGH WM 1987, 257.

1791 *Canaris*, ZHR 163 (1999), (206), 214 f.; *Assmann*, Prospekthaftung, S. 255 f.

angesehen.[1792] Er beruft sich dabei auf seine ständige Rechtsprechung, nach der *„Personen, die über eine besondere, vom Staat anerkannte Sachkunde verfügen und in dieser Eigenschaft ein Gutachten oder eine gutachterliche Äußerung abgeben, wie etwa öffentlich bestellte und vereidigte Sachverständige, Wirtschaftsprüfer oder Steuerberater, Dritten haften, denen gegenüber der Auftraggeber von dem Gutachten bestimmungsgemäßen Gebrauch gemacht hat.“*[1793] Die Gegenläufigkeit der Interessen des Auftraggebers und des Dritten spreche nach der jüngeren Rechtsprechung des BGH nicht gegen die Einbeziehung des Dritten in den Schutzbereich des Vertrages zwischen Auftraggeber und Experte. Der Auftraggeber sei in der Regel daran interessiert, dass die Ausarbeitung die entsprechende Beweiskraft besitzt. Das sei jedoch nur dann gewährleistet, wenn der Verfasser sie objektiv nach bestem Wissen und Gewissen erstellt und auch dem Dritten gegenüber dafür einsteht.[1794] Das bei einem Vertrag mit Schutzwirkung für Dritte ungeschriebene Tatbestandsmerkmal der Gläubigernähe, das einer uferlosen Ausweitung des Kreises der von den Schutzpflichten eines Gutachtenauftrags erfassten Personen entgegenstehen soll, problematisiert der BGH nur in dem Fall des Sachverständigen bezüglich der Grundstücksbewertung. Dabei führt er aus, dass tragender Gesichtspunkt für die Beschränkung des Kreises der einbezogenen Dritten das Anliegen sei, das Haftungsrisiko für den Schuldner kalkulierbar zu halten und ihm die Möglichkeit einzuräumen, es gegebenenfalls zu versichern.[1795] Eine Ausweitung dieses Haftungsrisiko sei auch durch eine Mehrzahl an Investoren nicht gegeben, da es auf den von ihm angegebenen Wert des Grundstücks begrenzt sei und daher lediglich eine Aufteilung und keine Ausweitung des Haftungsrisikos stattfinde.[1796] Hiergegen ist zu Recht eingewandt worden, dass das Kriterium der „Gläubigernähe“ fast vollkommen entwertet würde, wenn seine Reichweite keine übereinstimmenden Interessen von Gläubiger und Drittem mehr voraussetzt, sondern einer durch Wertungsgesichtspunkten

---

1792 BGH WM 2004, 1869; BGH WM 2004, 1887; siehe auch BGH NJW-RR 2007, (1332), 1335 Rn. 27.

1793 BGH WM 2004, (1869), 1870; siehe auch BGH WM 2004, (1887), 1888; BGH NJW 1989, (1029), 1030.

1794 So ausdrücklich BGH NJW 1987, (1758), 1759; vgl. auch BGH NJW-RR 1989, 696; NJW-RR 1986, 1307; BGH NJW-RR 1986, (484), 486; siehe dagegen noch BGH NJW 1973, (321), 322.

1795 BGH WM 2004, (1887), 1890 mit Verweis auf BGHZ 51, (91), 96 = NJW 1969, (269), 272.

1796 BGH WM 2004, (1887), 1890.

bestimmten ergänzenden Vertragsauslegung überlassen wird.[1797] Angesichts der Fülle potentieller Schutzbegünstigter und des nicht absehbaren Haftungsrisikos kann eine Einbeziehung der Anleger nämlich kaum als vom Experten gewollt angesehen werden.[1798] Die vom BGH als Argument herangezogene Begrenzung der Haftung auf den Wert des Grundstücks ist kein auf alle Anlageformen übertragbarer Grundsatz, sondern dürfte eher eine Ausnahme darstellen.

Außerdem könnte die Haftung des Experten gegenüber den Anlegern durch eine entsprechende Vereinbarung, auf die er pochen würde, leicht verhindert werden.[1799]

Es zeigt sich also, dass sich in der Rechtsprechung, wenn sie nicht ohnehin die bürgerlich-rechtliche Prospekthaftung anwenden konnte, eine Berufshaftung durch die Hintertür stillschweigender Verträge oder einer auf § 826 BGB gestützten deliktsrechtlichen Generalklausel, die es ja gerade nur in krassen Fällen geben sollte, eingeschlichen hat, und das ohne methodische Aufarbeitung. Auch die Ausweitung des Vertrags mit Schutzwirkung zu Gunsten Dritter überzeugt nicht. Ein rechtspraktisches Bedürfnis für eine Expertenhaftung gegenüber Dritten gibt es scheinbar und das vor allem in Anlagefällen.[1800] Das verwundert nicht, da im Anlagebereich den Informationen besonderer Stellenwert zukommt.

Gerade im Primärmarkt gibt es hierfür ein Bedürfnis, da noch nicht so viele andere Informationen vorliegen. Das zeigt sich schon daran, dass es im Bereich der bürgerlich-rechtlichen Prospekthaftung eine Fülle an Rechtsprechung zur Prospekthaftung von Experten gibt.[1801]

(2) Schutzlücke

Wenn man - wie hier - mit der h.M. annimmt, dass die bürgerlich-rechtliche Prospekthaftung nicht ergänzend neben der spezialgesetzlichen angewandt werden kann,[1802] ergibt sich eine Schutzlücke hinsichtlich der Expertenhaftung bei Vermögensanlagen.[1803] Gerade im „Graumarktbereich“, der jetzt großteils vom

---

1797 *Canaris*, ZHR 163 (1999), (206), 215; teilweise für die Einbeziehung: *Zimmer/Binder*, WM 2005, (577), 579.

1798 *Assmann*, AG 2004, (435), 438.

1799 *Assmann*, AG 2004, (435), 438.

1800 Siehe auch *Lammel*, AcP 179 (1979), (337), 342.

1801 Siehe oben unter Teil 3 § 3 C. II. 3.

1802 Dazu ausführlich Teil 3 § 2.

1803 *Assmann*, AG 2004, (435), 445; *Haarmann*, Die Prospekthaftung am grauen Kapitalmarkt, S. 102 ff.; *Zimmer/Binder*, WM 2005, (577), 579.

VermAnlG erfasst ist, ergingen vor Inkrafttreten des KleinanlegerschutzG und des AnSVG häufig Urteile zur Haftung von Experten.[1804]

(3) Vorschlag einer Expertenhaftung durch das gescheiterte KapInHaG

In Art. 2 Nr. 4, 5 (§§ 44a, 45 BörsG) des Entwurfs über ein KapInHaG[1805] war eine Haftung Dritter im Sinne einer Expertenhaftung vorgesehen. Die haftungsbegründende Vorschrift war stark an die wertpapierrechtliche Prospekthaftungsvorschrift des § 21 WpPG (§ 44 BörsG a.F.) angelehnt (siehe nur § 44a Abs. 1 S. 4 BörsG-E), allerdings mit folgenden Besonderheiten: Um die Prospektverantwortlichkeit zu begründen, muss der Dritte bei Erstellung der wesentlichen unrichtigen Angaben mitgewirkt und hierfür im Prospekt ausdrücklich die Verantwortung übernommen haben. Die Schadensberechnung richtet sich nach dem durchschnittlichen Börsenpreis während der ersten 30 Tage nach Bekanntwerden der Unrichtigkeit und es wird nur der Unterschiedsbetrag zum Erwerbspreis gewährt. Eine Übertragung der Wertpapiere auf den Dritten ist sinnvollerweise nicht vorgesehen, da dieser niemals Inhaber der Wertpapiere war. Eine Einrede des Dritten ist hinsichtlich der Höhe des Schadensersatzes vorgesehen (§ 44a Abs. 1 S. 3 BörsG-E).

Des Weiteren sollte es eine Haftungsdeckelung auf 4 Millionen Euro geben, es sei denn bei Vorsatz (§ 44a Abs. 2 BörsG-E). Diese Regelung ist an die Haftungsbegrenzung von Wirtschaftsprüfern nach § 323 Abs. 2 S. 2 HGB angelehnt.[1806]

Schließlich war ein Haftungsausschluss für den Dritten vorgesehen, wenn er nachweisen kann, dass die fehlerhaften Angaben nicht zu den unter seiner Verantwortung in den Prospekt aufgenommenen und geprüften Angaben gehören, § 45 Abs. 3 BörsG-E.

(a) Begründung

Die vorgeschlagene Expertenhaftung wurde folgendermaßen begründet: „*Die Einbeziehung der Experten trägt dem Umstand Rechnung, dass Verkaufsprospekte in der Regel arbeitsteilig unter Mitwirkung von externen Experten entstehen und den bislang für fehlerhafte Prospekte Verantwortlichen in der Regel kein für die Haftung unerlässliches grob fahrlässiges Verhalten vorgeworfen werden kann, wenn sie sich auf die Angaben dieser externen Experten verlassen haben.*“[1807] Wenn

---

1804 Siehe oben unter Teil 3 § 3 C. II. 3.

1805 BMF Diskussionsentwurf KapInHaG, NZG 2004, (1042), 1043 f.

1806 BMF Diskussionsentwurf KapInHaG, NZG 2004, (1042), 1051.

1807 BMF Diskussionsentwurf KapInHaG, NZG 2004, (1042), 1045.

Experten dagegen ausdrücklich die Verantwortung für ihre Angaben übernähmen, riefen sie dadurch eine positive Anlagestimmung für die Vermögensanlage überhaupt hervor, ohne aufgrund ihrer mangelnden Gesamtverantwortlichkeit haften zu müssen. § 323 HGB genüge für eine Expertenhaftung allein nicht, da er nur Abschlussprüfer betreffe und keinen Direktanspruch für Anleger gewähre.[1808] Ziel der Vorschrift sei es, durch fundierte Prospekte Schäden zu verhindern, aber gleichzeitig im Falle eines Schadenseintritts die Haftungsbasis zu erweitern und den Beweis zu erleichtern.[1809] Die Haftungsdeckelung auf 4 Millionen Euro diene der Kalkulierbarkeit und Versicherbarkeit, damit die notwendige Mitarbeit der Experten erhalten bleibe. Außerdem stelle dies ein Ausgleich dafür dar, dass die Experten keine Gesamt-, sondern nur eine Teilverantwortung für den Prospekt treffe. Die Beweislast beim Haftungsausschluss nach § 45 Abs. 3 BörsG-E zu Lasten der Experten berücksichtige, dass sie eher in der Lage seien als die Anleger, an die notwendigen Informationen zu gelangen.[1810] Da die Anleger die Unrichtigkeit der Angaben zu beweisen haben, mutet dies wie eine gesetzliche Normierung der von der Rechtsprechung entwickelten sekundären Darlegungs- bzw. Behauptungslast an.[1811]

(b) Kritik

Dagegen wurde vom Handelsrechtsausschuss des Deutschen Anwaltvereins (DAV) vorgetragen, dass kaum ein Experte freiwillig ausdrücklich die Verantwortung übernehmen würde und es keine gesetzliche Pflicht gebe, dies zu tun. In § 30 BörsZulV a.F. sei lediglich die **Nennung** des Abschlussprüfers vorgesehen. Sollte dagegen die Haftung über den Vorschlag hinausgehend auf alle im Prospekt als Mitwirkende Erwähnte ausgeweitet werden, so hätte dies höhere Kosten wegen der zu übernehmenden Versicherung durch die Emittenten oder wegen höherer Vergütung der Experten zur Folge und sei deshalb nach dieser Meinung abzulehnen. Weiterhin würden aufgrund des hohen Haftungsrisikos mittelständische Berater dadurch vom Markt verdrängt.[1812] Schließlich kritisiert *Mülbert*, dass die Emissionsbanken, wenn sie im Rahmen eines Systems der Teilverantwortung ungeprüft die Expertenaussagen übernehmen dürften, ihre wichtige Funktion als „gatekeeper" einbüßen würden.[1813]

1808 BMF Diskussionsentwurf KapInHaG, NZG 2004, (1042), 1050.
1809 BMF Diskussionsentwurf KapInHaG, NZG 2004, (1042), 1050.
1810 BMF Diskussionsentwurf KapInHaG, NZG 2004, (1042), 1051.
1811 Vgl. dazu *Prütting* in: MüKO ZPO, § 286 Rn. 103.
1812 DAV-Stellungnahme zum DiskE KapInhaG, ZIP 2004, (2348), 2352.
1813 *Mülbert*, JZ 2002, (826), 833.

(c) Bewertung

Zwar ist der Kritik des DAV zuzugeben, dass ohne eine Pflicht die Verantwortung zu übernehmen, kaum ein Experte ohne Gegenleistung bereit sein wird, dies freiwillig zu tun und sich somit in eine Haftungsgefahr zu begeben. Die angeblich höheren Kosten für die Emittenten bei Erfassung aller Mitwirkenden könnten durch eine höhere Qualität der Prospekte und einer Erweiterung der Haftungsmasse für die Anleger aber volkswirtschaftlich gerechtfertigt sein. Dass ein rechtspraktisches Bedürfnis für eine Expertenhaftung besteht, wurde oben dargelegt.[1814] Schließlich kann gerade durch eine Haftungsdeckelung in entsprechender Höhe erreicht werden, dass auch mittelständische Berater sich die Versicherung leisten können. Sogar Einzelanwälte müssen sich nach § 51 Abs. 4 S. 1 BRAO mindestens auf 250.000 Euro pro Versicherungsfall versichern. Für eine mittelständische Kanzlei oder Wirtschaftsprüfungsgesellschaft ist eine Versicherung von ungefähr 4 Millionen Euro also sicherlich machbar, bzw. sogar berufsrechtlich verpflichtend, wenn regelmäßig Mandate angenommen werden, die diesen Gegenstandswert erreichen.[1815] Dies dürfte bei Prospekten regelmäßig der Fall sein. Allerdings sollte keine starre Haftungsdeckelung eingeführt werden, wie im Vorschlag vorgesehen. Vorzuziehen ist mit *Zimmer/Binder* eine variable Haftungsdeckelung, die sich nach einem gewissen Prozentsatz am Emissionsvolumen bemisst.[1816] Da Expertenaussagen oft einen gewichtigen Teil des Prospekts ausmachen, sollte dieser Satz zumindest 50 % betragen. Damit ist die Versicherbarkeit und gleichzeitig gewährleistet, dass sich die beteiligten Experten nicht mit der Größe einer Emission übernehmen. So werden auch heute schon bei Börsengängen und großen Emissionsvolumina meist Großkanzleien und Wirtschaftsprüfungsgesellschaften beauftragt, die dies personell und materiell bewerkstelligen können. Gegen die Kritik *Mülberts* bzgl. des Einbüßens der wichtigen Funktion der Emissionsbanken als „Gatekeeper“ kann eingewendet werden, dass schon heute keine grobe Fahrlässigkeit angenommen wird, wenn sie das Testat eines Wirtschaftsprüfers ungeprüft übernehmen.[1817] Das Prinzip

1814 Siehe oben unter (1) und (2).

1815 *Sassenbach* in: Terbille/Höra, MAH Versicherungsrecht, § 18 Rn. 39.

1816 *Zimmer/Binder*, WM 2005, (577), 582. *Schroeder*, Persönlicher Anwendungsbereich Prospekthaftung, S. 136 f. spricht sich dagegen für eine Koppelung an das Prüfungshonorar aus. Dies lädt aber eher zu Umgehungen ein, als eine Koppelung an das Emissionsvolumen, da das Honorar nicht zwingend das aus dem Emissionsvolumen entspringende Risiko abbildet.

1817 *Assmann* in: Assmann/Schütze, Handbuch des Kapitalanlagerechts, 4. Aufl. 2015, § 5 Rn. 182 f.; *Zimmer/Binder*, WM 2005, (577), 579.

der Teilverantwortung würde dasjenige der Gesamtverantwortung nicht ersetzen, sondern ergänzen. So ist es im Rahmen der bürgerlichen Prospekthaftung im Vergleich der dritten (Garantenhaftung) zu den beiden anderen Gruppen bereits der Fall.

(4) Vorschläge in der Literatur hinsichtlich der Schaffung einer Expertenhaftung

In der Literatur wird vor allem eine etwaige Haftung des Abschlussprüfers, aber auch der sonstigen Experten diskutiert.

(a) Abschlussprüfer

Zunächst wird in der Literatur de lege ferenda die Ausweitung der spezialgesetzlichen Prospekthaftung auf Abschlussprüfer besonders befürwortet,[1818] da ihr Testat eine besonders wichtige Rolle im Prospekt einnehme und sie daher gewissermaßen als Emissionshelfer fungierten.[1819] Mit dem Zahlengerüst des Abschlussberichts stehe und falle der Informationswert des Gesamtprospekts.[1820] Nur mit ihrer Einbeziehung in die Prospekthaftung könne die mangelnde Verantwortung der Emissionsbank bei ungeprüfter Übernahme des Testats begegnet werden.[1821]

(b) Sonstige Experten

Damit ist aber der Weg bereitet und es kein großer Schritt mehr, die Einbeziehung aller Experten in die Prospekthaftung zu fordern. Dies hat zunächst *Fleischer* gefordert, indem er meinte, es lege „*die Einheitlichkeit des Lebenssachverhalts nahe, die Verantwortlichkeit für alle an der Prospekterstellung Beteiligten rechtssystematisch an einer Stelle zu konzentrieren.*“[1822]

Assmann betrachtet dieses Problem später aus einem anderen Blickwinkel. Er meint nämlich, durch das AnSVG sei der bürgerlich-rechtlichen Prospekthaftung von Experten bei Vermögensanlagen der Boden entzogen worden und es bedürfe einer Korrektur, um diese von der Rechtsprechung als notwendig erkannte Haftung zu retten. Dies könne nach seiner Ansicht einerseits durch eine

1818 Zur Lage de lege lata siehe oben unter Teil 3 § 3 C. I. 2. c).

1819 *Baums/Fischer*, Haftung des Prospekt- und des Abschlussprüfers gegenüber den Anlegern, Arbeitspapier Nr. 115, S. 8; *Schroeder*, Persönlicher Anwendungsbereich Prospekthaftung, S. 113 f.

1820 *Fleischer*, Gutachten F, DJT 2002, S. F 67.

1821 *Fleischer*, Gutachten F, DJT 2002, S. F 67; *Kaufmann*, Prospektpflicht, S. 230; *Schroeder*, Persönlicher Anwendungsbereich Prospekthaftung, S. 116 f.

1822 *Fleischer*, Gutachten F, DJT 2002, S. F 67.

sogenannte kleine Korrektur geschehen, indem nur für Vermögensanlagen die Verantwortlichkeit von Experten statuiert wird. Dagegen spreche allerdings, dass der unterschiedliche Adressatenkreis im Vergleich zu Wertpapierprospekten dogmatisch nicht begründbar sei.[1823] Deshalb solle die andere Alternative - die große Korrektur - gewählt werden, nach der alle Prospekthaftungstatbestände um die Alternative der Expertenhaftung erweitert würden. Dafür spreche, dass die Prospektrichtlinie eine solche Teilverantwortung zulasse.[1824] Außerdem gebe es eine solche Haftung im bezüglich der Prospekthaftung besonders entwickelten U.S. - amerikanischen Recht schon.[1825] So haftet nach sec. 11 (a) (4) Securities Act 1933 jeder berufliche Sachkenner für von ihm erstellte Prospektteile, wenn mit seiner Zustimmung sein Name als Prospektersteller in den Prospekt aufgenommen wird.[1826] Weiterhin bestehe besonderes Vertrauen gegenüber den Informationen von Experten, so dass ihre Haftung geboten erscheint. Sie konnten aber bisher ihre Haftung nach der bürgerlich-rechtlichen Prospekthaftung ausschließen,[1827] indem sie der Wiedergabe ihrer Erklärung im Prospekt widersprachen. Ein Widerspruch gegen die Aufnahme der Aussage im Prospekt geht de lege lata nur bei Wirtschaftsprüfern nicht.[1828] Bei Vermögensanlagen folgt das aus § 11 VermVerkProspV, nach dem der Name, die Anschrift und die Berufsbezeichnung des Abschlussprüfers, der Bestätigungsvermerk einschließlich zusätzlicher Bemerkungen in den Verkaufsprospekt aufgenommen werden müssen und der Wirtschaftsprüfer dem nicht widersprechen kann. Bei Aktien ergibt sich dies aus der Nennung der Abschlussprüfer gemäß § 7 WpPG i.V.m. Art. 3

1823 *Assmann*, AG 2004, (435), 445.

1824 *Assmann*, AG 2004, (435), 446.

1825 *Assmann*, AG 2004, (435), 446.

1826 Sec. 11 (a) (4) Securities Act 1933 lautet: "*every accountant, engineer, or appraiser, or any person whose profession gives authority to a statement made by him, who has with his consent been named as having prepared or certified any part of the registration statement, or as having prepared or certified any report or valuation which is used in connection with the registration statement, with respect to the statement in such registration statement, report, or valuation, which purports to have been prepared or certified by him.*" Zu den Einschränkungen siehe Herman & MacLean v. Huddleston, 459 U.S. (375), 381 Fn. 11 (1983); McFarland v. Memorex Corp., 493 F.Supp. (631), 643 (1980); Ahern v. Gaussoin, 611 F.Supp. (1465), 1482 (1985).

1827 Im Rahmen der spezialgesetzlichen Prospekthaftung wird es hingegen schon an einer Verantwortungsübernahme der Experten bzgl. des Prospekts fehlen, *Assmann* in: Assmann/Schlitt/von Kopp-Colomb, WpPG/VermAnlG, 3. Aufl. 2017, §§ 21–23 WpPG Rn. 84, § 20 VermAnlG Rn. 31.

1828 *Assmann*, AG 2004, (435), 446.

und Anhang I Nr. 2 der Prospektverordnung,[1829] bei Anteilen an Investmentvermögen aus § 164 Abs. 2 Nr. 18 KAGB. Allerdings folgt daraus noch keine spezialgesetzliche Prospekthaftung, da die Experten keine Verantwortung für den Prospekt (§§ 21 Abs. 1 S. 1 Nr. 1 WpPG; 20 Abs. 1 Var. 1 VermAnlG; 306 Abs. 1 S. 1 Var. 2 KAGB) im Sinne einer Unterschrift übernehmen müssen, §§ 5 Abs. 4 WpPG; 7 Abs. 3 S. 1 Nr. 1 VermAnlG i.V.m. 3 VermVerkProspV.[1830] Die Versicherbarkeit des Schadens sei für Experten wegen der Haftung nur für grobe Fahrlässigkeit überschaubar.[1831] Auch *Assmann* spricht sich für eine Haftungsdeckelung aus, nennt aber keine Summe.[1832] Der Vertrag mit Schutzwirkung zu Gunsten Dritter greife als Haftungsinstrument gegenüber Experten wegen der mangelnden Erkennbarkeit und Eingrenzbarkeit des geschützten Personenkreises nicht. Folglich sei die Teilverantwortung von Experten als flexibles Instrument sehr zu befürworten.[1833]

Zimmer/Binder orientieren sich in ihrer Kritik am Vorschlag im KapInhaG, meinen aber, dass § 44a BörsG-E sich an der bürgerlich-rechtlichen Prospekthaftung orientieren sollte. Demnach sei Voraussetzung einer Expertenhaftung, dass der Experte mit einer eigenen Aussage im Prospekt erscheine und dies mit seinem Einverständnis geschehe.[1834] Allerdings kommt dies wiederum einer ausdrücklichen Verantwortungsübernahme gleich.

(c) Bewertung

Der Entwurf des KapInHaG und die Vorschläge in der Literatur hinsichtlich der Einführung einer Expertenhaftung stimmen in vielen Punkten überein. Die Ergänzung des Prinzips der Gesamtverantwortlichkeit durch das der Teilverantwortlichkeit ist für Vermögensanlagen nach § 7 Abs. 3 S. 1 Nr. 1 VermAnlG, § 3 VermVerkProspV bereits eingeleitet worden. Zwar fehlt es auch insoweit bisher noch an einer verpflichtenden Verantwortungsübernahme für Expertenaussagen und einem daraus resultierenden durchsetzbaren Anknüpfungspunkt für eine Haftung. Eine solche sollte de lege ferenda geschaffen werden und darüber

1829 VO (EG) Nr. 809/2004, Abl. EU Nr. L 149/9, 28.

1830 Zu diesem Erfordernis *Maas* in: Assmann/Schlitt/von Kopp-Colomb, WpPG/VermAnlG, 3. Aufl. 2017, § 3 VermVerkProspV Rn. 14 ff. Zu der nach der h.M. ebenfalls bestehenden Voraussetzung der haftungsrechtlichen Gesamtverantwortung für den Prospekt siehe oben unter Teil 3 § 3 C. I. 2. a) bb).

1831 *Assmann*, AG 2004, (435), 447.

1832 *Assmann*, AG 2004, (435), 447.

1833 *Assmann*, AG 2004, (435), 446 f.

1834 *Zimmer/Binder*, WM 2005, (577), 581.

hinaus das Prinzip der Teilverantwortung auch auf Wertpapiere und Investmentvermögen übertragen werden. Bei der bisher für eine spezialgesetzliche Prospekthaftung vorausgesetzten Verantwortungsübernahme für den gesamten Prospekt hat es sich niemals um einen Rechtsgrundsatz gehandelt handelt, sondern um ein bloßes Resultat der Gesetzeslektüre.[1835] Als diskutabel erscheint dagegen einerseits die Frage, welche Experten haften ((**5**)(**a**)) und ob sie diese Haftung ausschließen oder begrenzen können (**b**). Andererseits ist die Beweislastverteilung zwischen Anlegern und Experten angemessen zu lösen (**c**).

(5) Kreis der Haftenden und Umfang

(a) Kreis der Haftenden

Bezüglich der in die Haftung einbezogenen Experten ist zunächst zuzugeben, dass die Abschlussprüfer durch ihr Testat eine herausragende Stellung im Prospekt einnehmen. Andererseits können auch rechtliche oder technische Gutachten je nach Branche eine herausragende Stellung einnehmen. Eine Expertenhaftung nur für Abschlussprüfer wäre daher zu eng angesetzt. Allerdings erscheint es, wie der DAV-Handelsrechtsausschuss richtig darlegt,[1836] als zu weitgehend, jeden im Prospekt als mitwirkend Erwähnten in die Haftung einzubeziehen. Eine Haftung nur bei freiwilliger Verantwortungsübernahme für bestimmte Inhalte könnte dagegen wieder zu kurz greifen. Sie sollte zwar eingeführt werden, um Experten ihren Stellungnahmen die entsprechende Aussagekraft verleihen lassen zu können und Emittenten für diese Punkte zu entlasten. Gleichzeitig sollte diese Möglichkeit mit der gesetzlichen Pflicht flankiert werden, dass gewisse Experten für bestimmte Inhalte die Verantwortung übernehmen müssen. Das betrifft in erster Linie die Abschlussprüfer für das im Prospekt verwendete Testat, wie es früher in § 30 BörsZulV geregelt war und jetzt in § 11 VermVerkProspV angelegt ist. Darüber hinaus sind gemäß § 9 Abs. 2 Nr. 7 VermVerkProspV Name des Erstellers, Datum und Ergebnis eines Bewertungsgutachtens über ein Anlageobjekt in den Prospekt aufzunehmen. Schließlich sollte es für bestimmte Arten von Wertpapieren und Vermögensanlagen unterschiedlich ausgestalte Prospektpflichten geben, in denen dann jeweils die Verantwortungsübernahme von Experten für bestimmte Aussagen statuiert werden kann. Diese Entwicklung hat bereits begonnen.

So befindet sich in Anhang I Nr. 13.2 der Prospektverordnung die Pflicht, für Aktien einen von unabhängigen Buchprüfern oder Abschlussprüfern erstellten

1835 *Assmann*, AG 2004, (435), 447.
1836 Siehe oben unter (3) (b).

Bericht im Wertpapierprospekt mit dem Inhalt zu veröffentlichen, dass die Gewinnprognose oder -schätzung nach Meinung der unabhängigen Buchprüfer oder Abschlussprüfer auf der angegebenen Grundlage ordnungsgemäß erstellt wurde und dass die Rechnungslegungsgrundlage, die für die Gewinnprognose oder -schätzung verwendet wurde, mit den Rechnungslegungsstrategien des Emittenten kohärent ist.

Nach Anhang II Nr. 7 der Prospektverordnung muss in dem Bericht der Buch- oder Abschlussprüfer ebenfalls die ordnungsgemäße Erstellung und Kohärenz der Pro forma-Finanzinformationen[1837] bestätigt werden.

Aber auch für andere Expertenaussagen sind derartige Pflichten vom europäischen Gesetzgeber bereits angedacht worden. So sieht Art. 23 Nr. 1 i.V.m. Anhang XIX der Prospektverordnung vor, dass für in bestimmten Branchen tätige Emittenten wie z.B. Immobilien, Bergbau oder Schifffahrt die zuständige Behörde im Mitgliedsstaat, also z.B. die BaFin in Deutschland, das Erfordernis zusätzlicher Angaben im Prospekt statuieren kann. Darunter fallen nach Art. 23 Nr. 1 z.B. Berichte von Sachverständigen, die auf die Bewertung des Vermögens des Emittenten Einfluss haben. Das ehemalige Committee of European Securities Regulators (CESR)[1838] sah in seinen Empfehlungen z.B. ein Wertgutachten bei Prospekten über Immobiliengesellschaften (Nr. 130) oder ein Gutachten über die zu erwartende Ausbeutung bei Bergbaugesellschaften (Nr. 133) vor.[1839] Daher läge es nahe, diese Expertenaussagen in die Prospekthaftung mit einzubeziehen und so zu einer Koppelung von verschiedensten Prospektpflichten an eine einheitliche Prospekthaftung zu kommen.[1840] Außerhalb des Anwendungsbereichs der Prospektrichtlinie und der sie konkretisierenden Verordnung ist hierfür der nationale Gesetzgeber in die Pflicht zu nehmen.

1837 Erwägungsgrund (9) der Prospektverordnung definiert sie folgendermaßen: „Pro forma- Finanzinformationen müssen dann beigebracht werden, wenn es zu bedeutenden „Brutto"-Veränderungen kommt, d.h. eine mindestens 25%ige Schwankung in Bezug auf einen oder mehrere Indikatoren, die den Umfang der Geschäftstätigkeit des Emittenten bestimmen, wobei die Situation des Emittenten Ergebnis einer speziellen Transaktion ist."

1838 Es ist mit der Errichtung einer europäischen Finanzaufsicht zum 1.1.2011 in der European Securities and Markets Authority (ESMA) aufgegangen.

1839 CESR's recommendations, ref: 05~054b, Januar 2005, abrufbar unter: https://www.esma.europa.eu/sites/default/files/library/2015/11/05_054b.pdf, zuletzt verifiziert am: 19.2.2019.

1840 Für eine Prospektverantwortlichkeit von Experten, wenn deren Prüfungen im Prospekt zwingend vorgesehen sind, spricht sich auch *Kaufmann* aus, Prospektpflicht, S. 230.

(b) Haftungsumfang

Einen Haftungsausschluss für Experten braucht es in den Bereichen, in denen sie nicht verpflichtend die Verantwortung übernehmen müssen, gar nicht. Übernehmen sie sie aber freiwillig oder müssen sie sie verpflichtend übernehmen, so dient die bereits oben befürwortete Haftungsdeckelung auf einen gewissen Prozentsatz des Emissionsvolumens[1841] als ausreichende und flexible Beschränkung. Bezüglich des Verschuldensmaßstabs sollte auch keine Modifikation möglich sein, da sie ohnehin erst bei grober Fahrlässigkeit haften, wenn man sich richtigerweise an den übrigen Prospekthaftungstatbeständen orientiert.

(c) Beweislastverteilung

Bezüglich der Beweislastverteilung überzeugt der Vorschlag des KapInHaG in § 45 Abs. 3 BörsG-E. Entsprechend der Beweislastverteilung bei der Gesamtverantwortlichkeit nach §§ 23 Abs. 1 WpPG, 20 Abs. 3 VermAnlG, soll auch hier der Experte den Beweis dafür antreten müssen, dass die fehlerhaften Angaben nicht seinem Verantwortungsbereich angehören.

c) Gesetzgeberische Ausgestaltung einer Organ- und Expertenhaftung

Nach der hier vertretenen Lösung knüpft sowohl die Organ- als auch die Expertenhaftung an die Prospektpflicht im Sinne einer Verantwortungsübernahme an. Es müsste also in den einzelnen Gesetzen, die eine Prospektpflicht statuieren (WpPG, VermAnlG, KAGB), geregelt werden, dass die Organe nicht nur im Namen des Emittenten oder Anbieters, sondern auch im eigenen Namen die Verantwortung übernehmen müssen. Auch eine Pflicht für die Experten, für die von ihnen produzierten Prospektteile die Verantwortung übernehmen zu müssen, müsste darin geregelt sein. Damit ist eine Flexibilität hinsichtlich der einzelnen Gruppen von Anlageprodukten gewährleistet ohne den Haftungstatbestand unterschiedlich formulieren zu müssen, wie es der Vorschlag von *Schroeder* vorsieht.[1842] Diese Pflicht dürfte sich aber jeweils nur auf die Vollprospekte beziehen. Freilich kann durch entsprechende Aussagen auch in den übrigen

1841 Siehe oben unter (3) (c). Dagegen verneint *Schroeder*, Persönlicher Anwendungsbereich Prospekthaftung, S. 134 f. eine Haftungsdeckelung, wenn Experten freiwillig die Verantwortung für den Prospekt übernehmen. Eine Versagung der Deckelung dürfte aber dazu führen, dass kaum ein Experte freiwillig die Verantwortung übernehmen wird.

1842 *Schroeder*, Persönlicher Anwendungsbereich Prospekthaftung, S. 258 f. im Gegensatz zu S. 261 f.

Publikationen, insbesondere in der Werbung, eine Prospektverantwortlichkeit dieser Gruppen eingreifen.

Schließlich ist im Prospekthaftungsgesetz die Haftungsbegrenzung dieser Gruppen, wie oben beschrieben, in einer gesonderten Vorschrift zu regeln.

C. Gesetzesvorschlag

Aus den vorangegangenen Kriterien ergibt sich folgender Vorschlag für ein Prospekthaftungsgesetz:

§ 1 Definitionen

(1) Vermögensanlagen im Sinne dieses Gesetzes sind alle Anlageformen, für die die Veröffentlichung eines Prospekts gesetzlich vorgeschrieben ist.
(2) Prospekte sind alle Informationsmedien, die beim Vertrieb von Vermögensanlagen eingesetzt werden.
(3) Vollprospekte sind diejenigen Prospekte, die umfassend über die Vermögensanlagen informieren sollen.
(4) Kurzprospekte sind die gesetzlich vorgeschriebenen Publikationen von Kurzinformationen.
(5) Werbung sind die beim Vertrieb eingesetzten Prospekte, die nicht gesetzlich vorgeschrieben sind und sich auf ein öffentliches Angebot oder eine Zulassung beziehen.

§ 2 Haftung für Vollprospekte

(1) Sind in einem Vollprospekt wesentliche Angaben unrichtig oder unvollständig (fehlerhaft), kann der Erwerber der Vermögensanlagen von denjenigen, die für den Vollprospekt insgesamt oder für die fehlerhaften wesentlichen Angaben die Verantwortung übernommen haben, und von denjenigen, von denen der Erlass des Vollprospekts ausgeht, als Gesamtschuldnern den Unterschiedsbetrag zwischen dem Erwerbspreis und dem aufgrund der fehlerhaften Angaben tatsächlichen oder fiktiven geminderten Veräußerungspreis sowie der damit verbundenen üblichen Kosten verlangen, sofern das Erwerbsgeschäft nach Veröffentlichung des Vollprospekts und während dessen gesetzlich vorgesehener maximalen Gültigkeit bei öffentlichen Angeboten bzw. innerhalb von sechs Monaten nach erstmaliger Einführung der Wertpapiere zum Handel an einem organisierten Markt abgeschlossen wurde.
(2) Nach Absatz 1 kann nicht in Anspruch genommen werden, wer nachweist, dass er die Unrichtigkeit oder Unvollständigkeit der Angaben nicht gekannt hat und dass die Unkenntnis nicht auf grober Fahrlässigkeit beruht.

(3) Der Anspruch nach Absatz 1 oder Absatz 2 besteht nicht, soweit
1. die Vermögensanlagen nicht aufgrund des Vollprospekts erworben wurden,
2. der Sachverhalt, über den unrichtige oder unvollständige Angaben im Vollprospekt enthalten sind, nicht zu einer Minderung des Erwerbspreises der Vermögensanlagen beigetragen hat oder
3. der Erwerber die Unrichtigkeit oder Unvollständigkeit der Angaben des Vollprospekts beim Erwerb kannte.

(4) Werden Vermögensanlagen eines Emittenten mit Sitz im Ausland auch im Ausland öffentlich angeboten, besteht der Anspruch nach Absatz 1 oder Absatz 2 nur, sofern die Vermögensanlagen aufgrund eines im Inland abgeschlossenen Geschäfts oder einer ganz oder teilweise im Inland erbrachten Wertpapierdienstleistung erworben wurden.

§ 3 Haftung für Kurzprospekte

(1) Wer Vermögensanlagen nach der Veröffentlichung eines Kurzprospekts erworben hat, kann von denjenigen, die den Kurzprospekt veröffentlichen mussten, als Gesamtschuldnern den Unterschiedsbetrag zwischen dem Erwerbspreis und dem aufgrund der fehlerhaften Angaben tatsächlichen oder fiktiven geminderten Veräußerungspreis sowie der damit verbundenen üblichen Kosten verlangen, sofern das Erwerbsgeschäft nach Veröffentlichung des Vollprospekts und während dessen gesetzlich vorgesehener maximalen Gültigkeit bei öffentlichen Angeboten bzw. innerhalb von sechs Monaten nach erstmaliger Einführung der Wertpapiere zum Handel an einem organisierten Markt abgeschlossen wurde.

(2) Nach Absatz 1 kann nicht in Anspruch genommen werden, wer nachweist, dass er die Unrichtigkeit des Kurzprospekts nicht gekannt hat und dass die Unkenntnis nicht auf grober Fahrlässigkeit beruht.

(3) Der Anspruch nach Absatz 1 besteht nicht, soweit
1. die Vermögensanlagen nicht aufgrund des Kurzprospekts erworben wurden,
2. die in dem Kurzprospekt enthaltenen Angaben nicht irreführend, unrichtig oder mit den einschlägigen Teilen des Vollprospekts vereinbar sind,
3. der Sachverhalt, über den unrichtige oder unvollständige Angaben im Kurzprospekt enthalten sind, nicht zu einer Minderung des Erwerbspreises der Vermögensanlagen beigetragen hat oder
4. der Erwerber die Unrichtigkeit der Angaben des Kurzprospekts beim Erwerb kannte.

(4) Werden Vermögensanlagen eines Emittenten mit Sitz im Ausland auch im Ausland öffentlich angeboten, besteht der Anspruch nach Absatz 1 nur, sofern die Vermögensanlagen aufgrund eines im Inland abgeschlossenen Geschäfts oder einer ganz oder teilweise im Inland erbrachten Wertpapierdienstleistung erworben wurden.

§ 4 Haftung für Werbung

(1) Wer Vermögensanlagen aufgrund von unrichtigen, irreführenden oder nicht mit den einschlägigen Teilen des Voll- oder Kurzprospekts vereinbaren Werbeangaben erworben hat, kann von demjenigen, der die Werbung veröffentlicht hat und von demjenigen, für dessen Rechnung die Veröffentlichung erfolgt, den Unterschiedsbetrag zwischen dem Erwerbspreis und dem aufgrund der fehlerhaften Angaben tatsächlichen oder fiktiven geminderten Veräußerungspreis sowie der damit verbundenen üblichen Kosten verlangen.

(2) Nach Absatz 1 kann nicht in Anspruch genommen werden, wer nachweist, dass er die Unrichtigkeit der Werbeangaben nicht gekannt hat und dass die Unkenntnis nicht auf grober Fahrlässigkeit beruht.

(3) Der Anspruch nach Absatz 1 besteht nicht, soweit

1. die in der Werbung enthaltenen Angaben nicht irreführend, unrichtig oder mit den einschlägigen Teilen des Vollprospekts vereinbar sind,
2. der Sachverhalt, über den unrichtige oder unvollständige Angaben in der Werbung enthalten sind, nicht zu einer Minderung des Erwerbspreises der Vermögensanlagen beigetragen hat oder
3. der Erwerber die Unrichtigkeit der Werbeangaben beim Erwerb kannte.

(4) Werden Vermögensanlagen eines Emittenten mit Sitz im Ausland auch im Ausland öffentlich angeboten, besteht der Anspruch nach Absatz 1 nur, sofern die Vermögensanlagen aufgrund eines im Inland abgeschlossenen Geschäfts oder einer ganz oder teilweise im Inland erbrachten Wertpapierdienstleistung erworben wurden.

(5) Die Haftung entfällt, wenn die fehlerhafte Werbeangabe vor dem Erwerb in einer mindestens gleich breitenwirksamen Weise wie die ursprüngliche Werbung oder individuell gegenüber dem Erwerber berichtigt wurde.

§ 5 Haftungshöchstgrenzen

(1) [1]Sofern nach den vorhergehenden Vorschriften ein Organmitglied in die Haftung gerät, kann es, wenn es grob fahrlässig gehandelt hat, seine Haftung insgesamt auf einen Höchstbetrag in Höhe der vierfachen, ihm von der Gesellschaft in den letzten zwölf Monaten vor der unrichtigen Angabe

oder dem Zeitpunkt, zu welchem der Prospekt hätte veröffentlicht werden müssen, geleisteten Bruttovergütung einschließlich der variablen Vergütungsbestandteile beschränken. [2]Übersteigen mehrere zu leistende Entschädigungen den in Satz 1 bezeichneten Höchstbetrag, so verringern sich die einzelnen Entschädigungen in dem Verhältnis, in dem ihr Gesamtbetrag zum Höchstbetrag steht.

(2) Schließt die Gesellschaft für ihre Organmitglieder eine Versicherung ab, durch die eine Inanspruchnahme abgedeckt werden soll, so ist ein Selbstbehalt zu Lasten des Versicherten in Höhe von fünfzig Prozent der Versicherungssumme zu vereinbaren.

(3) [1]Sofern nach den vorhergehenden Vorschriften ein Experte in die Haftung gerät, der in Ausübung seine beruflichen Tätigkeit Prospektangaben verantwortet hat, kann er seine Haftung, wenn er grob fahrlässig gehandelt hat, auf einen Höchstbetrag von 50 % des Emissionsvolumens beschränken. [2]Übersteigen mehrere zu leistende Entschädigungen den in Satz 1 bezeichneten Höchstbetrag, so verringern sich die einzelnen Entschädigungen in dem Verhältnis, in dem ihr Gesamtbetrag zum Höchstbetrag steht.

§ 6 Haftungsbeschränkung; sonstige Ansprüche

(1) Eine Vereinbarung, durch die Ansprüche nach §§ 2 bis 4 im Voraus ermäßigt oder erlassen werden, ist unwirksam.

(2) Weitergehende Ansprüche, die nach den Vorschriften des bürgerlichen Rechts aufgrund von Verträgen oder unerlaubten Handlungen erhoben werden können, bleiben unberührt.

Ergebnisse der Untersuchung

Im Folgenden sollen die wesentlichen Ergebnisse der Untersuchung zusammenfassend dargestellt werden.

1. Bei der Prospekthaftung handelt es sich um eine Kapitalmarktinformationshaftung, die typischer-, aber nicht notwendigerweise, den Primärmarkt betrifft.[1843] Zur Zeit ihrer Entstehung 1896 füllte sie die Lücke im Anlegerschutz, die darin bestand, dass die die Emission begleitenden Banken - trotz ihres großen Einflusses auf den Prospekt - im Fall eines Prospektfehlers nicht nach den bestehenden zivilrechtlichen Haftungsvorschriften in Anspruch genommen werden konnten. Die Ausgestaltung im BörsG von 1896 wies aber einen viel zu engen Anwendungsbereich auf, als dass der Prospekthaftung danach große praktische Relevanz zugekommen wäre und war als Marktortregelung auf Börsenzulassungen beschränkt.[1844] Im AuslInvG und im KAGG wurde die Prospekthaftung im Bereich des Investmentsparens erstmals an den Vertrieb gekoppelt. Allerdings erfasste sie Immobilienfonds in Form der KG, geschlossene Immobilienfonds und Gesellschaften, die in andere Anlagen als Wertpapiere, Grundstücke oder Erbbaurechte investierten, nicht.[1845] Außerdem bezog sie sich nicht auf eigene Werbeschriften der Vermittler, wodurch sie insgesamt einen zu schmalen Anwendungsbereich aufwies.[1846]

2. Eine auf Prospektpflichten basierende spezialgesetzliche Prospekthaftung stellt ein rechtökonomisch gebotenes Mittel dar, um die auf dem Primärmarkt bestehende Informationsassymetrie zwischen den Emittenten bzw. Anbietern, an die sich die Prospektpflicht richtet, und den Anlegern auszugleichen. Maßnahmen der Kapitalmarktaufsicht, des Strafrechts, des Gewerberechts und des Wettbewerbsrechts ergänzen die Funktion der Prospekthaftung, die Anleger mit zuverlässigen Informationen zu versorgen, ersetzen sie aber nicht. Die durch diesen Anspruch erfolgende privatrechtliche Normdurchsetzung führt zu einer umfassenderen Marktkontrolle, als dies eine Behörde gewährleisten könnte. Die im Gewerberecht neuerdings vorausgesetzte nachprüfbare Sachkunde der Intermediäre führt durch eine bessere Beratung mittelbar zu einer Qualitätssteigerung der Prospekte, genügt aber alleine nicht. Die Wettbewerber des fehlerhaft

1843 Teil 1 § 1.
1844 Teil 1 § 2 A. I.
1845 Teil 1 § 2 A. II.
1846 Teil 1 § 2 A. II. 2., 3.; B. I.

informierenden Emittenten können dagegen in der Regel nicht beweisen, dass ihnen ansonsten das Anlagekapital zugeflossen wäre, weshalb ihr Schadensersatzanspruch nach dem UWG nicht effektiv wirkt. Das Strafrecht schließlich ist als ultima ratio ein zu schneidiges Schwert für die meisten Prospektfehler. Den privatrechtlichen Prospekthaftungsansprüchen kommt durch ihre Abschreckungs- und Schadensvermeidungsfunktion eine gebotene verhaltenssteuernde Wirkung zur Steigerung der Prospektqualität zu. Daneben sollte ein Billigungsverfahren für das Vermögensanlagen-Informationsblatt durch die BaFin vorgeschrieben werden.[1847]

3. Die Zweigleisigkeit der Prospekthaftung beruht zum einen auf dem Untätigbleiben des Gesetzgebers zu einer Zeit, als mit den Abschreibungsgesellschaften eine neue Anlageform Konjunktur hatte.[1848] Zum anderen verfolgte die Rechtsprechung bei der Ausbildung der bürgerlich-rechtlichen Prospekthaftung einen falschen methodischen Weg. Anstatt eine Gesamtanalogie zu den spezialgesetzlichen Prospekthaftungsvorschriften auszubilden, stützte sie sich auf eine Fortbildung der Vertrauenshaftung in Anlehnung an die c.i.c. Dadurch wurden die verfassungsmäßigen Grenzen richterlicher Rechtsfortbildung verletzt.[1849]

4. Das Konkurrenzverhältnis zwischen spezialgesetzlicher und bürgerlich-rechtlicher Prospekthaftung ist in der Literatur immer noch umstritten und eine höchstgerichtliche Klärung zu dieser Frage steht aus.[1850] Die Auslegung der spezialgesetzlichen Konkurrenznormen macht jedoch deutlich, dass die bürgerlich-rechtliche Prospekthaftung im Anwendungsbereich der spezialgesetzlichen Prospekthaftungstatbestände umfassend verdrängt ist.[1851]

a) Im objektiven Anwendungsbereich heißt dies, dass de lege lata die bürgerlich-rechtliche Prospekthaftung grundsätzlich bei Anlageformen in Betracht kommt, für die keine Prospektpflicht besteht. Durch Einführung des Auffangtatbestands in § 1 Abs. 2 Nr. 7 VermAnlG im Zuge des KleinanlegerschutzG und des 1. FiMaNoG sind aber derartige Anlageformen kaum mehr denkbar.[1852] Als einzig verbliebener Anwendungsbereich der bürgerlich-rechtlichen Prospekthaftung innerhalb des Anwendungsbereichs des WpPG ist ein Informationsmemorandum mit „prospektgleichem Zuschnitt“ zu sehen, wenn daneben noch ein

1847 Teil 1 § 3.
1848 Teil 1 § 2 A. III., B. II.
1849 Teil 2 § 3.
1850 Teil 3 § 1.
1851 Teil 3 § 2 B.
1852 Teil 3 § 3 B. II. 1. a).

gültiger Börsenzulassungsprospekt vorliegt.[1853] Für Werbung neben dem Prospekt besteht dagegen de lege lata spezialgesetzlich keine Haftung.[1854] Dasselbe gilt hinsichtlich Werbung neben den für alle Bereiche von Kapitalanlagen eingeführten verpflichtenden Kurzinformationen.[1855]

b) In subjektiver Hinsicht stellt der unterschiedliche Kreis an Prospektverantwortlichen die Hauptdistinktion zwischen der spezialgesetzlichen und der bürgerlich-rechtlichen Prospekthaftung dar. Sie lässt sich durch die unterschiedliche historische Entwicklung erklären. Während die spezialgesetzlichen Prospekterlasser und -veranlasser auf dem BörsG von 1896 fußen, sind die drei Gruppen der bürgerlich-rechtlichen Prospekthaftung - die das Management bildenden Gründer, Initiatoren und Gestalter der Gesellschaft, die Hintermänner und Garanten - durch die Rechtsprechung langsam herausgebildet worden. Im Hinblick auf Hintermänner und Prospektveranlasser besteht bereits ein Gleichlauf beider Haftungsregime. Der maßgebliche Unterschied liegt damit in der Haftung der emittierenden Gesellschaft, die es nur spezialgesetzlich gibt, und der Experten, die es nach ganz h.M. bisher nur im Rahmen der bürgerlich-rechtlichen Prospekthaftung gibt. Eine ergänzende Anwendung der bürgerlich-rechtlichen Prospekthaftung auf Experten im Anwendungsbereich der spezialgesetzlichen Prospekthaftung ist dagegen ausgeschlossen.[1856]

5. Durch die Zweigleisigkeit der Prospekthaftungsansprüche haben sich folgende Unstimmigkeiten zwischen spezialgesetzlicher und bürgerlich-rechtlicher Prospekthaftung herausgebildet:

a) Zwar stimmen die haftungsrelevanten Prospektfehler dahingehend überein, dass bei beiden Ausprägungen der Prospekthaftung sowohl für unrichtige als auch für unvollständige wesentliche Angaben gehaftet wird. Dies kann aber nur hinsichtlich der spezialgesetzlichen Prospekthaftung überzeugen. Dagegen besteht bei der bürgerlich-rechtlichen Prospekthaftung immer Unsicherheit bzgl. der Vollständigkeit, weshalb dort private Normgeber wie das IdW Einfluss auf die Auslegung gewonnen haben.[1857] Der Beurteilungshorizont für Prospektangaben und -fehler richtet sich nach jüngerer höchstgerichtlicher Rechtsprechung nunmehr auch im Rahmen der spezialgesetzlichen Prospekthaftung nach dem typischerweise angesprochenen Anleger. Damit hat sinnvollerweise eine Angleichung an die bürgerlich-rechtliche Prospekthaftung stattgefunden, bei der der

---

1853 Teil 3 § 3 B. I. 6.

1854 Teil 3 § 3 B. I. 5.; II. 3.; III. 3.

1855 Teil 3 § 3 B. IV.

1856 Teil 3 § 3 C.

1857 Teil 4 § 1 I. 1. b).

BGH immer schon auf den typischerweise zu erwartenden Informationsstand hinsichtlich der konkret angebotenen Kapitalanlage rekurriert hat[1858] Wenn ein Prospektfehler durch eine Aktualisierung korrigiert wird, ist der spezialgesetzliche Schutz der Anleger durch ein nur kurzfristiges Widerrufsrecht schwach ausgestaltet. Zwar wird von der Rechtsprechung auch bei Prospekten im Sinne der bürgerlich-rechtlichen Prospekthaftung eine ständige Aktualisierungs- und Berichtigungspflicht angenommen, allerdings ohne dass es hier ein Widerrufsrecht für die Anleger gibt.[1859]

b) Bei Prospektfehlern setzen beide Formen der Prospekthaftung die haftungsbegründende Kausalität des Fehlers für die Anlageentscheidung voraus. Hierfür beinhalten die spezialgesetzlichen Prospekthaftungstatbestände - bis auf die Beweislastverteilung beim Vermögensanlagen-Informationsblatt, bei der der Anleger den Beweis zu führen hat, - alle eine Beweislastumkehr. Hinsichtlich der bürgerlich-rechtlichen Prospekthaftung sind verschiedene Beweiserleichterungen diskutiert werden, die aber meist hinter einer vollständigen Beweislastumkehr zurückbleiben.[1860]

Im Rahmen der spezialgesetzlichen Prospekthaftung kann - außer im Bereich der Investementvermögensprospekte - die vollständige fehlende haftungsausfüllende Kausalität als rechtsvernichtende Einwendung geltend gemacht werden. Dagegen setzt die bürgerlich-rechtliche Prospekthaftung gar keine haftungsausfüllende Kausalität voraus, da letztere nicht vor einer Entwertung der Anlage, sondern vor einem von Prospektfehlern unbeeinflussten Anlageentschluss schützen soll, wobei hierbei zugleich wieder eine Ausnahme für die Prospekthaftung von Garanten gemacht wird.[1861]

c) Der bei der spezialgesetzlichen Prospekthaftung vorausgesetzte Verschuldensgrad beträgt mindestens grobe Fahrlässigkeit, während bei der bürgerlich-rechtlichen Prospekthaftung schon leichte Fahrlässigkeit als ausreichend erachtet wird.[1862]

Das Problem, ob eine Nachforschungspflicht als Mitverschulden berücksichtigungsfähig ist, sowie das Problem einer möglichen Haftungsfreizeichnung sind bei der bürgerlich-rechtlichen Prospekthaftung umstritten. Bei der spezialgesetzlichen Prospekthaftung ist die Haftungsfreizeichnung explizit ausgeschlossen. Ein Mitverschulden ist nur insofern berücksichtigungsfähig, als dass

1858 Teil 4 § 1 A. I. 2.
1859 Teil 4 § 1 A. I. 3.
1860 Teil 4 § 1 A. II. 1.
1861 Teil 4 § 1 A. II. 2.
1862 Teil 4 § 1 A. III. 1.

ein Verkauf unter Marktpreis sowie die unterlassene Anzeige der beabsichtigten Geltendmachung des Prospekthaftungsanspruchs gegenüber den Prospektverantwortlichen zu einem Abzug beim ersetzungsfähigen Schaden führt.[1863]

d) Die Rechtsfolge der spezialgesetzlichen Prospekthaftungsansprüche ist bei Inhaberschaft der Anteile durch den Anspruchsteller auf Rückabwicklung und sonst auf den Differenzschaden jeweils inklusive der Erstattung der Erwerbsnebenkosten gerichtet. Zusätzlich gibt es bei Wertpapieren und Vermögensanlagen nach dem VermAnlG eine Beschränkung auf den Ausgabepreis. Die bürgerlich-rechtliche Prospekthaftung geht hier weiter und lässt die Geltendmachung des Differenzschadens auch bei Inhaberschaft zu. Außerdem kann in ihrem Rahmen der entgangene Gewinn verlangt werden. Eine Beschränkung auf den Ausgabepreis gibt es hier ebenso wenig wie bei der investmentrechtlichen Prospekthaftung. Eine Einschränkung macht die bürgerlich-rechtliche Prospekthaftung für die Haftung von Garanten, die nur für diejenigen Schäden einstehen müssen, die aus dem Umstand resultieren, die sie fälschlicherweise garantiert haben.[1864]

6. Die Vereinheitlichung der Prospekthaftung ist notwendig und rechtsmethodisch gerechtfertigt. Eine europarechtliche Notwendigkeit besteht durch den sogenannten Äquivalenzgrundsatz, nach dem die Prospekthaftung im harmonisierten Bereich nicht weniger effizient sein darf als im sonstigen nationalen Recht. Dies kann aber nicht nur durch eine Übertragung der Grundsätze der bürgerlich-rechtlichen Prospekthaftung auf die spezialgesetzliche erreicht werden, sondern auch durch eine Aufgabe dieser Rechtsprechungsfigur.[1865] In rechtsökonomischer Hinsicht mindert die Zweigleisigkeit der Prospekthaftungsansprüche die Kapitalguteigenschaft der gehandelten Anlageprodukte. Aufgrund der aus der Zweigleisigkeit resultierenden Rechtsunsicherheit sind die Transaktionskosten im Vergleich zu einem einheitlichen Prospekthaftungsregime höher und die Zweigleisigkeit erweist sich damit als ineffizient. Auch rechtsökonomisch ist daher eine Vereinheitlichung geboten.[1866] Die rechtsmethodische Rechtfertigung der Vereinheitlichung ergibt sich durch eine Rückbesinnung auf die dogmatisch einheitliche Wurzel der beiden Prospekthaftungsstränge.[1867] Bei einer rechtsvergleichenden Betrachtung ist festzustellen, dass in keinem anderen Land der EU eine derartige Zersplitterung der Prospekthaftungsansprüche besteht. In den USA ist die bundesstaatliche Prospekthaftung in wenigen spezialgesetzlichen

---

1863 Teil 4 § 1 A. III. 2.; Teil 5 § 5 B. V.
1864 Teil 4 § 1 A. IV.
1865 Teil 4 § 1 B.
1866 Teil 4 § 1 C.
1867 Teil 4 § 2 A.

Vorschriften geregelt und in der Schweiz sogar in einer einzigen.[1868] Rechtshistorisch ist darauf hinzuweisen, dass die Herausbildung der Zweigleisigkeit auf einer zu langsamen und zu laxen Gesetzgebung und auf einer ihre Kompetenzen überschreitenden Rechtsprechung fußt.[1869]

7. Zur Umsetzung der gebotenen Vereinheitlichung ist von den älteren in der Literatur gemachten Vorschlägen derjenige von *Coing*, der die bürgerlich-rechtliche Prospekthaftung in einer Gesamtanalogie zu den spezialgesetzlichen Prospekthaftungstatbeständen bilden wollte, am überzeugendsten. Damit trifft er den Kern, dass die bürgerlich-rechtliche Prospekthaftung kein eigenes Rechtsinstitut darstellt.[1870] Demgegenüber sind die anderen, in der Literatur ausgeführten Vorschläge dogmatisch nicht überzeugend und/oder praktisch nicht umsetzbar.[1871]

8. Mein eigener Vorschlag für ein einheitliches Prospekthaftungsgesetz belässt die Prospektpflichten und die Anforderungen an den Prospekt in den bestehenden einzelnen Gesetzen. Die Prospekthaftungsansprüche werden hingegen aus diesen Gesetzen ausgeklammert und in einem neu zu schaffenden Prospekthaftungsgesetz zentriert.[1872]

9. Bei der Ausgestaltung dieses Prospekthaftungsgesetzes sollten de lege ferenda folgende Punkte beachtet werden:

a) Für die Beurteilung, ob ein wesentlicher, die Haftung begründender Prospektfehler vorliegt, sollte eine Gesamtbetrachtung aller beim Vertrieb verwendeten Aussagen - egal ob schriftlich oder mündlich - vorgenommen werden. Das betrifft zum einen die von der Prospektpflicht erfassten Vollprospekte und Kurzinformationen. Aber auch für nicht von der Prospektpflicht erfasste Werbeaussagen würde dann gehaftet werden. Als für die von der Haftungsvorschrift erfassten Fehler bietet sich hinsichtlich der Kurzinformationen und dem Werbematerial der bei den gesetzlich verpflichtenden Kurzinformationsblättern existierende Maßstab an, wobei insoweit dem Fehler der „Irreführung" besondere Bedeutung zukommen wird.[1873]

b) Der Prospekthaftungsanspruch sollte im Falle der Richtigstellung der Prospektfehler durch eine Aktualisierung nur entfallen, wenn sichergestellt werden kann, dass diese den Anleger auch üblicherweise erreichen kann. Dafür bietet sich eine persönliche Bekanntgabe der Aktualisierung in Textform z.B. durch

1868 Teil 4 § 2 B.
1869 Teil 4 § 2 C.
1870 Teil 5 § 1 D.
1871 Teil 5 §§ 1–4.
1872 Teil 5 § 5 A. Zum Formulierungsvorschlag siehe Teil 5 § 5 C.
1873 Teil 5 § 5 B. I.

eine E-Mail an. Aktualisierungsverpflichtet können nur die Gesamtverantwortlichen des Prospekts sein. Erfolgt der Vertrieb über einen Finanzintermediär, sollte entsprechend der Regelung in der neuen EU-Prospektverordnung dieser verpflichtet werden, die Anleger von dem Nachtrag in Kenntnis zu setzen.[1874]

c) Die Beweislastumkehr hinsichtlich der haftungsbegründenden Kausalität sollte als allgemeiner Standard festgelegt werden, soweit Pflichtveröffentlichungen betroffen sind. Hinsichtlich der Angaben in der Werbung sollte dagegen der Anleger die Beweislast dafür tragen, dass er die Vermögensanlagen aufgrund der Angaben in der Werbung erworben hat.[1875] Im Rahmen der haftungsausfüllenden Kausalität sollte der Nachweis gestattet werden, dass sich der Prospektfehler nur teilweise auf den Kurs- bzw. Wertverlust ausgewirkt hat.[1876]

d) Hinsichtlich des vorausgesetzten Verschuldensgrads stellt die Beschränkung auf grobe Fahrlässigkeit das Korrelat zur Ausweitung der Haftungsverpflichteten gegenüber der vertraglichen Haftung dar und sollte im Rahmen der gebotenen Vereinheitlichung beibehalten werden. Auch die Haftung nach §§ 24 WpPG, 21 VermAnlG, 306 Abs. 5 KAGB für einen fehlenden Prospekt verzichtet trotz fehlender Erwähnung des Verschuldens im Gesetzeswortlaut schon de lege lata nicht auf ein Verschuldenserfordernis, da dies einen Systembruch im deutschen Recht darstellen würde. De lege ferenda sollten diese Haftungsvorschriften wieder gestrichen werden, da fehlende Prospekte zugleich unvollständig in wesentlichen Angaben sind und hierfür bereits eine Haftung besteht.[1877] Bezüglich des berücksichtigungsfähigen Mitverschuldens sollte bei einer Vereinheitlichung insgesamt die bereits de lege lata bestehende spezialgesetzliche Lösung übernommen werden.[1878]

e) Die spezialgesetzliche Verjährungsfrist für Prospekthaftungsansprüche, die die Rechtsprechung sogar auf die bürgerlich-rechtliche Prospekthaftung analog anwandte, wurde inzwischen aufgehoben.[1879] Das wird teilweise kritisiert. Diese gesetzgeberische Entscheidung sollte aber respektiert werden, zumal sich die Regelverjährungsfrist im BGB bzgl. der Verjährung von Prospekthaftungsansprüchen im internationalen Vergleich im üblichen Rahmen bewegt.[1880] Die Ausschlussfrist, bis wann der Anleger die Vermögensanlage nach Veröffentlichung

1874 Teil 5 § 5 B. III.
1875 Teil 5 § 5 B. IV. 1.
1876 Teil 5 § 5 B. IV. 2.
1877 Teil 5 § 5 B. V. 1.
1878 Teil 5 § 5 B. V. 2; Teil 4 § 1 A. III. 2.
1879 Teil 5 § 5 B. VI. 1.
1880 Teil 5 § 5 B. VI. 1.

des Prospekts erworben haben muss, um seinen Prospekthaftungsanspruch noch geltend machen zu können, sollte sich de lege ferenda an der je nach Anlageprodukt gesetzlich festgelegten bzw. noch festzulegenden maximalen Gültigkeit des jeweils betroffenen Prospekts orientieren. Etwas anderes gilt nur für Börsenzulassungsprospekte, bei denen eine Vielzahl weiterer Informationen zugänglich wird. Hier kann man es bei der sechsmonatigen Ausschlussfrist nach der erstmaligen Börseneinführung belassen.[1881]

f) Als erstattungsfähiger Schaden sollte die Beschränkung auf den Ausgabepreis wegfallen und im Übrigen die Differenz zwischen dem Marktpreis zum Zeitpunkt des Erwerbs und dem hypothetischen Marktpreis ohne Einfluss der fehlerhaften Information gefordert werden können. Die insbesondere gesellschaftsrechtlichen Unstimmigkeiten, die durch das Rückabwicklungsverhältnis entstehen, wären dadurch beseitigt. Der entgangene Gewinn sollte entsprechend der bisherigen spezialgesetzlichen Lösung nicht vom Schadensersatz erfasst sein, um keine neuen Spekulationsmöglichkeiten für Anleger zu eröffnen.[1882]

g) Ergänzend zu den bereits von der bestehenden spezialgesetzlichen Prospekthaftung erfassten Haftungsadressaten sollte eine speziagesetzliche Haftung der Organe und Experten eingeführt werden. Eine spezielle Prospekthaftung der gewerbsmäßigen Vermittler und Verkaufsvertreter bedarf es bei einer Neuregelung der spezialgesetzlichen Prospekthaftung nicht, da sie bereits durch das allgemeine Zivilrecht ausreichend erfasst sind.[1883]

aa) Organe werden zwar auch bisher schon teilweise von der Prospekthaftung erfasst, wenn sie unter den Begriff der Prospekterlasser oder -veranlasser subsumiert werden können. Dies genügt aber aus rechtspraktischer Sicht nicht. Der Organaußenhaftung kommt eine verhaltenssteuernde Funktion zur Einhaltung der kapitalmarktrechtlichen Publizitätsvorschriften zu. Damit diese Funktion nicht wieder entfällt, sollte im Fall des Abschlusses einer D&O-Versicherung ein verpflichtender Selbstbehalt in Höhe von 50 % der Versicherungssumme eingeführt werden. Um eine Überabschreckung der Organe zu vermeiden und die Möglichkeit der Versicherbarkeit zu eröffnen, sollte aber die Haftung auf das Vierfache eines Bruttojahresgehalts gedeckelt werden. Rechtstechnisch lässt sich die Haftung dadurch bewerkstelligen, dass die Organe der emittierenden Gesellschaft oder des Anbieters für den ganzen Prospekt die Verantwortung übernehmen müssen und somit unter die Gruppe der Prospekterlasser fallen.[1884]

1881 Teil 5 § 5 B. VI. 2.

1882 Teil 5 § 5 B. VII.; VIII. 1.

1883 Teil 5 § 5 B. VIII. 2.

1884 Teil 5 § 5 B. VIII. 3. b) aa) und 3. c).

bb) Eine Haftung nicht am Vertrag beteiligter Experten geht bereits auf die mensorische Klage im römischen Recht zurück, fand aber in das BGB keinen Eingang.[1885] Ein rechtspraktisches Bedürfnis hierfür hat aber immer bestanden, wie die in diesem Bereich kreative Rechtsprechung deutlich macht.[1886] Die Ausgestaltung einer Prospekthaftung der Experten de lege ferenda ist durch eine Ergänzung des Prinzips der Gesamtverantwortlichkeit für den Prospekt mit einer möglichen Teilverantwortlichkeit zu bewerkstelligen, indem auch haftungsrechtlich für einzelne Angaben die Verantwortung übernommen werden kann. In den die Prospektpflichten regelnden Gesetzen müsste der Gesetzgeber dann festlegen, für welche Angaben die Experten die Verantwortung übernehmen müssen. Um keine Übermaßhaftung der Experten herbeizuführen, ist deren persönliche Haftung aber zu begrenzen. Als Maßstab bietet sich das Emissionsvolumen an und als untere Grenze 50 % des Emissionsvolumens. Die Beweislast dafür, dass die fehlerhaften Angaben nicht seinem Verantwortungsbereich angehören, sollte der Experte tragen müssen.[1887]

10. Durch ein Ausweiten der Prospektpflichten verbunden mit einem wie hier vorgeschlagenen Prospekthaftungsgesetz könnte von der Rechtsprechungsfigur der bürgerlich-rechtlichen Prospekthaftung endgültig Abschied genommen werden. Dadurch würde ein Stück mehr Rechtssicherheit auf dem deutschen Kapitalmarkt entstehen.

1885 Teil 5 § 5 B. VIII. 3. a) bb).
1886 Teil 5 § 5 B. VIII. 3. b) bb).
1887 Teil 5 § 5 B. VIII. 3. c).

Literaturverzeichnis

Akerlof, George A.: The Market for „Lemons“: Quality Uncertainty and the Market Mechanism, Q.J. Econ., Bd. 84 (1970), 488–500.

Altmeppen, Holger: Anmerkung zu LG Frankfurt am Main, Urteil vom 6.10.1992 - 3/11 O 173/91, DB 1993, 84–86.

Apfelbacher, Gabriele; Metzner, Manuel: Das Wertpapierprospektgesetz in der Praxis - Eine erste Bestandsaufnahme, BKR 2006, 81–90.

Arndt, Jan-Holger; Voß, Thorsten: Verkaufsprospektgesetz, München 2008, zit.: *Bearb.* in: Arndt/Voß, VerkprospG.

Assmann, Heinz-Dieter: Der Inhalt des Schadensersatzanspruchs fehlerhaft informierter Kapitalanleger, in: Festschrift für Hermann Lange zum 70. Geburtstag, Stuttgart 1992.

Ders.: Die Prospekthaftung beruflicher Sachkenner de lege lata und de lege ferenda, AG 2004, 435–448.

Ders.: Entwicklungstendenzen der Prospekthaftung, WM 1983, 138–144.

Ders.: Konzeptionelle Grundlagen des Anlegerschutzes, ZBB 1989, 49–63.

Ders.: Prospekthaftung als Haftung für die Verletzung kapitalmarktbezogener Informationsverkehrspflichten nach deutschem und US-amerikanischem Recht, Köln 1985, zit.: *Assmann*, Prospekthaftung.

Ders.; Schlitt, Michael; Kopp-Colomb, Wolf von: Wertpapierprospektgesetz / Verkaufsprospektgesetz, 2. Aufl., Köln 2010, Wertpapierprospektgesetz / Vermögensanlagengesetz, 3. Aufl., Köln 2017.

Ders.; Schütze Rolf A: Handbuch des Kapitalanlagerechts, 4. Aufl., München 2015, 3. Aufl., München 2007.

Aurich, Bastian: Der wesentliche Prospektfehler nach KAGB und VermAnlG, GWR 2016, 23–26.

Ders.: Neues Maßnahmenpaket für den grauen Kapitalmarkt, GWR 2014, 295–297.

Bader, Hermann Georg: Dringender Reformbedarf beim Crowdinvesting!, WM 2014, 2249–2257.

Ballerstedt, Kurt: Zur Haftung für culpa in contrahendo bei Geschäftsabschluß durch Stellvertreter, AcP 151 (1950/51), 501–531.

Bar, Christian von: Vertrauenshaftung ohne Vertrauen - Zur Prospekthaftung bei der Publikums-KG in der Rechtsprechung des BGH -, ZGR 1983, 476–512.

Barta, Sebastian: Der Prospektbegriff in der neuen Verkaufsprospekthaftung, NZG 2005, 305–309.

Basler Kommentar Obligationenrecht II (Art. 530 ff. OR): 4. Aufl., Basel 2012, zit.: *Bearb.* in: Basler Kommentar OR II.

Baumbach, Adolf; Hopt, Klaus J.: Handelsgesetzbuch, 37. Aufl., München 2016, zit.: *Bearb.* in: Baumbach/Hopt, HGB.

Baums, Theodor: Haftung wegen Falschinformation des Sekundärmarktes, ZHR 167 (2003), 139–192.

Ders.; Fischer, Christian: Haftung des Prospekt- und des Abschlussprüfers gegenüber den Anlegern, Arbeitspapier Nr. 115 des Instituts für Bankrecht an der Johann Wolfgang Goethe-Universität, Frankfurt am Main.

Baur, Jürgen: Investmentgesetze, 2. Aufl., Berlin 1997, zit.: *Baur,* InvestmG, 2. Aufl. 1997.

Ders.; Tappen, Falko: Investmentgesetze, 3. Aufl., Berlin 2015, zit. *Bearb.* in: Baur/Tappen, InvestmG, 3. Aufl. 2015.

Bayer, Walter; Habersack, Matthias (Hrsg.): Aktienrecht im Wandel, Tübingen 2007.

Beck'scher Online Kommentar BGB: 43. Edition, Stand: 15.6.2017, 37. Edition, Stand 1.11.2015, zit.: *Bearb.* in: BeckOK, BGB.

Beck'scher Online Kommentar GewO: 38. Edition, Stand 1.5.2017, zit.: *Bearb.* in: BeckOK, GewO.

Beck'scher Online Kommentar GG: 33. Edition, Stand 1.6.2017, zit.: *Bearb.* in: BeckOK, GG.

Benecke, Martina: Haftung für Inanspruchnahme von Vertrauen - Aktuelle Fragen zum neuen Verkaufsprospektgesetz -, BB 2006, 2597–2600.

Berger, Hanno; Steck, Kai-Uwe; Lübbehüsen, Dieter: Investmentgesetz, Investmentsteuergesetz, München 2010, zit.: *Bearb.* in: Berger/Steck/Lübbehüsen.

Bergmann, Henning: Anlegerschutz im Kleinanlegerschutzgesetz, Bankrechtstag 2015, 47–81.

Bernreuther, Friedrich: Sachmängelhaftung und Werbung, MDR 2003, 63–68.

Berrar, Carsten; Meyer, Andreas; Müller, Cordula; Schnorbus, York; Singhof, Bernd; Wolf, Christoph: Frankfurter Kommentar zum WpPG und zur EU-ProspektVO, 2. Aufl., Frankfurt am Main 2017, zit.: *Bearb.* in: Berrar/Meyer/Müller/Schnorbus/Singhof/Wolf.

Beul, Carsten René: Si mensor falsum modum dixerit - Untersuchungen zu D. 11,6, zu den Artes liberales und zum Dolus malus -, Darmstadt 1998, zit.: *Beul,* Si mensor.

Bitter, Georg: Wirksamkeit von Rangrücktritten und vorinsolvenzlichen Durchsetzungssperren - AGB-rechtliche Grenzen der Hybridisierung von Fremdkapitalinstrumenten - ZIP 2015, 345–356.

Böckli, Peter: Schweizer Aktienrecht, 4. Aufl., Zürich 2009.

Bohlken, Lars; Lange, Meik: Die Prospekthaftung im Bereich geschlossener Fonds nach §§ 13 Abs. 1 Nr. 3, 13a Verkaufsprospektgesetz n. F., DB 2005, 1259–1263.

Bongertz, Bastian: Verschuldensunabhängige Haftung bei fehlendem Prospekt trotz Abstimmung mit der BaFin? - Zugleich eine Besprechung des Urteils des OLG München vom 2.11.2011 – 20 U 2289/11 -, BB 2012, 470–475.

Börsen-Enquete-Kommission: Bericht der Börsen-Enquete-Kommission, Berlin 1893.

Bosch, Ulrich: Expertenhaftung gegenüber Dritten - Überlegungen aus Sicht der Bankenpraxis, ZHR 163 (1999), 274–285.

Brand, Dietrich: Zwischen fundierter Anlageberatung und Informationsüberflutung - der Schutz des Privatanlegers vor Gericht, jM 2014, 2–7.

Breit, James: Die Überwälzung des Risikos des Aktienbesitzes seitens der Aktionäre auf die Aktiengesellschaft. - Eine Erwiderung. - LZ 1913, 337–347.

Bremer, Heinz: Grundzüge des deutschen und ausländischen Börsenrechts, Berlin 1969, zit.: *Bremer*, Grundzüge Börsenrecht.

Brinkhaus, Josef; Scherer, Peter: KAGG, AuslInvestmG - Gesetz über Kapitalanlagegesellschaften, Auslandsinvestmentgesetz, München 2003, zit.: *Bearb.* in: Brinkhaus/Scherer, KAGG bzw. AuslInvestmG.

Brocker, Till; Lohmann, Oliver: Die Aufsicht über den Vertrieb von Vermögensanlagen nach dem Vermögensanlagengesetz und der Gewerbeordnung, GWR 2012, 335–339.

Bröker, Klaus F.; Machunsky, Jürgen: Die Produkt- und Vertriebskontrollen nach dem Kleinanlegerschutzgesetz, BKR 2016, 229–234.

Bronger, Björn; Scherer, Peter: Das neue europäische Prospektrecht - (Geplante) Änderungen und ihre Auswirkungen, WM 2017, 460–468.

Bruchwitz, Sebastian; Voß, Thorsten: Der Regierungsentwurf für ein Gesetz zur Novellierung des Finanzanlagenvermittler- und Vermögensanlagenrechts, BB 2011, 1226–1234.

Buck-Heeb, Petra: Aufsichtsrechtliches Produktverbot und zivilrechtliche Rechtsfolgen - Der Anleger zwischen Mündigkeit und Schutzbedürftigkeit, BKR 2017, 89–99.

Dies.: Das Kleinanlegerschutzgesetz, NJW 2015, 2535–2541.

Dies.: Vom Kapitalanleger- zum Verbraucherschutz - Befund und Auswirkungen auf das Recht der Anlageberatung -, ZHR 176 (2012), 66–95.

Bujotzek, Peter; *Mocker, Felix*: Kleinanlegerschutzgesetz - offene Fragen beim Crowdinvesting, BKR 2015, 358–361.

Bußalb, Jean-Pierre: Kleinanlegerschutzgesetz: Mehr Transparenz auf dem Grauen Kapitalmarkt, Fachartikel der BaFin vom 5.1.2015, abrufbar unter: https://www.bafin.de/SharedDocs/Veroeffentlichungen/DE/Fachartikel/2015/fa_bj_1501_kleinanlegerschutzgesetz.html, zuletzt verifiziert am: 19.2.2019.

Ders.: Produktintervention und Vermögensanlagen, WM 2017, 553–558.

Ders.:*Schermuly, Katharina*: Neue Befugnisse der BaFin nach dem Kleinanlegerschutzgesetz - Ausgewählte Fragestellungen aus der Aufsichtspraxis zu Vermögensanlagen, WM 2016, 2005–2011.

Ders.; Vogel, Dennis: Das Gesetz über Vermögensanlagen - neue Regeln für geschlossene Fonds, WM 2012, 1416–1426.

Dies.: Das Kleinanlegerschutzgesetz: Neue Pflichten für Anbieter und Emittenten von Vermögensanlagen, WM 2015, Teil 1: 1733–1742, Teil 2: 1785–1791.

Buth, Andrea K.; *Hermanns, Michael*: Restrukturierung, Sanierung, Insolvenz, 3. Aufl., München 2009, zit.: *Bearb.* in: Buth/Hermanns, Restrukturierung, Sanierung, Insolvenz.

Bydlinski, Franz: Juristische Methodenlehre und Rechtsbegriff, 2. Aufl., Wien 1991, zit.: *Bydlinski*, Methodenlehre.

Calabresi, Guido: Some Thoughts in Risk Distribution and the Law of Torts, Yale Law Journal, Bd. 70 (1961), 499–553.

Ders.: The Cost of Accidents. A Legal and Economic Analysis, New Haven, London 1970.

Canaris, Claus-Wilhelm: Bankvertragsrecht, 2. Aufl., Berlin 1981.

Ders.: Die Feststellung von Lücken im Gesetz, 2. Aufl., Berlin 1983, zit. *Canaris*, Lücken im Gesetz.

Ders.: Die Reichweite der Expertenhaftung gegenüber Dritten, ZHR 163 (1999), 206–245.

Ders.: Die Vertrauenshaftung im deutschen Privatrecht, München 1971, zit.: *Canaris*, Vertrauenshaftung.

Ders.: Schutzwirkungen zugunsten Dritter bei „Gegenläufigkeit" der Interessen, JZ 1995, 441–446.

Ders.; Larenz, Karl: Methodenlehre der Rechtswissenschaft, 3. Aufl., Berlin 1995, zit.: *Canaris/Larenz*, Methodenlehre.

Canzler, Sabine; Hammermaier, Steffen: Die Verfolgung und Ahndung wertpapierrechtlicher Delinquenz durch die Wertpapieraufsicht der BaFin: Das kapitalmarktrechtliche Bußgeldverfahren, AG 2014, 57–73.

Casper, Matthias: Das Kleinanlegerschutzgesetz - zwischen berechtigtem und übertriebenem Paternalismus, ZBB 2016, 265–282.

Ders: Persönliche Außenhaftung der Organe bei fehlerhafter Information des Kapitalmarkts?, BKR 2005, 83–90.

Chiappinelli, Eric A.: Gun Jumping: The Problem of Extraneous Offers of Securities, University of Pittsburgh Law Review, Bd. 50 (1989), 457–511.

Choi, Stephen J.: Behavioral Economics and the Regulation of Public Offerings, Lewis & Clark Law Revision, Bd. 10 (2006), 85–135.

Coing, Helmut: Haftung aus Prospektwerbung für Kapitalanlagen in der neueren Rechtsprechung des Bundesgerichtshofes, WM 1980, 206–212.

Crezelius, Georg: Grauer Kapitalmarkt und Rechtsordnung, BB 1985, 209–218.

Damrau, Jan: Selbstregulierung im Kapitalmarktrecht - Eine rechtsökonomische Analyse der Normsetzung der deutschen Börsen und ihrer Träger -, Berlin 2003.

Danwerth, Christopher: Crowdinvesting - Ist das Kleinanlegerschutzgesetz das junge Ende einer innovativen Finanzierungsform?, ZBB 2016, 20–39.

Danwitz, Thomas von: Wege zu besserer Gesetzgebung in Europa, JZ 2006, 1–9.

Darby, Michael R.; Karni, Edi: Free Competition and the Optimal Amount of Fraud, Journal of Law and Economics, Bd. 16 (1973), 67–88.

Devlin, Rose Anne: Some welfare implications of no-fault automobile insurance, International Review of Law and Economics Vol. 10 (1990), 193–205.

Dietz, Rolf: Anspruchskonkurrenz bei Vertragsverletzung und Delikt, Bonn und Köln 1934, zit.: *Dietz*, Anpruchskonkurrenz.

Dörner, Barbara: Das partiarische Darlehen - Ein aufsichtsfreies Anlagemodell als Sprungbrett zur Börse -, experten report 2007, Heft 4, 2–3.

Dornseifer, Frank; Jesch, Thomas A.; Klebeck, Ulf; Tollmann, Claus: AIFM-Richtlinie, München 2013, zit.: *Bearb.* in: Dornseifer/Jesch/Klebeck/Tollmann, AIFM-Richtlinie.

Dühn, Matthias: Schadensersatzhaftung börsennotierter Aktiengesellschaften für fehlerhafte Kapitalmarktinformation - De lege lata und de lege ferenda -, Frankfurt am Main 2013, zit.: *Dühn*, Kapitalmarkthaftung.

Ebenroth, Carsten Thomas; Boujong, Karlheinz; Joost, Detlev; Strohn, Lutz: Handelsgesetzbuch, Bd. 1, 3. Aufl., München 2014, zit.: *Bearbeiter* in: Ebenroth/Boujong/Joost/Strohn, HGB.

Ebke, Werner F.: Haftung einer Wirtschaftsprüfungsgesellschaft für einen fehlerhaften Prüfbericht in einem Wertpapierprospekt - Besprechung von BGH Urt. vom 24.4.2014 – III ZR 156/13 -, ZGR 2015, 325–345.

Ehricke, Harry: Zur zivilrechtlichen Prospekthaftung der Emissionsbanken gegenüber dem Wertpapieranleger, DB 1980, 2429–2432.

Eidenmüller, Horst: Effizienz als Rechtsprinzip, 4. Aufl., Tübingen 2015.

Ders.: Liberaler Paternalismus, JZ 2011, 814–821.

Ellenberger, Jürgen: Prospekthaftung im Wertpapierhandel, Berlin 2001, zit.: *Ellenberger*, Prospekthaftung.

Emde, Thomas; Dornseifer, Frank; Dreibus, Alexandra; Hölscher, Luise: Investmentgesetz - Mit Bezügen zum Kapitalanlagegesetzbuch -, München 2013, zit.: *Bearb.* in Emde/Dornseifer/Dreibus/Hölscher, InvG.

Emde, Thomas; Dreibus, Alexandra: Der Regierungsentwurf für ein Kapitalanlagegesetzbuch, BKR 2013, 89–102.

Engelhardt, Florian: Börsenprospekthaftung der Leitungsorgane von Emittenten in Deutschland und in Schweden, Berlin 2010, zit.: *Engelhardt*, Börsenprospekthaftung der Leitungsorgane.

Ders.: Vertragsabschlussschaden oder Differenzschaden bei der Haftung des Emittenten für fehlerhafte Kapitalmarktinformationen, BKR 2006, 443–448.

Engisch, Karl: Einführung in das juristische Denken, 11. Aufl., Stuttgart 2010, zit.: *Engisch*, Juristisches Denken.

Erlei, Mathias; Sauerland, Dirk; Leschke, Martin: Institutionenökonomik, 3. Aufl., Stuttgart 2016.

Fama, Eugene F.: Efficient Capital Markets: A Review of Theory and Empirical Work, 25 J.Fin. (1970), 383–417.

Ders.: Efficient Capital Markets: II, 46 J.Fin. (1991), 1575–1617.

Fischel, Daniel R.: Efficient Capital Markets the Crash and the Fraud on the Market Theory, 74 Corn.L.Rev. (1989), 907–922.

Fischer, Thomas: Strafgesetzbuch, 64. Aufl., München 2017.

Fleischer, Holger: Das Vierte Finanzmarktförderungsgesetz, NJW 2002, 2977–2983.

Ders.: Der Inhalt des Schadensersatzanspruchs wegen unwahrer oder unterlassener unverzüglicher Ad-hoc-Mitteilungen, BB 2002, 1869–1874.

Ders.: Empfiehlt es sich, im Interesse des Anlegerschutzes und zur Förderung des Finanzplatzes Deutschland das Kapitalmarkt- und Börsenrecht neu zu regeln? - Kapitalmarktrechtliches Teilgutachten - Gutachten F für den 64. Deutschen Juristentag, München 2002, zit.: *Fleischer*, Gutachten F, DJT 2002.

Ders.: Erweiterte Außenhaftung der Organmitglieder im Europäischen Gesellschafts- und Kapitalmarktrecht - Insolvenzverschleppung, fehlerhafte Kapitalmarktinformation, Tätigkeitsverbote -, ZGR 2004, 437–479.

Ders.: Prospektpflicht und Prospekthaftung für Vermögensanlagen des Grauen Kapitalmarkts nach dem Anlegerschutzverbesserungsgesetz, BKR 2004, 339–347.

Ders.: Zur Haftung bei fehlendem Verkaufsprospekt im deutschen und US-amerikanischen Kapitalmarktrecht, WM 2004, 1897–1903.

Ders.; *Kalss, Susanne*: Kapitalmarktrechtliche Schadensersatzhaftung und Kurseinbrüche an der Börse, AG 2002, 329–336.

Ders.; Zimmer, Daniel: Beitrag der Verhaltensökonomie (Behavioral Economics) zum Handels- und Wirtschaftsrecht, Frankfurt a.M. 2011, zit.: *Bearb.* in: Fleischer/Zimmer, Verhaltensökonomie.

Förster, Heinrich H.: Die Prospekthaftung der organisierten und grauen Kapitalmärkte, Frankfurt a.M. 2002.

Franck, Jens-Uwe: Marktordnung durch Haftung, Tübingen 2016.

Freitag, Robert; *Fürbaß, Jan*: Wann ist ein Fonds eine Investmentgesellschaft? - Zivilrechtliche Fragen des Betriebs des materiellen Fondsgeschäfts im unzulässigen Rechtskleid -, ZGR 2016, 729–759.

Frenz, Walter: Handbuch Europarecht, Band 5, Berlin 2010.

Fuchs, Andreas; Dühn, Matthias: Deliktische Schadensersatzhaftung für falsche Ad-hoc-Mitteilungen - Zugleich Besprechung des Urteils des OLG München, BKR 2002, 1096 -, BKR 2002, 1063–1071.

Gadinis, Stavros: The SEC and the Financial Industry: Evidence from Enforcement against Broker-Dealers, 67 Bus.Law. (2012), 679–728.

Gerber, Olaf: Die Prospekthaftung bei Wertpapieremissionen nach dem Dritten Finanzmarktförderungsgesetz - Eine Untersuchung der Vorschriften des Börsengesetzes und des Verkaufsprospektgesetzes im Vergleich zur US-amerikanischen Regelung -, Baden-Baden 2001, zit.: *Gerber*, Prospekthaftung nach dem 3. FMFG.

Gottschalk, Eckart: Die persönliche Haftung der Organmitglieder für fehlerhafte Kapitalmarktinformationen, Der Konzern 2005, 274–286.

Gräfer, Horst; Schiller, Bettina; Rösner, Sabrina: Finanzierung - Grundlagen, Institutionen, Instrumente und Kapitalmarkttheorie -, 8. Aufl., Berlin 2014, zit.: *Gräfer/Schiller/Rösner*, Finanzierung.

Groß, Wolfgang: Haftung für fehlerhafte oder fehlende Regel- oder ad-hoc-Publizität, WM 2002, 477–486.

Ders.: Kapitalmarktrecht, 6. Aufl., München 2016.

Grundmann, Stefan: Europäisches Gesellschaftsrecht, 2. Aufl., Heidelberg 2011.

Grundmann, Stefan; Selbherr, Benedikt: Börsenprospekthaftung in der Reform - Rechtsvergleichung, Europarecht, Interessenbewertung mit europäischer Analyse -, WM 1996, 985–993.

Gruson, Michael: Prospekterfordernisse und Prospekthaftung bei unterschiedlichen Anlageformen nach amerikanischem und deutschem Recht, WM 1995, 89–98.

Haarmann, Christian: Die Prospekthaftung am grauen Kapitalmarkt, Hamburg 2009.

Haas, Matthias; Hanowski, Bernd: Keine Prospekthaftung für Werbeaussagen?, NZG 2010, 254–256.

Habersack, Mathias; Mülbert, Peter O.; Schlitt, Michael: Handbuch der Kapitalmarktinformation, 2. Auflage, München 2013, zit.: *Bearb.* in: Habersack/Mülbert/Schlitt, Hdb. Kapitalmarktinf.

Dies.: Unternehmensfinanzierung am Kapitalmarkt, 3. Auflage, Köln 2013, zit.: *Bearb.* in: Habersack/Mülbert/Schlitt, Unternehmensfinanzierung.

Handkommentar zum Schweizer Privatrecht: Personengesellschaften und Aktiengesellschaft, Vergütungsverordnung, 3. Aufl., Zürich 2016, zit.: *Bearb.* in: Handkommentar Schweizer Privatrecht.

Hanke, Stefan: Überblick über die Prospekthaftung bei geschlossenen Fonds nach dem Inkrafttreten des KAGB, BKR 2014, 441–448.

Hannich, Fabian: Quo vadis, Kapitalmarktinformationshaftung? Folgt aufgrund des IKB-Urteils nun doch die Implementierung des KapInHaG?, WM 2013, 449–456.

Hanten, Mathias; Reinholz, Petra: Das Vermögensanlagengesetz, ZBB 2012, 36–49.

Harte-Bavendamm, Henning; Henning-Bodewig, Frauke: Gesetz gegen den unlauteren Wettbewerb, 4. Aufl., München 2016, zit.: *Bearb.* in: Harte-Bavendamm/Henning-Bodewig, UWG.

Hartrott, Sebastian; Goller, Sascha: Immobilienfonds nach dem Kapitalanlagegesetzbuch, BB 2013, 1603–1612.

Ders.; Voigt, Frederik: Gesetz zur Novellierung des Finanzanlagenvermittler- und Vermögensanlagenrechts, RdF 2012, 87–94.

Hasenkamp, Annabel: Die neue Prospektierungspflicht für Anbieter geschlossener Fonds, DStR 2004, 2154–2159.

Häuser, Karl; Rosenstock, Adolf H.: Börse und Kapitalmarktrecht, 5. Aufl., Frankfurt am Main 1997.

Hebrandt, Truls: Schadensersatzhaftung für mangelhafte Wertpapier-Produktflyer außerhalb einer vertraglichen Sonderverbindung, ZBB 2011, 451–459.

Hefendehl, Roland: Kollektive Rechtsgüter im Strafrecht, Köln 2002, zit.: *Hefendehl*, Kollektive Rechtsgüter.

Heidel, Thomas: Aktienrecht und Kapitalmarktrecht, 4. Aufl., Baden-Baden 2014.

Heisterhagen, Christoph: Die gesetzliche Prospektpflicht für geschlossene Fonds nach dem Regierungsentwurf des Anlegerschutzverbesserungsgesetzes, DStR 2004, 1089–1094.

Ders.: Prospekthaftung für geschlossene Fonds nach dem Börsengesetz - wirklich ein Beitrag zum Anlegerschutz?, DStR 2006, 759–764.

Heisterhagen, Christoph; *Conreder, Christian*: Die Regulierung des grauen Kapitalmarktes durch das Kleinanlegerschutzgesetz - Ein Überblick, DStR 2015, 1929–1934.

Hellgardt, Alexander: Europarechtliche Vorgaben für die Kapitalmarktinformationshaftung - de lege lata und nach Inkrafttreten der Marktmissbrauchsverordnung -, AG 2012, 154–168.

Ders.: Kapitalmarktdeliktsrecht, Tübingen 2008.

Ders.: Regulierung und Privatrecht, Tübingen 2016.

Ders.: Von der bürgerlich-rechtlichen Prospekthaftung zur Informationshaftung beim Vertrieb von Vermögensanlagen - Eine Nachlese zum „Rupert Scholz"-Urteil des BGH vor dem Hintergrund des neuen Vermögensanlagengesetzes -, ZBB 2012, 73–88.

Herresthal, Carsten: Aktuelle Entwicklungen der (v.a. bürgerlich-rechtlichen) Prospekthaftung, Bankrechtstag 2015, 104–161.

Hoffmeyer, Hannes: Gesetzesnamen als Etikettenschwindel? - Konsequenzen der ausgeweiteten spezialgesetzlichen Prospekthaftung für die Ansprüche von Anlegern -, NZG 2016, 1133–1139.

Holzborn, Timo: WpPG - Wertpapierprospektgesetz mit EU-Prospektverordnung und weiterführenden Vorschriften Kommentar -, 2. Aufl., Berlin 2014, zit.: *Bearb.* in: Holzborn, WpPG.

Hopt, Klaus J.: Die Haftung für Kapitalmarktinformationen - Rechtsvergleichende, rechtsdogmatische und rechtspolitische Überlegungen -, WM 2013, 101–112.

Ders.: Die Verantwortlichkeit der Banken bei Emissionen - Recht und Praxis in der EG, in Deutschland und in der Schweiz -, München 1991.

Ders.: Inwieweit empfiehlt sich eine allgemeine gesetzliche Regelung des Anlegerschutzes? Gutachten G zum 51. Deutschen Juristentag, München 1976, zit.: *Hopt*, Gutachten G zum 51. DJT 1976.

Ders.: Vom Aktien- und Börsenrecht zum Kapitalmarktrecht - Teil 1: Der international erreichte Stand des Kapitalmarktrechts-, ZHR 140 (1976), 201–235.

Ders.: Vom Aktien- und Börsenrecht zum Kapitalmarktrecht - Teil 2: Die deutsche Entwicklung im internationalen Vergleich -, ZHR 141 (1977), 389–441.

Ders.; *Voigt, Hans-Christoph* (Hrsg.): Prospekt- und Kapitalmarktinformationshaftung - Recht und Reform in der Europäischen Union, der Schweiz und den USA -, Tübingen 2005, zit.: *Bearb.* in: Hopt/Voigt, Kapitalmarktinformationshaftung.

Hüffer, Uwe: Die Publikumspersonengesellschaft und das Problem des Anlegerschutzes, JuS 1979, 457–465.

Jansen, Jean David; Pfeifle, Theresa: Rechtliche Probleme des Crowdfundings, ZIP 2012, 1842–1852.

Jesch, Thomas A.; Siemko, Sabrina: Das Kleinanlegerschutzgesetz - Verbraucherschutz, schneller als MiFID II erlaubt?, BB 2014, 2570–2572.

Jhering, Rudolph von: Der Zweck im Recht, Leipzig 1877.

Junglas, Benjamin: Zur Erstattungsfähigkeit entgangener Anlagezinsen, BKR 2013, 360–368.

Just, Clemens; Voß, Thorsten; Ritz, Corinna; Zeising, Michael: Wertpapierprospektgesetz (WpPG) und EU-Prospektverordnung, München 2009.

Kast, Angela: Der maßgebliche Empfängerhorizont bei der Beurteilung der Unrichtigkeit von Wertpapierprospekten, Frankfurt am Main 2017, zit.: *Kast*, Empfängerhorizont.

Kaufmann, Christian: Die Prospektpflicht nach dem WpPG - die Entwicklung des Prospektrechts infolge der Vorgaben durch EU-Prospektrichtlinie und EU-Prospektverordnung, Baden-Baden 2015, zit.: *Kaufmann*, Prospektpflicht.

Kersting, Christian: Die Dritthaftung für Informationen im Bürgerlichen Recht, München 2007, zit.: *Kersting*, Dritthaftung.

Ders.: Kapitalmarktrechtliche Informationseigenhaftung von Organmitgliedern, JR 2009, 221–225.

Keßler, Jürgen: UWG und Verbraucherschutz - Wege und Umwege zum Recht der Marktkommunikation, WRP 2005, 264–274.

Keunecke, Ulrich: Prospekte im Kapitalmarkt - Anforderungen, Prospekthaftung bei geschlossenen Fonds, Investmentfonds, Wertpapieren und Übernahmeangeboten -, 2. Aufl., Berlin 2009, zit.: *Keunecke*, Prospekte.

Kiethe, Kurt: Persönliche Organhaftung für Falschinformation des Kapitalmarkts - Anlegerschutz durch Systembruch?, DStR 2003, 1982–1990.

Kirchgässner, Gebhard: Homo oeconomicus, 3. Aufl., Tübingen 2008.

Kirchmann, Julius v.: Die Werthlosigkeit der Jurisprudenz als Wissenschaft, Berlin 1848.

Klöhn, Lars: Die Ausweitung der bürgerlich-rechtlichen Prospekthaftung durch das „Rupert Scholz"-Urteil des BGH - Zugleich Besprechung von BGH WM 2012, 19 -, WM 2012, 97–106.

Ders.: Grund und Grenzen der Haftung wegen unterlassener Prospektveröffentlichung gem. § 24 WpPG, § 21 VermAnlG, DB 2012, 1854–1860.

Ders.: Kapitalmarkt, Spekulation und Behavioral Finance - Eine interdisziplinäre und vergleichende Analyse zum Fluch und Segen der Spekulation und ihrer Regulierung durch Recht und Markt -, 2006 Berlin.

Ders.: Optimistische Prognosen in der bürgerlich-rechtlichen Prospekthaftung - Zugleich Besprechung von BGH WM 2009, 2303 -, WM 2010, 289–296.

Ders.: Preventing Excessive Retail Investor Trading under MiFID: A Behavioural Law & Economics Perspective, EBOR 10 (2009), 437–454.

Ders.: Prospekthaftung bei (scheinbarer) Ausnahme von der Prospektpflicht gem. §§ 3 Abs. 1 WpPG, 6 VermAnlG, in: Festschrift für Michael Hoffmann-Becking zum 70. Geburtstag, München 2012, S. 679–696.

Ders.: Wertpapierhandelsrecht diesseits und jenseits des Informationsparadigmas - Am Beispiel des „verständigen Anlegers" im Sinne des deutschen und europäischen Insiderrechts -, ZHR 177 (2013), 349–387.

Ders.; Hornuf, Lars: Die Regelung des Crowdfunding im RegE des Kleinanlegerschutzgesetzes - Inhalt, Auswirkungen, Kritik, Änderungsvorschläge -, DB 2015, 47–53.

Koch, Hans D.: Konzeptionelle Grundlagen der Diskussion über Kapitalanlegerschutz unter besonderer Berücksichtigung des Nebenkapitalmarktes - Ein interdisziplinärer Beitrag zur Verfassung der Publikumspersonengesellschaft -, Hanau 1981, zit.: *Koch*, Kapitalanlegerschutz.

Koch, Jens: Grenzen des informationsbasierten Anlegerschutzes - Die Gratwanderung zwischen angemessener Aufklärung und information overload, BKR 2012, 485–493.

Kohl, Helmut; Kübler, Friedrich; Walz, Wolfgang Rainer; Wüstrich, Wolfgang: Abschreibungsgesellschaften, Kapitalmarkteffizienz und Publizitätszwang - Plädoyer für ein Vermögensanlagengesetz -, ZHR 138 (1974), 1–49.

Köhler, Helmut; *Bornkamm, Joachim*: Gesetz gegen den unlauteren Wettbewerb, 35. Aufl., München 2017, zit.: *Bearb.* in: Köhler/Bornkamm, UWG.

Köndgen, Johannes: Grenzen des informationsbasierten Anlegerschutzes - zugleich Anmerkung zu BGH, Urt. v. 22.3.2011 - XI ZR 33/10 -, BKR 2011, 283–286.

Ders.: Zur Theorie der Prospekthaftung (I) und (II), AG 1983, 85–99 und 120–132.

Kötz, Hein; Schäfer, Hans-Bernd: Economic incentives to accident prevention: An empirical study of the German sugar industry, International Review of Law and Economics Vol. 13 (1993), 19–33.

Kötz, Hein; Wagner, Gerhard: Deliktsrecht, 13. Aufl., München 2016.

Kübler, Friedrich; Assmann, Heinz-Dieter: Gesellschaftsrecht, 6. Aufl., Heidelberg 2006.

Kümpel, Siegfried; Hammen, Horst; Ekkenga, Jens: Kapitalmarktrecht - Handbuch für die Praxis - Loseblatt, Stand: 2015; zit.: *Bearbeiter* in Kümpel/Hammen/Ekkenga, KMR, Stand, Kennz.

Kümpel, Siegfried; Wittig, Arne (Hrsg.): Bank- und Kapitalmarktrecht, 4. Aufl., Köln 2011, zit.: *Bearb.* in: Kümpel/Wittig.

Kunold, Uta, Schlitt, Michael: Die neue EU-Prospektrichtlinie - Inhalt und Auswirkungen auf das deutsche Kapitalmarktrecht -, BB 2004, 501–511.

Lackner, Karl; Kühl, Kristian: Strafgesetzbuch, 28. Aufl., München 2014, zit.: *Bearb.* in: Lackner/Kühl, StGB.

Lammel, Siegbert: Zur Auskunftshaftung, AcP 179 (1979), 337–366.

Langenbucher, Katja: Anlegerschutz - Ein Bericht zu theoretischen Prämissen und legislativen Instrumenten, ZHR 177 (2013), 679–701.

Dies.: Anlegerschutz durch Haftung nach deutschem und europäischem Kapitalmarktrecht, in: Karlsruher Forum 2014, Karlsruhe 2014.

Larenz, Karl: Methodenlehre der Rechtswissenschaft, 6. Aufl., Berlin 1991, zit.: *Larenz*, Methodenlehre.

Lehmann, Michael: Die Haftung für Werbeangaben nach neuem Schuldrecht, DB 2002, 1090–1094.

Ders.: Vertragsanbahnung durch Werbung - Eine juristische und ökonomische Analyse der bürgerlich-rechtlichen Haftung für Werbeangaben gegenüber dem Letztverbraucher -, München 1981.

Lenenbach, Markus: Kapitalmarktrecht und kapitalmarktrelevantes Gesellschaftsrecht, 2. Aufl., Köln 2010, zit.: *Lenenbach*, Kapitalmarktrecht.

Leuering, Dieter: Die Neuordnung der gesetzlichen Prospekthaftung, NJW 2012, 1905–1910.

Littbarski, Sigurd: Die Berufshaftung - eine unerschöpfliche Quelle richterlicher Rechtsfortbildung?, NJW 1984, 1667–1670.

Lorenz, Manuel; Schönemann, Frank; Wolf, Christoph: Geplante Neuregelung zur Prospekthaftung - Verjährung, Anspruchskonkurrenz und Prospektzusammenfassung, CFL 2011, 346–351.

Loritz, Karl-Georg: Produktinformationsblätter nach dem neuen EU-Verordnungsvorschlag („PRIPs-Initiative") - Gedanken zur Konkretisierung von Zielsetzungen und Inhalt, WM 2014, 1513–1520.

Ders.; Rickmers, Benedikt: Unternehmensfinanzierung im Kapitalmarkt und Kapitalanlagegesetzbuch bei operativ tätigen Unternehmen, NZG 2014, 1241–1250.

Ders.; Uffmann, Katharina: Der Geltungsbereich des Kapitalanlagegesetzbuches (KAGB) und Investmentformen außerhalb desselben - Erste Überlegungen, auch zum Auslegungsschreiben der BaFin vom 14.6.2013 -, WM 2013, 2193–2203.

Loss, Louis: Der Schutz der Kapitalanleger, ZHR 129 (1967), 197–255.

Ders.; Seligman Joel; Paredes Troy: Securities Regulation, Volume IX, Fourth Edition 2013, Volume I, Fifth Edition 2014, New York.

Luttermann, Claus: Kapitalmarktrechtliche Information bei Finanzprodukten (PRIIP), Privatautonomie (Vertragskonzept) und Vermögensordnung, ZIP 2015, 805–814.

Lutz, Johann von: Protokolle der Kommission zur Berathung eines Allgemeinen Deutschen Handelsgesetzbuches, Würzburg 1858, zit.: *Lutz*, Protokolle zum ADHGB.

Manzei, Daniela: Einzelne Aspekte der Prospektpflicht am Grauen Kapitalmarkt, WM 2006, 845–851.

Markwardt, Karsten; *Kracke, Jannes*: Auf dem Prüfstand: Das Widerrufsrecht nach § 11 Abs. 2 VermAnlG, BKR 2012, 149–152.

Maume, Philipp: Staatliche Rechtsdurchsetzung im deutschen Kapitalmarktrecht: eine kritische Bestandsaufnahme, ZHR 180 (2016), 358–395.

Maunz, Theodor; *Dürig, Günter*: Grundgesetz, Loseblatt, 79. Ergänzungslieferung, München 2016, zit.: *Bearb.* in Maunz/Dürig, GG.

Meuschke, Ina: Das Konkurrenzverhältnis von gesetzlicher und bürgerlichrechtlicher Prospekthaftung - keine Klarheit durch § 20 VermAnlG, AG 2013, R292 - R294.

Meyer, Andreas: Aspekte einer Reform der Prospekthaftung - Eine Würdigung der Verhandlungen des 64. Deutschen Juristentages - Teil I, WM 2003, 1301–1313.

Möllers, Thomas M. J.: Effizienz als Maßstab des Kapitalmarktrechts - Die Verwendung empirischer und ökonomischer Argumente zur Begründung zivil-, straf- und öffentlich-rechtlicher Sanktionen -, AcP 208 (2008), 1–36.

Ders.: Europäische Gesetzgebungslehre 2.0: Die dynamische Rechtsharmonisierung im Kapitalmarktrecht am Beispiel von MiFID II und PRIIP, ZEuP 2016, 325–357.

Ders.: Umfang und Grenzen des Anlegerschutzes im Investmentgesetz - Der Trennungsgrundsatz und die Grenzen der Aufrechnung im InvG, BKR 2011, 353–366.

Ders.; Kastl, Stephanie: Das Kleinanlegerschutzgesetz, NZG 2015, 849–855.

Ders.; Kernchen, Eva: Information Overload am Kapitalmarkt - Plädoyer zur Einführung eines Kurzfinanzberichts auf empirischer, psychologischer und rechtsvergleichender Basis -, ZGR 2011, 1–26.

Ders.; Steinberger, Elisabeth: Die BGH-Entscheidung zum Telekom-Prozess und das europäische Anlegerleitbild, NZG 2015, 329–335.

Morlin, János: Das Kleinanlegerschutzgesetz - Endgültiges Aus für den Grauen Kapitalmarkt, AG 2015, R23-R24.

Müchler, Henny: Die neuen Kurzinformationsblätter - Haftungsrisiken im Rahmen der Anlageberatung, WM 2012, 974–983.

Mugdan, Benno: Die gesamten Materialien zum Bürgerlichen Gesetzbuch für das Deutsche Reich, Berlin 1899, zit.: *Mugdan*, Materialien.

Münchener Handbuch des Gesellschaftsrechts: Band 2: Kommanditgesellschaft, GmbH & Co. KG, Publikums-KG, Stille Gesellschaft, 4. Aufl., München 2014, zit.: *Bearb.* in: Münchener Hdb GesR.

Münchener Kommentar zum Bilanzrecht: Band 2 (§§ 238–342e HGB), 1. Aufl., München 2013, zit.: *Bearb.* in: MüKo Bilanzrecht.

Münchener Kommentar zum Bürgerlichen Gesetzbuch: Band 2 (§§ 241–432), 7.Aufl., München 2016, 6. Aufl., München 2012, Band 5 (§§ 705–853), 7. Aufl., München 2017, Band 10 (Internationales Privatrecht I, Europäisches Kollisionsrecht, Art. 1–24 EGBGB), 6. Aufl., München 2015, zit.: *Bearb.* in: MüKo BGB.

Münchener Kommentar zum Handelsgesetzbuch: Band 3 (§§ 161–237), 3. Aufl., München 2012, Band 6 (Bankvertragsrecht), 3. Aufl., München 2014, zit.: *Bearb.* in: MüKo HGB.

Münchener Kommentar zum Lauterkeitsrecht: Band 2 (§§ 5–20 UWG), 2. Aufl., München 2014, zit.: *Bearb.* in: MüKo UWG.

Münchener Kommentar zum Strafgesetzbuch: Band 5 (§§ 263–358), 2. Aufl., München 2014, zit.: *Bearb.* in: MüKo StGB.

Münchener Kommentar zur Zivilprozessordung: Band 1 (§§ 1–354), 5. Aufl., München 2016, zit.: *Bearb.* in: MüKo ZPO.

Mülbert, Peter O.: Anlegerschutz und Finanzmarktregulierung - Grundlagen -, ZHR 177 (2013), 160–211.

Ders.: Empfiehlt es sich, im Interesse des Anlegerschutzes und zur Förderung des Finanzplatzes Deutschland das Kapitalmarkt- und Börsenrecht neu zu regeln? - Deutscher Juristentag, 4. Finanzmarktförderungsgesetz und Europa -, JZ 2002, 826–837.

Ders./Steup, Steffen: Emittentenhaftung für fehlerhafte Kapitalmarktinformation am Beispiel der fehlerhaften Regelpublizität - das System der Kapitalmarktinformationshaftung nach AnSVG und WpPG mit Ausblick auf die Transparenzrichtlinie -, WM 2005, 1633–1655.

Müller, Robert: Wertpapierprospektgesetz, 1. Aufl. 2012.

Nelle, Andreas; Klebeck, Ulf: Der „kleine" AIFM - Chancen und Risiken der neuen Regulierung für deutsche Fondsmanager, BB 2013, 2499–2506.

Nelson, Phillip: Information and Consumer Behaviour, Journal of Political Economy Bd. 78 (1970), 311–329.

Nobbe, Gerd: Prospekthaftung bei geschlossenen Fonds - Ein Überblick über die Rechtsprechung insbesondere des Bundesgerichtshofs -, WM 2013, 193–204.

Nußbaum, Arthur: Kommentar zum Börsengesetz, München 1910, zit.: *Nußbaum*, BörsG 1896.

Ochs, Bernd: Die einheitliche kapitalmarktrechtliche Prospekthaftungstheorie, Frankfurt am Main 2005, zit.: *Ochs*, Prospekthaftung.

Oehler, Andreas: Risiko-Warnhinweise in Kurzinformationen für Finanzdienstleistungen. Eine empirische Analyse, ZBB 2015, 208–212.

Ohly, Ansgar; *Sosnitza, Olaf*: Gesetz gegen den unlauteren Wettbewerb, 7. Aufl., München 2016, zit.: *Bearb.* in: Ohly/Sosnitza, UWG.

Oulds, Mark K.: Die Nachtragspflicht gemäß § 16 WpPG - Abgrenzungen, Widerrufsrecht und die Novellierung der Prospektrichtlinie -, WM 2011, 1452–1460.

Panetta, Oliver; Zessel, Marco: Prospekthaftung oder Haftung für fehlenden Prospekt?, NJOZ 2010, 418–420.

Park, Tido: Kapitalmarktstrafrecht, 4. Aufl., Baden-Baden 2017.

Patzner, Andreas; *Döser, Achim*: Investmentgesetz, Baden-Baden 2012.

Piekenbrock, Andreas: Der Kausalitätsbeweis im Kapitalanlegerprozess: ein Beitrag zur Dogmatik der „ungesetzlichen" tatsächlichen Vermutungen, WM 2012, 429–440.

Pleyer, Klemens; *Hegel, Thomas*: Die Prospekthaftung bei der Publikums-KG, ZIP 1985, 1370–1379.

Dies.: Zur Grundlage der Prospekthaftung bei der Publikums-KG in der Literatur, ZIP 1986, 681–691.

Podewils, Felix: Beipackzettel für Finanzprodukte - Verbesserte Anlegerinformation durch Informationsblätter und Key Investor Information Documents?, ZBB 2011, 169–179.

Poelzig, Dörte: Erleichterungen der Prospektpflicht zur Anpassung an die EU-Prospektverordnung, BKR 2018, 357–366.

Dies.: Nachrangdarlehen als Kapitalanlage - Im „Bermuda-Dreieck" von Bankenaufsichtsrecht, Kapitalmarktrecht und AGB-Recht, WM 2014, 917–928.

Dies.: Normdurchsetzung durch Privatrecht, Tübingen 2012.

Dies.: Private enforcement im deutschen und europäischen Kapitalmarktrecht -Eine Untersuchung anhand des Marktmanipulationsverbots unter Berücksichtigung der Entwicklungen im europäischen Kartellrecht -, ZGR 2015, 801–848.

Dies.; *Volmer, Michael*: „Der Bundesminister der Finanzen warnt" - Ein Überblick zum neuen Kapitalanlagegesetzbuch, DNotZ 2014, 483–493.

Posner, Richard A.: Economic Analysis of Law, 9. Aufl., New York 2014.

Renaud, Achilles: Das Recht der Actiengesellschaften, Leipzig 1863, zit.: *Renaud*, Actiengesellschaften.

Richter, Rudolf; *Furubotn, Eirik G.*: Neue Institutionenökonomik, 4. Aufl., Tübingen 2010.

Riesenhuber, Karl: Anleger und Verbraucher, ZBB 2014, 134–149.

Rinas, Michael; *Pobortscha, Alexandra*: Das Vermögensanlagen-Informationsblatt: neue Dokumentationsanforderungen im Bereich geschlossener Fonds, BB 2012, 1615–1619.

Roberto, Vito; *Wegmann, Thomas*: Prospekthaftung in der Schweiz, SZW 2001, 161–176.

Roth, Hans-Peter: Das neue Kleinanlegerschutzgesetz, GWR 2015, 243–246.

Rothenhöfer, Kay: Mitverschulden des unrichtig informierten Anlegers? - Zur Frage, ob eine Verkaufs- oder Anzeigeobliegenheit des geschädigten Anlegers besteht -, WM 2003, 2032–2037.

Sack, Rolf: Folgeverträge unlauteren Wettbewerbs, GRUR 2004, 625–635.

Schäfer, Carsten: Kapitalmarktinformationshaftung und die Lehre vom fehlerhaften Verband, ZIP 2012, 2421–2427.

Schäfer, Frank A.: Stand und Entwicklungstendenzen der spezialgesetzlichen Prospekthaftung, ZGR 2006, 40–78.

Ders.; Hamann, Uwe: Kapitalmarktgesetze, Loseblatt, 2. Aufl., Stuttgart 2013, zit.: *Bearb.* in: Schäfer/Hamann, KapMG.

Ders.; *Schäfer, Ulrike*: Anforderungen und Haftungsfragen bei PIBs, VIBs und KIIDs, ZBB 2013, 23–32.

Schäfer, Hans-Bernd; Ott, Claus: Lehrbuch der ökonomischen Analyse des Zivilrechts, 5. Aufl., Berlin 2012, zit.: *Schäfer/Ott*, Ökonomische Analyse.

Schimansky, Herbert; Bunte, Hermann-Josef; Lwowski, Hans-Jürgen (Hrsg.): Bankrechts-Handbuch, 5. Aufl., München 2017, zit.: *Bearb.* in Schimansky/Bunte/Lwowski, BankR-Hdb.

Schlee, Alexander; Maywald, Ian M.: PIB: Ein neues Risiko im Rahmen der Prospekthaftung?, BKR 2012, 320–328.

Schlitt, Michael: Haftungsadressaten der Prospekthaftung nach KAGB und VermAnlG, Bankrechtstag 2014, 75–95.

Ders.; Schäfer, Susanne: Auswirkungen des Prospektrichtlinie-Umsetzungsgesetzes auf Aktien- und Equity-linked Emissionen, AG 2005, 498–511.

Dies.: Der neue Entry Standard der Frankfurter Wertpapierbörse, AG 2006, 147–155.

Schmitt, Christian: Die kollisionsrechtliche Anknüpfung der Prospekthaftung im System der Rom II-Verordnung, BKR 2010, 366–371.

Schnauder, Franz: Das Recht der Geschäftsbesorgung beim Vertrieb von Kapitalanlagen und Kreditvertragsprodukten, Tübingen 2013, zit.: *Schnauder*, Recht der Geschäftsbesorgung.

Ders.: Regimewechsel im Prospekthaftungsrecht bei geschlossenen Publikumsfonds, NJW 2013, 3207–3213.

Schneider, Birgit: Anlegerschutz - Haftung aus Prospekt und Verschulden bei Vertragsverhandlungen - Praktische Erläuterungen zu den einzelnen Haftungsgrundlagen -, MDR 2016, 496–499.

Schönke, Adolf; Schröder, Horst: Strafgesetzbuch, 29. Aufl., München 2014, zit.: *Bearb.* in: Schönke/Schröder, StGB.

Schott, Konrad; Brinkmann, Jan: Entwurf des Gesetzes zur Novellierung des Finanzanlagenvermittler- und Vermögensanlagenrechts - Neuerungen für geschlossene Fonds, RdF 2011, 238–245.

Schroeder, Julian: Der persönliche Anwendungsbereich der Prospekthaftung nach dem WpPG und dem VermAnlG, Tübingen 2017, zit.: *Schroeder*, Persönlicher Anwendungsbereich Prospekthaftung.

Schubert, Werner; Hommelhoff, Peter: Hundert Jahre modernes Aktienrecht - Eine Sammlung von Texten und Quellen zur Aktienrechtsreform 1884 mit zwei Einführungen -, Berlin 1985, zit.: *Schubert/Hommelhoff*, Aktienrechtsreform 1884.

Schultheiß, Tilman: Die Dritthaftung von Wirtschaftsprüfern nach dem KAGB, BKR 2015, 133–140.

Schulz, Stephan: Die Reform des Europäischen Prospektrechts - Eine Analyse der geplanten Prospektverordnung und ihrer Praxisauswirkungen -, WM 2016, 1417–1425.

Schulze, Reiner; Zuleeg, Manfred; Kadelbach, Stefan: Europarecht - Handbuch für die deutsche Rechtspraxis -, 3. Aufl., Baden-Baden 2015, zit.: *Bearb.* in: Schulze/Zuleeg/Kadelbach, Europarecht.

Schünemann, Bernd; Suarez Gonzalez, Carlos: Bausteine des europäischen Wirtschaftsrechts - Madrid-Symposium für Klaus Tiedemann -, Köln 1995, zit.: *Bearbeiter* in: Madrid-Symposium f. Tiedemann.

Schürnbrand, Jan: Publikumspersonengesellschaften in Rechtsprechung und Literatur, ZGR 2014, 256–283.

Schwark, Eberhard: Die Haftung aus dem Prospekt über Kapitalanlagen, BB 1979, 897–903.

Ders.: Kapitalmarktbezogene Informationshaftung, in: Festschrift für Walther Hadding zum 70. Geburtstag, Berlin 2004, zit.: *Schwark*, FS Hadding, 2004.

Ders.; Zimmer, Daniel: Kapitalmarktrechts-Kommentar, 4. Aufl., München 2010, zit.: *Bearb.* in Schwark/Zimmer, KMRK.

Seibel, Claudia; Westphalen, Friedrich Graf von: Prospekthaftung beim Immobilien-Leasing, BB 1998, 169–174.

Seibert, Ulrich: Das 10-Punkte-Programm - Unternehmensintegrität und Anlegerschutz, BB 2003, 693–698.

Seitz, Jochen: Das neue Wertpapierprospektrecht - Auswirkungen auf die Emission von Schuldverschreibungen -, AG 2005, 678–689.

Semler, Johannes; Gittermann, Stephan: Persönliche Haftung der Organmitglieder für Fehlinformationen des Kapitalmarktes - Zeigt das KapInHaG den richtigen Weg?, NZG 2004, 1081–1087.

Shavell, Steven: Foundations of Economic Analysis of Law, London 2004.

Sittmann, Jörg W.: Die Prospekthaftung nach dem Dritten Finanzmarktförderungsgesetz, NZG 1998, 490–496.

Spindler, Gerald: Neuregelungen des Kapitalmarkt- und Börsenrechts zum Anlegerschutz? - Zur gesellschafts- und wirtschaftsrechtlichen Abteilung des 64. Deutschen Juristentages, DStR 2002, 1576–1587.

Ders: Persönliche Haftung der Organmitglieder für Falschinformationen des Kapitalmarktes - de lege lata und de lege ferenda -, WM 2004, 2089–2098.

Staudinger BGB: Buch 1, §§ 139–163, Neubearbeitung Berlin 2015; Buch 2, §§ 311, 311a, 312, 312a - i, Neubearbeitung, Berlin 2012; §§ 433–480, Neubearbeitung, Berlin 2014; §§ 779–811, Neubearbeitung, Berlin 2015; §§ 826–829; ProdHaftG, Neubearbeitung, Berlin 2014; Eckpfeiler des Zivilrechts, Neubearbeitung, Berlin 2014, zit.: Bearb. in: Staudinger, BGB.

Steder, Karl-Heinz: Die neue Investmentgesetzgebung, WM 1969, Sonderbeilage 2, 2–18.

Suchomel, Jan-Ulf: Konkurrenz von § 20 VermAnlG und bürgerlich-rechtlicher Prospekthaftung bei fehlerhaftem Prospekt, NJW 2013, 1126–1131.

Ders.: Konkurrenz zwischen spezialgesetzlicher Prospekthaftung (§ 127 InvG) und bürgerlich-rechtlicher Prospekthaftung, GWR 2016, 97.

Terbille, Michael; Höra, Knut: Münchener Anwaltshandbuch Versicherungsrecht, 3. Aufl., München 2013; zit.: *Bearb.* in: Terbille/Höra, MAH Versicherungsrecht.

Tettinger, Peter J.; Wank, Rolf; Ennuschat, Jörg: Gewerbeordnung, 8. Aufl., München 2011, zit.: *Bearb.* in: Tettinger/Wank/Ennuschat, GewO.

Teuber, Hanno: Wertpapierrecht 2011, Heidelberg 2011, zit.: *Bearb.* in Teuber, Wertpapierrecht 2011.

Teuffel, Nikolai Freiherr von: Zur Zulässigkeit der Prospekthaftung als eigenständiges Rechtsinstitut, DB 1985, 373–375.

Ulmer, Peter; Dopfer, Jürgen: Anlegerschutz und Gesellschaftsrecht - Zur Problematik der Prospekthaftung von Publikumskommanditgesellschaften nach dem Regierungsentwurf eines Vermögensanlagengesetzes -, BB 1978, 461–466.

Unzicker, Ferdinand: VerkProspG - Kommentar zum Verkaufsprospektgesetz und zur Vermögensanlagen-Verkaufsprospektverordnung -, Köln 2010.

Voigt, Stefan: Institutionenökonomik, 2. Aufl., Paderborn 2009.

Vortmann, Jürgen (Hrsg.): Prospekthaftung und Anlageberatung, Stuttgart 2000; zit.: *Bearb.* in: Vortmann, Prospekthaftung.

Vorwerk, Volkert; Wolf, Christian: Kapitalanleger-Musterverfahrensgesetz (KapMuG) Kommentar, 1. Aufl., München 2007.

Wackerbarth, Ulrich: Prospektveranlassung durch Altaktionäre und Einlagenrückgewähr, WM 2011, 193–204.

Wagner, Gerhard: Prävention und Verhaltenssteuerung durch Privatrecht - Anmaßung oder legitime Aufgabe?, AcP (206) 2006, 352–476.

Wahl, Julia: Primärmarkthaftung und Vermögensbindung der Aktiengesellschaft -

Spezialgesetzliche und allgemein-zivilrechtliche Prospekthaftung sowie vertragliche Gewährleistungen für Aktien im Spannungsfeld mit der aktienrechtlichen Vermögensbindung -, Berlin 2013, zit.: *Wahl*, Primärmarkthaftung und Vermögensbindung.

Weber, Max: Die Ergebnisses der deutschen Börsenenquete, ZHR 45 (1896), 69–156.

Weichert, Tilman: Der Anlegerschaden bei fehlerhafter Kapitalmarktpublizität, Baden-Baden 2008, zit.: *Weichert*, Anlegerschaden.

Werner, Horst S.; Machunsky, Jürgen: Rechte und Ansprüche geschädigter Kapitalanleger, 3. Aufl., Göttingen 1991.

Werthmann, Paul Benjamin: Öffentliches Angebot, Vermögensanlage und Emissionspublizität, Frankfurt am Main 2013, zit.: *Werthmann*, Öffentliches Angebot.

Wiedemann, Herbert; Schmitz, Erich: Kapitalanlegerschutz bei unrichtiger oder unvollständiger Information - Besprechung der Entscheidungen BGHZ 71, 284 und BGHZ 72, 382 -, ZGR 1980, 129–145.

Wieneke, Laurenz: Emissionspublizität - Praktische Anforderungen und rechtliche Grenzen, NZG 2005, 109–115.

Ders.: Haftung der Konzernspitze für die (unrichtige) Darstellung des Unternehmensvertrags im Wertpapierprospekt der Konzerntochter, NZG 2012, 1420–1422.

Wilhelmi, Rüdiger; Seitz, Jascha: Neue Beschränkungen für Produkte des grauen Kapitalmarkts in § 5a und § 5b VermAnlG, WM 2016, 101–110.

Windorfer, Matthias: Kapitalmarktinformationen aus der Perspektive des Lauterkeitsrechts, Baden-Baden 2014, zit.: *Windorfer*, Kapitalmarktinformationen.

Wittmann, Arno: Zivilrechtliche Prospekthaftung beim Vertrieb von steuerbegünstigten Kapitalanlagen, DB 1980, 1579–1586.

Wolf, Christian; Lange, Sonja: Wie neu ist das neue Kapitalanleger-Musterverfahrensgesetz?, NJW 2012, 3751–3756.

Wolf, Manfred; Neuner, Jörg: Allgemeiner Teil des Bürgerlichen Rechts, 11. Aufl., München 2016, zit.: *Wolf/Neuner*, BGB AT.

Wunderlich, Wolfgang: Haftungsfragen im Zusammenhang mit öffentlich angebotenen Vermögensanlagen, DStR 1975, 688–695.

Zech, Alexandra; Hanowski, Bernd: Haftung für fehlerhaften Prospekt aus § 13 VerkProspG a. F. - Maßgeblicher Empfängerhorizont bei der Beurteilung der Unrichtigkeit eines Prospekts - NJW 2013, 510–513.

Ziegler, Ole: Die Prospekthaftung am nicht-organisierten Kapitalmarkt im Spannungsverhältnis zu personengesellschaftsrechtlichen Grundsätzen, DStR 2005, 30–34.

Zimmer, Daniel: Verschärfung der Haftung für fehlerhafte Kapitalmarktinformation - Ein Alternativkonzept -, WM 2004, 9–21.

Ders.: Vom Informationsmodell zu Behavioral Finance: Brauchen wir „Ampeln" oder Produktverbote für Finanzanlagen?, JZ 2014, 714–721.

Ders.; *Binder, Christian*: Prospekthaftung von Experten? Kritik eines Gesetzentwurfs, WM 2005, 577–583.

Ders.; *Cloppenburg Matthias*: Haftung für falsche Information des Sekundärmarktes auch bei Kapitalanlagen des nicht geregelten Kapitalmarktes?, ZHR 171 (2007), 519–553.